행정조직법

김 명 식 저

법우사

"오직 공의롭게 행하는 자, 정직히 말하는 자, 토색한 재물을 가증히 여기는 자, 손을 흔들어 뇌물을 받지 아니하는 자, 귀를 막아 피 흘리려는 꾀를 듣지 아니하는 자, 눈을 감아 악을 보지 아니하는 자, 그는 높은 곳에 거하리니 견고한 바위가 그의 요새가 되며 그의 양식은 공급되고 그의 물은 끊어지지 아니하리라."

(이사야 33:15~16)

머 리 말

2013년 5월 필자는 33년간의 공직 여정에 마침표를 찍고, 7월부터 대구가톨릭대학교의 석좌교수로 와 있다.

돌이켜 생각해 보면, 우리 현대사의 격변기인 1980년에 대학을 졸업한지 석 달 만에 정부로 들어온 이후, 3년간의 해군 복무와 총무처 · 행정자치부 · 중앙인사위원회의 사무관 · 과장 · 국장을 거쳐 마지막으로 대통령실 인사기획관까지의 공직생활 대부분을 정부의 인사업무와 함께 하게 된 것은 오로지 하나님의 인도하심과 은혜 덕분이었다.

공직에 있는 동안 미국의 위스콘신대학(U.W.-Madison)에서 행정학 석사과정을 마쳤고, 은사이신 김철용 교수님의 지도로 2001년 8월에는 건국대학교 대학원에서 '행정주체로서의 특수법인에 관한 연구' 논문으로 법학박사 학위를 받는 기쁨을 누리기도 했다.

이 책은 공직생활을 마무리하면서 그간 국가와 국민으로부터 받은 도움에 조금이나마 보답하는 뜻에서 다음과 같은 이유로 쓰게 되었다.

첫째, 김철용 교수님과 나 자신과의 약속을 지키는 일이다. 교수님은 박사논문을 심사하실 때, 여기서 멈추지 말고 행정조직법 전반에 대한 책을 쓰기를 권유하셨고, 필자도 그럴 마음을 가지고 2005년에 박사논문을 보완 · 출간한 「특수법인론」의 서문에도 이를 다짐한 바 있다. 다만 워낙 방대한 작업이라 퇴직 후로 미루었던 것을 이제 시작하게 된 것이다.

둘째, 행정법 분야에서 상대적으로 연구가 취약한 행정조직법 체계를 보완하는 일이다. 행정조직법은 모든 공직자들이 국민들과 매일 접촉하는 중요한 기관에 대한 것임에도 불구하고, 행정법의 다른 분야에 비해 분량도 적고 부분적으로만 언급되어 아쉬움이 적지 않았다. 더욱이 국내에서는 지금까지 단행본이 출간되지 않을 정도로 연구가 미흡하였다.

셋째, 행정실무를 담당했던 사람으로서 행정조직법 발전에 작은 기초라도 닦는 일이다. 행정조직과 관련된 수백 개의 법령자료라도 체계적으로 정리해 두면 후속연구에 도움이 되지 않겠나 싶었다. 마침 공직생활의 마지막 5년 동안 이명박 대통령님을 보좌하면서 국정 전반에 대한 이해와 시각을 체험하게 된 것은 이 책을 쓰는데 큰 힘이 되었다.

이 책을 쓰면서 필자가 특별히 주안점을 둔 것은 다음과 같다.

첫째, 행정조직법의 체계와 이론을 우리나라 헌법을 비롯한 현행 실정법령에 최대한 부합되도록 설명하였다.

둘째, 관련되는 그림과 통계자료도 많이 활용하여 행정조직법의 개념과 내용을 이해하기 쉽도록 작성하였다.

셋째, 행정주체와 그 내부의 각 기관과 하부조직을 최대한 망라하여 빠짐없이 설명하려고 노력하였다. 특히 국내 행정법 교재에서 거의 다루고 있지 않는 특수법인의 조직과 그 구성원의 신분과 지위에 대한 것도 별도의 편으로 구성하였다.

넷째, 행정주체 간, 주체 안의 기관간의 권한행사 범위, 인력 및 재정규모 등을 고려하여 각 기관을 설명함에 있어서 가급적 균형을 맞추려고 시도하였다.

다섯째, 행정법학자들뿐만 아니라 각 행정주체(국가, 지방자치단체, 특수법인)를 구성하는 모든 공직자들이 우리나라 국정의 작동원리와 국민주권주의의 기본체계를 이해할 수 있도록 이론뿐만 아니라 실무자들에게도 도움이 되도록 집필하였다.

이제 행정조직법의 첫 걸음을 겨우 내디뎠을 뿐이다. 행정조직과 관련된 각종 법률은 민법 · 형법 · 상법 등과 달리 자주 제 · 개정되는 편이기 때문에 이를 지속적으로 수정 · 보완하지 않으면 곧 생명력을 잃게 된다. 따라서 필자는 여건이 허락되는 한 이 책을 계속 수정 · 보완해 나가려고 한다.

여러모로 부족한 점이 많음에도 불구하고 이 책을 감히 펴낸 것은 공직생활을 통하여 얻은 저의 작은 지식과 경험이 독자들에게 조금이라도 도움이 되기를 바라는 마음 때문이다.

이 책이 나올 수 있기까지 도움을 주신 모든 분들께 감사의 말씀을 드린다.

먼저 좋은 연구실에서 연구와 강의에 매진할 수 있도록 최상의 환경을 제공해 주신 '사랑'과 '봉사'의 대구가톨릭대학교 홍철 총장님을 비롯한 관계 교직원들께 감사드린다.

그리고 바쁘신 중에도 책의 전반적인 체제와 내용에 걸쳐 조언과 충고를 해 주시고 지금까지 필자의 학문적 성장을 이끌어주시는 김철용 교수님께도 존경과 감사의 말씀을 드린다.

아울러 「특수법인론」 출간 이후 10년 동안 제 · 개정된 법령들을 일일이 검색하여 현행화 하는 것을 도와준 온준환 과장과 강민경씨에게 고마움을 전한다.

특히 필자와 함께 고향으로 와서 사명자의 삶을 사는 사랑하는 아내를 비롯한 모든 가족들의 기도 후원은 이 책을 쓰는데 큰 힘이 되었고, 함께 기쁨을 나누고 싶다.

끝으로 필자와의 오랜 인연으로 이 책의 출간을 기꺼이 맡아주신 법우사의 황영성 사장님과 책이 출간되기까지 많은 수고를 해 주신 편집부의 임혜정 실장님께도 감사드린다.

2014년 3월

Thaddeus Cho Hall에서

김명식 씀

차 례

제1편 총 설

제2편 국가행정조직법

제3편 지방행정조직법

제4편 특수법인조직법

제5편 공무원법

제6편 특수법인직원법

참고문헌

강한승, 미국법원을 말하다, 오래, 2011
강현호, 행정법총론, 박영사, 2005
김남진 · 김연태, 행정법 Ⅰ(제16판), 법문사, 2012
______________, Ⅱ(제17판), 법문사, 2013
김대기, 덫에 걸린 한국경제, 김영사, 2014
김동희, 행정법 Ⅱ(제19판), 박영사, 2013
김명수, 정책평가와 공공감사 그리고 정부개혁과 반부패, 대영문화사, 2007
김명식, 공무원법, 박영사, 2000
_____, 특수법인론, 한국학술정보, 2005
_____, 호주연방정부의 행정개혁, 법우사, 2003
김백유, 헌법학(Ⅰ) 헌법총론 · 국가조직론, 조은, 2011
김인철, 해설 국가재정법, 동강사, 2007
김철용, 행정법 Ⅰ(제13판), 박영사, 2010
______, Ⅱ(제10판), 박영사, 2010
______, 행정법(전면개정 제3판), 고시계사, 2014
김향기, 행정법개론(제5판), 삼영사, 2001
문광삼, 헌법학, 삼영사, 2013
박균성, 행정법강의(제10판), 박영사, 2013
박윤흔, 최신행정법강의(하)(개정 27판), 박영사, 2004
서희경, 대한민국헌법의 탄생, 창비, 2012
석종현 · 송동수, 일반행정법(하)(제13판), 삼영사, 2013
성낙인, 헌법학(제13판), 법문사, 2013
오준근, 행정절차법, 삼화원, 1998
유민봉, 한국행정학, 박영사, 2005

이상철, 한국공기업의 이해(개정판), 대영문화사, 2012
이승우, 개정헌법학, 두남, 2013
임영철, 공정거래법(해설과 논점), 법문사, 2007
전충렬, 인사청문의 이해와 평가, 에드민, 2012
정정길, 행정학의 새로운 이해, 대명출판사, 2000
정재황, 헌법재판개론(2판), 박영사, 2003
______, 헌법판례와 행정실무(제3판), 법영사, 2003
정종섭, 헌법학원론(제4판), 박영사, 2009
정하중, 행정법개론(제7판), 법문사, 2013
정호영, 국회법론, 법문사, 2000
조정환, 행정법개론, 진원사, 2013
테리 L. 쿠퍼(행정사상과 방법론 연구회 옮김), 공직윤리, 조명문화사, 2013
한견우 · 최진수, 현대행정법(총론 · 각론), 세창출판사, 2011
허영, 한국헌법론(신판), 박영사, 2001
현승일, 사회사상사, 오래, 2011
홍정선, 행정법특강(제10판), 박영사, 2011
홍준형, 행정구제법, 한울아카데미, 1996

대한민국 정부, 이명박정부 국정백서 12권(재임일지 · 어록 · 인사), 2013
법무부, 한국인의 법과 생활, 2007
법제처, 헌법과 법제실무, 2009
사법연수원, 사법제도론, 2009
행정자치부, 대한민국 정부조직변천사(상 · 하), 1998
헌법재판소, 현행 헌법상 헌법재판제도의 문제점과 개선방안(헌법재판연구 제16권), 2005

제 1 편

총 설

제 1 장
행정조직법의 의의

제1절 행정조직법의 개념

1. 일반적 견해

행정조직법이 무엇인가에 대한 행정법학자들의 견해를 요약해 보면, 대체로 행정수체의 조직 슥 행정기관의 설치, 폐지, 구성, 권한 및 행정기관 상호간의 관계를 정한 것으로 하고 있다.[1)]

행정주체의 조직을 행정기관으로 보고 기관 내부의 구조와 외부관계에 대한 법률적 사안을 검토하는 것으로 이해하는 것 같다. 또한 행정업무를 수행하는 기관이라는 말에 주목하여 입법기관이나 사법기관의 조직은 행정조직법의 범주에서 제외시키는 견해도 있다.[2)]

그러나 이렇게 볼 경우 다음과 같은 문제를 검토할 필요가 생긴다.

---

1) 강현호, 행정법총론, 111쪽; 박균성, 행정법강의, 871쪽; 석종현 · 송동수, 일반행정법(하), 3쪽; 정하중, 행정법개론, 891쪽; 조정환, 행정법개론, 124~130쪽; 홍정선, 행정법특강, 816쪽; 한견우 · 최진수, 현대행정법, 707쪽 등.

2) 김남진 · 김연태, 행정법 Ⅱ, 3쪽; 김향기, 행정법개론, 524쪽; 석종현 · 송종수, 앞의 책, 3쪽.

2. 비판적 검토

가. 행정주체와 행정기관

대부분의 학자들이 행정주체는 국가, 지방자치단체, 공공법인은 물론 행정권한을 부여받은 사인까지 포함한다고 하면서도 막상 행정기관의 설명부분에 가서는 권한 또는 사무를 분배하는 조직의 구성단위로서 여러 유형과 권한 등만 언급하고 있어[3] 행정조직법의 개념을 정의하는 것과 잘 부합되지 않는다.[4]

특히 행정주체 중 공공법인의 내부조직에 대하여는 거의 언급하지 않고 있으며, 행정권한을 부여받은 사인 즉 공무수탁사인 또는 행정사무수탁사인의 내부조직인 행정기관에 대한 설명도 거의 찾아보기 어렵다. 앞의 정의에 따르면 이들 행정주체의 조직인 행정기관의 설치, 폐지, 구성, 권한 및 타 행정기관과의 관계도 당연히 살펴보아야 한다고 생각된다.

나. 입법기관과 사법기관의 경우

1) 행정주체의 지위 검토

행정주체에 국가가 포함된다면 국가를 구성하고 있는 입법기관과 사법기관 등도 행정주체의 조직 즉 넓은 의미의 행정기관에 포함되는 것이 옳다고 본다. 국회나 법원 등을 행정소송의 피고로 규정한 현행 법률은 이러한 사실을 입증해주고 있다. 행정소송의 피고가 된다는 것은 행정구제법의 연구대상이고, 행정구제법의 대상이라는 것은 그 구제의 원인이 되는 특정한 행정처분이 있었고 그 처분은 바로 행정작용법의 대상이므로 행정주체가 되기 때문이다. 행정작용법의 연구대상인 기관이 행정조직법의 연구대상이 아니라는 것은 논리에 맞지 않다.

아래 표는 행정소송의 피고와 관련된 입법사례이다.

---

3) 김남진 · 김연태, 앞의 책, 9쪽; 박균성, 앞의 책, 873쪽.

4) 다만 국가와 공공단체를 행정주체라 하고 그 공공단체에 지방자치단체, 공공조합, 정부투자기관(영조물법인)을 포함하여 행정주체가 행정을 행함에 있어서 각종 행정기관을 설치하는 것이라고 설명할 경우는 달리 볼 여지도 있다. 박윤흔, 최신행정법강의, 3쪽.

〈행정소송 피고관련 입법례〉

구 분	내 용
「국가공무원법」 제16조 제2항	행정소송을 제기할 때에는 대통령의 처분 또는 부작위의 경우에는 소속 장관을, 중앙선거관리위원회위원장의 처분 또는 부작위의 경우에는 중앙선거관리위원회사무총장을 각각 피고로 한다.
「국회사무처법」 제4조 제3항	(국회)의장이 행한 처분에 대한 행정소송의 피고는 사무총장으로 한다.
「법원조직법」 제70조	대법원장이 행한 처분에 대한 행정소송의 피고는 법원행정처장으로 한다.
「헌법재판소법」 제17조 제5항	헌법재판소장이 한 처분에 대한 행정소송의 피고는 헌법재판소 사무처장으로 한다.

2) 행정기관의 성격

입법기관과 사법기관은 본질적인 설치 목적에 맞게 입법·사법활동에 주력해야 하지만 기관의 존립과 운영을 위해서는 불가피하게 (행정)사무도 할 수밖에 없다.[5] 즉 그곳에서 일하는 공무원을 관리하고 예산도 집행하며 민간과 각종 계약을 체결하는 등 수많은 법률적 또는 사실적 행위를 하고 있다. 국민들은 입법이나 재판 등의 업무가 아닌 일반 사무를 처리함에 있어서는 다른 행정기관과 아무런 차이를 느끼지 못할 것이다. 결국 정치학이나 소송법에서 다룰 국회의 입법활동이나 법원의 사법활동을 제외한 나머지 업무와 관련하여 보면 입법기관과 사법기관도 권리의무의 주체가 되는 행정활동을 하며, 그 범위에 관한 한 행정기관의 지위도 가지고 있다.

실제로 「국가공무원법」 제6조(중앙인사관장기관)와 「국가재정법」 제6조(독립기관 및 중앙관서) 등은 국회·법원 등의 행정기관으로서의 성격을 보여주는 규정들이다.

아래 표는 국회나 법원 등도 '행정'사무를 처리하고 이를 위하여 사무기구 즉 행정기관을 설치함을 보여주는 입법례이다.[6]

5) 대법원 홈페이지(www.scourt.go.kr)에 게시된 법원조직 안내 자료에서도, 대법원이 담당하는 사법행정이란 법원의 조직, 인사, 예산, 회계, 시설관리 등과 같이 사법부를 운영하는 데 필요한 '행정작용'으로 설명하고 있다(2014.1.1.).

6) 선거관리위원회는 기관 명칭 자체가 선거를 '관리'하는 행정사무의 성격을 갖고 있으므로 선거관리위원회법에서 '행정사무'를 처리한다는 표현이 명시되어 있지 않다.

〈정부외 행정사무처리 입법례〉

구분	근거법률	내용
국회	「국회법」 제21조 제1항	국회의 입법·예산결산심사 등의 활동을 지원하고 행정사무를 처리하기 위하여 국회에 사무처를 둔다.
법원	「법원조직법」 제9조 제1항	대법원장은 사법행정사무를 총괄하며, 사법행정사무에 관하여 관계공무원을 지휘·감독한다.
	「법원조직법」 제19조 제1항	사법행정사무를 관장하기 위하여 대법원에 법원행정처를 둔다.
헌법재판소	「헌법재판소법」 제17조 제1항	헌법재판소의 행정사무를 처리하기 위하여 헌법재판소에 사무처를 둔다.

다. 행정주체의 범위

일반적으로 행정기관을 개념으로만 보면 공무원의 신분을 가진 사람들이 일하는 국가 또는 지방자치단체를 말한다. 이 경우 공공기관은 행정기관이 아니게 된다.7) 그러나 국가가 법률로 권한을 부여하면서 법인격을 준 측면에서는 지방자치단체나 공공기관이 다를 바 없다. 지방자치단체는 「지방자치법」 제3조의 규정에 따라 부여된 것인 반면, 공공기관 중 국가가 설치하는 것은 개별 법률에 의하여, 지방자치단체가 설치하는 것은 개별 조례에 의하여 각각 법인격이 부여된 것만 차이가 있을 뿐이다. 특수법인인 공공기관은 국가와 지방자치단체가 스스로 해야 할 일을 독립된 인격을 가진 법인에서 처리토록 위임·위탁한 것이므로 국민이 준 권력의 일부를 행사한다는 점에서 당연히 행정주체의 지위를 갖게 된다.

행정주체라면 그 주체를 구성하는 모든 조직은 입법기관, 사법기관, 공공기관을 따지지 않고 실질적인 의미의 행정기관으로 보아야 할 것이다.

7) 안전행정부는 홈페이지에서 공공기관이라는 용어 대신 정부출연기관, 공단, 공사, 공공시설 등과 같이 민간경영조직과 행정조직의 중간적 성격을 지닌 것을 "공공조직"으로 표현하며 이는 「공공기관의 운영에 관한 법률」등에서 별도로 규정되고 있으며, 정부조직법상의 정부조직에는 포함되지 않는다고 설명하고 있다. https://org.mospa.go.kr(2014.1.1.).

3. 이 책의 경우

앞에서 검토한 바를 종합하여 이 책에서는 행정조직법을 '행정주체의 조직에 관한 법'으로 정의하되, 행정주체를 좁은 의미의 '행정' 사무를 행하는 행정기관에 한정하지 않고 국가의사를 형성 · 집행 · 판단하는 헌법상 통치기구 전체를 대상으로 한다. 그리고 단순히 각 기구의 외형적인 조직구조에만 한정하지 않고 그 기구에서 일하는 인적 요소의 권한 배분과 상호관계 등도 행정조직법의 개념에 포함하고자 한다. 이렇게 하는 것이 행정법 통칙이나 행정작용법, 행정구제법의 설명 대상과 논리적으로 일치하기 때문이다.

요컨대 행정조직법은 국가의사를 형성 · 집행 · 판단하는 모든 행정주체의 설치, 폐지, 구성, 권한 및 상호관계는 물론, 그 주체들이 인격적으로 존립 · 활동하게 하는 본질적 구성요소인 사람 즉 행정주체의 인적 요소에 대한 권리, 의무, 책임 및 상호관계까지 연구하는 법으로 정의한다.

제2절 행정주체

1. 기존연구의 검토

우리나라 행정법학자들이 행정주체를 분류한 바를 요약 · 정리하면 아래 표와 같다.

〈행정주체의 분류 정리〉

<table>
<tr><th>학자</th><th colspan="4">구분</th></tr>
<tr><td>김철용</td><td rowspan="4">①국가</td><td rowspan="4">②지방자치단체</td><td colspan="2">③특별행정주체(㉠공공단체 ㉡행정사무수탁사인)</td></tr>
<tr><td>박균성</td><td>③공공단체</td><td rowspan="3">④공무수탁사인</td></tr>
<tr><td>홍정선</td><td>③공법상사단 · 공법상 영조물 · 공법상 재단</td></tr>
<tr><td>김성수</td><td>③공공조합(공공사단) · 영조물법인 · 공공재단</td></tr>
</table>

박윤흔			③공공조합	④영조물법인 · 지방공사 · 공단	⑤공법상재단	⑥공무수탁사인
정하중			③영조물법인 ④공공조합 ⑤공공재단			
한견우 최진수			③영조물법인 ④공공조합(공사단) ⑤공법상재단(공재단)			
김동희			③기타공공단체			
강현호		②공공단체				③공무수탁사인
김남진 김연태		②공공단체 (㉠지방자치단체 ㉡공공조합 ㉢공법상의 영조물법인 ㉣공법상의 재단)				
조정환		②공공단체 (㉠지방자치단체 ㉡공공조합 ㉢영조물법인 ㉣공법상 재단)				

위 표를 살펴보면, 국가와 지방자치단체를 행정주체라고 하는 데는 이견이 없다. 다만 지방자치단체를 공공단체(간접국가행정조직)의 하나로 볼 것인가 아니면 독자적 그룹으로 볼 것인가의 차이는 있다. 국가가 자신이 직접 처리하는 사무를 제외하고 지방자치단체와 공법상 법인에게 사무를 위임 · 위탁하는 측면에서 둘 다 간접 국가행정조직으로 볼 수도 있다. 그러나 지방자치단체도 법률과 조례에 따라 지방공사 · 공단 등 공법상 법인을 설치할 수 있음을 고려할 때, 같은 법인격을 갖고 있다 해서 동일한 범주로 넣는 것은 체계적이지 못한 것 같다.

한편 이견이 많은 분야가 공법상 법인의 행정주체 지위에 관한 것인데, 이는 법인의 설립 목적, 주체, 형식, 권한(사무) 내용, 구성원의 성격 등이 다양하기 때문으로 생각된다. 공법상 사단법인과 재단법인의 행정주체는 대부분 인정하고 있으므로 여기서는 영조물법인과 공무수탁사인에 대하여만 검토한다.

가. 영조물법인

영조물(營造物)법인은, 독일어 Öffentliche Anstalt를 일본에서 번역한 영조물에 법인을 합성한 것이다. 광의로는 국가 등 행정주체가 그의 목적을 달성하기 위하여 제공한 인적 · 물적 시설의 종합체(조직체)를 의미하며, 협의로는 주로 정신 · 문화적 또는 진료 목적에 계속 제공된 것만을 의미한다.[8] 영조물로서는 국공립교육 · 연구기관, 교도소, 도서관, 박물관, 병원 등이 주로 예시된다. 이들은 단순히 눈에 보이는 건물이나 비품, 시설만 가지고는 충분한 기능을 발휘할 수 없고, 관련되는 사람(교사, 연구관, 교도관, 사서, 의사 등)들의 지식과 기술, 노하우 등이 시설물(학교 건물, 연구기자재, 교도소 건물, 문화재, 의료기자재 등)과 결합하여야만 당해 기관의 설립목적을 달성할 수가 있다고 보고 별도로 다루는 것 같다.

그런데, 대부분의 공공 조직은 사람이 특정 시설에서 일할 뿐만 아니라, 민간의 비영리법인과 지방의료법인 등 일부를 제외하고는 대부분 행정청의 부속기관들이다. 또 현행 법률에서 '영조물' 표현이 있는 것은 「광업법」 제44조, 「국가배상법」 제5조, 「한국지방재정공제회법」 제16조 정도인데 이마저도 공공시설물(공물)로 대체해도 될 용어들이다.

따라서 영조물 또는 영조물법인은 실정법상으로도 우리 현실에 잘 부합되지 않는 개념이므로 우리나라 행정조직법에서 굳이 별개로 다룰 필요가 있는지 의문이다. 국가가 특별법으로 설치한 법인이거나 아니면 스스로의 고유 권한으로 설치·관리하는 행정기관이라면 각 해당조직의 법리와 규정에 따라 판단하면 되기 때문이다.

나. 공기업

공기업과 영조물을 급부행정법에서 함께 다루는 것은 문제가 있다. 왜냐하면 법률로 설치된 공기업은 국가와 지방자치단체로부터 받은 권한의 범위 안에서 독립된 행정주체로서 그 구성원을 통하여 계속하여 예산을 집행하고 성과를 창출하는 살아있는 조직이기 때문이다. 법인격을 가진 공기업을 공공시설물과 같은 범주에 넣는 것은 논리에 맞지 않는 것 같다.

공기업은 행정주체가 행정객체에 대하여 일방적으로 서비스를 제공(급부)하기 위해 설치된 공공시설물이 아니라, 권리·의무의 귀속주체가 되는 독립된 인격체로서 공공재를 생산·공급함으로써 소비자와 서로 가치를 교환하는 성격이 있다. 따라서 공기업은 행정조직법의 적용대상으로서 공법상 법인에 상응하는 권한과 책임 등 법률관계를 검토하는 것이 맞는다고 본다.

---

8) 김철용, 행정법Ⅰ, 514쪽.

다. 공무수탁사인

1) 개념

사인(私人)은 공인(公人), 즉 공무를 수행하는 사람의 반대 개념이다. 이 사인에는 자연인과 법인을 구분하지 않으며, 법인격 없는 기관 · 단체도 포함된다. 공무수탁사인은 사인의 신분은 그대로이지만 공무를 맡아 수행함으로써 외형상으로는 공인처럼 보이는 사람을 말한다. 공무를 맡는 것은 국민의 기본권의 하나로서 국민전체에 대한 봉사자의 지위를 갖고 있으므로 임용과 신분, 복무관련 규정이 법령에 엄격히 정해져 있다. 따라서 이러한 자격을 갖춘 공무원에게 공무를 상시 수행하도록 하는 것이 원칙이지만 업무특성과 직무여건에 따라 제한적으로 사인에게 특정한 사무를 맡겨서 일하게 할 수 있다. 물론 국가권력을 사인에게 이전(이양·위임·위탁 등)하기 위해서는 법령의 근거가 있어야 한다.

2) 수탁대상

공무(행정사무)를 수탁하는 사인은 법령이 허용하는 한 개인, 단체, 기관, 법인격 유무를 제한할 필요는 없을 것이다. 일정한 자격요건이 되고 그 사무를 공무원과 마찬가지로 집행할 수만 있다면 누구나 가능할 것이다. 실제 법령에서도 이를 가리지 않고 있다. 예컨대 「행정권한의 위임 및 위탁에 관한 규정」 제2조 제3호에서도 "민간위탁이란 법률에 규정된 행정기관의 사무 중 일부를 지방자치단체가 아닌 법인 · 단체 또는 그 기관이나 개인에게 맡겨 그의 명의로 그의 책임 아래 행사하도록 하는 것을 말한다."고 규정하고 있으며, 「민영교도소 등의 설치 · 운영에 관한 법률」 제3조도 "법무부장관은 필요하다고 인정하면 이 법에서 정하는 바에 따라 교정업무를 공공단체 외의 법인 · 단체 또는 그 기관이나 개인에게 위탁할 수 있다. 다만 교정업무를 포괄적으로 위탁하여 한 개 또는 여러 개의 교도소등을 설치 · 운영하도록 하는 경우에는 법인에만 위탁할 수 있다."고 규정하고 있다.

3) 위탁효과

위탁대상을 구분하지 않지만 위탁대상의 법인격 유무에 따라 효과의 귀속주체는 달라진다고 본다.

첫째, 개인이나 법인격 없는 기관 · 단체와 공법상 계약을 통하여 행정사무를 위탁할 경우는, 법인격이 없으므로 수탁자의 처리 효과는 위탁자에게 귀속된다. 물론 계약내용에 따라 달라질 수는 있겠으나, 수탁자의 상대방인 국민에게 예상하지 못한 불이익이 초래되지 않기 위해서도 그렇게 보는 것이 옳을 것이다. 국가나 지방자치단체가 법인격을 부여하지 않은 기관 · 단체나 개인에게 행정사무를 위탁하는 이유는 위탁자가 여전히 그 사무를 자기 책임으로 관리하겠다는 의사표시라 할 수 있고 이 경우 수탁자는 위탁자의 외부 구성원으로서 보조기관의 지위를 갖는다고 볼 수 있다. 그렇게 하면 「국가배상법」 제2조에서 공무를 수탁한 사인이 직무를 집행하면서 고의 또는 과실로 법령을 위반하여 타인에게 손해를 입히거나 「자동차손해배상보장법」에 따라 손해배상의 책임이 있을 때 국가나 지방자치단체가 그 손해를 배상하는 논리와 부합한다.

둘째, 법인과 공법상계약을 통하여 행정사무를 위탁할 경우는, 「민영교도소 등의 설치 · 운영에 관한 법률」 제3조 단서에서도 위탁사무 대상을 구분하였듯이 법인의 책임성을 고려한 것이다. 왜냐하면 법인은 법령으로 직접 설립되거나 주무 행정청의 인가과정을 통하여 실체적 · 절차적으로 공개적이고 투명한 설치과정을 거치기 때문이다. 교정사무를 포괄적으로 수탁할 경우에는 법인만 가능하도록 한 이유가 바로 여기에 있다. 교정법인 등 법인이 행정사무를 수탁하였다면 그 사무와 관련된 권리 · 의무가 귀속되므로 소속 직원이 수탁사무를 집행하면서 고의 또는 과실로 법령을 위반하여 타인에게 손해를 입힌 경우 등에는 법인이 직접 배상책임을 지는 것이다.

4) 판단

그렇다면 공무수탁사인을 굳이 행정주체의 하나로 구분할 실익이 있는지 의문이 생기게 된다. 왜냐하면 공무를 수탁하는 사인이 법인격 없는 개인, 기관, 단체라면 사무를 위탁하는 국가 또는 지방자치단체의 외부에서 보조하는 행정기관이 될 것이고, 수탁법인이라면 위탁계약이 해지될 때까지는 자기 이름으로 권리 · 의무의 주체가 되므로 이 책에서 말하는 특수법인의 범주에 포함될 것이기 때문이다.

어떤 경우라도 공무수탁사인은 법인격 유무, 법인의 형태에 따라 국가, 지방자치단체, 또는 행정주체로 분류된 공법상 법인 안에 녹아 들어갈 수 있으므로 공무수탁사인을 행정주체의 종류에서 따로 구분하지 않아도 될 것 같다. 이는 행정조직법의 조직법정 원리와 책임 · 통제의 원리에도 부합되는 것이다.

예컨대 행정법 이론이나 판례에서 공무수탁사인으로 간주되는 사립대학교 총장, 선장, 항공기 기장, 별정우체국장, 사업시행자, 광고자율심의 기구 등을 검토해보아도 같은 논리가 성립될 수 있다. 즉 관계 법령에 의하여 법인격을 부여받았다면 특수법인의 법리에 따라 권리와 의무, 책임을 살펴보면 될 것이고, 법인격이 없다면 관계 법령에 근거하여 또는 업무 위탁계약에 따라 행정청으로부터 업무상 감독을 받는 범위 안에서 행정사무를 처리하는 보조기관의 지위로서 권리와 의무, 책임을 살펴보면 될 것이다.

다만 국민으로부터 받은 일반적 권한을 폭넓게 행사하는 국가 · 지방자치단체와 달리 개별적이고 특수한 권한을 위탁받아 행사하는 여러 형태의 특별행정주체[9]가 점증하는 것은 현대 행정에 있어서 불가피한 특성이라 할 수 있다. 따라서 공무수탁사인과 관련하여 나름대로의 관점에 따라 행정주체로서의 지위를 얼마나 어느 정도 인정하는 것이 타당한가에 대해서는 다양한 의견이 나올 수박에 없다.

2. 국정관리체계도

행정주체의 개념과 범위를 정확하게 이해하기 위하여 「대한민국헌법」과 「정부조직법」 등 관련 법률에 따라 권력(사무)의 흐름을 중심으로 그려본 아래의 그림을 통하여 우리나라 통치구조의 기본 틀을 살펴보기로 한다.

9) 김철용, 행정법, 708쪽.

〈헌법상 권력흐름도〉

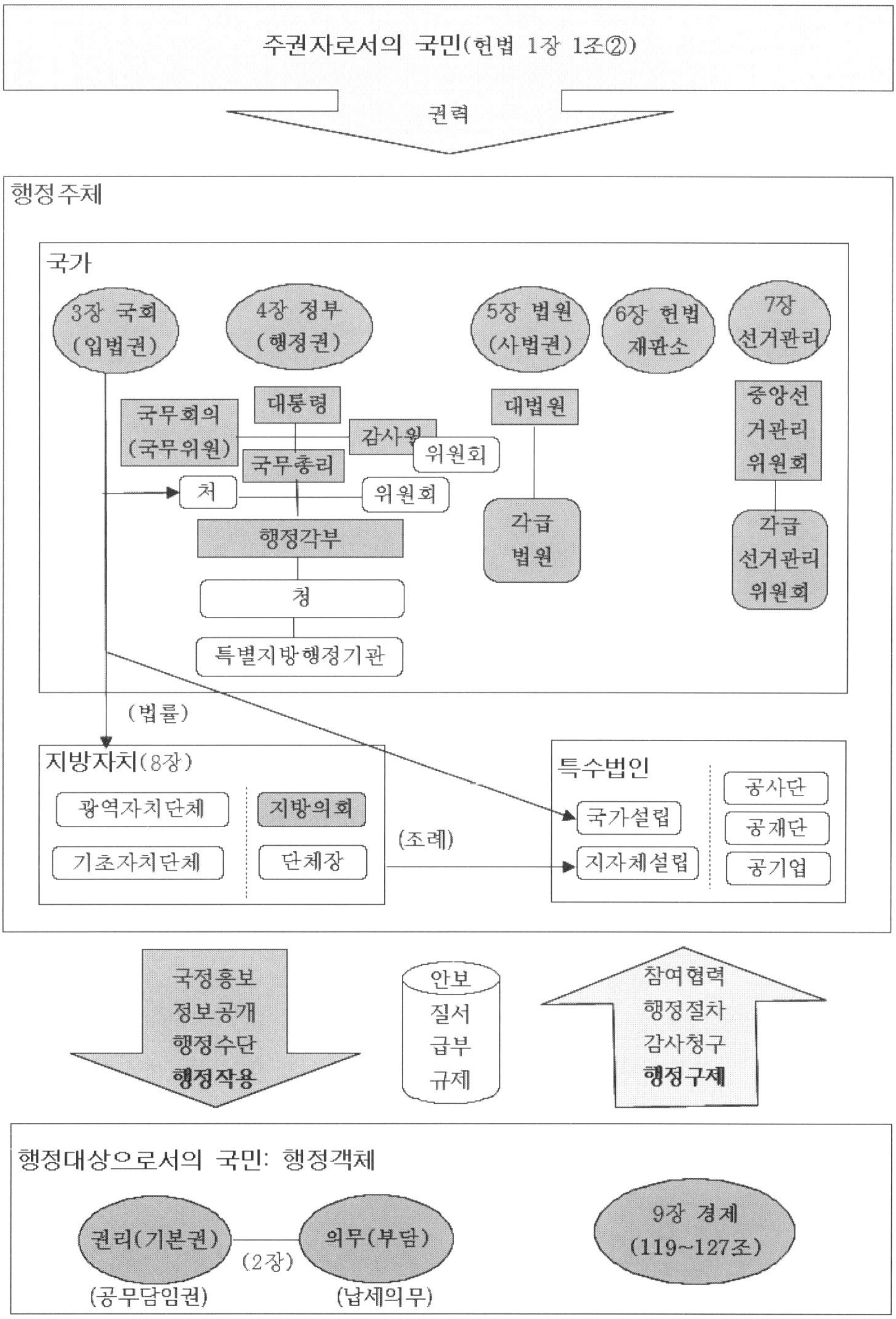
주권자로서의 국민(헌법 1장 1조②)
권력
행정주체
국가
3장 국회
(입법권)
4장 정부
(행정권)
5장 법원
(사법권)
6장 헌법
재판소
7장
선거관리
국무회의
(국무위원)
대통령
감사원
위원회
국무총리
처
위원회
행정각부
청
특별지방행정기관
대법원
각급
법원
중앙선
거관리
위원회
각급
선거관리
위원회
(법률)
지방자치(8장)
광역자치단체
기초자치단체
지방의회
단체장
(조례)
특수법인
국가설립
지자체설립
공사단
공재단
공기업
국정홍보
정보공개
행정수단
행정작용
안보
질서
급부
규제
참여협력
행정절차
감사청구
행정구제
행정대상으로서의 국민: 행정객체
권리(기본권)
(2장)
의무(부담)
(공무담임권)
(납세의무)
9장 경제
(119~127조)

가. 주권자인 국민

그림의 위쪽 큰 화살표 안에는 '주권자로서의 국민'이 있고, 그 대한민국 국민으로부터 권력이 나오고 있다. 1948.7.17. 공포된 우리나라의 「대한민국헌법」 제1호(제헌헌법)는 전문에서 대한민국(임시정부)은 이미 1919.3.1. 기미삼일운동으로 건립되었고 (일제 강점기를 거쳐) 7.17. 민주독립국가로 '재건'된 것임을 밝히면서, 제2조에서 '대한민국의 주권은 국민에게 있고 모든 권력은 국민으로부터 나온다.'라고 선언하였다.

이 조문은 그간 수차례의 헌법 개정에도 불구하고, 위치만 1962.12.26. 헌법 제6호 개정부터 제1조 제2항으로 이동되었을 뿐 줄곧 유지되고 있다. 즉 대한민국이라는 나라의 모든 권력의 원천이 국민에게 있는 민주주의 국가임을 내외에 천명한 것이다. 수천 년 왕조시대 동안 군주에게 집중되었던 권력을 국민들이 가져오는데 참으로 기나긴 세월이 걸렸다. 민주주의 국가는 군주가 아닌 국민으로부터 '나온' 권력이 국가로 '들어가' 국민의 생명과 재산을 지키는 동력이 되는 것이다. 다시 말하면 이 권력은 강제적인 공공권력(common power)으로서 모든 구성원의 계약을 보장할 수 있도록, 한 사람 또는 하나로 정의되는 한 집단에 위탁되어 신민(subjects)에게 사회에서 필요한 의무를 수행토록 강제할 권력으로 작용하는 것이다.[10)]

나. 국가

그 밑의 큰 네모 안에 표시된 '국가'는 국민으로부터 받은 권력을 입법권, 행정권, 사법권 등으로 나누어, 각자 맡은 기관들이 서로 견제와 균형을 하고 있음을 보여주고 있다. 1987.10.29. 공포된 현행 헌법(제10호)은 국가의 권력을 분담한 기관으로 국회(제3장), 정부(제4장), 법원(제5장)을 두고 입법권, 행정권, 사법권을 각각 귀속시키며, 헌법재판소(제6장)와 선거관리(제7장) 기구는 '권'의 표현 대신 관장 사무를 명시하는 방식을 취하고 있다.[11)]

---

10) 현승일, 사회사상사, 435쪽.

11) 제헌헌법에서는 지금의 헌법재판소의 기능 일부를 수행하던 탄핵재판소가 제3장 국회 안의 제47조에, 헌법위원회가 제5장 법원 안의 제81조로 각각 규정되어 있었기 때문에 헌법재판소는 입법권과 사법권의 일부를 담당한다고 볼 수 있다. 또한 1960.6.15. 헌법 개정시 처음으로 제6

현행 헌법은 행정권을 행사하는 정부에 대하여만 장 밑에 절을 두어 대통령과 국무총리, 국무회의, 행정각부, 감사원까지 구체적으로 정하고 나머지 행정부의 기관에 대하여는 법률로 설치하도록 위임하고 있다. 우리나라의 존립 근거가 되는 기본 규범인 「대한민국헌법」이 효력을 갖는 한 국가는 시원적인 인격체로 존재한다.

안전행정부 홈페이지(www.mospa.go.kr)에 2013.9.30. 기준으로 공개된 국가에서 일하는 국가공무원 정원은 군인, 군무원, 국가정보원 직원을 제외하고도 아래 표와 같이 약 63만 여명이며, 약 300조가 넘는 예산을 쓰고 있다.

〈국가공무원 정원 현황〉

국가공무원 총계	국회	정부(613,364)				법원	헌법 재판소	선거관리 위원회
		일반행정	교육	치안	우정			
637,767(명)	3,974	96,330	346,449	138,285	31,300	17,431	277	2,721

그런데 위 표 중 정부 소속 공무원 수 중에서 약 35만명에 달하는 교육공무원 숫자는 교육자치제 대상으로서 지방자치단체 사무로 분류되어 있고 인건비 또한 지방자치단체가 대부분 부담하고 있으므로 지방공무원으로 분류하는 것이 옳다. 또 치안을 담당하는 검찰·경찰·소방 공무원 중 대다수인 경찰공무원은 수사나 보안 등 국가사무와 교통, 생활안전 등 지방사무를 함께 수행하고 있지만 대부분 국가공무원으로 분류되어 있다. 다만 자치경찰제도의 확대 추세에 비춰 앞으로 지방공무원으로 일부 전환될 가능성도 있다. 그렇게 되면 정부와 공무원 숫자에 대한 정확한 이해를 바탕으로 국가와 지방의 인력규모를 합리적으로 판단할 수 있을 것이다.

다. 지방자치

국가 아래 왼쪽의 네모는 '지방자치'를 표시한다. 우리나라의 지방자치단체는 제헌헌법 제8장에서 규정된 이래 줄곧 「대한민국헌법」에 그 설치 근거를 두어 왔다.

장에 규정된 중앙선거위원회는 각종 선거의 '관리'를 공정하게 하는 것이므로 업무의 성격은 행정권에 속하지만, '공정'한 관리를 강화한다는 측면에서 정부와 별도의 장으로 둔 것이다.

지방자치제는 헌법과 법률에 의하여 구성되는 지방의회와 지방자치단체가 특정의 지역을 기반으로 자치권을 행사하고 있으므로, 국토와 국민 전체를 기반으로 통치권을 행사하는 국가와 달리 일정한 주민의 대표성을 가지고 있다. 이 점에서 연방국가인 미국이나 호주의 주(州, State) 정부처럼 입법・행정・사법권을 다 보유한 독립된 주(州)헌법이 먼저 있었고, 나중에 주 정부의 대표들이 모여 주헌법 권한의 일부를 떼어 연방헌법으로 이관하면서 연방국가를 만든 경우와는 성립배경에 있어서 큰 차이점이 있다.[12)]

안전행정부가 위 홈페이지에서 앞서 발표한 2013.6.30. 현재 지방공무원 정원은 354,863명이며, 그 중 일반행정을 담당하는 지방자치단체가 287,635명이며, 시도 교육청 소속이 67,228명이다. 이 수치에는 선거로 취임하는 지방자치단체장 244명과 시 · 도교육감 17명은 제외되어 있다. 지방자치단체가 연간 쓰는 예산은 약 150조원 정도로 파악되고 있다. 시 · 도 교육청 소속이라 함은 국가공무원으로 분류된 교육공무원을 제외한 일반 행정사무를 처리하는 공무원을 말한다.

라. 특수법인

국가 아래 오른쪽의 네모는 '특수법인'을 표시한다. 특수법인이라는 용어는 헌법에 명시되어 있지 않으나 특수법인의 존재를 암시하는 용어는 헌법에서 쉽게 찾을 수 있다.

첫째는 '국영기업'이다. 이는 제헌헌법 제72조 국무회의 의결사항 제11호에 '국영기업'이 들어간 이래 1962.12.26. 헌법 제6호에서 '국영기업체'로 이름만 바뀌었을 뿐 국가와 지방자치단체가 아닌 '법률에 의하여 지정된' 특수법인의 존재를 인정한 것이고, 둘째는 1962.12.26. 헌법 제6호 제92조에서 대통령 소속으로 감사원을 신설하면서 국가의 세입 · 세출의 결산, 국가 및 법률에 정한 단체의 회계 검사와 행정기관 및 공무원의 직무에 관한 감찰을 하도록 한 것이다. 이 '법률에 정한 단체'는 지방자치단체는 물론, 특수법인도 염두에 둔 표현이다.

---

12) 우리나라의 지방자치단체는 「대한민국헌법」 규정에 의하여 국가로부터 자치권(자치사무)을 부여받아 행사하는 것이므로 '지방정부'로 부르는 것은 정확한 표현은 아니다.

특수법인에 소속된 인력은 특수법인의 범위만큼 정확히 파악하기가 쉽지 않다. 대략 국가가 설치한 특수법인만 보더라도 25만 명이 훨씬 넘고 자산만 약 700조원을 넘을 정도로 큰 규모를 차지하고 있다.[13)]

각 지방자치단체가 설립한 특수법인에 종사하는 직원 수는 공무원 신분인 지방직영기업 직원 1만5천명을 제외한 지방공기업(법인)에 약 5만명이 근무하고 있으며, 출연기관에는 약 2만5천명 정도가 있다. 2011.12.31. 기준으로 지방직영기업을 포함한 지방공기업의 전체 자산은 158.7조원이며,[14)] 2013년 예산 기준으로는 지방직영기업이 16.3조원이고 지방공기업(법인)이 27.7조원 정도이다.[15)]

마. 행정주체와 국민관계

그 밑의 왼쪽 화살표는 국가, 지방자치단체, 특수법인이 각종 행정서비스를 통하여 국민에게 다양한 '행정작용'을 함을 보여준다.

행정주체의 역할은, 제헌헌법부터 1960.11.29. 개정된 헌법 제5호에 이르기까지 헌법 제5조에서 '대한민국은 정치, 경제, 사회, 문화의 모든 영역에 있어서 각인의 자유, 평등과 창의를 존중하고 보장하며 공공복리의 향상을 위하여 이를 보호하고 조정하는 의무를 진다'고 선언한 것이 그 핵심내용이다. 비록 이 규정은 헌법 제6호부터 다른 조항에 스며들어가면서 사라졌지만 국가의 존재목적을 간결하게 표현하였다는 점에서 의미가 적지 않다.

대한민국은 이 의무를 수행하는데 필요한 여러 조직들(국회, 정부, 법원, 지방자치단체, 특수법인 등)을 만들고 거기서 일할 사람(공무원, 법인 직원 등)을 뽑아 국민으로부터 받은 세금이나 각종 요금 등을 활용하여 국민에게 다양한 공공서비스를 제공한다. 오른쪽 큰 화살표는 만약 그 과정에서 국민들의 권리가 침해되거나 의무가 과중되는 등 불만족하게 될 경우 다양한 행정구제 절차를 통하여 해결해 나간다는 뜻이다.

---

13) 기획재정부가 운영하는 '공공기관 경영정보 공개시스템'(alio.go.kr)에 포함된 공공기관의 대부분은 특수법인으로서 2014.1.1. 현재 임직원 수가 254,032명이며, 자산, 부채, 자본 등이 공개되어 있다.

14) 안전행정부, 2013 안전행정 통계연보, 338쪽.

15) 안전행정부, 2013년도 지방공기업 예산개요 및 분석 · 평가 결과, 2013.6, 21쪽.

바. 행정객체로서의 국민

밑의 큰 네모는 '행정대상(객체)으로서의 국민'이다. 국민은 헌법 제2장에서 권리 · 의무의 주체이자 대한민국의 힘의 원천이다. 이 말은 대한민국의 5천만 국민들은 대한민국의 주권자로서 행정주체에 대해 권리를 주장하고 향유할 수 있는 지위와 함께 행정주체의 존재와 활동을 위해 필요한 인적 · 물적 자원 등을 제공할 의무를 부담하는 지위도 갖는다는 뜻이다.

행정주체는 주권자인 국민에게서 '나온' 권력이 기반이 되지만 그 권력을 행사하는 데는 필연적으로 사람과 돈이 있어야 한다. 이 모든 자원은 하늘에서 떨어지거나 외국으로부터 얻는 것이 아니라 우리 국민으로부터 (공직자를) 충원하거나 (세입자금을) 조달할 수밖에 없으므로 나라를 유지해 나가는 필수적인 요소를 국민의 권리(공무담임권 등)와 의무(병역 · 납세 등)사항으로서 헌법과 법률에서 정하고 있는 것이다.

사. 권력의 흐름

몇 가지 입법사례를 통하여 국민과 국가와의 관계를 좀 더 구체적으로 설명하면 다음과 같다. 권력의 흐름을 번호 순서대로 보면 된다.

국민의 직접선거로 선출 · 구성된 국회는, ①「정부조직법」을 제정하여 행정권의 수반인 대통령을 보좌할 수 있는 중앙행정기관을 구성하였다. ② 같은 법 제42조에서 국토교통부를 설치하여 국토교통부장관에게 국토종합계획과 육운 · 철도 등의 사무를 관장할 수 있는 권한을 부여하였다. ③ 국회는 철도 운영의 전문성과 효율성을 높임으로써 철도산업과 국민경제의 발전에 이바지하기 위하여「한국철도공사법」을 제정하였다. ④ 동 공사는 그 법 제9조에 따라 철도여객사업, 화물운송사업, 철도와 다른 교통수단의 연계운송사업 등을 수행할 권한을 부여받았다.

한편 국회는 ①「지방자치법」 제9조를 통하여 각 지방자치단체가 할 수 있는 사무를 획정하였다. ② 지방자치단체인 경기도 안성시는 그 법 규정에 따라 주차장 · 교통표지 등 교통편의시설의 설치 및 관리(권)을 수행할 수 있게 되었다. ③ 안성시는 그 일을 직접 처리하지 않고 국가가 제정(권한을 부여)한「지방공기업법」 제76조에 따라 안성시 의회가 정한「안성시 시설관리공단 설립 및 운영에 관한 조례」에 따라 안성시시설관리공단을 설립하였다. ④ 동 공단은 시가 설치한 각종시설 및 시설물을 관리할 수 있는 권한(사무)을 가지고 안성시 주민들의 편익을 도모하고 있다.

순서대로 권력이 흘러가는 과정에서 각자의 역할이 분담되어 있다. 국가에는 국회, 대통령, 정부, 국토교통부가 등장한다. 그런데 이들은 개별 정책에 대하여는 국회는 입법을 하고 대통령 등은 집행을 한다는 위치만 다를 뿐 모두 한 방향으로 가고 있다. 따라서 단일의 인격체이다. 지방자치단체는 경기도 안성시 의회와 안성시가 있다. 이들도 안성시 사무에 관한 한 의회와 시가 조례를 제정하고 집행하는 위치만 다를 뿐 한 방향으로 가고 있다. 타 시 · 도와는 무관하므로 지방자치단체별로 인격을 갖게 되는 것이다. 다음으로 국가가 법으로 설립한 한국철도공사와 경기도 안성시가 조례로 설립한 안성시시설관리공단이 있다. 이들은 설립주체는 다르지만 별개의 법인격을 가지고 각자에게 주어진 권한(사무)을 행사(처리)한다. 결국 권력의 흐름을 따라가 보면 직접적으로는 국가에 기본줄기가 있고, 그 줄기는 국민으로부터 나온 권력에 뿌리를 두고 있다.

3. 행정주체의 종류

행정주체는 국가의사를 형성 · 작용 · 판단하며 행정의 대상인 국민에게 각종 서비스를 제공하는 조직, 즉 입법 · 행정 · 사법권을 행사하는 통치기구라고 하였다. 우리 헌법에서 '통치기구'는 1962.12.26. 개정된 헌법 제6호와 1969.10.21. 개정된 헌법 제7호 제3장의 제목으로 되어 있었고, 제3장 안에 제1절 국회, 제2절 정부, 제3절 법원, 제4절 선거관리, 제5절 지방자치가 있었다. 그래서 당시의 헌법을 중심으로 통치기구를 법인격 단위로 구분 설명하면 다음과 같다.

가. 국가

단일 인격체인 국가에는 국회, 정부, 법원, 선거관리위원회 등이 권력을 분담하며 활동한다. 예컨대 국회는 국가와 국민이 지켜야 할 규범(법률)을 만들고, 정부는 그 법률에 따라 집행을 하며, 법원은 집행과정에서 발생하는 각종 분쟁을 심판하면서 국가의사를 형성해 나가는 것이다. 이는 하나의 일관된 작업 중 각자 맡은 역할과 위치만 다른 동일 몸통의 각 지체일 뿐이다.

국민으로부터 나온 '모든' 권력은 관념상 일단 모두 국가로 들어간다. 그래서 각종 행정작용 법률에서 국가의 단독 또는 지방자치단체와 함께 부담할 의무(책무 또는 책임) 사항으로 포괄 규정하는 사례가 매우 많다.[16] 물론 국가나 지방자치단체의 의무로 규

16) 「119구조 · 구급에 관한 법률」 제3조, 「가축분뇨의 관리 및 이용에 관한 법률」 제3조, 「건강가정기본법」 제5조, 「건강검진기본법」 제5조, 「건설폐기물의 재활용촉진에 관한 법률」 제4조, 「건축기본법」 제4조, 「결핵예방법」 제3조, 「고용정책 기본법」 제3조, 「공공보건의료에 관한 법률」 제3조, 「공연법」 제13조, 「공익신고자 보호법」 제3조, 「교통안전법」 제3조, 「교통약자의 이동편의 증진법」 제4조, 「구강보건법」 제3조, 「국가보훈 기본법」 제5조, 「국민영양관리법」 제3조, 「국제경기대회 지원법」 제4조, 「군사정전에 관한 협정 체결 이후 납북피해자의 보상 및 지원에 관한 법률」 제4조, 「근로자직업능력 개발법」 제4조, 「기상법」 제4조, 「노사관계 발전 지원에 관한 법률」 제2조, 「노숙인 등의 복지 및 자립지원에 관한 법률」 제3조, 「노인장기요양보험법」 제4조, 「농수산생명자원의 보존 · 관리 및 이용에 관한 법률」 제3조, 「농지법」 제4조, 「대중교통의 육성 및 이용촉진에 관한 법률」 제3조, 「독립유공자예우에 관한 법률」 제3조, 「모자보건법」 제3조, 「민방위기본법」 제3조, 「법교육지원법」 제3조, 「보건의료기본법」 제4조, 「북한이탈주민의 보호 및 정착지원에 관한 법률」 제4조의2, 「새마을금고법」 제3조, 「성매매방지 및 피해자보호 등에 관한 법률」 제3조, 「성매매알선 등 행위의 처벌에 관한 법률」 제3조, 「성폭력방지 및 피해자보호 등에 관한 법률」 제3조, 「세종특별자치시 설치 등에 관한 특별법」 제3조, 「소방공무원 보건안전 및 복지 기본법」 제3조, 「소음 · 진동관리법」 제2조의2, 「식품안전기본법」 제4조, 「실종아동등의 보호 및 지원에 관한 법률」 제3조, 「아동 · 청소년의 성보호에 관한 법률」 제4조, 「아동복지법」 제4조, 「악취방지법」 제3조, 「암관리법」 제3조, 「어린이놀이시설 안전관리법」 제2조의2, 「온천법」 제3조, 「유해화학물질 관리법」 제4조, 「인공조명에 의한 빛공해 방지법」 제3조, 「일제하 일본군위안부 피해자에 대한 생활안정지원 및 기념사업 등에 관한 법률」 제2조의2, 「입양특례법」 제3조, 「자격기본법」 제4조, 「자살예방 및 생명존중문화 조성을 위한 법률」 제4조, 「자원봉사활동 기본법」 제4조, 「장기등 이식에 관한 법률」 제6조, 「장애인 등에 대한 특수교육법」 제5조, 「장애인 · 고령자 등 주거약자 지원에 관한 법률」 제3조, 「장애인 · 노인 · 임산부등의 편의증진 보장에 관한 법률」 제6조, 「장애인연금법」 제3조, 「장애인차별금지 및 권리구제 등에 관한 법률」 제8조, 「전통사찰의 보존 및 지원에 관한 법률」 제3조의2, 「정신보건법」 제4조, 「제주특별자치도 설치 및 국제자유도시 조성을 위한 특별법」 제4조, 「제품안전기본법」 제4조, 「주택법」 제3조, 「지속가능 교통물류 발전법」 제4조, 「지역보건법」 제2조, 「진실 · 화해를 위한 과거사정리 기본법」 제34조, 「청년고용촉진 특별법」 제3조, 「청소년 보호법」 제5조, 「체육시설의 설치 · 이용에 관한 법률」 제4조, 「취업 후 학자금 상환 특별법」 제4조, 「치매관리법」 제3조, 「특정 범죄자에 대한 보호관찰 및 전자장치 부착 등에 관한 법률」 제3조, 「하천법」 제3조, 「학교보건법」 제2조의2, 「학교폭력예방 및 대책에 관한 법률」 제4조, 「한국장학재단 설립 등에 관한 법률」 제5조, 「항공보안법」 제4조, 「해사안전법」 제4조, 「해양생명자원의 확보 · 관리 및 이용 등에 관한 법률」 제4조, 「해양환경관리법」 제5조, 「화학물질의 등록 및 평가 등에 관한 법률」 제4조, 「환경정책기본법」 제4조, 「후천성면역결핍증 예방법」 제3조 등.

정하더라도 훈시규정에 불과할 것이다. 왜냐하면 이를 근거로 국가를 상대로 소송을 제기하거나 법적 의무를 강제할 수는 없기 때문이다. 다만 이러한 표현이 최근 제·개정되는 법률에 많이 들어가는 것은 사회적 약자를 배려하는 입법정책에 따라 행정주체의 의무를 강화하려는 의도로 보인다. 아울러 소관 행정기관의 입장에서는 예산 등 소요자원을 보다 확보하기 용이한 측면도 반영되었다고 판단된다.

나. 지방자치단체

지방자치단체는 「지방자치법」 제3조 제1항에 따라 각 지방자치단체마다 법인격을 가지고 있다. 이 지방자치단체가 행정주체가 된 것은 헌법에서 통치기구의 하나에 포함하기도 했지만, 국가 홀로 국민으로부터 받은 '모든' 권력을 직접 다 행사하여 국민에게 만족스러운 서비스로 되돌려주는 것은 사실상 불가능하여 일부 사무를 나누어주는 것이 불가피하기 때문이다.

그래서 국가는 전국을 일정한 지역단위로 구분하여 각 지역에서 처리하는 것이 바람직하다고 판단되는 사무는 지방자치에 맡기는 것이다. 「지방자치법」 제9조 내지 제11조는 지방자치단체가 행하는 사무를 구체적으로 열거하고 있다. 지방자치는 당해 사무를 각 지역 안에서 자율적으로 처리함에 있어서는 각자 권리·의무의 주체가 되는 것이 편리하므로 모든 지방자치단체에게 법인격을 부여한 것이다.

지방자치는 넓은 구역으로 나눈 광역지방자치단체와 그 안에 다시 좁은 지역으로 나눈 기초지방자치단체가 있다. 2014.1.1. 현재 전자는 서울특별시, 6개 광역시, 세종특별자치시, 8개 도, 제주특별자치도 등 17개가 있고, 후자는 도 밑에 있는 74개 시, 84개 군, 시 밑에 있는 69개 자치구 등 227개가 있다.

다. 특수법인

특수법인은 말 그대로 특별히 법률에 근거를 두고 특정한 사무를 처리하기 위하여 법인격을 부여하여 설립한 기관을 말한다. 우리나라의 현행 법률에서도 '특수법인'이라는 말이 여러 곳에서 나타난다. 그 유형으로는 ① 「한국은행법」 제2조와 같이 법률에서 (무자본) 특수법인을[17] 직접 명시하고 있는 경우 ② 「통계법」 제3조처럼 개별적으로 특수법인의 개념을 정의한 경우, 그리고 간접적으로 특수법인에 대하여 설명하고 있는 것 등 다양하다.[18)]

특수법인의 담당사무도 원래는 국가가 하부조직을 만들어 처리하는 것이 국민으로부터 받은 권력을 행사하는 취지에 맞다. 하지만 한 인격체인 국가가 큰 몸집으로 모든 일을 다 처리하는 것은 바람직스럽지 않기 때문에 지방자치단체에 일정 권한을 부여하여 법인격을 준 것처럼, 일부 국가 사무를 효율적으로 처리하기 위하여 별도의 기관을 만들고 법인격을 부여하는 것이다. 같은 취지로 지방자치단체도 국가로부터 받은 일반 사무 중 일부를 해당 지역 안에서 효율적으로 처리하기 위하여 별도의 공법상 법인을 설치하는 것이다.

특수법인의 유형은 기관의 설치 주체, 목적, 재원, 성격 등에 따라 행정기관처럼 법률로 직접 설립하는 것, 법에서는 설치근거만 두고 설립은 개별적으로 설립등기를 거쳐서 하는 것, 법인에게 공법상 계약을 통하여 사무를 위탁하고 보조금을 지급하는 것, 사법상 법인에게 지원하는 특별법을 제정하는 것 등 다양하다. 형태도 사단법인, 재단법인, 상법상 회사 등이 있다. 이처럼 특수법인은 업무의 다양성으로 단일 법체계로 묶는 것은 사실상 불가능하다.

4. 유사개념

행정주체가 나누어진 이유는, 국가가 국민으로부터 받은 권력(사무)을 직접 처리할 것인가, 지방자치단체로 하여금 처리하게 할 것인가, 아니면 특수법인을 설치하여 맡길 것인가 하는 입법정책의 결과이다. 국가가 처리하는 것이 바람직한 본질적 사무[19)]가 아니라면 담당기관은 언제든지 바꿀 수 있다. 그래서 정부의 정책방향에 따라 국가사무를 지방자치단체로 이양하여 처리하거나[20)] 특수법인을 설치하여

---

17) 무자본(無資本) 특수법인은 정부가 아무 출자도 하지 않은 채 기관을 설치한 것이므로 본질은 국가기관과 같다고 할 수 있다.

18) 졸저, 특수법인론, 47~49쪽.

19) 「지방자치법」 제11조는 원칙적으로 국가가 처리할 사무의 기준으로서 국가의 존립에 필요한 사무, 전국적 통일처리를 요하는 사무, 전국적 규모 및 이에 준하는 사무 등을 예시하고 있다.

20) 1999년부터 2008년까지 시행되었던 「중앙행정권한의 지방이양 촉진등에 관한 법률」에 따라 국

이관 처리하는 경우[21] 등이 생기는 것이다. 심지어 과거에는 행정주체의 업무였지만 그 후 민간으로 완전 이관하는 경우도 있다.[22]

행정서비스를 받는 국민의 입장에서는 행정주체가 누구인가보다는 어느 기관이 그 일을 담당하는 것이 보다 더 효율적이며 양질의 서비스를 제공받을 수 있을까에 더 관심이 많을 것이다. 이는 결국 국민 전체를 위해 가장 바람직한 행정서비스 전달체계가 무엇인가에 대한 입법재량의 문제이므로 국회와 정부가 긴밀히 협조하여 적절한 방안을 마련하고 필요한 사항을 조치해 나가야 한다.

현행 법령을 보면, 행정주체와 비슷한 용어들이 혼용되어 다소 혼란스러운 측면도 있다.

가. 공공기관

각종 법령에서 공공기관이라는 용어만큼 다양하게 사용되고 있는 것을 보기 어려울 정도이다. 현행 법률의 제목에 '공공기관'이란 말이 들어가 있는 것은 ① 「공공기관의 정보공개에 관한 법률」 ② 「공공기관 지방이전에 따른 혁신도시 건설 및 지원에 관한 특별법」 ③ 「공공기관의 운영에 관한 법률」 등 3개가 있는데,[23] 아래 표에서 보는 바와 같이 이 3개조차도 ① 〉 ② 〉 ③의 법률 순서로 공공기관의 개념과 범위가 좁아지고 있다.

가사무를 지방자치단체로 이양하도록 한 것이 이에 해당한다. 현재 그 법은 「지방분권 및 지방행정체제개편에 관한 특별법」으로 대체되었다.

21) 총무처 연금국이 1983년부터 공무원연금관리공단으로, 철도청이 1993년부터 철도공사로 각각 특수법인이 된 경우가 이에 해당된다.

22) 국가의 중앙행정기관이었던 전매청이 1987년에 특수법인으로 전환되어 처음에는 정부가 전액 출자하는 한국전매공사가 되었다가, 1989년 4월부터는 정부가 51% 이상을 출자하는 한국담배인삼공사로 바뀌었고, 1997년 10월부터는 주식회사로 전환되어 민영화한 것이 대표적인 사례이다.

23) 과거에는 「공공기관의 개인정보 보호에 관한 법률」과 「공공기관의 기록물 관리에 관한 법률」이 있었으나 지금은 「개인정보보호법」과 「공공기록물관리에 관한 법률」로 이름이 바뀌었다.

〈공공기관의 개념과 범위 관련 입법례〉

<table>
<tr><th>「공공기관의 정보공개에 관한 법률」
제2조 제3호</th><th>「공공기관 지방이전에 따른 혁신도시 건설 및 지원에 관한 특별법」 제2조 제1호</th><th>「공공기관의 운영에 관한 법률」 제4조 제1항</th></tr>
<tr><td>① 국가기관
㉠ 국회, 법원, 헌법재판소, 중앙선거관리위원회
㉡ 중앙행정기관 및 그 소속 기관
㉢ 「행정기관 소속 위원회의 설치·운영에 관한 법률」에 따른 위원회
② 지방자치단체
③ 「공공기관의 운영에 관한 법률」 제2조에 따른 공공기관
④ 그 밖에 대통령령으로 정하는 기관</td><td>「국가균형발전 특별법」 제2조 제10호의 기관
⇩
① 중앙행정기관
② 「공공기관의 운영에 관한 법률」 제4조에 따른 공공기관
③ 그 밖의 공공단체 중 대통령령으로 정하는 기관</td><td>국가·지방자치단체가 아닌 법인·단체 또는 기관으로서 기획재정부장관이 지정한 공공기관
① 다른 법률에 따라 직접 설립되고 정부가 출연한 기관
② 정부지원액이 총수입액의 2분의 1을 초과하는 기관
③ 정부가 50% 이상의 지분을 가지고 있거나 30% 이상의 지분을 가지고 사실상 지배력을 확보하고 있는 기관
④ 정부와 ①②③ 기관이 합하여 50% 이상의 지분 또는 30% 이상의 지분을 가지고 사실상 지배력을 확보하고 있는 기관
⑤ ①~④ 기관이 단독 또는 두개 이상의 기관이 합하여 50% 이상의 지분 또는 30% 이상의 지분을 가지고 사실상 지배력을 확보하고 있는 기관
⑥ ①~④의 기관의 자회사 및 정부 또는 설립기관이 출연한 기관</td></tr>
</table>

한편, 법률의 조문 제목이나 본문에 '공공기관'이라는 말이 들어가 있는 것을 검색해보면 약 480여개이다. 이를 분석해 본 결과, 위 「공공기관의 정보공개에 관한 법률」에서처럼 가장 넓은 의미로 쓰고 있는 것을 정리한 것이 아래 표이다.[24)]

이 표에 없는 나머지 법률은 공공기관의 개념을 「공공기관의 운영에 관한 법률」을 인용하거나 또는 해당 법률의 제정 목적에 맞게 특정한 기관으로 정의하여[25)] 사용하고 있는데, 대부분 국가와 지방자치단체를 제외한 좁은 의미로 사용하는 공통점이 있다.

24) 「지속가능 교통물류 발전법」 제2조와 「통계법」 제3조은 공공기관에 국가로 표현하지 않고 중앙행정기관으로 되어 있어서 국가 중에서 국회·법원 등을 제외한 정부만 포함한 것으로 보여 다른 법률의 경우와는 약간의 차이는 있다.

25) 「정부업무평가기본법」 제2조 제7호는 정부투자기관, 정부산하기관, 지방공사, 지방공단, 정부출연연구기관, 기타 기관·법인 또는 단체 등을 공공기관으로 정의하고 있다.

〈공공기관의 범위 및 대상 관련 입법례〉

구분	공공기관의 범위 및 대상
「부패방지 및 국민권익위원회의 설치와 운영에 관한 법률」 제2조 제1호	① 각급 행정기관과 지방자치단체의 집행기관 및 지방의회 ② 교육감, 교육청 및 교육위원회 ③ 국회, 각급 법원, 헌법재판소, 각급 선거관리위원회, 감사원 ④ 공직유관단체
「개인정보보호법」 제2조 제6호	① 국회, 법원, 헌법재판소, 중앙선거관리위원회의 행정사무를 처리하는 기관 ② 중앙행정기관 및 그 소속 기관 ③ 지방자치단체 ④ 그 밖의 국가기관 및 공공단체 중 대통령령으로 정하는 기관
「건축서비스산업 진흥법」 제2조 제5호	① 국가기관 ② 지방자치단체 ③「공공기관의 운영에 관한 법률」 제4조 제1항에 따른 공공기관 ④ 지방공기업
「중소기업제품 구매촉진 및 판로지원에 관한 법률」 제2조 제2호	① 국가기관 ② 지방자치단체 ③ 특별법에 따라 설립된 법인 중 대통령령으로 정하는 자 ④「공공기관의 운영에 관한 법률」 제5조에 따른 공공기관 중 대통령령으로 정하는 자
「공공기록물 관리에 관한 법률」 제3조 제1호	① 국가기관 ② 지방자치단체 ③ 그 밖에 대통령령으로 정하는 기관
「공공데이터의 제공 및 이용 활성화에 관한 법률」 제2조 제1호	① 국가기관 ② 지방자치단체 ③「국가정보화 기본법」 제3조 제10호에 따른 공공기관
「녹색제품 구매촉진에 관한 법률」 제2조 제2호	① 국가기관 ② 지방자치단체 ③「공공기관의 운영에 관한 법률」 제4조부터 제6조까지의 규정에 따라 지정된 공공기관 ④ 그 밖에 대통령령이 정하는 기관
「장애인차별금지 및 권리구제 등에 관한 법률」 제3조 제4호	① 국가 ② 지방자치단체 ③ 그 밖에 대통령령으로 정하는 공공단체
「지속가능 교통물류 발전법」 제2조 제10호	① 중앙행정기관 ② 지방자치단체 ③「공공기관의 운영에 관한 법률」 제5조에 따른 공기업 및 준정부기관 ④ 교통물류시설의 개발·운영 또는 관리를 담당하는 지방공사 또는 지방공단
「통계법」 제3조 제5호	① 중앙행정기관 ② 지방자치단체 ③「공공기관의 운영에 관한 법률」에 따른 공공기관 ④ 지방공사 및 지방공단 ⑤ 각급 학교 ⑥ 특별법에 따라 설립된 특수법인

위 표에서 보는 바와 같이 가장 넓은 의미의 공공기관은 행정주체의 범위와 매우 유사하다. 이 점에서 보더라도 행정조직법은 국가와 지방자치단체는 물론 특수법인(좁은 의미의 공공기관)까지 망라하여 검토하는 것이 타당함을 알 수 있다. 「통계법」 제3조는 특수법인을 더 좁게 분류하고 있지만, 「공공기관의 운영에 관한 법률」에 의한

공공기관이나 「지방공기업법」에 의한 지방공사와 지방공단도 결국 개별적인 법률이나 조례에 의하여 설치될 수밖에 없으므로 일반법인과 대비되는 특수법인이라 할 것이다.

이처럼 법령상 공공기관이 다의적으로 사용될 수밖에 없는 배경은, 입법 목적과 적용 대상이 다른 점을 반영한 결과이지만 행정수요의 증가에 따라 정부의 역할도 행정학에서 연구된 '제3섹터'[26]까지 확대되었지만 법률 개념의 통일을 이루기 위한 정부와 학계의 노력이 다소 부족했기 때문이 아닐까 생각된다.

나. 공공단체와 공직유관단체

현행 법률에서 공공단체라는 말이 들어가 있는 것은 9개가 있다. 국가를 제외하고 있다는 점은 공통되지만, 지방자치단체를 포함하는 것과[27] 지방자치단체를 제외하는[28] 것이 있는 등 일치되지 않으며 법률에서 정의를 규정하고 있는 것도 없다. 다만 대통령령으로는 '공공단체'의 개념 또는 범위를 구체적으로 규정하고 있는 것이 상당수 있다.[29] 시행령에서 정의하는 공공단체는 국가나 지방자치단체는 없고 당해 법령에서 적용할 일부 특수법인과 학교 등을 포함하는 것이 대부분이다. 이처럼 공공단체는 국가와 지방자치단체가 아닌 특수법인의 다른 명칭으로 볼 수 있다.

법률에서 공직유관단체라는 말이 나오는 것은 「공직자윤리법」 제3조의2가 유일하다. 이 법에서 정부 공직자윤리위원회는 정부 또는 지방자치단체의 재정지원 규모, 임원선임 방법 등을 고려하여 한국은행, 공기업, 정부의 출자·출연·보조를 받는

26) 제1섹터인 공공 부문과 제2섹터인 민간 부문의 공통 영역을 지칭하는 개념이다. 본래 제3섹터는 공공 부문과 민간 부문 어디에도 속하지 않은 제3의 부문을 일컫는 말이었으나, 공공기관과 민간기업이 공동으로 자본을 투자해 설립한 특수법인을 지칭하는 개념으로 사용되며, 비정부기구(NGO)를 가리키는 개념으로도 사용된다. 행정학사전, 2009.1.15.

27) 「근로자직업능력 개발법」 제11조의2, 「농업협동조합법」 제9조, 「도로법」 제33조,, , 「산림조합법」 제9조, 「소비자생활협동조합법」 제9조, 「수산업협동조합법」 제9조, 「항만법」 제68조, 「협동조합 기본법」 제10조.

28) 「사방사업법」 제24조.

29) 「공공보건의료에 관한 법률 시행령」 제2조, 「국유재산법 시행령」 제33조, 「근로자직업능력 개발법 시행령」 제2조, 「기상법 시행령」, 「무역보험법 시행령」, 「병역법 시행령」 제47조, 「부동산 가격공시 및 감정평가에 관한 법률 시행령」 제12조, 「전자문서 및 전자거래 기본법 시행령」 제13조 등.

기관·단체(재출자·재출연을 포함), 정부 업무를 위탁받아 수행하는 기관·단체, 「지방공기업법」에 따른 지방공사·지방공단 및 지방자치단체의 출자·출연·보조를 받는 기관·단체(재출자·재출연 포함), 지방자치단체의 업무를 위탁받아 수행하는 기관·단체, 임원 선임 시 중앙행정기관의 장 또는 지방자치단체의 장의 승인·동의·추천·제청 등이 필요한 기관·단체나 중앙행정기관의 장 또는 지방자치단체의 장이 임원을 선임·임명·위촉하는 기관·단체 등을 공직유관단체로 지정할 수 있도록 규정하고 있다. 공직유관단체로 지정되면 그 임직원은 같은 법에 규정된 재산등록, 취업제한, 선물신고 등의 의무를 지게 된다. 공직유관단체도 대부분 특수법인이다.

다. 비영리법인과 공익법인

「민법」 제32조에 따라 학술, 종교, 자선, 기예, 사교 기타 영리 아닌 사업을 목적으로 하는 사단 또는 재단은 주무관청의 허가를 얻어 이를 법인으로 할 수 있다. 이러한 법인이나 단체 활동이 국가적 사업과 관련될 경우 정부는 사업 추진에 필요한 경비의 전부 또는 일부를 출연하거나 보조, 정보의 제공 등 지원을 할 수 있다.[30] 그러나 비영리법인은 그 설립목적에 맞는 활동을 해야 하므로 목적 범위를 벗어난 수익사업으로 타인의 손해를 끼칠 경우 제재를 받을 수 있다. 예컨대 「유통산업 발전법」 제42조는 비영리법인이 판매사업을 통하여 목적사업의 범위를 벗어남으로써 인근 지역의 도·소매업자의 이익을 현저히 해치고 있다고 인정하는 경우에는 해당 법인에 대하여 지방자치단체의 장이 판매사업을 중단하도록 권고할 수 있다. 이를 위하여 지방자치단체의 장은 비영리법인에 대하여 판매사업에 관한 현황 등의 자료를 제공하여 줄 것을 요청할 수 있다. 또한 「비영리법인의 임원 처벌에 관한 법률」에 따라 비영리법인의 업무를 집행하는 이사, 감사 또는 그 직무를 대행하는 사람이나 사원으로서 형사소추(刑事訴追) 또는 형의 집행을 면(免)하기 위하여 합병이나 그 밖의 방법으로 비영리법인을 소멸시킨 사람은 5년 이하의 징역에 처할 수 있다.

공익법인은, 「민법」 규정을 보완할 목적으로 제정된 「공익법인의 설립·운영에 관한 법률」에 따라 사회 일반의 이익에 이바지하기 위하여 학자금·장학금 또는 연구

---

30) 「과학기술기본법」 제33조, 「나노기술개발 촉진법」 제17조, 「자연재해대책법」 제64조의2 등.

비의 보조나 지급, 학술, 자선(慈善)에 관한 사업을 목적으로 설립된 사단법인 또는 재단법인을 말한다. 따라서 공익법인은 「민법」 제32조의 비영리법인 중에서 설립 목적과 허가기준, 임원, 이사회, 재산, 감독, 벌칙 등에 관하여 구체적으로 정한 것이므로 이들도 역시 국가와 지방자치단체가 국가적 사무의 일부를 이관하여 처리하기 위하여 특별법으로 설치하는 특수법인과는 설립목적, 절차, 근거, 감독 등에 있어서 차이가 있다.

라. 비영리민간단체

「비영리민간단체지원법」 제2조는 비영리민간단체를 영리가 아닌 공익활동을 수행하는 것을 주된 목적으로 하는 민간단체로서 다음의 요건을 갖춘 단체를 말한다고 규정하고 있다. ① 사업의 직접 수혜자가 불특정 다수일 것 ② 구성원 상호간에 이익분배를 하지 아니할 것 ③ 사실상 특정정당 또는 선출직 후보를 지지 · 지원할 것을 주된 목적으로 하거나, 특정 종교의 교리전파를 주된 목적으로 설립 · 운영되지 아니할 것 ④ 상시 구성원수가 100인 이상일 것 ⑤ 최근 1년 이상 공익활동실적이 있을 것 ⑥ 법인이 아닌 단체일 경우에는 대표자 또는 관리인이 있을 것 등이다.

이 단체는 법인일 필요는 없으며 지원을 받고자 할 경우 관계 중앙행정기관장이나 광역지방자치단체장에게 등록을 하면 된다. 등록된 단체는 지원받으려는 공익사업에 대한 계획서를 제출하여 사업수행에 필요한 보조금 등 경비를 지원받을 수 있으며 그 결과를 보고서로 제출하며, 필요한 경우 세금도 감면받을 수 있다.

이는 시민단체의 자발적인 활동을 보장하고 건전한 민간단체로의 성장을 지원함으로써 비영리민간단체의 공익활동증진과 민주사회발전에 기여함을 목적으로 하는 것이므로, 국가 권력을 행사하는 행정주체와는 성격이 다르다

제3절 행정조직법의 범위

일반적으로 행정조직법의 범위는 광의, 협의, 최협의로 구분하여 설명한다. 광의는 행정주체나 행정기관의 설치 · 폐지 · 권한 · 구성 · 상호관계 등뿐만 아니라 행정기관을 구성하는 일체의 인적 요소(공무원), 물적 요소(공물) 및 인적 · 물적 요소(영조물)까지 아우르므로, 국가행정조직법, 지방자치조직법, 특별행정주체조직법, 공무원법, 공물법, 영조물법을 모두 포함한다. 협의는 행정주체나 행정기관의 설치 · 폐지 · 권한 · 구성 · 상호관계 등이므로 국가행정조직법, 지방자치조직법, 특별행정주체조직법을 포함한다. 최협의는 국가행정기관의 설치 · 폐지 · 권한 · 구성 · 상호관계 등에 국한되므로 국가행정조직법만 대상으로 한다.

이에 따라 현재 출판된 행정법 책의 행정조직법 분야에 대한 설명 부분을 분류해 면 아래 표와 같다.

〈행정조직법 범위 정리〉

<table>
<tr><td>Ⅰ형[31]</td><td colspan="2">국가행정조직법</td><td>지방자치조직법</td><td>특별행정주체조직법
(공공단체 등)</td><td></td></tr>
<tr><td>Ⅱ형[32]</td><td>국가행정조직법</td><td>공공단체</td><td>지방자치(행정)법</td><td></td><td>공무원법</td></tr>
<tr><td>Ⅲ형[33]</td><td>국가행정조직법</td><td></td><td>자치(지방)행정조직법</td><td>공공단체</td><td></td></tr>
<tr><td>Ⅳ형[34]</td><td>국가행정조직법</td><td>공공단체</td><td></td><td></td><td></td></tr>
<tr><td>Ⅴ형[35]</td><td>국가행정조직법</td><td></td><td></td><td></td><td></td></tr>
</table>

31) 김철용, 행정법, 700~712쪽.

32) 김남진 · 김연태, 행정법 Ⅱ; 박윤흔, 최신행정법강의(하); 정하중, 행정법개론; 조정환, 행정법개론.

33) 김동희, 행정법 Ⅱ; 김향기, 행정법개론; 석종현 · 송동수, 일반행정법(하) 도 같은 취지로 구성하고 있으나 정부조직법, 지방자치법으로 표현하면서 공공단체를 지방자치법 안에서 설명하고 있는 점이 다르다.

34) 강현호, 행정법총론; 홍정선, 행정법원론(하).

35) 박균성, 행정법강의.

학자들 간에 행정조직법의 범위에서 크게 차이가 나는 부분은 공공단체를 어디에서 설명할 것인가와 공무원법을 포함시킬지 여부에 대한 것이다. 생각건대 공공단체 즉 특수법인을 국가와 지방자치단체 조직의 한 분야로 기술하기에는 너무나 방대한 조직이다. 그리고 공무원법은 조직과 사람이 일체가 되어 행위주체가 된다는 점에서 행정조직법에 포함시키는 것이 좋을 것이다. 특수법인을 별도로 구분하여 기술한다면 그 조직에서 일하는 직원들도 당연히 구분하여 설명하는 것이 옳다고 본다.

이러한 견해 차이가 생긴 주된 이유는, 행정법 자체가 단일 법체계가 아니라 각종 행정현상에 적용하는 다양한 법령을 통하여 이론을 도출해내야 하는 특징 때문이다.

따라서 이 책은 행정조직법의 범위를 행정조직법의 정의에 따라 행정주체에 초점을 맞추어 설정하였다. 국가행정조직법에는 '행정'권을 행사하는 정부의 조직뿐만 아니라, '입법'권과 '사법'권을 행사하는 조직도 권리와 의무의 주체로서 행정사무를 처리하므로 포함한다. 또한 행정주체를 구성하는 국가, 지방, 특수법인조직의 구성은 물론 조직 내부의 인적 요소까지 포함한다. 그 이유는 국가의 모든 조직은 거기서 근무할 사람을 전제로 설치되는데, 그 사람 즉 공직자는 법적 근거를 가진 행정주체의 각 기관을 구성하면서 법률상 권리와 의무를 지기 때문이다.

정부조직 업무를 총괄하는 안전행정부가 홈페이지(www.mospa.go.kr)를 통하여 정부조직을 설명하는 자료에서도 조직을 "어떤 환경 하에서 특정한 목표를 달성하기 위한 다수인의 집단으로, 그 기능 수행을 위해 일정한 체계적 구조를 지닌 사회단위"로 정의하면서 (행정)조직의 3대 구성요소에 기능(행정사무), 기구(행정기구), 인력(공무원)을 들고 있는 점에서도 타당하다. 또한 헌법상 통치기구 관련 규정을 보더라도 조직의 틀 뿐만 아니라 각 조직을 구성하는 사람의 선임 절차, 권한과 의무 등도 함께 규정되어 있음은 이를 반증하고 있다.

1. 조직법

행정주체의 3대 축을 형성하는 국가, 지방자치단체, 특수법인이 어떤 조직원리에 따라 설계되어 있고 그 권한과 의무, 책임은 무엇이며 기관간 어떠한 관계를 맺고 있는가를 제2편에서 제4편까지 각각 나누어 살펴볼 것이다.

헌법에 따라 국가를 구성하는 국회, 정부(대통령과 행정부), 법원, 헌법재판소, 선거관리위원회에 대하여는 각기 해당 조직을 규율하는 법률과 하부 규정들이 있으므로 그 법령에서 정하는 내용을 분석한다. 국가는 법률로 244개의 지방자치단체와 400여개의 특수법인에게 사무와 인격을 부여한 모태가 되므로 관리 감독의 책무를 갖고 있다. 다만 「지방자치법」을 통하여 위임한 사무에 대해서는 포괄적 자치권을 부여한 지방자치단체와 달리 특수법인에 대하여는 관련 부처가 지주회사의 위치에서 관리 감독해야 할 책무가 있다.

지방자치단체는 모든 자치단체에 공통기준이 되는 「지방자치법」이 있으므로 그 법률을 통하여 지방의회와 지방자치단체장의 권한과 의무, 책임, 국가 및 다른 단체와의 관계 등을 살펴볼 수 있다. 또한 지방자치단체도 「지방공기업법」 등으로 일부 사무를 처리할 특수법인을 설치하여 조례로 인격을 부여한 모태가 되므로 지방자치단체가 설립한 800여개의 특수법인에게는 지주회사 위치에서 관리 감독할 책무가 있다.

특수법인은 모든 법인에게 공통 적용되는 단일 법률은 없으므로 특수법인의 설치법령을 하나하나 검토하여 유형별로 분석한 뒤 권리, 의무, 책임, 상호관계 등을 살펴보아야 할 것이다. 특수법인은 소속된 직원 수나 집행하는 예산, 그리고 행사하는 권한과 사무가 지방자치단체에 못지않게 생각보다 큰 규모로서 국민의 일상생활과 국민경제에 영향을 미치고 있다. 그럼에도 불구하고 대부분의 행정법 교재는 매우 간단하게 언급하고 있거나 아예 설명조차 없는 경우도 있다. 그러나 이 책은 특수법인도 국가나 지방자치단체와 같은 비중으로 언급하고자 한다. 다만 특수법인의 범위에 대하여는 아직도 논란이 있는 실정이므로, 법률이나 조례로 법인격을 직접 부여하거나 이에 준하는 기관을 중심으로 기술하고자 한다.

그 이유는 다음과 같다.

첫째, 법률 등으로 설치할 때부터 담당 사무, 기관장을 포함한 임직원의 임면, 조직의 기본 구조, 권한과 책무 등을 명시하여 국회나 지방의회의 통제 범위 안에 두며 외관상 행정기관과 유사하다는 점, 둘째, 법률 등으로 설치된 조직은 폐지하기 위해서도 법률이나 조례의 개정이 필요하므로 비교적 조직의 계속성이 보장된다는 점, 셋째, 개별 법률에서는 설치근거만 두고 실제 법인의 설립은 주무관청의 인·허가를 거치는 경우는 행정행위를 필요로 하는 것이므로 조직법정주의 원칙에서 보면 차이를 둘 필요가 있다는 점, 넷째, 「민법」상 사단법인이나 재단법인에 대하여 정부가 사무를 일부 위탁하고 보조금을 지급하는 경우는 조직법정주의 원리에서 보면 행정조직법의 범주에서 함께 논의하는 것이 시기상조라는 점 등을 들 수 있다. 따라서 행정조직법의 범위를 정하는데 논란의 여지가 있는 특수법인과 관련하여, 이 책은 개별적이고 일시적인 행정수요를 처리하기 위하여 특정한 공적 사무를 사인에게 위탁하여 제한적인 행정주체의 권능을 부여한 경우는 원칙적으로 제외한다.

2. 공무원법

공무원은 국가와 지방자치단체에 속한 각급 조직을 구성하는 인적 요소이다. 국가공무원과 지방공무원을 구분하는 기준은 근무기관과 급여 지급기관을 고려하여 결정한다. 지방자치단체마다 법인격은 다르지만 그 안에서 일하는 공무원에게는 단일의 「지방공무원법」에 의하여 신분 관리가 되고 있다. 「지방공무원법」은 「국가공무원법」과 내용이 거의 같으므로 행정주체는 다르지만 공무원법에서 함께 설명한다. 「국가공무원법」을 중심으로 설명하지만 「지방공무원법」에만 있는 것은 보충하여 기술될 것이다. 또한 국가공무원 중에서도 군인 · 경찰 등 직무의 특성상 신분을 달리 적용할 필요가 있는 직종은 특별법을 제정하고 있는데 그것도 당연히 포함된다. 따라서 제5편 공무원법은 공무원의 임용, 권리, 의무, 책임 등에 관하여 「국가공무원법」과 「지방공무원법」, 특별 공무원법 그리고 개별 법령에서 규정된 것까지 아울러 기술할 것이다.

3. 특수법인직원

특수법인은 국가가 조직법 또는 각종 작용법을 통하여 설치하는 것뿐만 아니라 지방자치단체가 법률과 조례에 따라 설치하는 것도 있다. 이들은 행정주체로서 국가 또는 지방자치단체가 부여한 공공사무를 수행하지만, 그 조직에서 근무하는 직원들은 국가 또는 지방공무원법의 적용을 받지 않고 개별적으로 설치된 법률과 정관 등 내부 규정이 적용된다. 그러나 법률에 따라 공무원과 함께 적용되는 경우도 많다. 특히 「형법」의 규정이나 공공질서를 유지하기 위한 법령에서는 공무원과 특수법인의 직원을 묶어서 '공직자'로 표현하며 함께 적용하기도 한다.[36)]그러나 일반적으로 특수법인직원의 근로관계는 특별한 예외규정이 없는 한 사적자치의 원리에 기초한 「근로기준법」 등이 적용된다. 따라서 제6편의 특수법인직원에 대한 임용, 권리, 의무, 책임 등은 특수법인의 유형에 따라 관련 법률을 검토하고, 또 개별 법률에 규정된 특별한 직무상 권리와 의무 등을 정리하여 설명하기로 한다.

제4절 행정조직법의 법원

1. 헌법

행정조직법의 법원(法源) 중 가장 기초가 되는 것이 헌법이다. 이 「대한민국헌법」은 우리나라의 최고 기본법으로서, 행정법은 그 헌법의 하위법으로서 한 부분을 이룬다. 흔히 행정법은 헌법의 구체화법이라고 한다. 헌법에는 국민의 권리와 의무를 확보하기 위한 행정주체의 조직설계가 그려져 있다. 통치구조에 대한 큰 틀인 입법권이 속한 국회, 행정권이 속한 정부, 사법권이 속한 법원, 그리고 지방자치단체, 헌법재판소, 선거관리위원회 등이 바로 그것이다.

헌법에서는 통치기구의 각 명칭과 권한, 구성원의 임기, 임면절차, 하부조직의 설치근거 등 대강의 원칙을 정하고 있다. 따라서 이를 기초로 국가사무를 처리할 담당조직을 만드는 것은 무방하지만 통치의 근간에 해당하는 국가기관을 헌법의 근거 없이 설치하면 위헌성 문제가 제기될 수 있다. 물론 구체적인 사례가 발생하면 사법심사를 통해 판단될 수 있을 것이다.

---

36) 법률의 명칭에 공직자라는 말이 들어가 있는 것은 「공직자윤리법」이며, 공직자의 정의는 「부패방지 및 국민권익위원회의 설치와 운영에 관한 법률」 제2조 제3호에서 정하고 있다. 즉 공직자는 국가공무원, 지방공무원과 자격 · 임용 · 교육훈련 · 복무 · 보수 · 신분보장 등에 있어서 공무원으로 인정된 자 및 공직유관단체의 장과 그 직원으로 정의하고 있다.

2. 법률

행정주체의 구체적인 설립과 조직에 관하여 헌법에서 직접 위임한 근거(제96조, 제102조 제3항, 제113조 제3항, 제114조 제7항 등)에 따라, 우리나라를 세울 때 「국회법」, 「정부조직법」, 「법원조직법」, 「국군조직법」 등 국가의 기본 통치구조인 국회, 정부, 법원, 국군 등의 조직법부터 마련하였다.

한 나라가 주권을 갖는다는 것은 주권을 행사하는 정부가 있다는 뜻이므로 우리나라도 헌법을 공포한 후 가장 먼저 한 것이 바로 「정부조직법」을 제정하는 일이었다. 그래서 1948.7.17. 「정부조직법」은 헌법과 같은 날 법률 제1호로 공포되었다. 국가조직과 인사 그리고 지방자치와 관련된 법률 및 특수법인의 설치 · 운영에 대한 법률을 예시하면 아래 표와 같다.

〈행정조직 관련 법률 사례〉

<table>
<tr><th>구분</th><th colspan="2">관련</th><th>법률(예시)</th></tr>
<tr><td rowspan="4">국가</td><td colspan="2">조직</td><td>「국회법」, 「정부조직법」, 「국군조직법」, 「법원조직법」, 「헌법재판소법」, 「선거관리위원회법」 등</td></tr>
<tr><td colspan="2">조직+운영</td><td>「방송통신위원회의 설치 및 운영에 관한 법률」, 「부패방지 및 국민권익위원회의 설치와 운영에 관한 법률」, 「원자력안전위원회의 설치 및 운영에 관한 법률」 등</td></tr>
<tr><td colspan="2" rowspan="2">인사</td><td>「국가공무원법」, 「외무공무원법」, 「경찰공무원법」, 「소방공무원법」, 「군인사법」, 「공무원 교육훈련법」 등</td></tr>
<tr><td>「공무원직장협의회의 설립·운영에 관한 법률」, 「공무원의 노동조합 설립 및 운영 등에 관한 법률」, 「공무원연금법」 → 지방공무원에게도 적용</td></tr>
<tr><td rowspan="2">지방자치단체</td><td colspan="2">조직</td><td>「지방자치법」, 「지방교육자치에 관한 법률」 등</td></tr>
<tr><td colspan="2">인사</td><td>「지방공무원법」, 「지방공무원 교육훈련법」 등</td></tr>
<tr><td rowspan="4">특수법인</td><td rowspan="2">국가설치</td><td>공통</td><td>「정부출연연구기관 등의 설립 · 운영 및 육성에 관한 법률」, 「과학기술분야 정부출연연구기관 등의 설립 · 운영 및 육성에 관한 법률」, 「공공기관의 운영에 관한 법률」 등</td></tr>
<tr><td>개별</td><td>「대한무역투자공사법」, 「한국조폐공사법」, 「한국철도공사법」, 「한국토지주택공사법」, 「한국투자공사법」, 「한국전력공사법」, 「인천국제공항공사법」, 「교통안전공단법」, 「한국산업인력공단법」, 「한국환경공단법」 등</td></tr>
<tr><td rowspan="2">지자체설치</td><td>공통</td><td>「지방공기업법」, 「지방자치단체출연 연구원의 설립 및 운영에 관한 법률」, 「지방의료원의 설립 및 운영에 관한 법률」 등</td></tr>
<tr><td>개별</td><td>* 각 지방자치단체의 조례로 설치</td></tr>
</table>

법률로 국가 조직의 기능과 구성에 관한 사항을 규정하는 것이 원칙이지만, 일부 법률은 조직과 기관 운영에 관한 사항도 함께 규정한 것도 있다. 정부조직을 설치할 경우 인력과 예산도 반드시 수반되는 만큼 「정부조직법」에서 그 명칭이나 설치근거를 두고 담당사무 등을 종합적으로 검토하는 것이 합리적이다. 개별 작용법마다 해당 사무를 처리할 조직을 만들 경우 기능 중복여부 등 행정주체 간의 합리적 기능배분과 소요예산 등을 정확하게 분석 · 판단하기 어려울 수 있다. 물론 형식적 법률로 제정된다면 그 방식은 입법자의 재량이지만 행정조직의 합리적 운영 측면에서 볼 때 행정작용법을 제 · 개정하면서 그 사무만 담당할 새로운 기관을 별도로 만드는 것은 바람직스럽지 않다. 왜냐하면 「정부조직법」을 보완하여 기존 조직의 기능을 조정하면 기관의 존립과 운영에 필요한 공통부서의 인력은 그만큼 절감할 수 있어 예산을 효율적으로 집행할 수 있고 업무 또한 체계적으로 관리할 수 있기 때문이다.

3. 대통령령

조직의 설치에 필요한 모든 사항을 법률에서 일일이 정할 수는 없으므로, 법률에서 위임하거나 법 시행에 필요한 것은 대통령령으로 정할 수 있다. 대표적인 것은 각급 기관의 직제규정이다. 대통령령안은 국무회의 심의사항이므로 행정각부의 장을 겸하고 있는 국무위원들이 정부조직의 신설 · 개폐시 기능의 중복이나 책임소재의 혼란 등의 문제는 없는지 안건 심의과정에서 걸러낼 수 있으므로 중요사항은 최소한 대통령령에는 담아두어야 한다.

대통령령에서는 행정부에 소속된 행정기관의 소속기관 현황과 본부의 국(局) 단위 이상의 조직과 임무를 정하고 부칙에서 당해 기관의 총정원과 고위공무원단 이상의 정원을 정하는 것이 일반적이다. 물론 기관의 성격에 따라 과(課) 단위 부서와 정원을 표시하기도 한다. 국가 소속의 각 기관별 직제와 관련된 대통령령을 예시하면 다음 아래 표와 같다.

〈행정조직 관련 대통령령 사례〉

<table>
<tr><th colspan="4">구분</th><th>직제 규정(예시)</th></tr>
<tr><td rowspan="9">국가</td><td rowspan="8">조직</td><td colspan="2">부</td><td>「○○부와 그 소속기관 직제」</td></tr>
<tr><td colspan="2">처</td><td>「법제처 직제」, 「국가보훈처와 그 소속기관 직제」 등</td></tr>
<tr><td rowspan="3">행정위원회</td><td>대통령소속</td><td>「민주평화통일자문회의 사무처 직제」, 「방송통신위원회 직제」 등</td></tr>
<tr><td>총리소속</td><td>「국민권익위원회와 그 소속기관 직제」, 「사행산업통합감독위원회 사무처 직제」 등</td></tr>
<tr><td>장관소속</td><td>「무역위원회 직제」 등</td></tr>
<tr><td colspan="2">청</td><td>「○○청과 그 소속기관 직제」, 「새만금개발청 직제」 등</td></tr>
<tr><td colspan="2">군(軍)</td><td>「합동참모본부 직제」, 「○○본부 직제」, 「해병대사령부 직제」 등</td></tr>
<tr><td colspan="2">기타</td><td>「국가안보실 직제」, 「국무총리비서실 직제」, 「학술원사무국 직제」 등</td></tr>
<tr><td colspan="3">인사</td><td>「공무원임용령」, 「공무원보수규정」, 「교육훈련법 시행령」, 「공무원연금법시행령」, 「공무원징계령」, 「공무원 소청절차규정」, 「공무원여비규정」, 「경찰공무원임용령」 등</td></tr>
<tr><td rowspan="2">지방자치</td><td colspan="3">조직</td><td>「지방자치법 시행령」, 「지방교육자치에 관한 법률 시행령」, 「지방자치단체의 행정기구와 정원기준 등에 관한 규정」 등</td></tr>
<tr><td colspan="3">인사</td><td>「지방공무원 임용령」, 「지방공무원 교육훈련법 시행령」, 「지방공무원 복무규정」, 「지방공무원 보수규정」, 「지방공무원 수당등에 관한 규정」, 「지방공무원 징계 및 소청규정」, 「지방자치단체의 개방형직위 및 공모직위의 운영 등에 관한 규정」 등</td></tr>
<tr><td rowspan="4">특수법인</td><td rowspan="2">국가설치</td><td colspan="2">공통</td><td>「공공기관의 운영에 관한 법률 시행령」, 「정부출연연구기관 등의 설립·운영 및 육성에 관한 법률 시행령」, 「과학기술분야 정부출연연구기관 등의 설립·운영 및 육성에 관한 법률 시행령」, 「공기업의 경영구조 개선 및 민영화에 관한 법률 시행령」 등</td></tr>
<tr><td colspan="2">개별</td><td>「대한무역투자공사법 시행령」, 「한국조폐공사법 시행령」, 「한국철도공사법 시행령」, 「한국토지주택공사법 시행령」, 「한국투자공사법 시행령」, 「인천국제공항공사법 시행령」, 「한국전력공사법 시행령」, 「교통안전공단법 시행령」, 「한국산업인력공단법 시행령」, 「한국환경공단법 시행령」 등</td></tr>
<tr><td rowspan="2">지자체설치</td><td colspan="2">공통</td><td>「지방공기업법 시행령」, 「지방자치단체출연 연구원의 설립 및 운영에 관한 법률 시행령」, 「지방의료원의 설립 및 운영에 관한 법률 시행령」 등</td></tr>
<tr><td colspan="2">개별</td><td>* 조례로 설치</td></tr>
</table>

위 표의 (행정)위원회 가운데 대통령 소속은 그 하부조직을 총리령이나 부령으로 정하는 것이 법체계상 맞지 않아 이 경우에는 과 단위까지의 세부사항도 대통령령에

서 규정한다. 그런데 대통령 소속이 아님에도 불구하고, 사행산업통합감독위원회나 무역위원회처럼 특별히 대통령령으로만 조직을 정하도록 되어 있거나[37] 기관 규모가 그다지 크지 않은 경우에는 총리령이나 부령에서 세부적으로 정하지 않고 대통령령에서 하부조직까지 규정하기도 한다. 이는 특별한 기준에 따른 것이라기보다는 입법편의를 고려한 조치라 하겠다.

4. 헌법기관 규칙

헌법에 설치 근거가 있는 국회, 법원, 헌법재판소, 선거관리위원회의 기본 조직은 법률로 정하도록 되어 있지만 내부규율과 사무처리에 관한 사항은 대통령령과 같은 효력을 갖는 '규칙'으로 정하도록 헌법에서 위임하고 있다. 그래서 사무처리의 목적상 필요한 하부조직의 정원이나 공무원 임용 등에 대한 사항 등을 규칙으로 정하고 있다.

아래 표는 규칙으로 정한 것을 예시한 것이다.

〈행정조직 관련 헌법기관 규칙 사례〉

구분	분야	기구 및 공무원 관련 규칙(예시)
국회규칙	조직	「국회도서관 직제」, 「국회사무처 직제」, 「국회예산정책처 직제」, 「국회입법조사처 직제」
	인사	「국회인사규칙」, 「국회공무원 직장협의회의 설립·운영에 관한 규칙」
대법원규칙	조직	「법원사무기구에 관한 규칙」
	인사	「법관인사규칙」, 「법원인사사무규칙」, 「법원공무원 규칙」
헌법재판소규칙	조직	「헌법재판소 사무기구에 관한 규칙」
	인사	「헌법재판소 공무원 규칙」, 「헌법재판소 공무원 행동강령」
중앙선거관리위원회규칙	조직	「선거관리위원회 사무기구에 관한 규칙」
	인사	「선거관리위원회 공무원 규칙」, 「선거관리위원회 공무원 윤리강령」

37) 「사행산업통합감독위원회법」 제13조 제1항에서 위원회의 사무를 처리하기 위하여 사무처를 두도록 하면서 제4항에서 사무처의 조직에 관하여 필요한 사항은 대통령령으로 정하고, 운영에 관하여 필요한 사항은 위원회규칙으로 정한다고 규정하고 있다.

한편 감사원은 헌법에 설치근거가 있는 조직이지만, 행정부 내부기관이므로 헌법에서 규칙제정권을 따로 부여하고 있지는 않다. 따라서 감사원의 조직과 관련하여 법률에서 위임할 때는 대통령령으로 위임하는 것이 원칙이다. 그러나 현행 「감사원법」 제1장의 각조에서는 하부조직의 설치와 명칭 등을 '규칙'으로 바로 정하도록 위임하고 있다. 이는 「감사원법」 제2조에서 감사원이 대통령에 소속하지만 직무에 관하여는 독립의 지위를 가지므로 소속 공무원의 임면, 조직 및 예산의 편성에 있어서 독립성을 최대한 존중한다는 규정을 고려한 것으로 이해되나, 헌법에서 위임하지 않은 규칙 제정권을 국회가 입법권으로서 대통령령에 준하는 규칙을 정하도록 바로 위임한 것이 타당한지는 의문이 든다. 하지만 「감사원법」이 처음 제정될 때부터 감사원규칙으로 정한 근거에 따라 현재 「감사원사무처 직제」, 「감사교육원 직제」, 「감사연구원 직제」 등이 대통령령이 아닌 규칙으로 제정되어 있다.

5. 총리령과 부령

총리령과 부령은 대통령령을 시행하는 규범으로서, 조직과 관련된 것은 직제 시행규칙이 대표적이다. 여기에는 각 기관의 과(課) 단위 부서의 관장사무를 열거하고 그 부칙에서 대통령령에서 정한 과장(3급 또는 4급)급 이하 정원 범위 안에서 직급별로 정원을 세분하고 있다. 국무총리에 소속된 처와 위원회의 조직과 그 소속기관 직제 시행규칙은 총리령으로 정하지만, 행정각부와 청의 조직 및 그 소속기관 직제 시행규칙은 부령으로 정한다.

다만 인사와 관련된 시행규칙은 1997년까지 국무총리 소속의 총무처가 중앙인사관장기관으로 존립하던 때는 대통령령에서 위임된 사항에 대하여 총리령으로 제정하였지만, 그 지위가 안전행정부로 이관된 지금은 부령으로 정하고 있다. 부령은 중앙인사관장기관인 안전행정부가 기본적인 지침을 안전행정부령으로 발하지만 기타 각부에 소속된 공무원의 인사와 관련된 사항에 대하여는 각부장관이 부령을 발한다. 또한 지방자치에 관한 조직과 인사에 관한 시행규칙은 안전행정부와 교육부가 각기 부령을 발한다.

특수법인과 관련된 부령의 사례는 많지 않으나 「지방공기업법 시행규칙」, 「공공기관의 정보공개에 관한 법률 시행규칙」, 「지방의료원의 설립 및 운영에 관한 법률 시행규칙」 등이 있다.

6. 조례와 규칙

지방자치법에서 위임하거나 그 법의 시행을 위해 지방자치단체에 필요한 조직과 정원은 각 지방의회의 조례로 정하고, 세부 시행에 필요한 사항은 자치단체 규칙으로 정한다. 교육자치의 경우는 교육규칙으로 정한다. 광역자치단체와 기초자치단체 모두 권리 · 의무의 주체로 법인격을 갖고 있으므로 관장 사무를 처리하기 위하여 하부조직을 설치 · 운영하고 소속 공무원에 대한 인사관리를 하거나 사무의 일부를 「지방공기업법」 등에 의하여 설치된 특수법인에게 부여하기 위하여 필요한 조례와 규칙을 각각 제정할 수 있다.

지방자치단체 자체의 하부조직을 설치하거나 소속 공무원의 인사와 관련된 조례와 규칙을 예시하면 아래 표와 같다.

〈행정조직 · 인사 관련 지방자치단체의 조례 · 규칙 사례〉

구분	분야	조례	규칙
광역자치단체	조직	「○○도 행정기구 설치조례」, 「○○도 청소년수련원 설치 및 운영조례」	「○○광역시의회 사무기구 및 사무분장규칙」, 「○○도 행정기구 및 정원조례 시행규칙」
	인사	「○○광역시 공무원직장협의회의 설립 · 운영에 관한 조례」, 「○○도 공무원 후생복지에 관한 조례」	「○○광역시 공무원 인사규칙」, 「○○도 지방공무원 명예퇴직수당등 지급에 관한 규칙」
기초자치단체	조직	「○○광역시 ○○구 지방공무원 정원조례」, 「○○시의회 사무기구 설치 및 직원 정수 조례」	「○○도 ○○시 지방공무원 정원 규칙」, 「○○광역시 ○○구 지방공무원 정원 규칙」
	인사	「○○시 ○○구 지방공무원 복무 조례」, 「○○도 ○○시 지방공무원 여비 조례」	「○○도 ○○군 지방공무원 인사 규칙」, 「○○광역시 ○○구 공무원 당직 및 비상근무 규칙」
교육자치	조직	「○○도교육감 소속 지방공무원 정원조례」	「서울특별시교육감 소속 지방공무원 정원 규칙」
	인사	「○○광역시교육감 소속 공무원의 여비조례」, 「세종특별자치시교육감 소속 지방공무원 복무 조례」	「○○○도교육감 소속 지방공무원 인사 규칙」, 「세종특별자치시교육감 소속 지방공무원 징계양정에 관한 규칙」

한편 지방자치단체가 설립하는 특수법인과 관련된 조례와 규칙을 예시하면 아래 표와 같다.

〈특수법인 관련 지방자치단체의 조례 · 규칙 사례〉

구분	조례	규칙
광역자치단체	「○○교통공사 설치 조례」, 「○○환경공단 설치 조례」, 「○○광역시도시철도공사 조례」, 「○○도시공사 설치 및 운영에 관한 조례」, 「○○환경공단 설립 및 운영 조례」, 「○○관광공사 설립 및 운영 조례」	* 사례 없음
기초자치단체	「○○시시설관리공단 설치 및 운영조례」, 「○○군 시설관리공단 설립 및 운영에 관한 조례」	「○○시도시관리공사 설립 및 운영 조례 시행규칙」, 「○○군 시설관리공단 설립 및 운영에 관한 조례 시행규칙」

7. 행정규칙

행정조직법의 연구대상인 행정기관과 공무원 등과 관련하여 소속 행정기관과 공무원 등에게 적용할 내부적인 규범들이 많다. 행정규칙의 형식은 훈령, 예규, 고시, 세칙 등이 대부분이나 규칙의 이름은 훈령, 규정, 규칙, 지침, 준칙, 세칙, 기준 등 다양한 이름이 사용되고 있다. 표현 형식도 조문 형태인 것이 있는 반면, 공문 형태도 있는 등 특별한 제한 없이 여러 가지로 사용되고 있다. 또한 대외공표나 공고의 의무도 없다. 행정규칙은 국민의 권리 · 의무에 직접 영향을 미치지 않고 감독권이 미치는 소속 행정기관의 행위에 영향을 미치고 효력을 발하는 내부 규범이라는 특징이 있다. 특수법인도 자체적으로 행정규칙을 정할 수 있음은 물론이다.

행정규칙의 사례는 아래 표와 같다.

〈행정조직 관련 훈령 등 행정규칙 사례〉

구분	조직 관련	인사 관련
훈령	「국방부 고등군사법원과 검찰단의 조직 및 관할에 관한 훈령」(국방부훈령 제1415호, 2012.5.22.) 「방위사업청 소속기관의 하부조직 편성에 관한 규정」(방위사업청훈령 제229호, 2013.8.12.)	「고용노동부 공무원의 국제기구 파견에 관한 지침」(고용노동부훈령 제46호, 2011.10.10.) 「경찰청 공무원 행동강령」(경찰청훈령 제577호, 2009.12.22.)
예규	「각급기관 정원의 통합·운영에 관한 지침」(대법원행정예규 제663호, 2006.4.17.) 「 병무청 공무원 수당 등의 업무처리 지침」(병무청예규 제1-17호, 2013.12.4.)	「고위공무원단 인사규칙」(안전행정부예규 제1호, 2013.3.25.) 「공무원범죄사실통보사항처리기준」(식품의약품안전청예규 제89호, 2002.9.18.)
고시	「고용노동부 공무원 정원 배정표」(고용노동부고시 제62호, 2012.1.18.)	「공무원보수인상률」(행정안전부고시 제2012-3호, 2012.1.11.)
내규	「직무대리에 관한 내규」(대법원내규 제405호, 2010.2.22.)	「헌법재판소 공무원의 국외연수에 관한 내규」(헌법재판소내규 제141호, 2011.12.15.)
규정·공고	「방송통신분야 전문심사기구 설치 및 운영에 관한 규정」(전파연구소공고 제2011-5호, 2011.3.11.)	「보수규정」(근로복지공단규정 제748호, 2012.12.31.)

8. 국제법규

현행 헌법 제6조 제1항은 "헌법에 의하여 체결·공포된 조약과 일반적으로 승인된 국제법규는 국내법과 같은 효력을 가진다."라고 규정하고 있다. 글로벌 경제사회인 현대 행정에 있어서는 어느 나라든지 고립되어서는 생존할 수 없다. 이에 따라 우리나라도 국제연합(UN)을 비롯하여 국제금융기구 등 수많은 국제기구에 가입하여 회원국으로서의 권리와 의무를 지키고 있다. 또한 자유무역협정(FTA) 등과 같이 외국과 양자 또는 다자간의 협상을 통하여 관련 조약이나 양해각서(MOU) 등을 체결하는 경우도 증가하고 있다. 아울러 각종 국제 경제회의 또는 체육대회 등을 유치하여 국위를 선양시키는 행사도 활발하게 이루어지고 있다. 그 결과 관련 국제기구와 합동으로 필요한 조직을 만들어 행사를 주관하거나 사무를 처리하는 조직을 만드는 경우가 점점 많아지고 있다. 이 때 체결되는 조약이나 양해각서 등은 행정조직법의 법원으로서의 성격을 갖고 있다.

녹색기후기금(GCF, the Green Climate Fund) 사무국처럼 국제법규에 의하여 바로 국내에 설치되는 것도 있지만, 법령이나 행정규칙을 제정함으로써 관련 조직을 설치하거나 지원하는 경우도 있다.[38] 「경제협력개발기구(OECD) 대한민국 정책센터 등의 설치 및 운영에 관한 규정」(국무총리훈령 제601호, 2013.4.15.), 「세계검찰총장회의 및 국제검사협회연례총회 준비기구 규정」(대검찰청훈령 제161호, 2010.11.19.)은 행정규칙인 훈령이지만 그 배경은 국제조약이나 협약에 기인한 것이다.

9. 정관

국가가 설립주체인 특수법인의 설치법령을 보면 법인의 기본조직과 임원의 임면절차 등 큰 줄거리는 대통령령 등에 위임하지만, 기관의 자율성을 높이기 위하여 세부적인 사항은 당해 법인의 정관으로 정하도록 위임한 것이 많다. 마찬가지로 지방자치단체가 설립주체인 특수법인의 조례를 보면 기본조직과 임원의 임면절차, 권한 등은 조례에서 대강을 정하지만, 지방공사, 지방공단 등 당해 법인의 정관으로 세부사항을 정하도록 규정하는 것이 보통이다.

정관에서 규정하는 사항으로는 우선 당해 법인의 설치목적, 명칭, 주된 사무소의 소재지, 사업내용, 조직과 임직원, 이사회 및 운영위원회, 재무 회계, 자본금, 정관의 변경, 공고 방법, 규약·규정의 제·개정 및 폐지에 관한 사항 등과 같이 구체적으로 열거한 경우가 있는 반면,[39] 어떤 법인은 특정한 사항만 정관에서 정하도록 하

---

38) 「국제금융기구에의 가입조치에 관한 법률」은 2012.3.21. 현재 14개의 국제금융기구와의 협정을 이행함에 필요한 출자금 등의 지원조치를 할 수 있게 하고 있다.

39) 「수도권매립지관리공사의 설립 및 운영 등에 관한 법률」 제9조, 「전기공사공제조합법」 제7조, 「한국교육방송공사법」 제5조, 「한국정책금융공사법」 제5조, 「한국주택금융공사법」 제6조, 「한국투자공사법」 제6조, 「정부법무공단법」 제4조, 「한국보훈복지의료공단법」 제4조, 「한국산업안전보건공단법」 제5조, 「한국산업인력공단법」 제5조, 「한국환경공단법」 제4조, 「재외동포재단법」 제6조, 「지역신용보증재단법」 제10조, 「한국국제교류재단법」 제5조, 「한국국제협력단법」 제6조, 「한국국제보건의료재단법」 제6조, 「한국사학진흥재단법」 제4조, 「한국연구재단법」 제4조,

는 경우[40] 등 다양하다. 정관은 법인의 설립등기에 필요한 자료이다.

10. 판례

행정조직과 관련된 법원의 판례와 헌법재판소의 결정례는 중요한 행정조직법의 법원이 된다. 특히 기관간의 권한 분쟁이나 각종 행정관련 법령을 해석함에 있어서 독립된 사법기관의 축적된 판결과 결정 사례는 입법정책과 행정조직의 명칭, 권한 배분, 하부조직의 설계, 구성 등을 마련함에 있어서 가이드라인으로 긴요하게 적용되고 있다.

제5절 행정조직법의 원리

행정법 교재에서 행정조직법의 기본원리로서 설명된 것을 정리하면 아래 표와 같다.

「한국장학재단 설립 등에 관한 법률」 제8조, 「휴면예금관리재단의 설립 등에 관한 법률」 제6조, 「한국보건산업진흥원법」 제5조, 「방송문화진흥회법」 제4조, 「보건의료기술 진흥법」 제20조, 「중소기업진흥에 관한 법률」 제70조, 「청소년활동진흥법」 제6조의2, 「출판문화산업 진흥법」 제16조의2, 「경상북도환경관리공사설립조례」 제8조, 「광주광역시 도시공사 설치 조례」 제5조, 「경기관광공사 설립 및 운영 조례」 제7조, 「경상북도환경관리공사설립조례」 제8조, 「고양도시관리공사 설립 및 운영 조례」 제7조, 「영양고추유통공사 설치 조례」 제7조, 「화성도시공사 설립 및 운영에 관한 조례」 제7조 등.

40) 「대한무역투자진흥공사법」 제3조, 「대한석탄공사법」 제3조, 「인천국제공항공사법」 제3조, 「한국가스공사법」 제3조, 「한국공항공사법」 제3조, 「한국관광공사법」 제3조, 「한국광물자원공사법」 제3조, 「농수산물유통공사법」 제3조, 「한국농어촌공사 및 농지관리기금법」 제5조, 「한국도로공사법」 제3조, 「한국석유공사법」 제3조, 「한국수자원공사법」 제3조, 「한국전력공사법」 제3조, 「한국조폐공사법」 제3조, 「한국철도공사법」 제3조, 「한국토지주택공사법」 제3조, 「항만공사법」 제5조, 「교통안전공단법」 제12조, 「한국철도시설공단법」 제5조, 「산업디자인진흥법」 제11조, 「소프트웨어산업 진흥법」 제27조, 「정보통신산업 진흥법」 제26조, 「태권도진흥 및 태권도공원 조성 등에 관한 법률」 제20조, 「강원도개발공사 설치 및 관리 · 운영조례」 제3조 등.

〈행정조직법의 기본원리 정리〉

구분	내용
강현호	법정주의, 민주주의, 책임주의, 독임주의, 관료주의, 계층주의
김남진 · 김연태	민주성, 법정성, 능률성, 분권성, 관료(전문)성
김철용	행정조직법정주의, 능률행정주의, 지방분권주의, 독임제
김향기	민주성, 행정조직법정주의, 독임제, 지방분권주의, 직업공무원제
석종현 · 송동수	민주성, 법정성, 능률성
조정환	법치국가, 민주국가, 지방분권, 사법국가, 복지국가
한견우 · 최진수	조직법정주의, 능률성, 민주성, 지방분권, 분배·결합·조정, 통일계층성
홍정선	법치주의, 민주주의, 사회복지주의

이러한 다양성은 행정조직법의 연구 대상이나 범위와 관련한 견해 차이 때문이라 생각된다. 법치주의(또는 법정원리, 법정성)와 민주주의(또는 민주성)는 대부분의 학자들이 들고 있지만, 능률성, 독임제, 지방분권, 사회복지, 직업공무원제 등에는 의견이 다소 엇갈린다.

생각건대 민주성과 능률성 원리는 상호 대립되는 개념이기도 하지만 국민의 대표기관인 국회에서 제정하는 법률로 행정조직을 설치할 때의 검토기준으로 보면 법치주의(법정성) 안에 포함시켜도 된다. 지방분권은 사무의 성질에 따라 국가가 하는 것보다는 지방자치단체로 하여금 처리하도록 하는 것이 국민에게 보다 편리하고 효율적이라고 입법과정에서 판단한다면 분권이 되므로 역시 법정성의 기준으로 보아도 될 것 같다. 더욱이 특수법인까지 아울러 행정조직법을 검토할 경우 지방분권의 원리로 설명하는 데는 한계가 있다. 복지국가나 사법국가원리 역시 행정조직법의 공통된 원리로 보기에는 현실적으로 무리가 따른다. 한편 독임제 원리와 관련하여, 우리 헌법상 정책결정과 사법적 판단을 하는 국회나 법원이 합의제 기관인 것과 달리 정부조직은 행정권을 집행하는 기관이므로 독임제가 원칙이다. 다만 현대 행정의 특징으로 결과 못지않게 과정도 중시함에 따라 독임제 조직을 보완한 합의제 기관도 점차 확대되는 추세인 점을 감안하여 행정(관)청의 종류에서 설명하는 것이 체계적이라 생각된다.

이상 검토한 바를 종합하여 국가, 지방자치단체, 특수법인 등 행정주체 전체를 상정하여 행정조직법의 원리를 추출해 보면, 조직법정주의 원리, 분권과 집권의 원리,

직업공무원제도 원리, 책임과 통제의 원리로 재정리하고자 한다.

1. 조직법정주의

행정조직법은 국민으로부터 '나온' 권력을 합리적으로 배분(조직화)하여 (사람이) 행사하는 것을 연구대상으로 하므로 당연히 국민과 국민의 대표들이 합의한 헌법과 법률에 근거를 두어야 한다. 법률로써 어떤 행정조직을 만들 때는 6하 원칙에 따라 다음 사항은 기본적으로 검토하여야 법정주의 원리에 부합된다.

가. 주관기관

누가, 왜, 그 사무를 담당해야 하는가? 즉 어느 기관이 그 사무를 담당하는 것이 가장 효과적일까 라는 질문에 대한 답이다. 국민에게 필요한 어떤 사무가 생기면 그 일을 수행할 주체를 누구로 할 것인가부터 정해야 한다. 국가가 할 것인가, 지방자치단체가 할 것인가, 아니면 특수법인이 할 것인가 라는 물음이 그것이다. 그 질문에 대한 답을 도출할 때는 논리가 분명해야 한다. 왜 그 기관이 꼭 그 업무를 맡아야 하는지 국민들에게 납득할 수 있는 근거를 제시해야 하는 것이다. 만약 국가에서 처리해야 한다면 국가의 어느 기관에서 담당할 것인가도 함께 검토하여야 한다. 지방자치단체의 경우는 모든 지방이 공통적으로 처리할 일이라면 「지방자치법」에 근거를 두어야 하겠지만 그렇지 않다면 다른 대안을 모색해야 한다.

기능분석 작업은 이 과정의 필수 선행과정이다. 이를 통하여 국가나 지방자치단체가 하지 않고 민간에서 하면 안 되는지에 대해서도 검토할 수 있다. 두말할 것도 없이 기존의 유사한 업무를 담당하는 조직이 있다면 그곳에서 처리하는 것이 맞다. 어떤 조직이라도 한번 설치되면 국익 도모라는 본래의 목적보다는 조직 스스로의 생존을 위해 권한 확대에 집중할 수 있으므로 새로운 조직 신설은 신중을 기해야 한다.

나. 하부조직

어디서, 무엇을, 담당케 할 것인가? 이 질문은 누가 담당하는 것이 결정되었다면 그 사무를 담당할 하부조직을 어떻게 설계하는 것이 비용도 가장 절약하면서 효과를 극대화 할 수 있을까 라는 것이다. 국가의 기존 조직이 담당하기로 했다면 기능을 일부 조정할 것인가 또는 새로운 소속기관을 신설할 것인가, 아니면 해당 부처가 아닌 별도의 특수법인을 설치하여 맡길 것인가 라는 문제가 검토되어야 한다. 만약 소속기관이나 새로운 법인을 신설할 때는 기관장의 직급은 어느 정도가 적정할 것인가도 분석해야 한다. 또한 담당부서, 사무실 위치, 청사 확보방법 등을 마련할 때에도 예산을 절약할 수 있는 최적의 방안을 찾아야 한다.

이러한 작업기준은 민주성과 능률성의 원리에 부합되는 것이다. 물론 하부조직의 세부적인 사항까지 법률로 모두 정하기는 어려울 것이다. 충분한 논의와 검토를 거쳐 기본조직을 만든 후에는 환경변화에 따라 스스로 적응해 나가도록 해야 한다. 세세한 구조조정까지 일일이 정부나 국회로부터 심사를 받아야 한다면 자율성이 크게 떨어진다. 그래서 대체로 법률로는 예산이 소요되는 선까지 정하고 그 범위 안에서 조정하는 것은 행정각부나 당해 기관의 재량 사항으로 위임하고 있다.

다. 인력구조

언제, 어떻게, 그 사무를 처리할 것인가이다. 이 질문은 사무와 기구 조직이 정해지면 실제로 그 일을 처리할 인력을 언제 어떤 규모로 투입할 것인가이다. 처음부터 완벽한 상태의 조직을 만들어 시작하면 좋지만 미래를 완벽하게 예측하는 것은 불가능하다. 그래서 처음에는 최소한의 기본 인력과 예산으로 일단 출범하고 나서 향후 행정수요의 변화에 따라 필요한 만큼 점진적으로 조정해 나가는 방법을 택한다. 특히 정규 인력은 적법절차로 일단 충원하면 추후 상황변화에 따른 조정이 매우 어렵기 때문에 최근 유연한 인사관리 기법이 많이 도입되고 있다. 예컨대 임시조직이나 태스크포스 등 다양한 조직관리 기법이 행정학에 소개되어 있는데 이를 통하여 새로운 행정수요에 적극 대응할 수 있다.

국가의 경우는 「정부조직법」에 의해 설치된 조직의 총 정원에 대하여는 1999년부터 비록 대통령령이기는 하나 총정원 수를 규제함으로써 함부로 조직이 비대해지는 것을 억제하고 있다.[41] 지방자치단체의 조직과 정원에 대하여도 법령에서 일정한 기준을 제시하고 있다.[42] 그러나 특수법인의 경우는 법률에서 소요인력까지 정하는 것은 거의 없다. 특수법인은 국회나 지방의회에서 통제는 하지만 자칫 방만한 경영으로 흐를 가능성이 있기 때문에, 주무부처와 예산기관의 승인에 따라 정원을 통제하고 있다. 다만 지나치게 엄격히 제약할 경우 경영의 자율성과 책임성 원칙에 맞지 않기 때문에 이사회 등 외부 통제나 경영실적에 따른 평가 등 내부 통제도 함께 강구될 필요가 있다.

2. 분권과 집권

가. 원리

분권과 집권은 상대적 개념이다. 국민이 준 모든 '권력'을 입법권, 행정권, 사법권으로 분담한 것은 분권이다. 행정권을 국가와 지방자치단체 또는 특수법인이 나누어 행사하는 것도 분권이다. 분권된 기관에서 보면 그 반대쪽은 집권이 될 것이다. 우리나라의 국가사무를 지방자치단체로의 이양을 촉진하는 입법취지에 보면 지방분권의 중요성을 강조하는 것은 분명하다. 그러나 국가가 본질적으로 수행할 사무가 있고 지방자치단체가 하는 것이 효율적인 사무는 각각 따로 있다. 무조건 이양을 강화하는 것만이 최선은 아니다. 오히려 부작용도 생길 수 있나. 특수법인화 하는 것도 마찬가지다.

나. 국가

국회, 법원, 헌법재판소, 선거관리위원회는 법률이 위임한 범위 안에서는 독자적으로 규칙을 제정함으로써 본질적인 기능수행에 필요한 인력과 예산을 자체적

41) 2013.3.23. 현재 행정기관에 두는 국가공무원 정원의 최고 한도(총정원)는 29만 3,982명이다. 다만 이 숫자에 국회 · 법원 · 헌법재판소 · 선거관리위원회 및 감사원 정원, 정무직공무원, 검사, 교원, 지방자치단체에 두는 국가공무원 정원 등은 제외되어 있다(「국가공무원 총정원령」 제2조).

42) 지방자치단체에 두는 국가공무원의 정원은 「지방자치단체에 두는 국가공무원의 정원에 관한 법률」이 따로 있으며, 지방자치단체의 조직관리와 지방공무원 정원과 관련하여는 「지방자치법」과 그 위임에 따라 「지방자치단체의 행정기구와 정원기준 등에 관한 규정」(대통령령)으로 관리하고 있다.

으로 편성할 수 있다. 다만 국가의 전체 예산안에 포함되기 때문에 정부의 예산편성과 국회의 예산심사 과정을 거치면서 해당 사무와 인력의 필요성에 대한 검증을 거치고 있다.

그러나 정부 조직에 대하여는 법률이 위임한 사항과 법률의 시행을 위하여 필요한 사항을 대통령령으로 정하고 있다. 행정각부와 그 소속기관의 직제 대부분이 이에 해당된다. 대통령령안은 헌법 제89조에 의하여 국무회의의 심의 대상이다. 국무회의에 부의하는 모든 안건은 「정부조직법」 제12조 제3항에 따라 국무위원이 의장에게 의안을 제출하도록 하고 있다. 정부조직에 관해서는 국무위원인 안전행정부장관이 이를 담당하고 있다. 특정 안건의 주무장관이 국무회의에 부의하기 위해서는 의제에 대한 기본적인 검토와 결정이 선행되기 마련이다. 정부조직의 신설 · 변경 · 폐지 등과 관련된 대부분의 사안은 안전행정부가 미리 필요성과 규모 등을 집중 검토하고 나서 법제처의 심사를 거쳐 국무회의에 부의 여부를 판단한다. 물론 인력과 예산이 수반되는 경우는 예산관련 기관과도 사전에 충분히 협의하여야 한다.

이러한 측면에서 행정각부와 그 소속기관의 대강은 안전행정부와 기획재정부에게 권한이 집중되어 있다고 할 수 있다. 하지만 전체 정원 범위 안에서 그 밑의 하부조직의 변경에 대하여는 총리령이나 부령으로 각부에 위임되어 있어 그런 관점에서는 분권이라 할 수 있다.

다. 지방자치단체 등

지방자치단체의 조직과 인력에 대하여도 안전행정부, 교육부와 기획재정부가 협의하여 기준을 정하고 있으므로 집권적인 측면이 있다. 그리고 특수법인에 대하여는 지주회사 역할을 하는 각 부처에서 1차적인 검토와 감독을 하지만 예산을 총괄하는 기획재정부에서 종합적으로 판단하므로 집권적인 측면이 있다. 물론 특수법인 중에서 사단법인의 경우에는 지원예산규모가 적은 편이라 재단법인에 비해 관여정도가 약한 편이다.

3. 직업공무원제도

가. 의의

현행 헌법 제7조는 공무원의 지위와 관련하여, '국민전체에 대한 봉사자이며 국민에 대하여 책임을 지고, 공무원의 신분과 정치적 중립성은 법률이 정하는 바에 의하여 보장된다.'고 되어 있다. 공무원은 국가공무원은 물론 지방공무원도 당연히 포함된다. 다만 공무원을 법률에 의하여 공무원 신분이 부여된 사람으로만 한정한다면 특수법인의 직원은 포함되지 않는다. 그러나 그들도 국가나 지방자치단체의 사무 중 일부를 부여하며 설치된 특수법인에서 일하는 직원들이므로 법률이나 조례로 폐지하지 않는 한 신분이 보호되고 있다는 점에서 직업공무원에 준하는 책임을 갖고 있다. 그리고 헌법 제78조는 대통령에게 헌법과 법률이 정하는 바에 의하여 공무원을 임면할 수 있는 권한을 부여하였고, 제89조에서 주요 공무원의 임명과 관련하여 국무회의의 심의를 거치도록 하고 있다.

우리 헌법에서 직업공무원이라는 말을 명문화한 것은 아니지만 신분을 보장한다는 뜻이 본인의 의사에 반하여 불이익을 받지 않는, 즉 법률에 정한 특별한 사유에 해당되지 않는 한 정년을 보장한다는 의미로 해석되기 때문에 직업으로서의 공무원 신분을 보장하고 있는 것이다.

나. 연혁

직업공무원제는 20세기 들어와서 확립된 제도이다. 19세기말까지 미국에서 엽관주의 폐해로 연방대통령이 암살되는 등 정치적으로 불행한 일이 생기게 됨에 따라 행정을 정치에서 분리하여 전문적인 관료에게 맡기는 것이 국민 전체에게 이득이 된다는 주장이 제기되면서 1883년에 엽관제 대신 실적제를 택한 펜들턴 공무원법(the Pendleton Civil Service Act)을 제정함으로써 확립된 것이다.

우리나라의 경우는 정부수립 당시에는 공무원의 정치적 중립과 신분보장 규정이 없었으나 1960.6.15. 헌법 제4호 개정시 직업공무원제도의 근거규정이 처음 도입되었고, 공무원에게 '국민전체에 대한 봉사자이며 국민에게 책임을 진다'는 규정은

1963.12.17. 헌법 제6호로 개정할 때 반영된 이래 지금까지 유지되고 있다. 그래서 행정조직을 설계할 때는 당연히 상근의 직업공무원을 배치하는 것을 전제로 해서 검토해 왔다.

다. 보완

하지만 산업사회를 거쳐 세계화, 지식정보화 사회의 전환 등 행정환경의 급속한 변화로 행정조직도 기존과는 다른 형태가 나타나게 되었다. 이런 조직에서 처리할 사무는 기존 공무원을 훈련시켜서 맡기는 것보다 이미 민간에서 체계적인 교육과 경험을 갖추어 상당한 전문성을 갖춘 사람이 행하는 것이 행정의 질이나 예산의 효율성 측면에서 훨씬 장점이 많다.

따라서 직업공무원제도에 대한 고정관념을 대폭 수정할 필요가 생겼다. 정년이 될 때까지 여러 자리를 이동하고 승진하면서 다양한 경험을 축적한 일반 행정가보다는 새로운 업무를 가장 잘 수행할 수 있는 전문가가 더 필요하게 됨에 따라, 공무원 인사관리의 주된 관심이 '신분'에서 '직무'로 전환된 것이다. 고위공무원단제도, 민간경력채용 등 공무원 인사와 관련하여 그간 도입된 여러 제도들은 이러한 추세를 잘 반영하고 있다.

4. 책임과 통제

가. 필요성

앞에서 살펴본 우리나라의 국정관리체계도는 권력주체, 행정주체, 행정객체의 관계를 잘 보여주는 그림이다. 주권자이면서 행정객체이기도 한 국민을 연결하는 고리가 행정주체이다. 행정조직법은 행정작용과 행정구제 등의 임무를 수행하는 기관을 설치 · 운영하는 것을 연구하는 법학이다. 행정조직이 맡은 일을 처리하기 위해서는 사람(인적 자원)과 예산(물적 자원)이 필수적인데, 그 자원은 모두 국민들로부터 받는 것이다. 그 자원이 과연 효율적으로 집행되고 있는지 권력주체로부터 끊임없이 관찰되어야 한다.

인터넷 시대에는 누구나 정보를 쉽게 획득 · 유통할 수 있으므로 국민 모두가 감시자의 역할을 할 수 있지만, 잘 조직화된 언론과 시민단체가 이를 주도하고 있다. 또 정부 안에서는 국무총리실이나 감사원이, 또 정부 밖에서는 국회, 법원, 헌법재판소 등도 각각 통제기능을 일부 수행하고 있다. 지방자치단체의 경우에도 지방의회가 그 역할을 충실히 수행함은 물론이다.

나. 특수법인의 경우

특수법인의 경우에는 국가의 행정각부와 지방자치단체가 법령에 정한 바에 따라 지주회사의 역할로서 중요한 정책결정에 관여할 수 있도록 제도화하는 것이 많다. 예컨대 임원의 임면, 하부조직의 신설이나 인력 증원, 예산이 소요되는 중요사업 등을 집행할 때는 주무부처와 기획재정부의 승인을 받도록 하는 등의 의무가 부여되어 있는 것이다. 또한 사업성과에 대하여 기획재정부나 국회, 감사원 등의 감사나 심사를 받아 책임을 지는 것도 이러한 맥락에서 부여하고 있다. 특히 많은 자본금이 들어가거나 보조금을 지급해야 하는 특수법인을 설립하는 경우, 법률이나 조례에서는 예산 집행과정을 투명하게 하고 집행결과에 대한 책임을 명확히 물을 수 있도록 법령에 반영하여야 한다.

국가 또는 지방자치단체에 버금가는 큰 조직인 특수법인에 대하여는 국가와 지방자치단체에 비해 기관장이 책임을 지거나 통제하는 기능이 상대적으로 미약했던 것이 사실이다. 국가와 지방자치단체는 하나의 인사 관련 법률에 의하여 공무원 신분이 부여되고 따라서 공무원에 대한 체계적인 인사관리가 용이했던 점에 비하여 특수법인의 직원에 대하여는 단일의 법률이 없이 개별 법률과 사기업에 적용되는 일반근로관련 법률이 적용되었기 때문에 그런 결과가 생기게 된 것이다. 앞의 그림에서 보았듯이 행정작용과 행정구제의 대상으로서 행정주체의 하나로서 국민의 삶에 직접 영향을 미치는 것이 현실인 이상 특수법인에 대하여도 국민들이 보다 많은 관심을 가지고 국회의 입법과정에서 국민전체에 대하여 봉사하는 역할을 수행할 수 있도록 입법조치를 강화해야 할 것이다.

제 2 장
행정조직의 구성

제1절 행정청

1. 의의

가. 개념

행정주체로서의 각종 행위를 수행함에 있어서 해당 기관에 소속된 모든 구성원이 그 기관을 대표할 수는 없다. 법인격을 가진 지방자치단체와 특수법인은 각각 개별적으로 법인격을 가지므로 해당 기관의 장이 국민 또는 다른 인격체와의 법률관계에서 대표성을 가진다. 따라서 국가는 하나의 인격체이므로 만약 쟁송이 있을 경우 대한민'국'이 권리와 책임을 진다. 하지만, 국가가 직접 소송을 수행할 수는 없으므로 개별 행위에 있어서는 각급 기관의 장이 국가를 대리한다.

개별 행정작용법상으로는, 특별한 경우가 아닌 한 국가사무를 분담하고 있는 개별 행정기관이 각 행위의 주체자로 규정하고 있다. 이 때 특정 행위를 할 수 있는 책임있는 행정기관의 '장'을 명시한 것도 있고, 단순히 기관으로만 규정하고 있는 것도 있다.[43] 어떤 형식으로 되어 있더라도 기관을 대표하는 직위가 대외적으로 표시하는 행위는 그 기관 전체의 의사가 되는 것이다. 이처럼 행정청이라 함은 국민 등 외부에 대하여 행정에 관한 의사를 결정하여 표시하는 단위를 말한다. 법률상으로 '처분청'이라고 표현하기도 한다.[44]

나. 실정법 사례

2014.1.1. 현재 현행 법률 조문에 '행정청'이라는 표현이 들어가 있는 것은 73개이고, '행정관청'이라는 표현이 들어가 있는 것은 「공무원의 노동조합 설립 및 운영 등에 관한 법률」 등 24개이다. 행정관청이라는 표현은 실정법에서 특별한 의미를 갖는 것이 아니고 입법기술상 '○○부장관, 특별시장 · 광역시장 · 도지사 · 특별자치도지사 또는 시장 · 군수 · 구청장' 등 국가나 지방자치단체의 기관장을 뜻하는 말을 같은 법률에서 다시 언급하게 될 경우 간단히 '행정관청'으로 표시하는 용도로 사용되고 있다.

이에 반해, 행정청은 법률에서 그 용어의 뜻을 정의한 아래 표에서 보는 바와 같이 국가나 지방자치단체는 물론 특수법인과 사인까지 포함하는 개념으로 사용되고 있어서 그 범위가 훨씬 넓다. 따라서 행정조직법을 검토할 경우에는 행정관청이라는 말 대신 행정청이라는 용어가 더 좋을 것 같다.

〈행정청 관련 입법 사례〉

법 률	내 용
「국가를 당사자로 하는 소송에 관한 법률」 제2조의2	행정청에는 법령에 따라 행정권한의 위임 또는 위탁을 받은 행정기관, 공공단체, 그 기관 또는 사인(私人)이 포함된다.
「행정소송법」 제2조 제2항	행정청에는 법령에 의하여 행정권한의 위임 또는 위탁을 받은 행정기관, 공공단체 및 그 기관 또는 사인이 포함된다.

43) 「유통산업발전법」 제7조의4 제2항, 「전통주 등의 산업 진흥에 관한 법률」 제9조 제2항, 「치매관리법」 제15조 등 은 관계 중앙행정기관의 장, 지방자치단체의 장, 공공기관의 장 등에게 자료를 요청할 수 있다고 하며, 「공공기록물 관리에 관한 법률」 제5조는 '공공기관 및 기록물관리기관의 장은 .... 관리하여야 한다' 라고 된 반면, 「공공기관의 정보공개에 관한 법률」 제6조 제1항처럼 '공공기관은 .... 정비하여야 한다' 라고 기관의 '장'이 없이 규정되어 있는 것도 많다.

44) 「관세법」 제119조, 「지방자치법」 제140조, 「감사원법」 제46조의2, 「국가공무원법」 제76조의2, 「소하천정비법」 제5조, 「지방세기본법」 제123조, 「지방세법」 제72조 등.

「행정심판법」 제2조	행정청이란 행정에 관한 의사를 결정하여 표시하는 국가 또는 지방자치단체의 기관, 그 밖에 법령 또는 자치법규에 따라 행정권한을 가지고 있거나 위탁을 받은 공공단체나 그 기관 또는 사인을 말한다.
「행정절차법」 제2조	행정청이란 행정에 관한 의사를 결정하여 표시하는 국가 또는 지방자치단체의 기관, 그 밖에 법령 또는 자치법규에 따라 행정권한을 가지고 있거나 위임 또는 위탁받은 공공단체 또는 그 기관이나 사인(私人)

위 표를 보면 법률마다 약간의 차이는 있지만 「행정절차법」에 규정된 행정청의 정의가 행정주체의 기능을 수행하는 기관에 가장 자세한 개념이라 할 수 있다.

한편 「국가를 당사자로 하는 소송에 관한 법률」 제6조 제1항은 '행정청의 장'이라는 표현을 쓰고 있어 행정청을 행정기관과 같이 보는 것 같으나, 행정청의 개념에 행정기관의 장이 들어 있기 때문에 '장'이란 표현은 중복된 표현으로 생각된다.

사인(私人)의 경우는 국가 또는 지방자치단체 등으로부터 행정권한을 수탁 처리하되 적정한 시설과 상시 근무인력을 갖춘 외관상 기관 형태를 갖추고 특정 사무(권한)를 계속 수행할 필요가 있다. 개별적인 사무를 하는 경우는 위탁한 기관의 보조기관에 불과하기 때문에 행정청의 지위를 부여하기는 어려울 것이다.[45]

2. 종류

가. 국가의 기관

국가의 기관은 그 행위의 결과 즉 권리·의무가 귀속되는 국가의 행위가 되는 모든 조직 안에 있는 단위 기관의 장이 다 포함된다. 「정부조직법」에 규정된 대통령과 대통령비서실장, 국가안보실장, 대통령경호실장, 국가정보원장이나 국무총리와 국무조정실장, 국무총리비서실장, 각 처장, 각부장관과 그 밑에 설치된 청의 장은 물론, 개별법에 의하여 설치된 합의제 행정기관인 위원회 또는 그 위원회의 장을 포함한다. 또한 그 하부조직인 특별지방행정기관과 부속기관 등 소속기관의 장도 제한

45) 「행정기관의 조직과 정원에 관한 통칙」 제6조에서도 행정기관을 설치하고자 하는 경우에는, ① 업무의 독자성과 계속성이 있을 것, ② 기존행정기관의 업무와 중복되지 아니할 것, ③ 업무의 성질과 양으로 보아 기존행정기관의 기구개편 등으로 그 업무를 수행할 수 없을 만한 타당성이 있을 것 등 세가지 요건을 규정하고 있는데서 알 수 있듯이 업무의 계속성을 중시하고 있다.

된 범위 안에서 독자적으로 예산을 집행하며 사무를 처리할 수 있으므로 포함된다.

그러나 같은 조직 단위 안에서 행정청의 업무를 돕는 보좌기관이나 보조기관, 자문기관의 장 등은 독자적으로 의사표시를 할 권한이 없으므로 행정청으로 보기 어렵다. 국회와 법원 자체는 행정청이 아니지만 국회사무총장, 법원행정처장 등은 행정청이 된다.

나. 지방자치단체의 기관

지방자치단체의 기관에는 「지방자치법」 제6장 집행기관에 규정되어 있는 지방자치단체의 장(특별시장, 광역시장, 특별자치시장, 도지사, 시장, 군수, 자치구청장)과 보조기관(부지사, 부시장, 부군수, 부구청장), 소속 행정기관(직속기관, 사업소, 출장소 등), 하부행정기관(비 자치구청장, 읍장, 면장, 동장) 등을 말한다. 직속기관에는 자치경찰기관(제주특별자치도), 소방기관, 교육훈련기관, 보건진료기관, 시험연구기관 및 중소기업지도기관 등이 예시되어 있다. 원칙적으로 보조기관을 제외하고는 각 기관의 장은 모두 행정청의 지위를 가질 수 있다.

다. 특수법인의 기관

앞서 국가나 지방자치단체는 자기가 가진 (행정)권한의 일부를 효율적으로 처리하기 위하여 법률이나 조례로 특수법인을 설치할 수 있다고 하였다. 「행정절차법」에 규정된 '행정권한을 가지고 있거나 위임 또는 위탁받은 공공단체와 그 기관'이라 함은 특수법인과 그 소속기관을 말한다.

특수법인도 당연히 본래의 기능을 수행하기 위하여 소속기관을 설치할 수 있다. 예컨대 「도로교통법」 제121조는 '도로교통공단은 정관으로 정하는 바에 따라 지부 또는 지소와 연구원, 교통사고 분석센터, 교육기관, 교통방송국 및 운전면허시험장 등을 둘 수 있다'고 규정하고 있다. 각 소속기관은 정관이 정하는 바에 따라 주어진 권한 범위 안에서 사무를 행하므로 그 기관을 대표하는 장은 행정청의 역할을 하고 있는 것이다.

3. 형태

가. 독임제

일반적으로 행정청의 형태는 독임제이다. 즉 기관의 대표자 1인이 당해 조직의 모든 사무에 대한 의사를 결정하고 표시하며 책임을 진다는 뜻이다. 물론 모든 권리 · 의무는 국가나 당해 지방자치단체로 귀속되므로 행정청이 무한책임을 다 질 수 있는 것은 아니지만 적어도 대외적으로 그 의사를 표시할 때는 그 결정에 대한 책임을 기관장 한 사람이 진다는 뜻이다.

이 점에서 법률을 제정하는 입법기관이나 적법성을 판단하는 사법기관은 원칙적으로 다수의 합의체로 의사를 결정하여 표시하는 것과 차이가 있다.

나. 합의제

1) 의의

행정사무 중에서도 다수의 합의가 필요한 것이 있는데, 이 경우는 주로 합의제로 운영한다. 합의제 기구는 감사원을 제외하고는 대부분 '○○위원회'라는 이름으로 설치한다. 그런데 의사결정 과정은 합의체로 하지만 결과를 대외적으로 표시할 때는 합의제 기구의 장(주로 위원장) 명의로 하는 경우도 있다. 합의제가 필요한 업무는 대통령령인 「행정기관의 조직과 정원에 관한 통칙」 제21조에 잘 정의되어 있다. 즉 소관사무의 일부를 독립하여 수행할 필요가 있을 때에 행정기능과 아울러 규칙을 제정할 수 있는 준입법적 기능 및 이의제기에 대한 결정 등 재결을 행할 수 있는 준사법적 기능을 가지는 합의제 행정기관을 둘 수 있다.[46]

2) 유형

가) 행정위원회

일반 행정사무를 처리하는 과정에서는 독임제 기관과 별 차이가 없으나 이를 대외적으로 효력을 발하기 위해서는 사안의 성격상 합의된 구성원의 의견으로 할 필

46) 「정부조직법」 제5조 및 「지방자치법」 제116조 제1항에서는 '소관 사무의 일부를 독립하여 수행할 필요가 있을 때' 합의제 행정기관을 둘 수 있다고 규정하고 있다.

요가 있는 행정청을 말한다.

나) 재결위원회

불이익 처분에 대한 권익구제 심사 등을 처리함에 있어서 개인의 판단보다는 다수의 견해를 종합하여 신중히 처리하기 위한 소청위원회 등을 말한다.

다) 심의위원회

중요 정책을 결정하는 과정에 이해관계인과 전문가 등이 모여 여러 가지 대안을 검토하고 의결함으로써 정책추진의 수용성과 적법성을 높이기 위한 것이다.

라) 자문위원회

기관별 소관 업무의 민주성과 절차적 합리성을 제고하려고 다양한 의견을 수렴하여 행정청의 결정에 참고 · 반영하는 정책자문위원회 등이다.

마) 평가위원회

정책의 집행결과에 대한 적절한 사후관리를 통하여 다음 정책이나 관련자의 인사평정에 참고하기 위하여 실시하는 정책평가위원회 등이다.

3) 성격

가) 행정위원회

독임제 기관과 마찬가지로 행정청으로서의 모든 권한과 책임을 갖는다. 다만 법령에 정한 바에 따라 합의제 기관인 위원회 또는 위원회 위원장의 이름으로 대외에 표시한다. 행정위원회는 전국적인 사무를 처리하는 중앙행정기관의 지위가 있는 반면, 중앙행정기관에 소속된 하부조직으로서의 행정위원회도 있다.

나) 재결위원회

법령에 따라 그 결정에 대하여는 관련 행정청과 관계 공무원을 기속한다. 따라서 위원들은 외부의 영향을 받지 않아야 하므로 신분이 보장된다. 재결위원회는 대개 중앙행정기관의 하부조직으로 설치하지만 행정청의 지위를 갖는다.

다) 심의위원회

법령에 정해진 사항에 대하여 위원들의 다양한 견해를 종합하여 필요한 경우 찬반 의결과정을 통하여 이끌어 낸 합의안은 법적 효력은 없지만 당해 위원회는 물론 이해관계인과 관계 행정청을 사실상 구속하게 된다. 심의위원회도 대부분 중앙행정기관의 하부조직으로 설치된다. 다만 법령에 따라 직접 심의위원회 이름으로 행정사무를 대외에 표시하기도 한다.

라) 자문위원회

다양한 의견수렴 과정에 목적이 있으며 위원회의 합치된 의견 자체는 법적인 구속력이 없고 자문내용을 참고하여 행정청이 정책이나 의사를 결정하여 집행할 때 비로소 실행력을 갖게 된다. 자문위원회는 대부분 행정청의 하부조직으로 설치된다.

마) 평가위원회

심의위원회와 자문위원회의 두 성질을 함께 갖고 있다. 평가결과 자체가 법적인 효력을 갖기 보다는 그 결과를 토대로 정치적 또는 법적 책임을 묻는 등 행정행위가 이루어 질 경우에 집행력을 갖게 된다.

4. 법적 지위

행정청은 그가 속한 조직의 대표자이다. 그러므로 당해 조직이 행하는 모든 법률적 · 사실적 행위와 관련된 권한과 책임을 가진다. 즉 소관 사무를 통할하고 소속공무원을 지휘 · 감독한다(「정부조직법」제7조 제1항). 소관 예산을 집행하며 자기 이름으로 외부와 계약을 체결하거나 소속 직원에 대한 인사권을 행사하는 등 조직의 본래 목적을 달성하기 위하여 인적 · 물적 자원을 통하여 외부와의 관계를 계속해 나간다. 이 업무처리 과정에서 소속된 공무원 등 직원의 위법 · 부당한 사례가 생기면 정치적 · 법적 책임을 지기도 한다. 특히 하나의 인격체인 국가는 워낙 그 규모가 크므로 행정소송의 피고로서 국가를 대신하여 소송 당사자로서 지위를 갖기도 한다.

그러나 국가에 소속된 행정청은 그 자체로서는 법인격이 없다. 국가만 법인격을 갖고 있기 때문에 국가를 구성하는 모든 행정청이나 행정기관들은 국가를 대신하여 소관 업무에 대하여 법령의 범위 안에서 권리 · 의무의 주체로서 활동할 따름이다.

행정청의 권한은 헌법, 「정부조직법」, 각 부처청과 소속기관의 직제 등 조직관련 법령에서 관장사무가 구체적으로 정해져 있다. 국가의 기관과 국가가 설치한 특수법인은 원칙적으로 전국을 대상으로 처리하겠지만, 지방자치단체와 지방자치단체가 설치한 특수법인은 당해 지역을 대상으로 한다. 다만 국가의 기관 중에서도 특별지방행정기관이 관장하는 사무의 내용과 성격은 전국적이지만 담당 지역별로 나누어 처리하고 있다.

제2절 행정기관

1. 개념

모든 행정조직은 외부에 담당 직위가 표시되는 행정청과 내부적으로 그 업무를 나누어 수행하는 행정기관으로 구성되어 있다. 빙산에 비유해보면 물 위에 나와 있어 보이는 부분이 행정청이고 물 밑에 있는 부분이 행정기관에 해당될 것이다. 즉 행정기관은 행정청에게 부여된 권한을 나누어 지원하는 하부조직 단위를 말한다. 그러나 법령상으로는 이를 엄격히 구분하지 않고 행정청과 행정기관을 합하여 (넓은 의미의) 행정기관이라고 하고, 행정청을 '행정기관의 장'이라고 표현하기도 한다.[47] 또한 행정기관을 작용법적 기관개념과 사무배분적 기관개념으로 나누어 행정청은 외부에 대하여 행정작용을 행하는 주체이고, 행정기관은 그 행정청이 적법·타당한 행정작용을 할 수 있도록 적절히 배분된 사무를 처리하는 조직이라고 설명하기도 한다.[48]

이처럼 행정청과 행정기관은 본질상 하나의 조직체이므로 기능을 어떻게 나누어 행사하여 전체적인 통일성을 이루어나갈까 하는 문제는 매우 중요하다. 이를 행정조직의 구성원리라고 하며, 여기에는 ① (행정청의 권한을 행정기관으로) 배분하고 ② (배분된 권한은 행정청으로 다시) 결합하며 ③ (권한을 배분하거나 배분된 권한을 다시 결합하는 과정

47) 「행정업무의 효율적 운영에 관한 규정」 제13조(발신명의) ①문서의 발신 명의는 행정기관의 장으로 한다. 다만 합의제기관의 권한에 속하는 문서의 발신 명의는 그 합의제 기관으로 한다.
48) 김철용, 행정법, 675~676쪽.

에서 발생하는 여러 형태의 갈등을) 조정하는 세 가지를 드는 것이 일반적이다.[49)]

2. 구성원리

가. 분배

행정청 별로 부여된 소관 사무를 행정청을 돕는 각 하부조직에게 적절한 규모로 나눠주는 것을 의미한다. 즉 하부조직을 어떻게 설계할 것인가 하는 문제이다. 우선 행정청에게 부여된 전체 사무(권한)를 분류하는 일부터 시작해야 한다. 분류하는 방법은 기능별, 성질별, 지역별 등 여러 가지 기준으로 나눌 수 있다. 행정청 내부 본부에서 처리할 일과 소속기관으로 하여금 처리케 할 일 등으로 나눌 수도 있고, 기관 자체의 존립과 운영에 필요한 부서와 기관 본래 목적 달성에 필요한 부서도 어떻게 나눌 것인지 고려되어야 한다. 이처럼 기능 또는 사무, 권한의 분배는 행정조직의 설계과정에서 가장 우선적으로 검토해야 할 과제이다.

「행정기관의 조직과 정원에 관한 통칙」 제5조는 기능의 배분과 정원의 배정과 관련하여 다음과 같은 기준을 정하고 있다. ① 행정기관의 업무 중 기획 · 조정 또는 통제기능에 속하는 업무와 전국적으로 통일을 요하는 집행업무는 중앙행정기관에, 기타의 집행업무는 지방행정기관에 배분한다. ② 행정기관에는 그 업무의 성질과 양에 따라 적정한 종류와 규모의 공무원의 정원을 배정하되, 담당업무의 성질상 특별한 경우를 제외하고는 중앙행정기관에는 5급 이상 또는 고위공무원단에 속하는 공무원과 이를 보조하는 최소한의 6 · 7급 공무원을, 지방행정기관에는 최소한의 5급 이상 또는 고위공무원단에 속하는 공무원과 사무를 직접 담당하는 6급이하의 공무원을 배정한다. ③ 중앙행정기관의 장은 새로운 업무의 발생, 업무량의 증감 등에 효율적으로 대처하기 위하여 일시적으로 각 차관 및 실장 · 국장이 담당하는 사무의 일부를 조정하여 수행하게 할 수 있다.

---

49) 박윤흔, 앞의 책, 17~23쪽. 석종현 · 송동수, 앞의 책, 12~14쪽. 佐藤功, 行政組織法(동경; 有斐閣, 1994), 56~59쪽.

나. 결합

분배와 반대되는 원리로서 하부로 나누어진 권한을 대외적으로 표시할 때는 위로 다시 결합되어야 한다. 결합하는 과정에서 하나의 체계로 조직화되어야 한다. 따라서 기능이 중복되는 부분이 있으면 전체 조직의 효율성은 떨어질 수밖에 없을 것이다. 예컨대 자동차 운전면허시험이라는 행정권한의 이전과정을 보면, 국민 → 국가(헌법 제1조) → 정부(헌법 제96조) → 안전행정부(「정부조직법」 제34조) → 경찰청(「경찰법」 제2조) → 지방경찰청(「도로교통법」 제80조) → 도로교통공단(「도로교통법」 제120조) → 운전면허시험장(「도로교통법」 제121조 및 공단 정관)의 순서로 그 권한이 하부로 분배되는데, 각 단계마다 권한을 이전할 때는 법령에 근거를 두어야 한다. 왜냐하면 어느 행정청 또는 어느 행정기관에서 그 사무를 수행할 책임이 있는지 국민들이 쉽게 알 수 있어야 하기 때문이다.

그런데 화살표의 반대방향으로 가보면 각 행정청은 단순히 하나의 사무만 책임지는 것이 아니라, 당해 기관의 소관사무 전체를 담당하고 있다. 즉 지방경찰청은 운전면허 관련 업무만 하는 것이 아니라, 당해 지역 안에서 발생하는 여러 치안사무를 함께 관장하고 있다. 이렇게 모든 사무를 다시 결합하여 대외적으로 법률적 · 사실적 행위를 함에 있어서 주어진 권한을 어떻게 어디에서 행사하는 것이 국민의 입장에서 가장 편리하고 효율적인지를 검토해야 한다.

다. 조정

사무를 분배하고 또 하나의 의사로 통일해 나가는 과정에서 중첩되거나 경합이 생길 수 있다. 이를 해결하기 위해서는 조정이 불가피하다. 아무리 합리적으로 잘 분배하더라도 현실세계에서 생기는 복잡 다양한 업무를 처리하다보면 불가피하게 갈등이 생길 수밖에 없다. 이 때 조정이 필요하게 된다. 대부분의 경우 상급 행정기관에서 조정할 수 있지만, 1차적으로 당사자 간에 타협과 설득으로 조정될 수 있는 것도 많다.

법령 해석상 견해 차이가 있거나 선례와 다른 판단의 경우, 또는 예상하지 못했던 새로운 사무가 발생한 경우 등에는 소관 기관을 새로 정하는 등 조정의 필요성은 민주사회로 성숙해갈수록 절차적 합리성의 중요성과 함께 점점 더 확대되고 있는 실정이다.

3. 종류

국가행정사무의 체계적이고 능률적인 수행을 위하여 국가행정기관의 설치 · 조직과 직무범위의 대강을 정한 「정부조직법」 제1장 총칙에 규정된 행정기관의 종류를 중심으로 설명한다. 다만 이 구분은 어떤 체계적인 기준을 가지고 분류한 것은 아니며 기능적인 측면과 형태적인 측면을 함께 고려한 것이다.

독임제 기관과 합의제 기관을 구분하여 행정청과 행정기관의 개념을 이해하기 쉽도록 비교하여 그린 그림이 아래와 같다.

〈행정청과 행정기관 비교〉

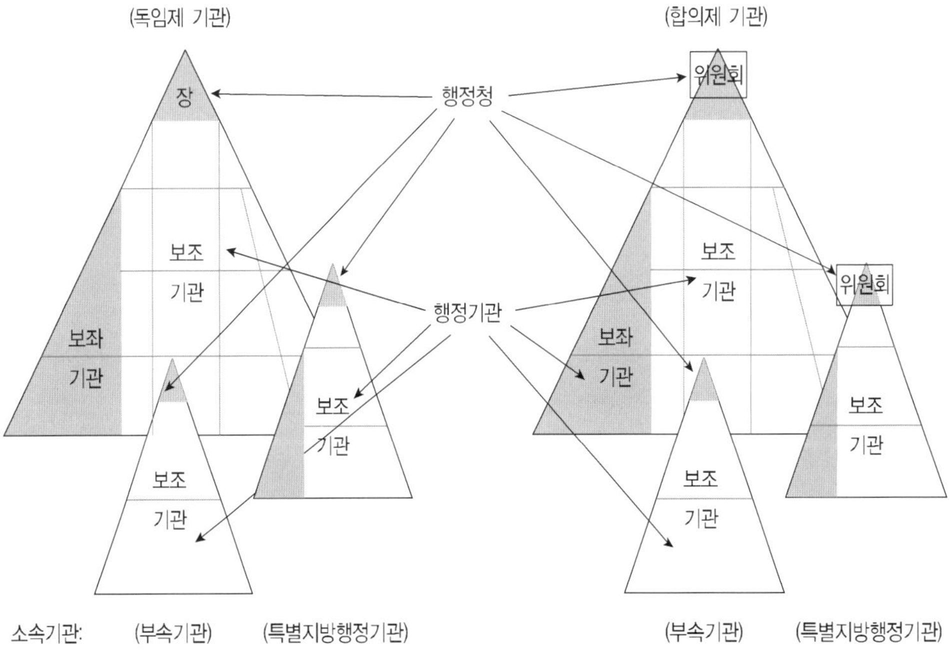

가. 보조기관

1) 의의

행정청의 의사 또는 판단의 결정이나 표시를 보조함으로써 행정기관의 목적 달성에 공헌하는 기관을 말한다. 중앙행정기관의 경우에는 행정청인 장관이나 처장 · 청장을 보조하는 기관으로서 차관 · 차장 · 실장 · 국장 및 과장 등이 있다. 다만 실장 · 국장 및 과장의 명칭은 대통령령으로 정하는 바에 따라 본부장 · 단장 · 부장 · 팀장 등으로 달리 정할 수 있으며, 실장 · 국장 및 과장의 명칭을 달리 정한 보조기관은 실장 · 국장 및 과장으로 보고 있다.

보조기관의 설치와 사무분장은 법률로 정한 것을 제외하고는 대통령령으로 정한다. 다만 과의 설치와 사무분장은 총리령 또는 부령으로 정할 수 있다. 각 행정기관의 보조기관은 그 기관의 장, 차관 또는 차장을 보좌하여 소관사무를 처리하고 소속 공무원을 지휘 · 감독한다(「정부조직법」 제7조 제3항).

2) 종류

중앙행정기관에 국(局)과 실(室, 공통부서인 기획조정실 제외)을 두는 경우에는 첫째 중앙행정기관의 소관업무를 업무의 성질이나 양에 따라 수개로 분담하여 수행할 필요가 있어야 하고, 둘째 업무의 한계가 분명하고 업무의 독자성과 계속성이 있을 것을 요하고 있다. 다만 실은 국으로서는 그 목적달성이 곤란하다고 인정되는 특별한 사유가 있어야 한다. 실 또는 국 밑에는 소관업무를 업무의 양이나 성질에 따라 수개로 분담하여 수행할 필요가 있는 경우에 보조기관을 둘 수 있다. 과장의 명칭은 반장 · 팀장 등으로 달리 정할 수 있으며, 3급 또는 4급 공무원으로 보한다.

과(課)의 상한 및 설치기준은 각 중앙행정기관의 계급별 정원, 직무의 특수성 등을 고려하여 안전행정부장관이 정한다. 보조기관을 두는 경우 실 밑에는 국 또는 과, 국 밑에는 과를 둘 수 있다. 이 경우 실 밑에 두는 국에는 국장을 보좌하는 보좌기관을 둘 수 없다.

3) 한시조직

중앙행정기관의 장은 한시적으로 발생하는 행정수요에 대처하기 위하여 필요하거나 기존의 보조기관과 보좌기관으로는 그 목적을 달성하기 곤란한 중요한 업무가 발생한 때에는 한시적 보조기관 또는 보좌기관을 설치 · 운영할 수 있다.

한시조직은 그 존속기간을 3년 이내로 하되, 안전행정부장관과 협의하여 존속기간을 1년 연장할 수 있다. 존속기간의 연장은 2회에 한한다. 한시조직은 그 존속기간이 경과한 때에는 자동적으로 폐지된다. '○○추진기획단'의 명칭이 붙는 조직은 대개 한시적 보조기관으로 봐도 무방하다.

참고로 2012년 말 현재 중앙행정기관의 한시조직은 17개가 설치되어 있다.[50)]

나. 보좌기관

1) 의의

행정기관이 그 기능을 원활하게 수행할 수 있도록 그 기관장이나 보조기관을 보좌함으로써 행정기관의 목적달성에 공헌하는 기관을 말한다. 대표적으로 행정각부에는 장관이 특히 지시하는 사항에 관하여 장관과 차관을 직접 보좌하기 위하여 차관보를 둘 수 있으며, 중앙행정기관에는 그 기관의 장, 차관 · 차장 · 실장 · 국장 밑에 정책의 기획, 계획의 입안, 연구 · 조사, 심사 · 평가 및 홍보 등을 통하여 그를 보좌하는 보좌기관을 둘 수 있다. 다만 과에 상당하는 보좌기관은 총리령 또는 부령으로 정할 수 있다.

2) 기능

보좌기관은 전문적 지식을 활용하여 정책의 기획, 계획의 입안, 연구 · 조사, 심사 · 평가 및 홍보와 행정개선 등에 관하여 행정기관의 장이나 그 보조기관을 보좌한다. 보좌기관의 명칭은 정책관 · 기획관 · 담당관 등으로 정할 수 있으며, 업무수행에 필요한 최소한의 하부조직을 둘 수 있다.

행정각부의 실에 소속된 정책관 등은 명칭은 보좌기관처럼 보이나 만약 그 밑의 직위가 모두 과로 표현되어 있다면 보조기관이라 할 수 있다. 보좌기관의 상한 및 설치기준은 각 중앙행정기관의 계급별 정원, 직무의 특수성 등을 고려하여 안전행정부장관이 정한다. 과장에 상당하는 보좌기관은 3급 또는 4급 공무원으로 보한다.

---

50) 안전행정부, 2013 안전행정통계연보, 57쪽.

다. 특별지방행정기관

1) 의의

중앙행정기관에는 소관 사무를 수행하기 위하여 필요한 때에는 특히 법률로 정한 경우를 제외하고는 대통령령으로 정하는 바에 따라 지방행정기관을 둘 수 있다. 지방행정기관은 업무의 관련성이나 지역적인 특수성에 따라 통합하여 수행함이 효율적이라고 인정되는 경우에는 대통령령으로 정하는 바에 따라 관련되는 다른 중앙행정기관의 소관 사무를 통합하여 수행할 수 있다.

대통령령인 「행정기관의 조직과 정원에 관한 통칙」 제2조에서 '특별지방행정기관'이라 함은 특정한 중앙행정기관에 소속되어, 당해 관할구역 내에서 시행되는 소속 중앙행정기관의 권한에 속하는 행정사무를 관장하는 국가의 지방행정기관을 말한다고 정의하고 있다. '특별'지방행정기관으로 한 이유는 '보통'지방행정기관이라 할 수 있는 지방자치단체의 장이 국가로부터 위임받은 일반사무를 수행함에 반해 중앙행정기관에서 직접 하부조직으로 설치하여 소관업무인 특정사무를 관장하기 때문이다. 특별지방행정기관의 장도 자기 이름으로 대외적 행위를 할 경우 행정청의 지위를 가진다. 그를 돕는 하부조직 즉 보조기관이나 보좌기관도 당연히 있다.

2) 설치기준

특별지방행정기관은 중앙행정기관의 업무를 지역적으로 분담하여 수행할 필요가 있고, 당해 업무의 전문성과 특수성으로 인하여 지방자치단체 또는 그 기관에 위임하여 처리하는 것이 적합하지 아니한 경우에 설치할 수 있다. 특별지방행정기관을 두는 경우에는 지역적인 특수성, 행정수요, 다른 기관과의 관계 및 적정한 관할구역 등을 감안하여야 한다. 중앙행정기관의 지시를 받아 일선행정기관을 지휘·감독함을 주된 기능으로 하는 중간 감독기관인 특별지방행정기관은 특별한 경우를 제외하고는 이를 둘 수 없다.

특별지방행정기관의 장의 직급은 그 기관의 규모와 소관 업무의 성질 등에 비추어 적정하게 배정하고, 직무등급은 직무의 곤란성 및 책임 정도를 고려하여 안전행정부장관이 배정하며, 기관장과의 근무교대제의 운영이 필요한 기관의 경우를 제외하고는 부기관장을 둘 수 없다.

라. 부속기관

1) 의의

행정권의 직접적인 행사를 임무로 하는 기관에 부속하여 그 기관을 지원하는 행정기관으로서 소관사무의 범위에서 필요한 때 대통령령으로 시험연구기관 · 교육훈련기관 · 문화기관 · 의료기관 · 제조기관 및 자문기관 등을 둘 수 있다. 이중 자문기관은 행정기관의 자문에 따라 전문적인 의견을 제공하거나, 자문을 구하는 사항에 관하여 심의 · 조정 · 협의하는 등 행정기관의 의사결정에 도움을 주는 행정기관을 말한다.[51)]

대통령령인 「정책자문위원회 규정」 제2조는 중앙행정기관의 중요정책에 관하여 전문적인 의견의 청취 등 자문이 필요한 경우에는 중앙행정기관의 장은 당해 기관에 위원회를 설치할 수 있으며, 그 위원회의 명칭은 정책자문위원회라는 문구 앞에 당해 중앙행정기관의 명칭을 붙인 것으로 한다고 되어 있다.

2) 설치기준

행정기관에 그 기관에 부속하여 업무를 지원하는 부속기관을 둘 수 있다. 부속기관의 장의 직급은 그 기관의 규모와 소관 업무의 성질 등에 비추어 적정하게 배정하고, 직무등급은 직무의 곤란성 및 책임 정도를 고려하여 안전행정부장관이 배정하며, 기관장과의 근무교대제의 운영이 필요한 기관의 경우를 제외하고는 부기관장을 둘 수 없다.

자문기관을 제외한 부속기관의 하부조직의 설치 역시 조직의 효율성을 높이는 방향으로 설계되어야 한다. 다만 부속기관 중 시험연구기관 및 의료기관의 하부조직의 설치기준은 그 특수성을 고려하여 안전행정부장관이 따로 정할 수 있다. 부속기관의 장도 자기 이름으로 대외적으로 행정업무를 하는 한 행정청의 지위를 갖게 되고 그를 보조 또는 보좌하는 행정기관이 있을 것이다.

---

51) 2012년 말 현재 중앙행정기관의 부속기관은 시험연구기관이 81개, 교육훈련기관이 41개, 문화기관이 44개, 의료기관이 14개, 기타 273개로 총 453개가 설치되어 있다. 안전행정부, 2013 안전행정통계연보, 38쪽 참조.

마. 합의제 행정기관

1) 설치요건

행정기관에는 그 소관사무의 일부를 독립하여 수행할 필요가 있는 때에는 법률로 정하는 바에 따라 행정위원회 등 합의제 행정기관을 둘 수 있다. 「행정기관 소속 위원회의 설치·운영에 관한 법률」 제5조에서 위원회의 설치요건으로는 ① 업무의 내용이 전문적인 지식이나 경험이 있는 사람의 의견을 들어 결정할 필요가 있을 것 ② 업무의 성질상 특히 신중한 절차를 거쳐 처리할 필요가 있을 것 ③ 기존 행정기관의 업무와 중복되지 아니하고 독자성이 있을 것 ④ 업무가 계속성·상시성(常時性)이 있을 것 등이 제시되어 있다.

2) 설치기준

행정기관의 장은 그 기관 또는 관련 기관 내에 설치되어 있는 위원회와 성격과 기능이 중복되는 위원회를 설치·운영하여서는 아니 된다. 행정기관의 장은 불필요한 자문위원회 등이 설치되지 아니하도록 소관 정책에 관한 각계 전문가의 의견을 종합적으로 반영하기 위하여 위원회를 통합하여 설치·운영하도록 노력하여야 한다. 자문위원회가 아닌 행정사무를 직접 처리하는 합의제 위원회인 경우, 법령이 정한 바에 따라 당해 위원회가 또는 그 위원회의 장이 행정청이 되고 위원회를 보좌하는 조직이나 보조하는 기관을 둘 수 있다.

제3절 양자의 관계

1. 상대적 지위

행정청과 행정기관의 관계는 상대적이다. 권한을 분배하고 결합하는 과정의 어느 쪽에서 보는가에 따라 행정청이 될 수 있고 행정기관이 될 수도 있기 때문이다. 특히 행정청과 부속기관과의 관계가 더욱 그렇다. 어떤 관계에서 보더라도, 기관장의 이름이 외부로 표시되고 당해 행정행위에 대한 책임을 진다면 행정청이고 내부 결정과정에는 참여하되 외부에 표시되지 않으면 행정기관이 된다.

앞의 그림에서 행정청의 부속기관과 특별지방행정기관 즉 소속기관의 장도 행정청의 지위를 갖는다고 하였다. 만약 소속기관의 장이 처분청으로서 특정 행정행위를 하였다면 상급 행정청은 감독청의 지위가 된다. 그러나 법령상으로는 감독청이라고 하면 행정청이 행정객체에 대한 경우를 뜻하므로[52] 행정청 간의 지휘감독 관계인 경우에는 '상급 감독청' 등으로 구분하여 표현할 필요가 있다.

한편 각 행정청에게 분담된 모든 업무를 행정청이 다 결정하는 것은 사실상 불가능하고 그럴 필요도 없다. 그래서 행정청의 내부 의사결정에 관한 사무처리 기준을 정하는 대통령령에서는 행정청(행정기관의 장)이 업무 내용과 경중에 따라 보조기관 또는 보좌기관 등 업무담당 공무원으로 하여금 결정 처리할 수 있게 하는 것이다. 이를 내부 위임전결이라 하는데, 대부분의 기관에서는 훈령 등으로 미리 정해두고 있다. 행정기관의 장이 직접 결정(결재)하지 않아도 될 사무는 보조기관 등 하부조직에서 결재(전결)하더라도 당해 행정청의 행위로 효력을 당연히 발생한다.

2. 지위의 변화

그간 공문서 관련 규정이 바뀌면서 행정청과 행정기관의 지위에 대한 변화도 있었다. 1960년대의 각령(閣令)인 「정부공문서 규정」과 총리령인 「정부공문서 처리규칙」의 서식에는 아래 그림에서 보는 바와 같이 발신명의만 표시하게 되어 있었다. 이는 대외적으로 행정청의 명칭과 관인만 정확하게 찍혀 있으면 공문서의 효력이 생기므로, 행정청 내부에서 누가 어떤 의사결정을 거쳐 그런 처분을 하였는지 일반 국민은 알 필요가 없다는 전제가 깔려 있는 것이다. 처분에 불복이 있으면 행정청을 피고로 하여 소송을 제기하기 때문에 내부의 실제 업무처리 담당자, 즉 보조기관이나 보좌기관 등을 굳이 밝힐 필요가 없었기 때문이다.

52) 「학교보건법」 제14조, 「도서관법」 제36조, 「공익법인의 설립 · 운영에 관한 법률」 제8조 등.

〈과거의 대외시행 공문서 서식〉

(행정기관 명)

경유

수신

참조

제목

1.[53]

가.

1)

가)

(1)

(가)

①

㉮

첨부

(발신명의) ○○부 장관 관인

53) 「행정업무의 효율적 운영에 관한 규정 시행규칙」 제2조(공문서 작성의 일반원칙) 제1항.

그러나 그 후 대통령령인 「사무관리규정」 제16조와 총리령인 「사무관리규정 시행규칙」 제20조에서는 발신명의 밑에 전결 또는 대결(代決)한 문서는 '○○ 전결' 등 표시를 하도록 하였다가, 지금은 대통령령인 「행정업무의 효율적 운영에 관한 규정」과 안전행정부령인 「행정업무의 효율적 운영에 관한 규정 시행규칙」 별지 제1호 서식으로 아래 그림에서 보는 바와 같이 발신명의인 행정청의 직인 밑에 결재권(전결권)자는 물론 기안자와 검토자, 그리고 협조자 및 담당공무원의 연락처와 전자우편 주소까지 표시하게 되었다. 이러한 변화는 주권자로서의 국민의 알권리를 확실히 보장하며 행정주체인 행정청과 행정기관의 책임성을 대폭 강화하였다는 점에서 의의가 있다.

〈현재의 대외시행 공문서 서식〉

행 정 기 관 명

제목

1.

가.

1)

가)

(1)

(가)

①

㉮

붙임

발 신 명 의 직인

기안자 직위(직급) 서명 검토자 직위(직급) 서명 결재권자 직위(직급) 서명

협조자

시행 처리과명-연도별 일련번호(시행일) 접수 처리과명-연도별 일련번호(접수일)

우 도로명주소 / 홈페이지 주소

전화번호( ) 팩스번호( ) / 공무원의 전자우편주소 / 공개 구분

210㎜×297㎜(백상지 80g/㎡)

제 3 장
행정조직의 법률관계

제1절 행정주체 내부관계

내부관계라 함은 전체 행정주체 안에서 일어나는 법률적·사실적 관계를 말한다. 여기에는 첫째, 행정주체 즉 국가와 지방자치단체, 특수법인 사이에는 어떤 관계로 이루어져 있는가? 둘째, 각 행정주체 안에서는 어떤 관계가 형성되어 있는가? 셋째, 행정주체 내부의 행정청과 행정기관의 관계는 어떠한가? 독립된 법인격을 가진 각 주체는 서로 어떻게 조화를 이루면서 전체적으로 통일된 의사를 형성해 나가는가 하는 것이 살펴볼 과제이다.

1. 지휘감독

국가는 하나의 인격체로서 국민으로부터 나온 권력을 기관별로 분담하여 행사하고, 지방자치단체는 헌법을 토대로 국가로부터 나온 권력을 각 단체가 독자적인 인격체로서 분담 행사하고 있다. 특수법인은 국가로부터 나온 권력과 지방자치단체로부터 받은 권력을 각 기관이 독자적인 인격체로서 분담 행사하고 있다. 그래서 지방자치단체와 특수법인(공공기관)은 각 단체와 기관이 스스로 행정청으로서 보좌기관 등의 도움을 받아 권력(사무)을 행사하고 있다. 그러나 국가는 입법 · 행정 · 사법권으로 3등분(헌법재판소와 선거관리까지 포함하면 5등분)하여 상호 견제와 균형을 이루고 있기 때문에 분담된 권력의 계열별로 행정청과 행정기관도 분리 검토할 필요가 있다.

가. 국가의 경우

국가는 비록 권력은 나누어 행사되더라도 하나의 인격체인 만큼 입법-행정-사법권 전체를 통하여 한 가지 의사로 유지되어야 한다. 특히 행정권을 직접 행사하는 정부의 경우에는 국가의사의 통일성을 유지하기 위하여 동일 계통 행정청의 하급기관 또는 하급자는 상급기관 또는 상급자의 지휘감독을 받아야 한다. 과거 특별권력관계 이론이 강조되던 때는 법령의 특별한 근거가 없더라도 상급자의 하급자에 대한 직무상 명령은 당연시되었지만 오늘날은 공무원법관계에 대한 법률유보 원칙이 확산되면서 위임근거를 필요로 하게 되었다.[54] 다만 일상적으로 발생하는 직무상 명령까지 다 근거를 두기는 어렵다.

나. 국가와 지방자치단체

국가는 지방자치단체에 대하여 위임한 사무에 관하여 「지방자치법」 제9장에서 지도·감독할 수 있는 사항에 관하여 자세하게 규정하고 있다. 이는 지방자치단체가 처리하는 사무의 원천이 국가가 제정한 법률에 근거하고 있는 만큼 해당 사무에 관한 지휘감독은 당연한 것이라 할 수 있다. 그래서 같은 법 제166조(지방자치단체의 사무에 대한 지도와 지원), 제167조(국가사무나 시·도사무 처리의 지도·감독), 제168조(중앙행정기관과 지방자치단체 간 협의조정), 제169조(위법·부당한 명령·처분의 시정), 제170조(지방자치단체의 장에 대한 직무이행명령), 제171조(지방자치단체의 자치사무에 대한 감사), 제172조(지방의회 의결의 재의와 제소) 등에서 구체적으로 정하고 있다.

---

54) 예컨대, 「소방공무원법」 제27조 소방방재청장은 소방공무원의 인사행정이 이 법과 「국가공무원법」 및 「지방공무원법」에 의하여 운영되도록 지휘감독 한다. 등.

다. 국가 · 지방자치단체와 특수법인

국가와 지방자치단체는 특수법인에 대하여 개별 법률이나 조례에서 특정한 사무를 위임하며 자본을 투입하거나 재산을 출연하여 설치를 허가하고 임원을 임면하고 있기 때문에 지주회사의 지위로 법령 등이 정한 범위 안에서 업무의 지휘감독권을 갖고 있다. 물론 지방자치단체와 특수법인은 각자의 법인격이 있으므로 국가의 지휘감독권이 자율성을 심히 해칠 정도로 과도하게 행사되어서는 안 될 것이다.

또한 국가 또는 지방자치단체는 법령에 의하여 또는 권한 범위 안에서 특정한 행정목적을 실현하기 위하여 설립한 특수법인에 대하여 일정한 행위를 하거나 하지 아니하도록 지도, 권고, 조언 등 행정지도를 할 수 있다.[55]

라. 행정청과 행정기관

동일한 행정주체 안에서는 행정청이 하부조직을 구성하는 그의 보조기관이나 특별지방행정기관 등 소속 행정기관에 대하여 지휘감독권을 행사하는 것은 당연하다. 국가 전체의 의사를 통일성 있게 유지하기 위해서는 각 행정청부터 일관된 행정행위를 해야 하기 때문이다. 이에 따라 행정청에 소속된 공무원과 직원들은 물론, 그 행정청에 소속된 행정기관의 구성원에게도 동일하게 적용되어야 한다.

한편 동일 계통의 기관이 아니라도 법률에 의하여 특정 업무를 총괄하는 행정청은[56] 그 업무에 관한 한 다른 행정기관을 지휘감독할 수 있다. 이는 행정학에서 소개하는 매트릭스 조직처럼[57] 운영되는 것으로 볼 수 있다.

---

55) 「행정절차법」 제48조, 「1980년 해직공무원의 보상등에 관한 특별조치법」 제5조 등.

56) 법률에 따라 '총괄청'이라고도 하고 총괄기관이라 한 것도 있다. 「국유재산법」 제2조, 「문화재보호법」 제62조, 「공공기관의 정보공개에 관한 법률」 제24조, 「공직자 등의 병역사항 신고 및 공개에 관한 법률」 제15조, 「공직자윤리법」 제20조, 「국가채권 관리법」 제5조, 「국가표준기본법」 제20조, 「국제경기대회 지원법」 제5조, 「물품관리법」 제7조, 「비상대비자원 관리법」 제4조, 「청소년기본법」 제9조 등.

57) 유민봉, 한국행정학, 384쪽.

마. 지휘감독의 형식

구두나 문서 등 어떤 형태라도 가능하다. 다만 개별적이고 구체적인 것이 아니라 명령의 주체인 사람의 교체에도 불구하고 계속성을 갖기 위한 일반적 · 추상적인 명령을 위해서는 '훈령'이나 '예규' 등의 행정규칙으로 명하는 것이 일반적이다. 이 때 위법 · 부당한 명령에 대한 복종여부 등에 대한 다툼의 소지가 있으면 사안별로 판단하면 되고 법령에서 일일이 규정을 두기는 어렵다.

2. 상명하복

지휘감독에 실효성을 부여하기 위해서는 지시나 협조요청을 받는 행정청이나 공직자가 이에 따라야 한다. 물론 법령이나 조례에서 지휘감독에 관한 규정을 둔 이상 명령복종의 의무를 별도로 규정하지 않아도 대상 기관이나 공직자는 당연히 이를 따를 의무가 생긴다고 하겠다. 명령복종의 의무도 특별권력관계 이론에서는 별도의 근거가 없어도 수용되었지만 지금은 상당수의 법령에서 근거를 두고 있다.[58] 특히 일사불란한 지휘감독 업무를 통하여 국가안보와 사회질서를 유지하기 위하여 제복을 입고 무기 등을 다루는 군인과 경찰 등의 직종은 더욱 그러하다. 물론 일반 공무원에게도 명령복종의 의무는 필요하다.

상사 또는 상급기관의 직무상 명령이 위법 · 부당하여 중대하고 명백하다면 복종할 의무가 없지만, 외견상 정당한 것이라면 복종하는 것이 행정주체의 의사결정의 통일성을 위하여 필요하다. 위법 · 부당성은 수명자가 일단 판단하겠지만, 구체적인 사안에 대하여는 소송을 통하여 가려질 수밖에 없다. 반대로 상사의 합법적이고 정당한 직무상 명령임에도 이에 반항하거나 불복할 경우에는 징계벌 또는 형사벌의 책임을 면할 수 없게 된다.

---

58) 「국가공무원법」 제57조, 「지방공무원법」 제49조, 「국가정보원직원법」 제15조, 「경비업법」 제15조, 「교정시설경비교도대 설치법」 제12조, 「군사기밀 보호법」 제22조, 「군사법원법」 제45조, 「군용물 등 범죄에 관한 특별조치법」 제6조, 「군형법」 제2조 · 제44조 · 제46조, 「의무소방대 설치법」 제10조, 「전투경찰대 설치법」 제10조 등.

3. 존중협조

가. 의의

행정주체 내부 기관별로 담당할 권력(사무)을 아무리 합리적으로 잘 분담했다고 하여도, 막상 행정 현실에서는 예상치 못한 상황과 환경의 변화로 갈등이 생길 여지가 많다. 이 때 매번 조직을 바꾸거나 사람을 교체하여 문제를 해결할 수는 없다. 새로운 사무 발생이 일시적인 현상이라면 기존의 유사한 기능을 수행하는 부서에게 그 일을 맡겨 우선 처리케 하거나 한시적인 조직을 설치하여 직원을 선발하여 처리케 할 수 있다. 그러나 사무가 계속성을 띤다면 조직 전반에 대한 직무분석을 통하여 재설계할 필요가 있다. 각 행정청이나 행정기관은 기존에 분담된 역할과 기능을 존중하되, 새로운 상황에 대하여는 상호 협조하여 문제를 해결해 나가도록 해야 한다. 행정주체도 인격체이므로 시간이 변화되면 환경에 적응하겠지만 그 과정에서 국민이 불편을 겪을 수 있으므로 유기적으로 협조하여 문제와 불편은 일단 해소하는 것이 행정주체의 의무이기 때문이다.

나. 행정응원

「행정절차법」은 행정청으로 하여금 행정의 원활한 수행을 위하여 서로 협조하고 필요시 행정응원을 요청할 수 있도록 하고 있다(제7, 8조). 또한 같은 법 제18조는 다수의 행정청이 관여된 처분을 구하는 신청을 받게 되면 관계 행정청간의 신속한 협조를 통하여 처분이 지연되지 않도록 하고 있다. 개별 법령에서는 행정청 상호간뿐만 아니라 지방자치단체, 대학, 연구소 등 유관기관과도 협조하도록 의무를 부여하고 있는 규정이 많이 있다.[59)]

다. 필요성

법령의 제·개정으로 새로운 사무가 늘어나면 기존의 행정주체 중에서 가장 유

59) 「지방자치법」 제147조, 「학교체육 진흥법」 제18조, 「119구조·구급에 관한 법률」 제14조, 「교통안전법」 제14조, 「국가공간정보에 관한 법률」 제24조, 「식품안전기본법」 제26조 등.

사한 사무를 처리하는 기관에서 맡아 처리하는 것이 옳다. 이를 위해서는 그 조직의 업무수행여력이 있어야 함은 물론, 관련기관이나 부서의 협조도 필요하다. 하지만 변화를 적극 수용하는 조직 분위기가 형성되어 있지 않으면 늘어난 업무를 수행할 특수법인을 설치하려고 생각하기 쉽다. 그 이유는 점증하는 행정수요를 처리해야 하는 정치적 요구를 수용하면서도 공무원 정원은 억제하여야 한다는 현실적 어려움이 있기 때문이다.

이러한 사정은 대개 다음의 과정을 거친다. 즉 새로운 사무를 기존 조직의 인력 · 예산에 비추어 처리하기 어려운 행정청은 일단 「민법」상 사단법인이나 재단법인을 설립(허가)하여 그 사무를 위탁하며 보조금을 일부 확보 · 지원한다. 시간이 흘러 어느 정도 그 업무처리가 탄력을 받고 수혜집단이 생기게 되면 몇 년 뒤 그 법인을 특수법인으로 전환하는 법률의 제 · 개정을 추진하게 된다. 이 때 정치권과 관계 시민단체 등의 지원을 받음은 물론이다.

관계 집단의 이해관계가 다 부합되므로 그간 이런 행태는 지속적으로 반복되어 왔고, 더욱이 특별법을 제정할 때 부칙에서 기존의 「민법」상 법인에 속한 사무와 직원, 권리 · 의무를 모두 승계하게 됨으로써 공공부문의 팽창도 계속될 수밖에 없었던 것이다.

4. 이견조정

가. 갈등사유

복수의 행정청이나 기관에 관련된 권한 또는 사무를 수행하는 과정에서 갈등이 유발되기도 한다. 주로 주도권 다툼이지만, 사안에 따라 서로 개입하지 않으려는 경우도 있다.

갈등이 생기는 주된 이유는 ① 법령상 획정된 권한이 명시되어 있지 않거나 규정상으로는 어느 기관의 소관인지 판단하기 어려운 경우 ② 대상사무 자체가 다수 기관의 업무와 관련되어 있거나 특정 기관의 협조가 전제되어 있는 경우 ③ 문제의 배경에 이익단체 등 외부세력의 응원이 있어 행정청의 단독으로 결정하기 곤란한 경우

④ 관련 공직자들이 결과에 대한 책임을 두려워하여 업무 자체를 기피할 경우 ⑤ 업무처리에 필요한 인적·물적 자원의 확보가 이루어지지 않은 경우 등 권한 배분의 문제와 조직이기주의가 혼합되어 있다.

나. 조정기관

이유야 어떠하던지 1차적으로 관계된 행정청 또는 행정기관이 상의하여 해결하면 가장 좋지만, 견해 차이가 커서 당사자 간에 합의가 이루어지지 않으면 불가피하게 외부에서 조정할 수밖에 없다. 소속 행정청 간의 갈등은 상급 행정청이, 소속 행정기관 간의 갈등은 행정청이 직권으로 조정하면 된다. 또한 대등한 행정청이라도 소관 업무에 대한 조정 기능이 부여된 경우에는 그 행정청이 조정하면 된다.[60)]

부·처의 장이 소관사무의 효율적인 추진을 위하여 필요한 경우 국무총리에게 소관사무와 관련되는 다른 행정기관의 사무에 대한 조정을 요청할 수 있다.[61)]. 이에 따라「정부조직법」제20조는 국무총리를 보좌하는 국무조정실에 중앙행정기관의 행정의 지휘·감독, 정책 조정 및 사회위험·갈등의 관리 등의 기능을 부여하고 있다.

5. 통제평가

가. 필요성

행정주체의 모든 조직이 주권자인 국민으로부터 나온 권력(사무자원)을 통하여 활동하기 위해서는 사람(인적자원)과 예산(물적 자원)이라는 수단이 있어야 한다. 그런데 이 수단은 행정객체(대상)인 국민들로부터 받는 것이다. 사람은 한번 뽑으면 수십년간 계속 쓸 수 있지만, 예산(세입·세출)은 매년 국민으로부터 (강제)징수하지 않으면 안 된다. 따라서 합리적이고 효율적으로 예산을 집행해야 함은 너무나 당연한 말이다. 이를 위하여 다양한 장치가 마련되어 있다.

---

60)「정부조직법」제19조(부총리), 제27조(기획재정부), 제28조(미래창조과학부), 제30조(외교부), 제34조(안전행정부), 제37조(산업통상자원부), 제40조(고용노동부), 제42조(국토교통부) 등.

61)「정부조직법」제7조 제5항,「산업단지 인·허가 절차 간소화를 위한 특례법」제12조 등.

우선 인적자원에 대한 통제로, 공무원과 특수법인의 직원 채용은 공개경쟁시험을 원칙으로 하고 특별채용은 보완적으로 활용함으로써 투명성과 공정성을 보장하고 있다. 선거에 의해 선임되거나 인사권자의 신임으로 임명되는 경우도 있지만, 이 또한 정보공개, 인사청문회, 여론 검증, 임용결격사유에 대한 심사절차 등을 통하여 적재적소의 인사관리가 이루어지도록 하고 있다. 또한 채용된 공직자는 퇴직할 때까지 행정청 내부의 감사기관으로부터 수시로 복무감찰을 받게 되고 국무총리실과 감사원 등의 직무감찰, 경찰과 검찰의 수사 기능 등을 통하여 지속적으로 점검을 받는다.

한편 물적자원에 대한 통제로서는, 예산의 편성단계에서부터 인터넷을 통한 예산내역 및 집행결과 공개, 집행과정의 정기 · 수시 감사, 결산에 이르기까지 모든 과정이 디지털예산회계시스템[62)]을 통하여 투명하게 운영될 뿐만 아니라 집행 후에도 감사원의 회계검사, 국회의 결산심사와 국정감사 등을 거치면서 투명성을 검증받게 되는 것이다.

나. 정책평가

한편 행정주체는 시행하는 정책 등에 대하여 평가를 받는다. 이에 대하여는 국무총리실이 주관하는데, 정부와 지방자치단체 및 특수법인의 각 행정청은 「정부업무평가 기본법」에 따라 국정운영의 능률성 · 효과성 및 책임성을 확보하기 위하여 정책 · 사업 · 업무 등의 계획 수립과 집행과정 및 결과 등을 점검 · 분석 · 평정 받는다.

정부업무평가의 원칙은 법 제7조에서 ① 자율성과 독립성 보장 ② 객관적이고 전문적인 방법을 통하여 결과의 신뢰성과 공정성 확보 ③ 정책등 관련자의 참여 기회 보장 및 결과 공개 등 투명성 확보가 규정되어 있다.

평가의 종류는 각 행정청이 하는 자체평가(법 제14~18조), 국무총리실이 하는 특정평가(법 제19 · 20조), 국가위임사무 등에 대하여 안전행정부장관이 지방자치단체를 대상으로 하는 합동평가(법 제21조), 공공기관 평가(법 제22조)로 구분되어 있다.

---

62) 예산편성 · 집행 · 회계결산 · 성과관리 등 재정활동 전 과정이 수행되고, 그 결과 생성된 정보가 관리되는 재정정보시스템으로서, 재정활동 전반을 지원하고 재정혁신을 뒷받침하며 재정을 실시간으로 관리할 뿐만 아니라 재정통계의 분석정보를 산출하는 기능을 갖고 있다(www.digitalbrain.go.kr.).

평가결과는 법 제26조부터 30조에 걸쳐, 전자통합평가체계 및 인터넷 홈페이지 공개, 국무회의 보고, 인사 · 예산 등에 연계 · 반영, 시정조치 및 감사, 보상 등에 활용하도록 규정되어 있다.

제2절 행정주체 외부관계

외부관계라 함은 행정주체의 외부 즉 국가, 지방자치단체, 특수법인의 밖에 있는 국민, 시민단체, 외국(인) 등 행정객체와의 관계에서 이루어지는 법률적 · 사실적 관계를 말한다. 이 분야는 행정작용법과 행정구제법의 주된 연구대상이 되므로 여기서는 간략하게 언급만 한다.

먼저 행정주체가 행정객체로 향하는 것은, 행정주체가 생산하는 모든 서비스를 알리고(국정홍보) 제공하며(정보공개) 실효성 있게 추진하고(행정수단) 여러 가지 처분을 행하는(행정작용) 것이다. 다음으로 행정객체가 행정주체로 향하는 것은, 행정주체의 서비스 생산과정에 개입하고(참여협력) 처분 전에 의견을 개진하며(행정절차) 문제가 있으면 감시자로 나서고(감사청구) 불복할 경우 시정을 요구하거나 소송을 제기(행정구제)하는 것이다.

전통적인 행정법에서는, 국가 등 행정주체가 하는 일은 옳으므로 강제적인 수단을 동원해서라도 일단 처분을 행하고 만약 거기에 불만이 있을 경우 손해를 전보하거나 행정 내 · 외부 기관에서 쟁송절차를 통하여 시정하라는 것이었다. 즉 행정작용법(행정상 입법, 행정행위, 확약, 행정계획, 행정지도 등), 실효성 확보수단, 행정구제법(손해전보, 쟁송)이 주된 내용을 이루었지만 그 후 민주주의의 성숙에 따라 주권자인 국민의 참여와 권익을 확대하는 제도들이 2000년대 전후에 많이 도입되었다.[63]

---

63) 1996.12.31.제정되어 1998.1.1.부터 시행된 「행정절차법」과 「공공기관의 정보공개에 관한 법률」, 2001.7.24.제정되어 2002.1.25.부터 시행된 「부패방지법」(국민감사청구), 1999.8.31.개정된 「지방자치법」(주민의 감사청구), 2005.1.27. 개정된 「지방자치법」(주민소송), 2006.5.24. 개정된 「지방자치법」(주민소환), 1994.1.7, 제정되어 1995.1.8.부터 시행된 「공공기관의 개인정보 보호에 관한 법률」(현, 「개인정보보호법」으로 변경). 2007.6.1, 제정되어 2008.1.1. 시행된 「국민의 형사재판 참여에 관한 법률」 등.

1. 참여협력

글로벌시대의 민주행정은 외부세계와 끊임없는 접촉을 통해 교류 · 협력하며 영향을 서로 주고받을 수밖에 없다. 이를 행정학에서는 신 국정관리(協治, new governance) 원리로 설명하고 있다.[64] 외부세계라 함은 행정객체인 민간부문, 시민단체, 국내외 대학, 전문가 그룹, 연구기관 뿐만 아니라 국제협력의 중요성으로 외국(인)까지 포함한다. 행정주체가 행정작용을 함에 있어서 특히 주요 정책과 관련된 일반적인 절차는, ① 정치 · 경제 · 사회 등 각종 행정문제를 인지하고 ② 특정 문제를 정책의제로 설정하여 ③ 그 문제의 진단과 해결방안을 모색하는 정책분석을 거쳐 ④ 최종적으로 해결방안을 결정하고 ⑤ 그 정책을 집행(처분)하며 ⑥ 그 집행결과에 대한 평가를 하여 다시 환류(feedback) 해 나가는 과정을 거치게 된다. 이 과정에서 행정주체가 독자적으로 모든 정보를 수집하여 판단하고 이를 효과적으로 집행하는 것은 불가능하다. 현대사회의 행정문제는 예전과 비교할 수 없을 정도로 복잡 · 다양하게 전개되고 있기 때문이다.

이에 따라 단순히 행정대상자의 건의뿐만 아니라 관계 전문가의 객관적 의견도 매우 중요하게 되었다. 특정 문제와의 관련성 유무를 떠나 행정주체의 정책결정 과정에 행정객체를 자문위원회, 심의위원회, 평가위원회, 외부 용역 등 다양한 방법으로 적극적으로 의사소통을 하려는 것은 비록 최종 결론에 100% 만족하지는 못하더라도 결정 과정에 참여한 것만으로 결과를 받아들이고 이해시킬 수 있기 때문이다. 이처럼 국민의 참여와 협조는 성공적인 행정을 담보하고 또 국민의 삶의 질을 높이기 위한 필요한 조치로서 입법에 많이 반영되어 있다.[65]

---

64) 정정길, 행정학의 새로운 이해, 530~543쪽 참조.

65) 「국립생태원의 설립 및 운영에 관한 법률」 제27조, 「국립중앙의료원의 설립 및 운영에 관한 법률」 제20조, 「자유무역협정의 이행을 위한 관세법의 특례에 관한 법률」 제18조, 「일제강점하 반민족행위 진상규명에 관한 특별법」 제31조, 「국가정보화 기본법」 제19조, 「재한외국인 처우 기본법」 제21조, 「여수세계박람회 기념 및 사후활용에 관한 특별법」 제13조, 「공공데이터의 제공 및 이용 활성화에 관한 법률」 제15조, 「국가정보화 기본법」 제19조, 「전자정부법」 제70조, 「국제회의산업 육성에 관한 법률」 제11조, 「근로자직업능력 개발법」 제11조의4, 「농촌진흥법」 제22조, 「사방사업법」 제24조의2, 「숙련기술장려법」 제9조 등.

2. 행정절차

행정청이 대상자의 이해관계가 별로 없는 사안이라도 질 좋은 정책을 개발하고 집행하기 위하여 스스로의 판단으로 외부의 참여와 협조를 받는 경우와는 달리, 행정청이 행정대상에 대하여 의무를 부과하거나 권익을 제한하는 처분을 하는 경우에는 「행정절차법」에서 보다 적극적인 조치를 취하도록 의무를 부여하고 있다.

즉 행정청은 특정 처분을 하기에 앞서 미리 당사자 등에게 처분내용에 관하여 알려주어 청문이나 공청회 등을 통한 의견제출의 기회를 주어야 한다. 그리고 처분을 할 때는 당사자에게 그 근거와 이유도 제시하여야 한다. 또한 법령 등을 제정 · 개정 · 폐지하려는 경우 특별한 사정이 없으면 행정청은 40일(자치법규는 20일) 이상 입법예고를 하여야 한다. 마찬가지로 국민생활에 큰 영향을 주거나 많은 국민의 이해가 상충되고 불편, 부담을 주는 행정처분을 하기 위해서는 20일 이상 그 시행에 앞서 예고함으로써 다양한 의견을 들어야 한다.

행정지도를 할 경우에도 목적 달성에 필요한 최소한도에 그쳐야 하고 상대방의 의사에 반하여 부당하게 지도를 강요하지 못하도록 규정하고 있다. 이는 국민에게 불편을 줄 수 있는 처분을 하기에 앞서 대상 국민에게 왜 그 처분을 하는지를 분명히 밝혀주는 것이므로 행정민주화의 핵심적인 제도라 할 것이다.

3. 감사청구

대한민국 국민은 주권자로서 행정주체에 대하여 선량한 감시자로서의 지위를 갖고 있다. 이에 따라 19세 이상의 국민은 공공기관(행정주체)의 사무처리가 법령위반 또는 부패행위로 인하여 공익을 현저히 해하는 경우 대통령령으로 정하는 일정수 이상 국민의 연서로 감사원에 감사를 청구할 수 있는 권리를 부여하고 있다(「부패방지 및 국민권익위원회의 설치와 운영에 관한 법률」 제72~76조).

감사청구 대상에서 제외하는 사항은 국가의 기밀 및 안전보장에 관한 사항, 수사 · 재판 및 형집행(보안처분 · 보안관찰처분 · 보호처분 · 보호관찰처분 · 보호감호처분 · 치료감호처분 · 사회봉사명령을 포함)에 관한 사항, 사적인 권리관계 또는 개인의 사생활과 관련된 사항, 다른 기관에서 감사하였거나 감사중인 사항 등이다. 행정주체의 사무 처리에 대하여 국민의 감사청구권은 2001.7.24. 구 「부패방지법」을 개정하면서 반영되었다. 국민감사청구의 방법과 절차 등은 법 시행령과 감사원규칙인 「국민감사청구·부패행위 신고 등 처리에 관한 규칙」에서 정하고 있다.

지방자치단체의 경우는 1999.8.31. 「지방자치법」 개정시 먼저 도입되었는데, 19세 이상의 주민은 시·도는 500명, 인구 50만 이상 대도시는 300명, 그 밖의 시·군 및 자치구는 200명을 넘지 아니하는 범위에서 그 지방자치단체의 조례로 정하는 19세 이상의 주민 수 이상의 연서(連署)로, 시·도에서는 주무부장관에게, 시·군 및 자치구에서는 시·도지사에게 그 지방자치단체와 그 장의 권한에 속하는 사무의 처리가 법령에 위반되거나 공익을 현저히 해친다고 인정되면 감사를 청구할 권리를 부여하고 있다(「지방자치법」 제16조).

감사청구 대상에서 제외하는 사항은 수사나 재판에 관여하게 되는 사항, 개인의 사생활을 침해할 우려가 있는 사항, 다른 기관에서 감사하였거나 감사 중인 사항, 동일한 사항에 대하여 소송이 진행 중이거나 그 판결이 확정된 사항 등이다.

4. 행정구제

행정청이 아무리 처분을 행하기에 앞서 대상자나 일반 국민에게 설명하고 이해를 구했다고 하여도 여전히 불만이 해소되지 않을 수 있다. 예컨대 「행정절차법」상의 소정 절차를 다 거쳤지만 자기 의견이 충분히 반영되지 않았다고 생각할 수도 있고, 의견을 개진하였음에도 나중에 처분내용이 달라질 수도 있고, 또 자기는 불이익을 수용했지만 나중에 최종 처분결과를 보니 다른 사람과 형평이 맞지 않다는 등 다양한 불만이 제기될 수 있는 것이다. 이유가 어떠하던지 당사자가 처분 내용에 만족하지 못한다면 처분이 끝난 뒤에라도 항변할 장치가 있어야 한다. 이것이 바로 행정구제법에서 연구하는 것으로서 대표적인 제도가 행정심판과 행정소송이다.

행정심판은 처분을 행한 당해 행정청이나 상급 또는 독립된 합의제 기구를 통하여 재심사를 하는 것이고, 행정소송은 법원에 소를 제기하여 사법절차를 거쳐 구제받는 것이다. 헌법재판소에 대한 헌법소원도 일정 부분 행정구제 수단의 기능을 한다고 본다. 이에 관해서는「행정심판법」,「행정소송법」,「헌법재판소법」에서 각각 요건과 절차 등을 상세하게 규정하고 있다.

한편 주민의 감사청구에 따라 공금의 지출에 관한 사항, 재산의 취득 · 관리 · 처분에 관한 사항, 해당 지방자치단체를 당사자로 하는 매매 · 임차 · 도급 계약이나 그 밖의 계약의 체결 · 이행에 관한 사항 또는 지방세 · 사용료 · 수수료 · 과태료 등 공금의 부과 · 징수를 게을리 한 사항을 감사청구한 주민은 법정 기간이 지나도록 감사를 끝내지 아니한 경우, 감사결과에 불복하는 경우, 조치요구를 지방자치단체의 장이 이행하지 아니한 경우, 지방자치단체의 장의 이행 조치에 불복하는 경우에는 그 감사청구한 사항과 관련이 있는 위법한 행위나 업무를 게을리 한 사실에 대하여 해당 지방자치단체의 장(소속 기관의 장 포함)을 상대방으로 하여 주민소송을 제기할 수 있으며(「지방자치법」 제17조), 또한 주민은 지방자치단체장과 지방의회 의원을 소환하기 위한 투표도 실시할 수 있다(「지방자치법」 제20조,「주민소환에 관한 법률」).

5. 국정홍보

정보공개가 소극적인 성격인 반면에 국정홍보는 적극적인 성격을 띠고 있다. 국민이 요구하기 전에 먼저 행정주체가 하는 정책이나 사업, 제도의 내용, 절차, 효과 등을 체계적으로 국민들에게 알리는 것은 아무리 강조해도 지나침이 없다. 현재 많은 법률에서 행정주체로 하여금 관련 정책을 적극 교육하고 홍보할 의무를 규정하고 있다.[66)]

---

66)「1인 창조기업 육성에 관한 법률」제14조,「가정폭력방지 및 피해자보호 등에 관한 법률」제9조의3,「법령결혼중개업의 관리에 관한 법률」제11조의2,「공공데이터의 제공 및 이용 활성화에 관한 법률」제14조,「관광진흥법」제48조,「국가인권위원회법」제26조,「국제개발협력기본법」제15조,「낚시 관리 및 육성법」제47조,「남극활동 및 환경보호에 관한 법률」제22조,「농어업 · 농어촌 및 식품산업 기본법」제46조「도시와 농어촌간의 교류촉진에 관한 법률」제25조,「범죄피해자 보호법」제11조,「부패방지 및 국민권익위원회의 설치와 운영에 관한 법률」제81조,「생물다양성 보전 및 이용에 관한 법률」제29조 교육 · 홍보,「성폭력방지 및 피해자보호 등에 관한 법률」제5조의3,「소금산업 진흥법」제15조,「신에너지 및 재생에너지 개발 · 이용 · 보급 촉진법」제30조,「쌀가공산업 육성 및 쌀 이용촉진에 관한 법률」제20조,「아동복지법」제24조,「아동 · 청소년의 성보호에 관한 법률」제6조,「암관리법」제4조,「어린이 식생활안전관리 특별법」제13조,「에너지이용 합리화법」제13조,「이스포츠(전자스포츠) 진흥에 관한 법

홍보활동의 세 가지 원칙은 다음과 같다(「국정홍보업무운영 규정」 제3조). ① 국정에 관한 정보를 최대한 공개하고 공평한 정보 제공의 원칙에 따라 홍보활동을 수행하며 국민의 알 권리 증진을 도모하여야 한다. ② 적극적이고 효과적인 정보공개를 통하여 정책홍보가 이루어지도록 하여야 한다. ③ 다른 중앙행정기관과 관련된 정책을 홍보하는 때에는 서로 협조하여 홍보활동을 수행하여야 한다.

대부분의 행정청은 직제규정에서 홍보담당관이나 홍보기획관 등 홍보업무를 담당할 보좌기관 또는 소속 행정기관을 설치 · 운영하고 있을 뿐만 아니라 영상제작 · 배포 등 홍보방법도 구체적으로 정한 경우도 있다. 홍보의 중요성이 증대됨에 따라 홍보 수단에 대한 교육훈련은 물론 민간홍보 전문가를 채용하기도 하며, 국내는 물론 해외로까지 적극적인 홍보활동을 전개하기도 한다. 홍보가 잘못되면 정책의 실패로 이어질 수 있으므로 정책결정 과정에서 홍보 전략을 함께 수립하기도 한다.

홍보책임자를 두는 것은 전담직원으로 하여금 각종 홍보 수단을 잘 활용하도록 하는 책임행정의 일환이라 할 수 있다. 법령상 홍보 대상으로 규정한 정책이나 사업내용을 분석해 보면 국민생활의 안전이나 건강, 환경, 산업진흥, 권익증진, 복지 등과 관련된 경우가 많음을 알 수 있다.

6. 정보공개

오늘날 행정주체가 행하는 활동은 거의 공개된다고 해도 무방할 것이다. 인터넷시대는 정보의 수집과 유통 속도가 상상할 수 없을 만큼 엄청나게 빠르고, 또 민

률」 제14조, 「자살예방 및 생명존중문화 조성을 위한 법률」 제18조, 「재난 및 안전관리 기본법」 제34조, 「저탄소 녹색성장 기본법」 제59조, 「전통시장 및 상점가 육성을 위한 특별법」 제27조, 「전통주 등의 산업진흥에 관한 법률」 제13조, 「제품안전기본법」 제17조, 「주민소환에 관한 법률」 제5조, 「중소기업 기술혁신 촉진법」 제23조, 「지능형 로봇 개발 및 보급 촉진법」 제19조, 「지속가능 교통물류 발전법」 제48조, 「지속가능발전법」 제21조, 「지진재해대책법」 제11조, 「청소년기본법」 제8조의2, 「초고층 및 지하연계 복합건축물 재난관리에 관한 특별법」 제15조, 「친환경농어업 육성 및 유기식품 등의 관리 · 지원에 관한 법률」 제15조, 「탄소흡수원 유지 및 증진에 관한 법률」 제31조, 「헤이그 국제아동탈취협약 이행에 관한 법률」 제10조, 「환경친화적 산업구조로의 전환촉진에 관한 법률」 제18조, 「환경친화적 자동차의 개발 및 보급 촉진에 관한 법률」 제12조 등.

주사회로의 성숙에 따라 참여와 협력이 어느 때보다 중요시되고 있어 더욱 그러하다. 제도적으로도 이미 우리나라는 2004.1.29. 제정된 「공공기관의 정보공개에 관한 법률」에서 공공기관(행정주체)이 보유·관리하는 정보에 대한 국민의 공개 청구와 공공기관의 공개 의무를 정함으로써 국민의 알권리를 보장하고 국정(國政)에 대한 국민의 참여와 국정 운영의 투명성을 확보하고 있다.

모든 국민은 물론 국내에 거주하는 외국인에게조차 정보공개를 청구할 권리를 부여하면서, 공공기관에게는 정보공개를 청구하는 국민의 권리가 존중될 수 있도록 소관 관계 법령을 정비하고 정보의 보존과 검색이 쉽도록 정보관리체계를 정비하며 주관부서와 인력을 두는 등의 의무를 부여하고 있다(「공공기관의 정보공개에 관한 법률」 제5,6조).

공공기관은 비공개 대상 정보가 아닌 한 공개하여야 하고 정보공개의 청구를 받으면 10일 이내에 공개 여부를 결정하여야 한다. 부득이한 사유로 10일 이내에 공개 여부를 결정할 수 없으면 10일의 범위에서 공개 여부 결정기간을 연장할 수 있다. 이 경우 공공기관은 연장된 사실과 연장 사유를 청구인에게 지체 없이 문서로 통지하여야 한다(「공공기관의 정보공개에 관한 법률」 제10조).

7. 의무부담

주권자로서의 국민이 권력의 원천이 되는 것과 달리 행정대상자로서의 국민은 권리와 의무를 공유하고 있다. 행정주체가 제공하는 각종 행정서비스를 받기 위해서는 상응하는 비용 분담 등의 의무도 부담할 각오가 되어 있어야 한다. 또한 국민은 행정작용을 하기 위한 수단으로 마련된 모든 입법의 실현을 위하여 법을 지켜야 할 의무(책무)가 있다. 특히 입법의 목적이나 성질상 국민 개개인의 협조가 절실한 것이 있다.

예컨대 질서유지·식품안전·건강증진·보훈복지·환경보호·자원활용 등에 관한 사항은 행정주체의 강제조치나 통제만으로는 성공하기 어렵다. 이런 분야는 국민들이 다소 불편하더라도 적극적으로 참여하면 모두에게 혜택이 돌아가기 때문에, 헌법에 정해진 기본권과 기본의무를 구체화 하는 각 행정작용 법률에서 국민의 구체적

공권과 의무가 함께 규정되어 있는 것이다.[67]

의무의 유형은 첫째 "~~을 위하여 노력하여야 한다"는 것과, 둘째 "~~을 ~~하게 하여야 한다", 셋째 "~~위하여 필요한 조치를 강구하여야 한다"는 것으로 나눌 수 있다. 첫째의 경우는 훈시규정으로 볼 수 있으나 둘째와 셋째는 구체적으로 특정한 활동을 해야 할 의무를 부과한 것으로 볼 수 있다. 하지만 노력하여야 한다고 표현되어 있더라도 이를 지키지 않는 경우 의무 위반에 대한 제재 근거는 될 수 있다.

제3절 권한의 위임 · 위탁

1. 의의

가. 개념

먼저 「정부조직법」과 「지방자치법」 등 현행 법령에 규정된 위임과 위탁의 정의를 요약해 보면 다음과 같다.

① 행정기관[68] 또는 지방자치단체의 장은 법령 또는 조례 · 규칙으로 정하는 바에 따라 그 소관사무의 일부를 보조기관 또는 하급(소속) 행정기관에 위임하거나 다른 행정기관 · 지방자치단체, 공공단체 또는 그 기관(사업소 · 출장소를 포함)에 위탁 또는 위임할 수 있다. ② 위임 또는 위탁을 받은 기관은 특히 필요한 경우에는 법령 또는 조례 · 규칙으로 정하는 바에 따라 (위임 또는 위탁한 기관의 승인을 받아) 사무의 일부를

67) 「119구조 · 구급에 관한 법률」 제4조, 「감염병의 예방 및 관리에 관한 법률」 제6조, 「건강가정기본법」 제4조, 「건강검진기본법」 제4조, 「건축기본법」 제5조, 「구강보건법」 제4조, 「국가보훈기본법」 제6조, 「국민영양관리법」 제5조, 「국민의 형사재판 참여에 관한 법률」 제3조, 「농지법」 제5조, 「대중교통의 육성 및 이용촉진에 관한 법률」 제4조, 「민방위기본법」 제3조, 「보건의료기본법」 제14조, 「부패방지 및 국민권익위원회의 설치와 운영에 관한 법률」 제6조, 「악취방지법」 제3조, 「자살예방 및 생명존중문화 조성을 위한 법률」 제3조, 「자원의 절약과 재활용촉진에 관한 법률」 제6조, 「장애인복지법」 제10조, 「전기 · 전자제품 및 자동차의 자원순환에 관한 법률」 제6조, 「정신보건법」 제5조, 「지속가능 교통물류 발전법」 제6조, 「폐기물관리법」 제7조, 「환경정책기본법」 제6조, 「후천성면역결핍증 예방법」 제3조 등.

68) 이 법령에서 말하는 '행정기관' 또는 '행정기관의 장'은 '행정청'을 의미한다.

보조기관 또는 하급행정기관에 재위임할 수 있다. ③ 보조기관은 위임받은 사항에 대하여는 그 범위에서 행정기관으로서 그 사무를 수행한다. ④ 행정기관 또는 지방자치단체의 장은 법령 또는 조례·규칙으로 정하는 바에 따라 소관사무 중 조사·검사·검정·관리 업무 등 국민의 권리·의무와 직접 관계되지 아니하는 사무를 지방자치단체가 아닌 법인·단체 또는 그 기관이나 개인에게 위탁할 수 있다(「정부조직법」 제6조, 「지방자치법」 제104조).

대통령령에서는 구체적으로 ① 위임이란 법률에 규정된 행정기관의 장의 권한 중 일부를 그 보조기관 또는 하급행정기관의 장이나 지방자치단체의 장에게 맡겨 그의 권한과 책임 아래 행사하도록 하는 것을 말한다. ② 위탁이란 법률에 규정된 행정기관의 장의 권한 중 일부를 다른 행정기관의 장에게 맡겨 그의 권한과 책임 아래 행사하도록 하는 것을 말한다. ③ 민간위탁이란 법률에 규정된 행정기관의 사무 중 일부를 지방자치단체가 아닌 법인·단체 또는 그 기관이나 개인에게 맡겨 그의 명의로 그의 책임 아래 행사하도록 하는 것을 말한다(「행정권한의 위임 및 위탁에 관한 규정」 제2조).

나. 특징

법령에서 정의된 위임과 위탁의 공통점은 행정청이 자기의 권한 일부를 다른 행정기관에게 이전하여 그의 명의와 책임 하에 행사하도록 하는 것이고, 차이점은 위임이 행정청이 속한 같은 계열의 소속된 기관과 지방자치단체에 맡기는 것인 반면 위탁은 다른 계열의 기관과 지방자치단체에[69] 맡긴다는 것이다. 대부분의 행정작용 법령을 보면 그 법령에 열거된 사무를 어느 기관이 처리할 책무를 지는지 관할 행정청이 명시되어 있다. 행정청은 이미 설치되어 있는 보조기관 등을 통하여 그 사무를 직접 처리하는 것이 원칙이다. 그런데 업무의 성격이나 기관의 사정 등을 고려하여 그 행정청이 처리하는 것보다는 다른 행정기관으로 하여금 처리하는 것이 더욱 편리한 경우가 있다. 이를 당해 행정청의 의사로 판단하여 개별적으로 위임 또는 위탁할

69) 통칙 규정의 '위탁'의 정의에서 지방자치단체가 명시되어 있지는 않으나, '민간위탁'의 개념에 지방자치단체를 제외하고 있는 점에 비추어 볼 때, 다른 행정기관의 장에 지방자치단체가 포함된다고 할 수 있다.

수도 있지만, 현재는 다른 행정기관에게 위임 또는 위탁할 사무를 법령으로 정함으로써 개별적인 위임은 제한되어 있다. 이렇게 법규명령 형식으로 정하면 상급기관이 하급기관에게 업무를 함부로 떠넘기기 어려울 뿐만 아니라 관계부처와의 협의, 법제처 심사, 국무회의 심의 등을 거치면서 위임 또는 위탁의 타당성도 객관적으로 검증할 수 있으며, 또 책임소재를 명확히 밝혀 국민들이 누가 그 사무를 처리하는지 잘 알 수 있기 때문이다.

특이한 것은 위 대통령령에서는 지방자치단체가 아닌 법인과 단체 및 그 기관에 이전하는 것을 '민간위탁'으로 표현하고 있다는 점이다. 지방자치단체가 아닌 법인과 단체에는 특수법인은 물론 「민법」과 「상법」상의 일반법인 그리고 법인격 없는 단체와 사인까지 망라될 수 있는 모호하고 광범위한 개념이다. 따라서 행정주체인 특수법인과 행정객체인 일반법인은 입법 기술적으로는 서로 달리 묶는 것이 좋다고 생각된다. 물론 행정권한을 위임 또는 위탁 받은 이상 외관상 구분하기 어려운 점은 있지만 순수 '민간인'에 공공사무를 맡겼다고 보기는 어렵다.

다. 성질

권한의 위임 또는 위탁은 유사한 개념들과 다음의 점에서 차이가 있다.

첫째, 권한의 소재는 위임 · 위탁기관에 두고 그 처리할 권한을 이전한다는 점에서 모든 권한을 완전히 수임 · 수탁기관에게 넘기는 권한의 '이양'과 다르다.

둘째, 수임 · 수탁기관이 자기의 이름과 책임으로 한다는 점에서 위임 · 위탁기관의 이름으로 대신 처리하고 그 결과는 위임 · 위탁기관에게 돌아가는 권한의 '대행' 또는 '대리'와 다르다.

셋째, 행정청의 사고, 결원 등으로 일시적으로 공석이 되거나 비중이 약한 사무 등 일부를 보조기관이나 하급 행정기관에게 맡겨 결정하되, 시행은 행정청의 이름으로 표시하는 '위임전결' 또는 '대결', '내부위임' 등과 다르다.

한편, 판례는 「별정우체국법」 제3조에 따라 미래창조과학부장관이 (국가)우체국이 없는 지역에서 체신업무를 수행할 수 있도록 권한을 '위임'하며 별정우체국으로 '지정'하는 것을 행정행위로 보고 있다.[70] 별정우체국으로 지정되면 피지정인의 배우자나 자녀에게 승계할 수 있으므로(같은 법 제3조의3), 구체적으로는 특허행위로 볼 수 있다. 별정우체국은 실제로는 국가 기관도 아니며 법인격도 없지만, 법률로 국가사무를 수임할 수 있는 근거를 둠으로써 국가(미래창조과학부)의 소속기관에 준하는 특수한 지위를 갖고 있다.

2. 운영

「행정권한의 위임 및 위탁에 관한 규정」 제3조는 위임 또는 위탁을 할 수 있는 사무의 기준과 비용에 관하여 다음과 같이 정하고 있다.

가. 사무기준

행정기관의 장(행정청)은 허가 · 인가 · 등록 등 민원에 관한 사무, 정책의 구체화에 따른 집행사무 및 일상적으로 반복되는 사무로서 그가 직접 시행하여야 할 사무를 제외한 일부 권한을 그 보조기관 또는 하급행정기관의 장, 다른 행정기관의 장, 지방자치단체의 장에게 위임 및 위탁한다. 이에 따라 같은 규정 제4장은 각 부 · 처 · 청 소관 사무 중 하급 소속기관이나 다른 행정기관에게 위임하는 사무가 열거되어 있다.

동 규정의 표현을 보면, 소속 행정기관이나 지방자치단체에게 '위임'한다고 하며, 제5장 민간위탁 사항에 가서는 특수법인 등에게 '위탁'한다고 되어 있다. 즉 위임은 국가와 지방자치단체에 대하여 사용하고 위탁은 특수법인 등에게 적용하는 것으로 사용하고 있다.

나. 위임 · 위탁 방법

행정기관의 장이 행정권한을 위임 및 위탁할 때에는 위임 및 위탁하기 전에 수임기관의 수임능력 여부를 점검하고, 필요한 인력 및 예산을 이관하여야 한다. 행정권한이 개별적으로 위임 또는 위탁되는 것이 아니라 대통령령으로 정하고 있으므

70) 서울고등법원 1967.8.17. 선고 67구58 판결.

로, 국가, 지방자치단체, 특수법인 등의 예산안을 편성할 때 이러한 사정을 충분히 고려하면 될 것이다.

행정기관의 장은 행정권한을 위임 및 위탁할 때에는 위임 및 위탁하기 전에 단순사무인 경우를 제외하고는 수임 및 수탁기관에 대하여 수임 및 수탁사무 처리에 필요한 교육을 하여야 하며, 수임 및 수탁사무의 처리지침을 시달하여야 한다. 단순히 업무와 이를 처리하는데 필요한 사람과 예산을 지원했다고 책임을 면하는 것이 아니라 필요한 교육과 지침까지 시달하여 업무처리에 차질이 없도록 하여야 한다.

다. 사무처리

수임 및 수탁기관은 수임 및 수탁사무를 처리할 때 법령을 준수하고, 수임 및 수탁사무를 성실히 수행하여야 한다. 수임 및 수탁사무에 관한 권한을 행사할 때에는 수임 및 수탁기관의 명의로 하여야 한다.

위임 및 위탁기관은 수임 및 수탁기관의 수임 및 수탁사무 처리에 대하여 지휘·감독하고, 그 처리가 위법하거나 부당하다고 인정될 때에는 이를 취소하거나 정지시킬 수 있다. 수임 및 수탁사무의 처리에 관하여, 위임 및 위탁기관은 수임 및 수탁기관에 대하여 사전승인을 받거나 협의를 할 것을 요구할 수 없다(「행정권한의 위임 및 위탁에 관한 규정」 제5~8조). 일단 사무를 위임·위탁한 이상 개별 사무에 대한 불필요한 간섭이나 부당한 관여를 하지 말아야 한다.

라. 책임

수임 및 수탁사무의 처리에 관한 책임은 1차적으로 수임 및 수탁기관에 있으며, 위임 및 위탁기관의 장은 그에 대한 일반적인 감독책임을 진다. 따라서 위임 및 위탁기관은 위임 및 위탁사무 처리의 적정성을 확보하기 위하여 필요한 경우에는 수임 및 수탁기관의 수임 및 수탁사무 처리 상황을 수시로 감사할 수 있다(「행정권한의 위임 및 위탁에 관한 규정」 제9조). 감사의 필요성은 합리적이고 적정한 수준에서 판단되어야 한다. 수임·수탁사무의 처리 책임에는 불법행위로 인한 손해배상 책임도 포함된다.

3. 재위임

특별시장 · 광역시장 · 특별자치시장 · 도지사 또는 특별자치도지사(교육감 포함)나 시장 · 군수 또는 구청장(자치구)은 행정의 능률향상과 주민의 편의를 위하여 필요하다고 인정될 때에는 수임 사무의 일부를 그 위임기관의 장의 승인을 받아 규칙으로 정하는 바에 따라 시장 · 군수 · 구청장(교육장 포함) 또는 읍 · 면 · 동장, 그 밖의 소속기관의 장에게 다시 위임할 수 있다(「행정권한의 위임 및 위탁에 관한 규정」 제4조).

재위임은 지방자치단체의 장에게 위임된 국가사무의 위임을 의미하므로 당해 지방자치단체장은 위임한 국가기관의 승인을 얻어서 규칙으로 기초지방자치단체의 장 또는 소속기관의 장에게 재위임할 수 있을 뿐이다.[71]

4. 민간위탁

가. 대상사무

행정기관은 법령으로 정하는 바에 따라 소관 사무 중 조사 · 검사 · 검정 · 관리 사무 등 국민의 권리 · 의무와 직접 관계되지 아니하는 ① 단순 사실행위인 행정작용 ② 공익성보다 능률성이 현저히 요청되는 사무 ③ 특수한 전문지식 및 기술이 필요한 사무 ④ 그 밖에 국민 생활과 직결된 단순 행정사무는 필요성 및 타당성 등을 정기적 · 종합적으로 판단하여 위탁할 수 있다(「행정권한의 위임 및 위탁에 관한 규정」 제11조 제1,2항).

그러나 국민의 권리 · 의무와 직접 관계되는 사무라 할지라도 개별 법률로 정하면 얼마든지 위탁할 수 있다. 대표적인 것이 「형의 집행 및 수용자의 처우에 관한 법률」 제7조에 따라 제정된 「민영교도소 등의 설치 · 운영에 관한 법률」에 의하여 교정시설에 수용된 사람을 관리 · 교화 · 직업교육 · 교도작업 등을 행하는 공권력적 사무를 민간에 위탁하는 것이다.

---

71) 대법원 1995.7.11. 94누4615 선고.

나. 조치사항

행정기관이 사무를 민간위탁할 때에는 필요한 사무처리 지침을 시달하고, 그 처리에 필요한 적절한 조치를 하여야 한다. 이에 따라 수탁기관은 사무의 종류별로 처리부서, 처리기간, 처리절차, 처리기준, 구비서류, 서식 및 수수료 등을 구분하여 구체적으로 밝힌 사무편람을 위탁기관의 승인을 받아 작성하여 갖춰 두어야 한다. 동 규정 제5장에는 각 부 · 처 · 청별로 민간에 위탁할 사무를 구체적으로 열거하고 있다(「행정권한의 위임 및 위탁에 관한 규정」 제11조 제3항).

다. 수탁기관 선정

행정기관이 민간위탁할 대상기관을 선정할 때에는 인력과 기구, 재정 부담 능력, 시설과 장비, 기술 보유의 정도, 책임능력과 공신력, 지역 간 균형 분포 등을 종합적으로 검토하여 적정한 기관을 수탁기관으로 선정하여야 한다. 행정기관은 민간수탁기관을 선정하려는 경우에는 다른 법령에서 정한 경우를 제외하고는 공개모집을 하여야 한다. 다만 민간위탁의 목적 · 성질 · 규모 등을 고려하여 필요하다고 인정될 때에는 관계 법령에 위배되지 아니하는 범위에서 민간수탁기관의 자격을 제한할 수 있다.

민간위탁하는 경우에는 사무 처리의 지연, 불필요한 서류의 요구, 처리기준의 불공정, 수수료의 부당징수 등 문제점을 종합적으로 검토하여 이를 방지할 보완조치를 마련하여야 한다. 행정기관은 민간수탁기관이 선정되면 그 수탁기관과 위탁에 관한 계약을 체결하여야 한다. 위탁에 관한 계약을 체결할 때에는 계약 내용에 민간위탁의 목적, 위탁 수수료 또는 비용, 위탁기간, 민간수탁기관의 의무, 계약 위반 시의 책임과 그 밖에 필요한 사항을 포함하여야 한다(「행정권한의 위임 및 위탁에 관한 규정」 제12,13조).

예컨대, 법무부장관이 교정업무의 수탁자를 선정하는 경우에도 수탁자의 인력 · 조직 · 시설 · 재정능력 · 공신력 등을 종합적으로 검토한 후 적절한 자를 선정하여야 하고(「민영교도소 등의 설치 · 운영에 관한 법률」 제3조 제2항), 선정된 수탁자와 위탁계약을 체결한다. 행정사무 수탁자와 하는 계약은 공법상계약으로서 특히 예산이 소요되는 사무에 대하여는 미리 기획재정부장관과 계약내용을 협의하여야 한다(「민영교도소 등의 설치 · 운영에 관한 법률」 제4조).

라. 지휘감독

위탁기관은 민간위탁사무의 처리에 대하여 민간수탁기관을 지휘 · 감독하며, 필요하다고 인정될 때에는 민간수탁기관에 민간위탁사무에 관하여 필요한 지시를 하거나 조치를 명할 수 있다. 위탁기관은 민간수탁기관에 대하여 필요한 사항을 보고하게 할 수 있다.

위탁기관은 민간수탁기관의 사무 처리가 위법하거나 부당하다고 인정될 때에는 이를 취소하거나 정지시킬 수 있다. 위탁기관이 취소하거나 정지시킬 때에는 그 취소 또는 정지의 사유를 문서로 민간수탁기관에 통보하고 사전에 의견 진술의 기회를 주어야 한다. 위탁기관의 장은 민간위탁사무의 처리 결과에 대하여 매년 1회 이상 감사를 하여야 한다. 위탁기관의 장은 감사 결과 민간위탁사무의 처리가 위법하거나 부당하다고 인정될 때에는 민간수탁기관에 대하여 적절한 시정조치를 할 수 있고, 관계 임원과 직원에 대해서는 문책을 요구할 수 있다(「행정권한의 위임 및 위탁에 관한 규정」 제14~16조).

예컨대, 법무부장관은 민영교도소등의 업무 및 그와 관련된 교정법인의 업무를 지도 · 감독하며, 필요한 경우 지시나 명령을 할 수 있다. 다만 수용자에 대한 교육과 교화프로그램에 관하여는 그 교정법인의 의견을 최대한 존중하여야 한다. 법무부장관이 지도 · 감독상 필요하다고 인정하면 민영교도소등에 소속 공무원을 파견하여 그 민영교도소등의 업무를 지도 · 감독하게 하여야 한다. 또 수시로 교정법인이나 민영교도소등에 대하여 그 업무 · 회계 및 재산에 관한 사항을 보고하게 하거나, 소속 공무원에게 장부 · 서류 · 시설, 그 밖의 물건을 검사하게 할 수 있다. 법무부장관은 위탁업무의 처리 결과에 대하여 매년 1회 이상 감사를 하여야 한다. 감사 결과 위탁업무의 처리가 위법 또는 부당하다고 인정되면 적절한 시정조치를 명하고 관계 임직원에 대한 인사조치를 요구하거나 징계처분을 명령할 수 있다(「민영교도소 등의 설치 · 운영에 관한 법률」 제33~36조).

마. 위탁책임

국가나 지방자치단체는 공무(행정사무)를 위탁받은 사인이 직무를 집행하면서 고의 또는 과실로 법령을 위반하여 타인에게 손해를 입히거나, 「자동차손해배상 보장법」에 따라 손해배상의 책임이 있을 때에는 그 손해를 배상하여야 한다. 직무상의 위법행위와 관계가 있는 손해라면 물질적 · 정신적 손해를 모두 의미한다.[72] 만약 그 사인에게 고의 또는 중대한 과실이 있으면 국가나 지방자치단체는 그에게 구상(求償)할 수 있다(「국가배상법」 제2조). 이에 따라 비록 국가나 지방자치단체는 민간에 사무를 위탁할지라도 수탁자가 신의성실 원칙에 따라 직무를 집행할 수 있도록 주의를 기울여야 한다.

예컨대, 교정사무를 수탁한 민영교도소의 경우에도 교정법인의 임직원과 민영교도소등의 직원이 위탁업무를 수행하면서 고의 또는 과실로 법령을 위반하여 타인에게 손해를 입힐 경우, 업무를 위탁한 국가(법무부장관)가 「국가배상법」에 따라 손해를 배상한다. 이로 인해 국가가 입은 손해는 교정법인이 배상하여야 하고 이를 위하여 1억원 이상의 현금 · 유가증권 또는 물건을 공탁하거나 이행보증보험에 가입하여야 한다(「민영교도소 등의 설치 · 운영에 관한 법률」 제38조 및 같은 법시행령 제23조). 이는 국가가 사무수탁자에게 구상권을 행사하기 위한 담보의무 규정이라 할 수 있다.

제4절 권한의 대리 · 대행

1. 의의

가. 개념

대리는 대리인이 본인을 위하여 본인의 이름으로 상대방과 법률행위를 한 경우 그 법률행위의 효과가 직접 본인에게 생기게 하는 제도를 말한다. 대행은 누구를

72) 법무부, 한국인의 법과 생활, 460쪽.

위해 어떤 일을 대신 행하다 또는 대리행위라는 말을 줄여서 쓰는 것이다. 2014.1.1. 현재 현행 법률의 조문 제목에 '대리' 라는 말이 들어가 있는 것이 134개가 있고 '대행'이라는 말이 들어가 있는 것이 108개가 있다. 대리는 직무대리, 대리인, 대리위원 등 다른 명사와 붙여서 많이 사용되는 반면, 대행은 대행한다는[73] 규정처럼 동사형으로 많이 사용되고 있다. 특히 특수법인 조직과 관련된 많은 법률[74]에서는 기관장에게 정관에 의하여 기관장을 대신하여 재판상 또는 재판 외의 모든 행위를 할 권한을 가진 대리인을 선임할 수 있게 하고 있다. 행정조직과 관련된 법령 중에는 다양한 용어가 혼용되고 있다. 예컨대 권한대행(「대한민국헌법」 제71조, 「지방자치법」 제111조), 직무대행(「정부조직법」 제7,12조), 직무대리(「지방자치법」 제51,111조, 「검찰청법」 제32조, 「직무대리규정」), 직무대행(「지방자치법」 제52조) 등이다.

종합해 보면, 대리 또는 대행이란 법령상 정당한 권한과 책임을 가진 행정청(또는 기관)이 일정기간 그 업무를 처리하지 못할 불가피한 사유가 발생하면, 다른 기관이 그 일을 자기 이름으로 대신 수행하면서 본래의 기관을 위한 것임을 표시하고 효력을 발생시키는 것을 말한다. 법령상으로는 용어와 요건이 일치되어 있지는 않으나, 기간과 권한 범위에 차이가 있는 것으로 보인다. 즉 (권한)대행자는 비교적 기간도 길고 피대리 기관이 가진 권한을 그대로 행사할 때 사용되지만, (직무)대리자는 상대적으로 기간도 짧고 행사하는 권한범위도 일상적 관리업무로 제한되어 있을 때 사용한다는 점이다.[75]

---

73) 「정부조직법」 제22조, 「재난 및 안전관리 기본법」 제9조의2 등.

74) 「공무원연금법」 제9조의2, 「지역신용보증재단법」 제16조, 「집단에너지사업법」 제39조, 「콘텐츠산업 진흥법」 제20조의10, 「중소기업진흥에 관한 법률」 제73조의3, 「한국가스공사법」 제9조, 「한국공항공사법」 제7조, 「한국관광공사법」 제10조, 「한국광물자원공사법」 제8조, 「한국농수산식품유통공사법」 제8조, 「한국농어촌공사 및 농지관리기금법」 제9조, 「한국도로공사법」 제11조, 「한국마사회법」 제34조, 「한국산업은행법」 제15조, 「한국석유공사법」 제8조, 「한국수자원공사법」 제8조, 「한국수출입은행법」 제15조, 「한국은행법」 제35조, 「한국장학재단 설립 등에 관한 법률」 제10조의2, 「한국전력공사법」 제11조, 「한국정책금융공사법」 제19조, 「한국조폐공사법」 제9조, 「한국주택금융공사법」 제19조, 「한국철도공사법」 제7조, 「한국철도시설공단법」 제11조, 「한국토지주택공사법」 제7조, 「한국투자공사법」 제25조, 「한국환경공단법」 제14조, 「항만공사법」 제20조, 「휴면예금관리재단의 설립 등에 관한 법률」 제16조 등.

75) 「검찰청법」 제32조의 검사직무대리의 경우는 「검사직무대리 운영규정」을 볼 때, 업무공백을 방지하는 일반적인 대리 이유보다는, 첫째 직무대리하는 사법연수원생에게는 검사 직무에 대한 실무연수 차원의 성격이 강하고, 둘째 검찰수사서기관, 검찰사무관, 수사사무관 또는 마약수사

나. 성질

권한의 대리 또는 대행은 유사한 개념들과 다음의 점에서 차이가 있다.

첫째, 권한의 소재는 피대리 기관에 있지만 일정기간 그를 대신하여 자기 이름으로 처리한다는 점에서 모든 권한을 완전히 다른 기관에 넘기는 권한의 '이양'과 다르다.

둘째, 대리기관이 자기 이름으로 행하지만 그 결과는 피대리 기관에게 돌아간다는 점에서 자기 이름으로 행하고 결과 책임도 함께 지는 권한의 '위임' 또는 '위탁'과 다르다.

셋째, 대리기관이 자기 이름으로 행한다는 점에서 보조기관이 보좌기관 등의 전결로 행하되 행정청의 이름으로 표시하는 '위임전결' 또는 '대결', '내부위임' 등과 다르다.

2. 요건

행정청의 권한은 법령에 명시된 대로 당해 직위를 맡은 사람이 스스로 행사하는 것이 원칙이다. 그러나 사람이 하는 일인지라 갑작스럽게 퇴직하거나 출장, 휴가, 휴직 등의 '사고'로 담당자가 일을 처리하지 못하는 경우가 종종 있다. 이 때 담당자를 보충하거나 복귀할 때까지 기관이 문을 닫고 기다릴 수는 없다. 행정청은 당해 기관이 존속하는 한 국민에게 필요한 서비스를 상시 제공할 의무가 있으며, 국민의 입장에서는 업무 담당자의 유무를 일일이 확인하는 것이 아니기 때문이다.

따라서 행정주체는 어떠한 경우라도 행정기관의 업무에 공백이 생기지 않도록 담당자를 지정하고 불가피한 사정에서도 당해 업무를 대신 처리할 사람을 미리 지정해 둘 필요가 있다. 이는 법치행정과 민주주의 정신에 부합되는 제도적 장치라 할 것이다.

권한대행과 직무대리로 명칭을 구분하면 외부에서 볼 때 대리인이 어느 정도의 권한을 행사하는지 알 수 있는 장점도 있으므로, 「지방자치법」 제111조는 권한(또는 직

사무관 등에게는 검사의 과중한 직무를 분담 지원하는 성격이 강하다고 할 수 있다.

무)대행과 직무대리의 요건을 다음과 같이 구분하고 있다.

가. 권한대행

권한대행의 경우는 ① 해당 직위에서 궐위된 경우 ② 공소 제기된 후 구금상태에 있는 경우 ③ 의료기관에 60일 이상 계속하여 입원한 경우 ④ 현직 지방자치단체장이 지방선거에 출마한 경우 등이 규정되어 있다. 즉 권한대행은 피대행자의 모든 권한을 대행자가 행사하는 경우를 말한다.

나. 직무대리

직무대리의 경우는 휴가, 출장 또는 결원 보충이 없는 휴직 등으로 일시적으로 직무를 수행할 수 없는 경우를 말한다. 즉 직무대리는 피대리자가 직무에 곧 복귀함을 전제로 하므로 대리자는 현상 유지 등 제한된 범위 안에서 피대리자의 권한 일부를 대신 행한다.

다. 개별법의 규정

법률에서 '대행'할 사무를 직접 규정한 것도 있다. 예컨대 공공하수도의 운영·관리 업무,[76] 방송광고판매업무,[77] 2018 평창 동계올림픽대회 및 장애인동계올림픽대회를 위한 특구개발사업,[78] 고속국도의 유지관리,[79] 국립묘지시설사업,[80] 항만시설의 보안심사,[81] 대중교통시책의 평가,[82] 선박건조검사·선박검사 및 도면의 승인[83] 등은 전문성이 부족한 기관이나 단체에서 수행하는 것을 방지하기 위하여 규정한 것이므로 행정청이 임의로 민간 등에 '위탁'하지 못하고 법령에서 정한 요건

---

76) 「하수도법」 제19조의2.

77) 「방송광고판매대행 등에 관한 법률」 제11조.

78) 「2018 평창 동계올림픽대회 및 장애인동계올림픽대회 지원 등에 관한 특별법」 제31조.

79) 「고속국도법」 제6조.

80) 「국립묘지의 설치 및 운영에 관한 법률」 제11조의10.

81) 「국제항해선박 및 항만시설의 보안에 관한 법률」 제38조.

82) 「대중교통의 육성 및 이용촉진에 관한 법률」 제19조.

83) 「선박안전법」 제60조, 「어선법」 제41조.

을 완비한 기관 · 단체로 하여금 당해 사무를 '대행'하도록 조치하여야 한다.[84)]

3. 직무대리의 종류

과거 「직무대리규정」에서는 대리의 종류를 법정대리, 임의대리, 대리권의 특례로 구분하였지만, 2006.11.23. 개정시 그 구분을 없애고, 현재는 기관장과 부기관장의 직무대리 및 그 밖의 직무대리로 구분하고 있다.

가. 기관장과 부기관장의 직무대리

이는 중앙행정기관의 경우, 기관장 즉 장관 · 처장 · 청장 · 위원장 등 중앙행정기관장에게 사고가 생긴 경우에는 부기관장 즉 바로 아래 보조기관인 차관 · 차장 · 부위원장 등이 직무를 대리한다. 부기관장에게 사고가 발생하면, 실장 · 국장이 부기관장을 대리한다. 다만 기관장은 직무대리의 취지에 맞게 부기관장 직무대리의 순위를 미리 정하여 운영하도록 하고 있다. 직무대리 사유가 발생할 때마다 기관장이 개별적으로 지정하는 것이 아니라 훈령 등으로 미리 정하게 하는 것은, 직무대리가 기관의 공백을 메우는 본래의 뜻과 달리 인사운영의 편법 수단으로 활용되는 사례도 있어 이를 방지하여 보다 투명하고 공정하게 하기 위함이다.

나. 기관장과 부기관장 외의 직무대리

이는 해당 공무원의 바로 위 감독자가 하급자 중에서 직무의 비중, 능력, 경력 또는 책임도 등을 고려하여 지정한다. 공백기간의 장단에 따라서 대리자의 권한과 역할도 달라져야 되겠지만, 공백 기간이 길어지게 될 경우 직무대리로 조치할 것이 아니라 정식으로 후임자를 임명하여야 할 것이다. 따라서 여기서의 직무대리는 출장, 휴가 등 단기간의 직무공백을 의미하며 이 경우에는 공백이 생기는 직위의 차상급자가 담당자의 하급자 중에서 지정하면 된다.

---

84) 법제처 법령해석활용시스템, 안건번호 13-0587, 회신일자 2013.12.27. 참조.

다. 직무대리 방법

직무대리는 하나의 직위에 대하여만 할 수 있으며, 외부표시를 위하여 직무대리명령서를 발급하되, 15일 이하의 단기일 경우는 문서 대신 전자인사관리시스템이나 내부통신망을 통하여 통지할 수 있다. 직무대리자는 본래 담당한 자신의 업무를 수행하면서 하는 것이 원칙이나, 승진임용이 예정된 고위공무원이 대리하는 경우 등은 예외를 인정하고 있다. 직무대리하는 자는 대리할 업무를 다시 다른 사람에게 대리하게 할 수는 없다.

4. 법적효과

가. 대리의 효과

대리기관의 행위는 피대리 기관의 행위로서 효력을 발생하므로 항고소송을 제기할 경우에는 피대리 기관이 피고가 된다. 그러나 실제 쟁송이 진행되는 과정에서는 권한대행이나 직무대리자가 모든 권한을 가지고 상응하는 책임을 지는 것이므로(「직무대리규정」 제7조) 직접 의사결정을 행한 대리자가 수행해야 할 것이다. 물론 직무와 관련하여 손해를 끼치게 될 경우 행정기관이 손해배상책임을 지고 추후 구상권 행사 여부를 검토하여야 한다.

나. 대리의 종료

대리관계가 종료되려면, 권한대행의 경우 업무 부담이 장기화되지 아니하도록 빠른 시일 내에 후임자를 보충하거나 피대리자의 구금상태 해소, 퇴원, 지방선거의 종료로 후임자 결정 등의 사실이 이루어져야 하고, 직무대리의 경우는 미리 정해진 대리기간이 끝나거나 대리를 가져온 사유의 해소(출장, 휴가 복귀 등) 또는 직무대리를 명한 자의 철회 등이 있으면 된다.

제 2 편

국가행정조직법

제 1 장
국 회

제1절 의 의

1. 지위

과거 절대 왕조시대에 군주 1인에게 전속되었던 국가권력 중 시민혁명을 통하여 가장 먼저 회수한 것이 입법권이다. 이는 국민들이 납득하고 지킬 수 있는 법률을 제정하는 것이 무엇보다 시급하고 중요한 일이었고 기본 규범만이라도 잘 세워두면 그대로 집행하고 나중에 시비를 가리는 일은 부수적인 것으로 보았기 때문이다. 현대 민주국가는 국민 전체가 한 자리에 모여 기준을 합의하기는 불가능하므로 국민의 의사를 대변할 기관을 구성하여 그 일을 맡길 수밖에 없다. 그래서 국회는 대의민주주의의 핵심기관으로서, 국민주권주의 정신과 함께 존재하고 있는 것이다.

우리나라 헌정사에서도 국회는 국민의 권리와 의무를 지키는 헌법상 가장 중요한 통치기구 중 하나로서 제헌헌법에서부터 지금까지 통치기구 편의 앞자리에 위치하고 있었다. 다만 유신헌법으로 일컫는 1972.12.27. 헌법 제8호와 1980.10.27. 헌법 제9호에서는 대통령과 정부의 다음 장에 위치하기도 했다. 현행 헌법에서 다시 제3장으로 돌아온 국회는 제40조부터 제65조까지 국회의 구성, 권한, 정부 및 법원 등과의 관계 등에 대하여 필요한 사항이 규정되어 있다.

현행 헌법 제40조는 '입법권은 국회에 속한다.'고 규정하고 있다. 국회의 가장 중요하고 본질적인 권한이 바로 이것이다. 법률은 대한민국의 모든 국민이 지켜야 하는 생활 준칙이다. 법률을 만드는 것은 오직 국회만 할 수 있는 권한으로서, 국회의 위상을 보여주는 것이지만 책무도 된다. 그러므로 국회의원들은 어떻게 하면 좋은 법을 만들어 국민들이 안심하고 행복하게 살 수 있는지를 늘 함께 연구하고 토의해야 한다. 물론 입법권도 국민투표로 정한 헌법의 테두리 안에서 행사되어야 한다.

2. 성격

현행 헌법 제41조 제1항은, '국회는 국민의 보통 · 평등 · 직접 · 비밀선거에 의하여 선출된 국회의원으로 구성하고 국회의원의 수는 법률로 정하되 200인 이상으로 한다'고 규정하고 있다. 이는 국회가 대의기관의 성격상 본질적으로 다수의 국회의원들이 모여 입법권을 행사하는 합의제 기구라는 것이다. 국회는 법률이 정한 바에 따라 200인 이상의 국회의원이 있어야 성립된다. 국회의원은 누구에 의해 임명되는 것이 아니라 국민들의 선거로 선출된다. 국회의원은 국회의 구성원이므로 국회의원이 선출되지 않으면 국회의 실체가 없는 것이다. 그렇다고 국회의원 일부가 공석이 되면 국회가 존재하지 않는다는 뜻은 아니다. 사퇴, 제명 등의 사유로 일부 공석이 되어도 전체 의사를 결정하는데 문제되지 않는다면 역할을 수행할 수는 있다. 국회는 국회의원으로 구성되지만 국회의원만 근무한다는 것은 아니며 다른 종류의 공무원도 근무할 수 있다.

국회는 헌법상 국민으로부터 나온 모든 권력을 법률로 배분할 수 있는 입법기관이므로, 정부와 법원 등 국가의 기관은 물론 지방자치단체와 특수법인이 권한과 사무를 행사할 수 있는 힘의 원천이다. 그러므로 논리적으로 국회는 국가 내 모든 기관의 사무에 대하여 국민을 대신하여 민주성과 책임성을 감독하고 검증할 수 있는 권능을 갖게 되는 것이다.

3. 연혁

역대 헌법에서 국회에 대하여 규정한 주요 내용을 정리하면 아래 표와 같다. 국회와 정부를 중심으로 헌법상 통치구조의 형태로 공화국을 구분할 경우, 헌법 제10호로 개정된 이후 구성된 모든 정부는 제6공화국 정부가 된다.

〈역대 헌법상 국회 관련 주요내용〉

구분	기구	국회의원 구성	임기
헌법 제10호 (1987.10.29.)	제3장 국회	· 200인 이상 법률로 정함 · 국민의 직선	· 4년
헌법 제9호 (1980.10.27.)	제4장 국회	· 200인 이상 법률로 정함 · 국민의 직선	· 4년
헌법 제8호 (1972.12.27.)	제6장 국회	· 의원수는 법률로 정함 · 통일주체국민회의에서 1/3 선출 + 국민의 직선(2/3)	· 직선제 6년 · 간선제 3년
헌법 제6,7호 (1962.12.26. ~ 1969.10.21.)	제3장 통치기구 제1절 국회	· 150인 이상 250인 이하 사이에 법률로 규정 · 국민의 직선	· 4년
헌법 제2~5호 (1952.7.7. ~ 1960.11.29.)	제3장 국회 (양원제)	· 의원수는 법률로 규정 · 국민의 직선	· 민의원 4년 · 참의원 6년 (3년마다 $\frac{1}{2}$개선)
헌법 제1호 (1948.7.17.)	제3장 국회	· 의원수는 법률로 규정 · 국민의 직선	· 4년

제2절 국회의 권한과 구성

1. 입법권

국회만이 할 수 있는 가장 핵심적이고 본질적인 권한이다. 물론 입법과정에 정부 등 다른 기관, 국민도 참여는 하지만 최종적으로 법률을 제정하거나 개정할 수 있는 권한은 국회만 갖고 있다. 그러므로 국회가 행하는 국정조사·감사, 국무위원에 대한 질의응답 등 모든 활동도 좋은 법을 만드는 수단으로 활용되어야 한다.

이에 따라 국회가 아닌 다른 기관 · 단체에서도 얼마든지 할 수 있는 일은 가급적 줄이고 입법 활동에 모든 역량을 집중할 필요가 있다. 입법과 관련된 권한에는 헌법 개정안을 제안하고 의결할 수 있는 권한, 법률을 제정하거나 개정하는 권한, 법률에 준하는 조약을 체결할 경우 동의할 수 있는 권한 등이 있다.

가. 헌법개정안 제안 · 의결

헌법을 개정하기 위해서는 국회의원 재적의원 과반수의 제안이 있어야 한다. 물론 대통령도 국무회의 심의를 거쳐 제안할 수 있다. 제안된 개정안은 대통령이 20일 이상 공고하고, 공고된 후 국회는 60일 이내 재적의원 3분의 2 이상의 찬성을 얻어야 한다. 표결은 국회의원 개개인의 기명투표에 의한다.

국회에서 의결된 후 30일 이내에 국민투표에 회부하여 국회의원 선거권자 과반수의 투표와 투표자 과반수의 찬성으로 의결되면 대통령이 즉시 공포한다. 국회가 헌법개정과정에서 제안권과 의결권을 행사하는 것은 최종적으로 국민투표를 거쳐 헌법 개정을 확정하기까지 국민적 합의의 가능성을 높이고자 하는데 있다.

나. 법률 제정 · 개정

법치국가에 있어서 법률은 모든 국가작용의 근거가 되므로 국회의 가장 중요한 기능이다. 법률안은 국회의원과 정부가 제출할 수 있다. 법률안이란 법률 제정안, 개정안, 폐지안을 모두 포함한다. 헌법상으로는 국회의원 개개인이 법률안을 제출할 수 있지만 무분별한 법률안 제출로 국회의 효율적 운영에 지장을 초래할 우려가 있어 「국회법」 제79조 제1항으로 10인 이상의 찬성으로 발의하도록 운영하고 있다. 또한 국회의 각 위원회도 소관 사항에 관하여 법률안을 제안할 수 있다.

제안된 법률안은 소관 상임위원회의 심사를 거쳐 법제사법위원회에서 체계와 자구를 심사한 뒤 필요시 전원위원회의 심사를 거쳐, 본회의에서 최종적으로 심의 · 의결을 한다. 법률안이 정부로 이송되면 대통령이 거부권을 행사하지 않는 한, 공포함으로써 효력을 발생한다.

다. 조약체결 · 비준 동의

헌법 제60조 제1항에 따라 국회는 상호원조 또는 안전보장에 관한 조약, 중요한 국제조직에 관한 조약, 우호통상항해조약, 주권의 제약에 관한 조약, 강화조약, 국가나 국민에게 중대한 재정적 부담을 지우는 조약 또는 입법사항에 관한 조약의 체결 · 비준에 대한 동의권을 가진다.

국회의 동의를 받도록 한 이유는, 조약이 국민의 권리 · 의무와 국가 재정에 부담을 초래할 수 있고 또 헌법 제6조에 따라 조약은 국내법과 동일한 효력을 가지므로 이에 대한 국민적 합의를 형성하기 위한 것이다.

2. 재정권

국가 살림의 기초 재원인 세금 등은 헌법상 국민의 의무로서 확보되고 있지만, 지나치게 부담을 주면 안 되므로 국민의 대표기관을 통하여 국가재정을 조절하고 있다. 재정권에는 예산안을 심의하며 집행결과에 대한 책임을 묻는 것뿐만 아니라 과세항목이나 기준, 절차 등도 엄격하게 심사하여야 한다.

가. 예산심의

예산은 한 회계연도에 있어서 국가의 세입 · 세출에 대한 집행예정 계획서이다. 예산은 국민의 부담인 조세를 전제로 하고 있으며, 그 규모가 방대하고 다양한 국가기능을 수행하므로 국민경제 전체에 미치는 영향이 매우 크다. 따라서 예산안은 법률안과 달리 그 편성 · 제출 권한이 정부에게만 주어져 있고, 국회는 정부가 제출한 지출예산에 대하여 정부의 동의 없이 각항의 금액을 증가하거나 새 비목을 설치할 수 없다. 제출된 예산안은 각 상임위원회의 예비심사를 거쳐 예산결산특별위원회의 종합심사 후 본회의에서 심의 · 의결하여 확정한다.

정부로 이송된 예산안은 공포하는 것이 아니라 대통령이 '공고'한다. 이 공고는 법률안의 공포와 달리 예산안의 효력을 발생하는 요건은 아니다. 국회가 예산안을 심의 · 확정하는 것은 예산결정과정에 국민의 의사를 반영하는 것이며, 국가의 중대한 재정작용을 적절히 통제하여 그 효율성과 질을 제고하기 위한 것이라 할 수 있다.

국회는 회계연도 개시 30일전까지 이를 의결하여야 하는데, 만약 새로운 회계연도가 개시될 때까지 예산안이 의결되지 못하면 정부는 국회에서 예산안이 의결될 때까지 헌법이나 법률에 의하여 설치된 기관 또는 시설의 유지 · 운영, 법률상 지출의무의 이행, 이미 예산으로 승인된 사업을 계속 집행하기 위한 경비는 전년도 예산에 준하여 집행할 수 있다.

나. 결산심사

결산은 한 회계연도에 있어서 국가의 수입 · 지출의 실적을 확정적인 계수로 표시한 것이다. 결산은 정부가 감사원의 검사를 거친 후 다음 회계연도 5월 31일까지 국회에 제출하도록 되어 있다. 제출된 결산은 소관 상임위원회에 회부하여 예비심사를 행하고 예산결산특별위원회의 종합심사를 거쳐 본회의에서 심의 · 의결한다.

국회는 결산심사를 통해 정부의 예산집행에 대한 정치적 책임을 밝히고, 장래의 재정계획과 그 운영에 중요한 자료를 제공한다.

다. 기금심사

기금은 국가가 특정한 목적을 위하여 특정한 자금을 운용할 필요가 있을 때 법률에 의하여 설치하고, 세입세출예산에 의하지 아니하고 운용할 수 있는 자금을 말한다. 정부는 기금운용계획안을 편성하여 회계연도 개시 90일 전까지 국회에 제출한다. 계획안은 소관 상임위원회의 예비심사와 예산결산특별위원회의 종합심사를 거쳐 본회의에서 심의 · 의결하여 확정된다.

기금의 규모도 예산과 맞먹을 정도로 방대하기 때문에 국회는 기금운용계획안과 기금결산에 대한 심사권을 가진다.

라. 조세법률주의

현행 헌법 제59조는 조세의 종목과 세율을 법률로 정함으로써 조세법률주의를 규정하고 있다. 이에 따라 각종 조세의 종류와 세율은 물론, 과세대상, 과세표준,

납세의무자, 납세의무의 한계 등을 「국세기본법」 등 각종 세법 관련 법률로 규정하고 있다.

마. 기타 권한

회계연도를 넘어 계속하여 지출할 필요가 있을 때에는 정부는 연한을 정하여 계속비로서 국회의 의결을 얻어야 한다. 예비비는 총액으로 국회의 의결을 얻어야 한다. 예비비의 지출은 차기 국회의 승인을 얻어야 한다. 국채를 모집하거나 예산외에 국가의 부담이 될 계약을 체결하려 할 때에는 정부는 미리 국회의 의결을 얻어야 한다.

3. 국정권

국회는 국민의 대표기관으로서 국민의 권리와 의무에 영향을 미치는 국가통치 조직을 견제하고 힘의 균형을 이루는 역할도 수행하여야 한다. 이에 따라 국회는 국정감사 또는 조사권과 헌법기관을 구성할 경우 동의하거나 고위 공직자를 탄핵소추 또는 해임을 건의하는 등 여러 가지 권한을 갖고 있다.

가. 국정감사 · 조사

국회는 국정감사와 조사를 통해 국정운영의 실태를 파악하고 입법과 예산심의를 위한 자료를 수집하며 국정의 잘못된 부분을 적발 · 시정함으로써 입법 · 예산심의 · 국정통제 기능을 효율적으로 수행한다.

국정감사는 제헌헌법 제43조의 '국회는 국정을 감사하기 위하여 필요한 서류를 제출케 하며 증인의 출석과 증언 또는 의견의 진술을 요구할 수 있다.'는 규정에 따라 1953.2.4. 「국정감사법」 제정으로 도입된 이후 1972.12.27. 제8호 헌법 개정 및 1973.2.7. 「국정감사법」 폐지 시까지 실시되었다. 그 후 1987.10.29. 현행 제10호 헌법 개정으로 부활되어, 1988.8.5. 「국정감사 및 조사에 관한 법률」을 제정함으로써 시행되고 있다. 매년 정기국회 집회일 이전에 감사시작일로부터 30일 이내의 기간을 정하여 감사를 한다.

국정조사는 재적의원 4분의 1이상의 요구가 있을 때 특별위원회 또는 상임위원회로 하여금 국정의 특정사안에 관하여 조사를 시행하는 것이다.

나. 헌법기관 구성

현행 헌법상 대통령이 대법원장, 헌법재판소장, 국무총리, 감사원장, 대법관을 임명하는 경우에는 국회의 동의를 받아야 한다. 그리고 국회는 헌법재판소 재판관 3인과 중앙선거관리위원회 위원 3인을 선출할 수 있다. 다만 선출하기 전에 2000.6.23. 제정된 「인사청문회법」에 따라 인사청문회를 거쳐야 한다.

이들 직위는 국회의 동의를 받아야 하므로 국회의원이 각자 동의여부를 결정하는 무기명투표를 하기 전에 후보자에 대한 판단자료를 얻는 차원에서, 비록 헌법 규정에는 없지만 인사청문을 하는 것은 필요하다고 본다.

다. 탄핵소추

대통령 · 국무총리 · 국무위원 · 행정각부의 장 · 헌법재판소 재판관 · 법관 · 중앙선거관리위원회 위원 · 감사원장 · 감사위원 기타 법률이 정한 공무원은 직무집행에 있어서 헌법이나 법률을 위배한 때 탄핵소추를 의결할 수 있다.

'직무 집행에 있어서' 이므로 직무와 관계없는 사생활과 관련된 사항, 취임 전이나 퇴임 후의 행위 등은 제외된다. '법률'에는 법률과 동일한 효력을 가진 조약 · 긴급재정경제처분에 의한 명령 등이 포함된다. '위법행위'에는 고의 · 과실을 요하지 아니하며, 법률의 무지로 인한 위법행위도 포함된다. 뒤의 해임건의권과는 달리 정치적 무능 · 정책결정상의 과오는 제외된다.

국회는 재적의원 3분의 1이상의 발의와 재적의원 과반수의 찬성으로 탄핵소추를 의결한다. 다만 대통령의 경우는 재적의원 과반수의 발의와 재적의원 3분의 2이상의 찬성으로 의결한다. 탄핵소추가 되면 헌법재판소는 재판관 6인 이상의 찬성으로 탄핵을 결정한다.

탄핵소추가 되면 헌법재판소의 탄핵심판이 있을 때까지 권한행사가 정지되고, 헌법재판소의 탄핵결정은 공직으로부터 파면함에 그치나, 그것으로 인해 민사 · 형사책임이 면제되는 것은 아니다.

라. 해임건의

국회는 국무총리 · 국무위원을 대상으로 직무집행상의 위법행위는 물론 정치적 무능 · 정책결정상의 과오가 있는 경우 해임을 건의할 수 있다. 재적의원 3분의 1 이상의 찬성으로 발의되며 재적의원 과반수의 찬성으로 의결된다.

국회의 건의는 법적 구속력이 없으므로 대통령이 반드시 이에 따를 필요는 없다.

마. 출석요구 · 질문

국회(본회의)나 위원회의 요구가 있을 때에는 국무총리 · 국무위원 또는 정부위원은 출석 · 답변하여야 하며, 국무총리 또는 국무위원이 출석요구를 받은 때에는 국무위원 또는 정부위원으로 하여금 출석 · 답변하게 할 수 있다.

바. 기타 권한

1) 긴급명령, 긴급재정경제처분 · 명령승인

대통령은 처분 · 명령을 한 때에는 지체없이 국회에 보고하여 승인을 얻어야 하며, 국회의 승인을 얻지 못한 때에는 그때부터 효력을 상실한다.

2) 계엄해제 요구

국회가 재적의원 과반수의 찬성으로 계엄의 해제를 요구한 때에는 대통령은 이를 해제하여야 한다.

3) 일반사면에 대한 동의

국회는 대통령의 사면권 행사를 견제하고 권한남용을 방지하기 위하여 일반사면에 대한 동의권을 가진다.

4) 선전포고 및 국군의 해외파견, 외국군대주류에 대한 동의

국회는 대통령의 선전포고, 국군의 외국에의 파견 또는 외국군대의 대한민국

영역 안에서의 주류에 대한 동의권을 가진다.

5) 국무위원 등 임명시 인사청문

국회는 국무위원 등 정부의 고위공직자 임명에 있어서 인사청문회를 실시하고 있다. 이는 미국연방헌법과 달리[1] 우리나라는 헌법의 근거 없이 「인사청문회법」 등에 의하여 실시하고 있는데, 입법권의 범위와 한계에 부합되는지에 대하여 논란이 있다. 현행 헌법은, 국민의 직접 선거로 선출된 대통령이 정부를 구성함에 있어서 임명과정에서는 신임하는 사람을 임의로 쓰되, 다만 직무수행 과정에서 잘못이 있으면 국회가 대통령에게 해임을 건의하거나 탄핵소추를 의결하는 등 면직에 관여할 수 있다. 따라서 헌법이 규정하지 않은 대통령의 임명과정에 중요한 '절차'를 법률로 추가하는 것은 입법 · 행정 · 사법권 간의 '견제와 균형'의 원칙에 어긋날 수 있다.[2]

만약 국회가 입법권을 통하여 국무위원 등 고위공직자의 임명에 관여하려면, 헌법에 없는 인사청문 '절차'를 신설할 것이 아니라 임명 대상 고위공직자의 선정 기준 즉 임명 '요건'을 정하는 것이 타당하다. 예컨대 가칭 '주요 고위공직자 임명에 관한 법률' 등을 제정하여 대통령이 고위공직자를 임명할 때 적용할 기준으로서 ① 병역과 납세의무를 위반하지 않은 자 ② 위장전입이나 부동산 투기 등을 하지 않은 자 ③ 논문을 표절하지 않는 등 윤리적으로 흠이 없는 자 등으로 구체적 세부기준을 마련하여, 그 조건에 맞는 사람을 찾아서 임명하도록 하면 된다. 그런 법률 규정에도 불구하고 대통령이 기준에 부적합한 사람을 임명하면 이를 취소하게 하고, 추천 · 검증에 관여한 사람을 문책하는 것이 헌법정신에 부합된다고 본다.

4. 국회의 구성

국회는 4년 임기의 국회의원으로 구성하며, 그 수는 법률로 정하지만 200인

---

1) 미국 연방헌법 제2조에는 고위공직자에 대한 인사청문 실시근거가 규정되어 있다. 미국 연방 상원의 고위공직자 인사청문제도에 관한 자세한 내용은 전충렬, 인사청문의 이해와 평가 참조.

2) 우리나라도 1954.11.29. 헌법 제3호 개정시 제42조의2를 신설하여, 참의원에게 대법관, 검찰총장, 심계원장 뿐만 아니라 대사, 공사 기타 법률에 의하여 지정된 공무원의 임명에 대한 인준권을 부여한 바 있다. 참의원의 '인준'은 참의원의 폐회 등의 사정이 있을 때는 임명 후에도 가능한 점이 사전 '동의'와 다른 점이다.

이상으로 한다고 되어 있다. 200인이라는 최소 인원만 규정되어 있고 상한선이 없는 이유는 통일 이후를 대비하고 국가권력에 의하여 국회의원의 수를 줄여 국민의 대표성을 저해하지 못하도록 하려는 취지로 이해된다. 그러나 정치적 목적으로 국회의원의 정수를 제한 없이 늘릴 수 있는 여지를 둔 것은 문제가 될 수 있다.

가. 국회의장

국회는 의장 1인을 둔다. 의장의 임기는 2년이다. 의장은 국회를 대표하고 의사를 정리하며, 질서를 유지하고 사무를 감독한다. 의장은 상임위원회 위원이 될 수 없고, 위원회에 출석하여 발언할 수는 있으나, 표결에는 참가할 수 없다. 의장은 국회에서 무기명투표로 선거하되 재적의원 과반수의 득표로 당선된다. 의장과 부의장은 국회의 동의를 얻어 그 직을 사임할 수 있다. 의장은 특히 법률로 정한 경우를 제외하고는 의원 외의 직을 겸할 수 없다. 다른 직을 겸한 의원이 의장으로 당선된 때에는 당선된 날에 그 직에서 해직된 것으로 본다.

의원이 의장으로 당선된 때에는 당선된 다음 날부터 그 직에 있는 동안은 당적을 가질 수 없다. 다만 국회의원총선거에 있어서 「공직선거법」 제47조의 규정에 의한 정당추천후보자로 추천을 받고자 하는 경우에는 의원 임기만료일전 90일부터 당적을 가질 수 있다. 당적을 이탈한 의장이 그 임기를 만료한 때에는 당적을 이탈할 당시의 소속정당으로 복귀한다(「국회법」 제20조의2).

5급이상의 공무원은 의장이 임면한다. 다만 국회 규칙이 정하는 바에 따라 의장은 사무총장에게 그 임용권의 일부를 위임할 수 있다. 의장은 국회기관 상호간에 인사교류의 필요가 있다고 인정할 때에는 인사교류심의위원회의 심의를 거쳐 인사교류계획을 수립하여 이를 실시할 수 있다.

나. 국회부의장

국회는 부의장 2인을 둔다. 부의장의 임기는 2년이다. 의장이 사고가 있을 때에는 의장이 지정하는 부의장이 그 직무를 대리한다. 의장이 심신상실 등 부득이한 사유로 의사표시를 할 수 없게 되어 직무대리자를 지정할 수 없는 때에는 소속의원

수가 많은 교섭단체소속인 부의장의 순으로 의장의 직무를 대행한다.

부의장은 국회에서 무기명투표로 선거하되 재적의원 과반수의 득표로 당선된다. 부의장은 국회의 동의를 얻어 그 직을 사임할 수 있다. 부의장은 특히 법률로 정한 경우를 제외하고는 의원 외의 직을 겸할 수 없다. 다른 직을 겸한 의원이 부의장으로 당선된 때에는 당선된 날에 그 자리에서 해직된 것으로 본다.

다. 상임위원회

국회의원 개개인은 국회라는 합의제 기구의 구성원으로 내부 의사결정 과정에 참여할 수 있으나, 최종 결론은 의결정족수를 넘어 결정되면 국회의 공식적인 합치 의사로 보고 대외적인 효력을 갖게 된다.[3] 모든 의사결정을 본회의에서 전원이 모여서 일하는 것은 비효율적이므로 위원회로 나누어 일하고 있다.

국회의 위원회는 상임위원회와 특별위원회의 2종으로 한다. 상임위원회는 그 소관에 속하는 의안과 청원 등의 심사 기타 법률에서 정하는 직무를 행한다. 2014.1.1. 현재 국회의 상임위원회는 국회운영위원회, 법제사법위원회, 정무위원회, 기획재정위원회, 미래창조과학방송통신위원회, 교육문화체육관광위원회, 외교통일위원회, 국방위원회, 안전행정위원회, 농림축산식품해양수산위원회, 산업통상자원위원회, 보건복지위원회, 환경노동위원회, 국토교통위원회, 정보위원회, 여성가족위원회 등 16개가 있는데, 정부조직과 대칭되는 구조로 편성되어 있다.

각 교섭단체의 대표의원은 국회운영위원회의 위원이 되며, 국무총리 · 국무위원 · 국무총리실장 · 처의 장, 행정각부의 차관 기타 국가공무원의 직을 겸한 의원은 상임위원을 사임할 수 있다. 상임위원의 임기는 2년으로 한다. 다만 국회의원총선거 후 처음 선임된 위원의 임기는 그 선임된 날부터 개시하여 의원의 임기개시 후 2년이 되는 날까지로 한다. 상임위원은 소관 상임위원회의 직무와 관련한 영리행위를 하지 못한다.

---

3) 헌법재판소 2011.8.30. 자 2011헌라2 결정. 개별 국회의원으로서 국회의 구성원인 청구인들이 국회의 조약 체결·비준에 대한 동의권의 침해를 이유로 권한쟁의심판을 청구할 수 있는지 여부(소극).

라. 특별위원회

국회는 수개의 상임위원회소관과 관련되거나 특히 필요하다고 인정한 안건을 효율적으로 심사하기 위하여 본회의의 의결로 특별위원회를 둘 수 있다. 특별위원회를 구성할 때에는 그 활동기한을 정하여야 한다. 본회의의 의결로 그 기간을 연장할 수 있다. 특별위원회는 활동기한의 종료 시까지 존속한다.

예산결산특별위원회는 예산안·기금운용계획안 및 결산(세입세출결산 및 기금결산)을 심사한다. 위원 수는 50인으로 한다. 이 경우 그 선임은 교섭단체소속 의원수의 비율과 상임위원회의 위원수의 비율에 의하여 각 교섭단체대표의원의 요청으로 의장이 행한다. 위원의 임기는 1년이다. 다만 국회의원총선거 후 처음 선임된 위원의 임기는 그 선임된 날부터 개시하여 의원의 임기개시 후 1년이 되는 날까지로 하며, 보임 또는 개선된 위원의 임기는 전임자의 잔여 임기로 한다. 위원장은 예산결산특별위원회의 위원 중에서 임시의장 선거의 예에 준하여 본회의에서 선거한다.

윤리특별위원회는 의원의 자격심사·징계에 관한 사항을 심사하기 위하여 둔다. 위원장 1명을 포함한 15명의 위원으로 구성한다. 의원의 징계에 관한 사항을 심사하기 전에 윤리심사자문위원회의 의견을 청취하여야 한다. 이 경우 그 의견을 존중하여야 한다. 윤리심사자문위원회는 위원장 1인을 포함한 8인의 자문위원으로 구성하며, 자문위원은 각 교섭단체대표의원의 추천에 따라 의장이 위촉한다. 각 교섭단체대표의원이 추천하는 자문위원 수는 교섭단체소속의원 수의 비율에 따른다. 이 경우 소속의원 수가 가장 많은 교섭단체대표의원이 추천하는 자문위원 수는 그 밖의 교섭단체대표의원이 추천하는 자문위원 수와 같아야 한다. 자문위원회 위원장은 자문위원 중에서 호선하되, 위원장이 선출될 때까지는 자문위원 중 연장자가 위원장의 직무를 대행한다. 의원은 자문위원회의 자문위원이 될 수 없다.

인사청문특별위원회는 헌법에 의하여 그 임명에 국회의 동의를 요하는 대법원장·헌법재판소장·국무총리·감사원장 및 대법관과 국회에서 선출하는 헌법재판소 재판관 및 중앙선거관리위원회 위원에 대한 임명동의안 또는 의장이 각 교섭단체대표의원과 협의하여 제출한 선출안 등을 심사하기 위하여 둔다. 다만「대통령직 인수에 관한 법률」제5조 제2항의 규정에 의하여 대통령당선인이 국무총리후보자에 대한 인사청문의 실시를 요청하는 경우에 의장은 각 교섭단체대표의원과 협의하여 그 인사청문을 실시하기 위한 특별위원회를 둔다.

마. 전문위원과 공무원

위원회에 위원장 및 위원의 입법활동 등을 지원하기 위하여 국회의원 아닌 전문지식을 가진 공무원으로 수석전문위원 1인을 포함한 전문위원과 입법심의관 · 입법조사관위원과 필요한 공무원을 둔다. 이들은 직무를 수행함에 있어서 정치적 중립성을 유지하여야 한다. 전문위원은 사무총장의 제청으로 의장이 임명한다. 특별위원회의 수석전문위원과 위원회의 입법심의관은 필요한 경우에 한하여 둘 수 있다.

수석전문위원은 별정직으로 하고 보수는 차관보의 보수와 동액으로 한다. 수석전문위원 외의 전문위원은 2급인 일반직국가공무원(임기제공무원 제외)으로 보한다. 입법심의관은 2급 또는 3급, 입법조사관은 3급 내지 5급인 일반직국가공무원으로 각각 보한다. 의장은 필요하다고 인정할 때에는 전문위원과 필요한 공무원을 특별위원회에 겸직근무하게 할 수 있다. 전문위원의 임용자격 기타 필요한 사항은 규칙으로 정한다.

수석전문위원은 소속위원회위원장의 지휘를 받아 그 업무를 처리하며, 그 위원회 소속공무원을 지휘 · 감독한다. 전문위원은 법률안, 예산안, 청원등 소관안건에 대한 검토보고, 각종 의안을 비롯한 소관사항에 관한 자료의 수집 · 조사 · 연구 및 소속위원에 대한 제공, 위원회에서의 각종 질의시 소속위원에 대한 질의자료의 제공, 의사진행의 보좌 등의 업무를 행한다.

전문위원은 직무를 수행함에 있어 필요한 자료의 제공을 정부 · 행정기관 기타에 대하여 요청할 수 있다. 이 경우 그 요청은 위원장의 허가를 얻어 위원장명의로 하여야 한다. 전문위원은 위원회에서 발언할 수 있으며 본회의에서는 본회의 의결 또는 의장의 허가를 받아 발언할 수 있다.

바. 외부전문가 활용

위원회는 그 의결로 중요한 안건 또는 전문지식을 요하는 안건의 심사와 관련하여 필요한 경우 당해 안건에 관하여 학식과 경험이 있는 3인 이내의 전문가를 심사보조자로 위촉할 수 있다. 전문가를 심사보조자로 위촉하고자 할 때에는 위원장이 의장에게 이를 요청한다. 이 경우 의장은 예산사정 등을 감안하여 그 인원 또는 위촉기간 등을 조정할 수 있다. 위촉된 심사보조자는 「국가공무원법」 제33조의 공무원임용결격사유에 해당하지 아니하는 자이어야 하며, 위촉된 업무의 성질에 반하지 아니하는 한 「국가공무원법」 제7장 복무에 관한 규정이 준용된다. 따라서 비록 공무원신분은 아니지만 공무원임용과 동일한 요건을 적용받고, 위촉기간 동안 심사업무를 수행하는 과정에서 직무전념, 성실, 비밀엄수, 청렴, 복종의무 등 공무원에게 적용되는 각종 신분상·직무상 의무를 부담하게 된다. '위촉'의 성질은 정규공무원이 아니므로 사법상 고용계약이며 직무수행기간 동안 보조기관의 지위를 갖게 된다.

제3절 국회의원의 권한과 의무

1. 특권

국회를 구성하는 국회의원은 현행범인인 경우를 제외하고는 회기 중에는 국회의 동의 없이 체포 또는 구금되지 아니한다. 국회의원이 회기 전에 체포 또는 구금된 때에는 현행범인이 아닌 한 국회의 요구가 있으면 회기 중 석방된다. 국회의원은 국회에서 직무상 행한 발언과 표결에 관하여 국회 외에서 책임을 지지 않는다.

2. 의무

국회의원은 국민의 뜻을 대변하는 기관으로서 엄격한 도덕성이 요구된다. 그래서 법률이 정하는 직을 겸할 수 없으며, 청렴의 의무가 있다. 또한 국회의원은 국가이익을 우선하여 양심에 따라 직무를 행하고 그 지위를 남용하여 국가·공공단체 또는 기업체와의 계약이나 그 처분에 의하여 재산상의 권리·이익 또는 직위를 취득하거나 타인을 위하여 그 취득을 알선할 수 없다.

제4절 국회의 조직

국회를 지원하는 조직에 관해서 헌법에 따로 명시된 것은 없지만 「국회법」에서 이를 규정하고 있다. 같은 법 제21조부터 제22조의3에는 국회사무처, 국회도서관, 국회예산정책처, 국회입법조사처의 설치에 관해 각각 규정하고 있다.

1. 국회사무처

국회사무처는 국회의 입법 · 예산결산심사 등의 활동을 지원하고 행정사무를 처리하기 위하여 설치된 기관이다.

가. 행정청

국회 사무처에 두는 사무총장 1인은 국회의장이 각 교섭단체대표의원과의 협의를 거쳐 본회의의 승인을 얻어 임면한다. 사무총장은 의장의 지시를 받아 국회의 사무를 통할하고 소속공무원을 지휘 · 감독한다. 사무총장은 국회의원총선거 후 의장이나 부의장이 선출될 때까지의 임시회의 집회공고에 관하여는 의장의 직무를 대행한다. 최초로 선출된 의장과 부의장의 임기만료일까지 부득이한 사유로 의장이나 부의장을 선출하지 못한 때와 폐회 중에 의장 · 부의장이 모두 궐위된 경우에도 또한 같다(「국회법」 제14조).

대외적으로 국회사무처를 대표하는 사무총장은 행정사무를 처리하며 행정청의 지위를 가진다. 또한 사무총장은 「국가공무원법」 제6조에 의하여 중앙인사관장기관의 장의 지위로서 각 기관의 균형적인 인사운영을 도모하고 인력의 효율적인 활용과 능력개발을 위하여 법령이 정하는 바에 따라 인사관리에 관한 총괄적인 사항을 관장한다. 사무총장의 직급은 정무직으로 하고 보수는 국무위원의 보수와 동액으로 한다. 즉 장관급으로 대우한다는 뜻이다.

한편 사무총장은 행정청으로서 국회의장이 행한 처분에 대한 행정소송의 피고가 된다. 국회의장이 가진 국회 소속 공무원에 대한 임용권 중 의장이 위임한 6급이하의 공무원을 사무총장이 임면한다. 다만 국회규칙이 정하는 바에 따라 의장이 위임한 임용권도 행사할 수 있다. 임용권에는 임면 즉 임명과 면직 외에 승진, 전보, 파견 등 일체의 모든 인사권을 의미한다. 사무총장은 입법지원 활동에 필요한 전문인력을 보강하기 위하여 「국가공무원법」 제26조의5에 따른 임기제공무원을 둘 수 있다.

나. 보조기관

사무처의 차장은 입법차장 · 사무차장이 있으며 사무총장의 제청으로 의장이 임면한다. 차장은 정무직으로 하고, 보수는 차관의 보수와 동액으로 한다. 차장은 사무총장을 보좌하여 사무처의 사무를 분장처리하며, 사무총장이 사고가 있을 때에는 입법차장 · 사무차장의 순서로 그 직무를 대리한다. 입법차장은 입법보조업무와 위원회업무지원 및 이에 따른 조정을 함에 있어 사무총장을 보좌한다. 사무차장은 행정관리업무에 있어 사무총장을 보좌한다.

나머지 하부조직은 차장 · 실장 · 국장 및 과장으로 한다. 다만 소관업무의 특성상 실장 · 국장 또는 과장의 명칭이 적당하지 않은 경우 국회규칙이 정하는 바에 따라 보조기관의 명칭을 달리 정할 수 있으며, 이 경우 명칭을 달리 정한 보조기관은 실장 · 국장 또는 과장으로 본다. 사무총장 · 차장 · 실장 및 국장을 직접 보좌하기 위하여 그 밑에 담당관을 둘 수 있으며 사무차장 밑에 국에 속하지 아니하는 과를 둘 수 있다.

실장은 1급 또는 2급, 국장은 2급 또는 3급, 과장은 3급 또는 4급인 일반직국가공무원으로 각각 보하고, 담당관은 2급 내지 4급인 일반직국가공무원 또는 2급상당 내지 4급상당 별정직국가공무원으로 보한다.

3급이상 일반직국가공무원으로 보할 수 있는 직위(과장 또는 이에 상당하는 직위 제외) 중 그 소관업무의 성질상 전문성이 특히 필요하다고 인정되는 경우에는 그 정원의 100분의 20의 범위 안에서 규칙으로 정하는 직위에 대하여 「국가공무원법」 제26조의5에 따른 임기제공무원을 임용할 수 있다. 사무처 및 각 위원회에 두는 공무원의 정원, 실 · 국 · 과 및 담당관의 설치 및 사무분장 기타 필요한 사항은 규칙으로 정한다. 다만 과 및 이에 상당하는 담당관(위원회의 입법조사관 포함)의 설치 및 사무분장은 사무총장이 정할 수 있다.

「국회사무처직제」(국회규칙)는 국회사무처의 하부조직과 그 분장사무, 직위별 직급 및 정원이 규정되어 있는데, 2012.1.2. 현재 정원은 총 3,432명으로서 여기에는 국회의원의 보좌관・비서관・비서 2,303명도 포함되어 있다.

다. 보좌기관

의장의 비서업무와 기타 이에 관련된 사항에 관한 업무를 관장하기 위하여 의장비서실을 둔다. 의장비서실에 비서실장 1인을 두되 정무직으로 하고 보수는 차관의 보수와 동액으로 한다. 비서실장은 의장의 명을 받아 실무를 관장하며 소속공무원을 지휘・감독한다.

국회활동의 대외공표, 언론기관의 취재 및 보도에 관한 사항에 관한 업무를 관장하기 위하여 대변인을 둔다. 대변인은 관리관, 1급상당 별정직국가공무원 또는 임기제공무원으로 보한다. 대변인은 의장의 명을 받아 업무를 관장하며 소속 공무원을 지휘・감독한다.

라. 법인의 설립

「국회사무처법」 제10조에 따라 의장은 국회와 관련된 연구・조사, 연수, 국회의원 및 국회공무원에 대한 후생복지증진, 국회의 의사중계방송 기타 국회활동의 지원을 목적으로 하는 법인을 설립할 수 있다. 법인의 임원 선임 및 사업계획에 관하여는 정관이 정하는 바에 따라 의장의 승인을 얻어야 한다. 의장은 설립된 법인에 대하여 예산의 범위 안에서 출연금 또는 보조금을 교부할 수 있다. 사무총장은 설립된 법인에 대하여 그 소속공무원을 파견할 수 있다. 국가 또는 지방자치단체는 법인에 대하여 국・공유재산을 그 용도에 지장을 주지 아니하는 범위 안에서 무상으로 대부・사용・수익하게 할 수 있다.

이 규정에 따라 설립된 법인으로 국회의정연수원, 국회방송국 등이 있다.

2. 국회도서관

국회의 도서 및 입법자료에 관한 업무를 처리하기 위하여 국회도서관을 둔다. 국회도서관에 도서관장 1인과 기타 필요한 공무원을 둔다. 도서관은 전자도서관구축 및 운영에 관한 사무를 처리하며 직무수행에 지장이 없는 범위 안에서 국회 이외의 국가기관, 지방자치단체, 기타 공공단체, 교육 · 연구기관 및 공중에 대하여 도서관 봉사를 제공할 수 있다. 국회도서관에 관하여 필요한 사항은 「국회도서관법」에서 따로 정하고 있다.

가. 행정청

도서관장은 행정청으로서 의장이 국회운영위원회의 동의를 얻어 임면한다. 도서관장은 국회의 입법활동을 지원하기 위하여 도서 기타 도서관자료의 수집 · 정리 · 보존 및 도서관봉사를 행한다. 도서관장은 의장이 국회운영위원회의 동의를 얻어 임면하는데 차관급 정무직으로 보하고 있다. 관장은 의장의 감독을 받아 도서관 사무를 통할하고 소속공무원을 지휘 · 감독한다.

나. 보조기관

도서관의 보조기관은 실장 · 국장 및 과장으로 한다. 관장 및 실장 · 국장을 직접 보좌하기 위하여 그 밑에 담당관을 둘 수 있으며, 관장 밑에 국에 속하지 아니하는 과 1개를 둘 수 있다. 실장은 1급 또는 2급, 국장은 2급 또는 3급, 과장은 3급 또는 4급인 일반직국가공무원(임기제공무원 제외)으로 보하고, 담당관은 2급 내지 4급인 일반직국가공무원(임기제공무원 제외) 또는 2급상당 내지 4급상당 별정직국가공무원으로 보한다. 다만 3급이상 일반직국가공무원으로 보할 수 있는 직위(과장 또는 이에 상당하는 직위 제외)중 그 소관업무의 성질상 전문성이 특히 필요하다고 인정되는 경우에는 그 정원의 100분의 20의 범위 안에서 규칙으로 정하는 직위에 대하여 「국가공무원법」 제26조의5에 따른 임기제공무원을 임용할 수 있다.

도서관에 두는 공무원의 정원, 실 · 국 · 과 및 담당관의 설치 및 사무분장 기타 필요한 사항은 규칙으로 정한다. 다만 과 및 이에 상당하는 담당관의 설치 및 사무분장은 관장이 정할 수 있다. 「국회도서관 직제」(국회규칙)에는 2011.12.27. 현재 정원이 300명으로 되어 있다.

다. 자문기관

도서관의 발전과 도서관기능의 효율적인 수행을 위한 중요시책의 수립 및 전자도서관구축 등에 관한 관장의 자문에 응하기 위하여 관장 소속하에 국회도서관발전자문위원회를 둘 수 있다. 국회도서관발전자문위원회의 구성 및 운영에 관하여 필요한 사항은 규칙으로 정한다.

3. 국회예산정책처

국가의 예산결산 · 기금 및 재정운용과 관련된 사항에 관하여 연구분석 · 평가하고 의정활동을 지원하기 위하여 설치한 기관이다. 「국회법」에서 정한 사항 외에 국회예산정책처에 관하여 필요한 사항은 「국회예산정책처법」에서 규정하고 있다.

가. 행정청

국회예산정책처는 국회의장 소속하에 두며 직무에 관하여는 독립성이 존중되어야 한다. 국회예산정책처에 처장 1인과 필요한 공무원을 둔다. 처장은 의장이 국회운영위원회의 동의를 얻어 임면한다. 의장은 처장의 임명동의를 요청할 때에는 미리 국회예산정책처장추천위원회의 추천을 받아야 한다. 추천위원회는 예산정책처의 직무에 관하여 전문성을 가지고 정치적으로 중립성을 유지하며 추천업무를 공정하게 수행할 수 있는 자로서 국회의원 · 국회공무원이 아닌 자로 구성되어야 한다. 처장은 차관급 정무직으로 보한다. 처장은 그 사무를 처리함에 있어서 전문성을 확보하고 중립성을 유지하여야 한다. 처장은 의장의 지시를 받아 예산정책처의 사무를 통할하고, 소속공무원을 지휘 · 감독한다.

처장은 그 직무를 수행함에 있어서 위원회 또는 국회의원의 요구가 있는 경우에는 필요한 자료를 제공하여야 한다. 처장은 의장의 허가를 받아 국가기관 그 밖의 기관 · 단체에 대하여 직무수행에 필요한 자료의 제공을 요청할 수 있다. 이 경우 요청을 받은 자는 특별한 사유가 없는 한 이에 응하여야 한다.

나. 보조기관

예산정책처의 보조기관은 실장 · 국장 및 과장으로 한다. 다만 규칙이 정하는 바에 의하여 보조기관의 명칭을 달리 정할 수 있다. 처장 · 실장 및 국장을 직접 보좌하기 위하여 그 밑에 담당관을 둘 수 있으며, 처장 밑에 실 또는 국에 속하지 아니하는 과 1개를 둘 수 있다. 실장은 1급 또는 2급, 국장은 2급 또는 3급, 과장은 3급 또는 4급인 일반직국가공무원으로 각각 보하고, 담당관은 2급 내지 4급인 일반직국가공무원 또는 2급상당 내지 4급상당인 별정직국가공무원으로 보한다. 처장의 자문에 응하기 위하여 처장 소속하에 자문기구를 둘 수 있다.

예산정책처에 두는 공무원의 정원, 실 · 국 · 과 및 담당관의 설치와 사무분장 그 밖의 필요한 사항은 규칙으로 정한다. 다만 과 및 이에 상당하는 담당관의 설치 및 사무분장은 처장이 정할 수 있다. 「국회예산정책처 직제」(국회규칙)는 2011.8.26. 현재 정원이 125명으로 되어 있다.

4. 국회입법조사처

입법 및 정책과 관련된 사항을 조사 · 연구하고 관련 정보 및 자료를 제공하는 등 입법정보서비스와 관련된 의정활동을 지원하는 기관이다. 「국회법」에서 정한 사항 외에 국회입법조사처에 관하여 필요한 사항은 「국회입법조사처법」에서 정하고 있다.

가. 행정청

국회입법조사처는 국회의장 소속 하에 두며, 직무에 관하여는 독립성이 존중되어야 한다. 입법조사처장은 차관급 정무직으로 보하며 의장이 국회운영위원회의 동의를 얻어 임면한다. 의장은 「국회법」 제22조의3 제3항에 따라 처장의 임명동의를 요청할 때에는 미리 국회입법조사처장추천위원회의 추천을 받아야 한다. 추천위원회는 입법조사처의 직무에 관하여 전문성을 가지고 정치적으로 중립성을 유지하며 추천업무를 공정하게 수행할 수 있는 자로서 국회의원과 국회공무원이 아닌 자로 구성되어야 한다.

처장은 그 사무를 처리함에 있어서 전문성을 확보하고 중립성을 유지하여야 한다. 처장은 의장의 지시를 받아 입법조사처의 사무를 통할하고, 소속공무원을 지휘 · 감독한다. 처장은 그 직무를 수행함에 있어서 위원회 또는 국회의원의 요구가 있는 경우에는 필요한 자료를 제공하여야 한다. 처장은 그 직무를 수행함에 있어서 관계 행정기관의 위법사항이나 법령 · 제도 또는 행정상의 개선이 필요한 사항이 있다고 인정할 때에는 국회의 당해 업무 소관 상임위원회에 이를 보고하여야 한다.

처장은 의장의 허가를 받아 국가기관 그 밖의 기관 · 단체에 대하여 직무수행에 필요한 자료의 제공을 요청할 수 있다. 이 경우 요청을 받은 자는 특별한 사유가 없는 한 이에 응하여야 한다. 입법조사처의 6급 이하 공무원은 처장이 임면한다. 다만 처장은 규칙이 정하는 바에 따라 의장으로부터 임용권의 일부를 위임 받을 수 있다.

나. 보조기관

입법조사처의 보조기관은 실장 · 국장 및 과장으로 한다. 다만 규칙이 정하는 바에 따라 보조기관의 명칭을 달리 정할 수 있다. 처장 · 실장 및 국장을 직접 보좌하기 위하여 그 밑에 담당관을 둘 수 있으며, 처장 밑에 실 또는 국에 속하지 아니하는 과 1개를 둘 수 있다. 실장은 1급 또는 2급, 국장은 2급 또는 3급, 과장은 3급 또는 4급인 일반직국가공무원으로 각각 보하고, 담당관은 2급 내지 4급인 일반직국가공무원으로 보한다. 처장의 자문에 응하기 위하여 처장 소속하에 자문기구를 둘 수 있다.

입법조사처에 두는 공무원의 정원, 실 · 국 · 과 및 담당관의 설치와 사무분장 그 밖의 필요한 사항은 규칙으로 정한다. 다만 과 및 이에 상당하는 담당관의 설치 및 사무분장은 처장이 정할 수 있다. 처장 또는 처장이 지정하는 소속 공무원은 위원회의 요구에 응하여 해당 위원회에서 보고 · 설명하여야 한다. 「국회입법조사처 직제」(국회규칙)는 2009.4.27. 현재 정원이 92명으로 되어 있다.

5. 조직도

이상 설명한 내용과 관련하여 2014.1.1. 현재 국회의 홈페이지(www.assembly.go.kr)에 올라 있는 조직도를 보면 다음과 같다.

〈국회조직도〉

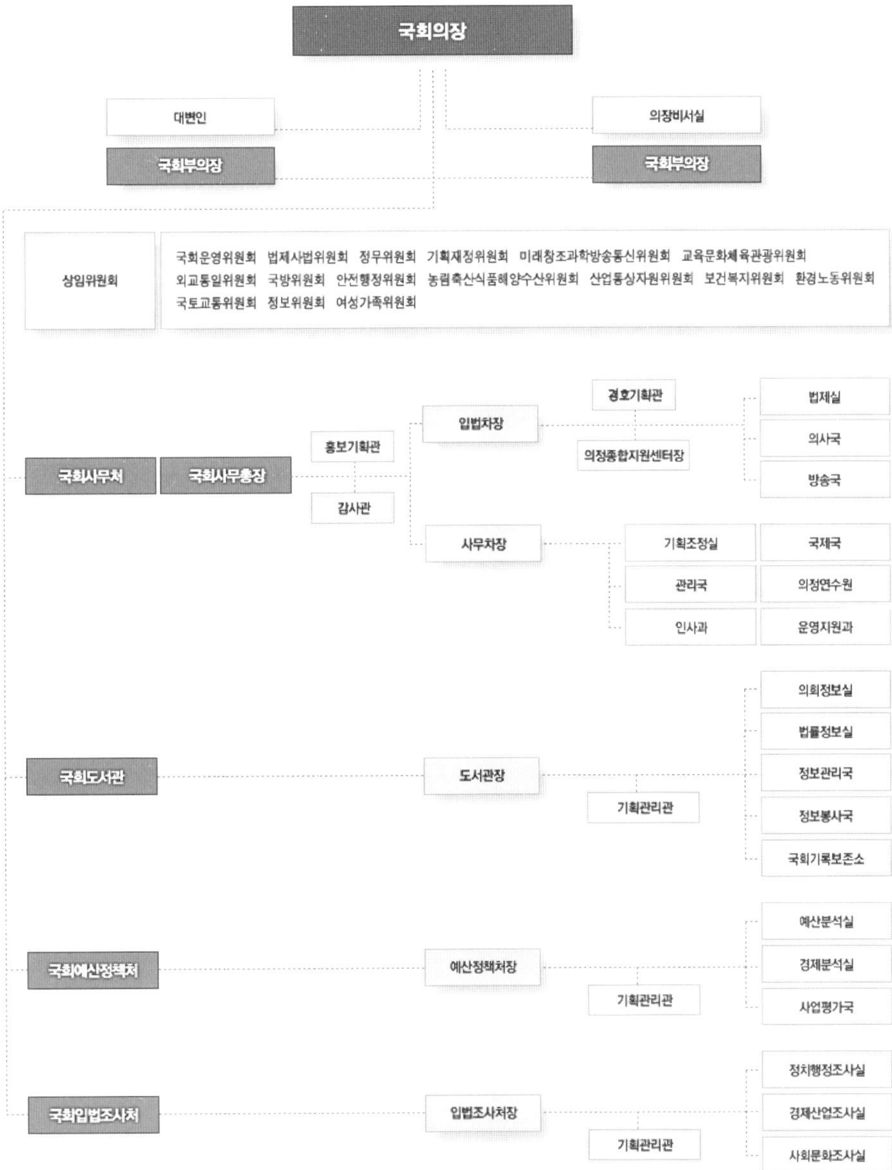

제 2 장
정 부

우리나라의 현행 헌법 제4장은 정부에 대하여 제1절(제66~85조)에서 대통령을, 제2절(제86~100조)에서 행정부로 나누어 규정하고 있다.

제1절 대통령

1. 헌법상 지위

가. 국가의 원수

대통령은 국가의 원수로서 외국에 대하여 국가를 대표한다. 헌법 제73조의 조약의 체결·비준, 외교사절의 신임·접수 또는 파견, 선전포고와 강화는 이러한 지위를 뒷받침하는 행위이다. 그리고 대법원장과 대법관의 임명(헌법 제105조), 헌법재판소의 장과 재판관의 임명(제111조), 중앙선거관리위원회 위원의 구성(제114조) 등 헌법기관의 구성과 임명에 관한 권한도 국가원수의 지위에서 행하는 것이라 할 수 있다.

나. 정부의 수반

행정권은 정부에 속하는데 대통령은 정부의 수반이다. 국민투표 회부권(헌법 제72조), 국군통수권(제74조), 대통령령 제정(제75조), 긴급명령권(제76조), 계엄선포(제77조), 공무원 임면(제78조), 사면 · 감형 · 복권(제79조), 영전 수여(제80조), 국무회의 의장(제88조) 등은 정부의 수반으로서의 지위에서 행하는 것이다.

2. 선출과 임기

가. 대통령선거

대통령은 국민의 보통 · 평등 · 직접 · 비밀선거에 의하여 선출한다. 선거에 있어서 최고득표자가 2인 이상인 때에는 국회의 재적의원 과반수가 출석한 공개회의에서 다수표를 얻은 자를 당선자로 한다. 대통령후보자가 1인일 때에는 그 득표수가 선거권자 총수의 3분의 1 이상이 아니면 대통령으로 당선될 수 없다. 대통령으로 선거될 수 있는 자는 국회의원의 피선거권이 있고 선거일 현재 40세에 달하여야 한다.

대통령선거에서 당선이 결정되면 취임할 때까지 대통령당선인의 지위와 권한을 갖고 대통령직인수위원회의 보좌를 받아 국무총리와 국무위원 후보자 지명 등의 업무를 하게 된다(「대통령직 인수에 관한 법률」 제2~5조).

나. 임기

대통령의 임기는 5년으로 하며, 중임할 수 없다. 대통령이 궐위되거나 사고로 인하여 직무를 수행할 수 없을 때에는 국무총리, 법률이 정한 국무위원의 순서로 그 권한을 대행한다. '중임'이란 두 번 연속 취임하는 '연임'과 달리 한 사람이 두 번할 수 없다는 뜻이므로 한 번이라도 취임하였다면 다른 대통령이 임기를 마쳐도 다시 출마할 수 없다는 뜻이다.

대통령이 임기 중 궐위되거나 사고로 인하여 직무를 수행할 수 없을 때에는 국무총리가 권한을 대행하지만 국무총리도 직무를 수행할 수 없다면 국무위원인 부총리가 대행한다. 부총리마저 직무를 수행할 수 없으면 대통령의 지명을 받은 국무위원이 있으면 그가, 지명이 없는 경우 「정부조직법」 제26조에 규정된 국무위원의 순서에 따라 권한을 대행한다(제22조).

권한을 대행한다는 것은 헌법상 대통령의 모든 권한을 자기(권한대행) 이름으로 행할 수 있다는 뜻이다. 궐위되거나 사고로 직무 수행이 불가능한 경우를 말하므로 국외 순방, 질병 · 부상 등으로 일시적으로 직무를 정상적으로 수행하기 어려운 경우는 해당되지 않는다.

다. 임기개시 시간

대통령의 임기는 전임대통령의 임기만료일의 다음 날 0시부터 개시된다. 다만 전임자의 임기가 만료된 후에 실시하는 선거와 궐위로 인한 선거에 의한 대통령의 임기는 당선이 결정된 때부터 개시된다(「공직선거법」 제14조 제1항).

대통령의 임기개시 시간을 0시로 하는 것은 「민법」 제157조의 기간의 기산점 개념에는 부합되지만, 국가보위를 책임지는 대통령의 직무를 취임선서도 하지 않은 채 0시에 개시하는 것은 문제가 있다. 임기를 시작하려면 업무인계인수가 이루어져야 하는데, 0시에 청와대에서 대통령직을 교대하는 것은 재고의 여지가 크다고 본다. 왜냐하면 일반 사인의 경우와 달리 대통령의 직무는 비서 · 경호 등 보좌인력 뿐만 아니라 국가의 핵심중요시설 관리책임 등 조금도 공백이 있어서는 안 되기 때문이다. 더욱이 극단적인 사례이지만, 밤중에 비상상황으로 국가안전보장회의를 주재하는 중에 0시가 되어 후임 대통령에게 회의주재권을 넘겨주어야 할 뿐만 아니라 전임대통령이 임명한 사람과 함께 후임자가 회의를 진행하는 상황까지 생길 수도 있는 것이다.

따라서 임기 개시 시간을 헌법 제69조의 취임선서 시점으로 하는 등 헌법규정에 맞게 합리적으로 조정하는 것을 적극 검토할 필요가 있다. 「공직선거법」을 개정하면 되는데, 만약 그렇게 고친다면 개정 당시의 현직 대통령 임기가 몇 시간 늘어나는 문제는 있으나, 후임 대통령임기가 그 만큼 줄어드는 것은 아니므로 형평의 문제는 생기지 않을 뿐만 아니라, 사실 5년 임기라 하더라도 4년마다 오는 윤년으로 재임기간에 따라 하루 더 재직하는 대통령도 있음을 고려하면 그것은 별 문제가 되지 않을 것이다.

3. 책무

가. 국가보위

대통령은 국가의 독립 · 영토의 보전 · 국가의 계속성과 헌법을 수호할 책무와 조국의 평화적 통일을 위한 성실한 의무를 진다. 이에 따라 대통령이 취임에 즈음하여 하는 선서의 내용은 "나는 헌법을 준수하고 국가를 보위하며 조국의 평화적 통일과 국민의 자유와 복리의 증진 및 민족문화의 창달에 노력하여 대통령으로서의 직책을 성실히 수행할 것을 국민 앞에 엄숙히 선서합니다." 라고 한다(헌법 제69조). 물론 이 내용은 법적 의무는 아니지만 대통령으로서 임기동안 다짐하는 윤리적 의무이다. '취임에 즈음하여'의 의미는 엄밀히 보면 임기개시 때라 하겠으나, 관례로 취임식을 할 때 선서를 하고 있다.

나. 평화통일

대통령은 우리나라의 평화적 통일을 위한 성실한 의무를 진다(헌법 제66조 제3항). 통일을 위한 전 단계로서 남북관계의 발전은 자주 · 평화 · 민주의 원칙에 입각하여 남북공동번영과 한반도의 평화통일을 추구하는 방향으로 진행되어야 하는 바, 이는 국민적 합의를 바탕으로 투명과 신뢰의 원칙에 따라 추진되어야 하며, 정치적 · 파당적 목적을 위한 방편으로 이용되어서는 안 된다는 것이다.

현재 남한과 북한의 관계는 국가 간의 관계가 아닌 통일을 지향하는 과정에서 잠정적으로 형성되는 특수관계이며, 남한과 북한 간의 거래는 국가 간의 거래가 아닌 민족내부의 거래로 본다. 그리고 정부는 남북화해와 한반도의 평화를 증진시키기 위하여 노력하고 한반도의 긴장완화와 남한과 북한 간 정치 · 군사적 신뢰구축을 위한 시책을 수립 · 시행할 책무를 부여받고 있다(「남북관계 발전에 관한 법률」 제2,3,6조).

다. 탄핵소추

대통령은 직무집행에 있어서 헌법이나 법률을 위배한 때에는 국회가 탄핵의 소추를 의결할 수 있다. 탄핵소추는 국회 재적의원 과반수의 발의와 국회 재적의원

3분의 2 이상의 찬성이 있어야 한다. 탄핵소추의 의결을 받으면 탄핵심판이 있을 때까지 그 권한행사가 정지된다. 탄핵결정은 공직으로부터 파면함에 그친다. 그러나 이에 의하여 민사상이나 형사상의 책임이 면제되는 것은 아니다.

라. 겸직 금지

대통령은 국무총리 · 국무위원 · 행정각부의 장 기타 법률이 정하는 공사의 직을 겸할 수 없다(헌법 제83조). 국민의 직접선거에 의해 당선된 대통령은 주요 기관장의 도움을 받아 국가보위와 헌법상 규정된 각종 정책 업무에 성실하게 전념하여야 하므로 대통령 스스로 집행사무를 담당해서는 안 된다는 뜻이다.

4. 권한과 예우

가. 국회의 협조사항

1) 긴급명령

대통령은 내우 · 외환 · 천재 · 지변 또는 중대한 재정 · 경제상의 위기에 있어서 국가의 안전보장 또는 공공의 안녕질서를 유지하기 위하여 긴급한 조치가 필요하고 국회의 집회를 기다릴 여유가 없을 때에 한하여 최소한으로 필요한 재정 · 경제상의 처분을 하거나 이에 관하여 법률의 효력을 가지는 명령을 발할 수 있다. 그리고 국가의 안위에 관계되는 중대한 교전상태에 있어서 국가를 보위하기 위하여 긴급한 조치가 필요하고 국회의 집회가 불가능한 때에 한하여 법률의 효력을 가지는 명령을 발할 수 있다(헌법 제76조).

이러한 처분 또는 명령을 한 때에는 지체없이 국회에 보고하여 그 승인을 얻어야 한다.

국회의 승인을 얻지 못한 때에는 그 처분 또는 명령은 그때부터 효력을 상실한다. 이 경우 그 명령에 의하여 개정 또는 폐지되었던 법률은 그 명령이 승인을 얻지 못한 때부터 당연히 효력을 회복한다.

2) 계엄선포

대통령은 전시 · 사변 또는 이에 준하는 국가비상사태에 있어서 병력으로써 군사상의 필요에 응하거나 공공의 안녕질서를 유지할 필요가 있을 때에는 법률이 정하는 바에 의하여 계엄을 선포할 수 있다(헌법 제77조). 계엄은 비상계엄과 경비계엄으로 한다. 비상계엄이 선포된 때에는 법률이 정하는 바에 의하여 영장제도, 언론 · 출판 · 집회 · 결사의 자유, 정부나 법원의 권한에 관하여 특별한 조치를 할 수 있다. 계엄을 선포한 때에는 대통령은 지체없이 국회에 통고하여야 한다. 국회가 재적의원 과반수의 찬성으로 계엄의 해제를 요구한 때에는 대통령은 이를 해제하여야 한다.

3) 일반사면

대통령이 일반사면을 명하려면 국회의 동의를 얻어야 한다(헌법 제79조). 일반사면은 대통령령으로 죄의 종류를 정하여 한다. 일반사면을 하게 되면, 형을 선고한 효력이 상실되며 형을 선고받지 아니한 자에 대하여는 공소권(公訴權)이 상실된다. 다만 특별한 규정이 있을 때에는 예외로 한다. 그러나 형의 선고에 따른 기성(旣成)의 효과에는 영향이 없다(「사면법」 제5,8조). 정부수립 이후 지금까지 일반사면은 1948.9.28. 대통령령 제6호로 행한 「일반사면령」이 유일하다.

4) 임명동의 등

국무총리와 감사원장의 임명시 국회의 인사청문과 동의를 받아야 한다(헌법 제86,98조). 그리고 국무위원 등을 임명하고자 할 경우에도 국회의 인사청문회를 거쳐야 한다. 아울러 국회의 법률 제 · 개정, 예산안 의결 등도 대통령을 수반으로 하는 정부의 권한을 견제하는 장치가 된다.

나. 정부 권한

대통령이 국무회의의 심의를 거쳐 또는 단독으로 행할 수 있는 헌법상 권한은 다음과 같다. 대통령이 권한을 행사하는 국법상 행위는 문서로써 하며 이 문서에는 국무총리와 관계 국무위원이 부서(副署)한다. 군사에 관한 것도 또한 같다(헌법 제82조). 따라서 국군통수권자인 대통령의 군사에 관한 행위도 국무총리와 관계 국무위원인 국방부장관의 부서가 필요하다.

1) 국민투표 회부

대통령은 필요하다고 인정할 때에는 외교 · 국방 · 통일 기타 국가안위에 관한 중요정책을 국민투표에 부칠 수 있다(헌법 제72조).

2) 공무원 임면

대통령은 헌법과 법률이 정하는 바에 따라 공무원의 임용권을 갖는다(헌법 제78조). 다만 법령의 규정에 따라 각부장관 등에게 위임을 하고 있다. 2013.12.31. 현재 비밀로 분류되는 국가정보원직원과 군 장성 중 대통령 임명대상 직위를 제외하고 법령상 대통령이 임명하는 직위수와 실제 대통령이 임면사항을 결재하는 현황은 아래 표와 같다.[4)]

〈대통령 임명직위 및 결재 현황〉

구분	계	행정부			헌법기관	공공기관	위원회
		정무직	일반 · 별정직	특정직 등			
임명대상(A)	8,593	128	1,098	5,468	26	169	1,704
결재대상(B)	1,947	128	214	262	26	169	1,148
B/A	22.7%	100%	19.5%	4.8%	100%	100%	67.3%

위 표에서 대통령이 직접 결재하지 않는 6,646개 직위는 국무총리 전결로 처리하는 것이 1,967개 직위이며, 행정안전부(현 안전행정부)장관의 전결로 처리하는 것이 4,679개 직위이다. 국무총리 전결대상은 중앙행정기관의 실장급 전보, 국장급 승진, 총리 및 부처 소속 정부위원회 위원 임면, 미수복(未收復)지역 명예시장 · 군수 위촉 등이고, 행정안전부장관의 전결대상은 국장급 전보, 총경과 경정 임면, 검사의 임면 · 전보 등이다. 이처럼 임면권을 위임하지 않고 국무총리나 장관에게 직접 줘도 되지만 그렇게 하지 않고 법령상 대통령이 임명하도록 두는 이유는 그렇게 해야만 임명장 수여자의 명의가 대통령으로 되기 때문에 해당 공직자의 사기를 고려한 것이다.

따라서 대통령이 국가원수의 지위에서 행하는 대법원장 등 헌법기관 구성원의 임명권과 대부분 비상임인 각종 위원회의 위원을 제외할 경우, 고위 공직자에 대한 대

4) 대한민국 정부, 이명박정부 국정백서 12권(재임일지 · 어록 · 인사), 426~427쪽.

통령의 실질적인 임면권 행사 범위는 국가정보원직원과 군 장성은 포함하고 대학 자체에서 선임하는 총장 등은 제외하더라도 1,000개 직위 내외가 될 것이다.

3) 외교사절 신임 · 접수 · 파견

우리나라를 대표하는 지위에서 대통령은 외국의 전권대사 등 외교사절의 신임장을 접수하고 외국으로 우리나라 대사 등을 임명하여 파견한다(헌법 제73조).

4) 국군 통수권

대통령은 국군통수권을 갖는다(헌법 제74조, 「국군조직법」 제6조). 군사에 관한 중요사항은 국무회의 심의를 거쳐야 한다. 또한 국가안전보장회의의 자문을 거치고 있다.

5) 대통령령 제정

법률에서 위임하거나 법률을 시행하기 위하여 대통령령을 발할 수 있다. 대통령령을 제정하려면 국무회의의 심의를 거쳐야 한다(헌법 제75조).

6) 특별사면 · 감형 · 복권

특별사면과 감형, 복권은 법무부에 설치된 사면심사위원회의 심사를 거쳐 법무부장관의 상신으로 국무회의에서 심의하여 대통령이 실시한다.

특별사면을 하면 형의 집행이 면제되고 특별한 사정이 있을 때에는 이후 형 선고의 효력을 상실하게 할 수 있다. 일반에 대한 감형은 특별한 규정이 없는 경우에는 형을 변경하고, 특정한 자에 대한 감형은 형의 집행을 경감하되 특별한 사정이 있을 때에는 형을 변경할 수 있다. 복권은 형 선고의 효력으로 인하여 상실되거나 정지된 자격을 회복한다. 그러나 형의 선고에 따른 기성(旣成)의 효과는 사면, 감형 및 복권으로 인하여 변경되지 않는다(「사면법」 제5조).

7) 훈장 등 영전 수여

대통령은 「상훈법」 등이 정하는 바에 의하여 훈장 기타 영전을 수여한다(헌법 제80조). 이 경우에도 국무회의 심의를 거쳐야 한다.

8) 국회 출석 발언

대통령은 국회에 출석하여 발언하거나 서한으로 의견을 표시할 수 있다(헌법 제81조).

다. 특권과 예우

1) 형사소추 금지

대통령은 내란 또는 외환의 죄를 범한 경우를 제외하고는 재직 중 형사상의 소추를 받지 아니한다(헌법 제84조).

2) 연금의 특례

대통령은 「공무원연금법」이 적용되지 않고 1969.1.22. 제정된 「전직대통령 예우에 관한 법률」에 따라 연금이 지급된다. 같은 법 제4조에 따라 연금 지급액은 지급당시의 대통령보수연액의 100분의 95 상당하는 금액이다. '지급당시'이므로 본인이 재직 중 받던 보수연액이 아니라 현직 대통령의 보수연액에 따라 95%를 지급하겠다는 뜻이다. 전직 대통령의 유족 중 배우자에게는 지급당시의 대통령보수연액의 100분의 70 상당액으로 하며, 배우자가 없거나 배우자가 사망한 경우에는 그 연금을 전직대통령의 30세 미만의 유자녀와 30세 이상의 유자녀로서 생계능력이 없는 자에게 지급하되, 다수일 경우에는 균분(均分) 지급한다.

그러나 전직대통령의 유족이 공무원이 되거나 전직대통령이 재직중 탄핵결정을 받아 퇴임한 경우, 금고 이상의 형이 확정된 경우, 형사처분을 회피할 목적으로 외국정부에 대하여 도피처 또는 보호를 요청한 경우, 대한민국의 국적을 상실한 경우에는 연금을 지급하지 않는다.

3) 그 밖의 예우

전직대통령은 비서관 3명과 운전기사 1명을 둘 수 있고, 전직대통령이 서거한 경우 그 배우자는 비서관 1명과 운전기사 1명을 둘 수 있다. 전직대통령이 둘 수 있는 비서관과 운전기사는 전직대통령이 추천하는 사람 중에서 임명하며, 비서관은 고위공무원단에 속하는 별정직공무원으로 하고, 운전기사는 별정직공무원으로 한다. 전직대통령이 서거한 경우 그 배우자가 둘 수 있는 비서관과 운전기사는 전직대통령의 배우자가 추천하는 사람 중에서 임명하며, 비서관과 운전기사의 신분은 대통령령으로 정한다.

전직대통령 또는 그 유족에게는 관계 법령에서 정하는 바에 따라 필요한 기간의 경호 및 경비, 교통·통신, 사무실 제공, 본인 및 그 가족에 대한 치료 등 예우를 할 수 있다(「전직대통령 예우에 관한 법률」 제6조).

5. 보좌기관

가. 대통령비서실

대통령의 직무를 보좌하기 위하여 대통령비서실을 둔다. 대통령비서실에 실장 1명을 두되, 실장은 장관급 정무직으로 한다(「정부조직법」 제14조). '청와대'는 법률상 조직의 명칭이 아니라 대통령과 대통령을 보좌하는 사람들이 근무하는 기관이 있는 건물과 지역을 일반적으로 일컫는 말이다.[5] 장관급인 비서실장 외에 차관급 정무직인 수석비서관과 비서관·선임행정관·행정관 등 보좌 직원들의 조직과 정원은 대통령령인 「대통령비서실 직제」 등에서 정하고 있다.

나. 국가안보실

국가안보에 관한 대통령의 직무를 보좌하기 위하여 국가안보실을 둔다. 국가안보실에 실장 1명을 두되, 실장은 장관급 정무직으로 한다(「정부조직법」 제15조).

다. 대통령경호실

대통령 등의 경호를 담당하기 위하여 대통령경호실을 둔다. 대통령경호실에 실장 1명을 두되, 실장은 장관급 정무직으로 한다. 대통령경호실의 조직·직무범위 그 밖에 필요한 사항은 「대통령 등의 경호에 관한 법률」에서 정하고 있다. '대통령 등'으로 한 이유는 대통령뿐만 아니라, 대통령의 배우자 등 가족, 대통령 당선인 및 권한대행, 우리나라를 방문하는 외국의 원수 및 행정수반 등도 경호하기 때문이다.

대통령경호실장은 대통령이 임명하고, 경호실의 업무를 총괄하며 소속공무원을 지

5) 법령상 청와대라는 말이 들어간 사례는 1997.7.24. 조약 1417호로 발효된, 「대한민국 정부와 러시아연방 정부 간의 서울 청와대와 모스크바 크레믈린 간 비화전화회선 구성에 관한 협정」으로서. 청와대와 크레믈린이 건물과 지역의 이름임을 알 수 있다.

휘 · 감독한다. 경호실에 차장 1명을 두되 차장은 차관급 정무직, 1급 경호공무원 또는 고위공무원단에 속하는 별정직 국가공무원으로 보하며, 실장을 보좌한다(「대통령 등의 경호에 관한 법률」 제3조). 다른 기관과 달리 차장의 직급이 정무직에서 일반직까지 폭이 넓은 것이 특징이다.

6. 헌법상 자문기구

현행 헌법에서 대통령의 자문에 응하도록 설치된 것은 5개이다. 자문기구 이름을 위원회로 하지 않고 '회의'로 한 이유는 대통령이 의장으로서 회의의 주재자가 되기 때문이다. 즉 대통령이 회의를 주재하면서 위원들로부터 직접 자문을 받는 형식이기 때문에, 개별 법률에 의하여[6] 대통령 소속으로 설치된 자문위원회 또는 심의위원회가 내부 토의한 결과를 대통령에게 보고함으로써 대통령이 (간접적으로) 자문을 받는 것과는 성격이 다른 점을 고려한 것이다.

가. 국가원로자문회의

국정의 중요한 사항에 관한 대통령의 자문에 응하기 위하여 국가원로로 구성되는 국가원로자문회의를 둘 수 있다(헌법 제90조). 국가원로자문회의의 의장은 직전대통령이 된다. 직전대통령이 없을 때에는 대통령이 지명한다. 국가원로자문회의의 조직 · 직무범위 기타 필요한 사항은 1988.2.25. 제정된 「국가원로자문회의법」에서 규정하였다. 자문회의는 35인 이내의 원로위원으로 구성하고 소관사무를 처리하기 위하여 사무처를 두며 사무총장은 장관급 정무직공무원으로 보하도록 하였다. 그러나 당시 정치상황에 따라 구성만 하고 제대로 활동을 하지 못한 채 1989.4.29. 그

---

6) 법률에서 대통령의 자문에 응한다는 표현이 있는 것은 경제사회발전노사정위원회(「경제사회발전노사정위원회법」 제1조 · 제3조), 지역발전위원회(「국가균형발전특별법」 제22조)이다. 그러나 자문이라는 표현이 없이 소관사항을 심의하는 위원회도 성격상 넓은 의미의 자문기구로 볼 수 있다. 예컨대 국가생명윤리심의위원회(「생명윤리 및 안전에 관한 법률」 제7조), 도서관정보정책위원회(「도서관법」 제12조), 국가건축정책위원회(「건축기본법」 제13조), 국가우주위원회(「우주개발진흥법」 제6조), 아시아문화중심도시조성위원회(「아시아문화중심도시 조성에 관한 특별법」 제29조) 등이 해당된다.

법률을 폐지함으로써 해체되고 말았다.

따라서 국가원로자문회의는 헌법상 근거만 있고 실체는 없는 실정이다. 하지만 국정 운영상 경륜 있은 원로들의 고견을 듣는 일은 중요하므로 명칭은 달라도 2009. 5.28. 대통령령으로 「국민원로회의 규정」을 제정하여 각계의 원로 100명 이내의 인사들을 위촉 · 운영한 적이 있었지만 2013.12.11. 폐지되었다.

나. 국가안전보장회의

국가안전보장에 관련되는 대외정책 · 군사정책과 국내정책의 수립에 관하여 국무회의의 심의에 앞서 대통령의 자문에 응하기 위하여 국가안전보장회의를 둔다(헌법 제91조). 국가안전보장회의의 조직 · 직무범위 기타 필요한 사항은 1963.12.17. 제정된 「국가안전보장회의법」으로서 회의의 구성원을 대통령, 국무총리, 외교부장관, 통일부장관, 국방부장관 및 국가정보원장과 대통령령으로 정하는 약간의 위원으로 구성하고 있다. 의장은 당연히 대통령이 되고 안전보장회의를 소집 · 주재한다. 다만 필요한 경우 국무총리로 하여금 직무를 대행하게 할 수 있다.

정부마다 약간의 차이가 있었지만 국가안전보장회의의 운영을 지원하는 등의 사무를 처리할 간사 1명을 두는데, 현재는 대통령비서실 또는 국가안보실의 외교안보 분야를 보좌하는 정무직 공무원(수석비서관) 중 대통령이 지명하는 사람이 하므로 대통령비서실의 내부 조직이 그 역할을 담당하고 있다.

다. 민주평화통일자문회의

평화통일정책의 수립에 관한 대통령의 자문에 응하기 위하여 민주평화통일자문회의를 둘 수 있다(헌법 제92조). 이에 따라 민주평화통일자문회의의 조직 · 직무범위 기타 필요한 사항은 1988.2.25. 제정된 「민주평화통일자문회의법」에서 규정하고 있다.

자문회의 의장은 대통령이 되고, 의장은 위원 중에서 출신 지역과 직능을 고려하여 25명 이내의 부의장을 임명하되, 여성이 부의장 총수의 4분의 1 이상이 되도록 노력하여야 한다. 의장은 부의장 중에서 수석부의장 1명을 지명한다. 부의장의 임기는 2년으로 한다. 다만 부의장이 궐위(闕位)되어 임명될 경우 후임 부의장의 임기는 전임자 임기의 남은 기간으로 한다. 의장은 통일자문회의의 회의를 주재하고 사무를 총괄하며 통일자문회의를 대표한다. 의장은 수석부의장에게 의장의 직무를 대행하게 할 수 있고, 수석부의장이 부득이한 사유로 업무를 수행할 수 없을 때에는 의장이 지명하는 부의장이 그 직무를 대행한다.

자문회의의 사무를 처리하기 위하여 민주평화통일자문회의사무처를 둔다. 사무처에는 사무처장 1명과 그 밖에 필요한 공무원을 두되, 사무처장은 차관급의 정무직으로 보한다. 사무처장은 의장의 명을 받아 자문회의의 사무를 총괄하고 소속 공무원을 지휘 · 감독한다. 의장은 필요하다고 인정하면 대통령령으로 정하는 바에 따라 다른 기관의 소속 공무원에게 사무처 소속 공무원의 직을 겸하게 할 수 있고, 자문회의의 사무의 일부를 다른 행정기관에 대행하게 하거나 위탁하여 처리하게 할 수 있다.

사무처의 조직 및 직무범위, 소속 공무원의 종류 및 정원 등은 대통령령인 「민주평화통일자문회의 사무처 직제」에서 정하고 있는데, 2013.9.17. 현재 정원은 71명이다.

라. 국민경제자문회의

국민경제의 발전을 위한 중요정책의 수립에 관하여 대통령의 자문에 응하기 위하여 국민경제자문회의를 둘 수 있다(헌법 제93조). 국민경제자문회의의 조직 · 직무범위 기타 필요한 사항은 1999.8.31. 제정된 「국민경제자문회의법」으로서 대통령인 의장 1인, 당연직위원 5명 이내, 위촉위원 30인 이내 및 지명위원으로 구성한다. 당연직위원은 기획재정부장관 · 미래창조과학부장관 · 대통령비서실장 · 경제수석비서관 · 미래전략수석비서관이다(「국민경제자문회의 운영에 관한 규정」 제2조).

임기 1년의 위촉위원은 국민경제의 발전에 이바지할 수 있는 학식과 경험이 풍부한 자중에서 대통령이 위촉하고, 지명위원은 자문회의에 상정된 의안과 관련하여 중앙행정기관의 장과 정부출연연구기관의 장, 그 밖에 대통령령으로 정하는 사람 중에서 회의 때마다 대통령이 지명하는 사람이 된다.

같은 법 제6조 제3항에서 '자문회의의 회의는 재적위원 과반수의 출석으로 개의하고, 출석위원 과반수의 찬성으로 의결한다.'고 규정하고 있다. 법률적 효과를 발생하는 정책결정이나 집행과 무관한 자문기구인데, 의결사항이 실효성이 있는지는 의문이다. 경제정책과 관련된 다양한 의견을 들어 국정의 최고 책임자인 대통령이 판단하면 되는 것일 뿐, 나중에 찬반의사를 표현한 자문위원들에게 그 정책과 관련된 법적 책임을 물을 성질은 아니기 때문이다.

자문회의의 사무를 처리하기 위하여 국민경제자문회의에 간사위원 1인을 둔다. 간사위원은 대통령비서실 경제수석비서관이 겸직하고, 간사위원의 업무를 효율적으로 지원하기 위하여 자문회의지원단을 둘 수 있다. 과거에는 「국민경제자문회의사무처직제」가 있었으나 2008.2.29. 폐지되고 지금은 대통령령인 「국민경제자문회의 운영에 관한 규정」 제3조의5로 그 지원단의 설치근거와 공무원 파견 등에 관한 사항을 두고 있다.

마. 국가과학기술자문회의

국가는 과학기술의 혁신과 정보 및 인력의 개발을 통하여 국민경제의 발전에 노력하기 위하여 대통령은 필요한 자문기구를 둘 수 있다(헌법 제127조 제3항). 이 규정에 따라 제정된 「국가과학기술자문회의법」은 대통령인 의장 1명, 부의장 1명을 포함한 30명 이내의 위원으로 구성한다고 되어 있다. 부의장은 의장이 위원 중에서 지명하며 위원은 과학기술 분야에 관하여 학식과 경험이 풍부한 전문가 중에서 의장이 위촉하고 그 임기는 1년으로 하되, 연임할 수 있다.

제2절 국무총리와 국무위원

1. 국무총리

가. 지위

국무총리는 1948년 제헌헌법 당시부터 국정의 최고 합의제 의결기구였던 국무원의 구성원으로서 설치되었다. 그러나 1954.11.29. 헌법 개정시 폐지되었다가 의원내각제 정부를 구성한 1960.6.15. 제2공화국 헌법 개정시 부활되었다. 부활 당시에는 국가원수로서 나라를 대표하는 의전적인 대통령과 달리 국무총리가 실질적 행정권을 가진 국무원의 최고책임자로서 국무회의의 의장이었기 때문에 지금의 지위와는 사뭇 달랐다. 그러다가 1963.12.17. 헌법 개정시 현재와 같이 정부 편에 대통령, 국무회의, 행정각부, 감사원이 규정되기 시작하였다.

현행 헌법상 국무총리는 국회의 동의를 얻어 대통령이 임명하고, 대통령을 보좌하며 행정에 관하여 대통령의 명을 받아 '행정각부를 통할'한다. 「정부조직법」 제18조는 '행정각부를 통할'이라는 표현 대신 '각 중앙행정기관의 장을 지휘 · 감독'한다고 되어 있다. 따라서 국무총리는 중앙행정기관의 장의 명령이나 처분이 위법 또는 부당하다고 인정될 경우에는 대통령의 승인을 받아 이를 중지 또는 취소할 수 있다. 국무총리는 대통령이 궐위될 경우 그 권한 대행의 1순위자이다.

나. 권한

1) 국무회의 부의장

국무총리는 국무회의의 구성원이면서 부의장의 역할을 수행하고 있다.

2) 국무위원 · 행정각부의 장 임면제청

국무위원과 행정각부의 장을 임명할 때는 국무총리가 제청하며, 국무총리는 국무위원의 해임을 대통령에게 건의할 수 있다(제87조).

3) 총리령 제정

국무총리는 소관사무에 관하여 법률이나 대통령령이 위임 또는 직권으로 총리령을 발할 수 있다. 즉 총리령은 국무총리를 직접 보좌하는 기관(국무조정실 · 국무총리비서실)의 소관업무는 물론, 국무총리 직속으로 설치된 중앙행정기관인 처(법제처 · 국가보훈처 · 식품의약품안전처)와 위원회(금융위원회 · 국민권익위원회 · 공정거래위원회 · 원자력안전위원회 등) 소관업무에 대하여도 적용한다.

4) 국회 출석 · 보고

국무총리 · 국무위원 또는 정부위원은 국회나 그 위원회에 출석하여 국정처리상황을 보고하거나 의견을 진술하고 질문에 응답할 수 있다(헌법 제62조 제1항).

5) 대통령의 국법상 행위 부서

대통령의 국법상 행위는 문서로써 하며, 이 문서에는 국무총리와 관계 국무위원이 부서한다. 군사에 관한 것도 또한 같다. 부서행위는 대통령을 보좌하며 국정에 함께 참여함으로써, 행정각부를 통할하는 국무총리와 소관 행정사무를 관장하는 국무위원이 공동책임을 진다는 의미가 있다.

6) 민방위 사무의 총괄 · 조정

전시 · 사변 또는 이에 준하는 비상사태, 통합방위사태, 재난사태 또는 특별재난지역 선포 등의 국가적 재난 상황으로부터 주민의 생명과 재산을 보호하기 위하여 정부의 지도하에 주민이 수행하여야 할 방공(防空), 응급적인 방재(防災) · 구조 · 복구 및 군사 작전상 필요한 노력 지원 등의 모든 자위적 활동을 '민방위'라고 하는데 국무총리는 안전행정부장관의 보좌를 받아 민방위에 관한 사항을 총괄 · 조정한다(「민방위기본법」 제8조).

7) 서울특별시 행정 조정

「지방재정법」 제11조에 따라 서울특별시의 지방채 발행의 승인 여부를 결정하려는 경우 국무총리에게 보고하여야 하며, 「지방자치법」 제171조에 따라 서울특별시의 자치사무에 관한 감사를 하려는 경우에는 국무총리의 조정을 거쳐야 한다. 또한 수도권 지역에서 서울특별시와 관련된 도로 · 교통 · 환경 등에 관한 계획을 수립하고 그 집행을 할 때 관계 중앙행정기관의 장과 서울특별시장의 의견이 다른 경우에는 다른 법률에 특별한 규정이 없으면 국무총리가 이를 조정한다(「서울특별시 행정특례에 관한 법률」 제4,5조).

다. 책무

1) 국회의 동의로 임명

국무총리는 국회의 동의를 얻어 대통령이 임명한다(헌법 제86조). 동의는 임명 전에 받아야 하는 것으로서[7] 무기명 투표로 표결하며(「국회법」 제112조 제5항), 재적의원

과반수의 출석과 출석의원 과반수의 찬성으로 의결한다(「국회법」 제109조). 동의를 얻기 전에 국무총리 '후보자'에 대한 인사청문특별위원회를 실시한다(「국회법」 제46조의3).

2) 국회의 출석답변

국회나 국회 상임 또는 특별위원회의 요구가 있을 때에는 국무총리 · 국무위원 또는 정부위원은 출석 · 답변하여야 하며, 국무총리 또는 국무위원이 출석요구를 받은 때에는 국무위원 또는 정부위원으로 하여금 출석 · 답변하게 할 수 있다.

3) 국회의 해임건의

국회는 국무총리의 해임을 대통령에게 건의할 수 있다. 해임을 건의하기 위해서는 재적의원 과반수의 출석과 출석의원 과반수의 찬성이 필요하다.

4) 탄핵소추

국무총리도 그 직무집행에 있어서 헌법이나 법률을 위배한 때에는 국회가 탄핵의 소추를 의결할 수 있다. 탄핵소추는 국회 재적의원 3분의 1 이상의 발의가 있어야 하며, 의결하려면 국회 재적의원 과반수의 찬성이 있어야 한다. 탄핵소추의 의결을 받으면 탄핵심판이 있을 때까지 그 권한행사가 정지된다. 이 경우 부총리가 그 권한을 대행한다.

탄핵이 결정되면 국무총리의 직에서 파면된다. 파면은 공무원의 징계 종류인 파면과는 달리, 임용권자인 대통령의 파면 처분에 따라 공직에서 배제되는 것이 아니라 헌법재판소의 탄핵결정과 동시에 헌법에 의하여 바로 파면의 효과가 나타난다는 점에서 당연퇴직과 유사하다. 탄핵결정에 의한 파면으로 민사상이나 형사상의 책임이 면제되는 것은 아니다.

라. 보좌기관

1) 국무조정실

중앙행정기관별 소관 행정의 지휘 · 감독, 정책 조정 및 사회위험 · 갈등의 관

---

7) 제헌헌법 제69조에서는 대통령이 국무총리를 먼저 임명하고 나중에 국회의 승인을 받도록 되어 있었고, 만약 국회가 새로 구성되면 다시 승인을 받도록 하였다.

리, 정부업무평가 및 규제개혁에 관하여 국무총리를 보좌하기 위하여 국무조정실을 둔다. 국무조정실에 실장 1명을 두되, 실장은 장관급 정무직으로 한다. 국무조정실에 차장 2명을 두되, 차장은 차관급 정무직으로 한다.

2) 국무총리비서실

국무총리의 직무를 보좌하는 기관으로 실장 1명을 두되 실장은 차관급 정무직으로 한다.

2. 부총리

가. 지위

역대 헌법에서는 규정하고 있지 않으나, 법률로 부총리 1인을 두고 있다(「정부조직법」 제19조). 부총리를 두어 국무총리가 특별히 위임하는 사무를 수행하기 위하여 국무위원으로 보하는 부총리 1명이 있다.

현재는 기획재정부장관이 겸임하며, 경제정책에 관하여 국무총리의 명을 받아 관계 중앙행정기관을 총괄 · 조정한다.

국무총리가 사고로 직무를 수행할 수 없는 경우에는 부총리가 그 직무를 대행하고, 국무총리와 부총리가 모두 사고로 직무를 수행할 수 없는 경우에는, 대통령의 지명이 있으면 그 지명을 받은 국무위원이, 지명이 없는 경우에는 「정부조직법」 제26조 제1항에 규정된 순서에 따른 국무위원, 즉 기획재정부, 미래창조과학부, 교육부, 외교부, 통일부, 법무부, 국방부, 안전행정부, 문화체육관광부, 농림축산식품부, 산업통상자원부, 보건복지부, 환경부, 고용노동부, 여성가족부, 국토교통부, 해양수산부의 각 장관 순으로 그 직무를 대행하게 된다.

나. 연혁

주요 장관이 겸임하는 부총리 제도는 1963.12.17. 「정부조직법」 개정시 경제기획원장관을 부총리로 처음 겸임케 한 이후 존폐의 변화가 있었다. 1990.12.27. 에는 부총리를 2인으로 늘려 경제기획원장관과 통일원장관이 겸하였다.

1998.2.28. 부총리가 헌법에 근거가 없다는 이유로 폐지하였다가, 2001.1.29. 재정경제부장관과 교육인적자원부장관을 부총리로 겸임시키면서 다시 설치하였고, 2004.9.23.에는 3인으로 늘려 재정경제부장관, 교육인적자원부장관, 과학기술부장관이 각각 겸임토록 하였다.

2008.2.29. 부총리를 다시 폐지하였으나 2013.3.23. 1인으로 재설치하여 현재는 기획재정부장관이 겸하고 있다.

3. 국무위원

가. 지위

국무위원은 국무총리의 제청으로[8] 대통령이 임명한다. 제청은 문서나 구두 등 형식의 제한은 없다. 제청 시기는 대통령이 국무위원 후보자에 대한 인사청문요청서를 국회로 보내기 전에 하고 있다. 군인은 현역을 면한 후가 아니면 국무위원으로 임명될 수 없다.

국무위원은 국정에 관하여 대통령을 보좌하며, 국무회의의 구성원으로서 국정을 심의한다. 국무위원 개개인이 보좌할 수도 있지만 국무회의의 구성원으로서 주요 사항에 대한 심의를 통하여 보좌하기도 한다. 15인 이상 30인 이하의 국무위원으로 구성되는 국무회의에서 각 국무위원은 행정각부의 장의 입장이 아니라 정부의 권한에 속하는 중요한 정책을 심의하므로 객관적이고 중립적인 자세로 심의하여야 한다.

나. 권한

국무위원은 개인 또는 국무회의를 통하여 대통령을 보좌한다. 국무위원은 국무총리의 제청에 의하여 대통령으로부터 행정각부의 장으로 임명될 수 있고, 신분은 정무직공무원으로서 의장에게 의안을 제출하고 국무회의의 소집을 요구할 수 있다. 국무위원은 대통령의 국법상 행위에 대하여 국무총리와 함께 부서(副署)를 한다. 부

8) 국무총리의 제청절차는 1952.7.7. 제2호 헌법개정시(제69조) 신설되었다.

서는 대통령의 국정을 보좌하는 지위에서 대통령, 국무총리와 책임을 함께 나누어진다는 서명행위이다. 국무위원은 국무회의에 심의안건을 제출할 수 있다. 또 대통령이 궐위되거나 사고로 직무를 수행할 수 없을 때 국무총리, 부총리에 이어서 권한을 대행한다.

국무위원은 국회나 국회의 위원회에 출석하여 국정처리상황을 보고하거나 의견을 진술하고 질문에 응답할 수 있다.

다. 책무

대통령이 국무위원을 임명하려면 미리 국회의 인사청문을 거쳐야 한다(「국가공무원법」 제31조의2, 「국회법」 제65조의2).

국무총리는 국무위원의 해임을 대통령에게 건의할 수 있다. 해임사유는 제한이 없다. 또 국회도 국무위원이 정치적으로 책임을 질 소지가 있으면 대통령에게 해임을 건의할 수 있다(헌법 제63조). 국회가 대통령에게 국무위원의 해임을 건의하기 위해서는 국회 재적의원 3분의 1 이상의 발의에 의하여 재적의원 과반수의 찬성이 있어야 한다.

국무위원은 국회나 그 위원회의 요구가 있을 때에는 출석 · 답변하여야 하며, 정부위원으로 하여금 출석 · 답변하게 할 수 있다. 정부위원은 국무조정실의 실장 및 차장, 부 · 처 · 청의 처장 · 차관 · 청장 · 차장 · 실장 · 국장 및 차관보를 말한다(「정부조직법」 제10조).

또 국무위원이 그 직무집행에 있어서 헌법이나 법률을 위배한 때에는 국회는 탄핵의 소추를 의결할 수 있다. 탄핵소추는 국회 재적의원 3분의 1 이상의 발의가 있어야 하며, 의결은 국회 재적의원 과반수의 찬성이 있어야 한다. 탄핵소추의 의결을 받으면 탄핵심판이 있을 때까지 그 권한행사가 정지된다.

탄핵결정은 공직으로부터 파면함에 그친다. 그러나 이에 의하여 민사상이나 형사상의 책임이 면제되는 것은 아니다.

제3절 국무회의

1. 지위

가. 연혁

제헌헌법 제4장의 정부는 제1절에서 대통령과 부통령에 대하여, 제2절은 국무원에 대하여, 그리고 제3절에서 행정각부에 대하여 각각 규정하고 있었다. 부통령은 1960.6.15. 제4호 헌법 개정시 폐지되었고, 대통령의 권한에 속하는 중요 국책을 '의결'하던 국무원은[9] 1962.12.16. 제6호 헌법 개정시 국정을 '심의'하는 국무회의로 바뀌었다. 국무회의라는 이름은 제헌헌법 당시는 국무원에서 하던 회의를 가리켜 말하던 것이었다. 부통령은 국회의 고위공직자 탄핵소추 사건을 심판하는 탄핵재판소 재판장의 직무를 행하도록 되어 있어(제47조), 국무원의 구성에도 포함되지 않았다. 부통령에게는 대통령의 국민 직선제 및 국회의 양원제(민의원과 참의원) 도입을 주요 골자로 한 1952.7.7. 제2호 헌법 개정시 미합중국처럼 참의원 의장 겸 양원합동회의의 의장 직위가 추가되었다.

나. 특성

우리나라의 주요 정책은 국무회의의 심의를 반드시 거쳐야 하므로 회의체 성격상 의장인 대통령이 회의를 소집하면 국무위원들이 최대한 빠른 시간 안에 모여 심의할 수 있도록 시간과 공간의 제약을 최소화할 필요가 있다. 행정각부의 장의 지위에서만 보면, 각부의 사무실 위치까지 심각하게 고려할 필요가 없지만 행정각부의 장이 국무위원을 겸하므로 국무회의의 구성원이라는 점에서 국무위원의 소재지는 중요한 고려사항이 되는 것이다. 지역적으로 분산 배치된 행정각부 소속의 청은 소

9) 제헌헌법 제정과정에서 대통령제의 틀 속에서 그 권한을 견제할 방안으로서, 한민당 등 대통령제 옹호론자들은 권한사항을 국무원이 의결하는 것을, 무소속 의원과 일부 독립촉성중앙회(독촉) 의원들은 인사권을 국무총리와 나누어 가질 것을 각각 주장하였다. 서희경, 대한민국헌법의 탄생, 358쪽.

관업무를 독자적으로 수행하기 때문에 가까이 소재할 필요성이 적지만 한 인격체인 국가의 통치구조를 구성하며 의사를 결정하는 행정각부의 장은 달리 생각할 필요가 있다.

물론 원격영상회의 방식으로도 회의는 할 수 있지만 사안의 성격상 동일한 공간에서 긴밀하게 진행할 필요가 있는 경우도 많다. 과거 「신행정수도건설을 위한 특별조치법」에 대한 헌법재판소의 위헌결정에 따라[10] 대통령과 행정각부 중 외교부, 통일부, 법무부, 국방부, 안전행정부, 여성가족부를 행정중심복합도시로 이전하지 않고 관습헌법상 수도인 서울에 둠으로써[11] 위헌 문제는 피하게 되었지만 결과적으로 국무회의의 효율적 운영에는 지장을 초래하게 되었다.

2. 기능

가. 구성

대한민국 정부 수립 초기의 국무원은 대통령, 국무총리와 7인 이상 14인 이내의 국무위원으로 구성된 합의체로서 과반수이상의 의결로 결정되었다. 그러나 현재의 국무회의는 대통령·국무총리와 15인 이상 30인 이하의 국무위원으로 구성하므로 2배 이상 확대되었다. 대통령은 국무회의의 의장이 되고, 국무총리는 부의장이 된다. 의장은 회의의 주재자일 뿐만 아니라 부의장과 위원을 임명하므로 국무회의 역시 의장의 보좌기관으로서의 기능을 갖는다.

국무위원은 최소한 15인은 임명되어 있어야 헌법상 구성요건을 갖추게 된다. 따라서 대통령당선인이 「대통령직 인수에 관한 법률」 제5조에 따라 국무총리와 국무위원 후보자를 지명하여 「국회법」 제65조의2 및 「인사청문회법」에 따른 인사청문의 실시를 요청하였지만, 청문절차가 지연되는 등의 사유로 대통령의 임기 개시 일에 국무총리나 국무위원 중 일부나 전부를 임명하지 못하는 상황이 발생할 수 있다. 이 때는 부득이 전임 대통령이 임명한 국무위원을 면직하지 않음으로써 구성요건을 충

10) 헌법재판소 2004.10.21. 자 2004헌마554 결정.

11) 「신행정수도 후속대책을 위한 연기·공주지역 행정중심복합도시 건설을 위한 특별법」 제16조 제2항.

족하고 있는데, 이는 대통령중심제의 헌법 정신과 맞지 않을 뿐만 아니라 사실상 대통령의 5년 임기를 단축하는 결과를 초래하게 되므로 대통령 임기 개시 전까지는 인사청문을 마쳐 대통령취임과 동시에 임명할 수 있도록 인사청문의 특례규정을 두는 방안을 적극 검토할 필요가 있다고 본다.

국무회의가 대통령 · 국무총리 외에 15인 이상의 국무위원으로 구성한다고 국무위원 숫자가 항상 15인 이상으로 유지되어야 할 필요는 없다. 처음 국무회의를 구성할 당시 그 요건을 충족하면 되고 그 후에 사임 등으로 일시적인 공석이 생기거나, 출장 · 휴가 등의 사유로 국무회의에 불참하더라도 심의 · 의결의 효력에 영향을 미치는 것은 아니기 때문이다.

나. 심의사항

국무회의의 심의를 거쳐야 할 사항은 다음과 같은데, 국정과 관련된 정부의 중요 정책은 거의 망라되어 있다(헌법 제89조).

① 국정의 기본계획과 정부의 일반정책 ② 선전 · 강화 기타 중요한 대외정책 ③ 헌법개정안 · 국민투표안 · 조약안 · 법률안 및 대통령령안 ④ 예산안 · 결산 · 국유재산처분의 기본계획 · 국가의 부담이 될 계약 기타 재정에 관한 중요사항 ⑤ 대통령의 긴급명령 · 긴급재정경제처분 및 명령 또는 계엄과 그 해제 ⑥ 군사에 관한 중요사항 ⑦ 국회의 임시회 집회의 요구 ⑧ 영전수여 ⑨ 사면 · 감형과 복권 ⑩ 행정각부간의 권한의 획정 ⑪ 정부안의 권한의 위임 또는 배정에 관한 기본계획 ⑫ 국정처리상황의 평가 · 분석 ⑬ 행정각부의 중요한 정책의 수립과 조정 ⑭ 정당해산의 제소 ⑮ 정부에 제출 또는 회부된 정부의 정책에 관계되는 청원의 심사 ⑯ 검찰총장 · 합동참모의장 · 각군참모총장 · 국립대학교총장 · 대사 기타 법률이 정한 공무원과 국영기업체 관리자의 임명 ⑰ 기타 대통령 · 국무총리 또는 국무위원이 제출한 사항

국무회의에 부의할 안건은 국무회의의 구성원이 아니면 제출할 수 없어, 국무위원이 아닌 장관급 기관의 장은 국무총리 또는 정부서무를 담당하는 안전행정부장관을 통하여 제안하고 있다.

3. 운영

가. 회의 주재

대통령은 국무회의 의장으로서 회의를 소집하고 이를 주재한다. 의장이 사고로 직무를 수행할 수 없는 경우에는 부의장인 국무총리가 그 직무를 대행하고, 의장과 부의장이 모두 사고로 직무를 수행할 수 없는 경우에는 부총리가 그 직무를 대행하며, 부총리가 직무를 수행할 수 없는 경우에는 「정부조직법」 제26조 제1항에 규정된 순서에 따라 국무위원이 그 직무를 대행한다. 국무회의의 운영에 관하여 필요한 사항은 대통령령인 「국무회의 규정」에서 정하고 있다.

나. 심의 · 의결

국무회의에 제출된 의안에 대하여는 국무위원들이 행정각부를 맡는 행정청의 지위에 얽매이지 말고 국정의 중요정책을 국익 차원에서 심의해야 한다. 따라서 신중한 결정을 위하여 헌법상 기구는 아니지만 국무회의에 앞서 먼저 차관회의의 심의를 거치고 있다. 다만 긴급한 의안은 그러하지 아니하다. 국무회의는 필요하다고 인정할 때에는 특정 사항을 지시하여 차관회의로 하여금 심의 · 보고하게 할 수 있다. 차관회의는 의장인 국무조정실장과 각 부의 차관으로 구성한다. 2명의 차관을 둔 부의 경우에는 그 중 1명이 구성원이 된다. 의장이 부득이한 사유로 직무를 수행할 수 없을 때에는 「정부조직법」 제26조 제1항에 규정된 순위에 따르는 차관이 그 직무를 대행한다(「차관회의 규정」 제2,3조).

국무회의는 심의기관이기는 하나 합의제 기관의 성격상 구성원 과반수의 출석으로 개의(開議)하고, 출석 구성원 3분의 2 이상의 찬성으로 의결한다. 국무회의는 구성원이 동영상 및 음성이 동시에 송수신되는 장치가 갖추어진 서로 다른 장소에 출석하여 진행하는 원격영상회의 방식으로 할 수 있다. 이 경우 국무회의의 구성원은 동일한 회의장에 출석한 것으로 본다. 다만 헌법기관이 아닌 차관회의는 구성원 과반수의 출석으로 개의(開議)하고, 출석 구성원 과반수의 찬성으로 의결한다(「차관회의 규정」 제7조).

다. 출석 및 배석

국무위원이 국무회의에 출석하지 못할 때에는 각 부의 차관이 대리하여 출석한다. 다만 대리 출석한 차관은 관계 의안에 관하여 발언은 할 수 있으나 표결에는 참가할 수 없다.

국무위원은 아니지만 국무회의에 대통령비서실장, 국가안보실장, 국무조정실장, 법제처장, 국가보훈처장, 식품의약품안전처장, 공정거래위원회위원장, 금융위원회위원장, 중소기업청장 및 서울특별시장이 배석한다. 또 의장이 필요하다고 인정할 때에는 중앙행정기관인 청(廳)의 장으로 하여금 소관 사무와 관련하여 국무회의에 출석하여 발언하게 하거나 관계 전문가를 참석하게 하여 의견을 들을 수 있다(「국무회의 규정」 제8조).

제4절 행정각부

그동안 우리나라 정부조직은 대한민국 정부 수립 이후 역대정부 나름대로 중시한 정책의 우선순위에 따라 조직개편을 수시로 해 옴으로써 수많은 기관이 신설 · 폐지 · 수정되어 왔다. 이 절에서는 2014.1.1. 현재의 정부조직을 중심으로 설명한다.

1. 부

가. 의의

행정각부라는 말은, 헌법 제4장에 규정된 '행정권'을 우리나라 행정부에서는 '부(部)'라는 이름을 가진 중앙행정기관별로 각각 나누어 행사한다는 뜻이다. 각 부의 장을 '장관'이라는 이름으로 부르게 된 것은 제헌헌법(제73조)부터이다. 1948.7.17. 제정된 법률 제1호인 「정부조직법」 제3장 행정각부의 제14조도 '정부에 좌의 행정각부를 두고 부에 장관 1인을 둔다.'라고 표현하였다. 당시 행정각부 장관을 대통령이 국무위원 중에서 (국무총리의 제청 없이) 임명하고 국무총리는 '대통령의 명을 받아 행정각부 장관을 통리감독하며 행정각부에 분담되지 아니한 행정사무를 (직접) 담임한다'고 하였다. 국무총리도 특정 행정사무를 담당하도록 한 점에 특색이 있다. 여기에는 정부 전체적으로 총괄 관리할 필요가 있는 인사 · 조직 · 예산 등 자원배분 업무가 주로 해당되었다.

행정각부의 '장관'명칭이 사라진 것은 1962.12.26. 헌법 제6호 개정부터였는데, 경제기획원'장' 등과 같이 장관이 아닌 장관급 기관장의 신설 때문으로 짐작된다.

국가사무 중 행정객체인 국민에게 급부를 제공하거나 규제를 하는 등 권리와 의무에 영향을 미치는 행정작용이라면 '부'에 속하도록 해야 한다. 그렇게 해야만 국무위원인 각부의 장관이 법치주의 원칙에 따라 책임행정을 펼칠 수 있기 때문이다.

나. 종류

처음의 행정각부는 내무부, 외무부, 국방부, 재무부, 법무부, 문교부, 농림부, 상공부, 사회부, 교통부, 체신부의 11개로 출발하였는데 그 후 수많은 변화를 겪어, 2014.1.1. 현재는 기획재정부, 미래창조과학부, 교육부, 외교부, 통일부, 법무부, 국방부, 안전행정부, 문화체육관광부, 농림축산식품부, 산업통상자원부, 보건복지부, 환경부, 고용노동부, 여성가족부, 국토교통부, 해양수산부 등 17개이다. 부의 수는 헌법에 정한 바가 없으나 국무위원 수를 넘을 수는 없으므로 30개 이하여야 한다. 물론 각부의 장으로 제청 · 임명되지 않는 국무위원도 가능하므로[12] 부의 최소 개수는 국무위원의 하한선인 15개 밑으로도 가능하다.

정부수립 당시부터 지금까지 명칭이 안 바뀌고 존치되어 온 부는 국토보전과 사회질서라는 국가 존립의 가장 본질적인 기능을 수행하는 국방부와 법무부뿐이다. 물론 외무부, 재무부 등 다른 부도 국가를 유지하는데 필수적인 업무를 담당하고 있으나,

12) 부 · 처의 장을 맡지 않는 국무위원의 지위는 「정부조직법」의 개정에 따라 변화가 있었다. 1970.8.3. 대통령 소속의 무임소장관을 신설하였다가, 1981.4.8. 무임소장관 폐지와 함께 국무총리 소속으로 정무장관(2인 이내)을 두었다가, 1998.2.28. 폐지된 후 2008.2.29. 국무총리 소속의 특임장관(1인)을 신설하였다가 2013.3.23. 폐지되었다.

이름이 달라진 것은 시대변화에 따라 새로운 업무가 추가되거나 민간에 이관되는 등 기능조정이 적지 않았기 때문이다. 이와 함께 헌법상 숫자의 제한이 있는 국무위원과 부 외에 원, 처, 청, 위원회 등 다른 명칭의 기관들이 함께 설치되었다.

다. 장관 임면

행정각부의 장은 국무위원 중에서 국무총리의 제청으로 대통령이 임명하므로 순서상으로는 국무위원을 먼저 임명하고 나서 부의 장(관)으로 임명하는 것이 옳다. 하지만 대부분은 국무위원 임명과 동시에 특정한 부의 장(관)으로 함께 임명하고 있다.

'국무위원'에 대한 국회의 인사청문회는 각 상임위원회에서 실시한다(「국회법」 제65조의2). 그런데 국회 상임위원회는 행정각부 등과 기능상 연계 · 설치되어 행정각부가 아닌 국무위원의 인사청문회를 '소관' 상임위원회에서 하는 것은 논리적으로 어울리지 않는다. 다만 지금까지 국무위원 겸 행정각부의 장관으로 임명해 온 관례를 존중하여, 비록 법률에서 행정각부의 장에 대한 인사청문이 아니라 국무위원에 대한 인사청문으로 되어 있더라도 인사청문 서류를 요청할 때 국무위원(○○부 장관 예정) 후보자에 대한 인사청문서로 표시하는 것이다.

행정각부에는 장관 1명과 차관 1명을 두되, 장관은 국무위원으로 보하고, 차관은 정무직으로 한다. 예외적으로 기획재정부 · 미래창조과학부 · 외교부 · 안전행정부 · 문화체육관광부 · 산업통상자원부 · 국토교통부에는 업무량을 고려하여 차관이 2명이다(「정부조직법」 제26조 제2항).

라. 권한

국무위원은 합의제 기구인 국무회의의 구성원으로서 독자적인 의사를 표시하기가 어렵지만 행정각부의 장관은 행정청의 지위를 갖게 된다. 즉 행정권의 한 부에 대한 모든 권한과 책임을 진다는 의미이다. 이에 따라 행정각부의 장은 소관사무에 관하여 법률이나 대통령령의 위임 또는 직권으로 부령을 발할 수 있다. 부령은 국무회의 심의 사항은 아니지만 법제처의 심사를 받아야 한다. 행정각부의 장관은 소관사무에 관하여 지방행정의 장을 지휘 · 감독한다(「정부조직법」 제26조 제3항).

1) 기획재정부

기획재정부장관은 중장기 국가발전전략수립, 경제 · 재정정책의 수립 · 총괄 · 조정, 예산 · 기금의 편성 · 집행 · 성과관리, 화폐 · 외환 · 국고 · 정부회계 · 내국세제 · 관세 · 국제금융, 공공기관 관리, 경제협력 · 국유재산 · 민간투자 및 국가채무에 관한 사무를 관장한다. 이 기능은 「정부조직법」에서 총괄적으로 규정된 것이지만 개별 법률에서도 관장 사무를 구체적으로 정하고 있다.[13)]

기획재정부장관은 고용노동부장관과 함께 경제사회발전노사정위원회의 정부대표위원이 된다(「경제사회발전노사정위원회법」 제4조 제5항).

기획재정부의 기능은 구 기획처, 부흥부, 경제기획원 및 재무부, 재정경제원 및 기획예산처, 기획예산위원회 및 예산청 재정경제부 등으로 승계되어 왔다.

2) 미래창조과학부

미래창조과학부장관은 과학기술정책의 수립 · 총괄 · 조정 · 평가, 과학기술의 연구개발 · 협력 · 진흥, 과학기술인력 양성, 원자력 연구 · 개발 · 생산 · 이용, 국가정보화 기획 · 정보보호 · 정보문화, 방송 · 통신의 융합 · 진흥 및 전파관리, 정보통신산업, 우편 · 우편환 및 우편대체에 관한 사무를 관장한다. 이 기능은 「정부조직법」에서 총괄적으로 규정된 것이지만 개별 법률에서도 관장 사무를 구체적으로 정하고 있다.[14)]

---

13) 「국가회계법」, 「국고금 관리법」, 「국유재산법」, 「공공자금관리기금법」, 「공공차관의 도입 및 관리에 관한 법률」, 「관세법」, 「관세사법」, 「국가재정법」, 「국가채권 관리법」, 「국제금융기구에의 가입조치에 관한 법률」, 「국채법」, 「대외경제협력기금법」, 「세무사법」, 「소득세법」, 「수입인지에 관한 법률」, 「정부기업예산법」, 「조세특례제한법」, 「통계법」, 「회계관계직원 등의 책임에 관한 법률」, 「녹색기후기금의 운영지원에 관한 법률」, 「물품관리법」, 「불품목록정보의 관리 및 이용에 관한 법률」, 「대외경제협력기금법」 등.

14) 「과학기술기본법」, 「국가연구개발사업 등의 성과평가 및 성과관리에 관한 법률」, 「국가정보화 기본법」, 「국가초고성능컴퓨터 활용 및 육성에 관한 법률」, 「기초연구진흥 및 기술개발지원에 관한 법률」, 「나노기술개발 촉진법」, 「뇌연구 촉진법」, 「방사선 및 방사성동위원소 이용진흥법」, 「비파괴검사기술의 진흥 및 관리에 관한 법률」, 「전파법」, 「전자서명법」, 「전자문서 및 전자거래 기본법」, 「전기통신기본법」, 「인터넷주소자원에 관한 법률」, 「인터넷 멀티미디어 방송사업법」, 「소프트웨어산업 진흥법」, 「우주개발 진흥법」, 「우체국보험특별회계법」, 「우체국예금 · 보험에 관한 법률」, 「우체국창구업무의 위탁에 관한 법률」, 「우편법」, 「우편대체법」, 「우편환법」 등.

미래창조과학부의 기능은 구 체신부, 과학기술처, 과학기술부 및 정보통신부, 교육과학기술부 및 국가과학기술위원회 등으로 승계되어 왔다.

3) 교육부

교육에 관해서는 헌법 제31조에서 국민의 기본권으로서 능력에 따라 균등하게 교육받을 권리, 무상의무교육, 평생교육진흥 등 교육제도와 운영, 교육재정 및 교원의 지위에 관한 기본적 사항을 법률로 정하도록 직접 규정하고 있다. 이에 따라 교육부장관은 인적자원개발정책, 학교교육·평생교육, 학술에 관한 사무를 관장한다. 이 기능은 「정부조직법」에서 총괄적으로 규정된 것이지만 개별 법률에서도 관장사무를 보다 상세하게 정하고 있다.[15)]

교육부의 기능은 구 문교부, 교육인적자원부, 교육과학기술부 등으로 승계되어 왔다.

4) 외교부

외교부장관은 외교, 경제외교 및 국제경제협력외교, 국제관계 업무에 관한 조정, 조약 기타 국제협정, 재외국민의 보호·지원, 재외동포정책의 수립, 국제정세의 조사·분석에 관한 사무를 관장한다. 이 기능은 「정부조직법」에서 총괄적으로 규정된 것이지만 개별 법률에서 관장 사무를 정하기도 한다.[16)] 외교부장관은 외국정부 또는 국제기구와의 교섭, 국제회의 참석, 조약의 서명 또는 가서명을 할 때 정부대표가 된다(「정부대표 및 특별사절의 임명과 권한에 관한 법률」 제3조).

외교부의 기능은 구 외무부, 외교통상부 등으로 승계되어 왔다.

---

15) 「고등교육법」, 「과학교육 진흥법」, 「국립대학법인 서울대학교 설립·운영에 관한 법률」, 「국립대학법인 울산과학기술대학교 설립·운영에 관한 법률」, 「국립대학법인 인천대학교 설립·운영에 관한 법률」, 「국제과학비즈니스벨트 조성 및 지원에 관한 특별법」, 「영재교육 진흥법」, 「산업교육진흥 및 산학연협력촉진에 관한 법률」, 「사립학교법」, 「독학에 의한 학위취득에 관한 법률」, 「유네스코 활동에 관한 법률」, 「유아교육법」, 「인적자원개발 기본법」, 「지방대학 및 지역균형인재 육성에 관한 법률」, 「초·중등교육법」, 「취업 후 학자금 상환 특별법」, 「퇴직교원 평생교육활동 지원법」, 「평생교육법」, 「학교도서관진흥법」, 「학교폭력예방 및 대책에 관한 법률」, 「학술진흥법」, 「학점인정 등에 관한 법률」 등.

16) 「고려인동포 합법적 체류자격 취득 및 정착 지원을 위한 특별법」, 「남극활동 및 환경보호에 관한 법률」, 「여권법」, 「유전자변형생물체의 국가간 이동 등에 관한 법률」, 「재외공관 공증법」, 「화학무기·생물무기의 금지와 특정화학물질·생물작용제 등의 제조·수출입 규제 등에 관한 법률」, 「해외이주법」, 「해외긴급구호에 관한 법률」, 「재외공관 수입금 등 직접사용에 관한 법률」, 「재외공관용 재산의 취득·관리 등에 관한 특례법」, 「재외국민등록법」 등.

5) 통일부

통일부장관은 통일 및 남북대화 · 교류 · 협력에 관한 정책의 수립, 통일교육, 그 밖에 통일에 관한 사무를 관장한다. 이 기능은 「정부조직법」에서 총괄적으로 규정된 것이지만 개별 법률에서도 관장 사무를 구체적으로 정하고 있다.[17)]

통일부의 기능은 국토통일원, 통일원 등으로 승계되어 왔다.

6) 법무부

법무부장관은 검찰 · 행형 · 인권옹호 · 출입국관리 그 밖에 법무에 관한 사무를 관장한다. 이 기능은 「정부조직법」에서 총괄적으로 규정된 것이지만 개별 법률에서도 관장 사무를 보다 구체적으로 정하고 있다.[18)]

한편 각 행정청이 행정소송을 수행할 때 법무부장관의 지휘를 받아야 하고(「국가를 당사자로 하는 소송에 관한 법률」 제6조 제1항), 법무부장관은 검찰사무의 최고 감독자로서 일반적으로 검사를 지휘 · 감독하며, 구체적 사건에 대하여는 검찰총장만을 지휘 · 감독한다(「검찰청법」 제8조).

법무부는 정부수립 이후 그 명칭이 한 번도 바뀌지 않았다.

7) 국방부

국방부장관은 국방에 관련된 군정 및 군령과 그 밖에 군사에 관한 사무를 관장한다. 이 기능은 「정부조직법」에서 총괄적으로 규정된 것이지만 개별 법률에서도 관장 사무를 구체적으로 정하고 있다.[19)]

---

17) 「개성공업지구 지원에 관한 법률」, 「남북 이산가족 생사확인 및 교류 촉진에 관한 법률」, 「남북관계 발전에 관한 법률」, 「남북교류협력에 관한 법률」, 「남북협력기금법」, 「북한이탈주민의 보호 및 정착지원에 관한 법률」, 「접경지역 지원 특별법」, 「통일교육 지원법」 등.

18) 「국제형사사법 공조법」, 「범죄인 인도법」, 「변호사법」, 「보호관찰 등에 관한 법률」, 「외국법자문사법」, 「가족관계의 등록 등에 관한 법률」, 「검역법」, 「교도작업의 운영 및 특별회계에 관한 법률」, 「국가배상법」, 「국적법」, 「국제수형자이송법」, 「난민법」, 「범죄피해자 보호법」, 「범죄피해자보호기금법」, 「법교육지원법」, 「출입국관리법」, 「질서위반행위규제법」, 「전자어음의 발행 및 유통에 관한 법률」, 「재한외국인 처우 기본법」, 「사법시험법」, 「변호사시험법」, 「상법」 등.

19) 「고엽제후유의증 등 환자지원 및 단체설립에 관한 법률」, 「국군포로의 송환 및 대우 등에 관한 법률」, 「국방 · 군사시설 사업에 관한 법률」, 「국방 · 군사시설이전 특별회계법」, 「국방정보화 기반조성 및 국방정보자원관리에 관한 법률」, 「군 공항 이전 및 지원에 관한 특별법」, 「군보건의료에 관한 법률」, 「군복 및 군용장구의 단속에 관한 법률」, 「군사기지 및 군사시설 보호법」, 「군사기지 및 군사시설 보호법」, 「군에서의 형의 집행 및 군수용자의 처우에 관한 법률」, 「군

국방부장관은 대통령의 명을 받아 군사에 관한 사항을 관장하고 합동참모의장과 각군 참모총장을 지휘 · 감독하며(「국군조직법」 제8조), 군검찰사무의 최고감독자로서 일반적으로 검찰관을 지휘 · 감독한다. 다만 구체적 사건에 관하여는 각 군 참모총장만을 지휘 · 감독한다(「군사법원법」 제38조).

국방부도 정부수립 이후 그 명칭이 한 번도 바뀌지 않았다.

8) 안전행정부

안전행정부장관은 안전 및 재난에 관한 정책의 수립 · 총괄 · 조정, 비상대비 · 민방위 제도, 국무회의의 서무, 법령 및 조약의 공포, 정부조직과 정원, 공무원의 인사 · 윤리 · 복무 · 연금, 상훈, 정부혁신, 행정능률, 전자정부, 개인정보보호, 정부청사의 관리, 지방자치제도, 지방자치단체의 사무지원 · 재정 · 세제, 낙후지역 등 지원, 지방자치단체간 분쟁조정, 선거, 국민투표에 관한 사무를 관장한다. 국가의 행정사무로서 다른 중앙행정기관의 소관에 속하지 아니하는 사무는 안전행정부장관이 이를 처리한다. 이 기능은 「정부조직법」에서 총괄적으로 규정된 것이지만 개별 법률에서 관장 사무를 구체적으로 정하고 있다.[20]

안전행정부의 기능은 구 내무부 및 총무처, 행정자치부 및 중앙인사위원회 · 비상기획위원회, 행정안전부 등으로 승계되어 왔다.

특히 안전행정부장관은 또한 정부의 중앙인사관장기관의 장으로서(「국가공무원법」 제6조), 각 기관의 균형적인 인사 운영을 도모하고 인력의 효율적인 활용과 능력 개발을 위하여 법령으로 정하는 바에 따라 인사관리에 관한 총괄적인 사항을 관장한다. 그래서 정부 내 각급 기관은 공무원의 임용 · 교육훈련 · 보수 등 인사 관계 법령의 제정 또는 개폐 시 안전행정부와 협의하여야 한다.

중앙인사관장기관의 장의 지위와 관련하여 「국가공무원법」 제8조의3, 제17조 내지 제19조의3은 안전행정부장관에게 다음과 같은 기능을 부여하고 있다.

용전기통신법」, 「군인복지기본법」, 「방어해면법」, 「주한미군 공여구역주변지역 등 지원 특별법」, 「향토예비군 설치법」 등.

20) 「공무원연금법」, 「개인정보 보호법」, 「공공기관의 정보공개에 관한 법률」, 「공공기록물 관리에 관한 법률」, 「공공데이터의 제공 및 이용 활성화에 관한 법률」, 「대통령직 인수에 관한 법률」, 「도로명주소법」, 「비영리민간단체지원법」, 「비상대비자원 관리법」, 「상훈법」, 「서해 5도 지원 특별법」, 「어린이놀이시설 안전관리법」, 「온천법」, 「자원봉사활동 기본법」 등.

가) 관계 기관 등에 대한 협조 요청

안전행정부장관은 소관 인사관련 업무를 수행하기 위하여 필요하면 행정기관 · 공공단체, 그 밖의 관련 기관에 자료 · 정보의 제공이나 의견 제출 등의 협조를 요청할 수 있으며, 협조를 요청받은 기관은 특별한 사유가 없으면 이에 따라야 한다.

나) 인사감사

안전행정부장관은 대통령령으로 정하는 바에 따라 행정기관의 인사행정 운영의 적정 여부를 정기 또는 수시로 감사할 수 있으며, 필요하면 관계 서류를 제출하도록 요구할 수 있다. 감사 결과 위법 또는 부당한 사실이 발견되면 지체 없이 관계 기관의 장에게 그 시정(是正)과 관계 공무원의 징계를 요구하여야 하며, 관계 기관의 장은 지체 없이 시정하고 관계 공무원을 징계처분하여야 한다.

다) 통계 및 기록

안전행정부장관은 행정 각 기관의 인사에 관한 통계보고 제도를 정하여 실시하고 정기 또는 수시로 필요한 보고를 받을 수 있다. 인사정책은 정확한 통계에 기반을 두고 수립되어야 하므로 통계관리는 매우 중요한 의미를 지니고 있다.

한편 통계는 또한 개별 공무원의 인사기록이 정확하게 유지되어야 하므로 각 국가기관의 장은 그 소속 공무원의 인사기록을 작성 · 유지 · 보관하여야 한다.

라) 인사관리의 전자화

안전행정부장관은 공무원의 인사관리를 과학화하기 위하여 공무원의 인사기록을 데이터베이스화하여 관리하고 인사 업무를 전자적으로 처리할 수 있는 시스템을 구축하여 운영할 수 있다.

마) 공직후보자 등의 관리

안전행정부장관은 정무직공무원, 국가고시 시험 위원, 위원회 위원 등의 직위를 희망하거나 그 직위에 관한 일정한 자격을 갖춘 공직 후보자를 체계적으로 관리하기 위하여 공직후보자에 관한 정보를 수집하여 관리할 수 있다. 공직후보자에 관한 정보를 수집 · 관리하는 경우 미리 서면이나 전자 매체로 본인의 동의를 받아야 하며, 본인이 요구하면 관리하는 정보를 폐기하여야 한다. 다만 본인이 직접 제공한 기관 외의 다른 기관에 제공하는 것을 동의한 정보와 공공 기록물, 출판물, 인터넷 및 언론 보도 등으로 일반에게 공개되고 불특정 다수인이 구입하여 열람할 수 있는 정보는 그러하지 아니하다.

안전행정부장관은 공직후보자의 관리를 위하여 필요하면 「개인정보 보호법」 제2조 제6호에 따른 공공기관에 재직 중인 자이거나 재직하였던 자에 관한 인사 또는 성과 평가 등에 관한 자료를 해당 공공기관에 요청할 수 있다. 안전행정부장관은 국가기관이나 지방자치단체 등이 인사상 목적으로 공직후보자에 관한 정보를 요청하면 「개인정보 보호법」 등 관계 법령에 위배되지 아니하는 범위에서 해당 정보를 제공할 수 있다. 안전행정부장관은 공직후보자에 관한 정보를 수집하는 경우 그 목적에 필요한 최소한의 범위에서 수집하여야 하며 목적 외의 용도로 활용하여서는 아니 된다.

9) 문화체육관광부

문화체육관광부장관은 문화 · 예술 · 영상 · 광고 · 출판 · 간행물 · 체육 · 관광, 국정에 대한 홍보 및 정부발표에 관한 사무를 관장한다. 이 기능은 「정부조직법」에서 총괄적으로 규정된 것이지만 개별 법률에서 관장 사무를 구체적으로 정하고 있는데, 부의 성격상 언론, 출판, 영상, 스포츠, 관광, 게임 등 개별 산업에 대한 진흥법을 통한 조장(助長)행정이 많음을 알 수 있다.[21]

문화체육관광부의 기능은 구 문교부 및 공보부, 문화공보부, 체육부 및 문화부, 문화관광부, 공보처, 국정홍보처 등으로 승계되어 왔다.

10) 농림축산식품부

농림축산식품부장관은 농산 · 축산, 식량 · 농지 · 수리, 식품산업진흥, 농촌개발 및 농산물 유통에 관한 사무를 관장한다. 이 기능은 「정부조직법」에서 총괄적으

---

21) 「게임산업진흥에 관한 법률」, 「공연법」, 「관광숙박시설 확충을 위한 특별법」, 「관광진흥개발기금법」, 「관광진흥법」, 「국어기본법」, 「국제경기대회 지원법」, 「국제회의산업 육성에 관한 법률」, 「뉴스통신 진흥에 관한 법률」, 「대한민국예술원법」, 「독서문화진흥법」, 「만화진흥에 관한 법률」, 「문화산업진흥 기본법」, 「방송법」, 「스포츠산업 진흥법」, 「신문 등의 진흥에 관한 법률」, 「씨름 진흥법」, 「아시아문화중심도시 조성에 관한 특별법」, 「영화 및 비디오물의 진흥에 관한 법률」, 「음악산업진흥에 관한 법률」, 「인쇄문화산업 진흥법」, 「작은도서관 진흥법」, 「잡지 등 정기간행물의 진흥에 관한 법률」, 「지역신문발전지원 특별법」, 「출판문화산업 진흥법」, 「콘텐츠산업 진흥법」, 「태권도 진흥 및 태권도공원 조성 등에 관한 법률」 등.

로 규정된 것이지만 개별 법률에서도 관장 사무를 각 행정작용과 함께 구체적으로 규정하고 있다.[22)]

농림축산식품부의 기능은 구 농림부, 농수산부, 농림수산부 등으로 승계되어 왔다.

11) 산업통상자원부

산업통상자원부장관은 상업 · 무역 · 공업 · 통상, 통상교섭 및 통상교섭에 관한 총괄 · 조정, 외국인 투자, 산업기술 연구개발정책 및 에너지 · 지하자원에 관한 사무를 관장한다. 이 기능은 「정부조직법」에서 총괄적으로 규정된 것이지만 개별 법률에서도 관장 사무를 구체적으로 정하고 있다.[23)]

산업통상자원부의 기능은 구 상공부, 동력자원부, 상공자원부, 통상산업부, 산업자원부, 지식경제부 등으로 승계되어 왔다.

12) 보건복지부

보건복지부장관은 보건위생 · 방역 · 의정(醫政) · 약정(藥政) · 생활보호 · 자활지원 · 사회보장 · 아동(영 · 유아 보육을 포함한다) · 노인 및 장애인에 관한 사무를 관장한다. 이 기능은 「정부조직법」에서 총괄 규정한 것이지만 개별 법률에서도 관장 사무를 구체적으로 정하고 있다.[24)]

---

22) 「가축전염병 예방법」, 「가축 및 축산물 이력관리에 관한 법률」, 「가축분뇨의 관리 및 이용에 관한 법률」, 「간척지의 농업적 이용 및 관리에 관한 법률」, 「곤충산업의 육성 및 지원에 관한 법률」, 「공중방역수의사에 관한 법률」, 「기능성 양잠산업 육성 및 지원에 관한 법률」, 「김치산업 진흥법」, 「낙농진흥법」, 「농림수산식품과학기술 육성법」, 「농림수산식품투자조합 결성 및 운용에 관한 법률」, 「농수산물 유통 및 가격안정에 관한 법률」, 「농약관리법」, 「농어촌구조개선특별회계법」, 「농어촌마을 주거환경 개선 및 리모델링 촉진을 위한 특별법」, 「농업기계화 촉진법」, 「농업생산기반시설 및 주변지역 활용에 관한 특별법」, 「농업소득의 보전에 관한 법률」, 「농업인등의 농외소득 활동 지원에 관한 법률」, 「양곡관리법」, 「축산법」, 「축산자조금의 조성 및 운용에 관한 법률」, 「쌀소득 등의 보전에 관한 법률」, 「인삼사업법」, 「초지법」, 「외식산업진흥법」 등.

23) 「가맹사업 진흥에 관한 법률」, 「계량에 관한 법률」, 「고압가스 안전관리법」, 「골재채취법」, 「공장 및 광업재단 저당법」, 「광업법」, 「국가표준기본법」, 「대 · 중소기업 상생협력 촉진에 관한 법률」, 「대외무역법」, 「도시가스사업법」, 「디자인보호법」, 「무역보험법」, 「뿌리산업 진흥과 첨단화에 관한 법률」, 「산업기술혁신 촉진법」, 「산업디자인진흥법」, 「산업표준화법」, 「석탄산업법」, 「소기업 및 소상공인 지원을 위한 특별조치법」, 「변전설비 주변지역의 보상 및 지원에 관한 법률」, 「에너지법」 등.

24) 「국민기초생활 보장법」, 「건강검진기본법」, 「검역법」, 「공중위생관리법」, 「구강보건법」, 「국민

보건복지부의 기능은 구 사회부, 보건사회부 등으로 승계되어 왔다.

13) 환경부

환경부장관은 자연환경, 생활환경의 보전 및 환경오염방지에 관한 사무를 관장한다. 이 기능은 「정부조직법」에서 총괄적으로 규정한 것이지만 개별 법률에서도 관장 사무를 구체적으로 정하고 있다.[25]

환경부의 기능은 구 사회부, 보건사회부, 환경청, 환경처 등으로 승계되어 왔다.

14) 고용노동부

고용노동부장관은 고용정책의 총괄, 고용보험, 직업능력개발훈련, 근로조건의 기준, 근로자의 복지후생, 노사관계의 조정, 산업안전보건, 산업재해보상보험과 그 밖에 고용과 노동에 관한 사무를 관장한다. 이 기능은 「정부조직법」에서 총괄적으로 규정한 것이지만 개별 법률에서도 관장 사무를 구체적으로 정하고 있다.[26]

고용노동부의 기능은 구 사회부, 보건사회부, 노동청, 노동부 등으로 승계되어 왔다.

15) 여성가족부

여성가족부장관은 여성정책의 기획 · 종합, 여성의 권익증진 등 지위향상, 청

건강증진법」, 「국민연금법」, 「국민영양관리법」, 「노인복지법」, 「모자보건법」, 「보건의료기본법」, 「사회보장기본법」, 「사회복지사업법」, 「아동복지법」, 「암관리법」, 「약사법」, 「영유아보육법」, 「의료급여법」, 「의료법」,「의료기기법」, 「입양특례법」, 「장사 등에 관한 법률」, 「장애인복지법」, 「장애인연금법」, 「정신보건법」, 「한의약육성법」, 「치매관리법」 등.

25) 「수질 및 수생태계 보전에 관한 법률」, 「기상법」, 「대기환경보전법」, 「독도 등 도서지역의 생태계 보전에 관한 특별법」, 「먹는물관리법」, 「물의 재이용 촉진 및 지원에 관한 법률」, 「백두대간 보호에 관한 법률」, 「소음 · 진동관리법」, 「수도권 대기환경개선에 관한 특별법」, 「습지보전법」, 「악취방지법」, 「유해화학물질 관리법」, 「자연공원법」, 「인공조명에 의한 빛공해 방지법」, 「자연환경보전법」, 「지속가능발전법」, 「자원의 절약과 재활용촉진에 관한 법률」, 「토양환경보전법」, 「폐기물관리법」, 「환경정책기본법」, 「환경영향평가법」, 「환경분쟁 조정법」 등.

26) 「근로기준법」, 「기간제 및 단시간근로자 보호 등에 관한 법률」, 「파견근로자보호 등에 관한 법률」, 「고용보험법」, 「고용상 연령차별금지 및 고령자고용촉진에 관한 법률」, 「고용정책 기본법」, 「공인노무사법」, 「근로복지기본법」, 「근로자직업능력 개발법」, 「근로자참여 및 협력증진에 관한 법률」, 「근로자퇴직급여 보장법」, 「남녀고용평등과 일 · 가정 양립 지원에 관한 법률」, 「노동위원회법」, 「노동조합 및 노동관계조정법」, 「사회적기업 육성법」, 「산업안전보건법」, 「산업재해보상보험법」, 「임금채권보장법」, 「장애인고용촉진 및 직업재활법」, 「중소기업 인력지원 특별법」, 「직업안정법」, 「청년고용촉진 특별법」, 「최저임금법」 등.

소년 및 가족(다문화가족과 건강가정사업을 위한 아동업무를 포함한다)에 관한 사무를 관장한다. 이 기능은 「정부조직법」에서 총괄적으로 규정한 것이지만 개별 법률에서 여성, 청소년, 가족 등과 관련된 소관 사무를 구체적으로 정하고 있다.[27)]

여성가족부의 기능은 보건사회부, 정무장관실, 여성특별위원회, 청소년보호위원회, 여성부 등으로 승계되어 왔다.

16) 국토교통부

국토교통부장관은 국토종합계획의 수립 · 조정, 국토 및 수자원의 보전 · 이용 및 개발, 도시 · 도로 및 주택의 건설, 해안 · 하천 및 간척, 육운 · 철도 및 항공에 관한 사무를 관장한다. 이 기능은 「정부조직법」에서 총괄적으로 규정한 것이지만 개별 법률에서 관련된 관장 사무를 구체적으로 정하고 있다.[28)]

국토교통부의 기능은 교통부, 부흥부, 건설부, 건설교통부 및 해양수산부, 국토해양부 등으로 승계되어 왔다.

17) 해양수산부

해양수산부장관은 해양정책, 수산, 어촌개발 및 수산물 유통, 해운 · 항만, 해양환경, 해양조사, 해양자원개발, 해양과학기술연구 · 개발 및 해양안전심판에 관한 사무를 관장한다. 이 기능은 「정부조직법」에서 총괄적으로 규정된 것이지만 개별 법률에서 관장 사무를 구체적으로 정하고 있다.[29)]

---

27) 「가정폭력방지 및 피해자보호 등에 관한 법률」, 「가족친화 사회환경의 조성 촉진에 관한 법률」, 「건강가정기본법」, 「건전가정의례의 정착 및 지원에 관한 법률」, 「결혼중개업의 관리에 관한 법률」, 「경력단절여성등의 경제활동 촉진법」, 「다문화가족지원법」, 「성매매방지 및 피해자보호 등에 관한 법률」, 「성별영향분석평가법」, 「성폭력방지 및 피해자보호 등에 관한 법률」, 「아동 · 청소년의 성보호에 관한 법률」, 「아이돌봄 지원법」, 「여성발전기본법」, 「청소년 보호법」, 「청소년기본법」, 「청소년복지 지원법」, 「청소년 보호법」, 「청소년활동 진흥법」, 「한부모가족지원」 등.

28) 「댐건설 및 주변지역지원 등에 관한 법률」, 「유료도로법」, 「항공 · 철도 사고조사에 관한 법률」, 「개발이익 환수에 관한 법률」, 「개발제한구역의 지정 및 관리에 관한 특별조치법」, 「건설기술진흥법」, 「건설산업기본법」, 「건축기본법」, 「건축법」, 「건축사법」, 「경관법」, 「고속국도법」, 「골재채취법」, 「공공주택건설 등에 관한 특별법」, 「공인중개사법」, 「교통안전법」, 「국가공간정보에 관한 법률」, 「국토기본법」, 「국토의 계획 및 이용에 관한 법률」, 「궤도운송법」, 「대중교통의 육성 및 이용촉진에 관한 법률」, 「도로법」, 「도시철도법」, 「사도법」, 「항공법」, 「해외건설촉진법」, 「주택법」, 「하천법」 등.

1차 산업이라는 공통점을 가진 농업과 수산업에 걸쳐 있는 사무, 예컨대 농어업인의 삶의 질 향상, 농어촌 주거환경 개선 및 정비, 농수산물의 생산 · 가공 · 유통 등과 관련된 법률에는 농림축산식품부장관과 해양수산부장관이 함께 관장하는 법률이 많다.

해양수산부의 기능은 해운항만청 및 수산청, 해양수산부, 국토해양부 등으로 승계되어 왔다.

2. 중앙행정기관

가. 원

현재 정부 조직 중 원의 이름을 가진 국가기관은 감사원과 국가정보원이 있다. 과거에는 경제기획원과 재정경제원, 국토통일원과 통일원이 있었다.[30] 감사원은 현행 헌법 제4장 제2절 제4관에 규정되어 있으므로 다음 제5절에서 구체적으로 설명하고 여기서는 국가정보원만 살펴본다.

1) 국가정보원의 의의

국가정보원은, 감사원장을 포함한 5~11인의 위원으로 구성된 합의제 기구인 감사원과 달리 1999.1.21. 원장 1인이 기관을 지휘 · 감독하는 대통령 소속의 독임제 기관으로 설치되었다. 국가정보원의 전신은 1963.12.14. 「정부조직법」 개정으로 신

---

29) 「선박투자회사법」, 「개항질서법」, 「공유수면 관리 및 매립에 관한 법률」, 「국제선박등록법」, 「낚시 관리 및 육성법」, 「내수면어업법」, 「도선법」, 「독도의 지속가능한 이용에 관한 법률」, 「마리나항만의 조성 및 관리 등에 관한 법률」, 「무인도서의 보전 및 관리에 관한 법률」, 「배타적 경제수역에서의 외국인어업 등에 대한 주권적 권리의 행사에 관한 법률」, 「선박법」, 「선원법」, 「수산업법」, 「어선법」, 「연안관리법」, 「염업조합법」, 「원양산업발전법」, 「유류오염손해배상 보장법」, 「유선 및 도선 사업법」, 「항만법」, 「해사안전법」, 「해운법」, 「해양수산발전 기본법」, 「항만운송사업법」 등.

30) 1961.7.22.~1994.12.22.동안 설치되었던 경제기획원으로, 재무부와 통합한 1994.12.23.~1998.2.27. 동안은 재정경제원으로 존속하다가 그 이후 재정경제부로 전환되었다. 1961년 신설될 당시부터 1963.12.15. 까지는 장관으로 부르지 않고 경제기획원장과 부원장으로 불렀다(구 「정부조직법」 제10조의2). 1968.7.24.~1990.12.26. 동안 국토통일원으로, 1990.12.27. ~1998.2.27. 동안 통일원으로 각각 존치하다가 그 이후 통일부로 전환되었다.

설된 중앙정보부와 1981.4.8. 법 개정으로 이름이 바뀐 국가안전기획부이다. 과거 '부'의 명칭을 갖던 기관이 '원'으로 변경된 이유는 1994년의 헌법재판소의 결정과 관련이 있다고 본다. 당시 위헌으로 결정되지는 않았지만 재판관 3명이 헌법체계부조화 상태라는 별개의견을 내었고, 1명이 위헌이라는 반대의견을 낼 만큼 치열한 법리 논쟁이 있었기 때문이다. 결정 요지는 다음과 같다.

'헌법 제86조 제2항은 그 위치와 내용으로 보아 국무총리의 헌법상 주된 지위가 대통령의 보좌기관이라는 것과 그 보좌기관인 지위에서 행정에 관하여 대통령의 명을 받아 행정각부를 통할할 수 있다는 것을 규정한 것일 뿐, 국가의 공권력을 집행하는 행정부의 조직은 헌법상 예외적으로 열거되어 있거나 그 성질상 대통령의 직속기관으로 설치할 수 있는 것을 제외하고는 모두 국무총리의 통할을 받아야 하며, 그 통할을 받지 않은 행정기관은 법률에 의하더라도 이를 설치할 수 없음을 의미한다고는 볼 수 없을 뿐만 아니라, 헌법 제94조, 제95조 등의 규정취지에 비추어 정부의 구성단위로서 그 권한에 속하는 사항을 집행하는 모든 중앙정부기관이 곧 헌법 제86조 제2항 소정의 "행정각부"라고 볼 수도 없다. 국가가 정보기관을 대통령직속으로 하느냐 여부는 기본적으로 입법정책의 영역에 속하는 것으로서 당해 국가의 헌법이념에 위배되지 않는 한 위헌이라 할 수 없는 것인데, 국가안전기획부법은 그 목적, 직무범위, 통제방법 등의 관점에서 헌법이 요구하는 최소한의 요건을 갖추고 있다고 보아야 할 것이므로, 국무총리의 관할을 받지 않는 대통령직속기관인 국가안전기획부의 설치근거와 직무범위 등을 정한 행정조직법 제14조와 국가안전기획부법 제4조 및 제6조의 규정은 헌법에 위배된다 할 수 없다.'[31]

생각건대, 국가안전기획부 조직의 위헌 문제가 제기된 원인이 바로 기관의 명칭이 '부(部)'로 되어 있었기 때문이다. 즉 국가안전기획'부'라면 행정각부의 '부'와 같으므로 국무총리의 통할 하에 있어야 한다는 것이다. 그러나 중앙정보부나 국가안전기획부의 장은 행정각부와 달리 국무위원 중에서 장을 임명하여 장관으로 칭한 것이 아니고 장관급의 '부장'이었기 때문에 국무총리의 제청 대상이 아니고 헌법에 위배되는 것이 아니라고 결정하였지만 그 후 국가안전기획'부'를 버리고 국가정보'원'으로 고쳐

31) 헌법재판소 1994.4.28. 자 89헌마221 결정.

지금에 이르게 된 것이다. 따라서 같은 '원'으로 되어 있음에도 불구하고 감사원은 합의제 기관이고 국가정보원은 독임제 기관으로 상이하므로[32] 언젠가는 같은 성격의 기관은 이름도 같게 표시하도록 조정될 필요가 있다.

2) 직무

국가정보원은 국가안보와 관련된 다음 직무에 종사한다. ① 국외 정보 및 국내 보안정보[대공(對共), 대정부전복(對政府顚覆), 방첩(防諜), 대테러 및 국제범죄조직]의 수집 · 작성 및 배포 ② 국가 기밀에 속하는 문서 · 자재 · 시설 및 지역에 대한 보안 업무(보안감사 제외) ③ 「형법」중 내란의 죄, 외환의 죄, 「군형법」중 반란의 죄, 암호 부정사용의 죄, 「군사기밀 보호법」에 규정된 죄, 「국가보안법」에 규정된 죄에 대한 수사 ④ 국정원 직원의 직무와 관련된 범죄에 대한 수사 ⑤ 정보 및 보안 업무의 기획 · 조정.

3) 조직과 직원

국가정보원의 조직은 원장이 대통령의 승인을 받아 정하되, 직무 수행상 특히 필요한 경우에는 대통령의 승인을 받아 특별시 · 광역시 · 도 또는 특별자치도에 지부(支部)를 둘 수 있다. 국가정보원의 조직 · 소재지 및 정원은 국가안전보장을 위하여 필요한 경우에는 그 내용을 공개하지 아니할 수 있다.

국가정보원에 원장 · 차장 및 기획조정실장과 그 밖에 필요한 직원을 둔다. 다만 특히 필요한 경우에는 차장을 2명 이상 둘 수 있다. 원장은 국회의 인사청문을 거쳐 대통령이 임명하며, 차장 및 기획조정실장은 원장의 제청으로 대통령이 임명한다. 원장은 정무직으로 하며, 국가정보원의 업무를 총괄하고 소속 직원을 지휘 · 감독한다. 차장은 정무직으로 하고 원장을 보좌하며, 원장이 부득이한 사유로 직무를 수행할 수 없을 때에는 그 직무를 대행한다. 기획조정실장은 별정직으로 하고 원장과 차장을 보좌하며 위임된 사무를 처리한다.

원장 · 차장 및 기획조정실장은 다른 직을 겸할 수 없다. 그리고 원장 · 차장과 그 밖의 직원은 정당이나 정치단체에 가입하거나 정치활동에 관여하는 행위를 하여서는 안 된다.

---

32) 영어로는 구분하여 표기하고 있다. 감사원은 위원회라는 뜻을 가진 Board를 넣어 "the Board of Audit and Inspection"으로, 국정원은 "National Intelligence Service"로 부르고 있다.

나. 처

처(處)는 헌법에서 예정하고 있는 중앙행정기관 형태는 아니지만, 1948.7.17. 법률 제1호로 공포된 「정부조직법」 제4장(제30~34조)에서 국무총리의 소속기관으로서 총무처 · 공보처 · 법제처와 기획처를 두면서 시작되었다. 당시 총무처장은 국무원의 서무 · 회계 · 문서 · 인사와 영예수여에 관한 사무를 장리(掌理)하고, 공보처장은 법령의 공포 · 정보 · 선전 · 통계 · 인쇄 · 출판과 저작권에 관한 사무를 장리하며, 법제처장은 국무회의에 제출하는 법률 · 명령안의 기초 · 심의에 관한 사무를 장리하고, 기획처장은 국무회의에 제출하는 재정 · 경제 · 금융 · 산업 · 자재와 물가에 관한 종합적 계획의 수립과 예산편성에 관한 사무를 장리하였다.[33]

즉 처의 사무는 국민들을 직접 상대로 하는 업무보다는 행정각부에 공통적으로 필요한 자원인 인사, 홍보, 법제, 예산 등을 지원하는 것임을 알 수 있다. 이는 대통령의 명을 받아 행정각부를 통할하며 국무회의에 부의할 안건을 총괄하고 조정하는 국무총리의 직무를 보좌하는 기능에서 비롯된 것이다.

만약 행정각부 중의 어느 부가 인적 · 물적 자원을 배분하는 기능을 함께 관장할 경우 객관적이고 중립적인 위치에서 수행하기가 어려울 수 있고, 각부장관 즉 국무위원 사이에 우열적 관계가 형성될 수 있음을 고려한 것이다. 하지만 그동안 수차례의 성부조직 개편에 따라 현재 인사업무는 안전행정부가, 공보업무는 문화체육관광부가, 예산업무는 기획재정부가 각각 맡고 있다.

1) 법제처

국무회의에 상정될 법령안 · 조약안과 총리령안 및 부령안의 심사와 그 밖에 법제에 관한 사무를 전문적으로 관장하기 위하여 국무총리 소속으로 법제처를 둔다. 이 기능은 「정부조직법」에서 총괄적으로 규정된 것이지만 개별 법률에서도 관장 사무를 구체적으로 정하고 있다.[34]

법제처에 처장 1명과 차장 1명을 두되, 처장은 정무직으로 하고, 차장은 고위공무

---

33) 기획처 업무는 국민경제의 종합계획 수립 · 실시 · 조정 업무 등을 위하여 경제기획원을 설치할 때까지 1955.8.27.~1961.7.21. 동안 6.25 전후 복구사업을 위하여 설치되었던 부흥부에서 담당하였다. 행정자치부, 대한민국정부조직변천사(상), 474쪽.

34) 「행정규제기본법」, 「행정절차법」 등.

원단에 속하는 일반직공무원으로 보한다.

법제처의 업무는 행정각부에 공통적으로 적용되는 법제사무이므로 정부수립 초기부터의 기관 명칭과 본질적 기능에 충실한 조직이라 할 수 있다.

2) 국가보훈처

국가유공자 및 그 유족에 대한 보훈, 제대군인의 보상·보호 및 보훈선양에 관한 사무를 관장하기 위하여 국무총리 소속으로 국가보훈처를 둔다. 이 기능은 「정부조직법」에서 총괄적으로 규정된 것이지만 개별 법률에서도 관장 사무를 구체적으로 정하고 있다.[35)]

국가보훈처에 처장 1명과 차장 1명을 두되, 처장은 정무직으로 하고, 차장은 고위공무원단에 속하는 일반직공무원으로 보한다. 국가보훈처는 1961년 군사원호청으로 출범하여 이듬해 원호처로 승격되었다가 1985년부터 현재의 이름으로 바뀌었다.

국가보훈처의 주된 대상과 관장 사무를 보면 국가유공자와 제대군인 등에게 보상하고 지원하는 조장업무라 할 수 있다. 따라서 부나 청으로 하는 것이 적합하다. 그럼에도 불구하고 처로 한 것은 정무적인 판단으로 보인다. 부로 하기는 업무량이 적은 편이고 청으로 하면 기관의 위상이 줄어든다고 생각할 수 있기 때문이다.

3) 식품의약품안전처

식품 및 의약품의 안전에 관한 사무를 관장하기 위하여 국무총리 소속으로 식품의약품안전처를 둔다. 이 기능은 「정부조직법」에서 총괄적으로 규정된 것이지만 개별 법률에서도 관장 사무를 구체적으로 정하고 있다.[36)]

식품의약품안전처에 처장 1명과 차장 1명을 두되, 처장은 정무직으로 하고, 차장은 고위공무원단에 속하는 일반직공무원으로 보한다.

식품의약품안전처는 사람들이 먹는 식품과 의약품의 안전을 확보하기 위한 규제사무를 수행하는 곳이다. 따라서 유해하고 불량 식품을 생산·유통하는 사람과 기업

---

35) 「국가보훈 기본법」, 「국립묘지의 설치 및 운영에 관한 법률」, 「보훈기금법」, 「보훈보상대상자 지원에 관한 법률」, 「제대군인지원에 관한 법률」, 「참전유공자예우 및 단체설립에 관한 법률」 등.

36) 「가축 및 축산물 이력관리에 관한 법률」, 「건강기능식품에 관한 법률」, 「농수산물 품질관리법」, 「식품안전기본법」, 「식품·의약품분야 시험·검사 등에 관한 법률」, 「식품위생법」, 「어린이 식생활안전관리 특별법」, 「축산물 위생관리법」, 「화장품법」 등.

을 단속하고 행정벌을 가하는 등 국민들을 직접 상대하는 것이므로 부나 청으로 하는 것이 옳다. 그럼에도 불구하고 처로 한 이유는 국민 식생활 안전의 중요성을 강조하기 위하여 국무총리 소속으로 조정한 것이지만 향후 정부조직 개편시 부 전환까지 염두에 둔 과도기적 조치로 보인다.[37]

다. 청

구「정부조직법」 제3조는 행정기관의 종류와 명칭을 원 · 부 · 처 · 청 또는 위원회로 하고 그 보조기관의 종류와 명칭을 비서실 · 국 · 과로 한다고 하였다. 즉 청을 중앙행정기관으로서 대한민국 정부 수립 당시부터 인정한 것이다.

청은 원래 행정각부의 소관사항 중에서 내부의 보조기관이나 하부조직으로 운영하기에는 규모가 크고 업무의 성질상 독립적으로 집행하는 것이 보다 효율적이라고 판단되어 설치한 것이다. 따라서 청의 사무는 국민들에게 직접 작용되는 사무를 수행한다. 청은 행정각부의 장의 소속에 있기 때문에 각부의 장관은 부령을 통하여 당해 사무를 총괄 관장하는 한편 국무위원으로서 소속 청의 사무에 대한 정치적 책임을 지게 된다. 2014.1.1. 현재 청은 18개가 있다.

16개의 청은「정부조직법」에 설치근거가 있으나, 특정 지역 개발사업을 추진하는 행정중심복합도시건설청과 새만금개발청은 개별 행정작용법에 의하여 국토교통부장관 소속으로 설치된 것이다. 그러나 국민전체에게 직접 영향을 미치는 것이 아닌 특정지역과 관련된 사무를 중앙행정기관으로 설치하는 것이 바람직한 것인지에 대하여는 의문이 든다.

1) 국세청

내국세의 부과 · 감면 및 징수에 관한 사무를 관장하기 위하여 기획재정부장관 소속으로 국세청을 둔다. 이 기능은「정부조직법」에서 총괄적으로 규정된 것이지만 개별 법률에서도 관장 사무를 구체적으로 정하고 있다.[38]

---

37) 1979.12.28. 보건사회부 소속으로 신설된 환경청이 1989.12.30. 국무총리 소속의 환경처가 되었다가 1994.12.23. 환경부로 전환된 사례가 있다.

38)「국세기본법」,「외국환거래법」,「개별소비세법」,「과세자료의 제출 및 관리에 관한 법률」,「교통 · 에너지 · 환경세법」,「국세징수법」,「국제조세조정에 관한 법률」,「법인세법」,「부가가치세

국세청에 청장 1명과 차장 1명을 두되, 청장은 정무직으로 하고, 차장은 고위공무원단에 속하는 일반직공무원으로 보한다. 대통령이 국세청장을 임명하기 위해서는 국회의 인사청문을 거쳐야 한다(「국가공무원법」 제32조 제1항, 「국회법」 제65조의2).

2) 관세청

관세의 부과 · 감면 및 징수와 수출입물품의 통관 및 밀수출입단속에 관한 사무를 관장하기 위하여 기획재정부장관 소속으로 관세청을 둔다. 이 기능은 「정부조직법」에서 총괄적으로 규정된 것이지만 개별 법률에서도 관장 사무를 구체적으로 정하고 있다.[39)]

관세청에 청장 1명과 차장 1명을 두되, 청장은 정무직으로 하고, 차장은 고위공무원단에 속하는 일반직공무원으로 보한다.

3) 조달청

정부가 행하는 물자(군수품을 제외한다)의 구매 · 공급 및 관리에 관한 사무와 정부의 주요시설 공사계약에 관한 사무를 관장하기 위하여 기획재정부장관 소속으로 조달청을 둔다. 이 기능은 「정부조직법」에서 총괄적으로 규정된 것이지만 개별 법률에서도 관장 사무를 구체적으로 정하고 있다.[40)]

조달청에 청장 1명과 차장 1명을 두되, 청장은 정무직으로 하고, 차장은 고위공무원단에 속하는 일반직공무원으로 보한다.

4) 통계청

통계의 기준설정과 인구조사 및 각종 통계에 관한 사무를 관장하기 위하여 기획재정부장관 소속으로 통계청을 둔다. 이 기능은 「정부조직법」에서 총괄적으로 규정된 것이지만 개별 법률에서도 관장 사무를 구체적으로 정하고 있다.[41)]

법」, 「상속세 및 증여세법」, 「소득세법」, 「인지세법」, 「종합부동산세법」, 「주세법」, 「귀속재산처리법」, 「전통주 등의 산업 진흥에 관한 법률」 등.

39) 「관세법」, 「관세사법」, 「전자무역 촉진에 관한 법률」, 「대외무역법」, 「자유무역협정의 이행을 위한 관세법의 특례에 관한 법률」, 「외국환거래법」 등.

40) 「국유재산법」, 「물품관리법」, 「물품목록정보의 관리 및 이용에 관한 법률」, 「조달사업에 관한 법률」, 「전자조달의 이용 및 촉진에 관한 법률」 등.

41) 「통계법」 등.

통계청에 청장 1명과 차장 1명을 두되, 청장은 정무직으로 하고, 차장은 고위공무원단에 속하는 일반직공무원으로 보한다.

5) 검찰청

검사에 관한 사무를 관장하기 위하여 법무부장관 소속으로 검찰청을 둔다. 검찰청의 조직 · 직무범위 그 밖에 필요한 사항은 따로 제정된 「검찰청법」에서 정한다. 검찰청은 대검찰청, 고등검찰청 및 지방검찰청으로 하며, 대검찰청은 대법원에[42], 고등검찰청은 고등법원에, 지방검찰청은 지방법원과 가정법원에 대응하여 각각 설치한다. 지방법원 지원(支院) 설치지역에는 이에 대응하여 지방검찰청 지청을 둘 수 있다(「검찰청법」 제2,3조).

대검찰청에 검찰총장을 둔다. 검찰총장은 대검찰청의 사무를 맡아 처리하고 검찰사무를 총괄하며 검찰청의 공무원을 지휘 · 감독한다. 검찰총장의 임기는 2년으로 하며, 중임할 수 없다. 대통령이 법무부장관의 제청으로 검찰총장을 임명할 때에는 국회의 인사청문을 거쳐야 한다(「검찰청법」 제34조). 법무부장관이 제청할 검찰총장 후보자의 추천을 위하여 법무부에 검찰총장후보추천위원회를 둔다. 이 추천위원회는 상설기관이 아니고 검찰총장 후보자를 제청할 때마다 위원장 1명을 포함한 9명의 위원으로 구성한다. 법무부장관은 ① 대검찰청 검사급 이상 검사로 재직하였던 사람으로서 사회적 신망이 높은 사람 ② 법무부 검찰국장 ③ 법원행정처 차장 ④ 대한변호사협회장 ⑤ 사단법인 한국법학교수회 회장 ⑥ 사단법인 법학전문대학원협의회 이사장 ⑦ 학식과 덕망이 있고 각계 전문 분야에서 경험이 풍부한 사람으로서 변호사 자격을 가지지 아니한 사람 3명(1명 이상은 여성) 중에서 위원장과 위원을 임명하거나 위촉한다.

추천위원회는 법무부장관의 요청 또는 위원 3분의 1 이상의 요청이 있거나 위원장이 필요하다고 인정할 때 위원장이 소집하고, 재적위원 과반수의 찬성으로 의결한다. 추천위원회는 검찰총장 후보자로 3명 이상을 추천하여야 한다. 법무부장관은 검찰총장 후보자를 제청하는 경우에는 추천위원회의 추천 내용을 존중한다. 추천위원회가 검찰총장 후보자를 추천하면 해당 위원회는 해산된 것으로 본다(「검찰청법」 제34조의2).

42) 이 규정에 의하여 검찰총장의 보수를 다른 청장보다 높게 책정한 것이다.

대검찰청에 차장검사를 둔다. 차장검사는 검찰총장을 보좌하며, 검찰총장이 부득이한 사유로 직무를 수행할 수 없을 때에는 그 직무를 대리한다.

대검찰청에 대검찰청 검사와 검찰연구관을 둔다. 검찰연구관은 검사로 보하며, 고등검찰청이나 지방검찰청의 검사를 겸임할 수 있다. 검찰연구관은 검찰총장을 보좌하고 검찰사무에 관한 기획 · 조사 및 연구에 종사한다.

대검찰청에 부(部)와 사무국을 두고, 부와 사무국에 과를 두며, 부 · 사무국 및 과의 설치와 분장사무(分掌事務)에 관한 사항은 대통령령으로 정한다. 부, 사무국 및 과에는 각각 부장, 사무국장 및 과장을 두며, 부장은 검사로, 사무국장은 고위공무원단에 속하는 일반직공무원으로, 과장은 검찰부이사관 · 정보통신부이사관 · 검찰수사서기관 · 정보통신서기관 또는 공업서기관으로 보한다. 다만 부의 과장은 검사로 보할 수 있다. 부장, 사무국장 및 과장은 상사의 명을 받아 소관 부, 국 또는 과의 사무를 처리하며 소속 공무원을 지휘 · 감독한다. 대검찰청에는 대통령령으로 정하는 바에 따라 차장검사 또는 부장 밑에 정책의 기획, 계획의 입안, 연구 · 조사, 심사 · 평가 및 홍보를 통하여 그를 직접 보좌하는 담당관을 둘 수 있다. 이 경우 그 담당관은 3급 상당 또는 4급 상당 별정직국가공무원으로 보하되, 특히 필요하다고 인정될 때에는 검사로 보할 수 있다.

고등검찰청과 지방검찰청은 대검찰청의 특별지방행정기관이다.

6) 병무청

징집 · 소집 그 밖에 병무행정에 관한 사무를 관장하기 위하여 국방부장관 소속으로 병무청을 둔다. 이 기능은 「정부조직법」에서 총괄적으로 규정된 것이지만 개별 법률에서도 관장 사무를 구체적으로 정하고 있다.[43)]

병무청에 청장 1명과 차장 1명을 두되, 청장은 정무직으로 하고, 차장은 고위공무원단에 속하는 일반직공무원으로 보한다.

7) 방위사업청

방위력 개선사업, 군수물자 조달 및 방위산업 육성에 관한 사무를 관장하기

---

43) 「병역법」, 「공익법무관에 관한 법률」, 「공중방역수의사에 관한 법률」, 「공직자 등의 병역사항 신고 및 공개에 관한 법률」, 「국제협력요원에 관한 법률」, 「향토예비군 설치법」 등.

위하여 국방부장관 소속으로 방위사업청을 둔다. 이 기능은 「정부조직법」에서 총괄적으로 규정된 것이지만 개별 법률에서도 관장 사무를 구체적으로 정하고 있다.[44]

방위사업청에 청장 1명과 차장 1명을 두되, 청장은 정무직으로 하고, 차장은 고위공무원단에 속하는 일반직공무원으로 보한다.

8) 경찰청

치안에 관한 사무를 관장하기 위하여 안전행정부장관 소속으로 경찰청을 둔다. 경찰청의 조직·직무범위 그 밖에 필요한 사항은 따로 제정된 「경찰법」에서 정하지만, 개별 법률에서도 관장 사무를 구체적으로 정하고 있다.[45]

국가경찰의 임무는 ① 국민의 생명·신체 및 재산의 보호 ② 범죄의 예방·진압 및 수사 ③ 경비·요인경호 및 대간첩작전수행 ④ 치안정보의 수집·작성 및 배포 ⑤ 교통의 단속과 위해의 방지 ⑥ 그 밖의 공공의 안녕과 질서유지이며, 국가경찰은 그 직무를 수행할 때 헌법과 법률에 따라 국민의 자유와 권리를 존중하고, 국민 전체에 대한 봉사자로서 공정·중립을 지켜야 하며, 부여된 권한을 남용하면 안 된다.

경찰청에 경찰청장을 두며, 경찰청장은 치안총감으로 보한다. 경찰청장은 경찰위원회의 동의를 받아 안전행정부장관의 제청으로 국무총리를 거쳐 대통령이 임명한다. 이 경우 국회의 인사청문을 거쳐야 한다. 경찰청장은 국가경찰에 관한 사무를 총괄하고 경찰청 업무를 관장하며 소속 공무원 및 각급 국가경찰기관의 장을 지휘·감독한다. 경찰청장의 임기는 2년으로 하고, 중임할 수 없다. 경찰청장이 직무를 집행하면서 헌법이나 법률을 위배하였을 때에는 국회는 탄핵 소추를 의결할 수 있다(「경찰법」 제11조).

경찰청에 차장을 두며, 차장은 치안정감으로 보한다. 차장은 경찰청장을 보좌하며, 경찰청장이 부득이한 사유로 직무를 수행할 수 없을 때에는 그 직무를 대행한다.

경찰청의 하부조직은 국 또는 부 및 과로 한다. 경찰청장·차장·국장 또는 부장

---

44) 「군수품관리법」, 「군용항공기 비행안전성 인증에 관한 법률」, 「민·군기술협력사업 촉진법」, 「방위사업법」, 「조달사업에 관한 법률」 등.

45) 「경비업법」, 「경범죄처벌법」, 「경찰직무응원법」, 「도로교통법」, 「사행행위 등 규제 및 처벌 특례법」, 「성폭력범죄의 처벌 등에 관한 특례법」, 「청원경찰법」, 「총포·도검·화약류 등 단속법」, 「집회 및 시위에 관한 법률」, 「전투경찰대 설치법」 등.

밑에 정책의 기획이나 계획의 입안 및 연구·조사를 통하여 그를 직접 보좌하는 담당관을 둘 수 있다.

9) 소방방재청

소방, 방재, 민방위 운영 및 안전관리에 관한 사무를 관장하기 위하여 안전행정부장관 소속으로 소방방재청을 둔다. 이 기능은 「정부조직법」에서 총괄적으로 규정된 것이지만 개별 법률에서도 관장 사무를 구체적으로 정하고 있다.46)

소방방재청에 청장 1명과 차장 1명을 두되, 청장은 정무직 또는 소방공무원으로 하고, 차장은 소방공무원 또는 고위공무원단에 속하는 일반직공무원으로 보한다. 이 경우 청장과 차장 중 1명은 소방공무원으로 보하여야 한다. 청장이 소방공무원으로 임명되면 소방총감이 된다.

10) 문화재청

문화재에 관한 사무를 관장하기 위하여 문화체육관광부장관 소속으로 문화재청을 둔다. 이 기능은 「정부조직법」에서 총괄적으로 규정된 것이지만 개별 법률에서도 관장 사무를 구체적으로 정하고 있다.47)

문화재청에 청장 1명과 차장 1명을 두되, 청장은 정무직으로 하고, 차장은 고위공무원단에 속하는 일반직공무원으로 보한다.

11) 농촌진흥청

농촌진흥에 관한 사무를 관장하기 위하여 농림축산식품부장관 소속으로 농촌진흥청을 둔다. 이 기능은 「정부조직법」에서 총괄적으로 규정된 것이지만 개별 법률에서도 관장 사무를 구체적으로 정하고 있다.48)

농촌진흥청에 청장 1명과 차장 1명을 두되, 청장은 정무직으로 하고, 차장은 고위공무원단에 속하는 일반직공무원으로 보한다.

---

46) 「119구조·구급에 관한 법률」, 「다중이용업소의 안전관리에 관한 특별법」, 「소방기본법」, 「소방시설 설치·유지 및 안전관리에 관한 법률」, 「의용소방대 설치 및 운영에 관한 법률」, 「풍수해보험법」 등.

47) 「매장문화재 보호 및 조사에 관한 법률」, 「문화재보호법」, 「문화재보호기금법」, 「문화재 수리 등에 관한 법률」, 「매장문화재 보호 및 조사에 관한 법률」, 「한국진도개 보호·육성법」 등.

48) 「농촌진흥법」, 「농약관리법」, 「농업기계화촉진법」, 「종자산업법」, 「한국4에이치활동 지원법」 등.

12) 산림청

산림에 관한 사무를 관장하기 위하여 농림축산식품부장관 소속으로 산림청을 둔다. 이 기능은 「정부조직법」에서 총괄적으로 규정된 것이지만 개별 법률에서도 관장 사무를 구체적으로 정하고 있다.[49)]

산림청에 청장 1명과 차장 1명을 두되, 청장은 정무직으로 하고, 차장은 고위공무원단에 속하는 일반직공무원으로 보한다.

13) 중소기업청

중소 및 중견기업에 관한 사무를 관장하기 위하여 산업통상자원부장관 소속으로 중소기업청을 둔다. 이 기능은 「정부조직법」에서 총괄적으로 규정된 것이지만 개별 법률에서도 관장 사무를 구체적으로 정하고 있는데 특별법의 이름이 들어간 것이 많다.[50)]

중소기업청에 청장 1명과 차장 1명을 두되, 청장은 정무직으로 하고, 차장은 고위공무원단에 속하는 일반직공무원으로 보한다.

14) 특허청

특허 · 실용신안 · 디자인 및 상표에 관한 사무와 이에 대한 심사 · 심판사무를 관장하기 위하여 산업통상자원부장관 소속으로 특허청을 둔다. 이 기능은 「정부조직법」에서 총괄적으로 규정된 것이지만 개별 법률에서도 관장 사무를 구체적으로 정하고 있다.[51)]

특허청에 청장 1명과 차장 1명을 두되, 청장은 정무직으로 하고, 차장은 고위공무원단에 속하는 일반직공무원으로 보한다.

---

49) 「국유림의 경영 및 관리에 관한 법률」, 「목재의 지속가능한 이용에 관한 법률」, 「백두대간 보호에 관한 법률」, 「사방사업법」, 「산림기본법」, 「산림문화 · 휴양에 관한 법률」, 「산림보호법」, 「소나무재선충병 방제특별법」, 「산지관리법」, 「산림자원의 조성 및 관리에 관한 법률」 등.

50) 「1인 창조기업 육성에 관한 법률」, 「대 · 중소기업 상생협력 촉진에 관한 법률」, 「벤처기업육성에 관한 특별조치법」, 「소기업 및 소상공인 지원을 위한 특별조치법」, 「여성기업지원에 관한 법률」, 「장애인기업활동 촉진법」, 「중견기업 성장촉진 및 경쟁력 강화에 관한 특별법」, 「중소기업 기술혁신 촉진법」, 「중소기업기본법」, 「중소기업창업 지원법」, 「중소기업진흥에 관한 법률」, 「중소기업 사업전환 촉진에 관한 특별법」, 「중소기업 인력지원 특별법」 등.

51) 「공장 및 광업재단 저당법」, 「발명진흥법」, 「변리사법」, 「상표법」, 「실용신안법」, 「특허법」 등.

특허청은 2006.5.1.이후 중앙책임운영기관으로 지정되어 있기 때문에 청장은 차관급 정무직공무원이지만 임기제의 적용을 받아 2년의 임기가 보장되고 한 차례 연임도 할 수 있게 되었다(「책임운영기관의 설치 · 운영에 관한 법률」 제40조).

15) 기상청

기상에 관한 사무를 관장하기 위하여 환경부장관 소속으로 기상청을 둔다. 이 기능은 「정부조직법」에서 총괄적으로 규정된 것이지만 개별 법률에서도 관장 사무를 구체적으로 정하고 있다.[52]

기상청에 청장 1명과 차장 1명을 두되, 청장은 정무직으로 하고, 차장은 고위공무원단에 속하는 일반직공무원으로 보한다.

16) 행정중심복합도시건설청

행정중심복합도시건설업무를 효율적으로 추진하기 위하여 국토교통부장관 소속하에 행정중심복합도시건설청을 설치한다(「신행정수도 후속대책을 위한 연기 · 공주지역 행정중심복합도시 건설을 위한 특별법」 제38조).

건설청에 청장 1인과 차장 1인을 두되, 청장은 정무직으로 하고, 차장은 일반직 국가공무원으로 보한다.

행정중심복합도시건설청은 특정한 사업을 목적으로 설치된 한시적 조직으로서 동 사업의 효과적인 추진을 위하여 국토교통부장관 소속의 심의기구인 행정중심복합도시건설추진위원회의 지원사무도 함께 수행하고 있다(「신행정수도 후속대책을 위한 연기 · 공주지역 행정중심복합도시 건설을 위한 특별법」 제29조 등).

17) 새만금개발청

새만금사업의 원활한 추진과 효율적인 관리를 위하여 2013.9.12. 국토교통부장관 소속으로 새만금개발청을 설치하였다(「새만금사업 추진 및 지원에 관한 특별법」 제34조).

개발청에 청장 1명과 차장 1명을 두되, 청장은 정무직으로 하고, 차장은 고위공무원단에 속하는 별정직 국가공무원으로 한다.

새만금개발청은 특정한 사업을 목적으로 설치된 한시적 조직으로서 동 사업의 효

---

52) 「기상법」, 「기상관측표준화법」, 「기상산업진흥법」, 「지진 · 지진해일 · 화산의 관측 및 경보에 관한 법률」, 「지진재해대책법」 등.

과적인 추진을 위하여 국무총리 소속의 심의기구인 새만금위원회의 지원사무도 함께 수행하고 있다(「새만금사업 추진 및 지원에 관한 특별법」 제33조 등).

18) 해양경찰청

해양에서의 경찰 및 오염방제에 관한 사무를 관장하기 위하여 해양수산부장관 소속으로 해양경찰청을 둔다. 이 기능은 「정부조직법」에서 총괄적으로 규정된 것이지만 개별 법률에서도 관장 사무를 구체적으로 정하고 있다.[53)]

해양경찰청에 청장 1명과 차장 1명을 두되, 청장 및 차장은 경찰공무원으로 보한다. 해양경찰청장은 치안총감으로, 차장은 치안정감으로 각각 보한다(「해양경찰청과 그 소속기관 직제」 제4,5조).

라. 위원회

법률 제1호 구 「정부조직법」 제3조는 행정기관의 종류와 명칭을 원·부·처·청·위원회로 한다고 하여 위원회도 기본적인 정부조직 형태의 하나로 인정하였으나, 현행 「정부조직법」은 제2조와 제5조에서 중앙행정기관은 부·처·청으로 하되, 소관사무의 일부를 독립하여 수행할 필요가 있는 때에는 법률로 정하는 바에 따라 행정위원회 등 합의제 행정기관을 둘 수 있다고 하여 위원회를 예외적 조직구조로 보고 있다.

그 이유는 첫째 중앙행정기관의 장에 대한 국무총리의 지휘·감독권을 업무성격을 고려하여 받지 않도록 할 필요가 있고, 둘째 위원회에는 행정청으로서의 행정위원회뿐만 아니라 자문위원회, 심의위원회, 의결위원회 등 다양한 형태가 있기 때문이다.

사회가 성숙될수록 절차와 합의를 중요시하게 되는 경향에 따라 위원회가 점점 늘어가는 추세이므로 여기서는 2014.1.1. 현재, 청와대[54)] 홈페이지의 정부조직도에 포

---

53) 「개항질서법」, 「수난구호법」, 「수상레저안전법」, 「항로표지법」, 「해사안전법」, 「해양경비법」, 「해양환경관리법」, 「해운법」 등.

54) 청와대가 행정기관의 이름은 아니지만 대통령 및 대통령을 보좌하는 각 기관(비서실, 국가안보실, 경호실 등)과 그 소재 지역을 아울러 써온 터라 일반인에게 익숙한 이름이고, 홈페이지(www.president.go.kr)에도 '대한민국 청와대'로 표시되어 있어 그대로 옮겼다.

함된 중앙행정기관의 지위를 가진 행정위원회를 중심으로 설명한다.

1) 국가인권위원회

가) 의의

국가인권위원회는 모든 개인이 가지는 불가침의 기본적 인권을 보호하고 그 수준을 향상시킴으로써 인간으로서의 존엄과 가치를 실현하고 민주적 기본질서의 확립에 이바지하기 위하여 2001.5.24. 제정된 「국가인권위원회법」에 따라 설치된 기관이다. 국가인권위원회는 그 권한에 속하는 업무를 독립하여 수행한다(같은 법 제3조). 소관 업무를 외부의 영향을 받지 않고 독립적으로 수행할 수 있도록 대통령이나 국무총리 소속으로 둔다는 표현을 두지 않았지만, 국가에 소속된 기관으로서 인사, 예산 등 국가기관에 공통된 법률규정은 다 적용된다. 국가인권위원회의 활동은 우리나라 국민은 물론 우리나라의 주권이 미치는 영역에 있는 외국인에 대하여도 적용한다.

나) 구성

국가인권위원회는 위원장 1명과 상임위원 3명을 포함한 11명의 인권위원으로 구성한다. 위원은 인권문제에 관하여 전문적인 지식과 경험이 있고 인권의 보장과 향상을 위한 업무를 공정하고 독립적으로 수행할 수 있다고 인정되는 사람 중에서 국회가 선출하는 4명(상임위원 2명 포함), 대통령이 지명하는 4명, 대법원장이 지명하는 3명을 대통령이 임명한다.

위원장은 위원 중에서 국회의 인사청문을 거쳐 대통령이 임명한다. 위원장은 장관급 정무직으로, 상임위원은 차관급 정무직으로 임명한다. 위원 중 4명 이상은 여성으로 임명한다. 임기가 끝난 위원은 후임자가 임명될 때까지 그 직무를 수행한다.

위원장과 위원의 임기는 3년으로 하고, 한 번만 연임할 수 있다. 위원 중 결원이 생기면 대통령은 결원된 날부터 30일 이내에 후임자를 임명하여야 한다. 결원이 된 위원의 후임으로 임명된 위원의 임기는 새로 시작된다.

다) 사무처

위원회에 위원회의 사무를 처리할 사무처를 둔다. 사무처에 사무총장 1명과 필요한 직원을 두되 사무총장은 위원회의 심의를 거쳐 위원장의 제청으로 대통령이 임명한다. 소속 직원 중 5급 이상 공무원 또는 고위공무원단에 속하는 일반직공무원은 위원장의 제청으로 대통령이 임명하며, 6급 이하 공무원은 위원장이 임명한다. 사무총장은 위원장의 지휘를 받아 사무처의 사무를 관장하고 소속 직원을 지휘 · 감독한다.

2) 방송통신위원회

가) 의의

대통령 소속의 방송통신위원회는 방송과 통신의 융합환경에 능동적으로 대응하여 방송의 자유와 공공성 및 공익성을 높이고 방송통신위원회의 독립적 운영을 보장함으로써 국민의 권익보호와 공공복리의 증진에 이바지함을 목적으로 구 방송위원회 · 정보통신부 · 통신위원회의 소관 사무를 통합해서 2008.2.29. 제정된 「방송통신위원회의 설치 및 운영에 관한 법률」에 따라 설치된 기관이다.

이에 따라 방송통신위원회는 방송과 통신 이용자의 복지 및 보편적 서비스의 실현을 위하여 노력해야 하고, 방송 · 통신사업의 공정한 경쟁환경의 조성을 위하여 노력해야 하며 방송통신사업이 공공의 이익에 부합될 수 있도록 필요한 대책을 마련하여야 한다.

나) 구성

방송통신위원회는 위원장 1인, 부위원장 1인을 포함한 5인의 상임 위원으로 구성한다. 위원장은 장관급 정무직으로, 부위원장과 상임위원은 차관급 정무직으로 보한다. 위원은 「정부조직법」 제10조에도 불구하고 정부위원이 된다.

위원장과 위원은 방송 및 정보통신 분야의 전문성을 고려하여 다음 중 어느 하나에 해당하는 자 중에서 대통령이 임명한다. 이 경우 위원장은 국회의 인사청문을 거쳐야 한다.

① 방송학 · 언론학 · 전자공학 · 통신공학 · 법률학 · 경제학 · 경영학 · 행정학 그 밖에 방송 · 언론 및 정보통신 관련분야를 전공한 자로서 대학이나 공인된 연구기관에서 부교수 이상의 직에 있거나 있었던 자 또는 이에 상당하는 직에 15년 이상 있거나 있었던 자 ② 판사 · 검사 또는 변호사의 직에 15년 이상 있거나 있었던 자 ③ 방송 · 언론 또는 정보통신 그 밖의 관련분야에 관한 경험이 있는 2급 이상 또는 이에

상당하는 공무원 또는 고위공무원단에 속하는 직에 있거나 있었던 자 ④ 방송 · 언론 또는 정보통신 관련 단체나 기관의 대표자 또는 임 · 직원의 직에서 15년 이상 있거나 있었던 자 ⑤ 방송 · 언론 또는 정보통신 분야의 이용자 보호활동에 15년 이상 종사한 경력이 있는 자

위원 5인 중 위원장을 포함한 2인은 대통령이 지명하고 3인은 국회의 추천을 받아 임명한다. 국회는 위원 추천을 함에 있어 대통령이 소속되거나 소속되었던 정당의 교섭단체가 1인을 추천하고 그 외 교섭단체가 2인을 추천한다. 부위원장은 위원 중에서 호선한다.

위원의 임기는 3년으로 하되, 1회에 한하여 연임할 수 있다. 위원의 결원이 있을 때에는 결원된 날부터 지체 없이 보궐위원을 임명하여야 하며, 보궐위원의 임기는 전임자의 남은 임기 동안으로 한다. 이렇게 한 이유는 위원의 추천기관이 각기 다르므로 구성원의 동질성을 유지할 필요가 있기 때문이다.

3) 공정거래위원회

가) 의의

국무총리 소속 하의 공정거래위원회는 1980.12.31. 사업자의 시장지배적 지위의 남용과 과도한 경제력의 집중을 방지하고, 부당한 공동행위 및 불공정거래행위를 규제하여 공정하고 자유로운 경쟁을 촉진함으로써 창의적인 기업활동을 조장하고 소비자를 보호함과 아울러 국민경제의 균형된 발전을 도모함을 목적으로 제정된 「독점규제 및 공정거래에 관한 법률」에 따라 설치된 기관이다. 당초 공정거래위원회는 경제기획원 소속기관으로 설치되었다가 1994.12.23. 법 개정시 현재와 같이 국무총리 소속의 중앙행정기관으로 변경되었다.

공정거래위원회는 효율성과 공정성을 추구하는 독립규제위원회의 성격과 함께 소관 법률의 위반사건에 대한 심리 · 의결에 있어서 대심구조를 지향하는 등 준사법적 기관의 성격도 갖는 특징이 있다.[55]

나) 구성

공정거래위원회는 위원장 1인 및 부위원장 1인을 포함한 9인의 위원으로 구성

55) 임영철, 공정거래법(해설과 논점), 436~440쪽.

하며, 그중 4인은 비상임위원으로 한다. 상임위원과 비상임위원은 독점규제 및 공정거래 또는 소비자 분야에 경험 또는 전문지식이 있는 자로서 ① 2급 이상 공무원 ② 판사·검사 또는 변호사의 직에 15년이상 재임한 자 ③ 법률·경제·경영 또는 소비자 관련 분야 학문을 전공하고 대학이나 공인된 연구기관에서 15년 이상 근무한 부교수 이상 ④ 기업경영 및 소비자보호 활동에 15년이상 종사 경력에 해당하는 자 중에서, 위원장과 부위원장은 국무총리의 제청으로 대통령이 임명하고 기타 위원은 위원장의 제청으로 대통령이 임명한다. 위원장은 국회의 인사청문을 거쳐 임명하여야 한다.

위원장은 장관급 정무직으로, 부위원장은 차관급 정무직으로 하고, 기타 상임위원은 고위공무원단에 속하는 별정직공무원으로 보한다. 위원장·부위원장 및 사무처의 장은 「정부조직법」 제10조의 규정에 불구하고 정부위원이 된다.

공정거래위원회의 사무를 처리하기 위하여 공정거래위원회에 사무처를 둔다.

4) 금융위원회

가) 의의

건전한 신용질서와 공정한 금융거래 관행을 확립하고 예금자 및 투자자 등 금융수요자를 보호함으로써 국민경제의 발전에 기여함을 목적으로 1997.12.31. 제정된 「금융감독기구의 설치등에 관한 법률」에 따라 금융감독위원회와 금융감독원을 설치하였는데, 법률 이름을 2008.2.29. 「금융위원회의 설치 등에 관한 법률」로 바꾸면서 금융감독위원회가 금융위원회로 변경되었다. 이 법률로 금융위원회, 증권선물위원회, 금융감독원 등 3개 기관을 설치하는데, 금융감독원에게는 법인격을 부여함으로써(같은 법 제24조 제2항) 국가의 기관에 속하지 않고 특수법인으로 분류되어 있다.

금융위원회는 금융정책, 외국환업무 취급기관의 건전성 감독 및 금융감독에 관한 업무를 수행하게 하기 위하여 국무총리 소속으로 설치되었으며, 「정부조직법」 제2조에 따른 중앙행정기관으로서 그 권한에 속하는 사무를 독립적으로 수행한다.

금융위원회는 금융감독원의 업무·운영·관리에 대한 지도와 감독을 하며, 금융감독원의 정관 변경에 대한 승인, 금융감독원의 예산 및 결산 승인 등 금융감독원을 지도·감독하기 위하여 필요한 사항을 심의·의결한다.

나) 구성

금융위원회는 위원장 · 부위원장 각 1명과 기획재정부차관, 금융감독원 원장, 예금보험공사 사장, 한국은행 부총재, 금융위원회 위원장이 추천하는 금융 전문가 2명, 대한상공회의소 회장이 추천하는 경제계 대표 1명 등 9명의 위원으로 구성된다.

금융위원회 위원장은 국무총리의 제청으로 국회의 인사청문을 거쳐 대통령이 임명하며, 금융위원회 부위원장은 위원장의 제청으로 대통령이 임명한다. 위원장은 장관급 정무직 국가공무원으로 임명하며, 부위원장은 차관급 정무직 국가공무원으로 임명한다. 금융위원회 위원장이 추천하는 금융 전문가 2명은 상임으로서 고위공무원단에 속하는 별정직공무원이며, 대한상공회의소 회장이 추천하는 경제계 대표 위원은 비상임으로 한다.

위원장 · 부위원장과 임명직 위원의 임기는 3년으로 하며, 한 차례만 연임할 수 있다. 임명직 위원의 임기중에 결원이 생겨 새로 임명되는 새로 임명된 위원의 임기는 잔여 임기만 재직하는 것이 아니라 임명된 날부터 3년을 기산한다.

5) 국민권익위원회

가) 의의

고충민원의 처리와 이에 관련된 불합리한 행정제도를 개선하고, 부패의 발생을 예방하며 부패행위를 효율적으로 규제함으로써 국민의 기본적 권익을 보호하고 행정의 적정성을 확보하며 청렴한 공직 및 사회풍토의 확립에 이바지함을 목적으로 2008.2.29. 제정된 「부패방지 및 국민권익위원회의 설치와 운영에 관한 법률」에 따라 국무총리 소속으로 설치된 합의제 기관이다.

국민권익위원회는 구 「국민고충처리위원회의 설치 및 운영에 관한 법률」로 설치되었던 국민고충처리위원회와 구 「부패방지법」에 따라 설치되었던 국가청렴위원회, 그리고 법제처가 수행하던 행정심판위원회의 기능을 통합한 기관이다.

나) 구성

위원회는 위원장 1명을 포함한 15명의 위원(부위원장 3명과 상임위원 3명 포함)으로 구성한다. 부위원장은 각각 고충민원, 부패방지 업무 및 중앙행정심판위원회의 운영업무로 분장하여 위원장을 보좌한다. 다만 중앙행정심판위원회의 구성에 관한 사항은 「행정심판법」에서 정하는 바에 따른다.

위원장, 부위원장과 위원은 고충민원과 부패방지에 관한 업무를 공정하고 독립적으로 수행할 수 있다고 인정되는 자로서 ① 대학이나 공인된 연구기관에서 부교수 이상 또는 이에 상당하는 직에 8년 이상 있거나 있었던 자 ② 판사 · 검사 또는 변호사의 직에 10년 이상 있거나 있었던 자 ③ 3급 이상 공무원 또는 고위공무원단에 속하는 공무원의 직에 있거나 있었던 자 ④ 건축사 · 세무사 · 공인회계사 · 기술사 · 변리사의 자격을 소지하고 해당 직종에서 10년 이상 있거나 있었던 자 ⑤ 시민고충처리위원회 위원으로 위촉되어 그 직에 4년 이상 있었던 자 ⑥ 사회적 신망이 높고 행정에 관한 식견과 경험이 있는 자로서 시민사회단체로부터 추천을 받은 자 중에서 임명 또는 위촉한다.

위원장 및 부위원장은 국무총리의 제청으로 대통령이 임명하고, 상임위원은 위원장의 제청으로 대통령이 임명하며, 상임이 아닌 위원은 대통령이 임명 또는 위촉한다. 이 경우 상임이 아닌 위원 중 3명은 국회가, 3명은 대법원장이 각각 추천하는 자를 임명 또는 위촉한다.

위원장은 장관급 정무직으로, 부위원장은 차관급 정무직으로 각각 보하고, 상임위원은 고위공무원단에 속하는 별정직 국가공무원으로 보한다. 위원이 궐위된 때에는 지체 없이 새로운 위원을 임명 또는 위촉하여야 한다. 이 경우 후임으로 임명 또는 위촉된 위원의 임기는 새로이 개시된다.

위원회의 사무를 처리하기 위하여 위원회에 사무처를 둔다. 사무처에 사무처장 1명을 두되, 사무처장은 위원장이 지명한 부위원장이 겸직하고, 위원장의 지휘를 받아 위원회의 소관 사무를 관장하며 소속 직원을 지휘 · 감독한다.

6) 원자력안전위원회

가) 의의

원자력의 생산과 이용에 따른 방사선 재해로부터 국민을 보호하고, 공공의 안전과 환경보전에 이바지함을 목적으로 2011.7.25. 제정된 「원자력안전위원회의 설치 및 운영에 관한 법률」에 따라 대통령 소속으로 설치된 합의제 행정기관이다. 2013. 3.23. 이 법을 개정하여 소속을 대통령에서 국무총리로 이관하였다.

나) 구성

위원회는 위원장을 포함하여 9명의 위원으로 구성하며, 위원장 및 위원 1명은 상임위원으로 한다. 위원장은 차관급 정무직으로 한다. 상임위원은 「정부조직법」 제10조에도 불구하고 정부위원이 된다. 정부위원은 헌법 제62조에 따라 국회나 그 위원회에 출석하여 국정처리상황을 보고하거나 의견을 진술하고 질문에 응답할 수 있다. 또한 국회나 그 위원회의 요구가 있을 때에는 정부위원은 직접 출석·답변하거나 국무위원을 대신하여 출석·답변할 수 있다.

「정부조직법」 제10조는 정부위원으로 국무조정실의 실장 및 차장, 부·처·청의 처장·차관·청장·차장·실장·국장 및 차관보를 열거하고 있다.

위원은 원자력안전에 관한 식견과 경험이 풍부한 사람 중에서 임명하거나 위촉하되, 원자력·환경·보건의료·과학기술·공공안전·법률·인문사회 등 원자력안전에 이바지할 수 있는 관련 분야 인사가 고루 포함되어야 한다.

위원장은 국무총리의 제청으로 대통령이 임명하고, 상임위원인 위원을 포함한 4명의 위원은 위원장이 제청하여 대통령이 임명 또는 위촉하며, 나머지 4명의 위원은 국회에서 추천하여 대통령이 임명 또는 위촉한다.

위원회의 사무를 처리하기 위하여 위원회에 사무처를 둔다. 사무처에 사무처장 1명과 필요한 직원을 두되, 사무처장은 상임인 위원이 겸임한다.

마. 정부조직도

2014.1.1. 현재 청와대 홈페이지에 있는 정부조직도는 아래 그림과 같다.

〈정부조직도〉

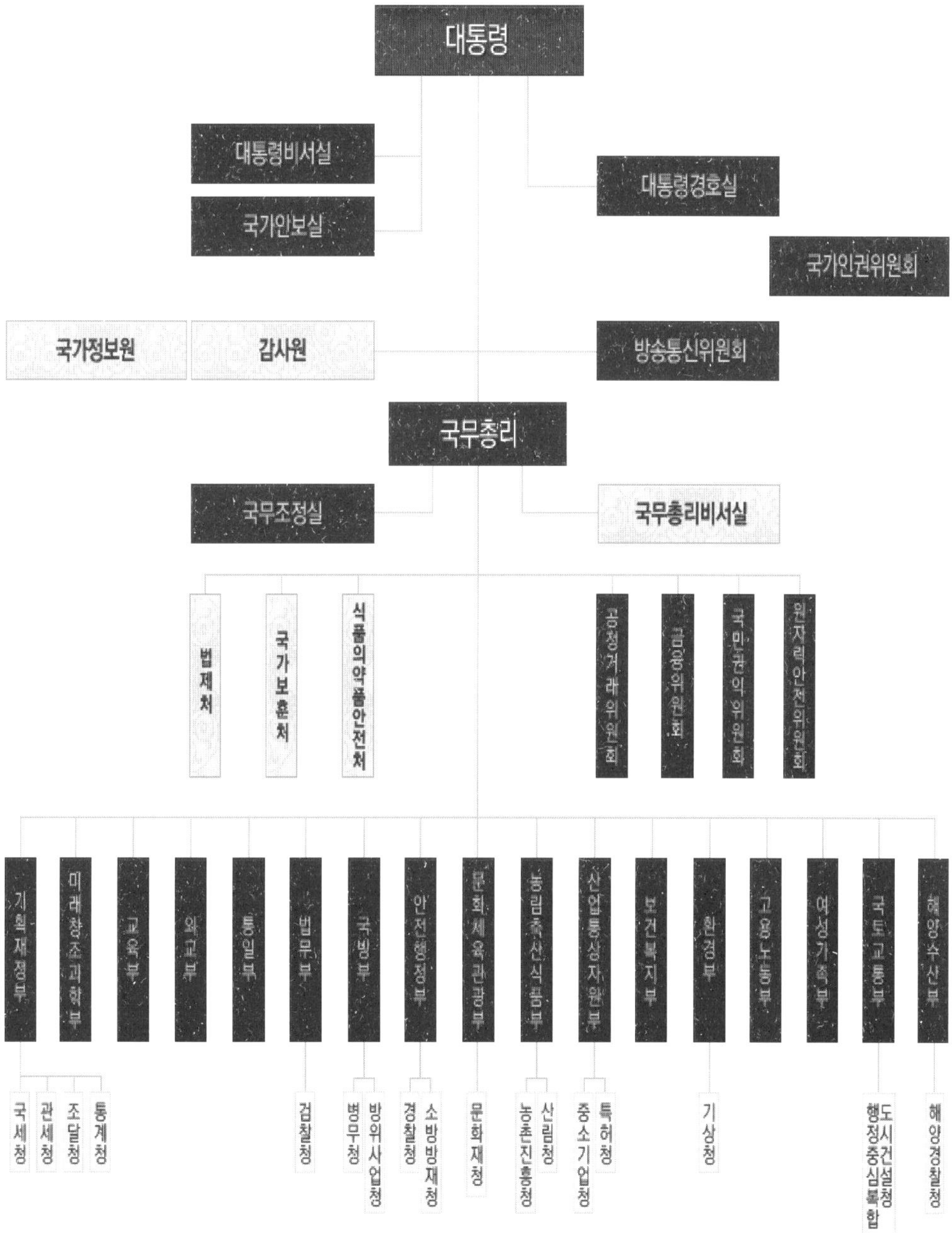
대통령
대통령비서실
국가안보실
대통령경호실
국가인권위원회
국가정보원
감사원
방송통신위원회
국무총리
국무조정실
국무총리비서실
법제처
국가보훈처
식품의약품안전처
공정거래위원회
금융위원회
국민권익위원회
원자력안전위원회
기획재정부
미래창조과학부
교육부
외교부
통일부
법무부
국방부
안전행정부
문화체육관광부
농림축산식품부
산업통상자원부
보건복지부
환경부
고용노동부
여성가족부
국토교통부
해양수산부
국세청
관세청
조달청
통계청
검찰청
병무청
방위사업청
경찰청
소방방재청
문화재청
농촌진흥청
산림청
중소기업청
특허청
기상청
행정중심복합도시건설청
해양경찰청

3. 소속 행정기관

가. 하부조직

1) 보조기관

중앙행정기관의 보조기관은 법률에 특별한 규정이 있는 경우를 제외하고는 차관 · 차장 · 실장 · 국장 및 과장으로 한다. 다만 실장 · 국장 및 과장의 명칭은 대통령령으로 정하는 바에 따라 본부장 · 단장 · 부장 · 팀장 등으로 달리 정할 수 있으며, 실장 · 국장 및 과장의 명칭을 달리 정한 보조기관은 실장 · 국장 및 과장으로 본다.

보조기관의 설치와 사무분장은 법률로 정한 것을 제외하고는 대통령령으로 정한다. 다만 과의 설치와 사무분장은 총리령 또는 부령으로 정할 수 있다.

중앙행정기관의 실장 · 국장은 고위공무원단에 속하는 일반직공무원 또는 별정직공무원으로 보하되, 특정직공무원으로만 보할 수 있는 직위의 경우에는 해당 법률에서 고위공무원단에 속하는 공무원으로 보할 수 있도록 규정하고 있는 경우로 한정하며, 별정직공무원으로 보하는 국장은 중앙행정기관마다 1명을 초과할 수 없다.

다만 외교부의 보조기관은 외무공무원으로, 법무부의 보조기관은 검사로, 국방부의 보조기관과 병무청 및 방위사업청의 보조기관은 현역군인으로,[56] 교육부의 보조기관은 교육공무원으로, 경찰청 및 해양경찰청의 보조기관은 경찰공무원으로, 소방방재청의 보조기관은 소방공무원으로 보할 수 있다.

일반직공무원 또는 특정직공무원으로 보하는 직위 중 그 소관업무의 성질상 전문성이 특히 필요하다고 인정되는 경우 중앙행정기관별로 100분의 20 범위에서 대통령령으로 정하는 직위는 근무기간을 정하여 임용하는 임기제 공무원으로도 보할 수 있다.

중앙행정기관과 중앙행정기관이 아닌 행정기관의 보조기관에 대하여는 각각 적정한 직급 또는 직무등급을 배정하여야 한다.

2012년 말 기준으로 중앙행정기관의 실장 직위는 58개, 국장은 152개, 과장은 1,159개이다.[57]

---

56) 현역군인으로 보하는 것이 군무원의 공무담임권을 제한한 것이라는 헌법심판 청구에 대하여 입법자의 합리적인 재량 판단에 의한 것으로서 평등권을 침해하지 않는다고 결정한 바 있다. 헌법재판소 2008.6.26. 자 2005헌마1275 결정.

2) 보좌기관

행정각부에는 장관이 특히 지시하는 사항에 관하여 장관과 차관을 직접 보좌하기 위하여 차관보를 둘 수 있으며, 중앙행정기관에는 그 기관의 장, 차관 · 차장 · 실장 · 국장 밑에 정책의 기획, 계획의 입안, 연구 · 조사, 심사 · 평가 및 홍보 등을 통하여 그를 보좌하는 보좌기관을 대통령령으로 정하는 바에 따라 둘 수 있다. 다만 과에 상당하는 보좌기관은 총리령 또는 부령으로 정할 수 있다.

중앙행정기관의 차관보 및 실장 · 국장에 상당하는 보좌기관은 고위공무원단에 속하는 일반직공무원 또는 별정직공무원으로 보하되, 특정직공무원으로만 보할 수 있는 직위의 경우에는 해당 법률에서 고위공무원단에 속하는 공무원으로 보할 수 있도록 규정하고 있는 경우로 한정한다. 과장에 상당하는 보좌기관의 직급은 대통령령으로 정하는 바에 따른다.

중앙행정기관과 중앙행정기관이 아닌 행정기관의 차관보 및 보좌기관에 대하여는 각각 적정한 직급 또는 직무등급을 배정하여야 한다.

2012년 말 기준으로 중앙행정기관의 차관보 직위는 3개, 담당관 직위는 고위공무원단 258개를 포함하여 총 622개 이다.[58]

3) 부속기관

행정각부의 기능 중에시 시험연구, 교육훈련, 문화, 의료 등 독자적으로 수행할 필요가 있는 업무는 행정청 내부의 보조기관으로 운영하지 않고 행정청의 지위에서 하도록 소속기관으로 설치한다. 따라서 법령상 부여된 권한 또는 장관이 위임한 사무 범위 안에서 자신의 이름으로 권리와 의무를 행할 수 있다.

2012년 말 기준으로 중앙행정기관의 부속기관은 국립외교원 · 감사연구원 · 국립국어원 등 시험연구기관이 81개, 중앙공무원교육원 · 통일교육원 · 농수산식품연수원 등 교육훈련기관이 41개, 국립중앙박물관 · 대한민국역사박물관 · 중앙도서관[59] 등 문화기관이 44개, 국립소록도병원 · 국립재활원 · 경찰병원 등 의료기관이 14개, 국가기록원 · 국립현충원 · 우정사업본부 등 기타행정기관이 273개로 총 453개이다.[60]

---

57) 안전행정부, 2013 안전행정통계연보, 34쪽.

58) 앞의 책 35쪽.

59) 국립중앙도서관은 문화체육관광부장관의 소속기관이지만 「도서관법」 제18조에 따라 설치되었다.

나. 특별지방행정기관

중앙행정기관에는 소관사무를 수행하기 위하여 필요한 때에는 특히 법률로 정한 경우를 제외하고는 대통령령으로 정하는 바에 따라 지방행정기관을 둘 수 있다(「정부조직법」 제3조). 지방행정기관은 업무의 관련성이나 지역적인 특수성에 따라 통합하여 수행함이 효율적이라고 인정되는 경우에는 대통령령으로 정하는 바에 따라 관련되는 다른 중앙행정기관의 소관사무를 통합하여 수행할 수 있다.

2013.1.1. 현재 중앙행정기관의 소속된 특별지방행정기관의 현황은 아래 표와 같다.[61]

〈특별지방행정기관 현황〉

구분	기관수	1차기관(예시)	2·3차기관(예시)	소관 중앙행정기관
계	5,175(개)	259(개)	4,916(개)	
노동행정	47	6(지방고용노동청)	41(지청, 출장소 등)	고용노동부
세무행정	186	53(지방국세청, 세관)	133(세무서, 지서, 감시소 등)	국세청·관세청
공안행정	2,594	81(지방교정청, 고등검찰청, 지방경찰청 등)	2,513(교도소, 출장소, 지방검찰청, 경찰서, 파출소 등)	법무부·해양수산부·검찰청·경찰청·해양경찰청
현업행정	1,998		1,998(지방우정청, 우체국 등)	미래창조기획부
기타	350	119(지방보훈청, 지방환경청, 지방국토관리청, 지방항공청, 지방해양항만청, 지방조달청, 지방통계청, 지방병무청, 지방산림청, 지방중소기업청, 지방식품의약품안전청, 지방기상청 등)	231(국립검역소, 국도관리사무소, 지방병무지청, 국유림관리소, 건설사무소, 출장소, 지방청의 각 사무소, 기상대 등)	보건복지부·환경부·국토교통부·공정거래위원회·국가보훈처·식품의약품안전처·조달청·병무청·산림청·중소기업청·특허청·기상청

60) 안전행정부, 앞의 책 38쪽.

61) 앞의 책 59~63쪽.

다. 행정위원회

1) 설치기준과 절차

행정기관의 장은 위원회, 심의회, 협의회 등 명칭을 불문하고 행정기관의 소관 사무에 관하여 자문에 응하거나 조정, 협의, 심의 또는 의결 등을 하기 위한 복수의 구성원으로 이루어진 합의제 행정기관을 설치할 경우, ① 업무의 내용이 전문적인 지식이나 경험이 있는 사람의 의견을 들어 결정할 필요가 있을 것 ② 업무의 성질상 특히 신중한 절차를 거쳐 처리할 필요가 있을 것 ③ 기존 행정기관의 업무와 중복되지 아니하고 독자성이 있을 것 ④ 업무가 계속성 · 상시성(常時性)이 있을 것 등의 요건을 갖추어야 한다(「행정기관 소속 위원회의 설치 · 운영에 관한 법률」 제5조).

행정기관의 장이 위원회를 설치하려면 미리 안전행정부장관과 협의하여야 한다. 위원회를 설치할 경우 설치목적 · 기능 및 성격, 위원의 구성 및 임기, 위원의 결격사유 등을 법령에 명시하여야 한다. 또한 기존의 위원회와 성격과 기능이 중복되는 위원회를 설치 · 운영하여서는 안 된다. 이 위원회에 소속된 직원은 국가공무원 신분임은 두말할 나위가 없다.

한편, 중앙행정기관의 중요정책에 관하여 전문적인 의견의 청취등 자문이 필요한 경우에는 중앙행정기관의 장은 당해기관에 정책자문위원회를 설치할 수 있다(「정책자문위원회규정」 제2조).

중앙행정기관별 소속 행정위원회의 종류와 설치근거 법률은 다음과 같다.

2) 대통령 소속

규제개혁위원회(「행정규제기본법」 제23조)와 개인정보보호위원회(「개인정보보호법」 제7조)가 있다.

3) 국무총리 소속

조세심판원(「국세기본법」 제67조), 사행산업통합감독위원회(「사행산업통합감독위원회법」), 대일항쟁기강제동원피해조사및국외강제동원희생자지원위원회(「대일항쟁기 강제동원 피해조사 및 국외강제동원 희생자 지원에 관한 특별법」 제8조), 민주화운동관련자명예회복및보상심의위원회(「민주화운동 관련자 명예회복 및 보상등에 관한 법률」 제4조), 거창사건

등관련자명예회복심의위원회(「거창사건등 관련자 명예회복에 관한 특별조치법」 제3조), 제주 4 · 3사건진상규명및희생자명예회복위원회(「제주4 · 3사건 진상규명 및 희생자 명예회복에 관한 특별법」 제3조), 노근리사건희생자심사및명예회복위원회(「노근리사건 희생자 심사 및 명예회복에 관한 법」 제3조), 10.27법난피해자명예회복심의위원회(「10.27법난피해자 명예회복 등에 관한 법률」), 납북피해자보상및지원심의위원회(「군사정전에 관한 협정 체결이후 납북피해자의 보상 및 지원에 관한 법률」 제6조), 특수임무수행자보상심의위원회(「특수임무수행자 보상에 관한 법률」 제4조), 동학농민혁명참여자명예회복심의위원회(「동학농민혁명 참여자 명예회복에 관한 특별법」 제3조), 삼청교육피해자명예회복및보상심의위원회(「삼청교육피해자의 명예회복 및 보상에 관한 법률」 제3조), 한센인피해사건진상규명위원회(「한센인피해사건의 진상규명 및 피해자 생활지원 등에 관한 법률」 제3조), 6.25전쟁납북피해진상규명및납북피해자명예회복위원회(「6.25전쟁 납북피해 진상규명 및 납북피해자 명예회복에 관한 법률」) 등 13개가 있다.

대부분 과거사 진상규명에 관련된 위원회이다.

4) 기획재정부 소속

복권위원회(「복권 및 복권기금법」 제3조)가 있다.

5) 교육부 소속

국사편찬위원회(「사료의 모집 및 보존등에 관한 법률」 제4조)와 교원소청심사위원회(「교원지위향상을 위한 특별법」 제7조)가 있다.

6) 법무부 소속

보호관찰심사위원회(「보호관찰 등에 관한 법률」 제5조)가 있다.

7) 안전행정부 소속

경찰위원회(「경찰법」 제5조), 정부공직자윤리위원회(「공직자윤리법」 제9조), 소청심사위원회(「국가공무원법」 제9조), 이북5도위원회(「이북5도에 관한 특별자치법」 제7조), 승강기사고조사판정위원회(「승강기시설안전관리법」 제7조), 재일교포북송저지특수임무수행자보상심의위원회(「재일교포 북송저지 특수임무 수행자 보상에 관한 법률」 제3조) 등 6개가 있다.

8) 농림축산식품부 소속

품종보호심판위원회(「종자산업법」 제91조)가 있다.

9) 산업통상자원부 소속

무역위원회(「불공정 무역거래행위조사 및 산업피해구제에 관한 법률」 제27조)와 전기위원회(「전기사업법」 제53조)가 있다.

10) 환경부 소속

중앙환경분쟁조정위원회(「환경분쟁조정법」 제4조)가 있다.

11) 고용노동부 소속

중앙노동위원회(「노동위원회법」 제1조), 고용보험심사위원회(「고용보험법」 제99조), 산업재해보상보험재심사위원회(「산업재해보상보험법」 제107조) 등 3개가 있다.

12) 국토교통부 소속

중앙토지수용위원회(「공익사업을 위한 토지 등의 취득 및 보상에 관한 법률」 제49조)와 항공철도사고조사위원회(「항공 철도사고 조사에 관한 법률」 제4조)가 있다.

13) 해양수산부 소속

해양안전심판원(「해양사고의 조사 및 심판에 관한 법률」 제3조)이 있다.

14) 국가보훈처 소속

보훈심사위원회(「국가유공자 등 예우 및 지원에 관한 법률」 제82조)가 있다.

15) 금융위원회 소속

증권선물위원회(「금융위원회 설치 등에 관한 법률」 제19조)가 있다.

16) 방송통신위원회 소속

방송통신심의위원회(「방송통신위원회의 설치 및 운영에 관한 법률」 제5장)이다. 다만 방송통신심의위원회는 국가에 소속된 기관으로 특수법인도 아니지만 소속 직원은 공무원 신분이 아니고 기금에서 운영비가 지원되는 점에서 특수한 조직 형태를 취하고 있다.

17) 국민권익위원회 소속

중앙행정심판위원회(「행정심판법」 제6조)가 있다.

18) 특허청 소속

특허심판원(「특허법」 제132조의2)이 있다.

4. 책임운영기관

가. 지위

책임운영기관이라 함은 정부가 수행하는 사무 중 공공성을 유지하면서도 경쟁 원리에 따라 운영하는 것이 바람직하거나 전문성이 있어 성과관리를 강화할 필요가 있는 사무에 대하여 책임운영기관의 장에게 행정 및 재정상의 자율성을 부여하고 그 운영 성과에 대하여 책임을 지도록 하는 행정기관을 말한다(「책임운영기관의 설치·운영에 관한 법률」 제2조).

이는 책임운영기관으로 지정되지 않은 기관보다 기관을 운영함에 있어서 비교적 자율성은 폭넓게 부여되고 있으나, 법인격은 없기 때문에 국가의 구성원으로서 국가 전체의 통일된 의사에 어긋나지 않는 범위 안에서 활동하여야 한다. 이 점에 있어서 국가로부터 완전히 독립된 인격을 가진 특수법인과 다르다. 따라서 책임운영기관 소속 직원도 당연히 공무원이다.

나. 종류

1) 기관의 지위별

가) 소속책임운영기관

중앙행정기관의 소속 기관으로서 기관의 주된 사무가 사업적·집행적 성질의 행정 서비스를 제공하는 업무로서 성과 측정기준을 개발하여 성과를 측정할 수 있는 사무 또는 기관운영에 필요한 재정수입의 전부 또는 일부를 자체적으로 확보할 수 있는 사무를 집행하는 기관으로서 대통령령으로 설치한 기관을 말한다.

나) 중앙책임운영기관

「정부조직법」 제2조제2항에 따른 중앙행정기관으로서의 청(廳)을 대통령령으로 설치한 기관을 말한다. 중앙행정기관으로서 책임운영기관으로 지정된 기관은 2014.1.1. 현재 특허청이 유일하다(「책임운영기관의 설치 · 운영에 관한 법률 시행령」 별표1).

다) 군책임운영기관

국군이 수행하는 업무 중 국방목표를 효율적으로 달성하기 위하여 경쟁원리에 따라 운영하는 것이 바람직한 업무에 대하여 군 책임운영기관의 장에게 행정 및 재정상의 자율성을 부여하고 그 운영성과에 대하여 책임을 지도록 하는 국군의 부대 및 기관을 말한다(「책임운영기관의 지정 · 운영에 관한 법률」 제2조). 현재 군책임운영기관은 국군인쇄창만 지정되어 있다(동 시행령 별표1).

2) 사무의 성격별

「책임운영기관의 설치 · 운영에 관한 법률 시행령」 제1조의2는 다음과 같이 구분하고 있다.

가) 조사연구형 책임운영기관

각종 정보 · 통계에 대한 조사 · 분석 · 생산 및 제공, 각종 물품 · 물자의 표준화 및 검사를 주로 행하는 기관이다.

나) 교육훈련형 책임운영기관

특정 분야의 전문가 양성을 위한 교육, 그 업무에 종사하는 공무원 · 민간인에 대한 교육훈련, 특정 분야의 진흥을 위한 교육 관련 사업을 주로 행하는 기관을 말한다.

다) 문화형 책임운영기관

공연 및 예술의 보급 · 발전, 정부정책 홍보를 위한 신문 · 잡지 · 방송 · 영화 등 홍보물의 제작 및 제작 지원, 예술작품 · 유물 · 자료 등의 수집 · 전시 · 교육 및 연구, 인쇄자료, 필사자료, 시청각자료, 그 밖에 장애인을 위한 특수자료 등 지식정보자원 전달 등을 목적으로 하는 자료의 수집 · 정리 · 분석 · 보존 및 대여를 주로 행하는 기관이다.

라) 의료형 책임운영기관

환자의 진료 · 지도, 의료요원의 교육훈련, 의료 기술의 시험 · 연구를 주된 업무로 하는 기관이다.

마) 시설관리형 책임운영기관

정부 소유의 공용 및 공공용 시설 · 장비, 그 밖의 재산의 운영 · 관리 및 조성을 주로 행하는 기관이다.

바) 기타 책임운영기관

위 시행령 별표1에는 각 해당 유형의 책임운영기관이 지정된 구체적인 기관 이름이 열거되어 있다. 이 기관은 안전행정부장관이 기획재정부 및 해당 중앙행정기관의 장과 협의하여 설치하거나 해제할 수 있다. 이 경우 안전행정부장관은 해당 중앙행정기관의 장의 의견을 존중하여야 한다. 중앙행정기관의 장은 소관 사무 중 책임운영기관이 수행하는 것이 효율적이라고 인정되는 사무에 대하여는 책임운영기관의 설치를, 책임운영기관이 그 설치 목적을 달성할 수 없다고 인정하는 경우에는 책임운영기관의 해제를 안전행정부장관에게 요청할 수 있다(「책임운영기관의 설치 · 운영에 관한 법률」 제4조).

다. 운영

책임운영기관은 그 기관이 소속된 중앙행정기관 또는 국무총리가 부여한 사업목표를 달성하는 데에 필요한 기관 운영의 독립성과 자율성이 보장된다. 책임운영기관의 장은 그 기관의 경영혁신을 위하여 필요한 조치를 하여야 하고, 소속중앙행정기관의 장은 기관장이 이를 성실히 이행할 수 있도록 지원하여야 한다. 책임운영기관은 자율성을 보장하기 위하여 법령의 범위 안에서 인사, 예산, 조직, 회계 등 운영에 관한 '기본운영규정'을 정할 수 있다(「책임운영기관의 설치 · 운영에 관한 법률」 제3,10조). 이는 특수법인의 정관과 같은 성격으로서 일반 행정기관에는 법률로 인정되지 않는 특례 사항이다.

또한 기관장의 책임성을 높이기 위하여 임기를 보장할 필요가 있어 기관장은 공개모집 절차를 거쳐 임기제공무원으로 임용한다(「책임운영기관의 설치 · 운영에 관한 법률」 제7조).

5. 조직도

지금까지 이 절에서 설명한 부, 원, 처, 청, 위원회와 그 소속행정기관을 실제 각 조직도를 통하여 살펴보면 좀 더 쉽게 이해될 수 있다. 이를 위해서는 정부에 설치된 모든 기관들이 나름대로의 기능과 특징을 지니고 있으므로 다 살펴보면 좋다. 그러나 행정부의 모든 조직은 「정부조직법」과 「행정기관의 조직과 정원에 관한 통칙」에서 정하고 있는 기준을 지키고 있고, 또 이 책 제1편에서 설명한 행정조직법의 기본원리를 따르고 있으므로 대표적인 기관을 선정하여 검토해도 무방하다. 여기서는 정부의 인사와 조직사무를 총괄하는 안전행정부의 조직을 홈페이지에 올라 있는 아래 그림을 통해 설명한다.

안전행정부의 조직은 행정청인 장관 밑의 두 차관을 비롯하여 각 실장, 본부장, 국장(정책관 포함), 과장 등은 모두 보조기관이다. 장관정책보좌관, 대변인, 노사협력관, 인사기획관 등은 보좌기관이다.

중앙공무원교육원장 등 각 소속기관의 장도 자기 이름으로 소관 행정사무에 대한 법률적·사실적 행위를 수행하는 한 행정청의 지위를 갖고 있다. 이들 행정청에도 보조기관과 보좌기관이 있음은 물론이다.

소청심사위원회, 이북5도위원회, 경찰위원회는 합의제 행정기관이다. 과거사관련 업무지원단은 한시적 기구의 성격을 띠고 있다. 그밖에 그림에는 표시되어 있지 않으나, 정책자문위원회 등 합의제 기관인 자문기관도 설치하여 운용하고 있다.

〈안전행정부 조직도〉

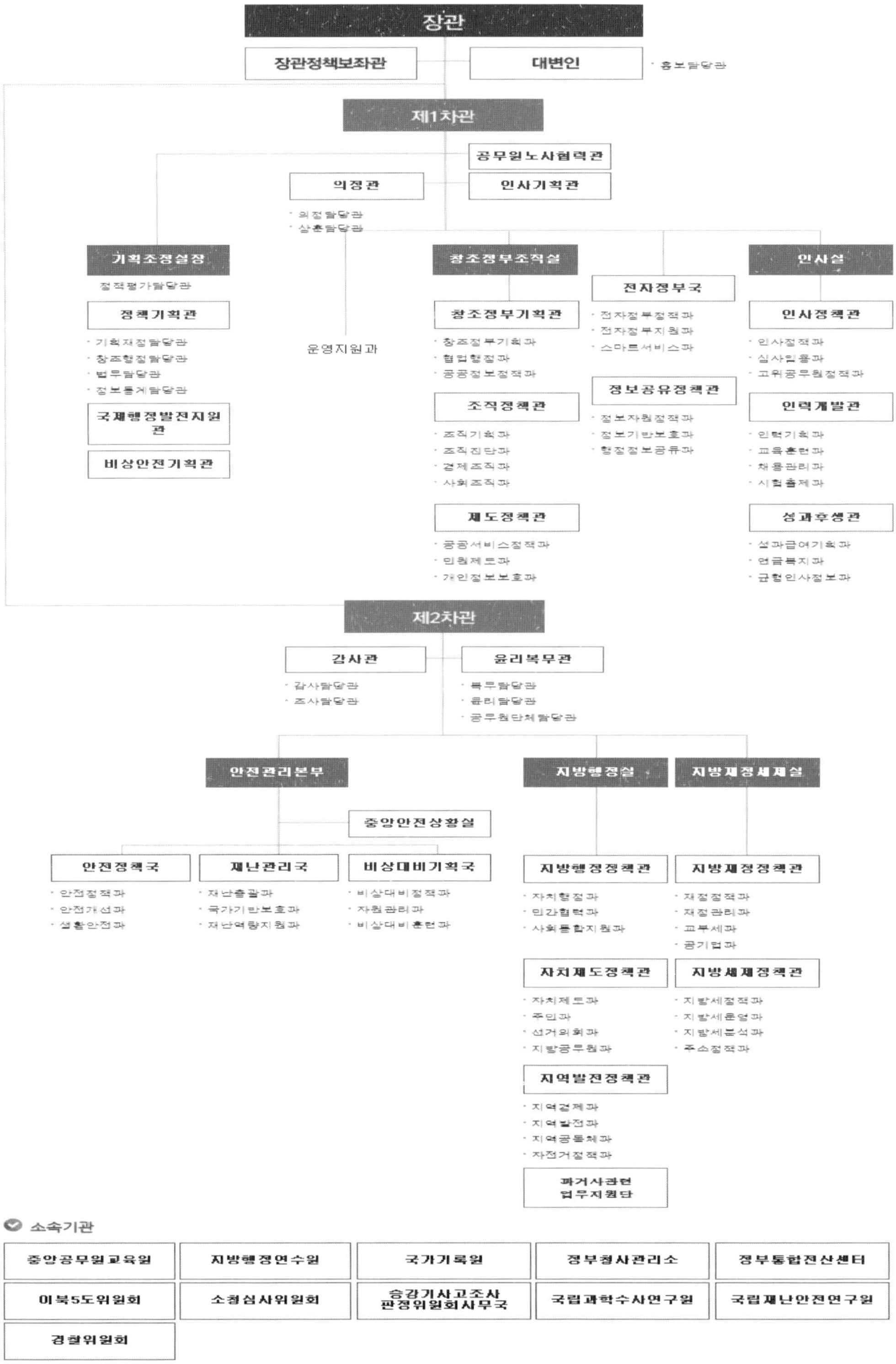
장관
장관정책보좌관
대변인
· 홍보담당관
제1차관
공무원노사협력관
의정관
인사기획관
· 의정담당관
· 상훈담당관
운영지원과
기획조정실장
정책평가담당관
정책기획관
· 기획재정담당관
· 창조행정담당관
· 법무담당관
· 정보통계담당관
국제행정발전지원관
비상안전기획관
창조정부조직실
창조정부기획관
· 창조정부기획과
· 협업행정과
· 공공정보정책과
조직정책관
· 조직기획과
· 조직진단과
· 경제조직과
· 사회조직과
제도정책관
· 공공서비스정책과
· 민원제도과
· 개인정보보호과
전자정부국
· 전자정부정책과
· 전자정부지원과
· 스마트서비스과
정보공유정책관
· 정보자원정책과
· 정보기반보호과
· 행정정보공유과
인사실
인사정책관
· 인사정책과
· 심사임용과
· 고위공무원정책과
인력개발관
· 인력기획과
· 교육훈련과
· 채용관리과
· 시험출제과
성과후생관
· 성과급여기획과
· 연금복지과
· 균형인사정보과
제2차관
감사관
· 감사담당관
· 조사담당관
윤리복무관
· 복무담당관
· 윤리담당관
· 공무원단체담당관
안전관리본부
중앙안전상황실
안전정책국
· 안전정책과
· 안전개선과
· 생활안전과
재난관리국
· 재난총괄과
· 국가기반보호과
· 재난역량지원과
비상대비기획국
· 비상대비정책과
· 자원관리과
· 비상대비훈련과
지방행정실
지방행정정책관
· 자치행정과
· 민간협력과
· 사회통합지원과
자치제도정책관
· 자치제도과
· 주민과
· 선거의회과
· 지방공무원과
지역발전정책관
· 지역경제과
· 지역발전과
· 지역공동체과
· 자전거정책과
과거사관련
업무지원단
지방재정세제실
지방재정정책관
· 재정정책과
· 재정관리과
· 교부세과
· 공기업과
지방세제정책관
· 지방세정책과
· 지방세운영과
· 지방세분석과
· 주소정책과
소속기관
중앙공무원교육원
지방행정연수원
국가기록원
정부청사관리소
정부통합전산센터
이북5도위원회
소청심사위원회
승강기사고조사
판정위원회사무국
국립과학수사연구원
국립재난안전연구원
경찰위원회

제5절 감사원

1. 의의

가. 연혁

1962.12.26. 제6호 헌법 개정시 헌법에 처음 들어간 감사원은 정부수립 초기부터 설치되었던 대통령 소속의 감찰위원회와 심계원을 통합한 기관이다. 모태가 된 두 기관의 명칭은 달랐지만 합의제 기구라는 점은 동일하였는데, 감사원을 신설하면서 위원회를 쓰지 않고 심계원의 원(院) 명칭을 사용한 것이다.

1948.12.4. 법률 제12호로 제정된 구 「심계원법」에 따라 설치된 심계원은 대통령 직속으로 당시 국무원에 대하여 직무상 독립의 지위를 가졌다. 심계원은 원장 1인, 차장 1인을 포함한 심계관 7인 이내로 구성되었으며 임기는 5년으로 연임도 가능하였다. 심계원에는 심계관회의와 사무총국을 설치하는데, 심계관회의에서는 심계결과(결산)보고서 확정, 결산에 따른 법령 등 개정의견, 총결산서 확정 등에 관한 사항을 의결하였다.

한편 법률 제1호로 제정된 구 「정부조직법」 제6장에 설치된 감찰위원회는 대통령 소속으로 1948.8.28. 설치되어 공무원에 대한 감찰사무를 관장하였다.[62] 감찰위원회는 대통령이 임명하는 위원장 1인과 위원 8인으로 구성하였으며, 감찰위원의 임기는 5년으로 하되 연임할 수 있었다. 감찰위원회는 공무원의 위법행위 또는 비행(非行)이 있을 때에는 사실을 심사한 후 증빙에 의하여 위원 과반수로 징계를 의결한다. 징계가 의결되면 소관 행정장관에게 이송하여 시행케 하였다(제43조). '행정장관'이라 함은 지금은 거의 사용하지 않는 말이지만 과거에 해당공무원이 소속된 중앙행정기관장을 뜻하는 것으로 생각된다.

62) 1963.3.19. 까지 존속한 감찰위원회는 1955.11.2. 부터 1960.8.31. 까지는 사정(司正)위원회라는 이름으로 존치되었다.

나. 지위

현행 헌법 제97조는 국가의 세입 · 세출의 결산, 국가 및 법률이 정한 단체의 회계검사와 행정기관 및 공무원의 직무에 관한 감찰을 하기 위하여 대통령 소속 하에 감사원을 둔다고 규정하고 있다. 감사원은 세입 · 세출의 결산을 매년 검사하여 대통령과 차년도 국회에 그 결과를 보고하여야 한다. 감사원의 조직 · 직무범위 · 감사위원의 자격 · 감사대상 공무원의 범위 등을 규정한 「감사원법」에 따라 감사원은 대통령에 소속하되, 직무에 관하여는 독립의 지위를 가진다. 아울러 감사원 소속 공무원의 임면, 조직 및 예산의 편성에 있어서는 감사원의 독립성을 최대한 존중하도록 하고 있다(제2조).

2. 조직

가. 구성

헌법에서는 감사원을 원장을 포함한 5인 이상 11인 이하의 감사위원으로 구성하도록 하였지만 현행 「감사원법」에서는 감사원장을 포함한 7명의 감사위원으로 구성한다(제3조).

1) 감사원장

원장은 국회의 동의를 얻어 대통령이 임명한다. 임기는 4년으로 하며 1차에 한하여 중임할 수 있다. 원장은 임명하기 전에 국회 인사청문특별위원회의 청문을 거쳐야 한다(「국회법」 제46조의3). 원장의 보수는 국무총리의 보수와 국무위원의 보수의 범위에서 대통령령인 「공무원보수규정」으로 정한다. 원장의 정년은 70세이다. 정년 규정은 법률에 의하여 효과가 직접 발생하므로 임기가 남아 있더라도 정년이 도달하면 당연퇴직 된다.

원장은 감사원을 대표하며 소속 공무원을 지휘하고 감독한다. 원장이 사고(事故)로 인하여 직무를 수행할 수 없을 때에는 감사위원으로 최장기간 재직한 감사위원이 그 직무를 대행한다. 다만 재직기간이 같은 감사위원이 2명 이상인 경우에는 연장자가 대행한다(「감사원법」 제4조).

2) 감사위원

감사위원은 원장의 제청으로 대통령이 임명하고, 그 임기는 4년으로 하며 1차에 한하여 중임할 수 있다. 감사위원은 정무직으로 하고 그 보수는 차관의 보수와 같은 액수로 한다. 감사위원의 정년은 65세로 한다. 임기가 남아 있더라도 정년이 우선 적용되기 때문에 정년이 도달하면 당연퇴직 된다.

나. 위원의 신분

1) 자격

감사위원은 다음 요건에 해당하는 사람 중에서 임명한다. ① 고위공무원단에 속하는 공무원 또는 3급 이상 공무원으로 8년 이상 재직한 사람 ② 판사 · 검사 · 군법무관 또는 변호사로 10년 이상 재직한 사람 ③ 공인된 대학에서 부교수 이상으로 8년 이상 재직한 사람 ④ 주권상장법인 또는 정부투자기관에서 20년 이상 근무한 사람으로서 임원으로 5년 이상 재직한 사람

위 요건은 개별적으로 구성되므로 각 요건을 합하여 적용할 수는 없다. 다만 ①의 고위공무원단 또는 3급이상 공무원 경력에 일반직이나 별정직 또는 이에 상당하는 특정직 여부는 구분하지 않으며 정무직공무원의 경력은 당연히 그 '이상'의 경력에 포함된다. ②의 경우는 판사 · 검사 · 군법무관 · 변호사의 경력을 모두 합하여 10년이 넘으면 가능하다. 군법무관으로서의 계급은 상관없다.

2) 권리와 의무

감사위원은 탄핵결정이나 금고 이상의 형의 선고를 받았을 때와 장기간의 심신쇠약으로 직무를 수행할 수 없게 된 때가 아니면 본인의 의사에 반하여 면직되지 아니한다. 감사위원이 탄핵결정이나 형의 선고를 받으면 당연히 퇴직되며, 심신쇠약으로 직무를 수행하기 어려울 경우에는 감사위원회의의 의결을 거쳐 원장의 제청으로 대통령이 퇴직을 명한다. 감사위원은 재직 중 국회 또는 지방의회의 의원의 직, 행정부서의 공무원의 직, 감사의 대상이 되는 단체의 임직원의 직, 그 밖에 보수를 받는 직을 겸하거나 영리를 목적으로 하는 사업을 할 수 없다. 그리고 감사위원은 정당에 가입하거나 정치운동에 관여할 수 없다.

다. 조직도

감사원은 감사원장을 포함한 감사위원의 합의제 행정기관이다. 감사원장이 감사원을 대표하고 소속공무원을 지휘·감독하므로 사무총장을 비롯한 사무차장, 본부장, 실장, 국장, 단장, 과장은 모두 보조기관이 된다. 그리고 비서실, 감찰관, 공보관, 행정지원실장, 각 담당관은 원장의 보좌기관이다. 감사교육원과 감사연구원은 소속 행정기관이며 그 밑의 부장, 과장은 그 소속기관장의 보조기관이 된다.

2014.1.1. 현재 감사원 홈페이지(www.bai.go.kr)에 있는 조직도는 아래와 같다.

〈감사원 조직도〉

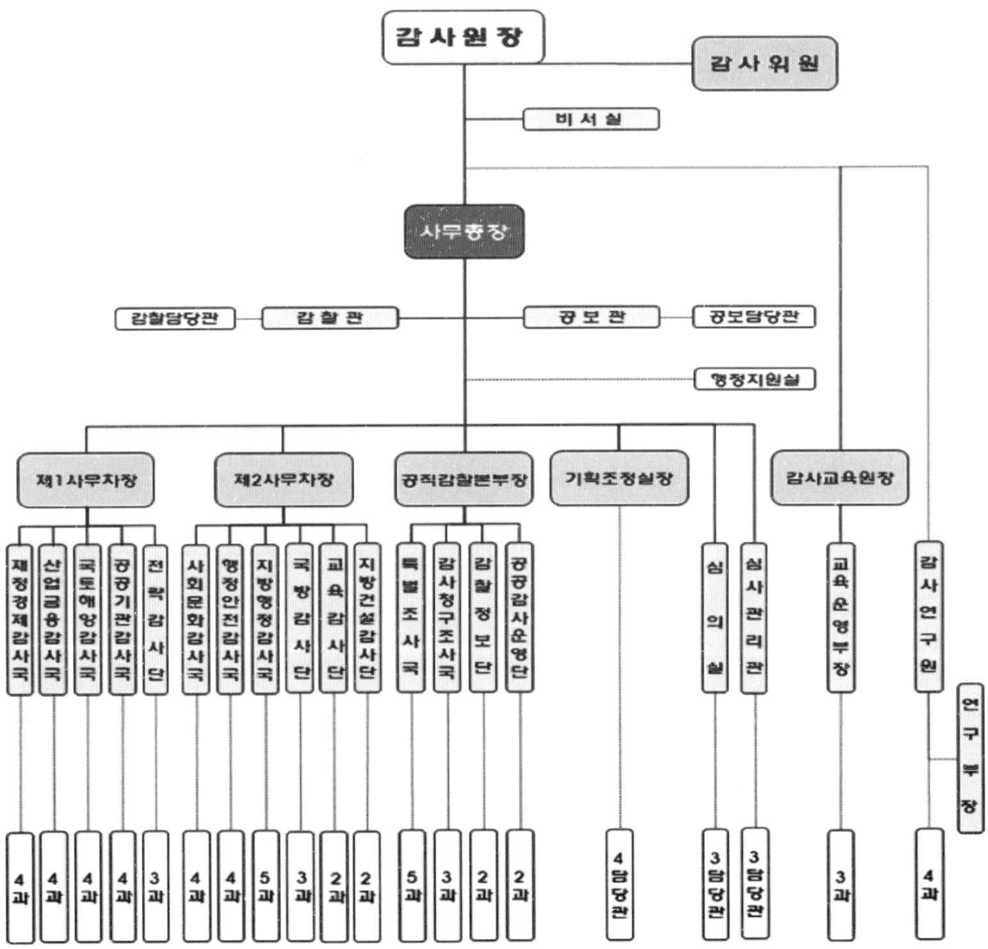

3. 직무범위

감사원은 국가의 세입·세출의 결산검사를 하고, 법률에서 정하는 회계를 상시 검사·감독하여 그 적정을 기하며, 행정기관 및 공무원의 직무를 감찰하여 행정운영의 개선과 향상을 기한다(「감사원법」 제20조).

가. 결산 확인 및 회계검사

감사원은 회계검사의 결과에 따라 국가의 세입·세출의 결산을 확인한다. '확인'의 의미는 세입·세출 예산의 집행결과인 결산의 적법·타당성에 대하여 정부 내에서 최종적으로 검사·판단한다는 것이다. 따라서 감사원의 확인행위는 법률적으로 확정력을 가진다. 물론 국회의 결산심사 절차가 남아 있지만 이는 국민의 정치적인 승인행위라 할 수 있다.

결산에 대한 필요적 검사사항으로서 국가의 회계, 지방자치단체의 회계, 한국은행의 회계와 국가 또는 지방자치단체가 자본금의 2분의 1 이상을 출자한 법인의 회계 등의 검사를 하며 여기에는 수입과 지출, 재산(물품·유가증권·권리 등 포함)의 취득·보관·관리 및 처분 등의 검사를 포함한다.

선택적 검사사항으로 필요하다고 인정하거나 국무총리의 요구가 있는 경우에는 국가기관 또는 지방자치단체 외의 특수법인이나 법인격 없는 단체의 회계에 대하여도 감사를 실시할 수 있다.

나. 직무감찰

감사원규칙으로 제정한 「직무감찰규칙」 제2조는 직무감찰을 행정기관 등의 사무와 공무원 등의 직무 및 이와 관련된 행위에 대하여 조사·평가 등의 방법으로 법령상, 제도상 또는 행정상의 모순이나 문제점을 적출하여 이를 시정, 개선하기 위한 행정사무감찰과 공무원 등의 위법·부당행위를 적발하여 이를 바로잡기 위한 대인감찰을 말한다고 정의하고 있다. 즉 행정사무와 공무원 둘 다 감찰 대상으로 삼고, 조사와 평가 등을 통하여 문제점을 적출, 시정, 개선한다는 것이다. 일반적으로 법령과 제도 등 행정사무는 시대와 환경에 따라 변화와 혁신을 거치면서 발전되어 왔으므로 시정 · 개선될 여지는 많을 것이다. 행정사무를 담당하는 공무원이 이를 적극적으로 발굴 · 조치하여야 하지만 소극적으로 방치하게 되면 감사원이나 국민권익위원회가[63] 시정토록 하는 것은 필요하다고 본다.

그런데 '감찰'의 사전적 의미는 ① 단체의 규율과 구성원의 행동을 감독하여 살핌 또는 그런 직무 ② 공무원의 위법 · 비위 사실에 대한 조사 및 징계 처분, 공무원을 수사 기관에 고발하는 것 등으로서,[64] 공무원의 직무 수행과 관련하여 위법이나 비위행위가 있는지를 살펴보는 것이다. 따라서, 제도상의 모순이나 문제점을 넘어 공무원이 담당하는 일상의 직무뿐만 아니라 정책을 추진함에 있어서 어떠한 대안을 분석 · 결정 · 집행할 것인가 라는 영역까지 직무 '감찰'의 대상으로 삼을 경우 본래의 뜻과는 거리가 있게 된다. 감사원의 전신인 구 감찰위원회의 업무범위와 심계원의 회계검사 범위를 보더라도, 감찰 활동을 통하여 공무원의 직무수행 과정에서 비리가 발생하지 않도록 하라는 것이지 정책 내용과 결과까지 감독하라는 취지는 아니었다. 정책의 결과는 시간과 장소에 따라 얼마든지 달라질 수 있는 가치판단의 영역이 많으므로 동시대를 사는 사람이 그것의 옳고 그름을 정확하게 재단하는 데는 한계가 있다.

한편 정책 · 사업 · 업무 전반에 관해서는 「정부업무평가 기본법」에 따라 행정각부를 통할하는 국무총리실에서 각부의 정책 목표와 성과 등을 비교형량 하는 등 다양한 방법과 절차로 평가를 실시하고 있다. 이 평가결과를 토대로 국민의 대표기관인 국회는 각 행정청에 대한 정책질의를 통하여 직접 평가하거나 외부 용역 등을 활용하여 간접 평가함으로써 정책의 집행, 효과, 능률성 등을 점검할 수 있다.[65] 그 결과 문제가 있는 기관장에 대하여는 대통령에게 해임을 건의하는 등의 방법으로 정치적 책임도 물을 수 있다. 그럼에도 불구하고 공직자가 법령상 부여된 소관 업무를

63) 국민권익위원회는 고충민원을 유발하는 불합리한 행정제도를 개선하는 기능을 갖고 있기 때문이다. 「부패방지 및 국민권익위원회의 설치와 운영에 관한 법률」 제1,2조.

64) naver 국어사전.

65) 김명수, 정책평가와 공공감사 그리고 정부개혁과 반부패, 74~78쪽.

아무런 비위행위 없이 성실하게 수행한 정책의 결과까지 외부감사를 통하여 법적 책임을 묻게 된다면 공직자들을 위축시켜 새로운 정책이나 사업을 할 의욕을 잃게 될 것이다.[66] 따라서 헌법상 직무'감찰'은 직무'감사'와 개념이 다른 만큼 감찰활동의 영역을 공무원 등이 행하는 모든 직무로 확대 해석하는 것은 신중히 할 필요가 있다고 생각된다.

66) 김대기, 덫에 걸린 한국경제, 228쪽.

제 3 장 법 원

제1절 의 의

1. 지위

사법권이 속하는 법원은 법관으로 구성되고 최고법원인 대법원과 각급법원으로 조직된다(헌법 제101조).

법관으로 '구성'되므로 법관의 존재는 법원의 필요조건이다. 법관은 법률에서 정한 절차에 따라 소정의 자격을 취득한 경우에만 임명될 수 있다. 따라서 사법권은 법원의 구성원인 법관이 외부의 간섭을 받지 않고 헌법과 법률에 의하여 양심에 따라 독립적으로 심판하는 기관으로서 행사되어야 한다.

'최고법원'이라는 것은 대법원의 판단이 최종적인 확정판결이므로 국민들로부터 신뢰와 지지를 받으며 존중된다는 것이다. 헌법재판소는 소장만 국민의 대표의사기관인 국회의 임명동의를 받는 것과 달리, 대법원장과 대법관은 모두 국회의 동의를 받아 임명하도록 한 것은 이러한 사정을 고려한 조치로 보인다. 과거에는 대통령이 대법원장을 임명할 때만 국회의 동의를 받도록 되어 있었는데, 1987.10.27. 제10호 헌법을 개정하면서 지금처럼 대법원을 구성할 때 국회의 간여권이 확대되었다.

대법원과 각급법원으로 '조직'되므로 법원에는 최고법원 밑에 법률이 정하는 바에 따라 여러 법원을 두고 있다. 「법원조직법」 제3조는 법원의 종류로 대법원, 고등법원, 특허법원, 지방법원, 가정법원, 행정법원의 6종으로 구분하고 있다. 군사재판을 관할하는 군사법원은 일반국민을 대상으로 재판하지 않는 특별법원이므로 일반적인 법원 조직으로는 분류되지 않고 「군사법원법」이 따로 적용된다. 다만 군사법원도 그 최종심은 대법원이 관할하고 있다.

2. 권한

법원은 헌법에 특별한 규정이 있는 경우를 제외한 일체의 법률상의 쟁송을 심판하고, 「법원조직법」과 다른 법률에 의하여 법원에 속하는 권한을 가진다. 다만 행정기관에 의한 전심으로서의 심판을 금하는 것은 아니다. 법원은 또한 등기 · 가족관계등록 · 공탁 · 집행관 · 법무사에 관한 사무를 관장 또는 감독한다(「법원조직법」 제2조). 헌법에 규정한 특별한 경우란 국회의원의 징계(제64조), 헌법재판소의 심판(제111조)이 해당된다.

법률이 헌법에 위반되는 여부가 재판의 전제가 된 경우 법원은 헌법재판소에 제청하여 그 심판에 의하여 재판한다. 명령 · 규칙 또는 처분이 헌법이나 법률에 위반되는 여부가 재판의 전제가 된 경우 대법원은 이를 최종적으로 심사할 권한을 가진다.

대법원은 법률에 저촉되지 아니하는 범위 안에서 소송에 관한 절차, 법원의 내부규율과 사무처리에 관하여 대통령령의 효력을 갖는 규칙을 제정할 수 있다.

3. 법관과 판사

「법원조직법」 제5조 제1항은 대법원장과 대법관이 아닌 법관을 판사로 하고, 고등법원 · 특허법원 · 지방법원 · 가정법원 및 행정법원에 판사를 두며, 그 수는 따로 법률로 정한다고 되어 있다. 그 법률이 「각급 법원 판사 정원법」이다.

가. 법관

법관은 재판사무를 담당할 수 있는 자격을 갖추고 법원을 구성하는 신분에 대한 기능적 명칭이다. 즉 자격과 신분을 함께 표시하는 개념이라 할 수 있다.

법원에는 법관이 필수적 구성원이므로 넓은 의미의 법관에는 대법원장은 물론 대법관도 포함된다. 현행 헌법 제104조는 '대법원장과 대법관이 아닌 법관'으로 표현되어 있으나 과거에는 '대법원장인 법관'과 '대법원판사인 법관'으로 규정한 때도 있었다.[67] 그러나 대법관은 법관이라는 공통된 신분 이름 외에 판사와는 구분되는 직급의 개념도 들어 있다. 왜냐하면 대법관을 판사라고 부르지는 않기 때문이다. 과거 제6호, 제7호, 제9호 헌법에서는 대법관을 대법원판사라고 표현하며 일반 판사와 구분하기도 했지만, 현행 헌법에는 대법관으로 다시 부르고 있다.

법원이 법관을 구성원으로 하는 조직이라고 해서 다른 신분을 가진 공무원은 법원에서 근무할 수 없다는 뜻은 물론 아니다. 따라서 법원에는 일반직공무원이나 연구관 등 다른 직종의 공무원도 많이 근무하고 있다. 마치 국회의원 신분을 가진 사람들로 구성된 국회에 국회의원뿐만 아니라, 정무직공무원과 일반직공무원 등 다양한 직종이 근무하는 것과 같다.

나. 판사

판사는 법관의 신분을 가진 공무원의 직무를 표시하는 직급이라 할 수 있다. 법관은 헌법 제103조에 따라 독립적으로 재판업무를 수행하기 때문에 판사라는 하나의 계급만 있는 것이다. 법관의 직무 성격상 1급판사, 2급판사 등으로 계급을 구분하고 몇 급 이하는 지방법원에, 몇 급 이상은 고등법원에 각각 근무한다는 식으로 운영할 수는 없다. 판사라는 단일 직급만 있으므로 논리적으로는 갓 임용된 판사라도 고등법원의 부장에 임명될 수 있다. 타 직종인 군인과 법관을 비교해 보면 판사는 대장부터 소위까지 모든 계급과 대칭이 되는 것이다. 그러나 현실적으로는 지방법원 배석판사 → 지방법원 단독판사 → 고등법원 배석판사 → 재판연구관 → 지방법원 부장판사 → 고등법원 부장판사 → 지방법원장 → 고등법원장 → 대법관으로

67) 제6호 헌법(1962.12.26.) 제99조.

순차 승진되는 피라미드 형 구조를 유지함으로써 사실상 직급제와 마찬가지로 운영되고 있다.[68)]

따라서 공무원의 직종으로 말할 때는 법관이라 하고, 직급으로 표시할 때는 판사라고 하면 된다. '부장판사'라는 것은 재판부의 장의 위치에 있는 판사라는 것을 줄여서 부를 뿐 그 자체가 계급은 아니다.

대법원장은 판사로 하여금 다른 고등법원 · 특허법원 · 지방법원 · 가정법원 또는 행정법원의 판사의 직무를 대리하게 할 수 있다. 고등법원장 또는 지방법원장은 그 관할구역 안에 한하여 직무대리를 하게 할 수 있다. 그러나 대리기간이 6월을 초과하는 경우에는 대법원장의 허가를 받아야 한다.

다. 신분보장

사법권을 보장하기 위해서는 법관에 대한 신분보장이 필수적이다. 이에 따라 법관의 임기와 정년을 법률로 정해서 보장하고 있다. 대법원장과 대법관의 임기는 6년으로 같지만 대법원장은 연임할 수 없다. 일반 법관은 모두 임기가 10년이며 연임할 수 있다. 대법원장의 정년은 70세, 대법관의 정년은 65세, 판사의 정년은 63세이다(「법원조직법」 제45조).

정년규정이 헌법상 평등권이나 직업선택의 자유 또는 공무담임권을 침해하거나 헌법 제106조의 법관의 신분보장 규정을 위배하는 것은 아니다.[69)] 따라서 임용 후 정년제도가 개정되어 정년이 몇 년 단축되거나 계급정년제와 같은 새로운 정년이 신설되어도 이에 대하여 기득권을 주장할 수 없다. 탄핵 또는 금고 이상의 형의 선고에 의하지 아니하고는 파면되지 아니하며, 징계처분에 의하지 아니하고는 정직 · 감봉 기타 불리한 처분을 받지 아니한다. 또한 법관이 중대한 심신상의 장해로 직무를 수행할 수 없을 때에는 법률이 정하는 바에 의하여 퇴직하게 할 수 있다.

68) 사법연수원, 사법제도론, 37쪽.

69) 헌법재판소 2002.10.31. 자 2001헌마557 결정.

4. 심판권의 행사

대법원의 심판권은 대법관 전원의 3분의 2이상의 합의체에서 이를 행하며 대법원장이 재판장이 된다. 대법관 3인 이상으로 구성된 부에서 먼저 사건을 심리하여 의견이 일치한 때에 한하여 그 부에서 재판할 수 있다. 그러나 명령 또는 규칙이 헌법과 법률에 위반함을 인정하는 경우, 종전에 대법원에서 판시한 헌법 · 법률 · 명령 또는 규칙의 해석적용에 관한 의견을 변경할 필요가 있음을 인정하는 경우, 부에서 재판함이 적당하지 아니함을 인정하는 경우에는 전원 합의체에서 결정하여야 한다.

대법원장은 필요하다고 인정하는 경우에 특정한 부로 하여금 행정 · 조세 · 노동 · 군사 · 특허 등 사건을 전담하여 심판하게 할 수 있다.

고등법원 · 특허법원 및 행정법원의 심판권은 판사 3인으로 구성된 합의부에서 이를 행한다. 다만 행정법원에 있어서 단독판사가 심판할 것으로 행정법원 합의부가 결정한 사건의 심판권은 단독판사가 이를 행한다.

지방법원 및 가정법원과 그 지원, 가정지원 및 시 · 군법원의 심판권은 단독판사가 이를 행한다. 지방법원 및 가정법원과 그 지원 및 가정지원에서 합의심판을 하여야 하는 경우에는 판사 3인으로 구성된 합의부에서 이를 행한다.

상급법원의 재판에 있어서의 판단은 당해 사건에 관하여 하급심을 기속한다. 특정사건을 재판함에 있어서 법원을 구성하는 법관 개개인의 판단은 독립적으로 존중되어야 하지만, 상급법원의 판단은 하급법원의 판단 내용을 기속하는 것이 마땅하다. 그렇지 못하다면 대법원의 최고법원 지위도 보장할 수 없기 때문이다.

5. 연혁

역대 헌법에서 정한 사법권 관장기관에 관한 규정을 요약 · 정리하면 아래 표와 같다.

〈역대 헌법상 법원 관련 주요내용〉

<table>
<tr><th>구분</th><th>주요 헌법 내용</th></tr>
<tr><td>헌법 제10호
(1987.10.29.)</td><td>제5장 법원
- 대법원장: 국회 동의를 얻어 대통령 임명(임기6년, 중임 불가)
- 대법관: 대법원장 제청, 국회 동의 얻어 대통령 임명(임기6년, 연임가능)
- 기타 법관: 대법관회의의 동의를 얻어 대법원장이 임명</td></tr>
<tr><td>헌법 제9호
(1980.10.27.)</td><td>제5장 법원
- 대법원장: 국회의 동의를 얻어 대통령이 임명(임기 5년, 중임 불가)
- 대법원판사: 대법원장 제청에 의하여 대통령 임명(임기5년, 연임가능)
- 기타 법관: 대법원장이 임명
※ 군법회의를 군사법원으로 변경</td></tr>
<tr><td>헌법 제8호
(1972.12.27.)</td><td>제7장 법원
- 대법원의 법관수는 16인 이하
- 대법원장: 대통령이 국회동의를 얻어 임명(임기6년, 연임 가능)
- 기타 법관: 대법원장의 제청으로 대통령 임명</td></tr>
<tr><td>헌법 제7호
(1969.10.21.)</td><td rowspan="2">제3장 통치기구
제3절 법원
- 대법원의 법관수는 16인 이하
- 대법원장: 법관추천회의 제청에 의하여 대통령이 국회 동의 얻어 임명 (임기6년, 연임불가, 정년 65세)
- 대법원판사: 대법원장이 법관추천회의의 동의 얻어 제청, 대통령이 임명
※ 법관추천회의는 법관 4인, 변호사 2인, 대통령 지명 법률학교수 1인, 법무부장관, 검찰총장</td></tr>
<tr><td>헌법 제6호
(1962.12.26.)</td></tr>
<tr><td>헌법 제5호
(1960.11.29.)</td><td rowspan="2">제7장 법원
- 대법원장과 대법관: 법관의 자격이 있는 자로 조직되는 선거인단이 선거하고 대통령 확인(※ 선거인단: 「대법원장 및 대법관 선거법」에 100인)
※ 군법회의 신설</td></tr>
<tr><td>헌법 제4호
(1960.6.15.)</td></tr>
<tr><td>헌법 제3호
(1954.11.29.)</td><td rowspan="3">제5장 법원
- 대법원장: 대통령이 임명하고 국회의 승인 필요
- 법관 임기는 10년, 연임 가능</td></tr>
<tr><td>헌법 제2호
(1952.7.7.)</td></tr>
<tr><td>헌법 제1호
(1948.7.17.)</td></tr>
</table>

제2절 구 성

법원에는 최고법원인 대법원 바로 밑에 일반법원인 고등법원과 전문법원인 특허법원이 있고, 그 밑에 지방법원과 전문법원인 가정법원·행정법원이 있다. 지방법원이나 가정법원 사무의 일부를 처리하기 위하여 관할구역 안에 지원과 가정지원, 시·군법원 및 등기소를 둘 수 있다.

1. 대법원

가. 설치

최고법원인 대법원은 서울특별시에 설치하며, 대법원장을 포함하여 14인의 대법관으로 구성된 조직이다. 대법원이 14인의 대법원으로 구성된다고 해서 대법관 14명이 한명도 빠짐없이 상시 출석해 있어야 한다는 뜻은 아니다. 임명된 후 출장·휴가, 휴직 등의 사유로 재판업무를 일시적으로 수행할 수 없는 불가피한 사정이 얼마든지 생길 수 있다. 따라서 합의제 기구라도 대법원 전체 의사결정에 중대한 흠이 생길 정도로 공석이 발생한 것이 아니라면 일시적인 결원상태는 문제될 것이 없다.

나. 대법원장 및 대법관

대법원장은 국회의 동의를 얻어 대통령이 임명하고, 임기는 6년으로 하며 중임할 수 없다. 중임이 금지되므로 한 번만 할 수 있다. 대법관은 「법원조직법」 제41조의2 규정에 의한 대법관후보추천위원회의 추천내용을 존중하여 대법원장의 제청으로 국회의 동의를 얻어 대통령이 임명한다. 대법관의 임기는 6년으로 하며, 연임할 수 있다. 국회의 동의를 얻기 전에 「인사청문회법」 제46조의3의 규정에 따라 국회의 인사청문을 거쳐야 한다. 대법원장은 대법원의 일반사무를 관장하며, 대법원의 직원과 각급법원 및 그 소속기관의 사법행정사무에 관하여 직원을 지휘·감독한다. 대법원장이 궐위되거나 사고로 인하여 직무를 수행할 수 없을 때에는 선임대법관이 그 권한을 대행한다.

다. 관할 및 대법관회의

대법원은 고등법원 또는 항소법원 · 특허법원의 판결에 대한 상고사건, 항고법원 · 고등법원 또는 항소법원 · 특허법원의 결정 · 명령에 대한 재항고사건, 다른 법률에 의하여 대법원의 권한에 속하는 사건을 종심으로 심판한다. 대법원재판서에는 합의에 관여한 모든 대법관의 의견을 표시하여야 한다.

대법관회의는 대법관으로 구성되며, 대법원장이 그 의장이 된다. 대법관회의는 대법관 전원의 3분의 2이상의 출석과 출석인원 과반수의 찬성으로 의결한다. 의장은 의결에 있어서 표결권을 가지며, 가부동수인 때에는 결정권을 가진다. 대법관회의에서 의결해야 할 사항은 ① 판사의 임명 및 연임에 대한 동의 ② 대법원규칙의 제정과 개정 등에 관한 사항 ③ 판례의 수집 · 간행에 관한 사항 ④ 예산요구, 예비금지출과 결산에 관한 사항 ⑤ 다른 법령에 의하여 대법관회의의 권한에 속하는 사항 ⑥ 특히 중요하다고 인정되는 사항으로서 대법원장이 부의한 사항 등이다.

라. 사법행정 등

대법원장은 사법행정사무를 총괄하며, 사법행정사무에 관하여 관계공무원을 지휘 · 감독한다. 대법원장은 사법행정사무의 지휘 · 감독권의 일부를 법률 또는 대법원규칙이 정하는 바에 의하여 또는 대법원장의 명으로 법원행정처장이나 각급법원의 장, 사법연수원장, 법원공무원교육원장 또는 법원도서관장에게 위임할 수 있다. 대법원장은 법원의 조직, 인사, 운영, 재판절차, 등기, 가족관계등록 기타 법원업무에 관련된 법률의 제정 또는 개정이 필요하다고 인정하는 경우에는 국회에 서면으로 그 의견을 제출할 수 있다(「법원조직법」 제9조).

사법행정사무를 관장하기 위하여 대법원에 법원행정처를 둔다. 법원행정처는 법원의 인사 · 예산 · 회계 · 시설 · 통계 · 송무 · 등기 · 가족관계 등록 · 공탁 · 집행관 · 법무사 · 법령조사 및 사법제도연구에 관한 사무를 관장한다.

대법원장은 다른 국가기관 · 공공단체 · 교육기관 · 연구기관 기타 필요한 기관에 대하여 소속 공무원 및 직원을 재판연구관으로 근무하게 하기 위하여 파견근무를 요청할 수 있다. 파견된 재판연구관에 대하여는 대법원규칙이 정하는 수당을 지급할 수 있다.

2. 고등법원

가. 구성 및 권한

고등법원에 판사로 보하는 고등법원장을 둔다. 판사는 직무를 표시하는 계급 즉 직급인 반면 고등법원장은 직위의 명칭이다. 고등법원장은 그 법원의 사법행정사무를 관장하며, 소속공무원을 지휘 · 감독한다. 고등법원장이 궐위되거나 사고로 인하여 직무를 수행할 수 없을 때에는 수석부장판사 · 선임부장판사의 순서로 그 권한을 대행한다. 고등법원에 고등법원장비서관을 둔다. 고등법원장비서관은 법원사무관 또는 5급상당의 별정직공무원으로 보한다.

고등법원에 부를 두고 부에 부장판사를 둔다. 부장판사는 그 부의 재판에 있어서 재판장이 되며, 고등법원장의 지휘에 의하여 그 부의 사무를 감독한다. 재판업무 수행상의 필요가 있는 경우 대법원규칙으로 정하는 바에 따라 고등법원의 부로 하여금 그 관할구역 안의 지방법원 소재지에서 사무를 처리하게 할 수 있다. 대법원장은 지방법원 소재지에서 사무를 처리하는 고등법원의 부가 2개 이상인 경우 그 부와 관련된 사법행정사무를 관장하는 법관을 지정할 수 있다.

나. 관할

고등법원은 지방법원합의부 · 가정법원합의부 또는 행정법원의 제1심 판결 · 심판 · 결정 · 명령에 대한 항소 또는 항고사건, 지방법원단독판사 · 가정법원단독판사의 제1심 판결 · 심판 · 결정 · 명령에 대한 항소 또는 항고사건으로서 형사사건을 제외한 사건중 대법원규칙으로 정하는 사건, 다른 법률에 의하여 고등법원의 권한에 속하는 사건을 심판한다.

다. 설치

현재 우리나라의 고등법원은 서울, 부산, 대구, 광주, 대전 등 5개 주요 도시에 설치되어 있으며, 재판 당사자의 편의를 고려하여 춘천, 청주, 창원, 전주 및 제주 등에 원외재판부를 설치 · 운영하고 있다.

3. 특허법원

가. 구성 및 권한

특허법원에 판사로 보하는 특허법원장을 둔다. 특허법원장은 그 법원의 사법행정사무를 관장하며, 소속공무원을 지휘·감독한다. 특허법원장이 궐위되거나 사고로 인하여 직무를 수행할 수 없을 때에는 수석부장판사·선임부장판사의 순서로 그 권한을 대행한다. 특허법원에 특허법원장비서관을 둔다. 특허법원장비서관은 법원사무관 또는 5급상당의 별정직공무원으로 보한다. 특허법원에 부를 둔다.

나. 관할

특허법원은「특허법」제186조 제1항,「실용신안법」제33조,「디자인보호법」제75조 및「상표법」제86조제2항이 정하는 제1심사건과 다른 법률에 의하여 특허법원의 권한에 속하는 사건을 심판한다. 종전에는 특허권, 실용신안권, 디자인권, 상표권 등을 둘러싼 분쟁에 관하여 특허청에서 2단계 행정심판을 거친 후 여기에 불복이 있는 경우 바로 대법원에 상고하였다. 그러나 1998.3.1. 신설된 특허법원이 특허심판원의 심결에 대한 불복소송을 제1심으로 관장하고 그 판결에 불복이 있는 경우 대법원에 상고할 수 있도록 하면서, 특허법원 사건은 2심제로 운영하게 되었다.

특허법원에는 자연과학이나 공학을 전공한 기술심리관을 전문 기술분야 별로 배치하여 특허, 실용신안사건의 기술적인 사항에 관해 재판부의 이해와 판단을 보조하도록 하였다.

4. 지방법원과 지원

가. 구성 및 권한

지방법원에 판사로 보하는 지방법원장을 둔다. 전국 18개의 지방법원장은 그 법원과 소속지원, 시·군법원 및 등기소의 사법행정사무를 관장하며, 소속공무원을 지휘 · 감독한다. 지방법원장이 궐위되거나 사고로 인하여 직무를 수행할 수 없을 때에는 수석부장판사 · 선임부장판사의 순서로 그 권한을 대행한다. 지방법원에 지방법원장비서관을 둔다. 지방법원장비서관은 법원사무관 또는 5급상당의 별정직공무원으로 보한다. 지방법원에 부를 둔다.

지방법원의 지원과 가정지원에 지원장을 둔다. 전국 40개의 지원장은 판사로 보한다. 지원장은 소속 지방법원장의 지휘를 받아 그 지원과 관할구역 안에 위치한 시 · 군법원의 사법행정사무를 관장하며, 소속공무원을 지휘 · 감독한다. 사무국을 둔 지원의 지원장은 소속 지방법원장의 지휘를 받아 관할구역안에 위치한 등기소의 사무를 관장하며, 소속공무원을 지휘 · 감독한다. 지방법원의 지원과 가정지원에 부를 둘 수 있다. 가정지원은 가정법원이 설치되지 아니한 지역에서 가정법원의 권한에 속하는 사항을 관할한다. 다만 가정법원단독판사의 판결 · 심판 · 결정 · 명령에 대한 항소 또는 항고사건에 관한 심판에 해당하는 사항을 제외한다.

나. 관할

지방법원과 그 지원의 합의부는 합의부에서 심판할 것으로 합의부가 결정한 사건, 민사사건에 관하여는 대법원규칙으로 정하는 사건, 사형 · 무기 또는 단기 1년 이상의 징역 또는 금고에 해당하는 사건, 이와 동시에 심판할 공범사건, 지방법원판사에 대한 제척 · 기피사건, 다른 법률에 의하여 지방법원합의부의 권한에 속하는 사건을 제1심으로 심판한다.

다. 시 · 군법원

대법원장은 지방법원 또는 그 지원 소속판사 중에서 그 관할구역 안에 위치한 시 · 군법원의 판사를 지명하여 시 · 군법원의 관할사건을 심판하게 한다. 이 경우 1인의 판사를 2이상의 시 · 군법원의 판사로 지명할 수 있다. 시 · 군법원의 판사는 소속 지방법원장 또는 지원장의 지휘를 받아 시 · 군법원의 사법행정사무를 관장하며, 그 소속직원을 지휘 · 감독한다. 다만 가사사건에 관하여는 그 지역을 관할하는 가정법원장 또는 그 지원장의 지휘를 받는다.

시 · 군법원은 「소액사건심판법」의 적용을 받는 민사사건, 화해 · 독촉 및 조정에 관한 사건, 20만원 이하의 벌금 또는 구류나 과료에 처할 범죄사건, 「가족관계의 등록 등에 관한 법률」 제75조에 의한 협의상 이혼의 확인사건을 관할한다.

라. 등기소

등기소에 소장을 두는데, 소장은 법원서기관 · 법원사무관 또는 등기사무관으로 보한다. 소장은 소속 지방법원장 또는 사무국을 둔 지원의 지원장의 지휘를 받아 등기소의 사무를 관장하고, 그 소속직원을 지휘 · 감독한다.

5. 가정법원

가. 구성 및 권한

가사사건과 소년보호사건 등을 전문적으로 처리하기 위하여 1963.10.1. 처음 설치된 가정법원은 현재 서울, 부산, 대전, 대구, 광주에 설치되어 있고, 16개 지원이 있다. 가정법원에는 판사로 보하는 가정법원장을 둔다. 가정법원장은 그 법원과 소속지원의 사법행정사무를 관장하며, 소속공무원을 지휘 · 감독한다. 다만 1개의 지원을 두는 경우 가정법원장은 그 지원의 가사사건, 소년보호 및 가족관계등록에 관한 사무를 지휘 · 감독한다. 가정법원장이 궐위되거나 사고로 인하여 직무를 수행할 수 없을 때에는 수석부장판사 · 선임부장판사의 순서로 그 권한을 대행한다. 가정법원에 가정법원장비서관을 둔다. 가정법원장비서관은 법원사무관 또는 5급상당의 별정직공무원으로 보한다. 가정법원에 부를 둔다.

가정법원지원에 지원장을 둔다. 지원장은 소속가정법원장의 지휘를 받아 지원의 사법행정사무를 관장하며, 소속공무원을 지휘 · 감독한다.

나. 관할

가정법원 및 가정법원지원의 합의부는 「가사소송법」에서 정한 가사소송과 가사비송사건중 대법원규칙으로 정하는 사건, 가정법원판사에 대한 제척 · 기피사건,

다른 법률에 의하여 가정법원합의부의 권한에 속하는 사건을 제1심으로 심판한다.

가정법원 또는 가정법원의 지원이 설치되지 않은 지역에서는 지방법원 또는 지방법원의 지원이 그 역할을 한다. 가정법원은 가사 및 소년보호사건 이외에도 1998년부터 「가정폭력범죄의 처벌 등에 관한 특례법」에 따라 가정폭력사건에 대한 심판권도 행사한다. 또한, 같은 법 제55조의2의 규정을 신설하여 2011.10.26. 부터 가정폭력 피해자가 가정법원에 직접 가정폭력 행위자의 격리 등을 청구할 수 있는 피해자 보호명령이 도입됨에 따라 이에 대한 심판권을 가지고 있다. 가사사건은 법관 3인으로 구성된 합의부 또는 단독판사가 담당하고, 소년보호사건, 가정보호사건은 단독판사가 담당한다. 가정법원에는 가사조정사건을 다루기 위한 조정위원회와 필요한 사항을 조사하는 조사관이 있다.

6. 행정법원

가. 구성 및 권한

행정법원에 판사로 보하는 행정법원장을 둔다. 행정법원장은 그 법원의 사법행정사무를 관장하며, 소속공무원을 지휘 · 감독한다. 행정법원장이 궐위되거나 사고로 인하여 직무를 수행할 수 없을 때에는 수석부장판사 · 선임부장판사의 순서로 그 권한을 대행한다. 행정법원에 행정법원장비서관을 둔다. 행정법원장비서관은 법원사무관 또는 5급상당의 별정직공무원으로 보한다. 행정법원에 부를 둔다.

나. 관할

행정법원은 행정소송법에서 정한 행정사건과 다른 법률에 의하여 행정법원의 권한에 속하는 사건을 제1심으로 심판한다.

행정법원은 1998.3.1. 서울에 처음 설치되었고 행정법원이 설치되지 않은 지역의 행정사건은 행정법원이 설치될 때까지 해당 지방법원 본원이 이를 관할한다. 서울행정법원은 조세, 토지수용, 근로, 일반행정 등 사건을 심판한다. 과거에는 행정적 구제절차를 모두 거쳐야 법원에 행정소송을 제기할 수 있었으나, 행정법원 설립에 따라 법률에 특별히 규정되어 있지 않은 한 행정심판을 거치지 않고 곧바로 행정소송을 제기할 수 있게 되었다.

7. 군사법원

가. 지위

과거 군법회의라고 부르다가 1987.10.27. 제9호 헌법 개정시 군사법원으로 이름이 바뀐 군사법원은 특별법원으로서 그 조직 · 권한 및 재판관의 자격은 「군사법원법」에서 자세히 정하고 있다. 군법'회의'에서 군사'법원'으로 명칭이 고쳐지면서 사법기관의 성격이 대폭 강화되었다. 육군, 해군, 공군, 국방부에 따로 설치되어 있던 고등군사법원을 국방부로 통합하였고 구속영장 발부권을 부대 지휘관에서 군판사로 바꾸었으며, 군사재판의 특성에도 불구하고 재판부의 구성에 군판사의 비중을 높이고 공판중심주의를 도입하는 등의 개선 조치들이 있었다. 다만 헌법상 비상계엄하의 군사재판은 군인 · 군무원의 범죄나 군사에 관한 간첩죄의 경우와 초병 · 초소 · 유독음식물공급 · 포로에 관한 죄 중 법률이 정한 경우에 한하여 사형을 선고한 경우 외에는 단심으로 할 수 있다.

군사재판이 사법적인 기능을 수행하고 최종적으로는 대법원에서 판단하더라도 국방부와 각 군에 설치한 특별법원이라는 점에서 「군사법원법」의 시행을 위한 하위규범은 대법원규칙이 아니라 대통령령으로 정한 「군사법원의 조직에 관한 규정」에 따라 운영되는 특징이 있다.

나. 종류

군사법원은 고등군사법원과 보통군사법원으로 나누며, 고등군사법원은 국방부에 설치하고 보통군사법원은 국방부, 국방부직할통합부대, 각 군 본부 및 편제상 장관급(將官級) 장교가 지휘하는 예하부대 또는 기관에 설치한다.

군사법원에 관할관이 있는데, 고등군사법원의 관할관은 국방부장관이며, 보통군사법원의 관할관은 그 설치되는 부대와 지역의 사령관, 장 또는 책임지휘관으로 한다.

고등군사법원의 관할관은 그 군사법원의 행정사무를 관장하고, 국방부직할통합부대와 각 군 본부 보통군사법원의 행정사무를 지휘 · 감독한다. 보통군사법원의 관할관은 그 군사법원의 행정사무를 관장한다. 각 군 본부 보통군사법원의 관할관은 예하부대 보통군사법원의 행정사무를 지휘 · 감독한다. 대법원은 군사법원 판결의 상고사건에 대하여 심판한다.

다. 구성

군사법원의 재판관은 헌법과 법률에 의하여 그 양심에 따라 독립하여 심판한다. 재판관, 검찰관 및 변호인은 재판에 관한 직무상의 행위로 인하여 징계나 그 밖의 어떠한 불리한 처분도 받지 아니한다. 보통군사법원은 재판관 1명 또는 3명으로 구성한다. 고등군사법원은 재판관 3명 또는 5명으로 구성한다. 재판관은 군판사와 심판관으로 하고, 재판장은 선임재판관이 된다. 군판사는 각 군 참모총장이 소속 군법무관 중에서 임명한다. 다만 국방부 및 국방부직할통합부대의 군판사는 국방부장관이 소속 군법무관 중에서 임명한다. 군판사의 소속은 국방부 또는 각 군 본부로 한다.

심판관은 법에 관한 소양이 있고 재판관으로서의 인격과 학식이 충분한 장교 중에서 관할관이 임명한다. 재판관은 관할관이 지정한다. 보통군사법원에서는 군판사 2명과 심판관 1명을 재판관으로 한다. 다만 약식절차에서는 군판사 1명을 재판관으로 한다. 관할관은 군판사인 재판관 중 1명을 주심군판사로 지정한다. 고등군사법원에서는 군판사 3명을 재판관으로 한다. 다만 관할관이 지정한 사건의 경우 군판사 3명과 심판관 2명을 재판관으로 한다. 관할관은 군판사인 재판관 중 1명을 주심군판사로 지정한다. 재판관은 피고인보다 같은 계급 이상인 사람이어야 한다. 다만 군판사인 재판관은 그러하지 아니하다.

라. 군검찰

군검찰부는 검찰사무를 관장한다. 군검찰부는 고등검찰부와 보통검찰부로 하고, 고등검찰부는 국방부와 각 군 본부에 설치하며, 보통검찰부는 보통군사법원이 설치되어 있는 부대와 편제상 장관급 장교가 지휘하는 부대에 설치한다. 다만 국방부장관은 필요할 때에는 군검찰부의 설치를 보류할 수 있다.

고등검찰부의 관할은 관하(管下) 각 부대 보통검찰부의 관할사건에 대한 항소사건 · 항고사건 및 그 밖에 법률에 따라 고등검찰부의 권한에 속하는 사건으로 한다. 다만 각 군 본부 고등검찰부는 필요한 경우 그 권한의 일부를 국방부 고등검찰부에 위탁할 수 있다. 보통검찰부의 관할은 대응하는 보통군사법원의 관할에 따른다. 검찰관은 해당 군검찰부가 설치되어 있는 부대의 장에게 소속되며 범죄 수사와 공소제기 및 그 유지에 필요한 행위, 군사법원 재판집행의 지휘 · 감독 등의 직무를 행한다.

국방부장관은 군검찰사무의 최고감독자로서 일반적으로 검찰관을 지휘 · 감독한다. 다만 구체적 사건에 관하여는 각 군 참모총장만을 지휘 · 감독한다. 각 군 참모총장은 각 군 검찰사무의 지휘 · 감독자로서 예하부대 보통검찰부에 관할권이 있는 군검찰사무를 총괄하며, 소속 검찰관을 지휘 · 감독한다. 군검찰부가 설치되어 있는 부대의 장은 소관 군검찰사무를 관장하고 소속 검찰관을 지휘 · 감독한다. 검찰관은 각 군 참모총장이 소속 군법무관 중에서 임명한다. 다만 국방부와 국방부직할통합부대의 검찰관은 국방부장관이 소속 군법무관 중에서 임명한다.

제3절 사무기구

1. 행정청

가. 법원행정처장

1) 지위

법원행정처는 법원의 인사 · 예산 · 회계 · 시설 · 통계 · 송무 · 등기 · 가족관계등록 · 공탁 · 집행관 · 법무사 · 법령조사 및 사법제도연구에 관한 사무를 관장한다. 법원행정처장은 대법원장의 지휘를 받아 법원행정처의 사무를 관장하고, 소속직원을 지휘 · 감독하며, 법원의 사법행정사무 및 그 직원을 감독한다. 또한 법원행정처장은 「국가공무원법」 제6조에 의하여 중앙인사관장기관의 장의 지위를 가지고, 각 기관의 균형적인 인사운영을 도모하고 인력의 효율적인 활용과 능력개발을 위하여 법령이 정하는 바에 따라 인사관리에 관한 총괄적인 사항을 관장한다. 이처럼 법원행정처장은 사법행정사무를 총괄하는 대법원장으로부터 지휘감독권 일부를 위임받은 범위 안에서 대외적으로 의사를 표시하는 행정청의 지위를 갖는다.

처장이 궐위되거나 사고로 인하여 직무를 수행할 수 없을 때에는 보조기관인 차장이 그 권한을 대행한다. 권한을 대행하는 것은 차장이 본인의 이름으로 대리함을 표시하는 것이므로 그 법적 효과는 행정청에게 귀속된다. 처장은 대법원규칙이 정하는 바에 의하여 또는 대법원장의 명으로 그 소관사무의 일부를 차장 · 실장 또는 국장에게 위임할 수 있다. 이 경우 내부적으로 결재할 수 있는 권한(전결권)을 위임한 것일 뿐 행정청의 지위까지 함께 이전한다는 의미는 아니다.

2) 임명

법원행정처장은 '대법관' 중에서 대법원장이 보한다(「법원조직법」 제68조 제1항). 같은 조 제2항에서 법원행정처 차장은 '판사' 중에서 보한다고 되어 있는 점에서 볼 때 대법관과 판사는 직급이 다르다는 점을 보여주고 있다. 법원행정처장으로 보임된 대법관은 재판에 관여하지 않는다. 법원행정처장은 사법행정에 관하여 국회 또는 국무회의에 출석하여 발언할 수 있다. 대법원장이 행한 처분에 대한 행정소송의 피고는 법원행정처장으로 한다.

나. 각급법원장 등

대법원장은 사법행정사무의 지휘 · 감독권의 일부를 법률 또는 대법원규칙이 정하는 바에 의하여 대법원장의 명으로 각급법원의 장, 사법연수원장, 법원공무원교육원장 또는 법원도서관장에게 위임할 수 있다. 따라서 고등법원장, 특허법원장, 지방법원장, 가정법원장, 행정법원장, 그리고 부속기관 중에서 사법연수원장, 법원공무원교육원장, 법원도서관장도 수임한 사법행정사무와 관련하여 자기 이름으로 법률적 · 사실적 행위에 대한 권한과 책임을 대외적으로 표시하는 행정청의 지위를 갖는다.

2. 보조기관

법원행정처에 차장 1인을 두는데, 차장은 처장을 보좌하여 법원행정처의 사무를 처리하고, 처장이 궐위되거나 사고로 인하여 직무를 수행할 수 없을 때에는 그 권한을 대행한다. 법원행정처 차장은 판사 중에서 대법원장이 보한다. 법원행정처 차장도 사법행정에 관하여 국회 또는 국무회의에 출석하여 발언할 수 있다. 법원행정처에 실·국 및 과를 두며, 그 설치 및 분장사무는 대법원규칙으로 정한다. 실에는 실장, 국에는 국장, 과에는 과장을 둔다. 실장은 판사 또는 법원관리관으로, 국장은 판사·법원이사관·시설이사관 또는 공업이사관으로, 과장은 법원부이사관·법원서기관·시설부이사관·시설서기관·공업부이사관 또는 공업서기관으로 보한다. 실장·국장 및 과장은 상사의 명을 받아 실·국 또는 과의 사무를 처리하고, 소속직원을 지휘·감독한다.

각급법원의 사무국장 또는 과장과 각 부속기관, 즉 사법연수원, 법원공무원교육원, 사법정책연구원, 법원도서관의 부원장을 비롯한 하부조직도 보조기관 또는 보좌기관의 역할을 수행한다.

3. 보좌기관

법원행정처에 법원행정처장비서관과 법원행정처차장비서관을 둔다. 법원행정처장비서관은 법원서기관 또는 4급상당의 별정직공무원으로, 법원행정처차장비서관은 법원사무관 또는 5급상당의 별정직공무원으로 보한다. 법원행정처장·차장·실장 또는 국장 밑에 정책의 기획, 계획의 입안, 연구·조사, 심사·평가 및 홍보업무 등을 보좌하는 심의관 또는 담당관을 둘 수 있으며, 그 직명과 사무분장은 대법원규칙으로 정한다. 심의관 및 담당관은 판사·법원이사관·법원부이사관·법원서기관·시설이사관·시설부이사관·시설서기관·공업이사관·공업부이사관 또는 공업서기관으로 보한다.

대법원에 대법관비서관을 둔다. 대법관비서관은 법원서기관 또는 4급 상당의 별정직공무원으로 보한다.

대법원에 재판연구관을 둔다. 재판연구관은 대법원장의 명을 받아 대법원에서 사건의 심리 및 재판에 관한 조사 · 연구업무를 담당한다. 재판연구관은 판사로 보하거나 3년의 기간 내에 범위를 정하여 판사가 아닌 자를 임명할 수 있다. 판사가 아닌 재판연구관은 2급 또는 3급 상당의 별정직공무원이나 「국가공무원법」 제26조의5에 따른 임기제공무원으로 하고, 그 직제 및 자격 등에 관하여는 대법원규칙으로 정한다.

4. 부속기관

가. 사법연수원

1) 설치

판사의 연수와 사법연수생의 수습에 관한 사무를 관장하기 위하여 대법원에 사법연수원을 둔다. 사법연수원은 법관에 대한 연수, 사법연수생에 대한 수습 및 정책연구 업무 등을 담당하는 기관으로 1971.1.1. 개원하였다. 사법연수원은 정부기관 등으로부터 교육 의뢰를 받은 사람에 대하여 위탁교육을 실시할 수 있다.

2) 구성

사법연수원은 원장 1인, 부원장 1인, 교수 및 강사로 구성된다. 원장은 대법원장의 지휘를 받아 사법연수원 사무를 관장하며 소속 직원을 지휘 · 감독하는데, 보통 고등법원장에 임명되는 판사 중에서 대법원장이 보하고 있다.

부원장은 원장을 보좌하여 사법연수원의 사무를 처리하며, 원장이 궐위되거나 사고로 인하여 직무를 수행할 수 없을 때에는 그 권한을 대행한다. 보통 검사장에 임명되는 검사 중에서 대법원장이 보하고 있다.

교수는 판사, 검사, 변호사 또는 학위취득자 중에서 대법원장이 보하거나 임명한다. 사법연수원 교수는 판사, 검사, 변호사, 학사 또는 석사학위를 취득한 자로서 대법원규칙이 정하는 실적 또는 경력이 있는 자, 박사학위를 취득한 자 중에서 대법원장이 보하거나 사법연수원장의 제청을 받아 대법원장이 임명한다.

강사는 상당한 학식과 경험이 있는 자중에서 사법연수원장이 위촉한다. 판사나 검사가 아닌 사법연수원 전임교수는 특정직공무원으로 한다. 전임교수의 임기는 10년으로 하되, 연임할 수 있다. 다만 신규채용되는 교수는 3년의 범위내에서 1차에 한하여 대법원규칙이 정하는 바에 의하여 기간을 정하여 임용할 수 있다. 전임교수의 정년은 판사에 준하고, 징계에 관하여는 「법관징계법」을 준용한다. 변호사자격(외국의 변호사자격 포함)이 있는 자 또는 특수한 분야에 관하여 전문지식과 경험이 있다고 인정되는 자는 초빙교수로 임용할 수 있다.

3) 사법연수생의 지위

사법연수생은 사법시험에 합격한 자중에서 대법원장이 임명하며, 별정직공무원으로 한다. 과거 사법연수원 수료자 전원이 판사 또는 검사로 임용되던 때와 달리 많은 연수생들이 수료 후 변호사 자격을 취득하는 상황에서 연수생 전원에게 별정직공무원 신분을 부여하는 것이 다른 국가자격증 연수생들과 형평에 어긋나지 않는지 등을 검토할 필요가 있다. 사법연수생의 수습기간은 2년으로 한다. 다만 필요한 때에는 대법원규칙이 정하는 바에 따라 수습기간을 변경할 수 있다.

사법연수생이 「국가공무원법」 제33조 각호의 1에 해당하는 경우, 품위를 손상시키는 행위를 한 경우, 수습의 태도가 심히 불성실하여 수습성적이 불량한 경우, 질병으로 인하여 수습이 불가능한 경우 중 하나에 해당하면 면직할 수 있다.

4) 하부조직

사법연수원에 사무국을 두고, 사무국에는 과를 두며, 그 설치 및 분장사무는 대법원규칙으로 정한다. 국에는 국장, 과에는 과장을 둔다. 국장은 법원이사관 또는 법원부이사관으로, 과장은 법원부이사관 · 법원서기관 또는 법원사무관으로 보한다. 국장과 과장은 상사의 명을 받아 국 또는 과의 사무를 관장하고, 소속직원을 지휘 · 감독한다.

나. 사법정책연구원

사법제도 및 재판제도의 개선에 관한 연구를 위해 대법원에 사법정책연구원을 둔다. 사법정책연구원에 원장 1명, 수석연구위원 1명, 연구위원 및 연구원을 둔다. 사법정책연구원장 및 수석연구위원은 대법원장이 대법관회의의 동의를 거쳐 판사로 보하거나 정무직으로 임명한다. 원장은 대법원장의 지휘를 받아 사법정책연구원의 사무를 관장하며, 소속 직원을 지휘·감독한다. 수석연구위원은 원장을 보좌하여 사법정책연구원의 사무를 처리하며, 원장이 궐위되거나 사고로 인하여 직무를 수행할 수 없을 때에는 수석연구위원이 그 권한을 대행한다. 사법정책연구원에 사법정책연구원장비서관을 둔다. 사법정책연구원장비서관은 법원사무관 또는 5급 상당의 별정직공무원으로 보한다.

연구위원 및 연구원은 판사, 변호사의 자격이 있는 사람(외국의 변호사 자격을 포함한다), 학사 또는 석사학위를 취득한 사람으로서 대법원규칙으로 정하는 실적 또는 경력이 있는 사람, 박사학위를 취득한 사람 중에서 대법원장이 보하거나 사법정책연구원장의 제청을 받아 대법원장이 임명한다. 판사가 아닌 연구위원 등은 「국가공무원법」 제26조의5에 따른 임기제공무원으로 한다.

다. 법원공무원교육원

법원직원·집행관 등의 연수 및 양성에 관한 사무를 관장하기 위하여 대법원에 법원공무원교육원을 둔다. 그 밖에 법원공무원교육원은 헌법재판소 직원, 대한법률구조공단 직원, 가족관계등록관서 공무원 등의 연수 및 양성에 관한 사무도 담당하고 있으며, 1979.9.1. 개원하였다. 법원공무원교육원에 원장 1인, 교수 및 강사를 둔다.

원장은 대법원장의 지휘를 받아 법원공무원교육원의 사무를 관장하며, 소속 직원을 지휘·감독한다. 원장은 판사로 보하거나 정무직공무원으로 한다. 법관이 아닌 자가 법원공무원교육원장이 된 경우 그 보수는 차관의 보수와 동액으로 한다. 교수는 법원부이사관·법원서기관·3급상당 또는 4급상당의 별정직공무원으로 보한다. 강사는 상당한 학식과 경험이 있는 자중에서 법원공무원교육원장이 위촉한다.

라. 법원도서관

재판사무의 지원 및 법률문화의 창달을 위한 판례·법령·문헌·사료등 정보를 조사·수집·편찬하고 이를 관리·제공하기 위하여 대법원에 법원도서관을 둔다.

법원도서관에 관장을 둔다. 관장은 판사 · 법원이사관 또는 법원부이사관으로 보한다. 관장은 대법원장의 지휘를 받아 법원도서관의 사무를 관장하며, 소속 직원을 지휘 · 감독한다.

법원도서관에는 조사심의관을 둘 수 있다. 조사심의관은 도서관장의 업무를 보좌하며, 도서관 업무에 관한 계획의 입안, 연구 · 조사, 심사 · 평가, 업무의 종합조정과 도서관장이 지정한 업무를 분장한다. 법원도서관 조직은 사무국 아래에 총무과, 자료편찬과, 자료기획과, 지식운영과로 구성되어 있으며 그 설치 및 분장 사무는 대법원규칙으로 정한다.

5. 심의기관

가. 법관인사위원회

법관의 인사에 관한 중요 사항을 심의하기 위하여 대법원에 법관인사위원회를 둔다. 인사위원회는 인사에 관한 기본계획의 수립, 판사의 임명 · 연임 · 퇴직 등의 사항을 심의한다. 인사위원회는 위원장 1명을 포함한 11명의 위원으로 구성한다. 위원은 법관 3명, 법무부장관이 추천하는 검사 2명(판사의 신규 임명에 관한 심의에만 참여), 대한변호사협회장이 추천하는 변호사 2명, 사단법인 한국법학교수회 회장과 사단법인 법학전문대학원협의회 이사장이 각각 1명씩 추천하는 법학교수 2명, 학식과 덕망이 있고 각계 전문 분야에서 경험이 풍부한 사람으로서 변호사의 자격이 없는 사람 2명(여성 1명 이상)에 해당하는 사람을 대법원장이 임명하거나 위촉한다. 위원장은 위원 중에서 대법원장이 임명하거나 위촉한다.

나. 양형위원회

형을 정함에 있어 국민의 건전한 상식을 반영하고 국민이 신뢰할 수 있는 공정하고 객관적인 양형을 실현하기 위하여 대법원에 양형위원회를 둔다. 위원회는 양형기준을 설정 · 변경하고, 이와 관련된 양형정책을 연구 · 심의할 수 있다. 위원회는 그 권한에 속하는 업무를 독립하여 수행한다.

위원회는 위원장 1인을 포함한 13인의 위원으로 구성하되, 위원장이 아닌 위원 중 1인은 상임위원으로 한다. 위원장은 ① 15년 이상의 경력을 가진 판사 · 검사 · 변호사 ② 국가, 지방자치단체, 국 · 공영 기업체, 정부투자기관 그 밖의 법인에서 법률에 관한 사무에 종사한 자 ③ 공인된 대학의 법학 조교수 이상의 교수 중에서 대법원장이 임명 또는 위촉한다. 위원장은 위원회를 대표하고, 위원회의 직무를 통할한다. 위원장이 부득이한 사유로 그 직무를 수행할 수 없는 경우에는 상임위원, 위원장이 미리 지명한 위원의 순으로 그 직무를 대행한다. 위원장은 위원회의 회의를 소집하며, 그 의장이 된다. 위원회는 재적위원 과반수의 찬성으로 의결한다. 위원으로는 법관 4인, 법무부장관이 추천하는 검사 2인, 대한변호사협회장이 추천하는 변호사 2인, 법학 교수 2인, 학식과 경험이 있는 자 2인으로서 대법원장이 임명 또는 위촉한다. 위원장과 위원의 임기는 2년으로 하고, 연임할 수 있다.

위원회는 법관이 합리적인 양형을 도출하는 데 참고할 수 있는 구체적이고 객관적인 양형기준을 설정하거나 변경한다. 위원회가 양형기준을 설정 · 변경함에 있어 지켜야 할 원칙과 고려사항을 법률에서 자세히 정하고 있다. 위원회는 양형기준을 공개하여야 한다.

법관은 형의 종류를 선택하고 형량을 정함에 있어서 양형기준을 존중하여야 한다. 하지만 양형기준은 법적 구속력을 갖지 아니한다. 법원이 양형기준을 벗어난 판결을 하는 경우에는 판결서에 양형의 이유를 기재하여야 한다. 그러나 약식절차 또는 즉결심판절차에 의하여 심판하는 경우에는 그러하지 아니하다. 위원회는 필요한 경우 관계 공무원 또는 전문가를 회의에 출석하게 하여 의견을 들을 수 있고, 관계 국가기관 · 연구기관 · 단체 또는 전문가 등에 대하여 자료 및 의견의 제출 그 밖의 협력을 요청할 수 있다. 위원회의 업무보좌와 실무지원을 위하여 사무기구를 둔다.

6. 자문기구

가. 사법정책자문위원회

대법원장은 필요하다고 인정할 경우에는 대법원장의 자문기관으로 사법정책자문위원회를 둘 수 있다. 사법정책자문위원회는 사법정책에 관하여 학식과 덕망이 높은 자 중에서 대법원장이 위촉하는 7인 이내의 위원으로 구성하며, 그 조직 · 운영에 관하여 필요한 사항은 대법원규칙으로 정한다.

나. 판사회의

고등법원 · 특허법원 · 지방법원 · 가정법원 및 행정법원과 대법원규칙이 정하는 지원에 사법행정에 관한 자문기관으로 판사회의를 둔다. 판사회의는 판사로 구성하되, 그 조직과 운영에 관하여 필요한 사항은 대법원규칙으로 정한다.

7. 각급법원 사무기구

「법원조직법」 제10조는 고등법원 · 특허법원 · 지방법원 · 가정법원 및 행정법원과 대법원규칙이 정하는 지원에 사무국을 두며, 대법원규칙이 정하는 고등법원 및 지방법원에 사무국 외의 국을 둘 수 있도록 하고 있다. 사무국 및 국, 사무국을 두지 아니하는 지원 및 가정지원에 과를 두되, 그 설치 및 분장사무는 대법원규칙으로 정한다.

고등법원과 특허법원의 사무국장 및 규정된 지방법원의 사무국장은 법원이사관 또는 법원부이사관으로, 고등법원 국장, 지방법원 사무국장 및 국장, 가정법원 사무국장과 행정법원 사무국장 및 대법원규칙이 정하는 지원의 사무국장은 법원부이사관 또는 법원서기관으로, 과장은 법원부이사관 · 법원서기관 · 법원사무관 또는 등기사무관으로 보한다.

사무국장 및 국장과 과장은 상사의 명을 받아 국 또는 과의 사무를 관장하고, 소속직원을 지휘 · 감독한다. 대법원의 법원행정처와 달리 고등법원 등 각급법원의 사무국은 사법행정 사무를 하더라도 행정청이 아니라 행정청인 법원장을 돕는 보조기관의 직무를 수행할 뿐이다.

8. 조직도

2014.1.1. 현재 대법원과 각급법원 그리고 법원행정처의 조직은 아래 그림과 같다. 2014.1.7. 현재 「각급 법원 판사 정원법」 제1조는 판사의 정원을 2,844명으로 정하고 있다. 한편 「법원조직법」 제53조는 법관 이외의 법원공무원의 정원을 대법원규칙에서 정하도록 위임하고 있는데, 「법원공무원 정원에 관한 규칙」 별표에 의하면 2013.12.10. 현재 정원은 14,573명이다. 그 중에서 특정직은 법원행정처장 등 70명, 일반직은 12,226명, 정무직(대법원장 비서실장, 법원공무원교육원장) 2명, 별정직 2,304명이다.

〈법원 조직도〉

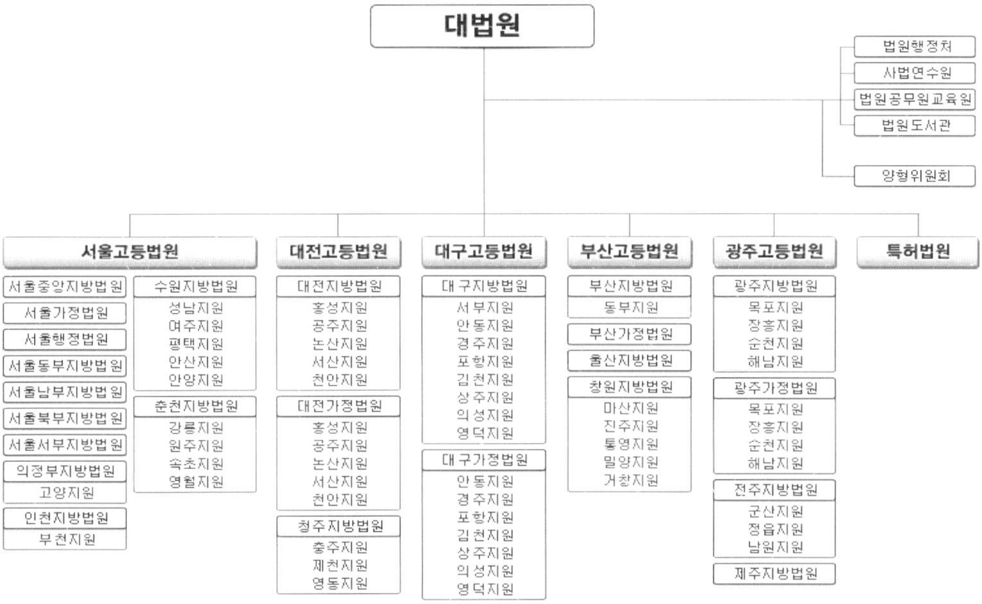

〈법원행정처 조직도〉

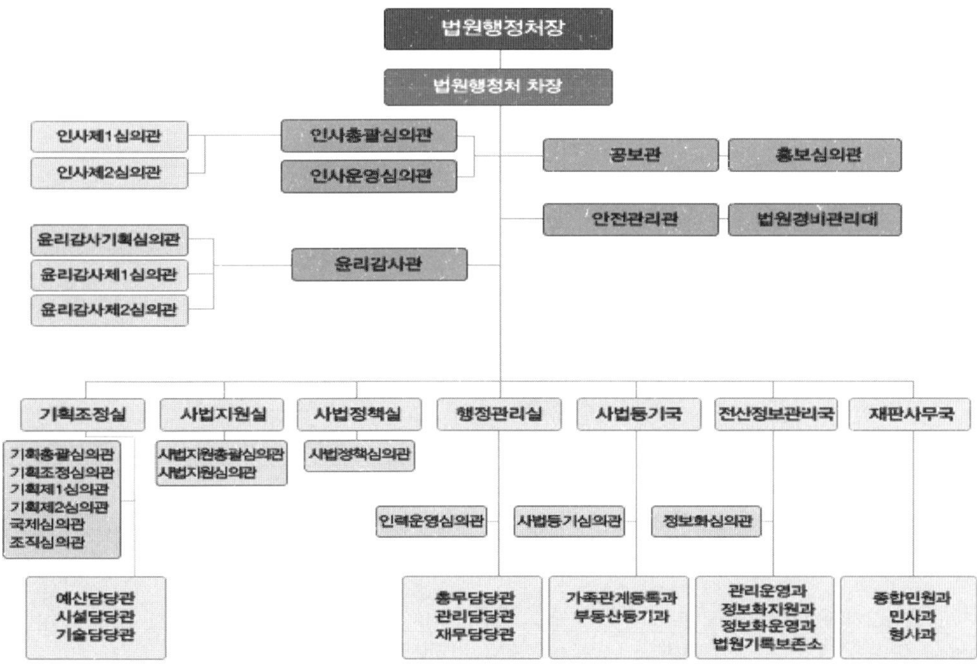

제 4 장
헌법재판소

제1절 의 의

1. 지위

현행 헌법 제111조 제1항은 헌법재판소의 관장사무를 ① 법원의 제청에 의한 법률의 위헌여부 심판 ② 탄핵의 심판 ③ 정당의 해산 심판 ④ 국가기관 상호간, 국가기관과 지방자치단체간 및 지방자치단체 상호간의 권한쟁의에 관한 심판 ⑤ 법률이 정하는 헌법소원에 관한 심판으로 규정하고 있다. 이는 헌법재판소가 헌법을 지키고 권력을 조정하며 국민의 기본권을 보장하는 기능을 갖고 있음을 보여주고 있다.

헌법재판소를 헌법 제3장 내지 제5장의 국회, 정부, 법원 안이 아니라 제6장에 따로 둔 배경은, 제헌헌법 당시부터 현행 헌법재판소 기능 중 일부인 탄핵재판이나 헌법위원회를 운영할 때 그 구성원에 국회의원과 대법관이 함께 참여하였고, 또 탄핵재판소 관련 규정은 국회의 장 안에, 헌법위원회 규정은 법원의 장 안에 각각 위치하여 정치적 성격과 사법적 성격을 공유하고 있기 때문이다. 그래서 헌법학자들 사이에 헌법재판소를 사법(재판)작용·입법작용·정치작용의 복합적 성질을 가지는 제4의 국가작용을 수행하는 기관이라 하는 견해가 있는 반면,[70] 그래도 본질적으로는 (광의의)

사법작용으로 보아야 한다는 상반된 견해가 대립되어 있다.[71]

2. 연혁

역대 헌법에서 헌법재판 관련 변천내용을 요약·정리한 것이 아래 표이다.

〈역대 헌법상 헌법재판 관련 주요내용〉

<table>
<tr><th>구분</th><th>조직</th><th>권한</th><th>구성 및 임면 등</th></tr>
<tr><td>헌법 제10호
(1987.10.29.)</td><td>제6장
헌법재판소</td><td>위헌법률 심사, 탄핵심판,
기관간 권한쟁의, 정당해산,
헌법소원</td><td rowspan="3">· 대통령 9명 임명(국회 선출 3, 대법원 지명 3 포함)
· 6년 임기</td></tr>
<tr><td>헌법 제9호
(1980.10.27.)</td><td>제6장
헌법위원회</td><td>위헌법률 심사, 탄핵심판,
정당해산</td></tr>
<tr><td>헌법 제8호
(1972.12.27.)</td><td>제8장
헌법위원회</td><td>위헌법률 심사, 탄핵심판,
정당해산</td></tr>
<tr><td>헌법 제6호
(1962.12.26.)</td><td>※탄핵심판위원회(제62조)</td><td>※위헌법률여부 심사는 대법원에서 관장(제102조)</td><td>· 대법원장 + 대법원판사3 + 국회의원5</td></tr>
<tr><td>헌법 제5호
(1960.11.29.)</td><td>제8장
헌법재판소</td><td>법률의 위헌여부 심사, 헌법 최종해석, 권한쟁의, 정당해산, 탄핵재판, 선거소송</td><td>· 대통령, 대법원, 참의원이 3인씩 선임
· 6년(2년에 3인씩 改任)</td></tr>
<tr><td rowspan="2">헌법 제4호
(1960.6.15.)</td><td>※헌법위원회
(제5장 법원 제81조)</td><td>위헌법률 심사: 헌법위원회 제청, 그 결과에 따라 재판</td><td>· 부통령(위원장), 대법관5 + 민의원3 + 참의원2</td></tr>
<tr><td>※탄핵재판소
(제3장 국회 제47조)</td><td>탄핵심판</td><td>· 부통령(위원장), 대법관5 + 참의원5</td></tr>
<tr><td rowspan="2">헌법 제1~3호
(1948.7.17.
~
1954.11.29.)</td><td rowspan="2">※헌법위원회
(제5장 법원 제81조)
※탄핵재판소
(제3장 국회 제47조)</td><td>위헌법률 심사: 헌법위원회 제청, 그 결과에 따라 재판</td><td rowspan="2">· 부통령(위원장), 대법관5 + 국회의원5
* 2/3이상 찬성 필요</td></tr>
<tr><td>탄핵심판</td></tr>
</table>

70) 김백유, 헌법학(Ⅰ) 1172쪽; 이승우, 개정헌법학, 1174쪽; 정종섭, 헌법학원론, 1387쪽; 허영, 한국헌법론, 790쪽.

71) 문광삼, 헌법학, 995쪽; 성낙인, 헌법학, 1269쪽; 정재황, 헌법재판개론, 27쪽.

제2절 구 성

1. 성격

헌법재판소는 법관의 자격을 가진 9인의 재판관으로 구성하는 합의제 기구이다(헌법 제111조 제2항, 「헌법재판소법」 제3조). 이 규정은 헌법재판소가 소장을 포함한 9인의 재판관이 임명되어 있어야 존재하는 조직이라는 뜻이다. 그렇다고 해서 9명 중 단 1명이라도 공석이 생기면 헌법재판소가 유지되지 못한다는 것은 아니다. 임명된 후 출장, 휴가 또는 퇴직 후 후임자 선임 중 등의 사유 등으로 얼마든지 일시적인 공석이 생길 수 있고, 또 권한대행 규정까지 두고 있음을 볼 때 일단 9명 전원이 임명되었다면, 이미 합법적인 조직 구성은 끝났고 다만 그 내부적인 구성원의 교체, 대리 등의 상황이 가끔 생길 뿐이다.

헌법재판소에서 법률의 위헌결정, 탄핵의 결정, 정당해산의 결정 또는 헌법소원에 관한 인용결정을 할 때에는 재판관 6인 이상의 찬성이 있어야 한다(헌법 제113조 제1항).

2. 헌법재판소장

가. 지위

헌법재판소장은 헌법재판소를 대표하고, 헌법재판소의 사무를 총괄하며, 소속 공무원을 지휘 · 감독한다. 헌법재판소장의 대우와 보수는 대법원장의 예에 따른다.

나. 권한대행

헌법재판소장이 궐위되거나 부득이한 사유로 직무를 수행할 수 없을 때에는 다른 재판관이 헌법재판소규칙으로 정하는 순서에 따라 그 권한을 대행한다.

이에 따라 제정된 「헌법재판소장의 권한대행에 관한 규칙」은 두 가지 경우를 대비하여 순서를 정하고 있다. 첫째는 헌법재판소장이 일시적인 사고로 인하여 직무를 수행할 수 없을 때에는 헌법재판소재판관중 임명일자 순으로 그 권한을 대행하고, 임명일자가 같을 때에는 연장자순으로 대행한다. 둘째는 헌법재판소장이 궐위되거나 1월 이상 사고로 인하여 직무를 수행할 수 없을 때에는 헌법재판소재판관중 재판관회의에서 선출된 자가 그 권한을 대행한다. 다만 그 대행자가 선출될 때까지는 선임재판관이 권한을 대행하고 사유가 생긴 날부터 7일 이내에 대행자 선출을 위한 재판관회의를 소집하여야 한다. 권한대행자는 재판관 7인 이상의 출석과 출석인원 과반수의 찬성으로 선출한다. 1차투표 결과 피선자가 없을 때에는 최고득표자와 차점자에 대하여 결선투표를 하여 그 중 다수득표자를 피선자로 하되, 다수득표자가 2인 이상일 때에는 연장자를 피선자로 한다.

다. 임명

헌법재판소의 장은 국회의 동의를 얻어 재판관 중에서 대통령이 임명한다. 재판관 중에서 임명하도록 되어 있으므로 현직 재판관 중에서 국회의 동의를 얻어서 임명할 수도 있고, 재판관의 자격을 갖춘 사람을 선임하여 국회의 인사청문회를 거쳐 재판관으로 임명함과 동시에 국회의 동의를 거쳐 재판소장으로 임명할 수도 있다. 물론 국회 사정에 따라 재핀귄으로 임명하는 날짜와 국회의 동의를 얻는 날짜가 다를 수도 있을 것이다. 헌법재판소장의 임기에 대한 규정은 없기 때문에 재판관으로 임명된 날로부터 기산하여 6년이다. 또한 대법원장과 달리 연임금지규정이 없으므로 정년 70세가 될 때까지는 재판관 임명과 동시에 소장으로의 연임도 가능하다(「헌법재판소법」 제7조).

3. 재판관

가. 구성

재판관은 대통령이 임명한다. 재판관 중 3인은 국회에서 선출하는 자를, 3인은 대법원장이 지명하는 자를 각각 임명한다. 재판관은 국회의 인사청문을 거쳐 임명 · 선출 또는 지명하여야 한다. 이 경우 대통령은 재판관을 임명하기 전에, 대법원장은 재판관을 지명하기 전에 인사청문을 국회에 요청하며, 국회는 선출하기 전에 인사청문을 각각 실시한다.

재판관의 임기는 6년이고 정년은 65세이며 연임할 수 있다. 재판관의 임기가 만료되거나 정년이 도래하는 경우에는 임기만료일 또는 정년도래일까지 후임자를 임명하여야 한다. 임기 중 재판관이 결원된 경우에는 결원된 날부터 30일 이내에 후임자를 임명하여야 한다. 그럼에도 불구하고 국회에서 선출한 재판관이 국회의 폐회 또는 휴회 중에 그 임기가 만료되거나 정년이 도래한 경우 또는 결원된 경우에는 국회는 다음 집회가 개시된 후 30일 이내에 후임자를 선출하여야 한다(「헌법재판소법」 제6조).

나. 자격

재판관은 다음 각 호의 어느 하나에 해당하는 자리에 15년 이상 있던 40세 이상인 사람 중에서 임명한다. 다만 둘 이상의 직에 있던 경우의 재직기간은 합산한다.

① 판사, 검사, 변호사 ② 변호사 자격이 있는 사람으로서 국가기관, 국영 · 공영기업체, 공공기관 또는 그 밖의 법인에서 법률에 관한 사무에 종사한 사람 ③ 변호사 자격이 있는 사람으로서 공인된 대학의 법률학 조교수 이상의 직에 있던 사람

그러나 ① 다른 법령에 따라 공무원으로 임용하지 못하는 사람 ② 금고 이상의 형을 선고받은 사람 ③ 탄핵에 의하여 파면된 후 5년이 지나지 아니한 사람은 재판관으로 임명할 수 없다(「헌법재판소법」 제5조).

다. 지위

재판관은 헌법과 법률에 의하여 양심에 따라 독립하여 심판한다. 그리고 임기와 정년이 보장되며, 신분은 재판관의 업무를 담당하지만 특정직으로 하지 않고 정무직으로 하며 그 대우와 보수는 대법관의 예에 따른다. 또한 탄핵결정과 금고 이상의 형을 선고받은 경우가 아니면 그 의사에 반하여 해임되지 아니하는 강한 신분보

장을 받고 있다.

재판관은 업무의 성격상 정당에 가입하거나 정치에 관여할 수 없다. 즉 정치적 중립성이 엄격히 요구되고 있어 재직 중에는 국회 또는 지방의회의 의원, 국회 · 정부 또는 법원의 공무원, 법인 · 단체 등의 고문 · 임원 또는 직원의 직 등을 겸하거나 영리를 목적으로 하는 사업도 할 수 없다(「헌법재판소법」 제4,8,9조).

4. 재판관 회의

재판관회의는 재판관 전원으로 구성하며, 헌법재판소장이 의장이 된다. 재판관회의는 재판관 7명 이상의 출석과 출석인원 과반수의 찬성으로 의결한다. 의장은 의결에서 표결권을 가진다. 재판관회의의 의결을 거쳐야 하는 사항은 다음과 같다(「헌법재판소법」 제16조).

① 헌법재판소규칙의 제정과 개정, 입법 의견의 제출에 관한 사항 ② 예산 요구, 예비금 지출과 결산에 관한 사항 ③ 사무처장, 사무차장, 헌법재판연구원장, 헌법연구관 및 3급 이상 공무원의 임면에 관한 사항 ④ 특히 중요하다고 인정되는 사항으로서 헌법재판소장이 재판관회의에 부치는 사항

제3절 사무기구

1. 행정청

헌법재판소의 행정사무를 처리하기 위하여 헌법재판소에 사무처를 두고 사무처장을 둔다. 사무처장은 헌법재판소장의 지휘를 받아 사무처의 사무를 관장하며, 소속 공무원을 지휘 · 감독한다.

사무처장은 「국가공무원법」 제6조에 의하여 중앙인사관장기관의 장의 지위를 가지고 각 기관의 균형적인 인사운영을 도모하고 인력의 효율적인 활용과 능력개발을 위하여 법령이 정하는 바에 따라 인사관리에 관한 총괄적인 사항을 관장한

다. 사무처장은 국회 또는 국무회의에 출석하여 헌법재판소의 행정에 관하여 발언할 수 있다. 헌법재판소장이 한 처분에 대한 행정소송의 피고는 헌법재판소 사무처장으로 한다. 사무처장은 정무직으로 하고, 보수는 국무위원의 보수와 같은 금액으로 한다(「헌법재판소법」 제17조). 즉 사무처장은 정부의 장관에 준하여 처우를 한다는 뜻이다.

2. 보조기관

사무차장은 사무처장을 보좌하며, 사무처장이 부득이한 사유로 직무를 수행할 수 없을 때에는 그 직무를 대행한다. 사무차장은 정무직으로 하고, 보수는 차관과 같은 금액으로 한다. 사무처에 실, 국, 과를 둔다. 실에는 실장, 국에는 국장, 과에는 과장을 둔다. 실장은 1급 또는 2급, 국장은 2급 또는 3급, 과장은 3급 또는 4급의 일반직국가공무원으로 임명한다. 사무처 공무원은 헌법재판소장이 임면한다. 다만 3급 이상의 공무원의 경우에는 재판관회의의 의결을 거쳐야 한다. 헌법재판소장은 다른 국가기관에 대하여 그 소속 공무원을 사무처 공무원으로 근무하게 하기 위하여 헌법재판소에의 파견근무를 요청할 수 있다(「헌법재판소법」 제18조).

사무처에 하부조직으로 공보관 · 기획조정실 · 행정관리국 · 심판사무국 및 심판자료국을 두고 있다. 「헌법재판소사무기구에 관한 규칙」은 헌법재판소의 사무기구의 조직과 직무범위에 관하여 규정하고 있다.

기획조정실은 주요사업계획 수립 및 예산편성, 헌법재판제도 발전 업무, 국제협력업무 및 정보화사업 등을 담당하며, 그 밑에 재정기획과, 제도기획과, 국제협력과 정보화기획과가 실장을 보조하고 있다.

행정관리국은 청사보안 및 물품구매, 조달, 회계결산, 의전 및 행사를 담당하고 인사업무와 법령등의 제개정, 감사업무를 담당하며, 그 밑에 총무과, 인사관리과, 법무감사과가 국장을 보조하고 있다.

심판사무국은 헌법재판소에 접수되는 각종 심판사건 관련 업무를 지원하며, 그 밑에 심판행정과, 심판사무1과, 심판사무2과가 국장을 보조하고 있다.

심판자료국은 헌법재판자료 등의 수집 · 발간 · 관리, 각 연구회 지원, 도서관 운영 등의 업무를 담당하며, 그 밑에 심판자료과, 자료편찬과, 법률정보운영과가 국장을 보조하고 있다.

3. 보좌기관

사무처장 · 사무차장 · 실장 또는 국장 밑에 정책의 기획, 계획의 입안, 연구 · 조사, 심사 · 평가 및 홍보업무를 보좌하는 심의관 또는 담당관을 둘 수 있다. 심의관 및 담당관은 2급부터 4급까지의 일반직 국가공무원으로 한다. 다만 담당관 중 1명은 3급 상당 또는 4급 상당의 별정직국가공무원으로 임명할 수 있다.

홍보심의관실은 헌법재판소의 주요 사건 및 행사를 보도자료, 홈페이지 등을 통해 국민들에게 널리 알리고, 각종 홍보물 제작 및 견학 프로그램 운영 등을 통하여 처장을 보좌한다. 헌법재판소에 헌법재판소장 비서실을 설치하고 비서실장 1명을 두되, 비서실장은 1급 상당의 별정직국가공무원으로 임명하고, 헌법재판소장의 명을 받아 기밀에 관한 사무를 관장한다. 헌법재판소 재판관의 비서관은 4급의 일반직국가공무원 또는 4급 상당의 별정직국가공무원으로 임명하며, 재판관의 명을 받아 기밀에 관한 사무를 관장한다.

헌법재판소에 서기(書記) 및 정리(廷吏)를 두는데, 사무처 직원 중에서 서기 및 정리를 지명한다. 서기는 재판장의 명을 받아 사건에 관한 서류의 작성 · 보관 또는 송달에 관한 사무를 담당한다. 정리는 심판정(審判廷)의 질서유지와 그 밖에 재판장이 명하는 사무를 집행한다(「헌법재판소법」 제21조).

헌법연구관 또는 헌법연구관보는 헌법재판소장의 명을 받아 사건의 심리 및 심판에 관한 조사 · 연구에 종사한다. 헌법연구관의 임기는 10년으로 하되, 연임할 수 있고, 정년은 60세로 한다. 헌법연구관이 되려면 3년간 헌법연구관보(憲法研究官補)로 임용하여 근무하게 한 후 그 근무성적을 고려하여 임용한다. 다만 경력 및 업무능력 등을 고려하여 헌법연구관보 임용을 면제하거나 그 기간을 단축할 수 있다. 헌법연구관은 특정직 국가공무원으로 보하고, 헌법연구관보는 별정직 국가공무원으로 보한다(「헌법재판소법」 제19조).

헌법재판소장은 다른 국가기관에 대하여 그 소속공무원을 헌법연구관 또는 헌법연구관보로 근무하기 위하여 헌법재판소에의 파견근무를 요청할 수 있다. 이에 따라 현재 법원, 검찰 등에서 판사 및 검사 등이 파견되어 헌법연구관으로 근무하고 있다.

그밖에 3년 이내의 범위에서 기간을 정하여 임명되는 헌법연구위원은 사건의 심리 및 심판에 관한 전문적인 조사 · 연구에 종사한다. 이들은 2급 또는 3급 상당의 별정직공무원이나 임기제공무원으로 한다(「헌법재판소법」 제19조의3).

4. 부속기관

헌법 및 헌법재판 연구와 헌법연구관, 사무처 공무원 등의 교육을 위하여 헌법재판소에 헌법재판연구원을 둔다. 헌법재판연구원의 정원은 원장 1명을 포함하여 40명 이내로 하고, 원장은 헌법연구관 또는 1급인 일반직국가공무원으로 임명한다(「헌법재판소법」 제19조의4).

헌법재판연구원의 조직과 운영에 필요한 사항은 「헌법재판연구원 운영규칙」으로 정하고 있는데, 연구원은 헌법과 헌법재판제도에 관한 중장기적 · 비교법적 연구, 헌법사항에 관한 국내외 이론 · 판례 연구, 외국 헌법재판기관의 사건 동향 및 운영 실태 조사 · 분석 등을 하거나 헌법재판소 소속 공무원, 국가 및 지방공무원, 사법연수생, 변호사 등에 대한 교육을 실시한다.

5. 자문기관

「헌법재판소 자문위원회 규칙」에 따라 헌법재판소의 제도개선과 발전에 관하여 헌법재판소장의 자문에 응하기 위하여 헌법재판소에 헌법재판소자문위원회를 둔다. 자문위원회는 위원장 1인, 부위원장 1인을 포함한 20인 이내의 위원으로 구성한다. 위원장과 부위원장은 위원회에서 호선한다. 위원은 변호사, 법학교수, 차관급 이상 공무원 등에 해당하는 자중에서 재판관회의의 의결을 거쳐 헌법재판소장이 위촉한다. 위원의 임기는 2년으로 한다.

6. 조직도

2014.1.1. 현재, 헌법재판소 사무처의 정원은 총 275명으로, 정무직 2, 특정직 46, 특정직 또는 일반직 9, 별정직 2, 일반직 216이다. 헌법재판소의 조직도를 헌법재판소 홈페이지(www.ccourt.go.kr)에 있는 것을 옮긴 것이 아래 그림이다.

〈헌법재판소 조직도〉

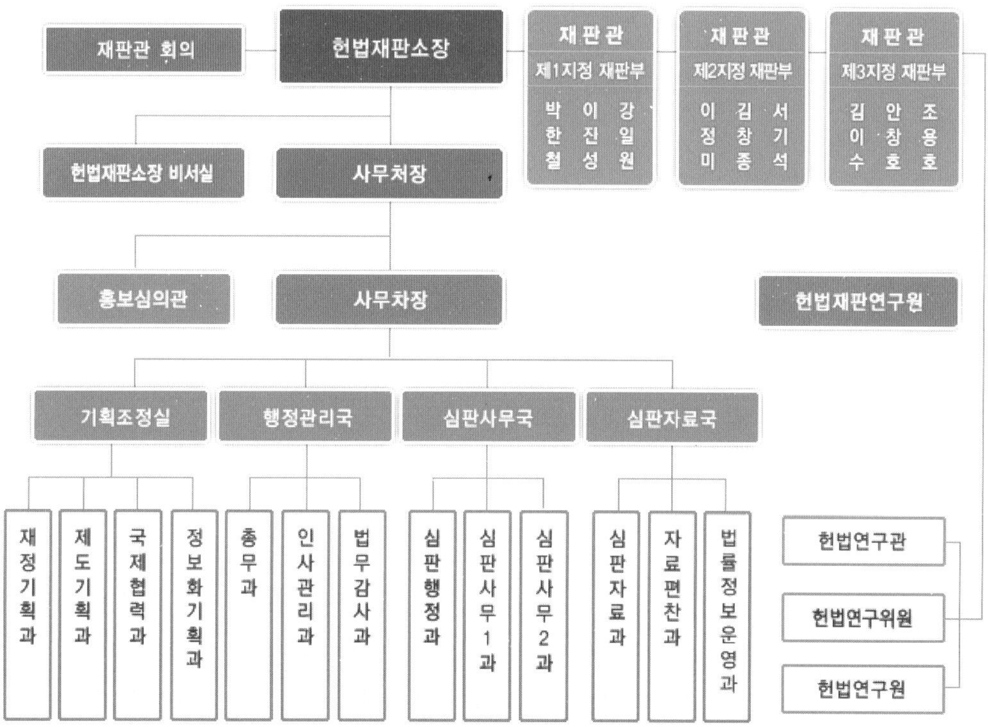

제 5 장 선거관리위원회

제1절 의 의

1. 지위

가. 성격

선거관리위원회는 공정한 선거관리, 공정한 국민투표의 관리, 정당에 관한 사무를 처리하기 위하여 헌법에서 다수의 위원으로 구성하도록 설치한 합의제 기관이다. 가장 상급의 중앙선거관리위원회는 헌법에서 직접 위원의 구성을 정하고, 그 밑의 각 선거관리위원회는 법률에서 위원의 구성을 정하고 있다.

업무의 성격상 행정권에 속하는 선거관리 사무가 헌법에서 정부와 별개의 장으로 분리 규정된 것은 1960.6.15. 헌법 제4호 개정 시부터이다. 제5장 정부 다음에 정부수립 후 당시까지 내무부의 선거과에서 주관하던[72] 업무를 헌법으로 옮겨 제6장 중앙선거위원회로 확대개편하면서 그 위치도 제7장 법원과 제8장 헌법재판소 앞에 두

72) 선거업무는 1948년에 제정·시행된 「정부조직법」 제15조와 「내무부직제」 제5조에 따라 내무부가 총괄하였고, 1949.1.6. 대통령령으로 '선거법규기초위원회'를 내무부에 설치하기도 하였다.

게 된 것이다. 1960.6.17. 「선거위원회법」이 제정되었다. 이는 3.15 부정선거로 촉발된 4.19혁명에 의하여 이승만정부가 막을 내리고 제2공화국이 출범하면서 공정한 선거관리의 중요성에 대한 국민적 공감대가 형성되었기 때문이다. 이로써 선거 때마다 임시조직으로 운영하던 선거위원회가 중앙선거위원회를 비롯한 각급 선거위원회로 헌법에 규정되었고, 이어서 1962.12.26. 헌법 제6호 개정으로 조직 명칭은 현재와 같이 중앙선거관리위원회와 각급선거관리위원회로 전환되면서 1963.8.6. 「선거관리위원회법」이 제정되었다.

나. 권한

헌법에 열거된 선거관리위원회의 관장 사무인 공정한 선거에는 대통령, 국회의원 선거는 물론 지방자치단체장과 지방의회 의원 등 「공직선거법」에 따른 모든 선거가 해당된다. 그리고 「국민투표법」에 따른 국민투표 외에도, 「지방교육자치에 관한 법률」에 따른 교육감선거, 「주민투표법」에 따른 주민투표, 「주민소환에 관한 법률」에 따른 주민소환투표도 관리한다. 정당에 관한 사무도 「정당법」의 여러 규정에 따라 선거관리위원회가 관장하고 있다. 그밖에 「선거관리위원회법」 제3조 제1항에 의하여 다른 법령의 규정에 따라 공공단체로부터 관리비용과 함께 위탁받은 선거에 관한 사무도 관장하고 있다.[73]

선거관리위원회는 대통령, 국회의원(지역구 · 비례대표), 지방의회의원(지역구 · 비례대표), 지방자치단체장의 선거 등 각종 선거에서의 당선인을 결정 · 공고 · 통지한다(「공직선거법」 제187~191조). 선거관리위원회가 행하는 선거의 당선인을 결정하고 통지하는 것은 선거결과를 공적으로 확인하고 알려주는 강학상 준법률행위적 행정행위이다. 따라서 이 결과에 불복하는 자는 소청이나 소송을 제기할 수 있다.

---

73) 「공공단체 위탁선거 관리규칙」 제3조에 따르면, 「농업협동조합법」 및 「수산업협동조합법」 등에 따른 각 중앙회의 회장과 조합장 선거, 「중소기업협동조합법」에 따른 중소기업중앙회의 회장선거, 「새마을금고법」에 따른 새마을금고중앙회 임원과 새마을금고임원 선거, 「도시 및 주거환경정비법」에 따른 정비사업조합 임원 등 선거와 「대학의 장 후보자 추천 위탁선거관리 규칙」에 따라 대학의 장 선거도 관리한다.

다. 선거쟁송

1) 선거소청

지방의회의원 및 지방자치단체의 장의 선거에 있어서 선거의 효력에 관하여 이의가 있는 선거인 · 정당(후보자 추천 정당) 또는 후보자는 선거일부터 14일 이내에 당해 선거구선거관리위원회위원장을 피소청인으로 하여 지역구시 · 도의원선거, 자치구 · 시 · 군의원선거 및 자치구 · 시 · 군의 장 선거에 있어서는 시 · 도선거관리위원회에, 비례대표시 · 도의원선거 및 시 · 도지사선거에 있어서는 중앙선거관리위원회에 소청할 수 있다.

지방의회의원 및 지방자치단체의 장의 선거에 있어서 당선의 효력에 관하여 이의가 있는 정당 또는 후보자는 당선인 결정일부터 14일 이내에 당선인 또는 당해 선거구선거관리위원회위원장을 각각 피소청인으로 하여 지역구시 · 도의원선거, 자치구 · 시 · 군의원선거 및 자치구 · 시 · 군의 장 선거에 있어서는 시 · 도선거관리위원회에, 비례대표시 · 도의원선거와 시 · 도지사선거에 있어서는 중앙선거관리위원회에 소청할 수 있다.

피소청인으로 될 당해 선거구선거관리위원회위원장이 궐위된 때에는 당해 선거구선거관리위원회위원 전원을 피소청인으로 한다(「공직선거법」 제219조 제1~3항).

2) 선거소송

대통령선거 및 국회의원선거에 있어서 선거의 효력에 관하여 이의가 있는 선거인 · 정당(후보자 추천 정당) 또는 후보자는 선거일부터 30일 이내에 당해 선거구선거관리위원회위원장을 피고로 하여 대법원에 소를 제기할 수 있다.

지방의회의원 및 지방자치단체의 장의 선거에 있어서 선거의 효력에 관한 선거소청 결정에 불복이 있는 소청인(당선인 포함)은 해당 소청에 대하여 기각 또는 각하 결정이 있는 경우에는 해당 선거구선거관리위원회 위원장을, 인용결정이 있는 경우에는 그 인용결정을 한 선거관리위원회 위원장을 피고로 하여 그 결정서를 받은 날부터 10일 이내에 비례대표시 · 도의원선거 및 시 · 도지사선거에 있어서는 대법원에, 지역구시 · 도의원선거, 자치구 · 시 · 군의원선거 및 자치구 · 시 · 군의 장 선거에 있어서는 그 선거구를 관할하는 고등법원에 소를 제기할 수 있다.

피고로 될 위원장이 궐위된 때에는 해당 선거관리위원회 위원 전원을 피고로 한다(「공직선거법」 제222조).

3) 당선소송

대통령선거 및 국회의원선거에 있어서 당선의 효력에 이의가 있는 정당(후보자추천 정당) 또는 후보자는 당선인결정일부터 30일이내에 당선인이나 중앙선거관리위원회위원장 또는 국회의장(대통령선거의 경우) 또는 당해 선거구선거관리위원회위원장(국회의원선거의 경우)을 각각 피고로 하여 대법원에 소를 제기할 수 있다.

지방의회의원 및 지방자치단체의 장의 선거에 있어서 당선의 효력에 관한 선거소청 결정에 불복이 있는 소청인 또는 당선인인 피소청인은 해당 소청에 대하여 기각 또는 각하 결정이 있는 경우에는 당선인을, 인용결정이 있는 경우에는 그 인용결정을 한 선거관리위원회 위원장을 피고로 하여 그 결정서를 받은 날부터 10일 이내에 비례대표시·도의원선거 및 시·도지사선거에 있어서는 대법원에, 지역구시·도의원선거, 자치구·시·군의원선거 및 자치구·시·군의 장 선거에 있어서는 그 선거구를 관할하는 고등법원에 소를 제기할 수 있다.

피고로 될 위원장이 궐위된 때에는 해당 선거관리위원회 위원 전원을, 국회의장이 궐위된 때에는 부의장중 1인을 피고로 한다. 다만 피고로 될 당선인이 사퇴·사망하거나 당선의 효력이 상실되거나 당선이 무효로 된 때에는 대통령선거에 있어서는 법무부장관을, 국회의원선거·지방의회의원 및 지방자치단체의 장의 선거에 있어서는 관할고등검찰청검사장을 피고로 한다(「공직선거법」 제223조).

2. 연혁

역대 헌법에서 선거관리 관련 변천내용을 요약·정리한 것이 아래 표이다.

처음부터 9인의 위원으로 구성되었고, 업무내용도 선거관리만 하다가 국민투표 등 투표사무 외에 선거와 밀접한 관련이 있는 정당사무까지 추가되었음을 알 수 있다.

〈역대 헌법상 선거관리 관련 주요내용〉

<table>
<tr><th>구분</th><th>조직</th><th>권한</th><th>중앙선거관리위원회 구성 등</th></tr>
<tr><td>헌법 제10호
(1987.10.29.)</td><td rowspan="2">제7장 선거관리
중앙선거관리위원회
각급선거관리위원회</td><td rowspan="3">선거와
국민투표의
공정한 관리,
정당사무</td><td>대통령 임명 3인, 국회 선출 3인, 대법원장 지명 3인 → 위원장: 호선
·임기 6년</td></tr>
<tr><td>헌법 제9호
(1980.10.27.)</td><td>대통령 임명 3인, 국회 선출 3인, 대법원장 지명 3인 → 위원장: 호선
·임기 5년</td></tr>
<tr><td>헌법 제8호
(1972.12.27.)</td><td>제9장 선거관리
중앙선거관리위원회
각급선거관리위원회</td><td>대통령 9인 임명(국회선출 3인, 대법원장 지명 3인 포함) → 위원장: 대통령 임명
·임기 5년</td></tr>
<tr><td>헌법 제7호
(1969.10.21.)</td><td rowspan="2">제3장 통치기구
제4절 선거관리
중앙선거관리위원회
각급선거관리위원회</td><td rowspan="4">공정한
선거관리</td><td rowspan="2">대통령 2인 임명, 국회 2인 선출, 대법원 판사 5인 선출 → 위원장: 호선
·임기 5년, 연임가능</td></tr>
<tr><td>헌법 제6호
(1962.12.26.)</td></tr>
<tr><td>헌법 제5호
(1960.11.29.)</td><td rowspan="2">제6장 중앙선거위원회</td><td rowspan="2">대법관 중 호선 3명, 정당추천 6명 → 위원장: 대법관 위원 중 호선</td></tr>
<tr><td>헌법 제4호
(1960.6.15.)</td></tr>
</table>

제2절 조 직

중앙선거관리위원회 홈페이지(www.election.go.kr)에는 선거관리위원회 조직체계를 다음 그림과 같이 한 눈에 보기 쉽게 그려서 올려 두었다. 전국단위의 선거를 총괄하는 중앙선거관리위원회 산하에 계층별 지역단위로 선거사무를 관리하는 위원회가 설치된 복층구조이다. 선거관리는 원칙적으로 국가사무이므로 지방자치구조와는 상관없다. 따라서 구/시/군 선거관리위원회의 경우 법인격이 없는 구/시에도 선거관리위원회를 둘 뿐만 아니라 읍/면/동단위에도 위원회를 설치하는 것이다. 그림의 상위조직부터 순서대로 설명한다.

〈선거관리 조직 체계〉

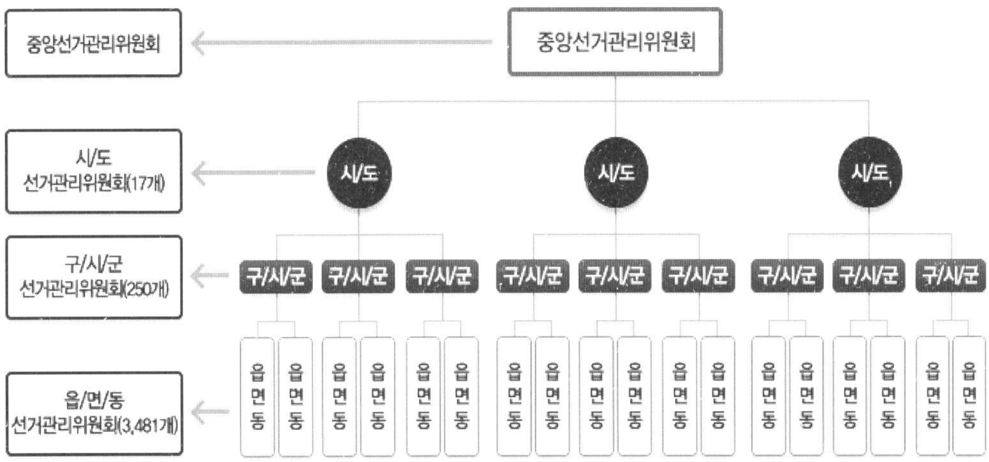

1. 중앙선거관리위원회

가. 구성

중앙선거관리위원회는 대통령이 임명하는 3인, 국회에서 선출하는 3인과 대법원장이 지명하는 3인의 위원으로 구성하되, 위원은 국회의 인사청문을 거쳐 임명·선출·지명하여야 한다(「선거관리위원회법」 제4조 제1항). 선출기관이 각기 다르므로 같은 날 꼭 임명되거나 선출, 지명되지 않아도 구성에는 문제가 없다.

나. 위원장

위원의 자격에 관하여 법령상 특별한 규정은 없으나 법조인, 교수, 언론인 등 학식과 경륜이 있는 사람을 주로 선임하고 있다. 대법원장이 지명하는 위원은 보통 현직 대법관 1인을 포함하여 고등법원장(급) 2인을 지명하는데 임명된 후 법관을 퇴직하더라도 위원의 자격에 영향을 미치는 것은 아니다. 위원은 국회의 인사청문을 거쳐 임명·선출 또는 지명한다. 임기는 6년이다.

위원장은 누가 임명하는 것이 아니라 위원 중에서 '호선(互選)'하게 되어 있는데(「선거관리위원회법」 제5조 제2항), 이는 위원들 간에 서로 합치된 의견으로 선임하는 것이다. 호선의 방식은 투표를 하던지 구두로 합의하던지 방식이나 절차는 문제되지 않는다. 관례로 대법관인 위원을 위원장으로 선출하고 있다. 위원장은 대법관을 겸하고 있어 상근하지는 않는다.

다. 상임위원

중앙선거관리위원회 위원장을 보좌하고 그 명을 받아 소속 사무처의 사무를 감독하게 하기 위하여 위원 중에서 호선하는 상임위원 1인을 둔다(「선거관리위원회법」 제6조). 상임위원도 호선하지만 위원장의 경우와 달리 위원 중에서 재적위원 과반수의 찬성으로 선임하도록 되어 있다. 따라서 상임위원을 희망하는 사람이 다수가 있을 경우 투표까지 갈 수도 있겠지만 일반적으로 대통령이 임명하는 위원 중에서 선임하는 것이 관례이다.

상임위원은 정무직으로 하고 그 보수는 국무위원의 보수와 동액으로 한다. 그러나 상임위원으로서는 3년간만 재임할 수 있고 만약 위원으로서의 잔여 임기가 3년 미만인 경우에는 그 기간까지만 재임할 수 있도록 단축 운영하고 있다.[74] 중앙선거관리위원회의 규칙으로 헌법에서 정한 6년 '임기'가 아니라 '재임기간'을 3년으로 한 것이므로 위헌이라 단정하기는 어렵지만 헌법 취지에는 부합되지는 않는다. 다만 기관운영상 동일인이 6년간 상임위원으로 계속 재임하며 기관사무를 감독하는 것은 현실적으로 어려움이 있을 것으로 생각된다.

2. 각급 선거관리위원회

가. 위촉 대상

각급 선거관리위원회에는 특별시 · 광역시 · 도선거관리위원회, 구 · 시 · 군선거관리위원회, 읍 · 면 · 동선거관리위원회가 있다(「선거관리위원회법」 제2조). 역시 모두 합의제 기관이며 그 위원은 각각 9인, 9인, 7인으로 구성한다. 각급 선거관리위원회

74) 「선거관리위원회법 시행규칙」 제9조 제2항.

위원은 법령에서 추천기관과 자격요건에 관하여 일부 제한규정을 두고 있다.

1) 시 · 도선거관리위원회

시 · 도선거관리위원회 위원은 국회의원의 선거권이 있고 정당원이 아닌 자중에서 국회에 교섭단체를 구성한 정당이 추천한 사람과 당해 지역을 관할하는 지방법원장이 추천하는 법관 2인을 포함한 3인과 교육자 또는 학식과 덕망이 있는 자중에서 3인을 중앙선거관리위원회가 위촉한다(「선거관리위원회법」 제4조 제2항).

2) 구 · 시 · 군선거관리위원회

구 · 시 · 군선거관리위원회 위원은 그 구역안에 거주하는 국회의원의 선거권이 있고 정당원이 아닌 자중에서 국회에 교섭단체를 구성한 정당이 추천한 사람과 법관 · 교육자 또는 학식과 덕망이 있는 자중에서 6인을 시 · 도선거관리위원회가 위촉한다. 다만 정당이 추천하는 위원은 선거기간개시일(위탁선거는 제외) 또는 국민투표안 공고일 후에는 당해 구 · 시 · 군선거관리위원회가 위촉할 수 있다(「선거관리위원회법」 제4조 제3항).

3) 읍 · 면 · 동선거관리위원회

읍 · 면 · 동선거관리위원회 위원은 그 읍 · 면 · 동의 구역안에 거주하는 국회의원의 선거권이 있고 정당원이 아닌 자중에서 국회에 교섭단체를 구성한 정당이 추천한 사람과 학식과 덕망이 있는 자중에서 4인을 구 · 시 · 군선거관리위원회가 위촉한다. 다만 읍 · 면의 구역안에 군인을 제외한 선거권자가 없는 경우에는 그 읍 · 면 · 동선거관리위원회의 위원은 그 읍 · 면 · 동을 관할하는 구 · 시 · 군선거관리위원회의 구역안에 거주하는 국회의원선거권자중에서 이를 위촉할 수 있다(「선거관리위원회법」 제4조 제4항).

나. 정당 추천

정당에서 추천하는 위원은 국회에 교섭단체를 구성한 정당이 각 1인씩 서면으로 추천한다. 정당추천위원의 추천은 당해 당부가 추천정당의 당원이 아님을 증명하는 서류와 본인승낙서 및 주민등록표 초본을 첨부하여 서면으로 제출한다. 다만 국회의원선거권이 있는지의 여부에 대하여는 중앙선거관리위원회규칙이 정하는 바에 따라 위촉 후에 조사할 수 있다. 이 경우 '당부(黨部)'라 함은 「정당법」 제3조의 규정에 의한 중앙당과 시 · 도당을 말하며 추천할 당해 당부가 없을 때에는 그 상급 당부가 추천한다. 정당추천위원에 결원이 생긴 때에는 관계선거관리위원회는 당해 당부에 이를 통지하여야 한다. 위원을 추천한 정당이 국회에 교섭단체를 구성할 수 없는 정당이 되고 새로 교섭단체를 구성하게 된 정당이 있는 경우에는 그 정당에서 추천한 자가 위원으로 위촉될 때까지 재임한다(「선거관리위원회법」 제4조 제7~11항).

구 · 시 · 군선거관리위원회는 선거기간개시일 또는 국민투표안 공고일 후에 당해 또는 읍 · 면 · 동선거관리위원회의 정당추천위원의 추천서를 접수한 때에는 24시간 이내에 위촉하여야 하며, 24시간이내에 위촉하지 아니할 때에는 구 · 시 · 군선거관리위원회위원장이 이를 위촉하고 각 상급선거관리위원회에 보고하여야 한다. 다만 투표일 또는 개표개시일 직전에 교체하고자 할 때에는 늦어도 투표일 또는 개표개시일 2일전에 당해 정당의 교체추천이 있어야 하며 투표일 또는 개표기간중에는 이를 교체할 수 없다. 구 · 시 · 군선거관리위원회의 정당추천위원은 선거기간개시일 또는 국민투표안 공고일로부터 개표종료시까지 상근할 수 있다(「선거관리위원회법」 제4조 제12항, 제7조).

다. 법원장 추천

구 · 시 · 군선거관리위원회와 읍 · 면 · 동선거관리위원회의 위원이 될 법관과 법원공무원 및 교육공무원은 거주요건의 제한을 받지 아니하며 법관을 우선하여 위촉하여야 한다. 법관과 법원공무원 및 교육공무원 이외의 공무원은 각급선거관리위원회의 위원이 될 수 없다(「선거관리위원회법」 제4조 제5,6항).

라. 위원장과 위원

각급선거관리위원회에 위원장 1인을 둔다. 위원장은 당해 선거관리위원회위원중에서 호선한다. 위원장은 위원회를 대표하고 그 사무를 통할한다.

구 · 시 · 군선거관리위원회와 읍 · 면 · 동선거관리위원회에 부위원장 1인을 두며 당해 선거관리위원회위원중에서 호선한다. 다만 구·시·군선거관리위원회는 하나의 구·시·군선거관리위원회가 2개이상의 개표소를 설치하는 경우의 선거관리를 위하여 개표소마다 지방법원장 또는 지원장이 추천하는 법관 1인을 당해 구·시·군선거관리위원회 부위원장으로 위촉할 수 있다.

시·도선거관리위원회에 위원장을 보좌하고 그 명을 받아 소속 사무처의 사무를 감독하게 하기 위하여 각 1인의 상임위원을 둔다. 시·도선거관리위원회의 상임위원은 당해 선거관리위원회의 위원중 선거 및 정당사무에 관한 식견이 풍부한 법관·검사 또는 변호사의 직에 5년이상 근무한 자, 대학에서 행정학·정치학 또는 법률학을 담당한 부교수이상의 직에 5년이상 근무한 자, 3급이상 공무원으로서 2년이상 근무한 자 중에서 중앙선거관리위원회가 지명하되 상임위원으로서의 근무상한은 60세로 한다.

위원장이 사고가 있을 때에는 상임위원 또는 부위원장이 그 직무를 대행하며 위원장·상임위원·부위원장이 모두 사고가 있을 때에는 위원 중에서 임시위원장을 호선하여 위원장의 직무를 대행하게 한다(「선거관리위원회법」 제5조).

마. 위원의 신분

각급선거관리위원회위원의 임기는 6년으로 한다(「선거관리위원회법」 제8조).

각급선거관리위원회의 위원은 다음 사유에 해당되면 해임·해촉 또는 파면할 수 있다(「선거관리위원회법」 제9조). ① 정당에 가입하거나 정치에 관여한 때 ② 탄핵결정으로 파면된 때 ③ 금고이상의 형의 선고를 받은 때 ④ 정당추천위원으로서 그 추천정당의 요구가 있거나 추천정당이 국회에 교섭단체를 구성할 수 없게 된 때와 국회의원선거권이 없음이 발견된 때 ⑤ 시·도선거관리위원회의 상임위원인 위원으로서 국가공무원법 제33조 각호의 1에 해당하거나 상임위원으로서의 근무상한에 달하였을 때 등이다.

각급선거관리위원회위원 중 상임이 아닌 위원은 명예직으로 한다. 다만 일당·여비 기타의 실비보상을 받을 수 있다.

시·도선거관리위원회의 상임위원은 별정직으로 하고 그 보수는 1급 국가공무원의 보수와 동액으로 한다(「선거관리위원회법」 제12조).

각급선거관리위원회의 위원은 선거인명부작성기준일 또는 국민투표안공고일로부터 개표종료시까지 내란 · 외환 · 국교 · 폭발물 · 방화 · 마약 · 통화 · 유가증권 · 우표 · 인장 · 살인 · 폭행 · 체포 · 감금 · 절도 · 강도 및 국가보안법위반의 범죄에 해당하는 경우를 제외하고는 현행범인이 아니면 체포 또는 구속되지 아니하며 병역소집의 유예를 받는다(「선거관리위원회법」 제13조).

바. 회의

각급선거관리위원회는 위원과반수의 출석으로 개의하고 출석위원 과반수의 찬성으로 의결한다. 위원장은 표결권을 가지며 가부동수인 때에는 결정권을 가진다(「선거관리위원회법」 제10조).

각급선거관리위원회의 회의는 당해 위원장이 소집한다. 다만 위원 3분의 1이상의 요구가 있을 때에는 위원장은 회의를 소집하여야 하며 위원장이 회의소집을 거부할 때에는 회의소집을 요구한 3분의 1이상의 위원이 직접 회의를 소집할 수 있다. 법령의 개정 또는 위원의 임기만료등으로 새로이 구성된 위원회의 최초의 회의소집에 관하여는 사무총장, 사무처장, 사무국장, 사무과장, 위촉간사가 각각 당해 위원장의 직무를 대행한다.

구 · 시 · 군선거관리위원회와 읍 · 면 · 동선거관리위원회의 위원장과 부위원장이 모두 궐위 또는 사고가 있을 경우 위원장 · 부위원장 또는 임시위원장을 호선하기 위한 회의소집은 사무국장 · 사무과장 또는 위촉간사가 이를 대행한다(「선거관리위원회법」 제11조).

읍 · 면 · 동선거관리위원회는 상근하는 위원은 없으며 지방자치단체 소속공무원을 간사와 서기로 위촉하여 위원회를 보좌하게 하고 있다. 그리고 투표구에는 공무원 또는 교직원 중에서 선정한 투표관리관을 두어 투표에 관한 사무를 총괄하게 하고 있다.

제3절 사무기구

1. 행정청

가. 사무처(국 · 과)

중앙선거관리위원회의 사무를 처리할 조직으로 사무처를 설치하며, 그 기관의 장으로 사무총장 1인을 둔다. 사무총장은 중앙선거관리위원회 위원장의 지휘를 받아 처의 업무를 장리하며 소속공무원을 지휘 · 감독한다(「선거관리위원회법」 제15조 제1~3항). 이에 따라 사무총장은 「국가공무원법」 제6조에 의하여 중앙인사관장기관의 장의 지위를 가지고 각 기관의 균형적인 인사운영을 도모하고 인력의 효율적인 활용과 능력개발을 위하여 법령이 정하는 바에 따라 인사관리에 관한 총괄적인 사항을 관장한다.

사무총장의 신분은 정무직으로 하고 보수는 국무위원의 보수와 동액으로 한다(「선거관리위원회법」 제15조 제4항).

시 · 도선거관리위원회에도 사무처를 설치하여 처장을 둔다. 처장은 2급 또는 3급의 일반직국가공무원으로 보한다.

구 · 시 · 군선거관리위원회에는 사무국 또는 사무과를 설치하며 국장은 4급, 과장은 4급 또는 5급인 일반직국가공무원으로 보한다(「선거관리위원회법」 제15조 제10,11항).

나. 임면

중앙선거관리위원회 또는 각급선거관리위원회에 소속된 5급이상 공무원의 임면은 중앙선거관리위원회의 의결을 거쳐 중앙선거관리위원회위원장이 행하고 6급 이하 공무원의 임면은 사무총장이 행한다(「선거관리위원회법」 제15조 제12항).

각급선거관리위원회에 두는 조직 · 직무범위 및 공무원의 정원 그 밖의 필요한 사항은 중앙선거관리위원회규칙으로 정한다. 각급선거관리위원회의 소속공무원에 대하여 특별한 규정이 없는 경우에는 「국가공무원법」중 행정부 소속공무원에 관한 규정을 적용한다(「선거관리위원회법」 제15조 제13,14항).

다. 사무

각급선거관리위원회는 선거·국민투표사무를 수행하기 위하여 필요한 경우에 국가기관 또는 지방자치단체에 대하여 그 소속공무원의 파견근무를 요청할 수 있다.

각급선거관리위원회위원장은 선거사무를 담당하는 공무원 중에서 그 소속행정기관의 장과 협의하여 간사·서기·선거사무종사원 각 약간 인을 위촉할 수 있다.

사무처장 및 사무국장 또는 사무과장과 위촉간사는 당해 위원장의 명을 받아 소관사무를 장리하고 소속직원을 지휘·감독한다(「선거관리위원회법」 제15조 제15~17항).

2. 보조기관

중앙선거관리위원회 사무처에 사무차장 1인을 두며, 사무차장은 사무총장을 보좌하며 사무총장이 사고가 있을 때에는 그 직무를 대행한다. 사무차장은 정무직으로 하고 보수는 차관의 보수와 동액으로 한다(「선거관리위원회법」 제15조 제5,6항).

사무처에 실·국 및 과를 두며, 실에는 실장, 국에는 국장, 과에는 과장을 둔다. 다만 실장·국장의 명칭은 중앙선거관리위원회규칙이 정하는 바에 따라 본부장·단장·부장·팀장 등으로 달리 정할 수 있으며, 이 경우 명칭을 달리 정한 본부장등은 이 법을 적용함에 있어서 실장·국장으로 본다. 실장은 1급, 국장은 2급 또는 3급, 보좌기관은 2급 내지 4급, 과장은 3급 또는 4급인 일반직국가공무원으로 보한다. 다만 보좌기관 중 1인은 3급 상당 또는 4급 상당인 별정직국가공무원으로 보할 수 있다.

시·도선거관리위원회에 사무처에 두는 과장은 4급 또는 5급인 일반직국가공무원으로 보한다.

3. 보좌기관

사무총장 · 사무차장 · 실장 또는 국장 밑에 정책의 기획, 계획의 입안, 연구 · 조사, 심사 · 평가 및 홍보업무 등을 보좌하는 보좌기관을 둘 수 있다.

4. 부속기관

선거 · 정당사무에 관한 공무원의 교육과 선거 · 정당관계자에 대한 연수를 위하여 사무처에 선거연수원을 둘 수 있다. 선거연수원에 원장 1인을 두며, 2급 또는 3급인 일반직국가공무원으로 보한다(「선거관리위원회법」 제15조의2). 선거연수원의 조직과 운영에 관하여 「선거연수원 운영규칙」은 교육운영, 교수요원 관리, 학사관리, 교육생 관리 등에 관한 사항을 정하고 있다.

5. 조직도

2014.1.1. 현재 선거관리위원회 공무원 정원은 총 2,771명으로, 그 중 정무직은 3명, 별정직은 19명, 일반직은 2,748명, 연구직이 1명이다. 중앙선거관리위원회와 각급 선거관리위원회의 사무기구의 조직 현황을 중앙선거관리위원회 홈페이지에 올라 있는 것을 옮기면 다음 그림과 같다.

〈중앙선거관리위원회 사무처 조직도〉

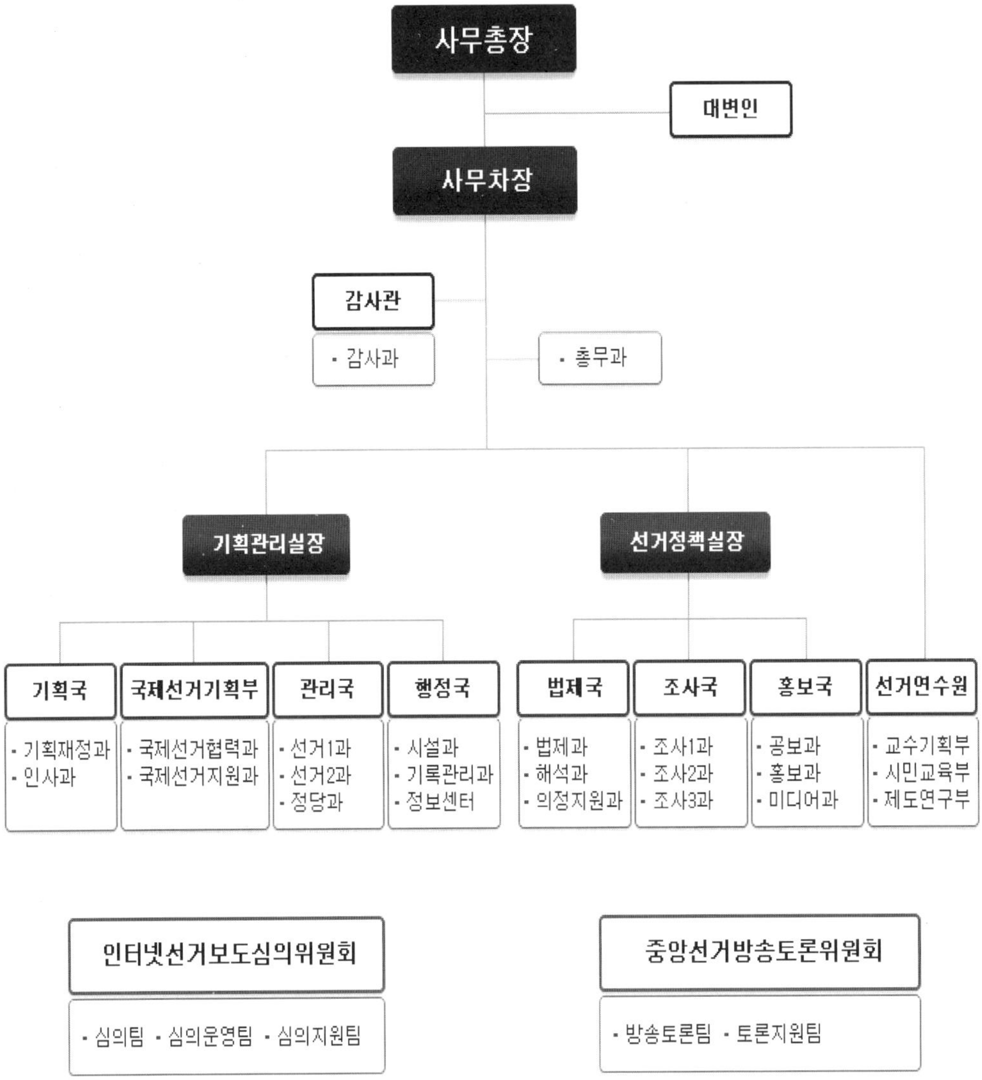

〈시 · 도선거관리위원회 사무처 조직도〉

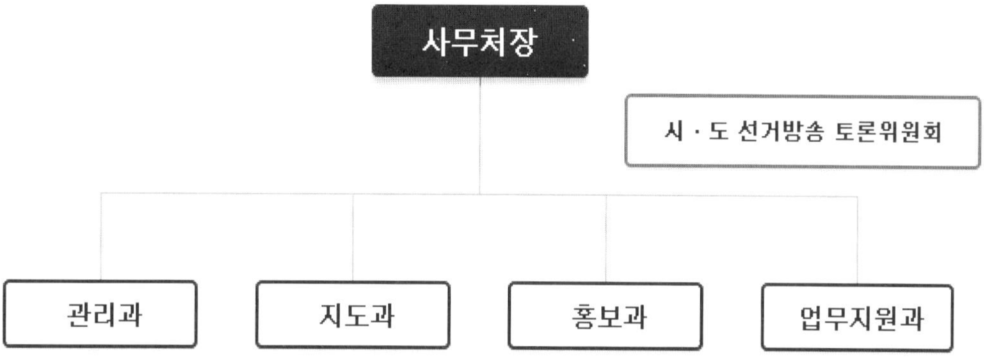

〈구 · 시 · 군선거관리위원회 사무국(과) 조직도〉

제 3 편

지방행정조직법

제 1 장 개 설

제1절 의 의

1. 지방자치제의 연혁

우리나라의 지방자치제도는 정부 수립과 함께 시작되었다. 제헌헌법부터 제3호 헌법까지는 제8장에서 지방자치에 관하여 규성하였고, 제4호 및 제5호 헌법에서는 제11장으로 옮겼다. 제6호 및 제7호 헌법에서는 제3장 통치기구 내의 제5절로 이관되었는데, 이는 지방자치단체와 지방의회를 헌법상 통치기구로서 자리매김을 확실히 하였다는데 의의가 있다. 제8호 헌법에서는 제10장으로 갔다가 제9호와 현행 제10호 헌법에서는 다시 제8장에서 지방자치를 규정하고 있다. 헌법상 지방자치에 관해서는 지방자치단체의 사무와 권한, 지방의회의 설치와 조직, 권한, 선거 등에 관한 골격만 규정하고 지방자치단체의 종류, 지방의회의 조직 · 권한 · 의원선거와 지방자치단체의 장의 선임방법 기타 지방자치단체의 조직과 운영에 관한 사항은 법률로 정하도록 위임하고 있다.

헌법상 기구로서 지방자치가 정부수립 초기부터 실시되어 오다가, 1972.12.27. 제8호 헌법 부칙 제10조에서 '지방의회는 조국통일이 이루어질 때까지 구성하지 아니한다'고 하여 중단되었고, 1980.10.27. 제9호 헌법 부칙 제10조에서 '지방의회는 지방자치단체의 재정자립도를 감안하여 순차적으로 구성하되, 그 구성시기는 법률로 정한다'고 함으로써 1988년까지 보류되어 왔다. 그러다가 1988.4.4. 「지방자치법」을 개정하면서 그 부칙 제2조에서 지방자치단체별 지방의회의 구성시기를 시·군 및 자치구부터 구성하되, 선거는 1989.5.1. 이내에 실시하도록 하였고, 시·도의회는 시·군 및 자치구의 의회가 구성된 날로부터 2년 이내에 구성하도록 하여 지방자치가 전면 복원되어 현재에 이르고 있다.

2. 지방자치의 성격

지방자치단체는 법인이다(「지방자치법」 제3조 제1항). 따라서 법률로 지방자치단체로 지정된 개별 단체는 독립된 법인격체로서 법적인 권리와 의무를 갖는다. 법률은 국가의 국회에서 제정하고 대통령이 공포하는 것이므로 결국 지방자치단체의 모태는 국가라 할 수 있다.

국가에서 지정한 관할 구역과 사무범위 안에서 법인으로서 존재한다는 것이므로 지방자치단체(지방정부)가 권한의 일부를 연방정부로 넘겨주는 연방국가의 지방자치와는 지위와 성격에 차이가 있다. 즉 우리나라의 지방행정조직은 국가가 제정한 법률에 의하여 기본 틀이 정해진다. 이점에서 국가가 개별 법률로 법인을 설립하는 공공기관(특수법인)과 법적 지위는 같지만, 구성원이 공무원 신분을 갖고 운영재원을 지방세 등이라는 강제수단을 통하여 확보하는 점에서 특수법인과 구별된다.

제2절 종 류

1. 보통지방자치단체

2013.1.1. 현재 우리나라 지방행정의 기본구조는 다음 그림과 같다.[1] 그림 중 맨 위에 그려진 것이 광역자치단체이며 두 번째 줄의 자치구(69), 군(84), 시(74)는 법

인격을 가진 지방자치단체이며, 일반구(33)와 행정시(2) 및 읍·면·동은 법인격 없는 하부조직이다.

〈지방행정 체계도〉

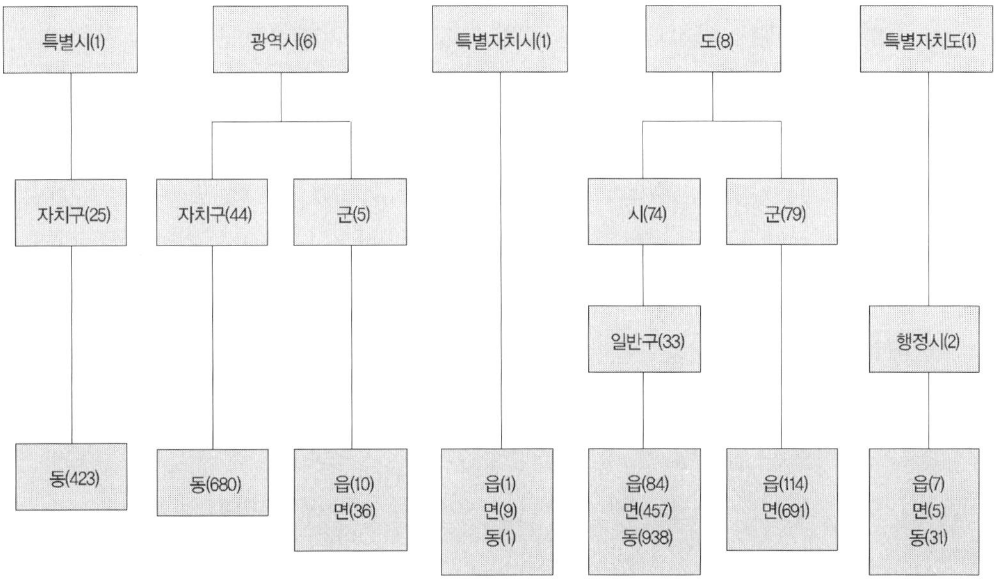

가. 광역단체

특별시, 광역시, 특별자치시, 도, 특별자치도를 말한다. 현재 광역자치단체는, 서울특별시(1), 부산·대구·인천·광주·대전·울산광역시(6), 세종특별자치시(1), 경기·강원·충북·충남·전북·전남·경북·경남도(8), 제주특별자치도(1) 등 17개이다.

나. 기초단체

시, 군, 구를 말한다. 지방자치단체인 구(자치구)는 특별시와 광역시의 관할 구역 안의 구만을 말하며, 자치구의 자치권의 범위는 법령으로 정하는 바에 따라 시·

1) 안전행정부, 2013 안전행정 통계연보, 271쪽.

군과 다르게 할 수 있다. 기초자치단체는 227개로서 시가 74개, 군이 84개, 자치구가 69개이다.

다. 명칭과 구역

지방자치단체의 명칭과 구역은 종전과 같이 하고, 명칭과 구역을 바꾸거나 지방자치단체를 폐 · 치 · 분 · 합(廢 · 置 · 分 · 合)할 경우, 즉 폐지, 설치, 분리, 합칠 때에는 법률로 정한다. 다만 지방자치단체의 관할 구역 경계변경과 한자 명칭의 변경은 대통령령으로 정한다. 지방자치단체를 폐 · 치 · 분 · 합 할 때 또는 그 명칭이나 구역을 변경할 때에는 관계 지방자치단체의 의회의 의견을 들어야 한다. 그러나 「주민투표법」 제8조에 따라 주민투표를 한 경우에는 그러하지 아니하다.

그럼에도 불구하고 「공유수면 관리 및 매립에 관한 법률」에 따른 매립지나 「측량 · 수로조사 및 지적에 관한 법률」 제2조 제19호의 지적공부에 등록이 누락되어 있는 토지에 대하여는 안전행정부장관이 결정한다. 이 결정에 관계 지방자치단체의 장이 이의가 있으면 그 결과를 통보받은 날부터 15일 이내에 대법원에 소송을 제기할 수 있다. 안전행정부장관은 대법원의 인용결정이 있으면 그 취지에 따라 다시 결정하여야 한다(「지방자치법」 제4조). 따라서 소송의 주체는 지방자치단체가 아니라 단체의 장이어야 한다.

매립지가 속할 지방자치단체를 정할 때 고려해야 할 관련 이익의 범위 등은 일반적으로 다음과 같은 사항이 포함되어야 한다. ① 매립지 내 각 지역의 세부 토지이용계획 및 인접 지역과의 유기적 이용관계 등을 고려하여 관할구역을 결정함으로써 효율적인 신규토지의 이용이 가능하도록 해야 한다. ② 공유수면이 매립에 의하여 육지화된 이상 더는 해상경계선만을 기준으로 관할 결정을 할 것은 아니고, 매립지와 인근 지방자치단체 관할구역의 연결 형상, 연접관계 및 거리, 관할의 경계로 쉽게 인식될 수 있는 도로, 하천, 운하 등 자연지형 및 인공구조물의 위치 등을 고려하여 매립지가 토지로 이용되는 상황을 전제로 합리적인 관할구역 경계를 설정하여야 한다. ③ 매립지와 인근 지방자치단체의 연접관계 및 거리, 도로, 항만, 전기, 수도, 통신 등 기반시설의 설치 · 관리, 행정서비스의 신속한 제공, 긴급상황 시 대처

능력 등 여러 요소를 고려하여 행정의 효율성이 현저히 저해되지 않아야 한다. ④ 매립지와 인근 지방자치단체의 교통관계, 외부로부터의 접근성 등을 고려하여 매립지 거주 주민들의 입장에서 어느 지방자치단체의 관할구역에 편입되는 것이 주거생활 및 생업에 편리할 것인지를 고려해야 한다. ⑤ 매립으로 인근 지방자치단체들 및 그 주민들은 그 인접 공유수면을 상실하게 되므로 이로 말미암아 잃게 되는 지방자치단체들의 해양 접근성에 대한 연혁적 · 현실적 이익 및 그 주민들의 생활기반 내지 경제적 이익을 감안해야 한다.[2)]

2. 특별지방자치단체

특정한 목적을 수행하기 위하여 필요하면 따로 특별지방자치단체를 설치할 수 있다. 이의 설치 · 운영에 관하여 필요한 사항은 대통령령으로 정하도록 하였지만 대통령령이 제정되지 않았기 때문에 아직 특별지방자치단체는 설치되지 않은 상황이다.

제3절 기능과 사무

1. 사무 범위

가. 처리 원칙

지방자치단체는 그 사무를 처리할 때 주민의 편의와 복리증진을 위하여 노력하여야 한다. 지방자치단체는 조직과 운영을 합리적으로 하고 그 규모를 적정하게 유지하여야 한다. 지방자치단체는 법령이나 상급 지방자치단체의 조례를 위반하여 그 사무를 처리할 수 없다(「지방자치법」 제8조). 이에 따라 각 지방자치단체는 소관 사무처리에 대하여 상급기관의 감독과 외부감사를 받게 된다.

2) 대법원 2013.11.14. 선고 2010추73 판결.

나. 사무 유형

지방자치단체가 처리하는 사무의 유형을 예시하면 다음과 같다(「지방자치법」 제9조).

① 지방자치단체의 구역, 조직, 행정관리 등에 관한 사무
② 주민의 복지증진에 관한 사무
③ 농림 · 상공업 등 산업 진흥에 관한 사무
④ 지역개발과 주민의 생활환경시설의 설치 · 관리에 관한 사무
⑤ 교육 · 체육 · 문화 · 예술의 진흥에 관한 사무
⑥ 지역민방위 및 지방소방에 관한 사무

2. 배분기준

지방자치단체의 사무를 지방자치단체의 종류별로 배분하는 기준은 다음과 같다(「지방자치법」 제10조).

가. 광역단체

우선 시 · 도가 처리할 사무는 다음에 열거한 바와 같이 복수의 시 · 군 · 구에 걸치는 사무 또는 광역단위의 통일성이 필요한 사무가 주로 해당된다.

① 행정처리 결과가 2개 이상의 시 · 군 및 자치구에 미치는 광역적 사무
② 시 · 도 단위로 동일한 기준에 따라 처리되어야 할 성질의 사무
③ 지역적 특성을 살리면서 시 · 도 단위로 통일성을 유지할 필요가 있는 사무
④ 국가와 시 · 군 및 자치구 사이의 연락 · 조정 등의 사무
⑤ 시 · 군 및 자치구가 독자적으로 처리하기에 부적당한 사무
⑥ 2개 이상의 시 · 군 및 자치구가 공동으로 설치하는 것이 적당하다고 인정되는 규모의 시설을 설치하고 관리하는 사무

나. 기초단체

시 · 도가 처리하는 것으로 되어 있는 사무를 제외한 사무는 시 · 군 및 자치구가 처리한다. 다만 인구 50만 이상의 시에 대하여는 도가 처리하는 사무의 일부를 직접 처리할 수 있는 특례규정이 있다.

시 · 도와 시 · 군 및 자치구는 사무를 처리할 때 서로 경합되지 않도록 해야 하며, 사무가 서로 경합하면 시 · 군 및 자치구에서 먼저 처리한다. 이를 '사무경합금지원칙' 및 '기초지방자치단체 우선 배분의 원칙'이라 한다.[3]

3. 국가사무 제한

지방자치단체는 다음 각 호에 해당하는 국가사무를 처리할 수 없다. 다만 법률에 이와 다른 규정이 있는 경우에는 국가사무를 처리할 수 있다(「지방자치법」 제11조). 법률의 근거는 국가사무를 지방자치단체의 장에게 개별적으로 기관위임하여 처리하는 경우도 포함된다. 기관위임의 경우 수임한 지방자치단체는 위임한 국가 또는 상급자치단체의 소속 행정기관의 지위에 해당된다.

① 외교, 국방, 사법(司法), 국세 등 국가의 존립에 필요한 사무

② 물가정책, 금융정책, 수출입정책 등 전국적으로 통일적 처리를 요하는 사무

③ 농산물 · 임산물 · 축산물 · 수산물 및 양곡의 수급조절과 수출입 등 전국적 규모의 사무

④ 국가종합경제개발계획, 국가하천, 국유림, 국토종합개발계획, 지정항만, 고속국도 · 일반국도, 국립공원 등 전국적 규모나 이와 비슷한 규모의 사무

⑤ 근로기준, 측량단위 등 전국적인 기준 통일과 조정이 필요한 사무

⑥ 우편, 철도 등 전국적 규모나 이와 비슷한 규모의 사무

⑦ 고도의 기술을 요하는 검사 · 시험 · 연구, 항공관리, 기상행정, 원자력개발 등 지방자치단체의 기술과 재정능력으로 감당하기 어려운 사무

위에 열거되지 않은 사무는 법령에서 특별히 규정하지 않는 한 지방자치단체에서 처리할 수 있을 것이다.

---

3) 김철용, 행정법, 741~742쪽.

제4절 재 정

1. 예산과 결산

가. 예산회계

지방자치단체의 회계연도는 국가회계와 동일하게 매년 1월 1일에 시작하여 그 해 12월 31일에 끝난다.

지방자치단체의 회계는 일반회계와 특별회계로 구분한다. 특별회계는 법률이나 지방자치단체의 조례로 설치할 수 있다.

지방자치단체의 장은 회계연도마다 예산안을 편성하여 시·도는 회계연도 시작 50일 전까지, 시·군 및 자치구는 회계연도 시작 40일 전까지 지방의회에 제출하여야 한다. 예산안을 시·도의회에서는 회계연도 시작 15일 전까지, 시·군 및 자치구의회에서는 회계연도 시작 10일 전까지 의결하여야 한다. 지방의회는 지방자치단체의 장의 동의 없이 지출예산 각 항의 금액을 증가하거나 새로운 비용항목을 설치할 수 없다.

지방자치단체의 장은 예산안을 제출한 후 부득이한 사유로 그 내용의 일부를 수정하려면 수정예산안을 작성하여 지방의회에 다시 제출할 수 있다(「지방자치법」 제125~127조).

나. 결산승인

지방자치단체의 장은 출납 폐쇄 후 80일 이내에 결산서와 증빙서류를 작성하고 지방의회가 선임한 검사위원의 검사의견서를 첨부하여 다음 연도 지방의회의 승인을 받아야 한다. 결산의 심사결과 위법 또는 부당한 사항이 있는 경우에 지방의회는 본회의 의결 후 지방자치단체 또는 해당 기관에 변상 및 징계 조치 등 그 시정을 요구하고, 지방자치단체 또는 해당 기관은 시정요구를 받은 사항을 지체 없이 처리하여 그 결과를 지방의회에 보고하여야 한다(「지방자치법」 제134조).

2. 수입과 지출

지방자치단체는 국가의 기관이 아니고 법인이므로 국가에서 재원을 배분하기를 기다릴 수 없고 스스로 재원을 조달하는 것이 원칙이다. 그러나 국가가 설립하였기 때문에 수입을 마련할 수 있는 권능을 법률로 부여하고 있다. 그 중 가장 강력한 수단이 바로 국세에 상응하는 지방세이고 그밖에 사용료, 수수료, 분담금 등을 징수할 수 있는 근거를 두고 있다(「지방자치법」 제135~140조).

가. 수입

1) 지방세

지방자치단체는 법률로 정하는 바에 따라 지방세를 부과 · 징수할 수 있다. 헌법 제38조에 의한 국민의 납세의무에 따라 국민들은 국세뿐만 아니라 주민의 지위에서 지방세도 납부할 의무가 있다. 국세와 지방세의 구분은 「국세와 지방세의 조정 등에 관한 법률」에서 국세로 분류된 세목과 지방세로 분류된 세목이 구체적으로 열거되어 있다.

「지방세기본법」은 지방세의 기본적 사항과 부과 · 징수에 필요한 사항 및 위법 또는 부당한 처분에 대한 불복절차와 지방세 범칙행위에 대한 처벌에 관한 사항 등을 규정한 것이고, 「지방세법」은 지방자치단체가 과세하는 9개의 보통세(취득세 · 등록면허세 · 레저세 · 담배소비세 · 지방소비세 · 주민세 · 지방소득세 · 재산세 · 자동차세)와 2개의 목적세(지역자원시설세 · 지방교육세)에 대한 과세요건과 부과 · 징수, 그 밖에 필요한 사항을 각 장에서 규정한 것이다.

「지방세특례제한법」은 지방세 감면과 특례에 관한 사항과 이를 제한하는 사항을 규정한 것이다.

2) 세외 수입금

지방자치단체의 장이 행정목적을 달성하기 위하여 법률에 따라 부과 · 징수하는 조세 외의 금전인 과징금, 이행강제금, 부담금 등 대통령령으로 정하는 것으로서 「지방세외수입금의 징수 등에 관한 법률」로 정하고 있다. '과징금'은 행정법상의 의무위반으로 경제적 이익을 얻을 것이 예상되는 경우 그 이익을 박탈하기 위하여 행정청이 부과하는 금전적인 행정제재를 말한다. '이행강제금'은 행정청으로부터 상당한 기한을 정하여 회복 · 구제 · 시정 · 처분 · 조치 · 양도 · 의무 등의 명령을 받고도 그 기간 내에 이행하지 아니할 경우 부과하는 금전적 재제 수단을 말한다. '부담금'은 중앙행정기관의 장, 지방자치단체의 장, 행정권한을 위탁받은 공공단체 또는 법인의 장 등 법률에 따라 금전적 부담의 부과권한을 부여받은 자가 분담금,[4] 부과금,[5] 기여금,[6] 그 밖의 명칭에도 불구하고 재화 또는 용역의 제공과 관계없이 특정 공익사업과 관련하여 법률에서 정하는 바에 따라 부과하는 조세 외의 금전지급의무(특정한 의무이행을 담보하기 위한 예치금 또는 보증금 성격 제외)를 말한다(「부담금관리기본법」 제2조).

지방세외수입금의 징수순위는 ① 체납처분비 ② 지방세외수입금 ③ 가산금이다(「지방세외수입금의 징수 등에 관한 법률」 제4조).

3) 사용료

지방자치단체는 공공시설의 이용 또는 재산의 사용에 대하여 사용료를 징수할 수 있다. 징수에 관한 사항은 조례로 정한다(「지방자치법」 제136조). 재산은 주로 행정재산의 사용과 수익을 허가한 경우를 말하며 지방자치단체의 장은 사용 · 수익 허가를 받은 자가 목적에 위배되게 사용하거나 원상을 변경한 경우 등에는 허가를 취소할 수 있다. 이 경우 허가를 받은 자에게 손실이 발생하면 보상을 한다(「공유재산 및 물품 관리법」 제25조).

4) 수수료

지방자치단체는 그 지방자치단체의 사무가 특정인을 위한 것이면 그 사무에 대하여 수수료를 징수할 수 있다. 지방자치단체는 국가나 다른 지방자치단체의 위임사무가 특정인을 위한 것이면 그 사무에 대하여 수수료를 징수할 수 있다. 징수

4) 「지방자치법」 제138조.
5) 「대기환경보전법」 제35조, 「석유 및 석유대체연료 사업법」 제18조, 「수도권 대기환경개선에 관한 특별법」 제20조, 「자원의 절약과 재활용촉진에 관한 법률」 제19조, 「전기 · 전자제품 및 자동차의 자원순환에 관한 법률」 제18조, 「영화 및 비디오물의 진흥에 관한 법률」 제25조의2 등.
6) 「한국국제협력단법」 제18조의2, 「공무원연금법」 제66조, 「군인연금법」 제38조 등.

에 관한 사항은 조례로 정한다. 수수료는 그 지방자치단체의 수입으로 한다. 다만 법령에 달리 정하여진 경우에는 그러하지 아니하다.

국가가 지방자치단체나 그 기관에 위임한 사무와 자치사무의 수수료 중 전국적으로 통일할 필요가 있는 수수료에 관한 사항은 다른 법령의 규정에도 불구하고 대통령령으로 정하는 표준금액으로 징수하되, 지방자치단체가 다른 금액으로 징수하고자 하는 경우에는 표준금액의 100분의 50의 범위에서 조례로 가감 조정하여 징수할 수 있다(「지방자치법」 제137조).

나. 경비지출

지방자치단체는 그 자치사무의 수행에 필요한 경비와 위임된 사무에 관하여 필요한 경비를 지출할 의무를 진다. 다만 국가사무나 지방자치단체사무를 위임할 때에는 이를 위임한 국가나 지방자치단체에서 그 경비를 부담하여야 한다(「지방자치법」 제141조). 부담 정도는 사무처리에 실제 소요되는 비용을 감안하여 전부 또는 일부를 지급한다.

3. 재산

지방자치단체는 행정목적을 달성하기 위한 경우나 공익상 필요한 경우에는 재산을 보유하거나 특정한 자금을 운용하기 위한 기금을 설치할 수 있다. 재산의 보유, 기금의 설치 · 운용에 관하여 필요한 사항은 조례로 정한다. 재산이란 현금 외의 모든 재산적 가치가 있는 물건과 권리를 말한다(「지방자치법」 제142조).

지방자치단체의 재산은 법령이나 조례에 따르지 아니하고는 교환 · 양여(讓與) · 대여하거나 출자 수단 또는 지급 수단으로 사용할 수 없다(「지방자치법」 제143조).

가. 공유재산

지방자치단체의 부담, 기부채납(寄附採納)이나 법령에 따라 지방자치단체 소유로 된 부동산과 그 종물(從物), 선박, 부잔교(浮棧橋), 부선거(浮船渠) 및 항공기와 그 종물, 공영사업 또는 공영시설에 사용하는 중요한 기계와 기구, 지상권·지역권·전세권·광업권과 그 밖에 이에 준하는 권리, 저작권·특허권·디자인권·상표권·실용신안권과 그 밖에 이에 준하는 권리, 주식, 출자로 인한 권리, 사채권·지방채증권·국채증권과 그 밖에 이에 준하는 유가증권, 부동산신탁의 수익권 등을 말한다(「공유재산 및 물품 관리법」 제2조 제1항).

1) 행정재산

행정재산은 다음 재산을 말하며, 원칙적으로 대부·매각·교환·양여·신탁 또는 대물변제하거나 출자의 목적으로 하지 못하며, 이에 사권(私權)을 설정하지 못한다. 행정재산의 사용에 대해 지불하는 비용은 사용료로 표기한다.

가) 공용재산

청사·관사 등 지방자치단체가 직접 사무용·사업용 또는 공무원의 거주용으로 사용하거나 사용하기로 결정한 재산과 사용을 목적으로 건설 중인 재산을 말한다.

나) 공공용재산

도로·공원 등 지방자치단체가 직접 공공용으로 사용하거나 사용하기로 결정한 재산과 사용을 목적으로 건설 중인 재산을 말한다.

다) 기업용재산

상수도 등 지방자치단체가 경영하는 기업용 또는 그 기업에 종사하는 직원의 거주용으로 사용하거나 사용하기로 결정한 재산과 사용을 목적으로 건설 중인 재산을 말한다.

라) 보존용재산

보존림 등 법령·조례·규칙에 따라 또는 필요에 의하여 지방자치단체가 보존하고 있거나 보존하기로 결정한 재산을 말한다.

2) 일반재산

행정재산 외의 모든 공유재산으로서 대부·매각·교환·양여·신탁하거나 사권을 설정할 수 있으며, 법령이나 조례로 정하는 경우에는 현물출자 또는 대물변제를 할 수 있다(「공유재산 및 물품 관리법」 제28조). 일반재산의 사용료는 대부료로 표기한다.

나. 물품

물품은 지방자치단체가 소유하는 동산(動産)과 지방자치단체가 사용하기 위하여 보관하는 동산 중 현금, 유가증권, 공유재산을 제외한 동산을 말한다.

지방자치단체의 장은 대통령령으로 정하는 바에 따라 회계연도마다 소관 예산과 사무 또는 사업의 예정에 맞추어 물품의 취득 · 사용 및 처분에 관한 수급관리계획을 세워야 한다. 지방자치단체의 장은 물품관리관 또는 물품출납공무원으로 하여금 소관 물품을 취득 · 보관 · 사용 · 처분함에 있어서 관계 법령에 정한 바에 따라 엄정히 처리하도록 관리하여야 한다(「공유재산 및 물품 관리법」 제6,7장).

다. 기금

지방자치단체가 특정한 행정목적을 달성하기 위하여 「지방자치법」 제142조 또는 다른 법률에 따라 설치 · 운용하는 자금을 말한다. 다만 「지방공기업법」 제19조 제2항에 따른 지역개발을 위한 기금(채권)은 제외한다(「지방자치단체 기금관리기본법」 제2조).

법률에 따라 지방자치단체에 재정적 부담이 되는 기금을 설치하려는 경우 소관 중앙행정기관의 장은 기금 신설의 타당성을 심사하기 위하여 미리 안전행정부장관과 협의하여야 한다. 안전행정부장관이 중앙행정기관의 장과 기금 설치에 관한 협의를 하는 경우에는 관련되는 지방자치단체의 의견을 들어야 한다. 지방자치단체가 기금을 신설하여 운용하려는 경우에는 기금의 존속기한을 해당 조례에 명시하여야 한다. 다만 법률에 따라 의무적으로 설치 · 운용되는 기금은 존속기한을 명시하지 아니할 수 있다.

지방자치단체의 장은 기금을 그 설치 목적과 지역 실정에 맞도록 관리 · 운용하여야 하고, 기금자산의 안정성 · 유동성 · 수익성 및 공공성을 고려하여 기금자산을 투명하고 효율적으로 운용하여야 한다(「지방자치단체 기금관리기본법」 제3~5조). 국회예산정책처 보고(www.nabo.go.kr)에 의하면 2013년도 지방자치단체 기금총액은 11조 5,033억원 정도이다.

라. 공공시설

지방자치단체는 주민의 복지를 증진하기 위하여 공공시설을 설치할 수 있다. 공공시설의 설치와 관리에 관하여 다른 법령에 규정이 없으면 조례로 정한다. 공공시설은 관계 지방자치단체의 동의를 받아 그 지방자치단체의 구역 밖에 설치할 수 있다(「지방자치법」 제144조). 각 지방자치단체의 조례로 정하여 설치 · 운영하고 있는 공공시설의 예로는 청사, 시민회관, 도서관, 공원, 휴게소, 하수처리시설, 체육시설, 목욕시설, 가축분뇨처리시설 등을 들 수 있다. 강학상 영조물법인으로 분류하고 있는 도서관도 실정법상으로는 공공시설로 구분함을 알 수 있다.

4. 법인 설립

지방자치단체는 주민의 복지증진과 사업의 효율적 수행을 위하여 지방공기업을 설치 · 운영할 수 있다(「지방자치법」 제146조). 이에 따른 「지방공기업법」에 의하여 지방공사, 지방공단 등 특수법인과 민간과 공동으로 상법이나 민법상의 주식회사 또는 재단법인 등을 설립할 수 있다. 또한 「지방자치단체출연 연구원의 설립 및 운영에 관한 법률」에 의한 연구원과 「지방의료원의 설립 및 운영에 관한 법률」에 의한 지방의료원도 조례로 각각 설립할 수 있다.

지방자치단체가 자신의 사무 일부를 위탁 · 처리케 하는 법인을 설립할 경우, 그 법인은 자기 이름으로 사무를 처리하고 권리 · 의무를 포함한 법률적 · 사실적 행위의 결과도 법인에 귀속되므로 법인은 행정주체의 지위를 갖게 된다.

제 2 장
지방의회

제1절 의 의

1. 지위

가. 주민의 대의기관

지방자치단체의 구역 안에 주소를 가진 사람은 그 지방자치단체의 주민으로서의 권리와 의무의 주체가 된다(「지방자치법」 제12,13조). 따라서 주민의 보통·평등·직접·비밀선거에 따라 선출한 의원들로 구성된 지방의회는 주민의 의사를 대변하는 대의기관이다. '주민'의 대의기관이므로 주민들이 국민의 지위에서 선거로 선출하여 국민의 대의기관인 국회와 구별되며, 당해 지방자치단체의 대표권을 가진 지방자치단체장과도 구분된다.

나. 자치입법기관

지방의회는 법률로 정해진 사항에 대한 의결권을 갖는다(「지방자치법」 제39조). 당해 지방자치단체 사무에 관한 최종적으로 결정하는 지위에 있으며 특히 자치단체의 법규인 조례를 제정하고 개정하거나 폐지하는 권한을 갖고 있다. 조례는 국회의 법률과 같이 당해 지방자치단체의 최고 규범으로서 상위 법률의 위임에 따라 특수법인도 설립할 수 있는 등 실질적인 권한을 갖고 있다.

조례안이 지방의회에서 의결되면 의장은 의결된 날부터 5일 이내에 그 지방자치단체의 장에게 이를 이송하여야 한다. 지방자치단체의 장은 조례안을 이송 받으면 20일 이내에 공포하여야 한다. 만약 지방자치단체의 장은 이송 받은 조례안에 대하여 이의가 있으면 이유를 붙여 지방의회로 돌려보내어 재의(再議)를 요구할 수 있다. 이 경우 지방자치단체의 장은 조례안의 일부에 대하여 또는 조례안을 수정하여 재의를 요구할 수 없다. 재의요구를 받은 지방의회가 재의에 부쳐 재적의원 과반수의 출석과 출석의원 3분의 2 이상의 찬성으로 전과 같은 의결을 하면 그 조례안은 조례로서 확정된다. 지방자치단체의 장이 기간 내 공포하지 아니하거나 재의요구를 하지 아니할 때에도 그 조례안은 조례로서 확정된다.

지방자치단체의 장은 확정된 조례를 지체 없이 공포하여야 하고 만약 조례가 확정된 후 또는 확정조례가 지방자치단체의 장에게 이송된 후 5일 이내에 지방자치단체의 장이 공포하지 아니하면 지방의회의 의장이 공포한다. 조례와 규칙은 특별한 규정이 없으면 공포한 날부터 20일이 지나면 효력을 발생한다(「지방자치법」 제26조).

다. 행정감사기관

국회의 국정감사처럼 지방의회는 지방자치단체 행정사무에 대한 감사권을 행사한다. 이는 주민의 대의기관으로서 집행기관에 대한 감시 · 통제기관으로서의 지위를 갖는 것이다. 지방의회에서 시장(city manager)을 선출하는 서구의 일부 사례와 달리 주민들이 별도로 선출하므로 서로 견제와 균형의 관계에서 주민의 복지와 관련된 사무를 하는 것이다.

2. 의원의 신분

가. 취임과 면직

1) 임기

지방의회의원의 임기는 4년으로 한다. 연임 또는 중임 제한이 없으므로 선거에 당선되는 한 계속 재임할 수 있다.

2) 사직

본인의 자의로 언제든지 사직원을 제출할 수 있으며 지방의회는 그 의결로 사직을 허가할 수 있다. 다만 폐회 중에는 의장이 허가할 수 있다(「지방자치법」 제77조).

3) 퇴직

지방의회의 의원이 겸직할 수 없는 자리에 취임할 때, 피선거권이 없게 될 때, 징계에 따라 제명될 때에는 의원의 직에서 퇴직된다(「지방자치법」 제78조). 별도의 의결절차 없이 법정 사유가 확정되는 즉시 당연퇴직 되는 것이다.

4) 자격상실

지방의회의 의원은 다른 의원의 자격에 대하여 이의가 있으면 재적의원 4분의 1 이상의 연서로 의장에게 자격심사를 청구할 수 있다. 피심의원(被審議員)은 자기의 자격심사에 관한 회의에 출석하여 변명은 할 수 있으나, 의결에는 참가할 수 없다. 피심의원에 대한 자격상실 의결은 재적의원 3분의 2 이상의 찬성이 있어야 한다. 피심의원은 자격상실이 확정될 때까지는 그 직을 상실하지 아니한다(「지방자치법」 제79,80조).

5) 제명

지방의회 의원은 지방의회의 징계에 의하여 제명될 수 있다. 제명을 하기 위해서는 재적의원 3분의2 이상의 찬성이 있어야 한다.

지방의회의 의원이 궐원(闕員)되면 의장은 15일 이내에 그 지방자치단체의 장과 관할 선거관리위원회에 알려야 한다.

나. 보수

1949.7.4. 「지방자치법」을 제정할 당시부터 '지방의회의 의원은 명예직으로 하되, 일비와 여비를 지급한다'고 규정하였고 이 원칙은 1989년 지방의회의 재구성 시에도 그대로 재확인되었다. 그러다가 1995.1.5. 법 개정부터 일비와 여비 외에 의정활동비를 추가 지급하다가, 2003.7.18. 개정시에는 '명예직' 표현을 삭제하며 의정활동비 또한 매월 지급할 수 있도록 함으로써 현재는 지방의원도 국회의원처럼 월정액 보수를 받는 지위로 전환되었다.

현재 지방의회 의원들에게 지급되는 경비는 ① 의정 자료를 수집하고 연구하거나 이를 위한 보조 활동에 사용되는 비용을 보전(補塡)하기 위하여 매월 지급하는 의정활동비 ② 본회의 의결, 위원회의 의결 또는 의장의 명에 따라 공무로 여행할 때 지급하는 여비 ③ 지방의회의원의 직무활동에 대하여 지급하는 월정수당으로서 대부분 매달 지급된다(「지방자치법」 제32조).

다. 보상

지방의회의원이 회기 중 직무로 인하여 신체에 상해를 입거나 사망한 경우와 그 상해나 직무로 인한 질병으로 사망한 경우에는 보상금을 지급할 수 있다. 보상금의 지급기준은 대통령령으로 정하는 범위에서 해당 지방자치단체의 조례로 정한다(「지방자치법」 제32조의2).

3. 의원의 책무

가. 겸직 금지

지방의회의원은 다음의 직위를 겸할 수 없다.

① 국회의원, 다른 지방의회의 의원 ② 헌법재판소재판관, 각급 선거관리위원회 위원 ③ 국가공무원과 지방공무원(정당원이 될 수 있는 교원은 휴직 후 가능) ④ 공공기관의 임직원 ⑤ 지방공사와 지방공단의 임직원 ⑥ 농업협동조합, 수산업협동조합, 산

림조합, 엽연초생산협동조합, 신용협동조합, 새마을금고의 임직원과 이들 조합 · 금고의 중앙회장이나 연합회장 ⑦ 공무원의 신분을 가지는 직 등

지방의회의원은 해당 지방자치단체 및 공공단체와 영리를 목적으로 하는 거래를 할 수 없으며, 이와 관련된 시설이나 재산의 양수인 또는 관리인이 될 수 없다. 또한 소관 상임위원회의 직무와 관련된 영리행위를 하지 못한다(「지방자치법」 제33조).

나. 의무사항

지방의회의원은 공공의 이익을 우선하여 양심에 따라 그 직무를 성실히 수행하여야 한다. 지방의회의원은 청렴의 의무를 지며, 의원으로서의 품위를 유지하여야 한다. 지방의회의원은 지위를 남용하여 지방자치단체 · 공공단체 또는 기업체와의 계약이나 그 처분에 의하여 재산상의 권리 · 이익 또는 직위를 취득하거나 타인을 위하여 그 취득을 알선하여서는 안 된다(「지방자치법」 제34조).

다. 징계

지방의회는 의원이 「지방자치법」이나 자치법규에 위배되는 행위를 하면 의결로써 징계할 수 있다. 지방의회의 의장은 징계요구가 있으면 윤리특별위원회나 본회의에 회부한다.

징계의 종류는 ① 공개회의에서의 경고 ② 공개회의에서의 사과 ③ 30일 이내의 출석정지 ④ 제명이다(「지방자치법」 제78~81조).

제2절 구 성

1. 조직

지방의회는 의원 중에서 시 · 도의 경우 의장 1명과 부의장 2명을, 시 · 군 및 자치구의 경우 의장과 부의장 각 1명을 무기명투표로 선거하여야 한다. 지방의회의

원 총선거 후 처음으로 선출하는 의장·부의장 선거는 최초집회일에 실시한다. 의장과 부의장의 임기는 2년이다(「지방자치법」 제42조).

가. 의장

지방의회의 의장은 의회를 대표하고 의사(議事)를 정리하며, 회의장 내의 질서를 유지하고 의회의 사무를 감독한다. 의장은 위원회에 출석하여 발언할 수 있다.

의장이 법령을 위반하거나 정당한 사유 없이 직무를 수행하지 아니하면 지방의회는 불신임을 의결할 수 있다. 불신임의결은 재적의원 4분의 1 이상의 발의와 재적의원 과반수의 찬성으로 행한다. 불신임의결이 있으면 의장은 그 직에서 해임된다(「지방자치법」 제49,50,55조).

나. 부의장

지방의회의 부의장은 의장이 사고가 있을 때에는 그 직무를 대리한다.

부의장이 법령을 위반하거나 정당한 사유 없이 직무를 수행하지 아니하면 지방의회는 불신임을 의결할 수 있다. 불신임의결은 재적의원 4분의 1 이상의 발의와 재적의원 과반수의 찬성으로 행한다. 불신임의결이 있으면 부의장은 그 직에서 해임된다(「지방자치법」 제45,50,55조).

다. 위원회

지방의회는 조례로 정하는 바에 따라 위원회를 둘 수 있다. 위원회의 종류는 소관 의안과 청원 등을 심사·처리하는 상임위원회와 특정한 안건을 일시적으로 심사·처리하기 위한 특별위원회 두 가지로 한다. 위원회의 위원은 본회의에서 선임한다(「지방자치법」 제56조).

위원회는 그 소관에 속하는 의안과 청원 등 또는 지방의회가 위임한 특정한 안건을 심사한다(「지방자치법」 제51조).

2. 권한

가. 의결사항

지방의회는 다음 사항을 의결한다(「지방자치법」 제39조).

① 조례의 제정 · 개정 및 폐지 ② 예산의 심의 · 확정 ③ 결산의 승인 ④ 법령에 규정된 것을 제외한 사용료 · 수수료 · 분담금 · 지방세 또는 가입금의 부과와 징수 ⑤ 기금의 설치 · 운용 ⑥ 대통령령으로 정하는 중요 재산의 취득 · 처분 ⑦ 대통령령으로 정하는 공공시설의 설치 · 처분 ⑧ 법령과 조례에 규정된 것을 제외한 예산 외의 의무부담이나 권리의 포기 ⑨ 청원의 수리와 처리 ⑩ 외국 지방자치단체와의 교류협력에 관한 사항 ⑪ 그 밖에 법령에 따라 그 권한에 속하는 사항

위에 열거된 사항에 한하여 지방의회가 의결하는 것이므로 제한 없이 의결이 가능한 개괄방식이 아닌 열기주의 방식을 취하고 있다. 그러나 이 내용은 당해 지방자치단체의 중요한 의사결정사항은 거의 다 망라하고 있다.

나. 서류제출 요구

본회의나 위원회는 그 의결로 안건의 심의와 직접 관련된 서류의 제출을 해당 지방자치단체의 장에게 요구할 수 있다. 위원회가 요구를 할 때에는 의장에게 이를 보고하여야 한다. 폐회 중에 의원으로부터 서류제출 요구가 있을 때에는 의장은 이를 요구할 수 있다.

서류제출은 서면, 전자문서 또는 컴퓨터의 자기테이프 · 자기디스크, 그 밖에 이와 유사한 매체에 기록된 상태나 전산망에 입력된 상태로 제출할 것을 요구할 수 있다(「지방자치법」 제40조).

다. 행정사무 감사 · 조사

1) 시기

지방의회는 매년 1회 그 지방자치단체의 사무에 대하여 시 · 도에서는 14일의 범위에서, 시 · 군 및 자치구에서는 9일의 범위에서 감사를 실시하고, 지방자치단체의

사무 중 특정 사안에 관하여 본회의 의결로 본회의나 위원회에서 조사하게 할 수 있다.

조사를 발의할 때에는 이유를 밝힌 서면으로 하여야 하며, 재적의원 3분의 1 이상의 연서가 있어야 한다(「지방자치법」 제41조 제1,2항).

2) 기관

지방자치단체 및 그 장이 위임받아 처리하는 국가사무와 시·도의 사무에 대하여 국회와 시·도의회가 직접 감사하기로 한 사무 외에는 그 감사를 각각 해당 시·도의회와 시·군 및 자치구의회가 할 수 있다. 이 경우 국회와 시·도의회는 그 감사결과에 대하여 그 지방의회에 필요한 자료를 요구할 수 있다(「지방자치법」 제41조 제3항).

3) 방법

감사 또는 조사를 위하여 필요하면 현지확인을 하거나 서류제출을 요구할 수 있으며, 지방자치단체의 장 또는 관계 공무원이나 그 사무에 관계되는 자를 출석하게 하여 증인으로서 선서한 후 증언하게 하거나 참고인으로서 의견을 진술하도록 요구할 수 있다(「지방자치법」 제41조 제4항).

증언에서 거짓증언을 한 자는 고발할 수 있으며, 서류제출을 요구받은 자가 정당한 사유 없이 서류를 정하여진 기한까지 제출하지 아니한 경우, 출석요구를 받은 증인이 정당한 사유 없이 출석하지 아니하거나 선서 또는 증언을 거부한 경우에는 500만원 이하의 과태료를 부과할 수 있다(「지방자치법」 제41조 제5항).

4) 결과 처리

지방의회는 본회의의 의결로 감사 또는 조사 결과를 처리한다. 감사 또는 조사 결과 해당 지방자치단체나 기관의 시정을 필요로 하는 사유가 있을 때에는 그 시정을 요구하고, 그 지방자치단체나 기관에서 처리함이 타당하다고 인정되는 사항은 그 지방자치단체나 기관으로 이송한다. 지방자치단체나 기관은 시정 요구를 받거나 이송 받은 사항을 지체 없이 처리하고 그 결과를 지방의회에 보고하여야 한다(「지방자치법」 제41조의2).

제3절 운 영

1. 회의

가. 정례회

지방의회는 매년 2회 정례회를 개최한다. 정례회의 집회일, 그 밖에 정례회의 운영에 관하여 필요한 사항은 대통령령으로 정하는 바에 따라 해당 지방자치단체의 조례로 정한다(「지방자치법」 제44조).

나. 임시회

총선거 후 최초로 집회되는 임시회는 지방의회 사무처장 · 사무국장 · 사무과장이 지방의회의원 임기 개시일부터 25일 이내에 소집한다.

지방의회의장은 지방자치단체의 장이나 재적의원 3분의 1 이상의 의원이 요구하면 15일 이내에 임시회를 소집하여야 한다. 다만 의장과 부의장이 사고로 임시회를 소집할 수 없으면 의원 중 최다선의원이, 최다선의원이 2명 이상인 경우에는 그 중 연장자의 순으로 소집할 수 있다. 임시회의 소집은 집회일 3일 전에 공고하여야 한다. 다만 긴급할 때에는 그러하지 아니하다(「지방자치법」 제45조).

2. 질서

가. 회의질서

지방의회의 의원이 본회의나 위원회의 회의장에서 「지방자치법」이나 회의규칙에 위배되는 발언이나 행위를 하여 회의장의 질서를 어지럽히면 의장이나 위원장은 경고 또는 제지하거나 그 발언의 취소를 명할 수 있다. 명에 따르지 아니한 의원이 있으면 의장이나 위원장은 그 의원에 대하여 당일의 회의에서 발언하는 것을 금지하거나 퇴장시킬 수 있다. 의장이나 위원장은 회의장이 소란하여 질서를 유지하기 곤란하면 회의를 중지하거나 산회를 선포할 수 있다(「지방자치법」 제82조).

나. 금지 행위

지방의회의 의원은 본회의나 위원회에서 타인을 모욕하거나 타인의 사생활에 대하여 발언하여서는 안 된다. 본회의나 위원회에서 모욕을 당한 의원은 모욕을 한 의원에 대하여 지방의회에 징계를 요구할 수 있다(「지방자치법」 제83조).

지방의회의 의원은 회의 중에 폭력을 행사하거나 소란한 행위를 하여 타인의 발언을 방해할 수 없으며, 의장이나 위원장의 허가 없이 연단(演壇)이나 단상(壇上)에 올라가서는 안 된다(「지방자치법」 제84조).

3. 사무기구

가. 사무처

시 · 도의회에는 사무를 처리하기 위하여 조례로 정하는 바에 따라 사무처를 둘 수 있으며, 사무처에는 사무처장과 직원을 둔다.

시 · 군 및 자치구의회에는 사무를 처리하기 위하여 조례로 정하는 바에 따라 사무국이나 사무과를 둘 수 있으며, 사무국 · 사무과에는 사무국장 또는 사무과장과 직원을 둘 수 있다. 지방의원의 정수가 10명 이상인 시와 자치구는 의회사무국을, 군과 지방의원 정수가 10명 미만인 시 · 자치구는 의회사무과를 둔다(「지방자치단체의 행정기구와 정원기준 등에 관한 규정」 별표4).

사무처장 · 사무국장 · 사무과장 및 직원은 지방공무원으로 보한다(「지방자치법」 제90조).

나. 정원과 임명

지방의회에 두는 사무직원의 정수는 조례로 정한다.

사무직원은 지방의회의 의장의 추천에 따라 그 지방자치단체의 장이 임명한다. 다만 지방자치단체의 장은 사무직원 중 별정직과 임기제공무원 등에 대한 임용권은 지방의회 사무처장 · 사무국장 · 사무과장에게 위임하여야 한다(「지방자치법」 제91조).

다. 직무와 신분보장

사무처장 · 사무국장 또는 사무과장은 의장의 명을 받아 의회의 사무를 처리한다. 사무직원의 임용 · 보수 · 복무 · 신분보장 · 징계 등에 관하여는 「지방자치법」에서 정한 것 외에는 「지방공무원법」을 적용한다(「지방자치법」 제92조). 지방공무원의 임용 · 복무 등에 관해서는 이 책 제5편 공무원법에서 국가공무원과 함께 설명한다.

제 3 장
집행기관

제1절 지방자치단체의 장

특별시에 특별시장, 광역시에 광역시장, 특별자치시에 특별자치시장, 도와 특별자치도에 도지사를 두고, 시에 시장, 군에 군수, 자치구에 구청장을 둔다(「지방자치법」 제93조). 단체장의 이름을 보면 대부분 해당 지방자치단체에 '장'을 붙였는데, 자치구만 구장(區長)이 아니고 1949.7.4「지방자치법」 제정 당시부터 구의 행정청을 뜻하는 구청에 장에 붙여 쓰고 있다.

1. 신분과 지위

가. 선거와 임기

지방자치단체의 장은 주민이 보통 · 평등 · 직접 · 비밀선거에 따라 선출한다(「지방자치법」 제94조). 임기는 4년으로 하며, 지방자치단체의 장의 계속 재임(在任)은 3기에 한한다(「지방자치법」 제95조). 계속 재임은 3기만 할 수 있으므로 3회 연속 당선되어 취임하였다면 그 다음에는 입후보 할 수 없다. 다만 다른 사람이 4년 재임 한 뒤 다시 입후보하는 것은 관계없고 당선되면 다시 취임할 수 있다.

나. 사임 · 사직

지방자치단체의 장은 그 직을 사임하려면 지방의회의 의장에게 미리 사임일을 적은 서면(사임통지서)으로 알려야 한다.

지방자치단체의 장은 사임통지서에 적힌 사임일에 사임된다. 다만 사임통지서에 적힌 사임일까지 지방의회의 의장에게 사임통지가 되지 아니하면 지방의회의 의장에게 사임통지가 된 날에 사임된다(「지방자치법」 제98조).

지방자치단체의 장이 지방자치단체의 장이 겸임할 수 없는 직에 취임하거나 피선거권이 없게 될 때 등에는 그 직에서 퇴직된다(「지방자치법」 제99조).

2. 권한과 책임

가. 통할대표권

「지방자치단체의 장은 지방자치단체를 대표하고, 그 사무를 총괄한다(「지방자치법」 제101조). 따라서 지방자치단체의 장은 당해 지방자치단체의 행정청이 된다. 물론 지방자치단체의 장으로부터 권한의 일부를 위임받아 행사하는 소속기관의 장도 그 기관의 사무에 관한 한 행정청의 지위를 갖는다.

나. 국가사무의 위임

시 · 도와 시 · 군 및 자치구에서 시행하는 국가사무는 법령에 다른 규정이 없으면 시 · 도지사와 시장 · 군수 및 자치구의 구청장에게 위임하여 행한다(「지방자치법」 제102조). 이 의미는 지방자치단체를 대표하고 사무를 총괄하는 단체장인 행정청에게 사무를 위임한다는 뜻이다. 지방자치 관련 법령에서 지방자치단체의 사무로 열거하여 그 단체에서 하도록 포괄적인 권한을 부여한 것과는 성질이 다르다. 따라서 이

사무에 관한 한 지방의회가 관여할 수 없으므로 조례로 사무처리기준이나 요건, 효력 등을 정할 수는 없고 단체장의 규칙으로만 가능하다. 물론 단체장에게 위임한 것이나 단체에 준 것이나 모두 단체장을 보조 또는 보좌하는 지방자치단체의 하부조직에서 수행하겠지만 법적 지위와 법률적 · 사실적 행위의 주체가 달라지는 것이다.

지방자치단체의 장은 그 지방자치단체의 고유 사무와 법령에 따라 그 지방자치단체의 장에게 위임된 사무를 관리하고 집행한다(「지방자치법」 제103조).

다. 사무 집행

지방자치단체의 장은 조례나 규칙으로 정하는 바에 따라 그 권한에 속하는 사무의 일부를 보조기관, 소속 행정기관 또는 하부행정기관에 위임할 수 있다. 지방자치단체의 장은 조례나 규칙으로 정하는 바에 따라 그 권한에 속하는 사무의 일부를 관할 지방자치단체나 공공단체 또는 그 기관(사업소 · 출장소를 포함)에 위임하거나 위탁할 수 있다.

지방자치단체의 장은 조례나 규칙으로 정하는 바에 따라 그 권한에 속하는 사무 중 조사 · 검사 · 검정 · 관리업무 등 주민의 권리 · 의무와 직접 관련되지 아니하는 사무를 법인 · 단체 또는 그 기관이나 개인에게 위탁할 수 있다. 지방자치단체의 장이 위임 또는 위탁받은 사무의 일부를 다시 위임하거나 위탁하려면 미리 그 사무를 위임하거나 위탁한 기관의 장의 승인을 받아야 한다(「지방자치법」 제104조).

사무의 위탁은 공법상 계약행위로 이루어지므로 계약 내용이 중요하겠지만 수탁기관의 법인격 유무에 따라 법률적 판단을 달리할 필요가 있다. 지방자치단체가 법인격 없는 기관이나 단체에 사무 일부를 위탁할 경우 그 기관이나 단체는 사실상 지방자치단체의 보조기관의 지위로 보아야 할 것이므로 그 소속 직원의 법령 위반에 대하여 지방자치단체가 손해를 배상해야 하지만 법인에게 위탁할 경우에는 법인의 이름으로 직접 사무를 처리하고 그 결과도 귀속되므로 직원의 위법행위에 대한 손해배상 책임은 수탁법인이 진다고 생각된다(「국가배상법」 제2조).

라. 직원 임면

지방자치단체의 장은 소속 직원을 지휘 · 감독하고 법령과 조례 · 규칙으로 정하는 바에 따라 그 임면 · 교육훈련 · 복무 · 징계 등에 관한 사항을 처리한다(「지방자치법」 제105조).

마. 재의 요구

지방자치단체의 장은 지방의회의 의결이 월권이거나 법령에 위반되거나 공익을 현저히 해친다고 인정되면 그 의결사항을 이송받은 날부터 20일 이내에 이유를 붙여 재의를 요구할 수 있다. 요구에 대하여 재의한 결과 재적의원 과반수의 출석과 출석의원 3분의 2 이상의 찬성으로 전과 같은 의결을 하면 그 의결사항은 확정된다. 지방자치단체의 장은 재의결된 사항이 법령에 위반된다고 인정되면 대법원에 소(訴)를 제기할 수 있다. 이 경우에는 필요하다고 인정되면 그 의결의 집행을 정지하게 하는 집행정지결정을 신청할 수 있다(「지방자치법」 제107조).

지방자치단체의 장은 지방의회의 의결이 예산상 집행할 수 없는 경비를 포함하고 있다고 인정되면 그 의결사항을 이송 받은 날부터 20일 이내에 이유를 붙여 재의를 요구할 수 있다. 지방의회가 법령에 따라 지방자치단체에서 의무적으로 부담하여야 할 경비 또는 비상재해로 인한 시설의 응급 복구를 위하여 필요한 경비를 줄이는 의결을 할 때에도 같다(「지방자치법」 제108조).

바. 선결처분

지방자치단체의 장은 의원이 구속되는 등의 사유로 의결정족수에 미달하게 되는 등 지방의회가 성립되지 아니한 때와 지방의회의 의결사항 중 주민의 생명과 재산보호를 위하여 긴급하게 필요한 사항으로서 지방의회를 소집할 시간적 여유가 없거나 지방의회에서 의결이 지체되어 의결되지 아니할 때에는 선결처분(先決處分)을 할 수 있다.

선결처분은 지체 없이 지방의회에 보고하여 승인을 받아야 한다. 지방의회에서 승인을 받지 못하면 그 선결처분은 그때부터 효력을 상실한다. 지방자치단체의 장은 선결처분에 관한 사항을 지체 없이 공고하여야 한다(「지방자치법」 제109조).

제2절 보조기관

1. 부기관장

가. 정수

특별시·광역시 및 특별자치시에 부시장, 도와 특별자치도에 부지사, 시에 부시장, 군에 부군수, 자치구에 부구청장을 두며, 그 정수는 다음과 같다(「지방자치법」 제110조 제1항).

① 특별시의 부시장의 정수 : 3명을 넘지 아니하는 범위에서 대통령령으로 정한다.

② 광역시와 특별자치시의 부시장 및 도와 특별자치도의 부지사의 정수 : 2명(인구 800만 이상의 광역시나 도는 3명)을 초과하지 아니하는 범위에서 대통령령으로 정한다.

③ 시의 부시장, 군의 부군수 및 자치구의 부구청장의 정수 : 1명으로 한다.

나. 신분

특별시·광역시 및 특별자치시의 부시장, 도와 특별자치도의 부지사는 대통령령으로 정하는 바에 따라 정무직 또는 일반직 국가공무원으로 보한다. 다만 특별시·광역시 및 특별자치시의 부시장, 도와 특별자치도의 부지사를 2명이나 3명 두는 경우에 1명은 대통령령으로 정하는 바에 따라 정무직·일반직 또는 별정직 지방공무원으로 보하되, 정무직과 별정직 지방공무원으로 보할 때의 자격기준은 해당 지방자치단체의 조례로 정한다(「지방자치법」 제110조 제2항).

시의 부시장, 군의 부군수, 자치구의 부구청장은 일반직 지방공무원으로 보하되, 그 직급은 대통령령으로 정한다.

다. 임명

정무직 또는 일반직 국가공무원으로 보하는 부시장 · 부지사는 시 · 도지사의 제청으로 안전행정부장관을 거쳐 대통령이 임명한다. 이 경우 제청된 자에게 법적 결격사유가 없으면 30일 이내에 그 임명절차를 마쳐야 한다(「지방자치법」 제110조 제3항). 법상 국무총리는 임명절차와 무관한 것처럼 보이나 실제로는 대통령 결재과정에 경유하게 된다.

별정직의 지방공무원으로 보하는 부기관장은 시장 또는 도지사가 임명한다. 다만 제주특별자치도의 경우만 별정직지방공무원으로 보하는 부지사에 대하여 임용하기 전에 지사가 도의회에 인사청문의 실시를 요청하여야 한다. 도의회는 이를 위하여 인사청문특별위원회를 둔다(「제주특별자치도 설치 및 국제자유도시 조성을 위한 특별법」 제44조).

시의 부시장, 군의 부군수, 자치구의 부구청장은 시장 · 군수 · 구청장이 직접 임명한다.

라. 직무

시 · 도의 부시장과 부지사, 시의 부시장 · 부군수 · 부구청장은 해당 지방자치단체의 장을 보좌하여 사무를 총괄하고, 소속직원을 지휘 · 감독한다.

시 · 도의 부시장과 부지사를 2명이나 3명 두는 경우에 그 사무 분장은 대통령령으로 정한다. 이 경우 부시장 · 부지사를 3명 두는 시 · 도에서는 그 중 1명에게 특정지역의 사무를 담당하게 할 수 있다(「지방자치법」 제110조 제6항). 이는 경기도의 북부지역 사무를 염두에 둔 규정이다.

2. 권한의 대리

가. 권한대행

지방자치단체의 장이 다음의 어느 하나에 해당되면 부지사 · 부시장 · 부군수 · 부구청장이 그 권한을 대행한다(「지방자치법」 제111조 제1,2항). 사실상 직무를 수행할 수 없는 상태가 되어 단체장의 모든 권한과 책임을 대행자의 이름으로 행사하는 경우를 말한다.

① 궐위된 경우 ② 공소 제기된 후 구금상태에 있는 경우 ③「의료법」에 따른 의료기관에 60일 이상 계속하여 입원한 경우 ④ 지방자치단체의 장이 그 직을 가지고 그 지방자치단체의 장 선거에 입후보하면 예비후보자 또는 후보자로 등록한 날부터 선거일까지

'궐위'의 사유를「직무대리규정」에서는 전보, 퇴직, 해임 또는 임기 만료 등으로 후임자가 임명될 때까지 해당 직위가 공석인 경우를 예시되어 있으나, 의원면직, 파면, 직권면직, 계약기간 만료, 사망 등도 해당될 것이다. 구금 상태라 함은 신체적으로 외부와 격리되어 당해 기관 안에서 그 직무를 수행할 수 없는 경우를 말한다. 60일 이상 계속하여 입원한 경우는 문자적으로 해석하면 60일이 되기 전에는 직무대리를 하다가 60일이 지난 경우 권한을 대행하는 것처럼 보이지만, 질병이나 부상 정도에 따라 의료기관의 진단서 등을 통하여 처음부터 60일 이상 입원치료가 불가피한 사정이 확실하다면 국민편의와 원활한 기관 운영을 위하여 바로 권한대행을 할 수도 있을 것 같다.

나. 직무대리

지방자치단체의 장이 출장 · 휴가 등 일시적 사유로 직무를 수행할 수 없으면 부단체장이 그 직무를 대리한다(「지방자치법」 제111조 제3항).

휴가나 출장은 국내에 있는 경우에는 언제든지 보고하여 방침을 받아 처리할 수 있으므로 국외로 적어도 2일 이상 출국할 경우에 해당될 것이다. 대리인이 법률적인 판단이 필요한 중대한 사안을 임의로 처리한다면 대리권의 범위를 넘어설 수 있으므로 기관장이 복귀한 이후에 하는 것이 타당하다. 물론「직무대리규정」제7조는 직무대리자에게 사고가 발생한 공무원의 모든 권한을 가지며 그 권한에 상응하는 책임을 지도록 하고 있으나, 권한대행의 경우와 달리 단기간의 직무대리자가 이를 모든 권한을 다 행사하기는 현실적으로 어렵다.

다. 대리순서

부지사나 부시장이 2명 이상인 시 · 도에서는 대통령령으로 정하는 순서에 따라 그 권한을 대행하거나 직무를 대리한다. 권한을 대행하거나 직무를 대리할 부단체장이 부득이한 사유로 직무를 수행할 수 없으면 그 지방자치단체의 규칙에 정하여진 직제 순서에 따른 공무원이 그 권한을 대행하거나 직무를 대리한다(「지방자치법」 제111조 제4,5항).

3. 행정기구와 공무원

지방자치단체는 그 사무를 분장하기 위하여 필요한 행정기구와 지방공무원을 둔다. 행정기구의 설치와 지방공무원의 정원은 인건비 등 대통령령으로 정하는 기준에 따라 그 지방자치단체의 조례로 정한다. 안전행정부장관은 지방자치단체의 행정기구와 지방공무원의 정원이 적정하게 운영되고 다른 지방자치단체와의 균형이 유지되도록 하기 위하여 필요한 사항을 권고할 수 있다.

지방공무원의 임용과 시험 · 자격 · 보수 · 복무 · 신분보장 · 징계 · 교육훈련 등에 관하여는 「지방공무원법」으로 정하고 있으며, 지방자치단체에는 법률로 정하는 바에 따라 국가공무원을 둘 수 있는데,[7] 5급 이상의 국가공무원이나 고위공무원단에 속하는 공무원은 해당 지방자치단체의 장의 제청으로 소속 장관을 거쳐 대통령이 임명하고, 6급 이하의 국가공무원은 그 지방자치단체의 장의 제청으로 소속 장관이 임명한다(「지방자치법」 제112조).

제3절 하부조직

지방자치단체는 법인으로서 자치단체가 독자적으로 예산 범위 안에서 행정조

7) 2013년말 현재, 전체 지방자치단체 총정원 287,967명 중 국가공무원의 정원은 82명이다. 안전행정부, 2013 안전행정통계 연보, 284쪽.

직을 설치할 수 있으나, 국가재정이 많이 지원되는 관계로 자칫 방만하게 운영될 소지를 방지하기 위하여 대통령령으로 「지방자치단체의 행정기구와 정원기준 등에 관한 규정」을 정하여 대강을 제시하고 있다. 그러나 기본적인 조직의 틀은 법률에서 직접 규정하고 있다.

1. 소속 행정기관

가. 직속기관

지방자치단체는 그 소관 사무의 범위 안에서 필요하면 대통령령이나 대통령령으로 정하는 바에 따라 지방자치단체의 조례로 자치경찰기관(제주특별자치도), 소방기관, 교육훈련기관, 보건진료기관, 시험연구기관 및 중소기업지도기관 등을 직속기관으로 설치할 수 있다(「지방자치법」 제113조).

「지방자치단체의 행정기구와 정원기준 등에 관한 규정」에서는 직속기관을 지방농촌진흥기구 · 지방공무원교육훈련기관 · 보건환경연구원 · 보건소 · 지방소방학교 · 소방서와 공립의 대학 · 전문대학으로 구체적으로 나열하고 있다. 예로는 도 농촌진흥원, 시 · 도 지방공무원교육원, 보건환경연구원, 시립대학교, 도립대학교 등이며 서울시에 30개, 광역시에 63개, 도에 169개, 시에 159개, 군에 167개, 자치구에 69개가 있다.[8)]

나. 사업소

지방자치단체는 특정 업무를 효율적으로 수행하기 위하여 필요하면 대통령령으로 정하는 바에 따라 그 지방자치단체의 조례로 사업소를 설치할 수 있다(「지방자치법」 제114조). 사업소의 예는 수도사업소, 농기계 임대사업소, 평생학습사업소, 환경자원사업소, 장류식품사업소, 휴양림사업소, 축산위생사업소 등이 있으며, 서울에 30개, 광역시에 110개, 도에 111개, 시에 340개, 군에 174개, 자치구에 39개가 있다.[9)]

---

8) 앞의 책, 282쪽.
9) 앞의 책, 같은 쪽.

다. 출장소

지방자치단체는 원격지 주민의 편의와 특정지역의 개발 촉진을 위하여 필요하면 대통령령으로 정하는 바에 따라 그 지방자치단체의 조례로 출장소를 설치할 수 있다(「지방자치법」 제115조). 출장소의 예는 강원도 환동해출장소, 경기도 북부출장소, 밀양시 삼랑진읍임천출장소, 순천시 해룡면상삼출장소 등 시에 11개, 자치구에 5개가 있다.[10)]

라. 합의제 행정기관

지방자치단체는 그 소관 사무의 일부를 독립하여 수행할 필요가 있으면 법령이나 그 지방자치단체의 조례로 정하는 바에 따라 합의제행정기관을 설치할 수 있다. 합의제행정기관의 설치·운영에 관하여 필요한 사항은 대통령령이나 그 지방자치단체의 조례로 정한다(「지방자치법」 제116조). 합의제 행정기관의 예로는 민자유치사업 심의위원회, 설계심사위원회, 수질평가위원회, 안전관리위원회, 부동산평가위원회 등 수천개에 이른다.

마. 자문기관

지방자치단체는 그 소관 사무의 범위에서 법령이나 그 지방자치단체의 조례로 정하는 바에 따라 심의회·위원회 등의 자문기관을 설치·운영할 수 있다. 설치되는 자문기관은 해당 지방자치단체의 조례로 정하는 바에 따라 성격과 기능이 유사한 다른 자문기관의 기능을 포함하여 운영할 수 있다(「지방자치법」 제116조의2). 자문기관의 예로는 안전관리자문단, 설계자문위원회, 군정자문교수단, 읍면개발자문위원회, 춘란개발자문위원회 등 수 백 개에 이른다. 그런데 청소년육성에 관한 지방자치단체의 주요시책을 심의하기 위하여 특별시장·광역시장·도지사 및 시장·군수·구청장의 소속하에 지방청소년육성위원회를 두는 것처럼 개별 법률로 설치를 의무화하는 경우도 있다(「청소년기본법」 제11조).

---

10) 앞의 책, 같은 쪽.

2. 하부 행정기관

가. 기관장

자치구가 아닌 구에 구청장, 읍에 읍장, 면에 면장, 동에 동장을 둔다. 이 경우 면·동은 인구 감소 등 행정여건 변화로 인하여 2개 이상의 면을 하나의 면으로 운영하는 행정면과 행정 능률과 주민의 편의를 위하여 그 지방자치단체의 조례로 정하는 바에 따라 하나의 동·리를 2개 이상의 동·리로 운영하거나 2개 이상의 동·리를 하나의 동·리로 운영하는 행정동을 말한다(「지방자치법」 제117조).

자치구가 아닌 구의 구청장은 일반직 지방공무원으로 보하되, 시장이 임명한다.

읍장·면장·동장은 일반직 지방공무원으로 보하되, 시장·군수 및 자치구의 구청장이 임명한다(「지방자치법」 제118조).

나. 권한

자치구가 아닌 구의 구청장은 시장의, 읍장·면장은 시장이나 군수의, 동장은 시장(구가 없는 시의 시장)이나 구청장(자치구의 구청장 포함)의 지휘·감독을 받아 소관 국가사무와 지방자치단체의 사무를 맡아 처리하고 소속 직원을 지휘·감독한다(「지방자치법」 제119조).

3. 조직도

지금까지 살펴본 지방자치단체의 실제 조직사례를 광역지방자치단체 중에서는 서울특별시 홈페이지(www.seoul.go.kr)에 올라 있는 조직도를, 기초지방자치단체 중에서는 경상북도 경산시 홈페이지(www.gbgs.go.kr)에 올라 있는 조직도를 통해 각각 살펴보면 다음과 같다.

가. 서울특별시

아래 조직도 중 왼쪽의 그림은 서울시 본청의 국장급 이상 기구로서, 행정청은 서울특별시장을 보조하는 부시장을 포함하여, 실, 본부, 국의 장과 그림에는 표시되어 있지 않지만 과장 이하 등 하부조직이 보조기관을 구성한다. 그리고 대변인, 기획관, 담당관은 보좌기관이다. 오른쪽의 본부, 센터, 사업소, 병원 등은 모두 소속 행정기관으로 각 기관의 장도 소관 업무와 관련된 법률적 · 사실적 행위를 자기 이름으로 행할 수 있는 행정청이다.

따라서 같은 본부 이름을 가진 조직들이지만, 도시교통본부장 등은 시장의 보조기관이므로 대외적으로 자기 이름으로 행위를 할 수는 없고 행정청인 시장 이름으로 해야 하는 반면, 한강사업본부장 등은 소속 행정기관의 장이므로 자기 이름으로 행위를 할 수 있다. 그러나 주민들의 입장에서는 이를 구분하기가 쉽지 않다. 다만 행정쟁송의 경우 원고 또는 피고의 지위를 따지는 행정청인지의 여부를 가릴 때는 명확히 구분될 수밖에 없을 것이다.

〈서울특별시 조직도〉

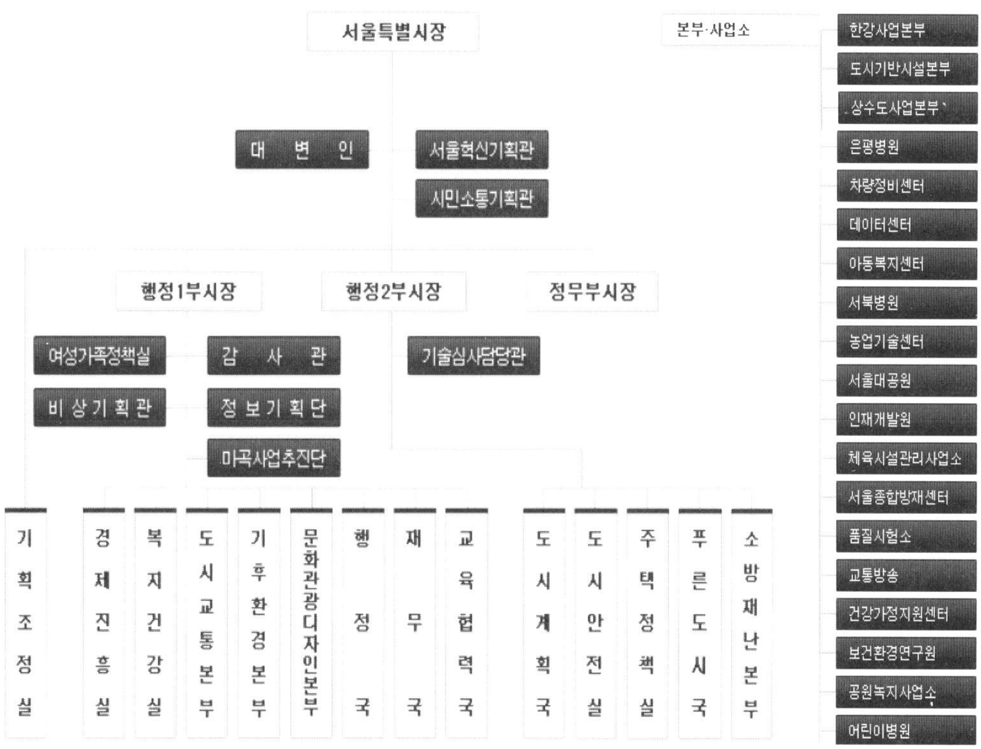

나. 경상북도 경산시

아래 그림 중 행정청인 경산시장을 보조하는 기관은 부시장을 비롯하여 각 국장과 과장들이다. 그리고 담당관과 기획관은 보좌기관이며 보건소와 농업기술센터, 6개 사업소는 소속 행정기관으로서 각 기관의 장도 행정청이 된다. 2읍 6면 7동은 하부 행정기관으로 역시 주어진 권한의 범위 안에서 행정청이 된다.

시 의회 사무국장은 시 의회가 독자적인 행정업무를 수행하는 범위 안에서 행정청의 지위를 갖게 된다.

〈경북 경산시 조직도〉

제4절 지방자치의 특례

1. 재원조정

특별시장이나 광역시장은 시세(市稅) 수입 중의 일정액을 확보하여 조례로 정하는 바에 따라 해당 지방자치단체의 관할 구역 안의 자치구 상호 간의 재원을 조정하여야 한다(「지방자치법」 제173조). 특별시와 광역시의 시세는 보통세로 취득세 · 레저세 · 담배소비세 · 지방소비세 · 주민세 · 지방소득세 · 자동차세가 있고, 목적세로 지역자원시설세와 지방교육세가 있다. 자치구세는 등록면허세와 재산세 2개뿐이므로 자치구별로 세수 차이가 크게 날 수 있다. 따라서 시세를 통하여 자치구별 재정자립도에 따라 차등 지급하여야 한다는 것이다.

2. 특별시

서울특별시의 지위 · 조직 및 운영에 대하여는 수도로서의 특수성을 고려하여 법률로 정하는 바에 따라 특례를 둘 수 있다(「지방자치법」 제174조 제1항). 이 규정에 따라 「서울특별시 행정특례에 관한 법률」이 제정되었다. 같은 법 제2조와 제4조 등은 서울특별시를 정부의 직할로 두므로 지방행정을 총괄하는 안전행정부장관이 지방채 발행 승인, 자치사무 감사, 국가공무원 임용, 서훈 추천 등의 사무를 할 경우 국무총리에게 보고하거나 조정을 거쳐서 행하도록 하고 있다. 또한 서울특별시장에게 소속 장관의 지위를 부여하여 국무총리에게 바로 보고할 수 있도록 하였다. 또한 「국무회의 규정」 제8조에 따라 국무회의에 배석할 수도 있다.

3. 특별자치시 · 특별자치도

세종특별자치시와 제주특별자치도의 지위 · 조직 및 행정 · 재정 등의 운영에 대하여는 행정체제의 특수성을 고려하여 법률로 정하는 바에 따라 특례를 둘 수 있다(「지방자치법」 제174조 제2항). 이 규정에 따라 「세종특별자치시 설치 등에 관한 특별법」과 「제주특별자치도 설치 및 국제자유도시 조성을 위한 특별법」이 각각 제정되었다.

세종특별자치시와 제주특별자치도도 서울특별시처럼 각 특별법의 규정에 따라 정부의 직할로 설치하여 국무총리 소속의 지원위원회를 두고 여러 가지 특례를 적용하고 있다.

4. 대도시

서울특별시 · 광역시 및 특별자치시를 제외한 인구 50만 이상 대도시의 행정, 재정운영 및 국가의 지도 · 감독에 대하여는 그 특성을 고려하여 관계 법률로 정하는 바에 따라 특례를 둘 수 있다(「지방자치법」 제175조).

이 규정의 적용을 받는 법률을 예시하면, 「국토의 계획 및 이용에 관한 법률」 제29조, 「도시 및 주거환경정비법」 제2조, 「도시개발법」 제3조, 「도시공원 및 녹지 등에 관한 법률」 제15조, 「도시재정비 촉진을 위한 특별법」 제4조, 「산업집적활성화 및 공장설립에 관한 법률」 제3조의2, 「액화석유가스의 안전관리 및 사업법」 제3조, 「주택법」 제16조, 「지적재조사에 관한 특별법」 제4조, 「측량 · 수로조사 및 지적에 관한 법률」 제25조 등이 있다.

제 4 장
교육자치

제1절 의 의

교육의 자주성 및 전문성과 정치적 중립성, 지방교육의 특수성을 살리기 위하여 지방자치단체의 교육 · 과학 · 기술 · 체육 그 밖의 학예에 관한 사무는 일반행정과 분리하여 별도의 기관을 설치하여 사무를 관장하게 하고 있다. 국가에 의한 교육의 자의적인 규제를 배제하기 위하여 교육제도, 교육재정, 교원의 법적 지위 등에 관한 기본적인 사항은 법률로 정해야 한다.[11] 이 법이 「지방교육자치에 관한 법률」, 「지방교육재정교부금법」 등이다.

지방자치단체의 교육 · 과학 · 기술 · 체육 그 밖의 학예에 관한 사무는 특별시 · 광역시 및 도, 즉 광역자치단체의 사무로 한다. 이는 교육 업무를 기초자치단체의 사무로 할 경우 단체간의 교육기준과 내용, 범위, 국민의 권리와 의무 간에 형평이 어긋날 수도 있기 때문이다.

지방교육자치에 관해 법률을 따로 두고 있지만, 기본적으로 「지방자치법」의 내용과 맥을 같이하므로 지방자치단체장을 교육감으로 하고 주무부장관을 안전행정부장관에서 교육부장관으로 바뀌는 것만 제외하고는 대부분 유사한 내용을

11) 법제처, 헌법과 법제실무, 113쪽.

담고 있다.

사무를 집행하는데 필요한 교육재정은 일반행정의 재정과 분리운영하고 있다.

1. 재원

교육·학예에 관한 경비는 다음 재원(財源)으로 충당한다(「지방교육자치에 관한 법률」 제36조).

① 교육에 관한 특별부과금·수수료 및 사용료. 다만 특별부과금은 특별한 재정수요가 있는 때에 조례가 정하는 바에 따라 부과·징수하며 특별부과를 필요로 하는 경비의 총액을 초과하여 부과할 수 없다.

② 지방교육재정교부금

③ 해당 지방자치단체의 일반회계로부터의 전입금

④ 기타 교육·학예에 속하는 수입

시·도의 교육·학예에 관한 경비를 따로 경리하기 위하여 당해 지방자치단체에 교육비특별회계를 둔다(「지방교육자치에 관한 법률」 제38조).

2. 국고 등 보조

의무교육에 종사하는 교원의 보수와 그 밖의 의무교육에 관련되는 경비는 「지방교육재정교부금법」 이 정하는 바에 따라 국가 및 지방자치단체가 부담한다.

의무교육은 6년의 초등교육과 3년의 중등교육이다(「교육기본법」 제8조 제1항).

의무교육 외의 교육에 관련되는 경비는 「지방교육재정교부금법」이 정하는 바에 따라 국가·지방자치단체 및 학부모 등이 부담한다.

국가가 부담하는 교부금은 보통교부금과 특별교부금으로 나눈다. 교부금의 재원은 당해연도 내국세(목적세, 종합부동산세, 특별회계재원세목 제외) 총액의 1만분의 2,027에 해당하는 금액과 당해연도 교육세 세입 전액을 합산한 금액으로 한다. 이 중 특별교부금은 내국세의 2.027% 해당금액의 4%이고, 나머지는 모두 보통교부금으로 한다(같은 법 제3조).

한편 국가는 예산의 범위 안에서 시 · 도의 교육비를 보조한다. 국가의 교육비 보조에 관한 사무는 교육부장관이 관장한다.

제2절 교육위원회

1. 설치 및 구성

가. 설치

시 · 도의회에 교육 · 학예에 관한 의안과 청원 등을 심사 · 의결하기 위하여 상임위원회(교육위원회)를 둔다(「지방교육자치에 관한 법률」 제4조).

나. 구성

교육위원회는 시 · 도의회의원과 교육 및 교육행정 경력을 가진 사람으로서 따로 선출된 교육의원으로 구성하되, 교육의원이 과반수가 되도록 한다. 다만 교육의원이 궐원되어 과반수에 미달하게 된 경우는 제외한다.

교육위원회 위원의 정수는 시 · 도별 7~15인으로 총 139인이며, 교육의원의 정수는 시 · 도별 4~8인으로서 총 77인이다(「지방교육자치에 관한 법률」 제5조 및 별표1).

2. 교육의원

가. 지위

교육의원은 시 · 도의회의원의 지위와 권한을 갖고, 임기는 4년이다(「지방교육자치에 관한 법률」 제6,7조). 따라서 교육의원은 기초지방자치단체인 시 · 군 · 자치구 의회에는 해당 없다.

나. 겸직 금지

교육의원은 다음의 어느 하나에 해당하는 직을 겸할 수 없다(「지방교육자치에 관한 법률」 제9조).

① 국회의원, 다른 지방의회의 의원 ② 헌법재판소재판관, 각급 선거관리위원회 위원 ③ 국가공무원과 지방공무원 ④ 공공기관의 임직원 ⑤ 지방공사와 지방공단의 임직원 ⑥ 농업협동조합, 수산업협동조합, 산림조합, 엽연초생산협동조합, 신용협동조합, 새마을금고의 임직원과 이들 조합·금고의 중앙회장이나 연합회장 ⑦ 공무원의 신분을 가지는 직 ⑧ 사립학교 교원(대학 교수는 휴직 후 가능) ⑨ 사립학교경영자 또는 사립학교를 설치·경영하는 법인의 임·직원

교육의원은 당해지방자치단체의 교육기관(교육행정기관, 교육연구기관, 교육연수·수련기관, 도서관, 교원·학생복지후생기관 등 포함)과 영리를 목적으로 하는 거래를 할 수 없으며, 이와 관련된 재산의 양수인 또는 관리인이 될 수 없다.

다. 자격

교육의원후보자가 되려는 사람은 시·도의회의원의 피선거권이 있는 사람으로서 후보자등록신청개시일부터 과거 1년 동안 정당의 당원이 아닌 사람이어야 한다.

교육의원후보자가 되려는 사람은 후보자등록신청개시일을 기준으로 다음 중 하나에 해당하는 경력이 5년 이상 있거나 합한 경력이 5년 이상 있는 사람이어야 한다(「지방교육자치에 관한 법률」 제10조).

① 교육경력: 「유아교육법」 제2조제2호의 규정에 따른 유치원, 「초·중등교육법」 제2조 및 「고등교육법」 제2조의 규정에 따른 학교 등에서 교원으로 근무한 경력

② 교육행정경력: 국가 또는 지방자치단체의 교육기관에서 국가공무원 또는 지방공무원으로 교육·학예에 관한 사무에 종사한 경력과 교육공무원으로 근무한 경력

라. 소환 · 퇴직

주민은 교육의원을 소환할 권리를 가진다. 교육의원에 대한 주민소환투표사무는 선거관리위원회가 관리한다(「지방교육자치에 관한 법률」 제10조의2).

교육의원이 다음 각 호의 어느 하나에 해당된 때에는 그 직에서 퇴직된다(「지방교육자치에 관한 법률」 제10조의3).

① 교육의원이 제9조 제1항의 겸임할 수 없는 직에 취임한 때 ② 피선거권이 없게 된 때 ③ 정당의 당원이 된 때 ④ 징계에 따라 제명된 때

3. 권한 및 운영

교육위원회는 당해 시 · 도의 교육 · 학예에 관한 다음 사항을 심사 · 의결한다(「지방교육자치에 관한 법률」 제11조).

① 조례안 ② 예산안 및 결산 ③ 특별부과금 · 사용료 · 수수료 · 분담금 및 가입금의 부과와 징수에 관한 사항 ④ 기채안(起債案) ⑤ 기금의 설치 · 운용에 관한 사항 ⑥ 대통령령으로 정하는 중요재산의 취득 · 처분에 관한 사항 ⑦ 대통령령으로 정하는 공공시설의 설치 · 관리 및 처분에 관한 사항 ⑧ 법령과 조례에 규정된 것을 제외한 예산 외의 의무부담이나 권리의 포기에 관한 사항 ⑨ 청원의 수리와 처리 ⑩ 외국 지방자치단체와의 교류 · 협력에 관한 사항 ⑪ 그 밖에 법령과 시 · 도 조례에 따라 그 권한에 속하는 사항

교육위원회의 의결은 시 · 도의회 본회의의 의결로 본다. 따라서 교육위원회 소관사항에 관한 한 교육위원회는 절대적인 자치입법권을 갖는다.

교육위원회 위원장은 교육위원회가 주민의 재정적 부담이나 의무부과에 관한 조례안 또는 지방자치단체의 일반회계와 관련되는 의안을 의결할 때에는 의결하기 전에 미리 특별시장 · 광역시장 · 도지사의 의견을 들어야 한다.

교육위원회에서 심사 · 의결할 의안은 교육감이 제출하거나 시 · 도의회 재적의원 5분의 1 이상 또는 의원 10인 이상의 연서로 한다(「지방교육자치에 관한 법률」 제13조 제1항).

제3절 교육감

1. 선출 및 자격

교육감은 주민의 보통 · 평등 · 직접 · 비밀선거에 따라 선출한다. 교육감선거에 관한 사무 중 선거구선거사무를 수행할 선거관리위원회는 「선거관리위원회법」에 따른 시 · 도선거관리위원회로 한다. 교육감은 시 · 도를 단위로 하여 선출한다.

정당은 교육감선거에 후보자를 추천할 수 없다. 정당의 대표자 · 간부 및 유급사무직원은 특정 후보자를 지지 · 반대하는 등 선거에 영향을 미치게 선거에 관여하는 행위를 할 수 없으며, 그 밖의 당원은 소속 정당의 명칭을 밝히거나 추정할 수 있는 방법으로 선거관여 행위를 할 수 없다. 후보자는 특정 정당을 지지 · 반대하거나 특정 정당으로부터 지지 · 추천받고 있음을 표방하여서는 안 된다.

교육감후보자가 되려는 사람은 당해 시 · 도지사의 피선거권이 있는 사람으로서 후보자등록 신청개시일부터 과거 1년 동안 정당의 당원이 아니어야 하고 후보자등록 신청개시일을 기준으로 교육경력 또는 교육행정경력이 5년 이상 있거나 양 경력을 합한 경력이 5년 이상 있어야 한다(「지방교육자치에 관한 법률」 제24조).

2. 지위

가. 권한

교육감은 시 · 도의 교육 · 학예에 관한 사무의 집행기관으로 시 · 도에 교육감을 둔다.

교육감은 교육 · 학예에 관한 소관 사무로 인한 소송이나 재산의 등기 등에 대하여 당해 시 · 도를 대표한다(「지방교육자치에 관한 법률」 제18조).

국가행정사무 중 시 · 도에 위임하여 시행하는 사무로서 교육 · 학예에 관한 사무는 교육감에게 위임하여 행한다. 구체적으로는 ① 조례안의 작성 및 제출 ② 예산안의 편성 및 제출 ③ 결산서의 작성 및 제출 ④ 교육규칙의 제정 ⑤ 학교, 그 밖의 교육기관의 설치·이전 및 폐지 ⑥ 교육과정의 운영 ⑦ 과학·기술교육의 진흥 ⑧ 평생교육, 그 밖의 교육·학예진흥 ⑨ 학교체육·보건 및 학교환경정화 ⑩ 학생통학구역 ⑪ 교육·학예의 시설·설비 및 교구(教具) ⑫ 재산의 취득·처분에 관한 사항 ⑬ 특별부과금·사용료·수수료·분담금 및 가입금 ⑭ 기채(起債)·차입금 또는 예산 외의 의무부담 ⑮ 기금의 설치·운용 ⑯ 소속 국가공무원 및 지방공무원의 인사관리에 관한 사항 등이다. 다만 법령에 다른 규정이 있는 경우에는 그러하지 아니하다(「지방교육자치에 관한 법률」 제19~20조).

나. 신분

교육감의 임기는 4년이며, 교육감의 계속 재임은 3기에 한한다(「지방교육자치에 관한 법률」 제21조).

교육감은 국회의원·지방의회의원·교육의원, 국가공무원과 지방공무원, 사립학교의 교원, 사립학교경영자 또는 사립학교를 설치·경영하는 법인의 임·직원이 될 수 없으며, 당선 전부터 겸직이 금지된 직을 가진 경우에는 임기개시일 전일에 그 직에서 당연 퇴직된다(「지방교육자치에 관한 법률」 제23조).

주민은 교육감을 소환할 권리가 있다. 교육감에 대한 주민소환투표사무는 선거관리위원회가 관리한다(「지방교육자치에 관한 법률」 제24조의2).

교육감이 다음의 어느 하나에 해당된 때에는 그 직에서 퇴직된다(「지방교육자치에 관한 법률」 제24조의3).

① 교육감이 제23조제1항의 겸임할 수 없는 직에 취임한 때 ② 피선거권이 없게 된 때 ③ 정당의 당원이 된 때 ④ 지방자치단체의 폐치·분합(「지방자치법」 제97조)으로 교육감의 직을 상실할 때

다. 재의 요구

교육감은 교육위원회의 의결 또는 교육·학예에 관한 시·도의회의 의결이 법령에 위반되거나 공익을 현저히 저해한다고 판단될 때에는 그 의결사항을 이송받

은 날부터 20일 이내에 이유를 붙여 재의를 요구할 수 있다. 교육감이 교육부장관으로부터 재의요구를 하도록 요청받은 경우에는 교육위원회 또는 시·도의회에 재의를 요구하여야 한다. 재의요구를 받은 교육위원회 또는 시·도의회는 재의에 붙이고 교육위원회 재적위원 또는 시·도의회 재적의원 과반수의 출석과 교육위원회 출석위원 또는 시·도의회 출석의원 3분의 2이상의 찬성으로 전과 같은 의결을 하면 그 의결사항은 확정된다.

재의결된 사항이 법령에 위반된다고 판단될 때에는 교육감은 재의결된 날부터 20일 이내에 대법원에 제소할 수 있다. 교육부장관은 재의결된 사항이 법령에 위반된다고 판단됨에도 해당교육감이 소를 제기하지 않은 때에는 해당교육감에게 제소를 지시하거나 직접 제소할 수 있다. 재의결된 사항을 대법원에 제소한 경우 제소를 한 교육부장관 또는 교육감은 그 의결의 집행을 정지하게 하는 집행정지결정을 신청할 수 있다(「지방교육자치에 관한 법률」 제28조).

3. 하부조직

가. 보조기관

교육감 소속 하에 국가공무원으로 보하는 부교육감 1인(인구 800만명 이상이고 학생 170만명 이상인 시·도는 2인)을 두되, 대통령령이 정하는 바에 따라 「국가공무원법」 제2조의2의 규정에 따른 고위공무원단에 속하는 일반직공무원 또는 장학관으로 보한다.

부교육감은 당해 시·도의 교육감이 추천한 자를 교육부장관의 제청으로 국무총리를 거쳐 대통령이 임명한다. 부교육감은 교육감을 보좌하여 사무를 처리한다. 부교육감 2인을 두는 경우에 그 사무 분장에 관한 사항은 대통령령으로 정한다. 이 경우 그중 1인으로 하여금 특정 지역의 사무를 담당하게 할 수 있다. 역시 경기도 북부지역을 염두에 둔 규정이다.

교육감 소속 하에 보조기관을 두되, 그 설치·운영 등에 관하여 필요한 사항은 대통령령이 정한 범위 안에서 조례로 정한다. 교육감은 보조기관의 설치·운영에 있어서 합리화를 도모하고 다른 시 · 도와의 균형을 유지하여야 한다(「지방교육자치에 관한 법률」 제30조).

교육감의 권한대행 · 직무대리에 관하여는 「지방자치법」 제111조의 규정을 준용한다.

나. 교육기관

교육감은 그 소관 사무의 범위 안에서 필요한 때에는 대통령령 또는 조례가 정하는 바에 따라 교육기관을 설치할 수 있다(「지방교육자치에 관한 법률」 제32조).

교육기관의 종류는 교육연수원, 학생교육원, 과학교육원, 국어교육원 등이 있다.

다. 하급 교육행정기관

시 · 도의 교육 · 학예에 관한 사무를 분장하기 위하여 1개 또는 2개 이상의 시 · 군 및 자치구를 관할 구역으로 하는 하급교육행정기관으로서 교육지원청을 둔다. 교육지원청의 관할 구역과 명칭은 대통령령인 「지방교육자치에 관한 법률 시행령」 별표2로 정하고 있다.

교육지원청에 교육장을 두되 장학관으로 보하고, 그 임용에 관하여 필요한 사항은 대통령령으로 정한다. 교육지원청의 조직과 운영 등에 관하여 필요한 사항은 대통령령으로 정한다(「지방교육자치에 관한 법률」 제34조).

교육장은 시 · 도의 교육 · 학예에 관한 사무 중 공 · 사립의 유치원 · 초등학교 · 중학교 · 공민학교 · 고등공민학교 및 이에 준하는 각종학교의 운영 · 관리에 관한 지도 · 감독 등의 사무를 위임받아 분장한다(「지방교육자치에 관한 법률」 제35조). 이에 따라 같은 법 시행령 제6조에서는 ① 각급 학교의 교수학습활동, 진로지도, 강사 확보 · 관리 등 교육과정 운영 ② 과학 · 기술교육의 진흥 ③ 특수교육, 학교 부적응 학생 교육, 저소득층 학생 지원 등 교육복지 ④ 학교체육 · 보건 · 급식 및 학교환경 정화 등 학생의 안전 및 건강 ⑤ 학생 통학 구역 ⑥ 학부모의 학교 참여, 연수 · 상담, 학교운영위원회 운영 ⑦ 평생교육 등 교육 · 학예 진흥 ⑧ 그 밖에 예산안의 편성 · 집행, 수업료, 입학금 등 각급학교의 운영 · 관리에 관한 지도 · 감독 등을 관장하고 있다.

교육장은 위 소관 사무의 처리에 관한 한 행정청의 지위를 갖는다.

4. 조직도

이상 설명한 것을 토대로 교육자치를 실시하는 지방자치단체 중 부교육감이 2명으로 가장 큰 규모인 경기도 교육청을 홈페이지(www.goe.go.kr)에 올라 있는 조직도를 통해 설명해 보면 쉽게 이해할 수 있다. 제2부교육감은 경기도의 북부지역인 의정부시·동두천시·고양시·구리시·남양주시·파주시·양주시·포천시·연천군·가평군 지역의 교육 사무에 관한 교육감을 보좌한다(「지방교육자치에 관한 법률 시행령」 별표1). 그런데 같은 법 시행령 제4조의2 단서는 '교육감은 교육행정업무의 효율과 주민 편의를 위하여 필요하다고 인정하는 일부 사무에 대해서는 각 부교육감의 사무 분장을 달리 정할 수 있다.'고 되어 있다. 북부지역 주민이 도 교육청까지 갈 필요 없이 북부청사에서 민원을 처리할 수 있게 하려는 취지로 보면, 비록 제2부교육감이 교육감의 보조기관이지만 일부 교육 사무에 관한 한 즉 행정청의 지위를 부여한 것으로 생각된다.

도 교육청 조직도 중 각 국장과 과정은 보조기관이며 감사관, 대변인, 기획조정실의 담당관 등은 보좌기관이다.

교육지원청은 비교적 큰 시의 교육장 밑에는 국을 두지만 그렇지 않은 시·군은 과를 둔다.

도 교육청과 시·군 교육지원청 소속기관의 장도 소관 업무에 관한 한 행정청의 지위를 갖는다.

〈경기도 교육청 조직도〉

- 교육감
  - 대변인
  - 제1부교육감
    - 감사관
    - 총무과
    - 기획조정실
      - 정책기획관
      - 행정관리 담당관
      - 복지법무 담당관
    - 교육국
      - 학교혁신과
      - 교육과정지원과
      - 교원인사과
      - 학생학부모지원과
      - 과학직업교육과
      - 체육건강과
      - 학교인권지원과
    - 지원국
      - 학교설립과
      - 사학지원과
      - 재무과
      - 친환경급식과
      - 시설과

북부청사 [2국, 10과, 33담당]

- 제2부교육감
  - 총무과
  - 교육국
    - 교수학습지원과
    - 교원역량개발과
    - 유아특수교육과
    - 민주시민교육과
    - 평생교육과
  - 기획관리국
    - 기획예산과
    - 학교관리과
    - 재무과
    - 시설과

〈군 교육지원청〉

교육장
교수학습지원과
경영지원과
초등교육팀
중등교육팀
민주시민교육팀
학교생활인권팀
교육지원행정팀
학생건강급식지원팀
평생교육진흥팀
경영지원팀
성과협력팀
정보화팀
교육복지팀
학생배치관재팀
재정지원팀
교육시설팀

제 5 장
법률관계

제1절 국가와의 관계

1. 국회의 관여

현행 헌법 제117조와 118조에서는 지방자치단체의 종류, 지방의회의 조직 · 권한 · 의원선거, 지방자치단체의 장의 신임방법, 기타 지방자치단체의 조직과 운영에 관한 사항을 법률로 정하도록 했기 때문에 국회는 지방자치단체의 권리와 의무에 큰 영향을 미치고 있다.

지방자치단체에게 법인격을 부여하고 활동에 필요한 인적 · 물적 자원을 공급하며, 행정주체로서 권한을 행사할 수 있는 것은 모두 법률의 제정에 따른 것이다. 예컨대 지방세목을 정하고 지방교부세, 보조금 등 각종 국가 예산을 심의하는 등 재정에 관한 사항이 중요한 관여수단이 된다.

또한 광역지방자치단체에 대하여는 국가가 위임한 사무와 보조금 등 예산을 지원하는 사업에 대하여는 국정감사를 실시할 수 있다(「국정감사 및 조사에 관한 법률」 제7조).

즉 국회는 법률유보 원칙과 법률우위의 원칙에 따라 국정에 대한 감시자 역할을 수행한다.

2. 중앙행정기관의 관여

가. 조언 · 지원

중앙행정기관의 장은 지방자치단체의 사무에 관하여 조언 또는 권고하거나 지도할 수 있으며, 이를 위하여 필요하면 지방자치단체에 자료의 제출을 요구할 수 있다. 국가는 지방자치단체가 그 지방자치단체의 사무를 처리하는 데에 필요하다고 인정하면 재정지원이나 기술지원을 할 수 있다(「지방자치법」 제166조). 또한 필요한 업무처리지침이나 법령의 해석 · 적용에 관한 기준을 정하여 발할 수 있다. 이는 행정규칙이나 내부지침으로서 행정조직 내부에서만 효력을 가질 뿐 대외적 구속력을 갖는 것은 아니다. 다만 재량권 행사의 준칙인 행정규칙이 그 정한 바에 따라 되풀이 시행되어 행정관행이 이루어지게 되면 평등의 원칙이나 신뢰보호의 원칙에 따라 행정기관은 상대방에 대한 관계에서 그 규칙에 따라야 할 자기구속을 받게 된다.[12)]

나. 지도 · 감독

지방자치단체나 그 장이 위임받아 처리하는 국가사무에 관하여 시 · 도에서는 주무부장관의, 시 · 군 및 자치구에서는 1차로 시 · 도지사의, 2차로 주무부장관의 지도 · 감독을 받는다(「지방자치법」 제167조).

다. 협의조정

중앙행정기관의 장과 지방자치단체의 장이 사무를 처리할 때 의견을 달리하는 경우 이를 협의 · 조정하기 위하여 국무총리 소속으로 행정협의조정위원회를 둔다(「지방자치법」 제168조). 행정협의조정위원회는 위원장 1명을 포함하여 13명 이내의 위원으로 구성한다.

행정협의조정위원회의 위원은 다음 사람이며, 위원장은 위촉위원 중에서 국무총리가 위촉한다. ① 기획재정부장관, 안전행정부장관, 국무조정실장 및 법제처장 ② 안

12) 대법원 2009.12.24. 선고 2009두7967.

건과 관련된 중앙행정기관의 장과 시 · 도지사 중 위원장이 지명하는 사람 ③ 그 밖에 지방자치에 관한 학식과 경험이 풍부한 사람 중에서 국무총리가 위촉하는 사람 4명.

행정협의조정위원회의 구성과 운영 등에 필요한 사항은 대통령령으로 정한다.

라. 시정조치

지방자치단체의 사무에 관한 그 장의 명령이나 처분이 법령에 위반되거나 현저히 부당하여 공익을 해친다고 인정되면 시 · 도에 대하여는 주무부장관이 기간을 정하여 서면으로 시정할 것을 명하고, 그 기간에 이행하지 아니하면 이를 취소하거나 정지할 수 있다. 이 경우 자치사무에 관한 명령이나 처분에 대하여는 법령을 위반하는 것에 한한다.

지방자치단체의 장은 자치사무에 관한 명령이나 처분의 취소 또는 정지에 대하여 이의가 있으면 그 취소처분 또는 정지처분을 통보받은 날부터 15일 이내에 대법원에 소(訴)를 제기할 수 있다(「지방자치법」 제169조).

마. 이행명령

지방자치단체의 장이 법령의 규정에 따라 그 의무에 속하는 국가위임사무나 시 · 도위임사무의 관리와 집행을 명백히 게을리하고 있다고 인정되면 시 · 도에 대하여는 주무부장관이 기간을 정하여 서면으로 이행할 사항을 명령할 수 있다. 여기서의 국가위임사무는 시 · 도지사와 교육감 등 기관 즉 행정청에 위임한 국가사무를 뜻한다.

'국가위임사무의 관리와 집행을 명백히 게을리하고 있다'는 요건은 국가위임사무를 관리 · 집행할 의무가 성립함을 전제로 하는데, 지방자치단체의 장은 그 의무에 속한 국가위임사무를 이행하는 것이 원칙이므로, 지방자치단체의 장이 특별한 사정이 없이 그 의무를 이행하지 아니한 때에는 이를 충족한다고 해석하여야 한다. 특별한 사정이란, 국가위임사무를 관리 · 집행할 수 없는 법령상 장애사유 또는 지방자치단체의 재정상 능력이나 여건의 미비, 인력의 부족 등 사실상의 장애사유를 뜻한다고 보아야 하고, 지방자치단체의 장이 특정 국가위임사무를 관리 · 집행할 의무가 있는지 여부에 관하여 주무부장관과 다른 견해를 취하여 이를 이행하고 있지 아니한 사정은 이에 해당한다고 볼 것이 아니다. 왜냐하면, 직무이행명령에 대한 이의소송은 그와 같은 견해의 대립을 전제로 지방자치단체의 장에게 제소권을 부여하여 성립하는 것이므로, 그 소송의 본안판단에서 그 사정은 더 고려할 필요가 없기 때문이다.[13)]

주무부장관은 해당 지방자치단체의 장이 기간 내 이행명령을 이행하지 아니하면 그 지방자치단체의 비용부담으로 대집행하거나 행정상·재정상 필요한 조치를 할 수 있다. 이 경우 행정대집행에 관하여는 「행정대집행법」을 준용한다(「지방자치법」 제170조 제1항, 「지방교육자치에 관한 법률」 제3조).

바. 사무감사

1) 감사원

감사원은 지방자치단체 및 지방자치단체가 직접 또는 간접으로 보조금·장려금·조성금 및 출연금 등을 교부(交付)하거나 대부금 등 재정 원조를 제공한 자의 회계 및 지방자치단체의 사무와 그에 속한 지방공무원의 직무에 대한 감찰을 실시할 수 있다(「감사원법」 제22~24조).

감사원은 또 지방자치단체의 기관, 그 밖의 감사대상 기관의 장에게 감사에 필요한 협조와 지원 및 그 소속 공무원 또는 임직원의 파견을 요구할 수 있다(「감사원법」 제30조).

2) 각부장관

안전행정부장관은 지방자치단체의 자치사무에 관하여 보고를 받거나 서류·장부 또는 회계를 감사할 수 있다. 이 경우 감사는 법령위반사항에 대하여만 실시한다. 안전행정부장관은 감사를 실시하기 전에 해당 사무의 처리가 법령에 위반되는지 여부 등을 확인하여야 한다(「지방자치법」 제171조).

주무부장관, 안전행정부장관은 이미 감사원 감사 등이 실시된 사안에 대하여는 새로운 사실이 발견되거나 중요한 사항이 누락된 경우 등 대통령령으로 정하는 경

---

13) 대법원 2013.6.27. 선고 2009추206 판결.

우를 제외하고는 감사대상에서 제외하고 종전의 감사결과를 활용하여야 한다. 주무부장관과 안전행정부장관은 주무부장관의 위임사무와 안전행정부장관의 자치사무에 대한 감사를 실시하고자 하는 때에는 지방자치단체의 수감부담을 줄이고 감사의 효율성을 높이기 위하여 같은 기간 동안 함께 감사를 실시할 수 있다(「지방자치법」 제171조의2).

3. 사법기관의 관여

가. 법원

주민소송(「지방자치법」 제17조)이나 행정소송에 있어서 법원의 관여를 받게 된다.

지방자치단체의 장은 자치사무에 관한 명령이나 처분의 취소 또는 정지에 대하여 이의가 있으면 그 취소처분 또는 정지처분을 통보받은 날부터 15일 이내에 대법원에 소(訴)를 제기할 수 있다(「지방자치법」 제169조).

지방자치단체의 장은 이행명령에 이의가 있으면 이행명령서를 접수한 날부터 15일 이내에 대법원에 소를 제기할 수 있다. 이 경우 지방자치단체의 장은 이행명령의 집행을 정지하게 하는 집행정지결정을 신청할 수 있다(「지방자치법」 제170조).

나. 헌법재판소

국가와 지방자치단체간의 권한쟁의나 지방자치단체간의 권한쟁의 심판이 있을 경우 헌법재판소에 제소할 수 있다. 또한 지방자치단체장의 처분근거가 된 법률의 위헌심사를 헌법재판소에 청구할 수 있다.

또한 국가의 처분 또는 부작위가 헌법이나 법률에 의하여 부여받은 지방자치단체의 권한을 침해하거나 침해할 현저한 위험이 있는 경우, 지방자치단체가 국가를 상대로 헌법재판소에 심판을 청구할 수 있다. 헌법재판소는 헌법재판소법 제66조에 따라 취소하거나 무효확인할 수 있다.

제2절 지방자치단체 상호관계

1. 지도 감사

가. 조언 · 지원

시 · 도지사는 기초지방자치단체의 사무에 관하여 조언 또는 권고하거나 지도할 수 있으며, 이를 위하여 필요하면 지방자치단체에 자료의 제출을 요구할 수 있다. 시 · 도는 지방자치단체가 그 지방자치단체의 사무를 처리하는 데에 필요하다고 인정하면 재정지원이나 기술지원을 할 수 있다(「지방자치법」 제166조).

나. 지도 · 감독

지방자치단체나 그 장이 위임받아 처리하는 국가사무에 관하여 시 · 군 및 자치구에서는 1차로 시 · 도지사의 지도 · 감독을 받는다. 시 · 군 및 자치구나 그 장이 위임받아 처리하는 시 · 도의 사무에 관하여는 시 · 도지사의 지도 · 감독을 받는다(「지방자치법」 제167조).

다. 시정조치

지방자치단체의 사무에 관한 그 장의 명령이나 처분이 법령에 위반되거나 현저히 부당하여 공익을 해친다고 인정되면 시 · 군 및 자치구에 대하여는 시 · 도지사가 기간을 정하여 서면으로 시정할 것을 명하고, 그 기간에 이행하지 아니하면 이를 취소하거나 정지할 수 있다. 이 경우 자치사무에 관한 명령이나 처분에 대하여는 법령을 위반하는 것에 한한다(「지방자치법」 제169조).

라. 이행명령

지방자치단체의 장이 법령의 규정에 따라 그 의무에 속하는 국가위임사무나 시 · 도위임사무의 관리와 집행을 명백히 게을리하고 있다고 인정되면 시 · 군 및 자치구에 대하여는 시 · 도지사가 기간을 정하여 서면으로 이행할 사항을 명령할 수 있다.

시 · 도지사는 해당 지방자치단체의 장이 기간 내 이행명령을 이행하지 아니하면 그 지방자치단체의 비용부담으로 대집행하거나 행정상 · 재정상 필요한 조치를 할 수 있다. 이 경우 행정대집행에 관하여는 「행정대집행법」을 준용한다(「지방자치법」 제170조).

마. 사무감사

시 · 도지사는 기초지방자치단체의 자치사무에 관하여 보고를 받거나 서류 · 장부 또는 회계를 감사할 수 있다. 이 경우 감사는 법령위반사항에 대하여만 실시한다. 시 · 도지사는 감사를 실시하기 전에 해당 사무의 처리가 법령에 위반되는지 여부 등을 확인하여야 한다(「지방자치법」 제171조). 시 · 도지사는 이미 감사원 감사 등이 실시된 사안에 대하여는 새로운 사실이 발견되거나 중요한 사항이 누락된 경우 등 대통령령으로 정하는 경우를 제외하고는 감사대상에서 제외하고 종전의 감사결과를 활용하여야 한다(「지방자치법」 제171조의2).

2. 협력 조정

가. 상호협력

지방자치단체는 다른 지방자치단체로부터 사무의 공동처리에 관한 요청이나 사무처리에 관한 협의 · 조정 · 승인 또는 지원의 요청을 받으면 법령의 범위에서 협력하여야 한다(「지방자치법」 제147조).

나. 분쟁조정

1) 신청 조정

지방자치단체 상호 간이나 지방자치단체의 장 상호 간 사무를 처리할 때 의견이 달라 다툼이 생기면 다른 법률에 특별한 규정이 없으면 안전행정부장관이나 시 ·

도지사가 당사자의 신청에 따라 조정(調整)할 수 있다. 다만 그 분쟁이 공익을 현저히 저해하여 조속한 조정이 필요하다고 인정되면 당사자의 신청이 없어도 직권으로 조정할 수 있다.

분쟁을 조정하고자 할 때에는 관계 중앙행정기관의 장과의 협의를 거쳐 지방자치단체중앙분쟁조정위원회나 지방자치단체지방분쟁조정위원회의 의결에 따라 조정하여야 한다.

조정에 대하여 결정을 하면 서면으로 지체 없이 관계 지방자치단체의 장에게 통보하여야 하며, 통보를 받은 지방자치단체의 장은 그 조정결정사항을 이행하여야 한다. 조정결정사항 중 예산이 수반되는 사항에 대하여는 관계 지방자치단체는 필요한 예산을 우선적으로 편성하여야 한다. 이 경우 연차적으로 추진하여야 할 사항은 연도별 추진계획을 안전행정부장관이나 시 · 도지사에게 보고하여야 한다(「지방자치법」 제148조).

2) 지방자치단체분쟁조정위원회

분쟁의 조정과 협의사항의 조정에 필요한 사항을 심의 · 의결하기 위하여 안전행정부에 지방자치단체중앙분쟁조정위원회와 시 · 도에 지방자치단체지방분쟁조정위원회를 둔다(「지방자치법」 제149조).

중앙분쟁조정위원회는 다음 분쟁을 심의 · 의결한다.

① 시 · 도 간 또는 그 장 간의 분쟁 ② 시 · 도를 달리하는 시 · 군 및 자치구 간 또는 그 장 간의 분쟁 ③ 시 · 도와 시 · 군 및 자치구 간 또는 그 장 간의 분쟁 ④ 시 · 도와 지방자치단체조합 간 또는 그 장 간의 분쟁 ⑤ 시 · 도를 달리하는 시 · 군 및 자치구와 지방자치단체조합 간 또는 그 장 간의 분쟁 ⑥ 시 · 도를 달리하는 지방자치단체조합 간 또는 그 장 간의 분쟁

지방분쟁조정위원회는 중앙분쟁조정위원회 소관이 아닌 지방자치단체 · 지방자치단체조합 간 또는 그 장 간의 분쟁을 심의 · 의결한다.

중앙분쟁조정위원회와 지방분쟁조정위원회는 각각 위원장을 포함한 11명 이내의 위원으로 구성한다.

중앙분쟁조정위원회의 위원장과 위원 중 5명은 다음 각 호에 해당하는 자 중에서

안전행정부장관의 제청으로 대통령이 임명하거나 위촉하고, 대통령령으로 정하는 중앙행정기관 소속 공무원은 당연직위원이 된다.

① 대학에서 부교수 이상으로 3년 이상 재직 중이거나 재직한 자 ② 판사 · 검사 또는 변호사의 직에 6년 이상 재직 중이거나 재직한 자 ③ 그 밖에 지방자치사무에 관한 학식과 경험이 풍부한 자

지방분쟁조정위원회의 위원장과 위원 중 5명은 제5항 각 호에 해당하는 자 중에서 시 · 도지사가 임명하거나 위촉하고, 조례로 정하는 해당 지방자치단체 소속 공무원은 당연직위원이 된다.

공무원이 아닌 위원장 및 위원의 임기는 3년으로 하되, 연임할 수 있다. 다만 보궐위원의 임기는 전임자의 남은 임기로 한다.

분쟁조정위원회는 위원장을 포함한 위원 7명 이상의 출석으로 개의하고, 출석위원 3분의 2 이상의 찬성으로 의결한다. 분쟁조정위원회의 위원장은 분쟁의 조정과 관련하여 필요하다고 인정하면 관계 공무원, 지방자치단체조합의 직원 또는 관계 전문가를 출석시켜 의견을 듣거나 관계 기관이나 단체에 대하여 자료 및 의견 제출 등을 요구할 수 있다. 이 경우 분쟁의 당사자에게는 의견을 진술할 기회를 주어야 한다.

다. 사무위탁

지방자치단체나 그 단체장은 소관 사무의 일부를 다른 지방자치단체나 그 단체장에게 위탁하여 처리하게 할 수 있다. 이 경우 지방자치단체의 장은 사무 위탁의 당사자가 시 · 도나 그 단체장이면 안전행정부장관과 관계 중앙행정기관의 장에게, 시 · 군 및 자치구나 그 단체장이면 시 · 도지사에게 이를 보고하여야 한다(「지방자치법」 제151조). 지방자치단체나 그 단체장이 사무를 위탁하려면 관계 지방자치단체와의 협의에 따라 규약을 정하여 고시하여야 한다.

사무위탁에 관한 규약에는 다음 사항이 포함되어야 한다.

① 사무를 위탁하는 지방자치단체와 사무를 위탁받는 지방자치단체

② 위탁사무의 내용과 범위

③ 위탁사무의 관리와 처리방법

④ 위탁사무의 관리와 처리에 드는 경비의 부담과 지출방법

⑤ 그 밖에 사무위탁에 관하여 필요한 사항

지방자치단체나 그 장은 사무위탁을 변경하거나 해지하려면 관계 지방자치단체나 그 장과 협의하여 그 사실을 고시하고, 안전행정부장관과 관계 중앙행정기관의 장 또는 시 · 도지사에게 보고하여야 한다.

3. 협의기구

가. 행정협의회

지방자치단체는 2개 이상의 지방자치단체에 관련된 사무의 일부를 공동으로 처리하기 위하여 관계 지방자치단체 간의 행정협의회를 구성할 수 있다. 이 경우 지방자치단체의 장은 시 · 도가 구성원이면 안전행정부장관과 관계 중앙행정기관의 장에게, 시 · 군 또는 자치구가 구성원이면 시 · 도지사에게 이를 보고하여야 한다(「지방자치법」 제152~157조).

지방자치단체는 협의회를 구성하려면 관계 지방자치단체 간의 협의에 따라 규약을 정하여 관계 지방의회의 의결을 각각 거친 다음 고시하여야 한다. 안전행정부장관이나 시 · 도지사는 공익상 필요하면 관계 지방자치단체에 대하여 협의회를 구성하도록 권고할 수 있다.

협의회는 회장과 위원으로 구성한다. 회장과 위원은 규약으로 정하는 바에 따라 관계 지방자치단체의 직원 중에서 선임한다. 회장은 협의회를 대표하며 회의를 소집하고 협의회의 사무를 총괄한다.

협의회에서 합의가 이루어지지 아니한 사항에 대하여 관계 지방자치단체의 장이 조정(調整) 요청을 하면 시 · 도 간의 협의사항에 대하여는 안전행정부장관이, 시 · 군 및 자치구 간의 협의사항에 대하여는 시 · 도지사가 조정할 수 있다. 다만 관계되는 시 · 군 및 자치구가 2개 이상의 시 · 도에 걸치는 경우에는 안전행정부장관이 조정할 수 있다. 안전행정부장관이나 시 · 도지사가 조정을 하려면 관계 중앙행정기관의 장과의 협의를 거쳐 분쟁조정위원회의 의결에 따라 조정하여야 한다.

협의회를 구성한 관계 지방자치단체는 협의회가 결정한 사항이 있으면 그 결정에 따라 사무를 처리하여야 한다. 협의회가 관계 지방자치단체나 그 장의 명의로 한 사무의 처리는 관계 지방자치단체나 그 단체장이 한 것으로 본다.

나. 지방자치단체조합

1) 설립

2개 이상의 지방자치단체가 하나 또는 둘 이상의 사무를 공동으로 처리할 필요가 있을 때에는 규약을 정하여 그 지방의회의 의결을 거쳐 시·도는 안전행정부장관의, 시·군 및 자치구는 시·도지사의 승인을 받아 지방자치단체조합을 설립할 수 있다. 다만 지방자치단체조합의 구성원인 시·군 및 자치구가 2개 이상의 시·도에 걸치는 지방자치단체조합은 안전행정부장관의 승인을 받아야 한다. 지방자치단체조합은 법인으로 한다(「지방자치법」 제159조).

특히 시·도 광역자치단체가 지방자치단체 간 상생(相生) 발전을 지원하고, 기금의 여유자금을 효율적으로 관리·활용하기 위하여 지역상생발전기금을 설치하는데, 이를 관리·운용하기 위하여 지방자치단체조합을 설립하고 전문기관에 위탁할 수 있게 하고 있다(「지방자치단체 기금관리기본법」 제17조).

2) 조직

지방자치단체조합에는 지방자치단체조합회의와 지방자치단체조합장 및 사무직원을 둔다. 지방자치단체조합회의의 위원과 지방자치단체조합장 및 사무직원은 지방자치단체조합규약으로 정하는 바에 따라 선임한다. 관계 지방자치단체의 의회 의원과 그 지방자치단체의 장은 「지방자치법」 제35조 제1항과 제96조 제1항에도 불구하고 지방자치단체조합회의의 위원이나 지방자치단체조합장을 겸할 수 있다(「지방자치법」 제160조).

3) 권한

지방자치단체조합회의는 지방자치단체조합의 규약으로 정하는 바에 따라 지방자치단체조합의 중요 사무를 심의·의결한다. 지방자치단체조합회의는 지방자치단체조합이 제공하는 역무에 대한 사용료·수수료 또는 분담금을 「지방자치법」 제139

조제1항에 따른 조례의 범위 안에서 정할 수 있다. 지방자치단체조합장은 지방자치단체조합을 대표하며 지방자치단체조합의 사무를 총괄한다(「지방자치법」 제161조).

4) 규약

지방자치단체조합의 규약에는 다음 사항이 포함되어야 한다(「지방자치법」 제162조).

① 지방자치단체조합의 명칭 ② 지방자치단체조합을 구성하는 지방자치단체 ③ 사무소의 위치 ④ 지방자치단체조합의 사무 ⑤ 지방자치단체조합회의의 조직과 위원의 선임방법 ⑥ 집행기관의 조직과 선임방법 ⑦ 지방자치단체조합의 운영 및 사무처리에 필요한 경비의 부담과 지출방법 ⑧ 그 밖에 지방자치단체조합의 구성과 운영에 관한 사항

지방자치단체조합의 규약을 변경하거나 지방자치단체조합을 해산하려는 경우에는 그 지방의회의 의결을 거쳐 시 · 도는 안전행정부장관의, 시 · 군 및 자치구는 시 · 도지사의 승인을 받아야 한다. 지방자치단체조합을 해산한 경우에 그 재산의 처분은 관계 지방자치단체의 협의에 따른다.

5) 지도 · 감독

시 · 도가 구성원인 지방자치단체조합은 안전행정부장관의, 시 · 군 및 자치구가 구성원인 지방자치단체조합은 1차로 시 · 도지사의, 2차로 안전행정부장관의 지도 · 감독을 받는다. 다만 지방자치단체조합의 구성원인 시 · 군 및 자치구가 2개 이상의 시 · 도에 걸치는 지방자치단체조합은 안전행정부장관의 지도 · 감독을 받는다(「지방자치법」 제163조).

안전행정부장관은 공익상 필요하면 지방자치단체조합의 설립이나 해산 또는 규약의 변경을 명할 수 있다.

다. 단체장 협의체

지방자치단체의 장이나 지방의회의 의장은 상호 간의 교류와 협력을 증진하고, 공동의 문제를 협의하기 위하여 다음 구분에 따라 각각 전국적 협의체를 설립할 수 있으며 이들 협의체가 모두 참가하는 지방자치단체 연합체를 설립할 수 있다(「지

방자치법」 제165조).

① 시 · 도지사 ② 시 · 도의회의 의장 ③ 시장 · 군수 · 자치구의 구청장 ④ 시 · 군 · 자치구의회의 의장

협의체나 연합체는 지방자치에 직접적인 영향을 미치는 법령 등에 관한 의견을 안전행정부장관에게 제출할 수 있으며, 안전행정부장관은 제출된 의견을 관계 중앙행정기관의 장에게 통보하여야 한다. 관계 중앙행정기관의 장은 제4항에 따라 통보된 내용에 대하여 통보를 받은 날부터 2개월 이내에 타당성을 검토하여 안전행정부장관에게 그 결과를 통보하여야 하고, 안전행정부장관은 통보받은 검토 결과를 해당 협의체나 연합체에 지체 없이 통보하여야 한다. 이 경우 관계 중앙행정기관의 장은 검토 결과 타당성이 없다고 인정하면 구체적인 사유 및 내용을 명시하여 통보하여야 하며, 타당하다고 인정하면 관계 법령에 그 내용이 반영될 수 있도록 적극 협력하여야 한다.

협의체나 연합체는 지방자치와 관련된 법률의 제정 · 개정 또는 폐지가 필요하다고 인정하는 경우에는 국회에 서면으로 의견을 제출할 수 있다.

라. 지방교육에 관한 협의

지방자치단체의 교육 · 학예에 관한 사무를 효율적으로 처리하기 위하여 지방교육행정협의회를 둔다. 지방교육행정협의회의 구성 · 운영에 관하여 필요한 사항은 교육감과 시 · 도지사가 협의하여 조례로 정한다.

교육감은 상호 간의 교류와 협력을 증진하고, 공동의 문제를 협의하기 위하여 전국적인 협의체를 설립할 수 있다. 협의체를 설립한 때에는 당해 협의체의 대표자는 이를 지체 없이 교육부장관에게 신고하여야 한다. 협의체는 지방교육자치에 직접적 영향을 미치는 법령 등에 관하여 교육부장관을 거쳐 정부에 의견을 제출할 수 있다(「지방교육자치에 관한 법률」 제41,42조).

제3절 주민관계

1. 의의

지방자치단체의 구역 안에 주소를 가진 자는 그 지방자치단체의 주민이 된다(「지방자치법」 제12조). 주소는 주민등록법에 의한 주소로 등록되어 있어야 주민으로서의 권리와 의무가 발생한다.

주민은 법령으로 정하는 바에 따라 소속 지방자치단체의 재산과 공공시설을 이용할 권리와 그 지방자치단체로부터 균등하게 행정의 혜택을 받을 권리를 가진다(「지방자치법」 제13조 제1항).

국민인 주민은 법령으로 정하는 바에 따라 그 지방자치단체에서 실시하는 지방의회의원과 지방자치단체의 장의 선거에 참여할 권리를 가진다(「지방자치법」 제13조 제2항). 주민은 우리나라 지방자치단체가 이중구조로 되어 있으므로 광역단체 주민인 동시에 기초단체 주민이 되므로 모든 지방선거에 참여할 수 있게 되는 것이다.

다만 선거에 참여하는 주민은 19세 이상으로서 선거인명부작성기준일 현재 다음의 어느 하나에 해당되어야 그 구역에서 선거하는 지방자치단체의 의회의원 및 단체장의 선거권이 있다(「공직선거법」 제15조 제2항).

① 해당 지방자치단체의 관할 구역에 주민등록이 되어 있는 사람

② 국내거소신고인명부에 3개월 이상 계속하여 올라 있는 국민으로서 해당 지방자치단체의 관할구역에 국내거소신고가 되어 있는 사람

③ 「출입국관리법」 제10조에 따른 영주의 체류자격 취득일 후 3년이 경과한 외국인으로서 같은 법 제34조에 따라 해당 지방자치단체의 외국인등록대장에 올라 있는 사람

2009.2.12 「공직선거법」 개정으로 외국인에게도 지방의회의원과 지방자치단체장 선거권을 부여하고 있다.

2. 주민의 권리

가. 주민투표

지방자치단체의 장은 주민에게 과도한 부담을 주거나 중대한 영향을 미치는 지방자치단체의 주요 결정사항 등에 대하여 주민투표에 부칠 수 있다. 주민투표의 대상 · 발의자 · 발의요건, 그 밖에 투표절차 등에 관한 사항은 따로 법률로 정한다(「지방자치법」 제14조).

지금까지 주민투표를 실시한 사례는 아래 표와 같다.[14)]

〈주민투표 실시 사례〉

지역	투표일	건명	투표결과
제주도	2005.7.27	제주도 행정체계 개편	단일광역자치안 확정
청주시 · 청주군	2005.9.29	청주/청원 통합	통합 무산
군산, 포항, 경주, 영덕	2005.11.2	방사성폐기물처분시설 선정	경주시 선정
서울시	2011.8.24	무상급식지원범위	미개표
영주시	2011.12.7	면사무소 이전 관련	평은리 일대 선정
청원군	2012.6.27	청주/청원 통합	통합의사 확인
남해군	2012.10.17	남해화력발전소 유치동의	유치 무산

나. 조례 청구

19세 이상의 주민은 시 · 도와 인구 50만 이상 대도시[15)]에서는 19세 이상 주민 총수의 100분의 1 이상 70분의 1 이하, 시 · 군 및 자치구에서는 19세 이상 주민 총수의 50분의 1 이상 20분의 1 이하의 범위에서 지방자치단체의 조례로 정하는 19세 이상의 주민 수 이상의 연서(連署)로 해당 지방자치단체의 장에게 조례를 제정하거나 개정하거나 폐지할 것을 청구할 수 있다. 다만 법령을 위반하는 사항, 지방

14) 안전행정부, 2013 안전행정 통계연보, 288쪽.

15) 2013.1.1. 현재 50만명 이상 시는 15개로서 수원, 창원, 성남, 고양, 용인, 부천, 안산, 청주, 전주, 안양, 남양주, 천안, 화성, 포항, 김해시로 나타났다. 앞의 책, 274쪽.

세 · 사용료 · 수수료 · 부담금의 부과 · 징수 또는 감면에 관한 사항, 행정기구를 설치하거나 변경하는 것에 관한 사항이나 공공시설의 설치를 반대하는 사항은 대상에서 제외된다.

지방자치단체의 장은 청구를 받으면 청구를 받은 날부터 5일 이내에 그 내용을 공표하여야 하며, 청구를 공표한 날부터 10일간 청구인명부나 그 사본을 공개된 장소에 갖추어두어 열람할 수 있도록 하여야 한다. 지방자치단체의 장은 청구를 수리한 날부터 60일 이내에 주민청구조례안을 지방의회에 부의하여야 하며, 그 결과를 청구인의 대표자에게 알려야 한다. 지방자치단체의 장은 주민청구조례안에 대하여 의견이 있으면 지방의회에 부의할 때 그 의견을 첨부할 수 있다(「지방자치법」 제15조).

다. 감사청구

지방자치단체의 19세 이상의 주민은 시 · 도는 500명, 인구 50만 이상 대도시는 300명, 그 밖의 시 · 군 및 자치구는 200명을 넘지 아니하는 범위에서 그 지방자치단체의 조례로 정하는 19세 이상의 주민 수 이상의 연서(連署)로, 시 · 도에서는 주무부장관에게, 시 · 군 및 자치구에서는 시 · 도지사에게 그 지방자치단체와 그 장의 권한에 속하는 사무의 처리가 법령에 위반되거나 공익을 현저히 해친다고 인정되면 감사를 청구할 수 있다. 다만 수사나 재판에 관여하게 되는 사항, 개인의 사생활을 침해할 우려가 있는 사항, 다른 기관에서 감사하였거나 감사 중인 사항 등은 감사청구의 대상에서 제외한다.

청구는 사무처리가 있었던 날이나 끝난 날부터 2년이 지나면 제기할 수 없다.

주무부장관이나 시 · 도지사는 감사청구를 수리한 날부터 60일 이내에 감사청구된 사항에 대하여 감사를 끝내야 하며, 감사결과를 청구인의 대표자와 해당 지방자치단체의 장에게 서면으로 알리고, 공표하여야 한다. 그 기간에 감사를 끝내기가 어려운 정당한 사유가 있으면 그 기간을 연장할 수 있다. 이 경우 이를 미리 청구인의 대표자와 해당 지방자치단체의 장에게 알리고, 공표하여야 한다(「지방자치법」 제16조).

라. 주민소송

1) 소송 요건

공금의 지출에 관한 사항, 재산의 취득 · 관리 · 처분에 관한 사항, 해당 지방자치단체를 당사자로 하는 매매 · 임차 · 도급 계약이나 그 밖의 계약의 체결 · 이행에 관한 사항 또는 지방세 · 사용료 · 수수료 · 과태료 등 공금의 부과 · 징수를 게을리 한 사항을 감사청구한 주민은 다음 에 해당하는 경우에 그 감사청구한 사항과 관련이 있는 위법한 행위나 업무를 게을리 한 사실에 대하여 해당 지방자치단체의 장이나 소속기관장을 상대방으로 소송을 제기할 수 있다.

① 주무부장관이나 시 · 도지사가 감사청구를 수리한 날부터 60일(연장된 경우 연장기간)이 지나도 감사를 끝내지 아니한 경우 ② 감사결과 또는 조치요구에 불복하는 경우 ③ 주무부장관이나 시 · 도지사의 조치요구를 지방자치단체의 장이 이행하지 아니한 경우 ④ 지방자치단체의 장의 이행 조치에 불복하는 경우

지금까지 주민소송 제기사례는 2006년에 6건, 2007년에 3건, 2008년에 5건, 2009년에 5건, 2010년에 7건이 제기되었고, 대부분의 소송요지가 '업무추진비 위법지출'과 '불법 의정비 인상분 환수요구'로 나타났다.16)

2) 소송 내용

주민이 제기할 수 있는 소송은 다음과 같다.

① 해당 행위를 계속하면 회복하기 곤란한 손해를 발생시킬 우려가 있는 경우에는 그 행위의 전부나 일부를 중지할 것을 요구하는 소송. 다만 해당 행위를 중지할 경우 생명이나 신체에 중대한 위해가 생길 우려가 있거나 그 밖에 공공복리를 현저하게 저해할 우려가 있으면 제기할 수 없다. ② 행정처분인 해당 행위의 취소 또는 변경을 요구하거나 그 행위의 효력 유무 또는 존재 여부의 확인을 요구하는 소송 ③ 게을리 한 사실의 위법 확인을 요구하는 소송 ④ 해당 지방자치단체의 장 및 직원, 지방의회의원, 해당 행위와 관련이 있는 상대방에게 손해배상청구 또는 부당이득반환청구를 할 것을 요구하는 소송. 다만 그 지방자치단체의 직원이 「지방재정법」 제94조나 「회계관계직원 등의 책임에 관한 법률」 제4조에 따른 변상책임을 져야 하는

16) 앞의 책, 289쪽.

경우에는 변상명령을 할 것을 요구하는 소송을 말한다.

3) 소 제기기간

주민소송은 다음 90일 이내에 제기하여야 한다.

소송이 진행 중이면 다른 주민은 같은 사항에 대하여 별도의 소송을 제기할 수 없다. 소송의 계속(繫屬) 중에 소송을 제기한 주민이 사망하거나 주민의 자격을 잃으면 소송절차는 중단된다. 소송대리인이 있는 경우에도 또한 같다. 소송에 관하여는 「지방자치법」에 규정된 것 외에는 「행정소송법」에 따른다(「지방자치법」 제17조).

4) 후속조치

지방자치단체의 장은 주민소송에 대하여 손해배상청구나 부당이득반환청구를 명하는 판결이 확정되면 그 판결이 확정된 날부터 60일 이내를 기한으로 하여 당사자에게 그 판결에 따라 결정된 손해배상금이나 부당이득반환금의 지불을 청구하여야 한다. 다만 손해배상금이나 부당이득반환금을 지불하여야 할 당사자가 지방자치단체의 장이면 지방의회 의장이 지불을 청구하여야 한다.

지방자치단체는 지불청구를 받은 자가 같은 항의 기한 내에 손해배상금이나 부당이득 반환금을 지불하지 아니하면 손해배상 · 부당이득반환의 청구를 목적으로 하는 소송을 제기하여야 한다. 이 경우 그 소송의 상대방이 지방자치단체의 장이면 그 지방의회 의장이 그 지방자치단체를 대표한다(「지방자치법」 제18조).

지방자치단체의 장은 주민소송에 대하여 변상할 것을 명하는 판결이 확정되면 그 판결이 확정된 날부터 60일 이내를 기한으로 하여 당사자에게 그 판결에 따라 결정된 금액을 변상할 것을 명령하여야 한다. 변상할 것을 명령받은 자가 같은 항의 기한 내에 변상금을 지불하지 아니하면 지방세 체납처분의 예에 따라 징수할 수 있다. 변상할 것을 명령받은 자는 이에 불복하는 경우 행정소송을 제기할 수 있다. 다만 「행정심판법」에 따른 행정심판청구는 제기할 수 없다(「지방자치법」 제19조).

마. 주민소환

주민은 그 지방자치단체의 장 및 지방의회의원(비례대표 지방의회의원은 제외)을 소환할 권리를 가진다. 주민소환의 투표 청구권자 · 청구요건 · 절차 및 효력 등에 관하여는 따로 법률로 정한다(「지방자치법」 제20조).

지금까지 주민소환투표를 청구하고 실시한 사례는 아래 표와 같다.[17]

〈주민소환투표 실시 사례〉

지역	청구일	청구대상	청구사유	투표결과
경기도 하남시	2007.7.23. 2007.10.10	하남시장, 시의원 3명	광역화장장 설치관련 갈등	시의원 2명 소환, 시장 · 시의원 1명 불소환
제주특별자치도	2009.6.29	제주특별자치도지사	제주해군기지 건설관련 주민의견 수렴부족 등	도지사 불소환 - 투표율 11%
경기도 과천시	2011.9.82	과천시장	보금자리지구 지정 수용	시장 불소환 투표율 17.8%
강원도 삼척시	2012.8.1	삼척시장	핵발전소 유치 및 주민투표 약속 이행	시장 불소환 투표율 25.8%

3. 주민의 의무

주민은 법령으로 정하는 바에 따라 소속 지방자치단체의 비용을 분담하여야 하는 의무를 진다(「지방자치법」 제21조).

주민이 부담해야 할 비용에는 지방세, 사용료, 수수료, 분담금, 세외수입 등이다.

17) 앞의 책, 288쪽.

제 4 편

특수법인조직법

제 1 장
개 설

제1절 특수법인의 의의

1. 개념

가. 법령규정

현행 법령에 규정된 특수법인 관련 개념들은 다음과 같다.

①「민법」 및「상법」 외의 법령에 의하여 설립된 법인[1)]

② 특별법에 따라 설립된 비영리법인[2)]

③ 특별법에 따라 설립된 특수법인[3)]

④「민법」 또는「상법」 외의 다른 법률에 따라 설립되고 그 임원의 전부 또는 일부나 대표자가 국가 또는 지방자치단체에 의하여 임명되거나 임명 승인되는 단체 등[4)]

---

1)「비송사건 절차법」 제67조 제1항,「민법법인 및 특수법인 등기규칙」 제1조.

2)「수의사법」 제17조 제5호.

3)「공공데이터의 제공 및 이용 활성화에 관한 법률」 제3조 제10호,「개인정보 보호법 시행령」 제2조 제4호,「신용정보의 이용 및 보호에 관한 법률시행령」 제19조 제1항 제3호,「공공기관의 정보공개에 관한 법률시행령」 제2조 제4호 등.

⑤ 개별 법률에 따라 설립되는 법인으로서 주무부장관의 인가·허가를 받을 필요 없이 해당 법률에 따라 직접 설립된 법인[5]

표현에 약간의 차이는 있지만 이를 종합해 보면, 특수법인은 「민법」과 「상법」에 의해 설립되는 일반법인과 달리 국가 또는 지방자치단체가 개별적인 특별법이나 조례로 직접 설치하는 법인으로 정의할 수 있겠다.

나. 범위

특별법령에 따라 설립되는 것은 물론, 「민법」이나 「상법」에 의하여 설립된 일반법인이라도 국가나 지방자치단체가 당해 법인을 육성하거나 지원하기 위한 특별법을 제정한다면 사실상 특수법인과 다름없을 것이다. 특히 주무부장관의 인·허가가 필요 없이 법률이나 조례로 바로 설치되는 법인은 법령으로 행정기관을 설치하는 것과 차이가 없다고 하겠다.

법령상으로는 특수법인이라는 표현보다 공공기관이라는 용어가 많이 사용되고 있으나, 두 개념이 완전히 같은 것은 아니다. 「공공기관 운영에 관한 법률」 제4조는 기획재정부장관이 공공기관으로 지정할 수 있는 요건을, 제5조는 지정된 공공기관을 구분하는 기준을 각각 규정하고 있다. 그런데 지정하는 공공기관의 범위에는 특수법인 중 구성원 간의 상호부조·복리증진·권익향상 또는 영업질서 유지 등을 목적으로 설립된 공법상 사단법인과 지방자치단체가 자체 부담으로 설립·운영하는 지방공기업, 그리고 언론의 특수성과 공정성을 고려하여 한국방송공사와 한국교육방송공사는 제외하고 있다. 이처럼 그 법 규정은 기획재정부장관이 관리하는 대상기관에 포함되는지 여부에 관한 것으로서 비록 공공기관으로 지정되지 않더라도 특수법인의 지위에 영향이 있는 것은 아니다.

따라서 공공기관 지정과 상관없이 각 설치법령에 의하여 설립주체와 국민 등과의 법률적·사실적 관계를 맺기 때문에 특수법인은 기획재정부가 지정한 공공기관은 물론 지정에서 제외된 기관까지 폭넓게 망라하고 있다.

---

4) 「감사원법」 제23조 제7호.

5) 「국가균형발전 특별법 시행령」 제3조 제6호.

2. 법인격 형식

가. 법률·조례

법인격을 법률이나 조례로 직접 부여하는 특수법인의 전형적인 설립 규정은 '○○공단(공사)은 법인으로 하되, 주된 사무소의 소재지에서 등기를 함으로 성립한다.'는 것이다.[6] 대부분의 특수법인은 법률 등으로 직접 설치되므로 설립등기 요건을 제외하고는 법률상 다른 절차나 제약은 거의 없다. 다만 정관의 내용은 그 기관의 실체를 밝히는 중요한 사항이므로 처음 작성할 때나 변경할 때 주무장관의 승인이나 검토가 필요하다.

이러한 행위는 「민법」이나 「상법」에 정해진 바에 따라 처음부터 설립 요건을 갖춘 뒤 주무관청의 개별적인 인·허가를 얻어 법인격을 취득하거나 계약을 통하여 공법인의 지위를 얻는 것과는 본질적으로 차이가 있다.

나. 인·허가

법률에서 법인격을 직접 부여하여 설치하지 않고, 특수법인의 설치근거만 규정하고 후속조치로서 정관의 작성, 구성원의 의사합치, 재원의 확보 등을 행한 뒤 주된 사무소의 소재지에서 주무 행정청의 인가를 받고 등기함으로써 설립하는 것도 있다.[7] 이러한 형태를 취하는 경우는 행정주체의 설립의사뿐만 아니라 구성원의 동의를 얻어야 설치할 수 있는 협회나 조합 등 공법상 사단법인이 주로 해당된다.

---

6) 「교통안전공단법」 제3조, 「금융회사부실자산 등의 효율적 처리 및 한국자산관리공사의 설립에 관한 법률」 제12조, 「기술신용보증기금법」 제16조, 「대한무역투자진흥공사법」 제5조, 「대한석탄공사법」 제5조, 「무역보험법」 제40조, 「법률구조법」 제12조, 「산업재해보상보험법」 제15조, 「수도권매립지관리공사의 설립 및 운영 등에 관한 법률」 제10조, 「신용보증기금법 」 제8조, 「영화 및 비디오물의 진흥에 관한 법률」 제7조, 「인천국제공항공사법」 제5조, 「정부법무공단법」 제5조, 「한국산업안전보건공단법」 제4조, 「한국산업인력공단법」 제3조, 「한국철도시설공단법」 제4조, 「한국환경공단법」 제5조, 「지방의료원의 설립 및 운영에 관한 법률」 제4조, 「지방자치단체 출연 연구원의 설립 및 운영에 관한 법률」 제4조 등.

7) 「대한민국재향경우회법」 제2조, 「대한민국재향소방동우회법」 제2조, 「염업조합법」 제6조, 「엽연초생산협동조합법」 제11조, 「한국해운조합법」 제44조, 「소비자생활협동조합법」 제22조 등.

다. 공법상 계약

국가(법무부장관)로부터 교정업무를 포괄적으로 수탁하여 교도소 · 소년교도소 또는 구치소 및 그 지소를 설치 · 운영하는 교정법인처럼, 인력 · 조직 · 시설 · 재정능력 · 공신력 등을 종합적으로 검토 후 선정될 경우 위탁자와 계약을 통하여 행정주체의 지위를 갖는 경우가 있다.[8] 계약이 체결되면 교정법인은 행정주체가 되며, 그가 운영하는 민영교도소 등은 그 법인의 소속 행정기관의 지위를 갖게 된다.

제2절 설립주체

1. 국가

법률에 의하여 법인격을 부여받는 특수법인은 모두 국가가 설립한다. 좀더 구체적으로 설명하면 국가 중 입법권을 가진 국회에서 법률로 설치를 하는 것이다. 행정기관처럼 조직법 형태로 바로 설치하는 것도 있고, 작용법의 실현을 위해 국가로부터 사무를 위탁받아 설치하는 것도 있다. 어떤 형태라도 국가가 주도적으로 필요에 의하여 법인을 설치한다는 점에서는 동일한 지위를 갖는다. 특수법인 중 2014.1.1. 현재 기획재정부가 공공기관으로 지정한 현황은 아래 표와 같다.

〈공공기관 지정 현황〉

구분		지정기관	임직원수[9]	자산
계		295(개)	254,032(명)	718(조)
① 공기업	시장형	14	97,390	316
	준시장형	16		278
② 준정부기관	기금관리형	17	74,089	28
	위탁집행형	70		69
③ 기타공공기관		178	82,553	27

8) 「민영교도소 등의 설치 · 운영에 관한 법률」 제2~4조.

9) 공공기관 경영정보 공개시스템(http://alio.go.kr)에 임직원 통계는 2012년 기준으로 되어 있다.

공공기관을 공기업, 준정부기관, 기타공공기관으로 구분하는 의의는 아래 표에서 보는 바와 같이 「공공기관의 운영에 관한 법률」의 적용범위가 서로 다르기 때문이다.[10)]

〈공공기관별 법률적용 내용 비교〉

구분	공기업	준정부기관	기타공공기관
통합공시	○	○	○
고객만족도 조사	○	○	○
기능조정 등	○	○	○
공공기관 혁신	○	○	○
이사회 구성	15인 이내	15인 이내	×
이사회 의장	선임 비상임사 및 기관장	기관장	×
기관장과의 경영계약	○	○	×
임원 보수 기준	○	○	×
감사·감사위원 직무평가	○	○	×
기관장 임명	임원추천위→공운위→주무장관 제청→대통령임명	임원추천위→주무장관 제청→대통령임명	×
예산안 확정	이사회 의결	주무장관 승인	×
경영실적 평가	○	○	×

2. 지방자치단체

조례로 법인을 설치하는 근거는 「지방공기업법」에 의한 지방공사·지방공단과 「지방자치단체출연 연구원의 설립 및 운영에 관한 법률」에 의한 연구원, 그리고 「지방의료원의 설립 및 운영에 관한 법률」에 의한 지방의료원 등이다. 조례로 개별 법인을 설치하므로 지방자치단체가 직접적인 설립주체라 하겠으나 근거는 법률에 있으므로 궁극적으로 국가의 수권행위에 기초하고 있다.

「지방공기업법」의 적용을 받는 것 중 지방직영기업은 '기업'이라는 명칭이 들어가 있지만, 실제로는 당해 지방자치단체 안에 소속된 행정기관이며 그 직원도 공무원

10) 기획재정부 자료 재인용(문화일보 2014.2.7. 6면)

신분이므로 특수법인의 범주에 넣을 성질은 아니다.

따라서 2012.12.31. 현재 지방자치단체가 '간접경영'하는 사업으로 운영하고 있는 지방자치단체의 특수법인은 아래 표와 같다.[11] 간접경영의 의미는 지방자치단체가 소속 행정기관을 신설하는 등 하부조직을 통하여 직접 사무를 수행(직영기업경영)하지 않고 다른 기관이나 단체에 법인격을 부여(설립)하여 그 사무를 수행한다는 것이다.

〈지방공기업 현황〉

사업별		단체수	예 시
계		169(개)	
지방공사	도시개발	16	16개 광역자치단체
	지하철공사	7	서울(2), 부산, 대구, 인천, 광주, 대전
	도시(지방)공사	16	용인, 남양주, 평택, 화성, 김포, 구리 등
	관광공사	9	부산, 경기, 경북, 통영, 거제, 당진, 제주 등
	농수산식품	5	서울, 구리, 충남, 영양, 청송
	기타공사	3	청도공영사업, 경기평택항만, 제주에너지
	50%이상 출자	3	경기평택항만, 태백관광개발, 제주관광
지방공단	시설관리공단	76	광역자치단체 및 기초자치단체
	경륜	2	부산, 창원
주식회사[12]	25~50%	23	서울, 벡스코, 부산, 안산, 농업회사법인 등
	25%미만	11	인천대교, 완도수산물유통 등

3. 특수법인

공공기관으로 지정된 특수법인이 자회사를 설립한 경우에도 공공기관으로 지정할 수 있다(「공공기관의 운영에 관한 법률」 제4조 제1항 제6호). 이 규정은 한국전력공사

11) 안전행정부, 2013 안전행정통계연보, 332쪽. (원 자료의 기타공사에 속한 공사는 사업별로 재분류하여 배치하였음)

12) 지방자치단체와 민간이 공동출자한 법인 중 지방자치단체의 지분이 50% 미만인 경우를 행정학에서는 제3섹터라고 한다.

와 각 발전사와의 관계에서 불가피하게 들어간 것이다. 원래는 하나의 법인이었지만, 2000.12.23. 「전력산업 구조개편 촉진에 관한 법률」을 제정함으로써 전력의 생산과 배송부문을 분리하면서 한국전력공사와 발전회사가 모자회사의 관계로 전환되었기 때문이다. 비록 자회사이지만 발전회사의 규모나 재정 등을 고려할 때 국가 정책상 공공기관으로 지정·관리할 의미는 적지 않다고 본다. 다만 행정법 차원에서 볼 때 이러한 특별한 경우가 아닌 한, 특수법인이 설립하는 자회사 등은 「상법」 등 일반 회사의 설립절차를 따르는 것이 대부분이므로 행정조직법의 연구대상으로서 특수법인의 범주에 넣어 검토할 실익은 적다고 생각된다.

제3절 법률형태

특수법인을 설립하는 법률 형태는 크게 세 가지다. 첫째는 법률 이름에 조직 이름이 들어가 있는 경우이고, 둘째는 작용법 속에 조직의 설립근거가 들어 있는 경우이며, 셋째는 「민법」 등으로 설치한 법인을 육성·지원하는 것이다. 현행 법률을 분석해보면 특수법인의 설립 자체가 목적인 행정조직법 차원인가 아니면 행정작용을 위해 필요한 조직을 설립하는 것이 종속적인가를 알아보는 데 도움이 된다. 어떠한 형식이라도 법률상 효력에는 차이가 없다. 끊임없이 변화되는 다양한 행정수요를 입법정책에 따라 반영하다보니, 예산이 확보 되는대로 다양하게 설치해 왔기 때문에 생긴 현상일 뿐이다.

1. 개별 조직법

법인의 법적 지위, 기능, 사업, 구성, 권한, 책임, 의무, 벌칙 등을 조직법에서 직접 규정하는 것이다. 「검찰청법」, 「감사원법」 등 정부조직의 설치 법률과 마찬가지로 이들 법인 명칭 뒤에 '법(률)'만 붙이면 해당 조직에 대한 설치근거가 되고, 그 법률 속에 당해 기관의 권리·의무관계 등 행정작용법적인 내용을 포함한다.

이론상으로는 조직의 설립을 먼저 결정하고 그 다음에 조직의 구성원리나 예산 및 인력의 확보, 기능 등을 부여하는 방식으로 법률이 제정되었다고 하겠다. 여기에 속하는 법인들은 다양한 조직법적 특성을 지니고 있으나 특수법인의 명칭을 중심으로 구분하면 다음과 같다.

가. 재단

한국국제교류재단, 재외동포재단, 한국사학진흥재단, 한국연구재단, 지역신용보증재단은 명칭 안에 '재단'이라는 이름이 들어가 있고, 그밖에 신용보증기금, 독립기념관, 한국국제협력단, 서울대학교병원, 국립대학교병원 등도 재단의 성격을 갖고 있는데, 각각의 법인 명칭 뒤에 '(설치)법'을 붙이면 해당 법인의 설립 근거법률 이름이 된다.

나. 공단

교통안전공단, 한국환경공단, 한국보훈복지의료공단, 한국산업인력공단, 한국산업안전보건공단, 한국철도시설공단 등은 공단의 명칭을 갖고 있으며 그 뒤에 '(설치)법'의 명칭을 붙이면 설립근거법의 이름이 된다.

다. 조합 · 회

산업기술연구조합, 전기공사공제조합, 한국해운조합, 소비자생활협동조합, 선주상호보험조합, 한국대학교육협의회, 한국전문대학교육협의회, 한국마사회, 전쟁기념사업회, 독도의용수비대기념사업회, 대한민국재향군인회, 대한민국재향경우회, 대한민국재향교정동우회, 대한민국재향소방동우회, 방송문화진흥회, 방위산업진흥회, 한국교직원공제회, 경찰공제회, 군인공제회, 대한소방공제회, 대한지방행정공제회, 대한민국헌정회, 사회복지공동모금회, 겨레말큰사전남북공동편찬사업회 등은 명칭만 보면 사단법인처럼 보이는데 역시 각각의 법인명칭 뒤에 '(설치)법' 또는 '육성법'을 붙이면 근거법률 이름이 된다.

라. 연구 · 교육

1) 「정부출연 연구기관 등의 설립 운영 및 육성에 관한 법률」 적용을 받는 경우

이 법의 적용을 받는 연구회는 경제 · 인문사회연구회가 있다.

같은 법 별표에 규정된 대상 연구기관으로는 한국개발연구원, 한국조세재정연구원, 대외경제정책연구원, 통일연구원, 한국형사정책연구원, 한국행정연구원, 한국교육과정평가원, 산업연구원, 에너지경제연구원, 정보통신정책연구원, 한국보건사회연구원, 한국노동연구원, 한국직업능력개발원, 한국해양수산개발원, 한국법제연구원, 한국여성정책연구원, 한국청소년정책연구원, 한국교통연구원, 한국환경정책 · 평가연구원, 한국교육개발원, 한국농촌경제연구원, 국토연구원, 과학기술정책연구원 등 23개가 있는데, 종전에는 개별 연구기관마다 근거 법률이 따로 있었으나 단일 법률로 정리되었다.

2) 「과학기술분야 정부출연 연구기관 등의 설립 운영 및 육성에 관한 법률」 적용을 받는 경우

이 법의 적용을 받는 연구회는 기초기술연구회, 산업기술연구회 2개가 있다.

같은 법 별표에 규정된 대상 연구기관은 한국과학기술연구원, 한국기초과학지원연구원, 한국천문연구원, 한국생명공학연구원, 한국과학기술정보연구원, 한국한의학연구원, 한국생산기술연구원, 한국전자통신연구원, 한국건설기술연구원, 한국철도기술연구원, 한국표준과학연구원, 한국원자력연구원, 한국식품연구원, 한국지질자원연구원, 한국기계연구원, 한국항공우주연구원, 한국에너지기술연구원, 한국전기연구원, 한국화학연구원 등 19개이다.

3) 「과학관의 설립 · 운영 및 육성에 관한 법률」의 적용을 받는 경우

국립대구과학관, 국립광주과학관이 있다.

4) 국립대학법인

서울대학교, 울산과학기술대학교, 인천대학교가 각각 「국립대학법인 ○○대학교 설립 · 운영에 관한 법률」에 의하여 대학법인으로 설립되어 있다.

5) 개별법의 적용을 받는 경우

국방과학연구소, 한국국방연구원, 한국보건산업진흥원, 한국과학기술원, 광주과학기술원, 대구경북과학기술원, 한국원자력안전기술원, 한국교육학술정보원 등은 별개의 법률로 규정되어 있다.

6) 연수기관의 경우

고용노동연수원, 한국해양수산연수원 등이 있으며 공무원뿐만 아니라 일반 국민들에게도 필요한 연수프로그램을 운영하고 있다.

마. 공사

1) 「공공기관의 운영에 관한 법률」의 적용을 받는 경우

한국조폐공사, 한국전력공사, 대한석탄공사, 한국광물자원공사, 한국석유공사, 대한무역투자진흥공사, 한국도로공사 등으로서 운영에 있어서는 그 법이 공통 적용된다.

2) 「공기업의 경영구조 개선 및 민영화에 관한 법률」의 적용을 받는 경우

한국가스공사, 인천국제공항공사, 한국공항공사 등도 개별법으로 설립되었지만 민영화 대상기관에 포함되어 이 법의 적용을 받고 있다.

3) 「상법」의 적용을 받는 경우

한국주택금융공사, 한국자산관리공사, 한국방송광고공사, 한국교육방송공사 등은 개별 법률로 설립근거가 마련되어 있지만 「상법」의 적용을 받는다.

4) 기타의 경우

수도권매립지관리공사, 항만공사 등이 있다.

바. 은행

한국은행, 한국산업은행, 한국수출입은행, 중소기업은행 등도 별도의 법률로 설립되었고 한국은행을 제외하고는 개별 설치법에 특별한 규정이 없으면 「은행법」이 적용된다.

2. 개별 작용법

특수법인은 각 작용법에 규정된 특정의 사업을 수행하기 위한 부수적 수단이므로 개별 조직법으로 설치하는 것과는 목적, 기능, 재원 확보수단, 권리의무 관계 등에서 약간의 차이가 있다.

유사한 명칭을 가진 특수법인들을 그 이름과 함께 설치 법률과 근거조문을 함께 모아 정리해보면 다음과 같다. 특수법인의 성격이나 특징에 상관없이 일단 법인의 이름만 갖고 분류한 것에 불과하다는 점에 유의할 필요가 있다.

가. 공단

공무원연금공단(「공무원연금법」 제4,5조), 국민연금공단(「국민연금법」 제24,26조), 도로교통공단(「도로교통법」 제120조), 사립학교교직원연금관리공단(「사립학교교직원 연금법」 제4,5조), 서울올림픽기념국민체육진흥공단(「국민체육진흥법」 제36조), 에너지관리공단(「에너지이용합리화법」 제45,46조), 중소기업진흥공단(「중소기업 진흥에 관한 법률」 제68조), 한국산업단지공단(「산업집적활성화 및 공장설립에 관한 법률」 제45조의9), 국민건강보험공단(「국민건강보험법」 제13,15조), 국립공원관리공단(「자연공원법」 제44,45조), 근로복지공단(「산업재해보상보험법」 제10,12조), 한국장애인고용공단(「장애인 고용촉진 및 직업재활법」 제43,44조), 한국시설안전공단(「시설물의 안전관리에 관한 특별법」 제25조), 한국광해관리공단(「광산피해의 방지 및 복구에 관한 법률」 제7장), 대한법률구조공단(「법률구조법」 제8,9조), 한국법무보호복지공단(「보호관찰 등에 관한 법률」 제71,72조) 등의 경우에는 해당 법률이 공단 설립 자체에 목적을 두고 있지 않고 본래의 입법취지와 행정목적을 달성하기 위한 조직적 수단으로서 설치한 것임을 알 수 있다.

나. 공사

한국방송공사(「방송법」 제43조), 한국무역보험공사(「무역보험법」 제37,38조), 한국지역난방공사(「집단에너지사업법」 제29,30조), 한국전기안전공사(「전기사업법」 제74조), 예금보험공사(「예금자보호법」 제3조), 한국가스안전공사(「고압가스안전관리법」 제28조) 등은 공사의 이름을 갖고 있지만 공사 자체에 설립목적을 둔 것이 아니라 각각의 법률상 목적을 달성하기 위한 장치로서 설치하였다.

다. 원

'원(院)'이란 '큰집'을 뜻하는 말이다. 정부기관도 이 이름을 쓰는 경우가 많다. 대표적인 것으로는 감사원과 국가정보원(국정원)이 있고, 공무원교육원도 같은 이름을 쓰고 있다. 주로 독립 청사를 갖는 기관들이다. 특수법인도 이 말을 쓰는 경우가 많다. 각종 연구원은 말할 것도 없고 한국소비자원(「소비자기본법」 제33조), 한국디자인진흥원(「산업디자인진흥법」 제11조), 한국승강기안전관리원(「승강기시설안전관리법」 제15조의2), 한국정보화진흥원(「국가정보화기본법」 제14조), 정보통신산업진흥원(「소프트웨어산업진흥법」 제17조), 건강보험심사평가원(「국민건강보험법」 제62조), 축산물품질평가원(「축산법」 제36조), 한국방송통신전파진흥원(「전파법」 제66조), 한국과학기술기획평가원(「과학기술기본법」 제20조), 금융감독원(「금융위원회의 설치 등에 관한 법률」 제24조), 증권예탁결제원(「증권거래법」 제173조), 중소기업기술정보진흥원(「중소기업 기술혁신촉진법」 제20조) 등처럼 재산이나 인원을 관리하기보다는 산업진흥 업무를 담당하기 위하여 각 행정작용법에 근거하여 설치한 것이다.

라. 회

한국공인회계사회(「공인회계사법」 제41조 제2항), 한국관세사회(「관세사법」 제21조 제4항), 지방변호사회(「변호사법」 제64조), 대한약사회・대한한약사회(「약사법」 제11,12조), 대한의사회・치과의사회・한의사회・보건원회・조산원회・간호원회(「국민의료법」 제53조), 대한변호사협회(「변호사법」 제78조), 광복회・대한민국상이군경회・대한민국전몰군경유족회・대한민국전몰군경미망인회・4.19혁명부상자회・4.19혁명희생자유족회・재일학도의용군동지회・대한민국무공수훈자회(이상 「국가유공자 등 단체설립에 관한 법률」 제3조), 건설근로자공제회(「건설근로자의 고용개선 등에 관한 법률」 제9조), 대한체육회・대한장애인체육회(「국민체육진흥법」 제33,34조), 한국문화원연합회(「지방문화원진흥법」 제12조), 상호저축은행중앙회(「상호저축은행법」 제25조), 중소기업중앙회(「중소기업협동조합법」 제99조), 수산업협동조합중앙회(「수산업협동조합법」 제4조), 한국관광협회중앙회(「관광진흥법」 제41조), 농업협동조합중앙회(「농업협동조합법」 제113조), 한국청소년단체협의회(「청소년기본법」 제40조) 등은 효과적인 사단법인 관리를 위하여 법인격을 부여하였다.

마. 협회

한국전파진흥협회(「전파법」 제66조), 한국정보통신공사협회(「정보통신공사업법」 제41조), 한국소프트웨어산업협회(「소프트웨어산업진흥법」 제26조), 사업자단체(예: 기계산업진흥회)(「산업발전법」 제38조), 한국표준협회(「산업표준화법」 제32조), 한국소방안전협회(「소방기본법」 제40조), 총포화약안전기술협회(「총포 도검 화약류 등 단속법」 제48조), 한국청소년단체협의회(「청소년기본법」 제40조), 한국계량측정협회(「계량에 관한 법률」 제40조), 한국열관리시공협회(「에너지이용합리화법」 제82조), 대한결핵협회(「결핵예방법」 제21조), 식품산업협회(「식품위생법」 제64조), 자연공원협회(「자연공원법」 제81조), 환경보전협회(「환경정책기본법」 제59조), 한국자연보존협회(「자연환경보전법」 제55조), 해외건설협회(「해외건설촉진법」 제23조), 한국금융투자협회(「자본시장과 금융투자업에 관한 법률」 제283조), 한국어항관리협의회(「어항법」 제37조), 한국해양조사협회(「측량 · 수로조사 및 지적에 관한 법률」 제57조), 한국사회복지사협회(「사회복지사업법」 제46조), 인구보건복지협회(「모자보건법」 제16조), 건설감리협회(「건설기술관리법」 제36조의2), 건설기술인협회(「건설기술관리법」 제36조의8), 한국전력기술인단체(협회)(「전력기술관리법」 제18조), 경비협회(「경비업법」 제22조), 한국장애경제인협회(「장애인 기업활동촉진법」 제11조) 등은 독점적 지위를 가진 동업자 단체로서 국가와 지방자치단체는 활동을 촉진 · 지원함과 동시에 해당 법인들이 권한을 남용하지 않게 국가가 적절히 관여할 수 있는 근거를 법률로 둔 것이다.

바. 위원회

영화진흥위원회(「영화 및 비디오물의 진흥에 관한 법률」 제4조), 유네스코한국위원회(「유네스코 활동에 관한 법률」 제7조) 등은 합의제 행정기관이 아니라 다수에 의한 의사결정기구로서 특수법인이지만 위원회 이름을 붙인 것이다.

사. 조합

소프트웨어공제조합(「소프트웨어산업진흥법」 제27조), 정보통신공제조합(「정보통신공사사업법」 제45조) 등은 다수의 관련자들의 의사가 합치된 사단을 통하여 별도의 작용법을 실현하기 위한 수단으로 설치된 것이다.

아. 기타

한국과학문화창의재단(「과학기술기본법」 제19조), 한국생산성본부(「산업발전법」 제32조), 예술의전당(「문화예술진흥법」 제37조), 한국거래소(「자본시장과 금융투자업에 관한 법률 제7편), 한국전력거래소(「전기사업법」 제35조), 한국산업기술평가관리원 · 한국공학한림원 · 전문생산기술연구소(「산업기술혁신촉진법 제39조·제40조·제42조), 한국선원복지고용센터(「선원법」 제142조), 한국희귀의약품센터(「약사법」 제91조) 등은 그 명칭이 다양하지만 본래의 법률상 목적을 실현하기 위하여 설치된 법인들이다.

3. 지원 · 육성법

「민법」규정에 따라 사업준비 등을 위하여 주무관청의 인가를 받아 일반법인으로 설립되었지만, 나중에 당해 법인에게 국가가 별도의 육성법 또는 지원법을 제정함으로써 사실상 특수법인의 지위를 인정하는 것이다. '지원법'은 국제대회 등 행사가 종료되면 존치할 필요가 없는 경우에 주로 쓰는 반면, 법인의 존속기간이 명시되지 않고 업무 특성상 계속 발전시킬 필요가 있는 경우에는 '육성법'이라는 명칭을 사용한다. 육성법을 가진 일반법인은 설립 근거만 차이가 날 뿐 사실상 특수법인과 동일한 법적 지위를 갖고 있다.

가. 지원법

월드컵대회, 올림픽대회 등 미리 기간을 정해놓은 대회 운영조직에게 정부 차원에서 인적 · 물적 자원을 한시적으로 적극 지원하는 경우이다.

2011대구세계육상선수권대회조직위원회, 2013충주세계조정선수권대회조직위원회, 2014인천아시아경기대회조직위원회, 2014인천장애인아시아경기대회조직위원회 및 2015광주하계유니버시아드대회조직위원회(「2011대구세계육상선수권대회, 2013충주세계조정선수권대회, 2014인천아시아경기대회, 2014인천장애인아시아경기대회 및 2015광주하계유니버시아드대회 지원법」), 2013평창동계스페셜올림픽세계대회조직위원회(「2013 평창 동계스페셜올림픽 세계대회 지원법」), 2015경북문경세계군인체육대회조직위원회(「2015경북문경세계군인체육대회 지원법」), 2018평창동계올림픽대회및장애인동계올림픽대회조직위원회(「2018 평창 동계올림픽대회 및 장애인동계올림픽대회 지원 등에 관한 특별법」) 등은 개별적인 국제행사와 관련된 지원법이다.

그리고 국제올림픽위원회, 국제장애인올림픽위원회가 주관하는 올림픽대회, 아시아올림픽평의회, 아시아장애인올림픽위원회가 주관하는 아시아경기대회, 국제대학스포츠연맹이 주관하는 유니버시아드대회 등 대회별 조직위원회는 그 대회가 열리는 한 지속적으로 지원하기 위하여 「국제경기대회 지원법」이 있고, 포뮬러원국제자동차경주대회조직위원회를 지원하기 위한 「포뮬러원 국제자동차경주대회 지원법」 등이 있다.

나. 육성법

한국교육삼락회(「퇴직교원 평생교육활동 지원법」)[13], 한국학중앙연구원(「한국학중앙연구원 육성법」), 한국지방행정연구원(「한국지방행정연구원 육성법」), 대한민국헌정회(「대한민국헌정회 육성법」), 바르게살기운동중앙협의회(「바르게살기운동조직 육성법」), 새마을운동중앙본부(「새마을운동조직 육성법」) 등이 이에 해당된다.

---

13) 한국교육삼락회는 「민법」 제32조의 규정에 따라 설립·운영되던 사단법인 한국교육삼락회총연합회에 대하여 국가가 2003.7.29. 「퇴직교원 평생교육활동 지원법」을 제정하고 활동 보조금예산을 '지원'하기 위하여 특수법인(공법상 사단법인)으로 전환한 것이다. 명칭은 '지원법'으로 되어 있으나, 한시적 대회를 지원하기 위한 것이 아니라 그 단체를 보조금 등 국가 예산을 통하여 지속적으로 돕는 '육성법'에 해당한다고 본다.

제 2 장
특수법인의 분류

제1절 운영재원별

특수법인이 존립하기 위해서는 일정한 재산을 확보하고 사용할 수 있어야 한다. 이러한 물적 수단이 없이는 법인이 유지하기 어렵기 때문이다. 운영재원의 형태로 구분해 보는 것은 어떤 예산이 지원되는지 쉽게 알아볼 수 있다.

1. 출연금

가. 국가 설립

출연금은 국가가 해야 할 사업이지만 여건상 국가가 직접 수행하기 어렵거나 민간이 이를 대행하는 것이 보다 효과적이라고 판단될 때 이러한 사업을 수행하는 자에게 국가가 재정상 원조를 할 목적으로 법령에 근거하여 민간에게 반대급부 없이 금전적으로 행하여지는 출연을 말한다. 따라서 출연금은 민간에 대한 이전지출로서 중앙관서의 장이 관리 · 운용하는 정부관리기금에 대한 기금전출금이나 기업회계와 비금융 공기업에 대한 경상전출금 및 자본전출금과 구분된다.[14)]

예산항목 중 출연금을 지원 받는 기관은 다음과 같다.

한국국제협력단, 한국국제교류재단, 재외동포재단, 한국연구재단, 지역신용보증재단[15], 교통안전공단, 한국환경공단, 한국보훈복지의료공단, 한국산업인력공단, 한국산업안전보건공단, 한국철도시설공단, 신용보증기금, 국방과학연구소, 한국국방연구원, 고용노동연수원, 한국교육학술정보원, 한국보건산업진흥원, 한국과학기술원, 광주과학기술원, 대구경북과학기술원, 한국원자력연구원, 한국원자력안전기술원, 서울대학교병원, 국립대학교병원, 방송문화진흥회, 「(과학기술분야) 정부출연 연구기관 등의 설립・운영 및 육성에 관한 법률」」에 의한 3개 연구회와 42개 연구기관, 에너지관리공단, 중소기업진흥공단, 국립공원관리공단, 한국시설안전공단, 대한법률구조공단, 한국소비자원, 한국디자인진흥원, 한국광해관리공단, 소프트웨어공제조합, 기술신용보증기금, 한국학중앙연구원, 한국지방행정연구원, 국토연구원, 바르게살기운동중앙협의회, 새마을운동중앙본부, 한국산업기술평가관리원・전문생산기술연구소・한국공학한림원, 겨레말큰사전남북공동편찬사업회법 등이다.

나. 지방자치단체 설립

「지방자치단체출연 연구원의 설립 및 운영에 관한 법률」에 의하여 각 지방자치단체가 설립하는 연구원이 주로 해당된다. 연구원은 같은 법 제2조에 따라 특별시 · 광역시 · 도 및 특별자치도 또는 인구 100만 이상의 대도시 별로 설립하는 것을 원칙으로 하고, 다만 지역 특성 및 경제권 등을 고려하여 통합운영이 효과적이라고 인정되는 경우에는 둘 이상의 시 · 도 또는 대도시가 공동으로 하나의 지방연구원을 설립할 수 있다.

지방자치단체가 조례로 설치하는 연구원을 예시하면, 각 시 · 도의 발전연구원, 보건환경연구원, 여성가족연구원, 개발연구원, 교육연구원, 역사문화연구원 등이 있다.

---

14) 김인철, 해설 국가재정법, 171쪽.

15) 지역신용보증재단의 경우 출연기관이기는 하나 출연금의 재원은 지방자치단체와 금융기관 및 기업 등으로부터 받고 정부로부터는 보조금을 지급 받는다(「지역신용보증재단법」 제7조).

2. 자본금

가. 국가 설립

설립주체가 자본금의 전부 또는 일부를 출자하는 다음 법인들로서 「공공기관의 운영에 관한 법률」 등과 개별 설치 법령의 적용을 받는 기관이 해당된다.

한국농어촌공사, 한국농수산식품유통공사, 대한무역투자진흥공사, 한국조폐공사, 한국석유공사, 대한석탄공사, 한국광물자원공사, 한국토지주택공사, 수도권매립지관리공사, 한국수자원공사, 한국도로공사, 한국철도공사, 한국전력공사, 한국관광공사, 한국자산관리공사, 한국가스공사, 인천국제공항공사, 한국교육방송공사, 한국산업은행, 한국수출입은행, 중소기업은행, 한국방송공사, 한국지역난방공사 등과 같이 주로 공사와 은행 등 출자 자본의 구성에 의하여 법인이 설립되는 경우를 말한다. 따라서 주식으로 분할된 자본금의 지분을 얼마나 많이 정부가 소유하고 있는가에 따라서 소유권의 귀속주체가 결정된다.

나. 지방자치단체 설립

지방자치단체가 50% 이상 출자한 경우는 「지방공기업법」에 따라 지방공사로 분류하지만 50% 미만 즉 민간과 합작 투자한 경우는 주식회사의 형태를 취하고 있다.

지방공사의 예로는 각 광역자치단체별로 설치된 16개 도시개발공사와 서울 · 부산 · 대구 · 인천 · 광주 · 대전의 도시철도공사, 그밖에 지역개발, 농식품, 관광 등 산업 촉진을 위한 도시공사와 민간 자본의 일부를 포함하여 설치하는 것도 있다.

3. 보조금

가. 국가 설립

정부가 일정부분의 행정목적 달성을 위하여 설립된 법인체에 대하여 운영경비를 보조금 예산으로 지급하는 경우이다. 물론 자체 수입도 큰 비중을 차지하지만 외부 지원 몫 중에서는 정부의 보조금이 비교적 다른 항목에 비해 상대적으로 많다는 의미이다. 예를 들면 다음과 같다.

독립기념관, 한국대학교육협의회, 한국전문대학교육협의회, 산업기술연구조합, 한국해운조합, 대한약사회, 대한한약사회, 대한적십자사, 전쟁기념사업회, 독도의용수비대기념사업회, 대한민국재향군인회, 대한민국재향경우회, 한국해양수산연수원, 한국문화예술회관연합회, 한국청소년상담복지개발원, 수협중앙회, 한국관광협회중앙회, 농업협동조합중앙회, 한국도서관협회, 환경보전협회, 총포화약안전기술협회, 한국소방안전협회, 한국청소년단체협의회, 한국문화원연합회, 영화진흥위원회, 영상물등급위원회, 광복회, 대한민국상이군경회, 대한민국전몰군경유족회, 대한민국전몰군경미망인회, 4.19혁명부상자회, 4.19혁명희생자유족회, 재일학도의용군동지회, 대한민국무공수훈자회, 북한이탈주민지원재단, 대한민국헌정회, 중소기업기술정보진흥원 등이다.

나. 지방자치단체 설립

「지방의료원의 설립 및 운영에 관한 법률」에 의하여 각 지방자치단체가 설립하는 의료원이 주로 해당된다. 같은 법 제17조는 의료원에 대하여 국가 또는 지방자치단체, 기타 개인·법인 또는 단체가 지방의료원 사업을 지원하기 위하여 예산지원, 출연, 보조, 금전 등 재산의 기부를 허용하고 있다.

조례로 설치된 의료원을 예시하면, 광역자치단체가 설립·운영하는 의료원은 '○○(시·도)(지방)의료원'의 이름을 쓰고, 기초자치단체가 운영하는 의료원은 '○○군보건의료원'이라는 이름을 주로 쓰고 있다.

제2절 법인형태별 구분

「민법」은 사단법인과 재단법인의 두 가지로 구분하고 있지만 공법인의 경우에는 이 두 가지 형태에만 속하지 않고, 전기·물·운송 등과 같이 특정한 재화나 용역을 생산 · 판매(공급)하는 「상법」상의 회사 성격을 띠고 있는 것도 많다. 따라서 특수법인은 「민법」상 사단법인과 재단법인의 속성 외에 「상법」상 회사와 같은 제3의 형태도 갖고 있다.

1. 사단법인 성격

특수법인을 규율하고 있는 법률에서 '「민법」 중 사단법인에 관한 규정을 준용한다.'고 규정했다면 입법자는 일단 사단법인 성격의 특수법인으로 본다고 할 수 있다.

개별 법률에서 이러한 규정을 갖고 있는 법인은 다음과 같으며 이들은 대개 조합, 협의회, 공제회, 협회 등 사람의 모임(會合)의 명칭을 갖고 있다.

가. 회

한국대학교육협의회, 한국전문대학교육협의회, 대한민국재향군인회, 대한민국재향경우회, 대한민국재향소방동우회, 대한민국재향교정동우회, 한국마사회, 상호저축은행중앙회, 대한약사회, 대한한약사회, 한국관세사회, 지방변호사회, 한국관광협회중앙회, 대한체육회, 대한장애인체육회, 한국전파진흥협회, 한국정보통신공사협회, 한국소프트웨어산업협회, 한국표준협회, 한국소방안전협회, 한국청소년수련시설운영자협회, 한국도서관협회, 한국계량측정협회, 한국열관리시공협회, 대한결핵협회, 식품산업협회, 자연공원협회, 환경보전협회, 한국자연보존협회, 해외건설협회, 한국금융투자협회, 한국어항관리협의회, 한국사회복지사협회, 인구보건복지협회, 한국장애경제인협회, 건설감리협회, 건설기술인협회, 경비협회, 한국청소년단체협의회, 한국문화원연합회, 광복회, 대한민국상이군경회, 대한민국전몰군경유족회, 대한민국전몰군경미망인회, 4.19혁명부상자회, 4.19혁명희생자유족회, 재일학도의용군동지회, 대한민국무공수훈자회, 대한민국헌정회, 한국교직원공제회, 경찰공제회, 군인공제회, 대한소방공제회, 대한지방행정공제회 등은 공통된 이해관계, 사업, 직종 등으로 엮어진 당사자들의 집합체이다.

나. 조합

한국해운조합, 소프트웨어공제조합, 정보통신공제조합, 소비자생활협동조합, 산업기술연구조합, 전기공사공제조합 등도 협회와 같이 동일한 이해당사자 간의 집합체라는 점에서는 동일하지만 협회에 비하여 관련자들의 결속력이 좀 더 강하고 공동의 이익을 도모하기 위하여 특별한 사업을 수행한다는 특징이 있다.

다. 기타

한국거래소, 한국전력거래소, 대한상공회의소, 대한적십자사 등이다.

2. 재단법인 성격

특수법인의 설치 법률에서 '「민법」의 재단법인에 관한 규정을 준용한다.'는 규정이 있다면, 입법자가 일단 재단법인 성격의 특수법인으로 본다고 할 수 있다.

개별 법률에 이러한 규정을 갖고 있는 법인은 다음과 같지만, 명칭은 재단, 공단, 기금 등 다양하다. 심지어 사단법인처럼 보이는 '회(會)'의 이름을 가진 것도 있다.

가. 재단

한국국제교류재단, 재외동포재단, 한국사학진흥재단, 한국연구재단, 지역신용보증재단, 한국과학창의재단, 북한이탈주민지원재단 등은 그 명칭에서 이미 일정한 공익재산을 중심으로 설치된 조직임을 알 수 있다.

나. 공단

공단은 사람이나 시설, 기금 등에 대한 관리주체에게 주로 붙이는 이름이다. 예컨대 교통안전공단, 한국환경공단, 한국광해관리공단, 한국보훈복지의료공단, 한국산업인력공단, 한국산업안전보건공단, 한국철도시설공단, 공무원연금공단, 국민연금공단, 도로교통공단, 사립학교교직원연금공단, 서울올림픽기념국민체육진흥공단,

에너지관리공단, 중소기업진흥공단, 한국산업단지공단, 국민건강보험공단, 국립공원관리공단, 근로복지공단, 한국장애인고용공단, 한국시설안전공단, 대한법률구조공단, 한국법무보호복지공단 등과 같은 것이다.

이들은 원칙적으로 관련 재산 · 시설 등 물적 결합체에 대한 조직으로서 임 · 직원들은 그 공적 자금에 대한 선량한 관리인이다.

다. 기금

신용보증기금과 기술신용보증기금이 있다. 이 기금은 기금의 이름도 되지만 법인의 이름도 된다.

라. 공사

한국방송광고공사, 한국교육방송공사, 한국방송공사, 한국무역보험공사, 한국전기안전공사, 한국가스안전공사는 공사의 이름을 가지고 있지만 「상법」의 회사법 관련 규정이 적용되지 않고 「민법」의 재단법인 관련 규정이 준용된다.

마. 원

1) 연구기관

국방과학연구소, 한국국방연구원, 한국원자력연구원, 한국개발연구원, 한국건설기술연구원, 한국조세재정연구원, 한국철도기술연구원, 대외경제정책연구원, 한국표준과학연구원, 통일연구원, 한국환경정책 · 평가연구원, 한국형사정책연구원, 한국교육개발원, 한국행정연구원, 한국농촌경제연구원, 한국교육과정평가원, 국토연구원, 산업연구원, 한국식품개발연구원, 에너지경제연구원, 한국해양연구원, 정보통신정책연구원, 한국과학기술연구원, 한국보건사회연구원, 한국지질자원연구원, 한국노동연구원, 한국기계연구원, 한국직업능력개발원, 한국항공우주연구원, 한국해양수산개발원, 한국에너지기술연구원, 한국법제연구원, 한국전기연구원, 한국여성정책연구원, 한국화학연구원, 과학기술정책연구원, 한국한의학연구원, 한국기초과학지원연구원, 한국청소년정책연구원, 한국천문연구원, 교통개발연구원, 한국생명공학연구원, 한국생산기술연구원, 한국과학기술정보연구원, 한국전자통신연구원, 한국학중앙연구원, 한국지방행정연구원, 국토연구원, 전문생산기술연구소 등은 연구시설로서 연구원들의 인적 자산이 큰 비중을 차지하지만 기본적으로는 재단법인에 속한다.

지방자치단체가 조례로 설립한 연구원도 당연히 이 범주에 들어간다.

2) 교육(연수)기관

고용노동연수원, 한국과학기술원, 광주과학기술원, 대구경북과학기술원, 한국원자력안전기술원, 한국해양수산연수원 등도 교육시설로서 재단법인의 성격을 띠고 있다.

3) 행정지원기관

한국교육학술정보원, 한국보건산업진흥원, 서울대학교병원, 국립대학교병원, 한국디자인진흥원, 정보통신연구진흥원, 정보통신산업진흥원, 한국산업기술평가관리원, 중소기업경영화정보원 등은 국가사무를 수행하면서 각종 행정사무를 지원하는 역할을 하고 있으며 이에는 의료기관도 적용된다. 따라서 지방자치단체가 설립·운영하는 의료원도 포함된다.

병원의 경우 인적(의사)·물적(병원시설) 종합체라는 특징으로 영조물법인의 성격이 있으나 「민법」상 재단법인의 구조로 보고 있다.

4) 사업운영기관

독립기념관, 한국소비자원, 한국승강기안전관리원, 한국정보화진흥원, 한국선원복지고용센터, 한국과학기술기획평가원, 청소년상담복지개발원, 한국공학한림원 등은 특정의 공익적 사업을 수행하는 기관으로서 주무부처에서 위임한 사무는 물론 해당 법인 스스로 고유사무를 수행하면서 유지해 나가고 있다.

바. 단·회

한국국제협력단, 한국무선국관리사업단, 한국해양조사협회, 전쟁기념사업회, 독도의용수비대기념사업회, 민주화운동기념사업회, 방송문화진흥회, 방위산업진흥회, 경제 · 인문사회연구회, 기초기술연구회, 산업기술연구회, 한국발명진흥회, 한국생산성본부, 건설근로자공제회[16], 사회복지공동모금회, 겨레말큰사전남북공동편찬사업회 등은 공통된 성질을 찾기는 어렵지만 대체로 법률에 의하여 국가에서 위탁한 사무를 처리하고 있다.

사단법인에 적합한 '협회'나 '회'라는 이름을 가진 법인이 재단법인 이름으로 되어 있는 것이 다수인 점이 특이하다.

3. 회사법 성격

사단이나 재단으로 분류하기 어려운 것도 있다. 이들은 개별 법률에서 '「민법」상 사단법인이나 재단법인에 관한 규정을 준용한다.'는 규정이 없고 「상법」을 준용하거나 「공공기관의 운영에 관한 법률」을 적용한다고 되어 있고, 아예 그런 규정조차 없는 것도[17] 있다. 법인의 기능이나 성격 자체가 애매하거나 사단법인과 재단법인의 특성이 혼재되어 그럴 수 있겠지만 어느 조직이던지 일반법인의 속성과 다른 것은 없으므로 입법과정에서 반영되었어야 할 사안이라 생각된다.

한국농어촌공사, 한국농수산식품유통공사, 대한무역투자진흥공사, 한국조폐공사, 한국석유공사, 한국전력공사, 대한석탄공사, 한국광물자원공사, 한국토지주택공사, 한국철도공사, 수도권매립지관리공사, 한국수자원공사, 한국도로공사, 한국관광공사(이상 「공공기관의 운영에 관한 법률」 적용), 한국자산관리공사, 한국가스공사, 인천국제공항공사, 중소기업은행,[18] 한국지역난방공사, 증권예탁결제원, 선주상호보험조합 등이 그러한데, 이들 기관의 사업은 당초에는 국가가 수행하는 것이 바람직한 것이었으나 경제여건의 변화에 따라 달라 질 수 있다.

16) 「건설근로자의 고용개선 등에 관한 법률」 제9조 제1항에 의해 설립된 건설근로자공제회는 경찰공제회, 소방공제회 등 다른 공제회와 달리 「민법」의 재단법인에 관한 규정을 준용하도록 하고 있다(같은 법 제9조 제3항).

17) 「뉴스통신진흥에 관한 법률」 제4장의 뉴스통신진흥회. 그런데 같은 법 제32조의 뉴스통신진흥자금을 관리하는 것을 보면 공재단으로 볼 수 있을 것 같다.

18) 「한국은행법」, 「한국산업은행법」, 「한국수출입은행법」은 개별 법률에 규정되지 아니한 사항에 대하여는 「상법」 등을 준용한다는 근거규정이 없으나 사실상 「상법」을 준용한다고 보아야 할 것이다.

제3절 분류 체계

1. 분류기준

가. 조직형태별

1차적으로 현행 실정법상 법인의 형태를 기준으로 나누는 것이다. 즉 개별 법률에서 사단법인의 형태를 갖는 것을 '공법상 사단법인'으로 하고, 재단법인의 형태를 갖는 것을 '공법상 재단법인'으로 구분하는 것이다. 다만 법률에서 사단법인이나 재단법인으로 본다는 규정이 없는 경우[19]는 기관의 성격과 재원 부담 주체 등을 살펴보면 공법상 사단법인에 속하는가, 재단법인에 속하는가를 판단할 수 있다. 「상법」 또는 「공공기관의 운영에 관한 법률」을 준용 또는 적용한다고 되어 있는 경우는 본질적인 기능을 분석하여 기금을 관리하는 등 정부기관에 준하여 설립된 기관은 「민법」상 재단법인 형태이고, 전력 · 수도 · 광물 · 관광 · 철도 등 공공의 이익을 위하여 특정한 재화나 용역을 생산 · 공급하는 것이 주된 사무라면 「상법」상의 회사 형태로 분류하는 것이다. 즉 공사(公社)의 개념을 공공성이 높은 재화와 용역을 생산 · 공급하는 회사라는 뜻으로 볼 때, 이러한 형태의 공기업은 「지방공기업법」과 「공공기관의 운영에 관한 법률」에서 사용되고 있을 뿐만 아니라, 「국유재산법」에서는 또 정부출자기업체로 표현되고 있어 개념 정리가 필요하기 때문이다.

따라서 공법상 재단법인과 공법상 사단법인에게 적용할 수 없는 제3의 특수법인으로서 경제성을 반영하여 '공법상 기업법인'이라는 용어를 쓰면 어떨까 싶다. '공법상'의 법인이므로 사기업과 다른 공법 원리의 적용을 받아 적법성과 공익성을 지닐 수 있고, 또 '기업법인'이므로 경영의 효율성과 자율성도 아울러 기대할 수 있다.

---

19) 「신용보증기금법」, 「국방과학연구소법」, 「지역신용보증재단법」, 「국민체육진흥법」(서울올림픽기념체육진흥공단), 「산업집적활성화 및 공장설립에 관한 법률」(한국산업단지공단), 「예금자보호법」(예금보험공사), 「국민건강보험법」(건강보험심사평가원), 「별정우체국법」, 「공인회계사법」, 「변호사법」, 「중소기업협동조합법」, 「수산업협동조합법」, 「농업협동조합법」, 「문화예술진흥법」(예술의전당), 「계량에 관한 법률」(한국계량측정협회), 「유네스코활동에 관한 법률」(유네스코한국위원회), 「영화 및 비디오물의 진흥에 관한 법률」(영화진흥위원회), 「기술신용보증기금법」(기술신용보증기금) 등.

이렇게 대분류를 공법상 사단법인, 공법상 재단법인, 공법상 기업법인으로 하되, 줄임말로 표기할 때는 공법상 사단법인은 '공사단법인' 또는 '공사단'으로, 공법상 재단법인은 '공재단법인' 또는 '공재단', '공법상 기업법인'은 '공기업법인' 또는 '공기업'으로 표기할 수 있다. 이 경우 공사단과 공재단은 기존의 학자들도 약간 명칭이 다르긴 하지만 대체로 사용하고 있음은 행정주체에 대한 분류에서 살펴본 바와 같다. 그러나 제3의 형태인 공기업(법인)의 경우에는 대부분의 행정법학자들이 영조물법인으로 분류해 왔고 또 종래 관행적으로 사용되는 공기업의 개념과 범위와 비교해 볼 때 일부 차이가 있긴 하지만, 국가 또는 지방자치단체가 직접 설립하여 자본금을 출자하여 기업적 경영방법에 의하여 관리·운영하면서 공법원리의 적용을 받는 기업으로 개념을 정리할 필요가 있다.

이렇게 구분해 보면 특수법인에게 적용되는 공법상의 원리는 일반법인에게 적용되는 사법상의 원리를 토대로 아래와 같이 성립됨을 알 수 있다.

공법상 사단법인(공사단)은 「민법」상 사단법인 원리에 바탕을 둔 특수법인을,

공법상 재단법인(공재단)은 「민법」상 재단법인 원리에 바탕을 둔 특수법인을,

공법상 기업법인(공기업)은 「상법」상 주식회사 원리에 바탕을 둔 특수법인을 각각 뜻한다.

이처럼 특수법인은 모두 사법상의 원리를 기본으로 하지만 국가와 지방자치단체가 법률과 조례에 의하여 직접 법인격을 부여하고 권한(사무)을 일부 나누어 행사하면서 행정주체가 됨에 따라 공법상의 원리가 적용되며 각 특수법인의 설치 법규로 이러한 사항이 추가될 뿐이다.

나. 사무기능별

공법상 재단법인, 공법상 사단법인, 공법상 기업법인으로 1차 분류한 뒤, 2차로 기능별 또는 운영재원의 성격 등에 따라 나누는 것인데, 다음 그림과 같다.

공법상 사단법인의 기능은 동업단체·공동사업·상호부조·기타기관으로, 공법상 재단법인의 기능은 정책연구·기금관리·사업집행·검사검정·촉진지원·의사결정·보건의료·교육연수·기타기관으로, 공법상 기업법인의 기능은 공공재의 생산·관리운영·기타기관으로 각각 구분하였다. 좀 더 세분할 수도 있으나, 각종 특

수법인을 한눈에 보기 위한 최소한의 기준으로는 충분할 것으로 생각된다.

분류기준이 조직형태와 사무기능별로 상이하지만, 사무기능별로 분류한 법인들이 형태별로도 중복되지 않으므로 문제되지는 않고, 특수법인의 성격과 유형을 명확히 알 수 있는 준거기준이 될 수 있다고 본다.

〈특수법인 분류체계〉

	(조직형태별 분류)	(사무기능별 분류)	(해당법인명 예시)
특수법인	① 공법상 사단법인 (공사단)	㉠ 동업단체기관:	협(의)회 등
		㉡ 공동사업기관:	(협동)조합 등
		㉢ 상호부조기관:	공제회 등
		㉣ 기타기관:	연합회 · 진흥회 등
	②공법상 재단법인 (공재단)	㉠ 정책연구기관:	연구원 등
		㉡ 기금관리기관:	공단 · 공사 등
		㉢ 사업집행기관:	교육원, 지방공단
		㉣ 검사검정기관:	시험원, 평가원 등
		㉤ 촉진지원기관:	진흥원, 진흥회 등
		㉥ 의사결정기관:	연구회
		㉦ 보건의료기관:	대학병원, 지방의료원
		㉧ 교육연수기관:	대학, 연수원 등
		㉨ 시설관리기관:	시설공단 등
		㉩ 기타기관:	
	③ 공법상 기업법인 (공기업)	㉠ 공공재생산기관:	재단, 은행 등 공사
		㉡ 관리운영기관:	은행, 지방공사 등
		㉢ 기타기관:	방송사 등

위와 같이 분류한 기준에 따라 현재 국가와 지방자치단체가 법률 및 조례로 설치한 특수법인을 유형별로 정리 · 예시하면 아래 표와 같다. 다만 이 표에 들어 있는 특수법인은 개별 법률에서 직접 법인의 이름을 명시적으로 규정된 경우는 물론 공동 사업자단체처럼 법인의 설립근거와 기준 등은 특별법에 포괄적으로 규정하고 구체적인 명칭과 내용은 「민법」에 따라 설치되는 것도 포함하였지만, 공기업(법인)의 자회사는 특별법의 근거 없이 「상법」에 따라 설치된 것이므로 원칙적으로 넣지 않았다.

〈특수법인의 분류별 해당법인 현황(예시)〉

대분류	소분류	해당 법인
공사단	동업 단체 기관	한국표준협회, 한국전기공사협회, 한국엔지니어링협회, 한국화재보험협회, 한국소방안전협회, 대한건축사협회, 한국기술사회, 공인중개사협회, 대한측량협회, 한국건설기술인협회, 한국항공진흥협회, 해외건설협회, 총포·화약안전기술협회, 대한체육회, 대한장애인체육회, 한국장애경제인협회, 대한민국재향군인회, 한국과학기술단체총연합회, 대한민국상이군경회, 한국어항관리협의회, 대한민국전몰군경유족회, 대한민국무공수훈자회, 대한민국전몰군경미망인회, 한국청소년단체협의회, 한국산업기술진흥협회, 한국대학교육협의회, 한국전문대학교육협의회, 광복회, 한국여성발명협회, 한국전력기술인협회, 4·19민주혁명회, 4·19혁명희생자유족회, 재일학도의용군동지회, 4·19혁명공로자회, 한국금융투자협회, 전국은행연합회, 한국방재협회, 한국계량측정협희, 한국전파진흥협회, 한국정보통신진흥협회, 환경보전협회, 손해보험협회, 생명보험협회, 한국동위원소협회, 대한건설기계매매협회, 대한건설기계협회, 대한건설협회, 대한설비건설협회, 대한전문건설협회, 대한주택건설협회, 전국화물자동차운송주선사업연합회, 전국개별화물자동차운송사업연합회, 전국여객자동차터미널사업자협회, 전국용달연합회, 한국감정평가협회, 한국건설감리협회, 국민생활체육협의회, 대한수의사회, 종합금융협회, 여신금융협회, 한국건설기계정비협회, 한국골재협회, 한국복합운송주선업협회, 한국자동차폐차업협회, 한국주택협회, 한국원양산업협회, 한국항만하역협회, 한국장애인부모회, 전국지방의료원연합회, 신용보증재단중앙회, 한국과학기술한림원, 한국항만협회, 한국학교발명협회, 대한에이즈예방협회, 통일교육협의회 등
	공동 사업 기관	전국개인택시운송사업조합연합회, 전국고속버스운송사업조합, 전국버스운송사업조합연합회, 전국자동차검사정비사업조합연합회, 전국택시운송사업조합연합회, 한국해운조합, 전국자동차대여사업조합연합회, 전국자동차매매사업조합연합회, 전국전세버스운송사업조합연합회, 한국수산무역협회, 중소기업중앙회, 저축은행중앙회, 신용협동조합중앙회, 철도회원협력회, 낙농진흥회, 한국방위산업진흥회 등
	상호 부조 기관	군인공제회, 한국지방재정공제회, 경찰공제회, 한국교직원공제회, 대한소방공제회, 대한지방행정공제회, 소프트웨어공제조합, 대한설비건설공제조합, 전국개인택시연합회공제조합, 전국버스공제조합, 한국엔지니어링공제조합, 전기공사공제조합, 건설공제조합, 전국전세버스공제조합, 전국택시공제조합, 전국화물자동차공제조합, 전문건설공제조합, 학교재해복구공제회 등
	기타 기관	대한상공회의소, 보험개발원, 코스닥위원회, 프로그램심의조정위원회, 대한적십자사, 한국간행물윤리위원회, 대한상사중재원, 한국전력거래소, 금융결제원, 한국금융연구원, 한국거래소, 개인정보분쟁조정위원회, 한국인정지원센터, 한국자원봉사협의회 등

대분류	소분류	해당 법인
공재단	정책 연구 기관	국방과학연구소, 한국원자력연구원, 한국과학기술연구원, 한국과학기술정보연구원, 한국표준과학연구원, 한국기초과학지원연구원, 한국해양연구원, 한국생산기술연구원, 한국지질자원연구원, 국방품질관리소, 한국기계연구원, 한국화학연구원, 한국개발연구원, 한국생명공학연구원, 한국전기연구원, 한국에너지기술연구원, 한국항공우주연구원, 한국건설기술연구원, 한국국방연구원, 한국학중앙연구원, 대외경제정책연구원, 국토연구원, 한국노동연구원, 한국직업능력개발원, 한국식품개발연구원, 한국전자통신연구원, 원자력의학원, 한국천문연구원, 산업연구원, 한국교육개발원, 한국철도기술연구원, 한국농촌경제연구원, 한국보건사회연구원, 한국해양수산개발원, 한국조세재정연구원, 한국여성정책연구원, 교통개발연구원, 한국환경정책·평가연구원, 요업기술원, 한국한의학연구원, 통일연구원, 과학기술정책연구원, 한국행정연구원, 에너지경제연구원, 한국형사정책연구원, 한국청소년정책연구원, 한국법제연구원, 정보통신정책연구원, 한국패션센터, 한국지방행정연구원, 한국문화관광연구원, 한국정보기술연구원, 전자부품연구원, ,한국고전번역원, 한국신발·피혁연구원, 한국실크연구원, 한국염색기술연구소, 한국섬유개발연구원, 자동차부품연구원, 전자파장해공동연구소, 각 지방자치단체의 발전연구원, 환경연구원, 보건연구원 등
	기금 관리 기관	신용보증기금, 중소기업진흥공단, 기술신용보증기금, 한국무역보험공사, 국민연금공단, 한국사학진흥재단, 공무원연금공단, 별정우체국연금관리단, 사립학교교직원연금공단, 녹색사업단 한국광해관리공단, 경기신용보증재단, 수원사랑장학재단 등
	사업 집행 기관	한국교육방송공사, 한국방송공사, 근로복지공단, 한국철도시설공단, 한국산업인력공단, 한국안전보건공단, 한국국제협력단, 한국장애인고용공단, 도로교통공단, 한국환경공단, 에너지관리공단, 한국소비자원, 국립공원관리공단, 한국원자력문화재단, 한국시설안전공단, 한국산업단지공단, 산재의료관리원, 한국전기안전공사, 대덕전문연구단지관리본부, 한국언론진흥재단, 국민체육진흥공단, 한국승강기안전관리원, 수도권매립지관리공사, 한국항로표지기술협회, 한국해사위험물검사소, 한국보훈복지의료공단, 한국가스안전공사, 교통안전공단, 대한법률구조공단, 독립기념관, 예술의전당, 선박검사기술협회, 한일산업기술협력재단, 한국법무보호복지공단, 한국청소년수련원, 서울예술단, 한국문화재보호재단, 정동극장, 국립발레단, 전쟁기념사업회, 국립오페라단, 국립합창단, 한국선원복지고용센터, 경북관광개발공사, 한국생산성본부, 한국에이즈퇴치연맹, 한국희귀의약품센터, 국민건강보험공단, 농어촌청소년육성재단, 뉴스통신진흥회, 제주국제자유도시개발센터, 지방자치단체의 시 · 군시설관리공단 등
	검사 검정 기관	산업기술시험원, 한국과학기술기획평가원, 한국산업기술평가관리원, 한국석유품질검사소, 한한국소방안전협회, 한국무선국관리사업단, 건강보험심사평가원, 축산물품질평가원, 저작권심의조정위원회, 영상물등급위원회, 한국보건의료인국가시험원 등

	촉진 지원 기관	한국정보화진흥원, 정보통신산업진흥원, 한국산업기술진흥원,, 한국정보문화진흥원, 한국교육학술정보원, 한국연구재단, 한국정보보호진흥원, 한국정보통신기술협회, 재외동포재단, 정보통신연구진흥원, 한국교육과정평가원, 한국보건산업진흥원, 한국지방자치단체국제화재단, 한국국제교류재단, 우정사업진흥회, 우체국예금보험지원단, 한국인터넷진흥원, 방송문화진흥회, 한국문화콘텐츠진흥원, 영화진흥위원회, 한국디자인진흥원, 국제방송교류재단, 한국게임산업개발원, 한국발명진흥회, 한국장애인복지진흥회, 한국광산업진흥회, 한국방송영상산업진흥원, 한국농림수산정보센터, 중소기업기술정보진흥원, 한국영상자료원, 한국전자거래진흥원, 한국문학번역원, 한국산업기술재단, 경기과학기술진흥원 등
	의사 결정 기관	경제·인문사회연구회, 산업기술연구회, 기초기술연구회 등
	보건 의료 기관	국립암센터, 서울대학교병원, 서울대학교치과병원, 전남대학교병원, 제주대학교병원, 강원대학교병원, 충북대학교병원, 경상대학교병원, 전북대학교병원, 부산대학교병원, 강릉원주대학교치과병원, 경북대학교병원, 충남대학교병원, 각 지방자치단체의 의료원, 보건의료원 등
	교육 연수 기관	국립대학법인 서울대학교 · 울산과학기술대학교 · 인천대학교, 한국과학기술원, 학교법인기능대학, 광주과학기술원, 대구경북과학기술원, 고용노동연수원, 고등과학원, 한국원자력안전기술원, 한국해양수산연수원, 한국청소년상담복지개발원, 한국양성평등교육진흥원, 유네스코 한국위원회 부설 아시아·태평양 국제이해교육원, 국립과학관, 경기도청소년수련원 등
	기타 기관	사회복지공동모금회, 북한이탈주민재단, 대한지적공사, 한국과학창의재단, 유네스코한국위원회, 한국지도자육성장학재단, 한국특허정보원, 한국은행, 금융감독원 등

대분류	소분류	해당 법인
공기업	공공재 생산 기관	한국농어촌공사, 한국도로공사, 한국토지주택공사, 한국수자원공사, 한국석유공사, 대한석탄공사, 한국광물자원공사, 한국철도공사, 한국관광공사, 한국조폐공사, 한국전력공사, 한국가스공사, 한국지역난방공사, 각 지방자치단체의 지하철공사, 도시(개발)공사, 관광공사 등
	관리 운영 기관	대한무역투자진흥공사, 한국농수산식품유통공사, 대한주택보증, 한국공항공사, 한국수출입은행, 인천국제공항공사, 인천국제공항철도, 한국자산관리공사, 중소기업은행, 한국산업은행, 한국감정원, 예금보험공사, 지방자치단체의 농식품 유통공사 등
	기타 기관	증권예탁결제원, 한국방송광고공사, 한국마사회 등

이하에서는 위의 분류방법에 의하여 살펴 본 특수법인의 형태별·기능별 주요 내용과 특징을 구체적으로 살펴보기로 한다.

2. 공법상 사단법인(공사단)

가. 개념

공법상 사단법인 또는 '공사단'은 공법관계의 적용을 받는 특별한 목적을 위하여 결합된 인적단체를 말한다. 즉 공사단은 다음과 같은 점에서 사법상의 사단법인과 구별된다.

① 사인 간의 자유로운 의사에 기초해서 설립되는 것이 아니라 법률에 의하여 법인의 명칭과 설립요건 및 절차 등이 규정되므로 공법관계가 원칙적으로 적용된다. ② 국가 등이 부여하는 특별한 목적을 수행하기 위하여 결합된 것이므로 임의로 설립하는 사법상의 단체와는 다르다. ③ 인적 결합체이므로 반드시 구성원 다수의 의사가 합치되어야 한다.

나. 종류

1) 동업단체기관

동일 또는 유사한 업종에 종사하는 구성원들이 모여서 관련 업무의 발전과 정보의 교환·공유 및 구성원들의 공동이익[20]과 지위향상[21]을 도모하는 단체의 성격을 가진 법인을 말한다. 회원의 구성원이 되기 위해서는 법률로 일정 자격요건을 가질 경우 대체로 의무적으로 가입한다.[22] 동업단체라고 해서 같은 업자끼리 모여 행정주체 조직에 압력을 행사하는 등 자신들의 이익을 추구하는 집단이 아니라, 오히려 그 반대로 전문가 집단이 사익을 추구하지 못하도록 당해 조직의 사회적 책임과 공공성을 이행할 수 있도록 법률로 이를 담보하는데 더 큰 목적이 있다. 그렇게 되

20) 「화물자동차운수사업법」 제48조 제1항.

21) 「여객자동차운수사업법」 제53조 제1항.

22) 「공인회계사법」 제42조는 금융위원회에 등록한 공인회계사나 회계법인은 의무적으로 한국공인회계사회에 가입하도록 규정하고 있다.

어야만 법률로 국가가 법인격을 부여하는 본래의 의의를 살릴 수 있기 때문이다.

이들 법인들의 운영재원은 기본적으로 회원의 회비로 조달되는 것이 원칙이며 필요한 사업도 수행하고 있으나 사업을 통하여 직접 이익을 얻기보다는 조직을 통하여 회원들에게 간접적으로 혜택이 주어지는 측면이 있다. 법인의 명칭은 대체로 '협회' 또는 '협의회'라는 말이 들어가 있으며, 전문가 단체들로 구성된 각종 '회'도 이 범주에 속한다.

2) 공동사업기관

특정한 사업을 위하여 동등한 법적 자격을 가진 사람들의 결합으로 만들어진 사단법인을 말한다. 이들은 구성원의 결합 정도가 강하고, 수행하는 사업도 조합원에게 직접적으로 균등하게 혜택을 줄 수 있는 구체성을 띠고 있다는 점에서 동업단체기관과는 다른 특성을 갖고 있다.

이들 법인의 구성원은 조합원이라고 하며, 운영재원은 각 조합원의 분담금 또는 출좌수가 상당 부분을 차지한다. 그리고 명칭에는 '조합'이라는 말이 들어가 있는 경우가 대부분이다. 또한 조합의 성격상 조합원의 공제를 통하여 서로 지급보증을 하는 상호부조 업무도 수행하지만 이는 어디까지나 부수적인 것이라 할 수 있다. 여기 해당하는 경우는 '공제조합'의 명칭을 갖는 경우가 많다. 이 점에서 공제회와 다르다.

3) 상호부조기관

회원과 그 자녀에 대하여 급여와 장학금을 지급하고 복지후생시설을 설치・운영하는 등 주로 구성원 상호간의 재정지원을 통하여 생활안정과 복지증진을 도모하기 위하여 설립하는 사단을 말한다. 이들 조직은 우리 전래의 상부상조의 정신을 바탕으로 계(契)의 형태로 운영되어 오던 것이 발전된 것이라 할 수 있다. 회원이 될 자격은 법률로 제한하고는 있으나, 가입여부는 개인의 자유로운 의사에 맡기고 있다.[23]

현재 지방공무원을 제외하면, 국가공무원 중에서는 교원・경찰・소방・군인 등 주

---

23)「경찰공제회법」・「군인공제회법」・「대한소방공제회법」・「대한지방행정공제회법」 각 제7조, 「한국교직원공제회법」 제7조의2, 「과학기술인공제회법」 제6조, 「한국지방재정공제회법」 제6조 등.

로 인원이 많은 특정직공무원을 중심으로 설립하고 있다. 이들 상호부조기관의 성격은 앞의 두 경우와는 달리 회원들의 분담금과 국고보조금이 주된 재원이며 기금조성을 위한 부수적인 사업을 하지만 사업 그 자체가 본질적인 구성요소는 아니다. 여기 해당하는 법인은 '공제회'의 명칭을 갖고 있다. 다만 공무원이 아닌 건설근로자공제회는 재단법인으로 보고 있다.

4) 기타기관

위의 기준으로 분류하기 어려운 경우로서 각 사단법인의 연합체 또는 중앙회 조직이나 기타 공익사업을 수행하는 기관 등이다.

다. 특징

1) 설립목적

공사단은 일반적인 사단법인처럼 구성원들이 합의하여 자발적으로 구성하는 것이 원칙이지만 국가가 공법상 사단법인을 법률로 설립하는 목적은, 사단법인이 조직의 힘을 동원하여 부당하게 서비스를 받는 국민의 자유와 권익을 침해하지 못하도록 공익적인 견지에서 적절한 규제를 가할 필요가 있고, 또 다른 한편으로는 국가가 모든 단체의 구성원들을 일일이 상대할 수는 없으므로 협회를 통하여 각종 행정행위를 하면 편리한 점이 많기 때문이다. 그리고 국가가 공익상 필요에 따라 민간의 자율에 맡겨서는 구성원의 성격상 충분히 그 취지를 살릴 수 없다고 판단되어 효율적으로 운영하고 지원하기 위하여 설립하는 경우도 있다.

어떤 목적을 가지고 설립하던지 간에 국가는 공사단 법인에 대하여 상당한 수준의 보호 장치를 제공하는 것은 사실이다. 따라서 공사단도 법률에 의하여 설립된 이상 그 본질적 내용의 개정이나 폐지도 구성원 스스로 임의 변경할 수 없으며 법률 규정에 따라야 한다.

2) 설립의사

설립이 국가의 의사에 기초를 두고 있고, 법률에 의하여 직접적으로 설치되거나 또는 법률에 기하여 설립근거만 두고 실제 설립은 구성원들이 합의하여 정관을 작성하고 주무장관의 인가를 받는 등 별도의 행정처분을 받아 등기함으로써 설립되기도 한다. 이는 본질적으로 사단법인은 인적 결합체이므로 법률로 근거를 마련해도 구성원들의 합의가 없으면 실체를 구성할 수 없기 때문이다. 바로 이 점이 국가가 일정한 재원을 직접 마련하여 법인격을 바로 줄 수 있는 공재단법인과 차이가 있는 부분이다. 설립과정이 어떠하던지 간에 공사단의 설립은 법률적 근거 위에 있다는 점은 동일하다.

3) 권리관계

국가적인 공권 및 특전이 부여되며 특정한 자격을 취득하면 당연히 회원의 자격이 발생하는 경우가 있고,[24] 소요재원을 조달하기 위한 강제징수권도 인정되며 또한 면세·보조금 교부 등의 각종 특권이 부여된다.

4) 의무관계

목적수행의 의무가 부과되고 설립과정에서 특별한 지위를 갖고 있으며 수행하는 사업의 공공성으로 인하여 해산의 자유가 인정되지 않는다. 공사단도 국가로부터 특별한 감독을 받는다. 이것은 당해 법인의 사업이 공공복리에 적합한지 여부와 국가로부터 인적·물적 지원을 받는데 따른 반대급부로서 당연한 것이라 할 수 있다.

3. 공법상 재단법인(공재단)

가. 개념

공법상 재단법인 또는 '공재단'은 공법관계의 적용을 받는 특별한 목적을 위하여 제공된 재산이라는 실체에 대하여 법인격이 부여된 것을 말한다. 즉 공재단은 다음과 같은 점에서 사법상의 재단법인과 구별된다.

① 공적 목적을 위하여 제공되어야 한다. ② 국가나 지방자치단체가 부여하는 특별한 목적을 수행하기 위하여 결합된 것이어야 한다. ③ 특정의 재산이 법인에게 제공되어 제공자와 분리되어야 한다.

---

24) 「약사법」 제11조 제3항 등.

나. 종류

1) 정책연구기관

국가 또는 지방자치단체는 국민 또는 주민의 복지 등 각종 정책에 대한 끊임없는 개발과 대안의 모색, 집행 및 평가 과정을 거치면서 국민주권주의를 실현하게 된다. 이런 정책은 담당 공직자들이 직접 입안하고 실행할 수도 있지만, 복잡·다양한 현대사회에서는 보다 전문성을 가진 사람들에게 정책검토를 맡기는 것이 나을 수 있다. 따라서 국가와 지방자치단체는 다양한 분야의 정책연구원을 설립·운영하고 있다. 정책연구의 결과는 설립 주체의 활동을 외곽에서 지원하는 보조기관의 역할을 갖는다. 따라서 소요경비는 국가와 지방자치단체의 출연금이 주된 요소이고, 연구기관 스스로 용역사업 등을 통하여 마련할 수도 있다.

연구 대상은 기관마다 주된 정책분야가 있지만 유관분야도 함께 고려할 수밖에 없다. 다만 「정부출연 연구기관 등의 설립·운영 및 육성에 관한 법률」은 경제사회와 인문사회 분야를, 「과학기술분야 정부출연 연구기관 등의 설립·운영 및 육성에 관한 법률」은 기초기술과 산업기술 분야로 각각 나누어 연구하고 있다. 「지방자치단체 출연 연구원의 설립 및 운영에 관한 법률」은 지방자치제도의 개선과 지역발전 및 지방문화 창달에 기여하도록 하고 있다. 시험연구기관은 대부분 법인의 이름에 '연구원' 또는 '연구소' 등이 들어간다.

2) 기금관리기관

국가와 지방자치단체의 과중한 자금운영 부담을 덜어주기 위하여 국가 등으로부터 관리업무를 위탁받아 전문적이고 효율적으로 운용함으로써 양질의 행정서비스를 제공하기 위하여 설립된 법인을 말한다. 이들이 수행하는 업무는 국가 등의 행위와 동일하게 인정되어, 직접 법률적 효과를 가지므로 시험연구기관의 업무수행 효과가 간접적인 것과 차이가 있다.

이들은 실제 국가 등으로부터 받은 일정한 재산(출연금 또는 기금)을 증식시키는 등 효과적으로 관리·운용함으로서 관료적 비효율성을 줄이기 위해 설립되었다. 기금관리기관은 '공단'의 이름을 사용하는 것이 합리적이지만 '공사'의 명칭을 갖는 경우도 있다.

3) 사업집행기관

기금을 효과적으로 관리하는 것만 목적이 아니고 출연금이나 국고 보조, 기타 재원 등을 통하여 각종 자금과 시설, 인력 등에 대한 관리업무를 독자적으로 수행하며 또한 이를 통해서 얻는 부수적인 수익금을 공공의 이익을 위하여 사용하는 기관을 말한다.

여기에 해당하는 법인은 주로 '공단'이나 '공사'의 명칭을 사용하고 있으나 그렇지 않는 것도 많다. 지방자치단체가 운영하는 각종 공공시설물에 대한 관리공단은 이 기관의 전형적인 사례이다.

4) 검사검정기관

주된 사업의 내용이 특정 사안에 대하여 객관적이고 전문적으로 심사 · 분석하여 공정하게 판정하는 것이다. 국가의 소속기관으로 이 업무를 수행할 경우 인사와 조직관리의 경직성 등으로 급변하는 행정환경과 현실을 충분히 반영하기 어렵기 때문에 외부의 전문 특수법인에게 맡기는 것이다. 이들 기관의 이름에는 '평가원', '시험원' 등이 많이 들어간다.

5) 촉진지원기관

국민들이 어떤 활동을 하고자 할 때 필요한 정보를 효과적으로 제공하기 위한 행정 · 재정적 지원을 하는 법인을 말한다. 정부가 모든 행정사무에 대하여 일일이 국민들을 대상으로 급부행정을 하기 보다는 전문조직을 통하여 지원하는 것이 훨씬 효율적이라고 판단될 때 설립한다.

국민이 국가에 대한 요구가 증대할수록 각 분야별 진흥사무가 확대될 수밖에 없다. 이들은 기능의 다양성만큼이나 이름도 여러 가지다. '재단'의 이름을 갖는 것이 있는가 하면 대부분 '진흥원' 또는 '진흥회'의 이름을 갖고 있으며, 사업단의 성격을 띠는 것도 있다.

6) 의사결정기관

이는 시험연구기관의 자율성을 확보하기 위하여 국가나 지방자치단체가 직접 간여하지 않고 별도의 법인을 설립하여 시험연구기관에 대한 중요한 의사를 결정하고 지휘감독하기 위한 것이다. '연구회'라는 이름으로 설치되어 있지만 역시 공법상

재단법인이다.

7) 보건의료기관

단순히 진료 측면만 본다면 이들 법인들의 사무는 민간에서도 동일하게 수행하는 것이지만, 종래 국립대학교의 의과대학에 부속된 소속기관으로서의 임상교육과 의료관련 연구 및 의료요원의 훈련까지 담당하고 있으므로 별도로 존치할 필요가 있고, 또 병원에서 담당하는 의료서비스의 질을 높이고 효과적으로 관리하기 위하여 법인격을 부여한 것이다. 이들 기관은 현재 서울대학교(치과)병원과 각 지방에 소재하고 있는 국립대학교병원이 이에 해당한다. 지방자치단체의 의료원과 보건의료원도 이에 해당한다.

8) 교육연수기관

국립대학법인과 산업발전에 필요한 과학기술 분야의 인재를 양성하는 기초·응용연구와 산업계 등의 연구지원을 위하여 설립한 법인이다. 이들은 명칭에 '교육원' 또는 '연수원'이라는 말이 들어가 있으나 '기술원'으로 하는 것도 있다.

9) 기타기관

그밖에 위의 분류에 포함하기 곤란한 재단법인을 따로 모은 것이다.

다. 특징

1) 설립목적

공재단도 설립목적이 국가에 의하여 법령에 의하여 구체적으로 정하고 있으므로 정관 기타 이사회의 결의에 의하여 함부로 변경할 수 없다. 그래서 정관을 변경할 때는 주무 행정청의 승인을 받아야 한다.

2) 설립의사

설립이 국가와 지방자치단체의 의사에 기초를 두고 있고, 법령에 의하여 직접 설립된다. 공재단은 공사단과 달리 본질적으로 국가가 직접 법인격을 부여하고 재원을 제공하므로 법령의 근거에 따라 요건을 갖추고 등기하면 성립된다. 다만 종전에 「민법」상의 재단법인으로 존속하다가 특별법의 제·개정으로 특수법인이 되면서 권리 · 의무 관계와 직원의 신분이 승계되는 경우도 있다.

3) 권리관계

공재단은 성격상 소요재원을 조달하기 위한 특단의 규정을 두는 경우가 많다. 특히 이들에게는 국가가 재원을 직접 지원하는 경우가 대부분이며, 재원을 확보하기 위하여 여러 가지 독점적 지위를 부여하는 경우가 많다.

4) 의무관계

특권을 부여함과 아울러 법률에서 정하고 있는 목적에 합당한 업무를 수행할 수 있도록 여러 가지 제약을 가하고 있다.

4. 공법상 기업법인(공기업)

가. 개념

공법상 기업법인 또는 '공기업'은 행정조직의 한 형태로서 '국가나 지방자치단체가 공공재의 생산 · 공급 · 관리 등 사회공공의 이익을 위하여 법인으로 설립하는 기업'이다. 따라서 공기업은 다음과 같은 점에서 상법상의 영리기업과 다르고 공법상의 사단법인 또는 재단법인과도 구별된다.

① 국가 등이 '공공의 이익'을 위하여 설립하므로 민간기업 등과 같이 사익을 추구하기 위한 것과 다르다. ② 국가 등이 법령에 따라 '직접' 설립하는 것이므로, 원칙적으로 특수법인이 자신의 자본을 출자하여 자회사를 신설하더라도 이는 국가나 지방자치단체서 볼 때는 '간접' 투자이므로 공기업법인에 넣기는 어렵다. ③ 기업성의 원리에 따라 수익적 사업도 어느 정도 허용된다.

다만 그 수익성은 공법상의 법인임을 고려하여 설립주체가 부여한 사업을 효과적으로 수행할 수 있는 합리적인 범위 안에서 이루어져야 하고 국민이나 주민에게 비용을 과다 청구하는 등 추가적인 부담을 초래하지 않아야 한다. 즉 공기업은 국가나 지방자치단체가 직접 수행하기는 비효율적이고 또 민간에 맡겨서는 사업의 성격 등에 비추어 효과적으로 서비스를 제공하기 어려운 경우에 한하여 자본을 투입하여 설립하는 것이므로 이러한 목적에 맞지 않다면 민간부문에 맡겨서 집행되도록 하는 것이 옳다.

나. 종류

1) 공공재생산기관

국가와 지방자치단체가 납입자본금의 전액 또는 50% 이상을 출자하고 「공공기관의 운영에 관한 법률」과 「지방공기업법」의 적용을 받는 특수법인을 말한다. 주로 '공사'의 명칭을 갖고 있는데, 이들은 국민전체와 관할 지역의 주민을 대상으로 전기・물・도로 등 다양한 공공재와 용역(서비스)을 생산・공급하지만 시장원리보다는 보편적 복지도 아울러 고려하므로 공익성과 수익성을 함께 갖고 있다.

2) 관리운영기관

국가나 지방자치단체가 자본금의 50% 이상을 출자하거나 또는 하지 않았더라도 사실상 경영을 지배하고 임원의 인사에 관여하거나, 또 납입자본금의 50% 이상을 출자하였더라도 「공공기관의 운영에 관한 법률」의 적용을 받지 않는 은행 등을 말한다. 이들은 공공재를 생산・공급하기 보다는 국가정책과 지방사무 수행의 필요에 따라 특정 사업을 효과적으로 집행하기 위해 설립한 것으로 명칭에 '공사'라는 말이 들어가는 경우도 있고, '은행'의 형태를 가진 것도 있다.

3) 기타기관

생산도 관리기관도 아닌 경우로서 한국방송공사, 한국교육방송공사, 한국방송광고공사, 예금보험공사 등이 여기에 해당될 것이다.

다. 특징

1) 설립목적

공기업은 그 설립목적이 뚜렷해야 한다. 즉 국민생활이나 사회경제 안정 등 공공성의 견지에서 확실하게 수요가 있어야 하고, 또 민간에 맡길 경우 자본규모의 취약 또는 수지타산의 불확실 등으로 반드시 실시된다는 보장이 없어 직접 독점적인 사업을 실시할 필요가 있는 경우 설립하게 된다.

공기업의 설립동기는 학자에 따라 다양한 의견이 있으나, 우리나라의 경우 대규모 설비산업 육성을 통한 경제발전 촉진과 공공수요의 충족, 그리고 재정수요의 충족을 위해 설립하는 것으로 요약해 볼 수 있다.[25)]

2) 설립의사

공기업의 설립은 국가와 지방자치단체가 납입자본금의 규모를 결정하고 출자를 함으로써 성립한다. 이때 국회와 지방의회는 예산안에 대한 심의 · 의결을 통하여 공기업 법인을 설립할 필요성이 있는가, 만약 설립될 경우 어느 정도의 자율성을 부여할 필요가 있는가, 국회 등 설립주체의 관여범위는 어떻게 설정할 것인가, 그리고 막대한 재정을 투입하여 설립할 경우 그 효과를 충분히 거둘 수 있는지 등을 신중히 판단하여야 한다.

3) 권리관계

공기업에게도 국가와 지방자치단체는 많은 인적 · 물적 지원과 사업을 효과적으로 추진할 수 있는 각종 독점적 지위를 인정하고 있다. 공기업의 임 · 직원은 조직의 공공성으로 인하여 공무원처럼 형사벌을 받을 때 일반 국민들보다 처벌이 가중된다.

4) 의무관계

반면에 공기업은 설립재원이 국민의 세금으로 충당된 국가와 지방자치단체의 자본금이라는 점과 비교적 독점적인 위치에서 국민에게 각종 수수료나 사용료를 징수하면서 존속된다는 점, 그리고 공기업이 생산하는 각종 산출물은 국민 생활에 직결된다는 점에서 지주회사인 주무부처와 지방자치단체의 관리 감독과 외부감사를 받고 있으며 근로관계도 공익성을 감안하여 일부 제약이 가해지고 있다.

---

25) 이상철, 한국공기업의 이해, 67쪽.

제 3 장
특수법인의 지위

특수법인에게도 법치주의 원리는 적용된다. 특수법인은 법률에 의하여 법인격을 부여받고 설립되었기 때문에 해산할 경우에도 법률에 정한 절차를 따라야 하며 그 활동 상황은 법률에 의하여 지배된다. 물론 정부의 예산집행이나 행정행위 또는 공무원의 신분보장과 같은 엄격한 법치주의 원칙이 특수법인에게 꼭 같이 적용되지는 않지만, 당해 법인에게 권리의무를 부여하는 다른 행정주체와 그 법인으로부터 서비스를 제공받는 일반 국민들과 상시 법률관계와 사실관계를 맺고 있는 만큼 법치주의 원칙에 어긋나지 않도록 소관 법률에서 정한 권능의 범위 안에서 정관 등 내부규칙을 정하여 조직을 적법하게 운영하여야 한다.

특수법인은 설립 후 소멸할 때까지 국가 등 설립주체와 밀접한 관련을 맺고 있으며, 또 그의 공권력 행사와 관련된 처분은 공법관계로서 행정소송의 대상이 되므로 법률관계를 명백히 정하는 것은 매우 중요하다. 그래서 특수법인은 국가 등으로부터 받은 권리와 의무는 물론 내부적인 관계 및 대 국민과의 관계에 있어서 구체적인 사항을 법률에서 직접 규정하고 있다.

제1절 권 리

특수법인은 존재의의와 목적, 활동범위와 관련하여 설립주체로부터 특별한 권능과 지위를 부여받는 대신 규제와 감독도 받고 있다. 이들에 대한 감독권은 소속기관에 대한 훈령권과 같이 구체적이고 직접적으로 영향을 미치는 것은 아니지만 사무를 처리함에 있어서 필요한 범위 안에서 일반적인 지휘명령과 감독권을 행사하게 된다. 특히 대표자를 비롯한 임원의 임면과정에 관여함으로써 사무를 효과적으로 처리하는 데 있어서 일관성과 통합성을 가질 수 있다.

1. 재정상 특권

국가는 특수법인에게 정부가 직접 수행하는 행정사무처리에 준하여 일반법인이 누리기 어려운 여러 가지 특권을 부여하고 있다.

가. 국·공유재산의 무상사용

국가가 소유하는 국유재산과 지방자치단체가 소유하는 공유재산 중 행정재산(공용재산, 공공용재산, 기업용재산, 보존용재산)은 원칙적으로 이를 대부·매각·교환·양여 또는 신탁하거나 출자의 목적으로 하지 못하며 이에 사권(私權)을 설정하지 못한다.[26] 또한 국유재산은 법률에 의하지 아니하고는 교환·양여·대부·출자 또는 지급의 수단으로 사용할 수 없다.[27] 그러므로 일정한 범위 안에서 행정재산은 사용을 허가할 수 있을 뿐이지만 이 경우에도 사용료를 받게 되어있다. 반면 일반재산은 대부·매각·교환·양여 또는 신탁하거나 사권을 설정할 수 있으며 법령이나 조례로 정하는 경우에는 이를 현물출자 또는 대물변제를 할 수 있다.[28]

---

26) 「국유재산법」 제2조제4호 및 제27조, 「공유재산 및 물품관리법」 제19조. 다만 공유재산의 경우에는 대물변제도 할 수 없게 되어 있다.

27) 「국유재산법」 제4조 및 제7조.

28) 「국유재산법」 제31조, 「공유재산 및 물품관리법」 제28조.

그런데 국가는 특수법인의 설립, 시설 또는 운영을 위하여 필요한 때에는 국유재산과 물품을 무상으로 대부하거나 사용 또는 수익하게 할 수 있다.[29] 다만 대부분의 특수법인에게는 물품 사용권을 부여하지 않고, 국유재산을 무상으로 대부하거나 사용 또는 양여할 수 있다. 이와 같이 개별 법률에서 「국유재산법」의 무상 대부 또는 사용 등에 관한 특례규정을 대부분 인정하고 있지만,[30] 「국유재산법」 제34조는 대통령령

29) 「국유재산법」 제32조(「공유재산 및 물품관리법」 제22조)는 국・공유재산 중 행정재산의 사용・수익을 허가한 때에는 매년 사용료를 징수하도록 규정되어 있다. 다만 「국유재산법」 제34조는 대통령령이 정하는 공공단체가 직접 비영리 공익사업용으로 사용하고자 하는 때는 사용료를 면제할 수 있다.

30) 「한국국제협력단법」 제17조, 「한국국제교류재단법」 제17조, 「한국사학진흥재단법」 제16조, 「한국연구재단법」 제12조, 「교통안전공단법」 제23조, 「한국환경공단법」 제22조, 「한국보훈복지의료공단법」 제15조, 「한국산업인력공단법」 제15조, 「한국산업안전보건공단법」 제14조, 「한국철도시설공단법」 제26조・제27조, 「항만공사법」 제27조・제28조, 「한국공항공사법」 제10조・제11조, 「독립기념관법」 제14조, 「국방과학연구소법」 제21조, 「한국국방연구원법」 제18조, 「한국과학기술원법」 제11조, 「광주과학기술원법」 제9조, 「과학기술분야 정부출연연구기관 등의 설립・운영 및 육성에 관한 법률」 제7조, 「한국원자력안전기술원법」 제16조, 「서울대학교병원설치법」 제13조, 「국립대학병원설치법」 제18조, 「한국대학교육협의회법」 제10조, 「한국전문대학교육협의회법」 제10조, 「대한적십자사조직법」 제23조, 「전쟁기념사업회법」 제13조, 「한국해양수산연수원법」 제11조, 「선원법」 제118조, 「정부출연 연구기관 등의 설립 운영 및 육성에 관한 법률」 제7조, 「한국농어촌공사 및 농지관리기금법」 제44조, 「한국수자원공사법」 제33조, 「인천국제공항공사법」 제11조・제12조, 「도로교통법」 제132조, 「중소기업진흥에 관한 법률」 제68조, 「자연공원법」 제59조, 「장애인 고용촉진 및 직업재활법」 제56조, 「시설물의 안전관리에 관한 특별법」 제29조의2, 「법률구조법」 제28조, 「예금자보호법」 제24조의2, 「정보화촉진기본법」 제10조, 「금융위원회의 설치 등에 관한 법률」 제49조, 「중소기업협동조합법」 제9조, 「한국연구재단법」 제12조, 「문화예술진흥법」 제37조, 「결핵예방법」 제24조, 「모자보건법」 제22조, 「지방문화원진흥법」 제15조, 「한국학중앙연구원 육성법」 제3조, 「한국지방행정연구원 육성법」 제4조, 「대한민국헌정회 육성법」 제3조, 「바르게살기운동조직 육성법」 제4조, 「새마을운동조직 육성법」제4조, 「민주화운동기념사업회법」 제15조, 「2011대구세계육상선수권대회, 2013충주세계조정선수권대회, 2014인천아시아경기대회, 2014인천장애인아시아경기대회 및 2015광주하계유니버시아드대회 지원법」 제6조, 「2013 평창 동계스페셜올림픽 세계대회 지원법」 제5조, 「2015경북문경세계군인체육대회 지원법」 제6조, 「2015세계물포럼 지원 특별법」 제7조, 「2018 평창 동계올림픽대회 및 장애인동계올림픽대회 지원 등에 관한 특별법」 제9조, 「개성공업지구 지원에 관한 법률」 제19조, 「국제경기대회 지원법」 제13조, 「국제과학비즈니스벨트 조성 및 지원에 관한 특별법」 제23조, 「근로자직업능력 개발법」 제48조, 「기상산업진흥법」 제17조, 「농촌진흥법」 제14조의2, 「동북아역사재단 설립・운영에 관한 법률」 제15조, 「동학농민혁명 참여자 등의 명예회복에 관한 특별법」 제9조, 「문화재보호법」 제9조, 제17조의2, 「박물관 및 미술관 진흥법」 제33조, 「방사성폐기물 관리법」 제23조, 「산림자원의 조성 및 관리에 관한 법률」 제63조, 「선박안전법」 제56조, 「수산자원관리법」 제55조의2, 「아시아문화중심도시 조성에 관한 특별법」 제28조, 「연구

이 정하는 바에 따라서 사용료를 면제하도록 하고 있고, 이에 따라 같은 법 시행령 제33조에서는 국유재산의 사용료를 면제하는 공공단체를 법령에 따라 정부가 자본금의 전액을 출자하거나 기본재산의 전액을 출연하는 법인으로 지정하고 있다.

수도권에서 지방으로 이전하는 공공기관에 대하여는 국·공유재산의 임대료를 감면하거나 부담금 등의 감면혜택을 주고 있다(「공공기관 지방이전에 따른 혁신도시 건설 및 지원에 관한 특별법」 제7장).

나. 운영재원 지원

특수법인은 법률 또는 조례로 설립되었기 때문에 당해 기관의 운영에 필요한 재정 지원을 설립주체로부터 받게 된다. 그런데 설립될 당시에는 국가가 법률로서 출연금, 보조금, 자본금 등을 내어 조성해 주지만 그 이후에는 법인 스스로의 사업과 활동에 의하여 재원을 조달하는 경우도 많다. 물론 그 형태는 기관의 성격에 따라 다양하다.

출연금, 보조금, 기금, 자본(출자), 각종 경비부담과 같이 정부가 직접 자금을 이전하는 형태가 있는 반면, 당해 법인이 재정을 쉽게 확보할 수 있도록 회비를 징수케 하거나,[31] 조합원 출자,[32] 잉여금 배당,[33] 기부금품의 모집,[34] 복권발행,[35] 차

개발특구의 육성에 관한 특별법」 제59조, 「용산공원 조성 특별법」 제38조, 「임업 및 산촌 진흥촉진에 관한 법률」 제29조의3, 「장애인기업활동 촉진법」 제15조, 「출판문화산업 진흥법」 제20조의2, 「특수임무유공자 예우 및 단체설립에 관한 법률」 제65조의2, 「포뮬러원 국제자동차경주대회 지원법」 제7조, 「한국가스공사법」 제16조의7, 「한국고전번역원법」 제14조, 「한국국제보건의료재단법」 제20조, 「한국법학원 육성법」 제3조, 「한국자유총연맹 육성에 관한 법률」 제2조, 「한국장학재단 설립 등에 관한 법률」 제19조, 「한국철도공사법」 제14조, 「한국청소년연맹 육성에 관한 법률」 제4조, 「한국해양소년단연맹육성에관한법률」 제3조, 「항로표지법」 제39조, 「해양환경관리법」 제105조 등.

31) 「대한민국 재향군인회법」 제16조, 「대한민국 재향경우회법」 제15조, 「상공회의소법」 제38조, 「상호저축은행법」 제25조의5, 「환경정책기본법」 제59조 제4항 등.

32) 「전기공사공제조합법」 제6조.

33) 「방송문화진흥회법」 제12조·제13조.

34) 「재외동포재단법」 제18조. 다만 「기부금품의 모집 및 사용에 관한 법률」 제2조 제1호 다목에는 법인이 소속원 또는 제3자에게 기부할 목적으로 그 소속원으로부터 갹출하는 금품은 모집할 수 있도록 되어 있으므로, 개별법령에 근거가 없더라도 특수법인의 사업에 찬동하는 경우 '후원회원' 등으로 가입하면 기부금품을 제공하는데 아무런 법적 제약이 없다. 따라서 이렇게 제출된

입[36] 또는 채권발행,[37] 부담금 납부[38] 등을 통하여 지원하는 경우도 있다. 그밖에 기금을 조성하기 위하여 출연금이나 기부금 외에도 일반인을 대상으로 사실상 강제 모금을 할 수 있는 권한도 부여하는데,[39] 이때도 「기부금품의 모집 및 사용에 관한 법률」의 적용을 배제하는 특례를 인정하고 있다.[40]

2011대구세계육상선수권대회, 2013충주세계조정선수권대회, 2014인천아시아경기대회, 2014인천장애인아시아경기대회 및 2015광주하계유니버시아드대회도 각각의 지원법(2016년 말까지 한시법) 제9조로 수익사업을 할 수 있도록 허용하였다.

다. 채무보증

특수법인을 운영하기 위하여 필요한 재원을 조달하는 방법으로 주식이나 사채 발행이 있다.[41] 그런데 주식과 달리 사채는 회사의 입장에서는 채무이므로 채권자를 보호하기 위하여 사채 발행한도를 법률에서 정하고 있다. 예컨대 「상법」 제470

기부금도 연말정산시 세금공제를 받을 수 있음은 물론 법인세법의 관련 규정에 의하여 손비 처리된다.

35) 「복권 및 복권기금법」 제23조.

36) 「에너지이용합리화법」 제59조, 「국민체육진흥법」 제40조, 「자연공원법」 제65조, 「산업재해보상보험법」 제27조, 「장애인 고용촉진 및 직업재활법」 제57조, 「법률구조법」 제26조, 「보호관찰 등에 관한 법률」 제90조, 「무역보험법」 제34조, 「발명진흥법」 제55조, 「재외동포재단법」 제16조.

37) 「한국환경공단법」 제27조, 「한국철도시설공단법」 제19조, 「항만공사법」 제34조, 「수도권매립지관리공사의 설립 및 운영 등에 관한 법률」 제23조, 「한국산업은행법」 제25조 내지 제27조, 「한국수출입은행법」 제20조, 「중소기업은행법」 제36조의2 내지 제36조의4.

38) 「공무원연금법」 제19조, 「사립학교교직원연금법」 제23조

39) 「문화예술진흥법」 제19조의 규정에 의하여 영화관·공연장·박물관·미술관·고궁 등의 입장요금 중 일부에 부과하던 문화예술진흥기금과 「한국국제교류재단법」 제16조의 규정에 의하여 여권을 발급 받을 때 강제 모금하는 국제교류기여금이 대표적이다.

40) 「기부금품의 모집 및 사용에 관한 법률」 제3조 규정에 의하면 「정치자금법」, 「결핵예방법」, 「보훈기금법」, 「문화예술진흥법」, 「한국국제교류재단법」, 「사회복지공동모금회법」, 「재해구호법」, 「문화유산과 자연환경자산에 관한 국민신탁법」, 「식품기부 활성화에 관한 법률」, 「한국장학재단 설립 등에 관한 법률」은 이 법의 적용대상에서 제외되고 있음을 밝히고 있다.

41) 한국지역난방공사(「집단에너지사업법」 제33조), 한국도로공사(법 제5조), 한국전력공사(법 제5조), 한국관광공사(법 제7조), 한국자산관리공사(「금융회사부실자산 등의 효율적 처리 및 한국자산관리공사의 설립에 관한 법률」 제10조), 한국가스공사(법 제5조), 중소기업은행(법 제5조) 등은 주식을 발행하여 재원을 조달하고 있다.

조는 사채 총액을 최종 대차대조표에 의하여 회사에 현존하는 순자산액의 4배를 초과하지 못하며, 구 사채를 상환하기 위하여 사채를 모집하는 경우에는 구 사채 금액은 사채 총액에 산입하지 아니하고, 신 사채의 납입기일과 수회에 분납하는 때에는 제1회의 납입기일로부터 6월내에 구 사채를 상환하여야 한다고 규정하고 있다. 그리고 「상법」 제471조는 회사는 전에 모집한 사채 총액의 납입이 완료된 후가 아니면 다시 사채를 모집하지 못한다고 엄격하게 규제하고 있다. 또한 은행 등 금융기관이 사채 기타 이에 준하는 채권을 발행할 경우 그 한도는 「은행법」 제33조에 의하여 자기자본의 5배의 범위 내에서 하도록 되어 있다. 이와 같은 규제들은 당해 법인의 상환능력을 고려함이 없이 지나치게 많은 채권을 발행하여 지급불능 상태가 벌어질 경우 발생할지 모를 선의의 제3자를 보호하기 위한 것이다.

특수법인도 기관운영의 필요상 사채 등 각종 채권을 발행할 수 있다. 이 때 「상법」이나 「은행법」 등의 규정을 적용받지만, 국가가 채권발행에 대하여 원리금을 보증할 수 있다.[42] 이를 통하여 당해 법인은 안심하고 업무를 수행할 수 있을 뿐만 아니라, 발행한 채권을 인수하는 국민 또는 기업들에게도 투자의 안전성을 보장하는 장치를 마련하고 있다. 하지만 이러한 행위는 결국 국민의 조세 부담으로 귀착될 수 있어 국가가 보증채무를 부담하고자 하는 경우에는 미리 국회의 동의를 얻어야 한다(「국가재정법」 제92조). 채권발행을 보증한다는 것은 채권을 상환할 때 원리금을 보증한다는 것과 사실상 동일한 효과가 때문이다.

라. 복권 발행

「사행행위 등 규제 및 처벌 특례법」에 의하면 사행행위영업 중 복표(福票) 발행업은 특정한 표찰(標札)을 이용하여 여러 사람으로부터 재물 등을 모아 추첨 등의 방법으로 당첨자에게 재산상의 이익을 주고 다른 참가자에게 손실을 주는 행위를 하

42) 「한국사학진흥재단법」 제27조, 「한국환경공단법」 제27조, 「한국철도시설공단법」 제19조, 제24조, 「항만공사법」 제35조, 「한국농수산식품유통공사법」 제12조, 「한국석유공사법」 제14조, 「대한석탄공사법」 제13조, 「한국토지주택공사법」 제10조, 「금융회사부실자산 등의 효율적 처리 및 한국자산관리공사의 설립에 관한 법률」 제33조, 「한국가스공사법」 제14조, 「한국산업은행법」 제28조, 「한국수출입은행법」 제20조, 「중소기업은행법」 제36조의5, 「중소기업진흥에 관한 법률」 제65조, 「농업협동조합법」 제156조 등.

는 영업을 말한다. 그런데 이러한 행위는 선량한 풍속에 위배되므로 법률로 엄격히 제한하고 있다.

「형법」 제248조는 법령에 의하지 아니한 복표 발매자에게 5년 이하의 징역 또는 3천만원 이하의 벌금에 처하도록 규정하고, 복표 발매를 중개한 자에게도 3년 이하의 징역 또는 2천만원 이하의 벌금에 처하도록 규정하고 있다. 이와 같이 정당한 근로의 대가가 아닌 불로소득을 위한 사행심을 조장할 우려가 있는 복권(복표)의 발행은 국민 정서적으로 바람직한 행위가 아니므로 법률로 제한하고 있는 것이다.

특히 복권의 발행은 일확천금을 꿈꾸는 인간의 심리를 활용하여 적은 비용을 들이고서도 많은 자금을 조성할 수 있는 수단으로 남용될 수 있기 때문에, 건전한 사업을 수행하는데 필요한 수익을 창출하기 위하여 선별적으로 인정하고 있다. 이러한 복표 발행을 통한 재원조달은 본질적인 수단이 아니라 부수적으로 활용되는 보조수단에 불과하므로 발행조건 등을 사전에 엄격히 심사할 필요가 있다.

이에 따라 과거 개별 법률로 지방자치단체와 특수법인에게 복권을 발행할 수 있게 하던 것을 2004.1.29. 「복권 및 복권기금법」을 제정함으로써 국무총리 소속의 복권위원회와 권한을 위탁받은 단체·법인 또는 개인에 한하여 복권을 발행할 수 있도록 통합한 바 있다. 「복권 및 복권기금법」 제3조의 규정에 의한 복권발행은 「사행행위 등 규제 및 처벌 특례법」의 적용을 받지 않는다.

마. 세제지원

특수법인도 인격을 가진 법 주체이므로 헌법과 법률에 의한 납세의 의무를 지는 것이 당연하다. 그러나 특수법인의 사업을 원활하게 추진할 수 있도록 국가나 지방자치단체가 부과하는 각종 국세나 지방세 또는 공과금을 감면 또는 면제하는 경우가 많다.[43]

43) 「산업기술연구조합 육성법」 제13조, 「한국해운조합법」 제37조, 「국민체육진흥법」 제41조, 「보호관찰 등에 관한 법률」 제95조, 「청소년기본법」 제58조, 「수산업협동조합법」 제8조, 「농업협동조합법」 제8조, 「장애인복지법」 제83조, 「새마을운동조직 육성법」 제5조, 「장애인기업활동 촉진법」 제14조 등.

1) 국세

「국가균형발전 특별법」과 「공공기관 지방이전에 따른 혁신도시 건설 및 지원에 관한 특별법」에 따라 지방으로 본점 또는 주사무소를 혁신도시나 세종특별자치시로 이전하는 경우 법인세 등을 감면할 수 있다(「조세제한특례법」 제62조).

국립대학법인인 서울대학교, 울산과학기술대학교, 인천대학교와 각종 국립대학병원 및 국립대학치과병원, 국립암센터, 지방의료원, 국립중앙의료원, 각종 국제행사조직위원회, 공무원연금공단, 사립학교교직원연금공단 등에게는 해당 법인의 수익사업에서 발생한 소득을 고유목적사업준비금으로 손금에 산입하는 특례를 두고 있다(「조세제한특례법」 제74조).

2) 지방세

대통령령으로 정하는 특수법인이 「상법」상의 회사로 조직 변경됨에 따른 법인설립 등기, 예금보험공사의 출자 관련 등기, 한국주택금융공사의 주택저당채권을 양수 · 관리 · 운용 · 처분하는 경우 저당권의 이전, 경매신청 · 가압류 또는 가처분에 관한 등기 또는 가등기 등의 경우 등록면허세를 면제할 수 있고(「조세제한특례법」 제119조), 대통령령으로 정하는 특수법인이 「상법」상의 회사로 조직 변경됨에 따라 취득하는 사업용 재산과 한국자산관리공사가 취득하는 재산 등에는 취득세를 면제한다(「조세제한특례법」 제120조).

공공의료기관인 「서울대학교병원 설치법」에 따라 설치된 서울대학교병원, 「서울대학교치과병원 설치법」에 따라 설치된 서울대학교치과병원, 「국립대학병원 설치법」에 따라 설치된 국립대학병원, 「암관리법」에 따라 설립된 국립암센터, 「국립중앙의료원의 설립 및 운영에 관한 법률」에 따라 설립된 국립중앙의료원, 「국립대학치과병원 설치법」에 따라 설립된 국립대학치과병원이 고유업무에 직접 사용하기 위하여 취득하는 부동산에 대해서는 취득세를, 과세기준일 현재 그 고유업무에 직접 사용하는 부동산에 대해서는 재산세를, 해당 법인에 대해서는 주민세 재산분 및 종업원분을 각각 2014년 12월 31일까지 면제한다(「지방세특례제한법」 제37조).

국민건강증진사업자인 「모자보건법」에 따른 인구보건복지협회, 「감염병의 예방 및 관리에 관한 법률」에 따른 한국건강관리협회, 「결핵예방법」에 따른 대한결핵협회가 고유업무에 직접 사용하기 위하여 취득하는 부동산에 대하여는 취득세를, 과세기준일 현재 그 고유업무에 직접 사용하는 부동산에 대하여는 재산세를 각각 2015년 12월 31일까지 면제한다(「지방세특례제한법」 제40조).

바. 제품 우선 구매

특수법인의 활동과 운영을 지원하기 위하여 일부 법인이 자체 생산한 제품이나 물품에 대하여는 국가가 우선적으로 구매할 수 있도록 특례를 부여하는 경우도 있다. 이는 당해 법인의 활동을 국가가 간접적으로 지원하는 측면도 있지만, 당해 법인이 스스로 경쟁력을 갖추어 민간부문과 대등한 위치에 설 때까지 국가가 자립기반을 마련해 준다는 측면도 있다.

예를 들면 국가·지방자치단체 또는 국가보훈처장이 지정하는 공공기관은 공단이 생산한 제품을 우선적으로 구매하여야 한다(「한국보훈복지의료공단법」 제22조). 이 규정은 「독립유공자예우에 관한 법률」과 「국가유공자 등 예우 및 지원에 관한 법률」의 적용대상인 국가유공자에 대한 진료와 중상이자(重傷痍者)에 대한 의학적·정신적 재활 및 직업재활을 행하여 그 자립정착을 도모하고, 복지증진에 기여함을 목적으로 하기 위해 설립된 공단에게 정부차원의 배려를 도모하기 위한 것이다.

이와 함께 「산업기술연구조합 육성법」 제15조에 의하면 미래창조과학부장관은 조합원이 조합의 연구 성과를 기업화하여 생산하는 제품에 대하여 우선 구매, 그 밖의 시장보호를 위하여 필요한 조치를 관계기관의 장에게 요구할 수 있다. 이 규정은 산업기술의 향상을 통한 국민경제의 발전을 위하여 설치된 조합에게 자체 연구결과를 국가나 지방자치단체 등이 우선적으로 구매하여 지원하려는 취지이다.

사. 징수권 부여

종전의 농지개량조합과 농어촌진흥공사가 통합되어 2000.1.1. 발족한 농업기반공사는 그 명칭이 2008.12.29. 한국농어촌공사로 변경되었는데 「한국농어촌공사 및 농지관리기금법」 제14조에 의하여 농업기반시설을 유지·관리하고, 당해 시설을 이용하거나 당해 시설에 의하여 용수를 공급받는 자로부터 사용료를 징수할 수 있다.

2. 행정상 특권

가. 자료제출 · 열람

특수법인은 행정기관 간의 업무협조나 행정지원[44]과 행정응원[45] 또는 자료 · 정보의 제공이나 의견제출[46]에 준하는 권한을 갖고 있다. 즉 특수법인도 관계 행정기관과 기타 기관에게 자료제출을 요구하거나 열람할 수 있다.

관계 행정기관이란 상급 감독행정청은 물론 업무와 직접 또는 간접적으로 관련성이 있는 모든 행정기관이 포함되며, 기타 기관에는 행정기관이 아니더라도 다른 특수법인이나 각종 법인격 없는 단체를 말한다.

자료요구 또는 열람 요청을 받은 기관은 '특별한 사유'가 없는 한 이에 응해야 하는데 이 때 특별한 사유의 입증책임은 당연히 요청 받은 쪽에서 해야 한다. 이러한 자료 제출 요구권은 상당히 예외적인 것이어서 모든 특수법인에게 이를 부여하고 있는 것은 아니며 기관의 업무성격이나 기능수행에 필요하다고 인정하여 법률에서 부여한 경우만 허용되고 있다.[47] 이 권한이 부여된 기관은 주로 업무성격상 다른 기관으로부터 자료를 수집 · 분석해야만 원래의 사업목적을 효과적으로 달성할 수 있어 다른 기관의 업무협조가 꼭 필요하다는 특징을 갖고 있다.

---

44) 「국가공무원법」 제32조의4.

45) 「행정절차법」 제7조.

46) 「국가공무원법」 제8조의3.

47) 「한국교육학술정보원법」 제18조, 「한국보건산업진흥원법」 제15조, 「독립기념관법」 제20조, 「한국환경공단법」 제21조, 「한국철도시설공단법」 제34조, 「국방과학연구소법」 제20조, 「한국원자력안전기술원법」 제19조, 「한국대학교육협의회법」 제12조, 「한국전문대학교육협의회법」 제12조, 「전쟁기념사업회법」 제18조, 「한국농어촌공사 및 농지관리기금법」 제47조 · 제48조, 「한국토지주택공사법」 제24조, 「한국수자원공사법」 제31조, 「한국도로공사법」 제18조, 「금융회사부실자산 등의 효율적 처리 및 한국자산관리공사의 설립에 관한 법률」 제36조, 「공무원연금법」 제85조, 「사립학교교직원 연금법」 제19조 제4항, 「국민건강보험법」 제96조, 「산업재해보상보험법」 제31조, 「무역보험법」 제58조, 「예금자보호법」 제21조의3, 「소비자기본법」 제78조, 「산업디자인 진흥법」 제13조, 「국민건강보험법」 제96조, 「금융위원회의 설치 등에 관한 법률」 제40조, 「지방문화원진흥법」 제17조, 「한국학중앙연구원 육성법」 제5조, 「바르게살기운동조직 육성법」 제5조, 「새마을운동조직 육성법」 제7조, 「민주화운동기념사업회법」 제20조, 「국민연금법」 제123조 등.

그밖에 업무수행에 필요한 경우 국가나 지방자치단체에 대하여 포괄적으로 업무협조를 요청할 수 있게 하는 경우도 있다(「대한적십자사 조직법」 제8조). 기술정보 지원 등에 관한 구체적인 시책을 강구토록 하기도 한다(「산업기술혁신 촉진법」 제11조).

한편 단순한 자료 요구뿐만 아니라 대상 기관이나 사인에게 필요한 물품이나 장부 등을 조사하거나 검사할 수 있는 공권력 수단을 부여하는 경우도 있다.[48] 이는 해당 법인들의 고유한 기능을 수행하는데 있어서 불가피한 물품이기 때문에 특별히 부여한 것이므로 조사 및 검사상의 한계를 지켜 재량권이 남용되지 않도록 유의해야 할 것이다.

나. 공무원 파견요청

공무원은 휴직이나 정직, 직위해제 등 직무를 수행할 수 없는 사유가 생기지 않는 한 국가의 각급 행정기관에서 근무하면서 직무전념 의무를 부담하고 있다. 그러나 공무원은 「국가공무원법」 제32조의4(「지방공무원법」 제30조의4) 규정에 의하여 국가적 사업의 수행 또는 업무수행과 관련된 행정지원이나 연수 기타 능력개발 등을 위하여 필요할 때에는 원 소속기관을 떠나 다른 국가기관·공공단체·공공기관, 국내외의 교육기관·연구기관 기타 기관에 일정기간 파견 근무할 수 있다.

파견사유가 발생하면 파견을 필요로 하는 기관에서는 원 소속기관의 장에게 공무원의 파견을 요청하고 요청 받은 기관은 기관의 사정을 고려하여 일정기간 공무원을 파견한다. 파견기간 중의 보수는 원 소속기관에서 부담하며[49] 복무상의 지휘감독권만 파견 받은 기관의 장이 행사한다.[50] 파견기간이 1년 이상인 경우에는 파견자의 직급에 해당하는 공무원의 정원이 따로 있는 것으로 보고 결원을 보충할 수 있다(「국가공무원법」 제43조, 「지방공무원법」 제41조).

이와 같이 「국가(지방)공무원법」에 의하여 공무원은 특수법인의 요청이 있으면 검토 후 파견 근무케 할 수 있으나, 일부 특수법인의 경우에는 개별법에서 공무원의 파견을 요청할 수 있는 근거를 직접 두는 것도 있다.[51]

48) 「국민연금법」 제122조, 「국민건강보험법」 제94조, 「소비자기본법」 제36조.
49) 「공무원보수규정」 제21조 제2항.
50) 「국가공무원 복무규정」 제7조.

입법론적으로는 국가(지방)공무원법에 대한 특별규정으로서 공무원의 파견근무를 상대적으로 강제할 수 있는 효과는 있다고 볼 수 있을지 모르나, 파견하기 위해서는 타당성 검토를 해야 하고 임용절차를 거쳐야 하므로 따로 둘 실익이 없는 불필요한 규정이라 생각된다.

아무튼 공무원을 공공기관 등 특수법인에 파견 근무하는 것은 국가적 사무를 수행하는 특수법인의 성격상 가능하다고 볼 수 있는 바, 파견된 공무원은 국가와의 연결고리로서 업무의 체계화와 정보의 교류, 일원적 사무처리 등을 위한 순기능을 갖고 있다. 또한 파견근무 중 국가나 지방자치단체의 사무를 맡아 처리하는 과정에서 필요한 감독기능도 함께 수행할 수 있을 것으로 생각된다.

다. 위탁사무 수행

특수법인은 법률이나 조례로 설치할 때부터 당해 법인이 수행해야 할 고유한 임무, 즉 구체적인 사업을 열거해서 규정하고 있다. 법률에는 '국가(주무부장관이 위탁하는) 사무를 위탁처리하고 있다'는 규정이 대부분이지만[52) 한국은행처럼 국가의 중

51) 「재외동포재단법」 제14조, 「국방과학연구소법」 제20조, 「한국국방연구원법」 제17조, 「한국교육학술정보원법」 제17조, 「한국대학교육협의회법」 제11조, 「한국전문대학교육협의회법」 제11조, 「한국학중앙연구원 육성법」 제4조, 「새마을운동조직 육성법」 제6조 등.

52) 「재외동포재단법」 제7조, 「교통안전공단법」 제6조, 「한국환경공단법」 제17조, 「한국보훈복지의료공단법」 제6조, 「한국산업인력공단법」 제6조, 「한국산업안전보건공단법」 제6조, 「한국철도시설공단법」 제7조, 「항만공사법」 제8조, 「한국공항공사법」 제9조, 「국방과학연구소법」 제7조, 「한국국방연구원법」 제6조, 「한국보건산업진흥원법」 제6조, 「한국국제협력단법」 제7조, 「한국원자력안전기술원법」 제6조, 「한국대학교육협의회법」 제17조, 「한국전문대학교육협의회법」 제17조, 「전기공사공제조합법」 제9조 제8호, 「한국해운조합법」 제6조, 「선원법」 제143조 제1항, 「한국해양수산연수원법」 제5조, 「한국농어촌공사 및 농지관리기금법」 제10조·제35조, 「한국농수산식품유통공사법」 제10조, 「한국조폐공사법」 제11조, 「한국석유공사법」 제10조, 「대한석탄공사법」 제10조, 「한국광물자원공사법」 제10조, 「한국토지주택공사법」 제8조, 「수도권매립지관리공사의 설립 및 운영 등에 관한 법률」 제19조, 「한국수자원공사법」 제9조, 「한국도로공사법」 제12조의2, 「한국전력공사법」 제13조, 「금융회사부실자산 등의 효율적 처리 및 한국자산관리공사의 설립에 관한 법률」 제26조, 「한국가스공사법」 제11조, 「인천국제공항공사법」 제10조, 「한국산업은행법」 제18조, 「방송법」 제54조, 「공무원연금법」 제16조, 「국민연금법」 제25조, 「도로교통법」 제123조, 「사립학교교직원 연금법」 제60조의3, 「국민체육진흥법」 제36조, 「에너지이용합리화법」 제57조 제12호·제69조 제3항, 「집단에너지사업법」 제41조·제53조, 「중소기업진흥에 관한 법률」 제74조·제83조 제2항, 「산업집적활성화 및 공장설립에 관한 법률」 제45조의13, 「국민건강

요정책 사항인 통화신용정책을 직접 수립・집행하게 하거나 화폐의 발행권을 부여하는 경우도 있다.[53)]

수탁사무는 특수법인의 입장에서 보면 위임주체에 대한 '의무'이면서 동시에 '특권'이기도 하다. 이러한 사무를 수행함으로써 국가 또는 지방자치단체로부터 특별한 지위를 부여받는 존립의 근거가 되기 때문이다. 이 점에서 개별적인 공법상 계약행위로 공무를 수탁 처리하는 공무수탁사인과 다른 것이다.

다만 해당 법률에서 '국가사무를 수탁 처리한다'는 구체적인 근거가 없더라도 국가는 필요한 경우 「행정권한의 위임 및 위탁에 관한 규정」 제11조에 의하여 그 소관사무 중 조사・검사・검정・관리업무 등 국민의 권리・의무와 직접 관계되지 아니하는 ① 단순 사실행위인 행정작용 ② 공익성보다 능률성이 현저히 요청되는 사무 ③ 특수한 전문지식 및 기술을 요하는 사무 ④ 그 밖에 국민 생활과 직결된 단순 행정사무는 지방자치단체가 아닌 법인・단체 또는 그 기관이나 개인에게 맡겨 그의 명의와 책임으로 행사하도록 할 수 있다.

예컨대 한국연구재단에는 국가사무위탁의 근거규정이 없지만 「행정권한의 위임

보험법」 제14조 제1항・제111조, 「자연공원법」 제17조 제2항・제80조, 「산업재해보상보험법」 제11조, 「장애인고용촉진 및 직업재활법」 제43조 제2항・제82조, 「시설물의 안전관리에 관한 특별법」 제29조 제9호・제38조, 「무역보험법」 제53조, 「전기사업법」 제52조, 「예금자보호법」 제18조, 「고압가스 안전관리법」 제28조 제2항・제36조, 「소비자기본법」 제17조 제2항・제83조 제2항, 「산업표준화법」 제34조, 「산업디자인진흥법」 제11조 제4항, 「승강기시설 안전관리법」 제15조의3 제2항, 「국가정보화 기본법」 제14조 제3항, 「정보통신산업 진흥법」 제27조, 「국민건강보험법」 제56조・제88조・제111조, 「여신전문금융업법」 제69조의2, 「농업협동조합법」 제134조・제162조・제166조, 「청소년기본법」 제63조, 「상호저축은행법」 제25조의2, 「공인회계사법」 제44조・제52조, 「관세사법」 제26조, 「중소기업협동조합법」 제93조・제106조, 「관광진흥법」 제41조・제75조・제80조, 「전파법」 제66조・제78조, 「정보통신공사업법」 제69조, 「산업발전법」 제39조, 「산업표준화법」 제34조, 「총포・도검・화약류 등 단속법」 제52조, 「청소년기본법」 제18조, 「계량에 관한 법률」 제24조, 「해외건설 촉진법」 제24조・제34조, 「어촌・어항법」 제24조・제34조, 「사회복지사업법」 제52조, 「건설기술관리법」 제36조의4・제36조의11・제39조 제2항, 「전력기술관리법」 제27조, 「해양환경관리법」 제97조・제123조 제3항, 「지방문화원진흥법」 제12조 제3항, 「영화 및 비디오물의 진흥에 관한 법률」 제92조, 「공연법」 제37조, 「북한이탈주민의 보호 및 정착지원에 관한 법률」 제30조 제4항・제31조, 「발명진흥법」 제53조, 「한국지방행정연구원 육성법」 제5조 등.

53) 「한국은행법」 제1조 및 제47조. 다만 한국은행은 단독으로 이를 행사하지 못하고 금융통화위원회를 설치하여 기본정책에 관한 사항을 결정하도록 하고 있다(같은 법 제28조).

및 위탁에 관한 규정」 제45조 제2항에 의하여 외국박사학위 신고의 수리에 관한 업무를 교육부장관으로부터 위탁받아 처리하고 있다. 따라서 국가 사무 중 이에 해당한다고 판단되면 위탁할 기관을 공개모집의 방법으로 선정하여 계약을 체결한 후 업무를 수행할 수 있다. 물론 대통령령인 이 규정은 국민의 권리・의무에 직접 관계되지 않는 업무를 위탁한다는 조건이 설정되어 있어 개별 법률에서는 이러한 조건을 초월하는, 즉 국민의 권리・의무까지 직접 제약하는 경우 등 예외적으로 활용될 수 있을 것이다.[54)]

본래 입법자는 국가기관에서 이러한 업무를 수행하도록 하였기 때문에 당초 의도와 달리 민간에 위탁하는 것이므로 위탁기관은 위탁한 업무가 적법・타당하게 수행될 수 있도록 업무편람을 작성하거나 지도・감독을 철저히 해야 한다.[55)] 그런데 구체적인 사무 위임근거 대신 법률에서 '공익' 목적의 사업을 수행하도록 하는 경우가 있는데(「방송문화진흥회법」 제5조), 이 때 국가사무는 당연히 공익사무라고 할 수 있으므로 이에 근거해서 업무를 부여할 수도 있다.

한편 한국도로공사와 한국수자원공사는 도로건설 또는 다목적댐 건설 등의 사업의 추진과 관련하여 「토지수용법」 제77조의 규정에 의한 대집행 권한을 지방자치단체로부터 위탁받아 직접 행사함으로써 관련 사업을 원활하게 추진할 수 있다.[56)]

라. 자율경영・연구

특수법인에게 부여되는 이 권한은 특히 자율적인 경영과 연구가 요구되는 기관에게 적용된다. 특수법인에게 독립된 법인격을 부여하는 것 자체가 이미 자율성을 전제로 한 것이지만, 다른 한편으로 국가 또는 지방사무를 수행함에 따라서 설립주체의 감독권도 적절하게 행사되어야 함은 물론이다. 따라서 자율과 통제의 적절한 조화가 무엇보다 필요한 것이 특수법인에게 부여된 과제이다.

그러나 특수법인에 따라서 보다 자율적인 책임경영을 강조하는 기관이 있는 반

54) 「금융위원회의 설치 등에 관한 법률」 제37조에 의하면 무자본특수법인인 금융감독원은 금융기관에 대하여 업무 및 재산상황에 대하여 검사를 하고 제재를 행할 수 있는 권한이 있다.

55) 「행정권한의 위임 및 위탁에 관한 규정」 제13~16조.

56) 「한국도로공사법」 제13조의2, 「한국수자원공사법」 제24조 제4항.

면,[57] 자율성과 함께 독립적인 지위에서 자율적인 경영과 연구를 보장하는 기관도 있다.[58] 예컨대 건설기술인협회의 업무에 대하여 국토교통부장관은 자율적 운영을 장려함과 동시에 지원·육성시책도 강구하도록 되어 있는 것과 같다.[59]

마. 업무 위탁

특수법인은 행정주체의 지위를 갖고 있기 때문에 국가·지방자치단체 또는 「공공기관의 운영에 관한 법률」 제5조 제3항 제1호에 따른 공기업을 비롯한 다른 기관·단체에 자신의 업무를 위탁할 수 있다.[60] 본래 특수법인은 국가나 지방자치단체로부터 일정한 권능(사무)을 수락처리하므로 위탁한 행정주체에 도로 위탁할 수는 없다. 따라서 여기서의 위탁은 예컨대 필요한 물품이나 공사계약시 조달청에 의뢰하고,[61] 각종 기여금을 행정기관으로 하여금 원천징수하도록 위탁하거나[62] 일반기업체 등으로 필요한 수수료나 보험료 등을 징수하여 통보하도록 위탁하는 것을 말한다.[63]

조달사무는 일괄 계약할 경우 그 성격상 '규모의 경제' 효과를 얻을 수 있으므로 보다 값싸고 질 좋은 물품을 구입할 수 있고, 또 「국유재산법」상의 복잡한 구매절차를 전문기관이 전담함으로써 예산과 비용절감에 도움이 되는 측면이 있다. 특히 보험료 등은 사업주체가 대신 징수하여 통보하는 것이 비용절감 측면에서 유리하므로 특례를 인정하고 있는 것이다.

바. 수의계약 특례

「국가유공자 등 단체 설립에 관한 법률」에 의하여 설립되는 대한민국상이군

57) 「공공기관의 운영에 관한 법률」 제1조.

58) 「과학기술분야 정부출연연구기관 등의 설립·운영 및 육성에 관한 법률」 제10조, 「정부출연연구기관 등의 설립·운영 및 육성에 관한 법률」 제10조.

59) 「건설기술관리법」 제36조의14.

60) 「한국수자원공사법」 제17조.

61) 「공공기관의 운영에 관한 법률」 제44조, 「한국교육방송공사법」 제25조, 「방송법」 제62조.

62) 「공무원연금법」 제21조.

63) 「국민연금법」 제47조, 「사립학교교직원 연금법」 제20조, 「산업재해보상보험법」 제29조.

경회 · 대한민국전몰군경유족회 · 대한민국전몰군경미망인회 · 광복회 · 4.19민주혁명회 · 4.19혁명부상자회 · 4.19혁명희생자유족회 · 재일학도의용군동지회 및 대한민국무공수훈자회는 같은 법 제7조의2 규정에 의하여 국가 또는 지방자치단체 그리고 기타 공공단체가 위 단체에서 직접 생산하는 물품의 제조 · 구매 또는 용역계약을 체결하거나 이들에게 직접 물건을 매각 · 임대하는 경우에 수의계약을 체결할 수 있게 하고 있다.

일반적으로 정부가 계약을 체결하고자 할 때는 「국가를 당사자로 하는 계약에 관한 법률」 제7조에 따라서 일반경쟁 입찰에 부쳐야 한다. 다만 계약의 목적 · 성질 · 규모 등을 고려하여 필요하다고 인정될 때에는 대통령령이 정하는 바에 의하여 참가자의 자격을 제한하거나 참가자를 지명하여 경쟁에 부치거나 수의계약에 의할 수 있을 뿐이다.

그런데 국가유공자단체에 대하여는 「국가를 당사자로 하는 계약에 관한 법률」의 특별법 지위로서 계약의 목적 · 성질 · 규모 등에 상관없이 수의계약을 할 수 있는 예외를 인정하고 있다. 이 규정은 당해 법인들이 국가유공자와 그 가족(유족)들로 구성된 점을 감안하여 그들의 자활능력을 증진하는데 목적이 있는 만큼 국가의 정책적 배려 차원에서 입법화한 것이다

사. 건의 및 자문

일부 특수법인의 경우에는 관계부처에 대하여 해당 사업의 발전과 관련한 사항을 건의하거나 자문에 응할 수 있게 하는 경우가 있다.[64] 이러한 정책 건의와 자문할 사항은 개별 법령에서 규정하지 않아도 언제든지 가능한 것이기는 하나 굳이 이렇게 규정한 이유는 관련 부처에게 어느 정도 정책결정에 참고토록 할 선언적 · 훈시적 의무를 부여하고 있는 효과는 있다. 그러나 관련부처에서는 받은 건의사항과 자문내용을 반드시 정책에 반영할 의무는 없다고 생각된다.

64) 「에너지이용 합리화법」 제43조, 「공증인법 시행령」 제42조 등.

3. 권력적 특혜

가. 명칭 사용특권

우리나라는 현행 헌법 전문에서 밝힌 대로 '자율과 조화를 바탕으로 자유민주적 기본질서를 확고히 함으로써' 개인과 기업의 경제상의 자유와 창의를 존중함을 기본으로 하고 있기 때문에, 부정경쟁을 방지하거나[65] 주체를 오인시킬 부정한 목적으로 사용하는[66] 등 규제와 조정이 필요하여 법률에 특별히 규정하고 있지 않는 한, 상호나 상표 등의 명칭을 자유롭게 사용할 수 있다.[67]

특수법인의 경우에는 본질적으로 국가나 지방자치단체가 행하는 사무 중 효율성이나 경제성 등을 고려하여 법인을 만든 것이므로 어느 정도의 독점적 지위를 인정하고 있다. 그래서 특수법인의 활동을 보호하기 위하여 유사 명칭을 사용하지 못하도록 법률이나 조례로 제한하는 것이다.[68]

---

65) 널리 알려진 타인의 상표·상호 등을 부정하게 사용하는 등의 부정경쟁행위와 타인의 영업비밀을 침해하는 행위를 방지함으로써 건전한 거래질서를 유지하기 위하여 제정된 「부정경쟁방지 및 영업비밀보호에 관한 법률」 제2조는 "부정경쟁행위"를 목적 여하를 불문하고 '국내에 널리 인식된 타인의 성명·상호·상표·상품의 용기·포장 기타 타인의 상품임을 표시한 표지와 동일 또는 유사한 것을 사용하거나 이러한 것을 사용한 상품을 판매·반포 또는 수입·수출하여 타인의 상품과 혼동을 일으키게 하는 행위 또는 국내에 널리 인식된 타인의 성명·상호·표장 기타 타인의 영업임을 표시하는 표지와 동일 또는 유사한 것을 사용하여 타인의 영업상의 시설 또는 활동과 혼동을 일으키게 하는 행위 등으로 정의하고 엄격히 금지하고 있다.

66) 「상법」 제22조는 타인이 등기한 상호는 동일한 특별시·광역시·시·군에서 동종영업의 상호로 등기하지 못한다고 규정하고 있고, 제23조는 누구든지 부정한 목적으로 타인의 영업으로 오인할 수 있는 상호를 사용하지 못하며 만약 동일한 특별시·광역시·시·군에서 동종영업으로 타인이 등기한 상호를 사용하는 자는 부정한 목적으로 사용하는 것으로 추정한다고 규정하고 있다.

67) 「상표법」 제65조와 제66조는 타인의 등록상표와 동일한 상표를 그 지정상품과 유사한 상품에 사용하거나 타인의 등록상표와 유사한 상표를 그 지정상품과 동일 또는 유사한 상품에 사용하는 행위 등을 상표권 또는 전용사용권을 침해한 것으로 보고 보호하고 있다.

68) 「한국국제교류재단법」 제23조, 「재외동포재단법」 제25조, 「한국사학진흥재단법」 제5조, 「한국연구재단법」 제5조, 「지역신용보증재단법」 제41조, 「교통안전공단법」 제29조, 「한국환경공단법」 제6조, 「한국산업인력공단법」 제24조, 「한국산업안전보건공단법」 제23조, 「한국철도시설공단법」 제36조의2, 「신용보증기금법」 제9조, 「국방과학연구소법」 제6조, 「한국국방연구원법」 제5조, 「한국교육학술정보원법」 제21조, 「한국국제협력단법」 제27조, 「한국과학기술원법」 제22조, 「광주과학기술원법」 제24조, 「한국원자력안전기술원법」 제20조, 「서울대학교병원 설치법」 제5조, 「국립대학병원 설치법」 제7조, 「한국대학교육협의회법」 제19조, 「한국전문대학교육협의회

이처럼 강하게 보호하는 이유는 국가의 독점적 지위에 편승하면 부당한 이익을 취할 수 있으므로 선의의 제3자가 외관상 명칭의 혼동으로 인하여 손해를 입지 않도록 보호할 필요가 있기 때문이다. 다만 굳이 이와 같은 유사명칭 사용금지 규정을 둘 필요가 없거나 명칭 자체로서 부정경쟁을 유발할 소지가 없다고 판단되는 법인에 대하여는 별도의 보호 규정을 두지 않는 경우도 있다.[69)]

나. 인·허가 의제

일반적으로 개별 행정작용법에는 국가기관으로 하여금 법령에 의한 허가권을 부여하고 있는 경우가 많다. 허가는 법규에 의한 부작위 하명(상대적 금지)을 특정한 경우에 해제(하여 적법하게 일정한 사실행위 또는 법률행위를 할 수 있게)하는 행정행위를 말

법」 제19조, 「한국마사회법」 제22조, 「산업기술연구조합 육성법」 제4조, 「전기공사공제조합법」 제15조, 「한국해운조합법」 제3조, 「대한적십자사 조직법」 제26조, 「한국해양수산연수원법」 제15조, 「상공회의소법」 제52조, 「정부출연연구기관 등의 설립·운영 및 육성에 관한 법률」 제30조, 「한국농수산식품유통공사법」 제6조, 「대한무역투자진흥공사법」 제6조, 「한국조폐공사법」 제6조, 「한국석유공사법」 제6조, 「대한석탄공사법」 제6조, 「한국광물자원공사법」 제6조, 「한국토지주택공사법」 제21조, 「수도권매립지관리공사의 설립 및 운영 등에 관한 법률」 제11조, 「한국도로공사법」 제8조, 「한국전력공사법」 제8조, 「한국관광공사법」 제6조, 「금융회사부실자산 등의 효율적 처리 및 한국자산관리공사의 설립에 관한 법률」 제13조, 「한국가스공사법」 제7조, 「인천국제공항공사법」 제6조, 「한국산업은행법」 제7조, 「한국수출입은행법」 제7조, 「중소기업은행법」 제8조, 「한국은행법」 제10조, 「국민체육진흥법」 제42조, 「에너지이용 합리화법」 제50조, 「중소기업진흥에 관한 법률」 제68조 제5항, 「산업집적활성화 및 공장설립에 관한 법률」 제45조의9 제3항, 「산업재해보상보험법」 제34조, 「장애인고용촉진 및 직업재활법」 제66조, 「시설물의 안전관리에 관한 특별법」 제31조, 「법률구조법」 제36조, 「보호관찰 등에 관한 법률」 제98조, 「무역보험법」 제41조, 「집단에너지사업법」 제34조, 「전기사업법」 제81조, 「예금자보호법」 제7조, 「고압가스 안전관리법」 제28조의2, 「소비자기본법」 제37조, 「국가정보화 기본법」 제14조 제7항, 「금융위원회의 설치 등에 관한 법률」 제28조, 「청소년기본법」 제61조, 「상호저축은행법」 제9조, 「관세사법」 제25조, 「수산업협동조합법」 제3조, 「국민체육진흥법」 제42조, 「한국연구재단법」 제20조, 「산업발전법」 제26조·제32조 제7항, 「결핵예방법」 제21조, 「모자보건법」 제20조, 「기술신용보증기금법」 제49조, 「발명진흥법」 제52조 제5항, 「한국학중앙연구원 육성법」 제9조, 「대한민국헌정회 육성법」 제6조, 「대한민국재향군인회법」 제2조 제4항, 「국민건강보험법」 제105조, 「한국농어촌공사 및 농지관리기금법」 제50조의2, 「한국수자원공사법」 제5조의2, 「고압가스 안전관리법」 제28조의2 등.

69) 「독립기념관법」, 「대한민국재향경우회법」, 「공무원연금법」(공무원연금공단), 「국민연금법」(국민연금공단), 「방송법」(한국방송공사). 그러나 대한소방공제회는 2005.8.4. 「대한소방공제회법」을 개정하여 종전부터 있던 제6조 유사명칭 사용금지 규정을 삭제하였다.

한다. 그래서 일반 국민은 적법 절차에 따라 허가를 신청하고 국가는 신청내용이 적법・타당한지 심사를 거쳐 결정하면 상대방은 허가의 효과를 얻게 된다.

그런데 특수법인에게는 이러한 각종 법령상의 인・허가 행위를 거치지 않고 직접적으로 법률상의 효과가 생기도록 특례를 인정하고 있는 경우가 있다.[70] 인・허가는 국가가 일반적으로 금지한 행위에 대하여 법률로 일괄해서 허용하는 예외적인 조치로서 국가가 별도의 심사절차(행정처분) 없이 법률에 의하여 직접 부여하는 것이므로 상당한 특혜조항이라 아니할 수 없다. 따라서 이러한 특권을 특수법인에게 부여함에 있어서는 당해 법인의 사업목적을 수행함에 있어서 불가피한 경우에 한해 인정함으로써 비례의 원칙과 평등의 원칙에 부합되도록 해야 할 것이다.

이렇게 별도의 인가 또는 허가절차 없이 일괄적으로 '의제'하는 경우에는 동일한 국가의사로 보아 다른 법률에서 제약하고 있는 조건들을 예외적으로 해제하는 효과만 있고, 법률에서 열거되지 아니한 그 밖의 사항들에 대하여는 별도의 허가를 받아야 한다. 예컨대 「한국환경공단법」 제19조에는 ① 「공익사업을 위한 토지 등의 취득 및 보상에 관한 법률」 제20조제1항에 따른 사업인정 ② 「국토의 계획 및 이용에 관한 법률」 제56조에 따른 개발행위의 허가, 같은 법 제86조에 따른 도시계획시설사업 시행자의 지정 및 같은 법 제88조에 따른 실시계획의 인가 등이 열거되어 있지만, 「공익사업을 위한 토지 등의 취득 및 보상에 관한 법률」이나 「국토의 계획 및 이용에 관한 법률」의 다른 조항에 의한 행위는 별도의 인・허가 절차를 받아야 한다는 점이다.

다. 채권매입 면제

국가가 정책적으로 사업을 추진하는 경우 필요한 자금은 예산을 통하여 조달하는 경우가 대부분이지만 이와는 별개로 당해 사업 시행과 관련하여 채권을 발행하여 국가로부터 일정한 처분이나 계약을 함으로써 이익을 얻는 상대방에게 채권을 구입하도록 하는 경우가 있다.[71]

---

70) 「한국환경공단법」 제19조, 「한국토지주택공사법」 제19조, 「한국수자원공사법」 제18조, 「한국가스공사법」 제16조의3, 「중소기업진흥에 관한 법률」 제81조, 「집단에너지사업법」 제49조.

71) 「도시철도법」 제12조・제13조(도시철도채권).

채권은 상당한 기간을 정하여 상환할 수 있도록 하고, 또 이자율도 통상의 시중금리보다는 낮게 책정되어 있어 채권을 발행하는 기관의 입장에서는 비교적 안정되게 여유자금을 확보할 수 있는 장점이 있다. 하지만 궁극적으로는 채권의 금액을 상환해야하는 부담을 갖기 때문에 「국가재정법」 제25조의 규정에 의하여 국회의 동의를 받도록 하고 있다.

아울러 채권은 시중으로부터 자금을 확보하는데 근본 목적이 있으므로 국가기관에 대하여 채권매입의무를 부여하는 것은 의미가 없다. 그런데 국가기관이 아닌 특수법인에게 채권 매입 의무를 면제하는 것은 특혜이므로 당해 법인의 목적을 달성하기 위하여 불가피한 사정이 있거나 매입의무로 인하여 업무 수행에 상당한 지장을 초래한다고 인정되는 예외적인 경우에 한해서만 규정하고 있다(「국민체육진흥법」 제41조).

라. 국가기관 의제

특수법인의 사업목적을 위하여 불가피하게 국토의 일부를 활용하여야 하는 경우가 있다. 예컨대 공공기관이나 지방공기업 등 특수법인이 공익사업시행자로서 임대나 양도의 목적으로 시행하는 주택건설 또는 택지조성 사업을 할 경우 손실보상 등에 관한 사항이 주로 해당된다(「공익사업을 위한 토지 등의 취득 및 보상에 관한 법률」 제4조).

토지수용에 관한 규정이 들어있는 특수법인은 주로 전국적인 광범위한 대규모의 사업을 추진하거나 국가적 사업으로서 특별한 지원이 필요한 기관이다.[72] 특히 한국토지주택공사에 대하여는 「국토의 계획 및 이용에 관한 법률」 제65조 및 제99조를 적용하는 경우, 「부동산등기법」 제98조를 적용함에 있어서는 국가 또는 지방자치단체로 보고 있다(「한국토지주택공사법」 제19조 제1항). 이는 국가 또는 지방자치단체에게 고유한 행정주체로서의 지위를 인정한 규정일 뿐만 아니라 한국토지주택공사가 제한된 범위 안에서 행정주체의 지위를 가진다는 것을 법률에서 직접 명시하고 있다는 점에서 특기할 만하다. 마찬가지로 한국수자원공사도 하수종말처리시설을 설치할 경우에는 「하수도법」 제18조의 규정에 의한 공공하수도관리청으로 간주된다.[73]

---

72) 「한국수자원공사법」 제24조, 「한국석유공사법」 제17조, 「한국토지주택공사법」 제19조, 「한국가스공사법」 제17조, 「집단에너지사업법」 제46조・제47조.

73) 행정관청의 지위를 뜻한다. 「한국수자원공사법」 제21조의2.

마. 사법경찰권

범죄의 혐의 유무를 명백히 하여 공소제기와 유지여부를 결정하기 위하여 범인을 발견·확보하고 증거를 수집·보전하는 수사기관에는 검사와 사법경찰관리가 있다. 검사는 수사의 주재자이고 사법경찰관리는 검사의 지휘를 받아 수사를 행한다. 「형사소송법」 제196조는 수사관, 경무관, 총경, 경감, 경위는 사법경찰관(官)으로서 검사의 지휘를 받아 수사를 하고, 경사, 경감, 순경은 사법경찰리(吏)로서 검사 또는 사법경찰관의 지휘를 받아 수사의 보조를 하도록 규정하고 있다. 마찬가지로 「검찰청법」 제47조는 검찰청의 검찰주사·마약수사주사·검찰주사보 및 마약수사주사보는 사법경찰관의 직무를, 검찰서기·마약수사서기·검찰서기보 및 마약수사서기보는 사법경찰리의 직무를 행한다. 별정직공무원도 이에 준하여 직무를 수행하고 있다. 이러한 사법경찰관리는 흔히 일반사법경찰관리로 불리어진다.

한편 「형사소송법」 제197조는 삼림, 해사(海事), 전매, 세무, 군수사기관 기타 특별한 사항에 관하여 사법경찰관리의 직무를 행할 자와 그 직무의 범위는 법률로써 정하도록 규정하고 있다. 이에 따라 「사법경찰관리의 직무를 수행할 자와 그 직무범위에 관한 법률」에서 구체적인 직위를 열거하고 있는데, 이 법률에 규정된 거의 모든 직위는 공무원으로서 특별사법경찰관리라고 불리어 진다. 즉 공권력을 소유하고 있는 국가 또는 지방자치단체가 당해 기관의 인적 구성요소인 국가공무원이나 지방공무원으로 하여금 필요한 직무를 수행하도록 하는 것은 당연하다.

그런데 「사법경찰관리의 직무를 행할 자와 그 직무범위에 관한 법률」 제7조의2에는 이러한 원칙에 대한 예외적 조치로서 국립공원관리공단 또는 그 분사무소(分事務所)에 근무하는 임·직원으로서 국립공원관리공단 이사장의 추천에 의하여 그 근무지를 관할하는 지방검찰청검사장이 지명한 자 중 임원 및 분사무소의 장은 관할 공원구역 및 공원보호구역 안에서 발생하는 「경범죄 처벌법」 제6조 제1항에 규정된 범칙행위 중 같은 법 제3조제1항제11호, 제12호, 제15호, 제17호, 제19호부터 제21호까지, 제23호부터 제25호까지, 제27호부터 제29호까지, 제32호, 제36호 및 제37호에 해당하는 위반행위에 해당하는 범죄의 현행범에 관하여 사법경찰관의 직무를, 그 외의 직원은 당해 범죄에 관하여 사법경찰리의 직무를 행하도록 규정하고 있다. 즉 공무원이 아닌 특수법인의 임·직원에게 사법경찰권 즉 수사권을 부여하고 있는 이례적인 조치이다.

국립공원관리공단은 환경부장관의 위탁을 받아 국립공원 구역 안의 공원자원을 보존하고 이를 위한 자원조사·연구, 공원시설의 설치·유지·관리, 공원구역의 청소, 공원이용에 관한 계도·홍보 기타 공원관리사업을 효율적으로 추진하게 하기 위하여 설립된 것이다. 이를 위하여 수사권까지 부여할 필요가 있는가 하는 시각도 있겠으나, 국립공원은 본질적으로 넓은 지리적 여건으로 인하여 공원을 훼손하거나 남용하는 등 현장의 불법사실을 적발할 경우 도주나 증거인멸의 소지도 많을 수 있기 때문에 경범죄에 해당하는 범죄를 저지르는 현행범에 한하여 국립공원에서 상주하는 직원에게 수사권을 부여하는 것은 일반적으로 수용할 수 있는 합리적인 조치라 하겠다. 다만 수사권은 자칫 직권남용으로 인하여 인권침해로 이어질 소지가 있고 수사의 전문성이 떨어지는 직원이 행할 경우 평등과 비례의 원칙에 어긋나는 부당한 수사행위를 초래할 수 있으므로 「형사소송법」 제198조는 검사, 사법경찰관리 기타 직무상 수사에 관계있는 자에게 비밀을 엄수하며 피의자 또는 다른 사람의 인권을 존중하고 수사에 방해되는 일이 없도록 규정하고 있다.

바. 징계·영업정지 명령

국가에 의하여 일정한 자격을 부여받은 경우 그 자격 효력의 정지나 취소를 하기 위해서는 역시 국가에 의하여 이루어져야하는 것이 원칙이다. 그런데 특수법인 중에도 이러한 권한을 직접 행사할 수 있는 경우가 있다.

금융감독원이 그 대표적 기관인데 이는 과거 각기 다른 법인으로 있던 은행감독원·보험감독원·증권감독원을 통합하여 1999년 5월에 신설한 조직이다. 통합된 금융감독원은 그 권한의 규모나 정도에 비추어 당연히 국가기관이나 정부조직으로 해야 함에도 불구하고 높은 급여를 받고 있던 각 감독원 소속 직원들이 공무원 신분 전환에 따른 급여 감소를 우려하여 특수법인으로 존치된 것이다[74]. 하지만 특수법인에게 이처럼 강력한 공권력을 부여하는 문제점이 있으므로 이를 보완하기 위하여

74) 김대기, 덫에 걸린 한국경제, 180쪽.

금융감독원의 원장은 금융위원회의 의결을 거쳐 금융위원회 위원장의 제청으로 대통령이 임명하도록 하고 있다.

그래서 시중의 금융기관 임·직원이 법령에 위배되는 행위를 한 경우 금융감독원장은 당해 기관의 장에게 이를 시정하게 하거나 당해 직원의 징계를 요구할 수 있을 뿐만 아니라, 금융기관의 임원이 법령을 또는 지시를 고의로 위반한 때에는 당해 임원의 해임을 임면권자에게 권고할 수 있으며, 당해 임원의 업무집행의 정지를 명할 것을 금융위원회에 건의할 수 있다. 아울러 계속 위반하여 위법 또는 불건전한 방법으로 영업하는 경우에는 금융위원회에 당해 기관의 위법행위 또는 비행의 중지나 6월의 범위 내에서의 업무의 전부 또는 일부에 대한 정지명령을 건의할 수 있다.[75)]

각종 금융기관을 감독하는 강력한 공권력을 수행하는 금융감독원의 직원이 공무원 신분이 아닌 것은 문제가 있다. 당초 정부는 금융감독원과 금융감독위원회를 설치할 때, 국제통화기금(IMF) 외환위기로 인한 임시조직에 불과하고, 「금융감독기구의 설립 등에 관한 법률」을 제정할 때 재정경제부는 금융감독청 설립을 추진하였으나 실패한 바 있다.[76)]

한편 「변호사법」 제92조는 변호사에 대한 징계를 대한변호사협회에 설치된 변호사징계위원회에서 1차적으로 심의·결정하도록 하고 있다. 원 징계처분에 대하여 징계대상자가 이의신청을 하게 되면 법무부에 설치된 변호사징계위원회에서 심의하도록 되어 있다. 이 때 법무부의 변호사징계위원회는 변호사협회징계위원회의 결정을 취소하고 새로 징계결정을 하는 것이므로, 이 결정은 새로운 징계처분이라기보다는 「국가공무원법」 제14조의 소청심사청구의 성격을 띠고 있다. 그런데 「변호사법」 제100조 제1항 후단규정에 의하여 지방검찰청검사장이 이의신청을 하는 경우는 검사장이 징계개시 신청을 한 사건을 변호사협회징계위원회가 내린 결정이 가볍다고 판단되어 하는 것이 일반적이므로 이 경우에 있어서는 「국가공무원법」 제82조 제2항의 '징계재심사'에 해당한다고 볼 수 있다.

---

75) 「금융위원회의 설치 등에 관한 법률」 제41조~제43조.

76) 문화일보, 2000년 11월 23일, 5면 '금융감독권 갈등 점입가경'

제2절 부 담

1. 예산운영 감독

가. 사업 · 예산 승인

특수법인은 국가적 사무를 수행하고 운영재원을 국가 또는 지방자치단체 등으로부터 지원을 받는 경우가 많기 때문에 당해 법인의 회계연도를 정부회계연도와 대부분 일치시키고 있고, 사업계획서와 예산을 사전에 감독 행정관청에 제출하여 승인을 받도록 하며 결산서도 제출하도록 하고 있다.[77] 이는 국가나 지방자치단체의

77) 「한국국제교류재단법」 제20조·제21조, 「재외동포재단법」 제21조 제22조, 「한국사학진흥재단법」 제23조·제24조, 「한국연구재단법」 제14조·제16조, 「지역신용보증재단법」 제30조, 「교통안전공단법」 제24조, 「한국환경공단법」 제28조, 「한국보훈복지의료공단법」제19조·제20조, 「한국산업인력공단법」 제18조·제19조, 「한국산업안전보건공단법」 제17조·제18조, 「한국철도시설공단법」 제35조, 「신용보증기금법」 제38조·제39조, 「독립기념관법」 제18조·제19조, 「국방과학연구소법」 제16조·제17조, 「한국국방연구원법」 제14조·제15조, 「한국교육학술정보원법」 제16조, 「한국보건산업진흥원법」 제14조, 「한국국제협력단법」 제20조·제21조, 「한국과학기술원법」 제12조, 「광주과학기술원법」 제11조, 「한국원자력안전기술원법」 제17조·제18조, 「서울대학교병원설치법」 제17조·제18조, 「국립대학병원설치법」 제21조·제22조, 「한국대학교육협의회법」 제14조·제15조, 「한국전문대학교육협의회법」 제14조·제15조, 「한국마사회법」 제37조·제43조, 「산업기술연구조합육성법」 제16조, 「한국해운조합법」 제32조·제33조, 「대한적십자사조직법」 제21조, 「전쟁기념사업회법」 제16조·제17조, 「민주화운동기념사업회법」 제18조·제19조, 「선원법」 제147조, 「방송문화진흥회법」 제15조, 「정부출연 연구기관 등의 설립 운영 및 육성에 관한 법률」 제13조·제15조, 「과학기술분야 정부출연연구기관 등의 설립·운영 및 육성에 관한 법률」 제13조·제15조, 「공공기관의 운영에 관한 법률」 제40조·제43조, 「수도권매립지관리공사의 설립 및 운영 등에 관한 법률」 제26조·제27조, 「금융회사부실자산 등의 효율적 처리 및 한국자산관리공사의 설립에 관한 법률」 제30조, 「한국교육방송공사법」 제22조·제23조, 「한국산업은행법」 제37조, 「한국수출입은행법」 제32조~제35조, 「중소기업은행법」 제37조, 「공무원연금법」 제17조, 「국민연금법」 제41조, 「도로교통법」 제134조, 「사립학교교직원연금법」 제24조·제25조, 「국민체육진흥법」 제39조, 「에너지이용합리화법」 제60조, 「중소기업진흥에 관한 법률」 제77조, 「산업집적활성화 및 공장설립에 관한 법률」 제45조의16,, 「국민건강보험법」 제36조·제39조, 「자연공원법」 제62조, 「산업재해보상보험법」 제25조, 「장애인 고용촉진 및 직업 재활법」 제60조 · 제61조, 「법률구조법」 제29조, 「보호관찰 등에 관한 법률」 제84조, 「방송법」 제58조·제59조, 「무역보험법」 제55조, 「예금자보호법」 제23조, 「소비자기본법」 제42조, 「산업디자인 진흥법」 제14조, 「금융위원회의 설치 등에 관한 법률」 제45조, 「청소년활동 진흥법」 제6조의4, 「별정우체국법」

재원으로 운영되는 특수법인의 책임성을 높이기 위하여 지주회사의 지위에서 행하는 조치라 할 수 있다. 따라서 국고 보조금이 별로 많지 않거나 경비를 자체 조달하는 경우 그리고 회원조합 또는 협회는 법률로 이와 같은 보고 의무를 따로 규정하지 않고 있다.

법적으로 이러한 제출의무 규정을 두고 있지 않더라도 대통령령이나 부령에서 정하는 경우도 있다.[78] 또 사업계획이나 예산만 승인 받도록 하고 결산에 대하여는 「주식회사의 외부감사에 관한 법률」 제13조에 의하여 기업회계처리기준을 적용하고 외부감사를 받도록 하는 경우도 있다.[79] 업무내용에 대한 수시 지도감독 외에 정기적으로 사업 전반에 대하여 사전 또는 사후적으로 점검하므로 환류(feedback) 차원에서 수행하는 기능이라 할 수 있다.

나. 재산처분 제한

정부가 매 회계연도의 세입세출 결산상 생긴 잉여금(세계잉여금)은 원칙적으로 다음해의 세입에 이입(移入)하여야 하지만, 세계잉여금 중 다른 법률에 의하는 것과 세출예산 이월액을 공제한 잔액은 국무회의의 심의를 거쳐 대통령의 승인을 얻어 그 세계잉여금이 생긴 다음연도까지 당해 회계의 세출예산에 구애됨이 없이 국채 또는 차입금의 원리금 상환과 「국가배상법」에 의하여 확정된 국가배상금에 사용할 수 있다.

그리고 일반회계의 세계잉여금은 국무회의의 심의를 거쳐 대통령의 승인을 얻어 그 세계잉여금이 생긴 다음연도까지 당해 회계의 세출예산에 구애됨이 없이 「지방교부세법」 제5조 제2항의 규정에 따른 교부세의 정산 및 「지방교육재정교부금법」 제9조 제3항의 규정에 따른 교부금의 정산, 「공적자금상환기금법」에 따른 공적자금상환기금 출연 등에 사용할 수 있다(「국가재정법」 제90조).

제21조의2, 「중소기업협동조합법」 제107조·제129조, 「학술진흥 및 학자금대출 신용보증 등에 관한 법률」 제29조·제30조, 「총포도검 화약류 등 단속법」 제59조·제60조 등.

78) 「고압가스 안전관리법」 시행령 제23조, 「자연환경보전법 시행규칙」 제40조 등.

79) 한국보건산업진흥원, 대한적십자사, 상공회의소, 한국가스공사, 한국산업은행, 한국은행, 중소기업협동조합중앙회, 한국과학창의재단, 영화진흥위원회 등.

이 규정의 취지는 국가 예산상 세입초과로 인하여 잉여금이 생길 경우 다음해 세입에 산입하기 전에 우선적으로 국가의 부채성 경비에 상환할 수 있도록 특례를 규정한 것이다.

특수법인은 정부회계가 강제징수 형태인 조세와 달리 사업 또는 경영에 의한 잉여금이 발생하더라도 법인 존립 자체가 법률에 기초하고 있기 때문에 잉여금의 처리에 있어서 어느 정도 규제할 필요가 있다. 그래서 개별 법률에서는 잉여금 처리와 관련하여 법인이 임의로 처리하지 못하도록 별도의 기준을 마련하고 있는 경우가 많다. 그러나 그 잉여금을 처리하는 방식은 다양하다.

예를 들면 잉여금 전액을 무조건 적립해야 하는 경우도 있고,[80] 이월손실금의 보전에 충당하고 남을 경우에는 기금이나[81] 다음해의 수입[82] 또는 구체적인 명시 없이 적립하도록 하거나[83] 시설준비금에 적립한 뒤 남는 잉여금을 국고에 납입해야 하는[84] 경우도 있다. 또 적립 후에도 남는 재원이 있으면 회원 또는 주주들에게 이익금으로 배당하는 경우도 있는 반면,[85] 아예 법률로 이익금을 배당할 수 없고 적립된 이익금 및 준비금 등조차도 자본금으로 전입할 수 없도록 제한하는 경우도 있다.[86]

한편 손실보전 대신 매 사업연도의 잉여금을 자본적 투자에 우선 충당하고, 다음해 사업을 위한 유보액을 제외한 금액은 기금의 수입으로 하는 경우도 있다(「한국보훈복지의료공단법」 제23조). 다만 은행 중 전액 정부출자법인인 산업은행은 회계연도마다 자산의 감가상각에 충당한 후의 결산순이익금을 전액 적립하여야 하고 그 적립금은 손실을 보전한 후 자본금에 전입할 수 있게 되어 있으나(「한국산업은행법」 제43조), 정

80) 「무역보험법」 제36조가 여기에 해당되는데 위험을 분산시키는 보험제도의 성격상 당연한 것이다.
81) 「한국사학진흥재단법」 제25조, 「공무원연금법」 제20조, 「국민연금법」 제45조, 「사립학교교직원연금법」 제27조, 「법률구조법」 제30조, 「보호관찰 등에 관한 법률」 제91조.
82) 「한국산업인력공단법」 제20조, 「한국산업안전보건공단법」 제19조, 「장애인 고용촉진 및 직업재활법」 제62조, 「금융위원회의 설치 등에 관한 법률」 제50조.
83) 「에너지이용합리화법」 제61조, 「중소기업진흥에 관한 법률」 제77조 제4항, 「산업집적활성화 및 공장설립에 관한 법률」 제45조의16 제4항, 「산업재해보상보험법」 제28조.
84) 「한국철도시설공단법」 제33조, 「자연공원법」 제66조.
85) 「전기공사공제조합법」 제35조, 「집단에너지사업법」 제42조.
86) 「소프트웨어산업진흥법」 제35조.

부 외의 자도 출자에 참여하는 한국수출입은행과 중소기업은행은 사업연도마다 자산의 감가상각에 충당한 후에 결산순이익금을 자본의 총액에 달할 때까지 이익금의 일부를 적립하고 난 뒤엔 정부 이외의 출자자(주주)에 대하여 우선적으로 이익금을 배당할 수 있게 하고 있다(「한국수출입은행법」 제36조, 「중소기업은행법」 제42조).

또한 법인의 중요재산을 처분할 때는 주무장관의 승인을 얻도록 한 경우도 있으며,[87] 영업에 필요하여 취득하거나 채무의 변제를 받기 위하여 인수하거나 기타 업무수행에 필요한 것 이외에는 동산 또는 부동산을 소유하지 못하도록 하는 경우도 있는데,[88] 이는 이들 특수법인들이 불필요하게 많은 자산을 소유함으로써 본래의 사업 목적을 수행하는데 지장을 초래하지 않도록 하기 위한 것이다.

다. 기금관리

특수법인 중 특히 공재단을 설립하는 가장 중요한 이유 중의 하나는 정부가 조성·운영하는 각종 기금을 효율적으로 위탁관리 하려는데 있다. 그래서 기금의 관리·운용주체가 되는 특수법인은 법령상 정해진 기금운용 기준은 말할 것도 없고 일반적인 경영기법을 통하여 선량한 관리자의 주의의무를 다해야 한다. 필요한 경우 기금을 운용함에 있어서 주요 정책결정과 집행은 주무장관의 승인을 얻어야 한다.[89]

이는 기금 관리에 수반될 수 있는 판단착오를 최소화함으로써 기금손실을 방지하고 정치적 책임을 분산할 필요가 있기 때문이다. 기금사무를 집행하거나 위탁받은 법인의 임·직원은 당해 기금을 운용·관리함에 있어 고의 또는 중대한 과실로 손해를 발생함으로써 법인에게 손해를 끼치거나 제3자에게 재산상 손해를 입힌 경우, 법인은 우선 손해를 배상한 뒤 그 법인은 임무를 해태한 임·직원에게 구상권 행사를 통하여 배상액을 보전할 연대책임을 물을 수 있다.

---

87) 「장애인고용촉진 및 직업재활법」 시행령 제57조, 「한국산업안전보건공단법」 시행령 제11조.
88) 「한국수출입은행법」 제27조, 「중소기업은행법」 제51조, 「한국정책금융공사법」 제28조.
89) 「공무원연금법」 제74조, 「중소기업협동조합법」 제110조.

2. 사업관리

가. 업무의 지도감독

1) 감독권의 근거

「행정권한의 위임 및 위탁에 관한 규정」 제13조는 국가사무를 특수법인에게 위탁한 행정기관은 수탁기관의 사무의 처리에 대하여 지휘·감독하며, 필요하다고 인정되는 때에는 위탁한 사무에 관하여 지시를 하거나 조치를 명할 수 있고 보고하게 할 수 있다. 그리고 민간수탁기관의 수탁사무 처리가 위법 또는 부당하다고 인정되는 때에는 그 처분을 취소하거나 정지시킬 수 있다.

따라서 특수법인을 설립하기 위한 개별법령에서 구체적으로 주무관청의 지도감독과 검사권을 규정하지 않더라도 얼마든지 위탁업무에 대하여 간여할 수 있는 제도적 장치는 마련되어 있다. 개별법령에서 특례를 설정하는 이유는 위탁업무뿐만 아니라 감독관청[90]으로서 업무전반에 대하여 감독할 수 있도록 하기 위함이다.

2) 감독권 행사의 범위

감독권은 두 가지 유형이 있다. 일반적 감독권과 개별적 감독권이 그것이다. 「한국국제협력단법」 제23조 제1항 본문의 '외교부장관은 국제협력단을 지도·감독한다'는 규정은 주무장관이 산하 법인 업무에 대하여 포괄적이고 일반적인 지도감독을 할 수 있다는 뜻이다.[91] 그런데 「한국환경공단법」 제23조 제1항의 "공단의 업무를 지

90) 예컨대 미래창조과학부장관은 과학기술분야의 정부출연연구기관과 연구회의 '감독관청'이 된다는 규정을 말한다. 「과학기술분야 정부출연 연구기관 등의 설립 운영 및 육성에 관한 법률」 제29조 제1항.

91) 「재외동포재단법」 제23조, 「한국사학진흥재단법」 제30조, 「지역신용보증재단법」 제36조, 「교통안전공단법」 제28조, 「한국환경공단법」 제31조, 「한국보훈복지의료공단법」 제24조, 「한국산업인력공단법」 제22조, 「한국산업안전보건공단법」 제21조, 「한국철도시설공단법」 제35조, 「기술신용보증기금법」 제47조, 「독립기념관법」 제21조, 「민주화운동기념사업회법」 제21조, 「한국교육학술정보원법」 제19조, 「한국과학기술원법」 제13조, 「광주과학기술원법」 제12조, 「서울대학교병원설치법」 제19조, 「국립대학병원 설치법」 제23조, 「한국마사회법」 제44조, 「산업기술연구조합 육성법」 제17조, 「전기공사공제조합법」 제40조, 「한국해운조합법」 제39조, 「대한적십자사 조직법」 제27조, 「선원법」 제148조, 「한국해양수산연수원법」 제13조, 「한국농어촌공사 및 농지관리 기금법」 제49조, 「한국농수산식품유통공사법」 제15조, 「대한무역투자진흥공사법」 제14조, 「한국조폐공사법」 제16조, 「한국석유공사법」 제16조, 「대한석탄공사법」 제15조, 「한국

도 · 감독하며 필요하다고 인정할 때에는 공단에 대하여 그 사업에 관한 지시 또는 명령을 할 수 있다"는 규정은 '업무' 전반에 대한 지도와 감독은 물론 구체적인 '사업'에 대한 지시와 명령도 행할 수 있다는 개별적 감독권까지 부여한 경우이다.

하지만 감독 행정관청은 특수법인을 별도로 설립한 취지를 감안하여 일상적인 모든 업무에 대하여 일일이 간여하는 것은 경영의 자율성을 훼손할 우려가 있으므로 적법하고 타당한 범위 안에서 지도감독권이 행사될 필요가 있다.

한편 대통령령에서 이러한 기능을 하도록 규정하는 경우도 있는데,[92] 사항은 법률에 근거를 두는 것이 타당하다고 본다. 지도감독 기능을 통하여 수탁기관은 선량한 관리자의 주의의무를 더욱 성실히 수행할 수 있을 것이다.

3) 일반적 감독권의 법적 성질

특수법인에 대한 지휘감독 또는 국가의 통제범위는 상급행정청의 하급행정청에 대한 지휘감독과는 그 성질이 다르다. 이것은 흔히 구체적이고 개별적인 감독권

광물자원공사법」 제17조, 「한국토지주택공사법」 제23조, 「수도권매립지관리공사의 설립 및 운영 등에 관한 법률」 제28조, 「한국도로공사법」 제17조, 「한국전력공사법」 제18조, 「한국관광공사법」 제16조, 「금융회사부실자산 등의 효율적 처리 및 한국자산관리공사의 설립에 관한 법률」 제47조, 「한국가스공사법」 제16조, 「인천국제공항공사법」 제16조, 「방송광고판매대행 등에 관한 법률」 제34조, 「한국산업은행법」 제47조, 「한국수출입은행법」 제39조, 「중소기업은행법」 제46조, 「공무원연금법」 제17조, 「국민연금법」 제41조, 「도로교통법」 제141조, 「사립학교교직원연금법」 제28조, 「국민체육진흥법」 제39조·제43조·제44조, 「에너지이용 합리화법」 제62조, 「중소기업진흥에 관한 법률」 제78조, 「산업집적활성화 및 공장설립에 관한 법률」 제45조의17, 「국민건강보험법」 제103조, 「자연공원법」 제68조, 「산업재해보상보험법」 제25조, 「장애인고용촉진 및 직업재활법」 제65조, 「시설물의 안전관리에 관한 특별법」 제9조의6, 제9조의7, 「법률구조법」 제35조, 「보호관찰 등에 관한 법률」 제97조, 「무역보험법」 제59조, 「집단에너지사업법」 제43조, 「전기사업법」 제80조, 「예금자보호법」 제27조, 「고압가스 안전관리법」 제31조, 「소비자기본법」 제42조, 「문화예술진흥법」 제40조, 「산업디자인진흥법」 제15조, 「국민건강보험법」 제103조, 「금융위원회의 설치 등에 관한 법률」 제58조·제60조, 「자본시장과 금융투자업에 관한 법률」 제306조, 「청소년기본법」 제19조, 「별정우체국법」 제22조, 「공인회계사법」 제47조, 「관세사법」 제22조, 「변호사법」 제77조, 「중소기업협동조합법」 제12조, 「수산업협동조합법」 제169조, 「관광진흥법」 제47조, 「농업협동조합법」 제162조, 「한국연구재단법」 제17조, 「해외건설촉진법」 제27조, 「건설기술관리법」 제36조의6·제36조의15, 「소비자생활협동조합법」 제81조, 「선주상호보험조합법」 제51조, 「발명진흥법」 제54조, 「한국지방행정연구원육성법」 제8조.

92) 「전파법 시행령」 제87조 제1항은 "미래창조과학부장관은 법 제66조제5항에 따라 법 제66조제1항에 따른 한국방송통신전파진흥원의 업무를 지도 · 감독하며, 필요하다고 인정할 때에는 진흥원에 대하여 그 사업에 관한 지시 · 처분 또는 명령을 할 수 있다."고 규정하고 있다.

이 아니라 일반적인 감독권에 있어서 문제가 된다.

이에 대하여 국가가 특수법인에 대하여 갖는 일반적 감독권의 범위로서, 첫째 적법·타당성의 감독을 중심으로 하고 합목적성의 감독은 신중할 필요가 있다. 둘째 그것은 당해 업무의 일반적 정책사항에 대한 것이고 일상 업무 전반에 대하여 행사되는 것은 아니다. 셋째 공공의 이익을 해하는 것 같은 특단의 상태가 발생하는 때 시정을 도모하는 것에 한정되고 통상에 있어서 적극적으로 의무의 개선 등을 의도하는 명령을 포함하지 않는다는 등의 기준을 설정하면 적절히 행사될 수 있다.

다만 이러한 法理는 특수법인에 대한 개별 실정법의 취지를 어떻게 해석하는가에 달려있다고 할 것이고, 일반적으로 모든 특수법인에게 동일하게 적용하는 것은 특수법인의 설립배경, 기능, 특성, 국가와의 관계 등에 비추어 볼 때 문제가 있다.

4) 감독권 행사의 한계

첫째 국가가 행정기관과는 별도로 특수법인을 설립한 취지가 업무를 자율적으로 운영하고자 함에 있다면 그 감독권은 합리적인 범위 안에서 행사되어야 하고, 이를 위해서는 감독권의 범위를 적법·타당성 여부를 판단하는데 둘 필요가 있다. 또한 감독권은 행정지도라는 법적인 형태보다 공식적으로 행사되는 것이 바람직하다. 그러나 설립 목적에 어긋나는 무리한 사업을 추진함으로써 위법한 사례가 생기면 벌칙을 가하고, 단순히 경영상의 잘못으로 법인에 손해를 끼친 경우 구상권 행사와는 별개로 인사권 등을 통하여 책임을 물어야 할 것이다.

둘째 공기업법인 형태를 갖고 민간출자를 인정하는 경우에는 국가가 출자자로서의 입장에서 관여하는 것, 즉 대주주로서의 권리행사는 할 수 있으나 자기가 파견한 임원을 통하여 국가의 의사를 회사에 무리하게 강요하는 행위(내부적 통제)는 '소유와 경영의 분리'라고 하는 「상법」의 요청에 반하는 것이고, 또한 특히 사인인 주주는 많은 경우 소수주주[93]이므로 의사가 무시될 우려가 있다. 따라서 국가의 규제는 각 법령의 근거규정에 따라야 하고 경영상의 절차보다는 업무성과에 대하여 적용하는 것

93) 「상법」 제366조는 발행주식의 총수의 100분의 3이상에 해당하는 주식을 가진 주주는 회의의 목적사항과 소집의 이유를 기재한 서면을 이사회에 제출하여 임시총회의 소집을 청구할 수 있다고 규정하고 있으며, 제403조는 발행주식의 총수의 100분의 1이상에 해당하는 주식을 가진 주주는 회사에 대하여 이사의 책임을 추궁할 訴의 제기를 청구할 수 있다고 규정하고 있다.

이 바람직하다.

셋째 해석론적으로 생필품을 독점 공급하는 법인에 대한 감독은 사업타당성에 대한 것까지 미칠 수 있다. 왜냐하면 국가사무가 중단되어서는 안 되는 것처럼 국가가 부여한 권한에 의하여 사용자(소비자)에게 안정적인 서비스를 제공하도록 설립한 것이므로 이러한 신뢰를 어기고 독점력을 남용해서 단체활동 등을 통하여 공급에 차질을 빚어서는 곤란하기 때문이다. 이러한 특수법인은 그 성격상 '사회정책·경제정책을 적극적으로 실현하기 위하여 설립된 특수 조직'이므로 국가적 사업 자체라고 봐야 한다. 그래서 특수법인의 설립목적에 국가의 관여 범위는 나름대로 다양한 특성을 갖고 있음을 잘 알 수 있다.

나. 목적 외 사업금지

특수법인에게 국가가 부여한 임무는 국가가 직접 수행할 수도 있는 것이지만 별도의 법인을 만들어 독립적이고 자율적으로 수행하는 것이 보다 효율적이라고 판단하여 그렇게 한 것이므로 사업의 목적에 충실하여야 한다. 그러나 특수법인이 일단 설립되면 스스로 의사를 결정하고 활동하므로 본래의 사업범위를 벗어나거나 사업목적과 달리 활동할 가능성도 배제할 수 없다. 이를 방지하기 위하여 특수법인을 설립한 국가 또는 지방자치단체는 업무 전반에 대한 포괄적 지도감독과 개별 사업에 대한 검사 또는 감사권을 갖게 된다.

특수법인은 당해 목적 달성에 필요한 재원을 확보하는 수단과 절차, 방법에 대하여 법률로 그 활동을 보장받고 있지만 실제 법인을 구성하는 임·직원들은 항상 공공성 사업에 대한 투철한 윤리의식을 갖고 있는 것이 아니므로 법률로 공무원에 버금가는 신분상의 의무를 부여하고 있다. 그럼에도 불구하고 특수법인은 독점적 지위를 향유하고 있기 때문에 영리적인 업무에 관심을 갖게 될 소지도 없지 않다. 그래서 일부 법인의 경우에는 본래 목적외 사업을 금지하도록 선언적 규정을 명시하기도 한다(「전기공사공제조합법」 제5조). 물론 이러한 규정이 없다고 해서 영리업무나 투기사업을 할 수 있는 것은 아니지만 모든 특수법인은 본래의 사업목적에 충실하게 운영되어야 함은 두말할 나위도 없다.

다. 사업평가

국무총리는 「과학기술분야 정부출연연구기관 등의 설립·운영 및 육성에 관한 법률」 제29조에 의하여 각각 소관 연구기관 및 연구회에 대한 지도·관리 및 사업 등을 평가하고 그 결과를 기획재정부장관에게 통보하고 국회에 보고하여야 하며, 미래창조과학부장관은 「정부출연연구기관 등의 설립·운영 및 육성에 관한 법률」 제29조에 의하여 소관 연구기관 및 연구회에 대한 지도·관리 및 사업 등을 평가하고 그 결과를 국가과학기술심의회와 국회에 보고하여야 한다.

그리고 공기업·준정부기관에 대하여는 「공공기관의 운영에 관한 법률」 제48조에 의하여 기획재정부장관이 경영실적을 평가한다.

그밖에 「정부업무평가 기본법」 제2조에 의하여 각 중앙행정기관과 지방자치단체 및 각 소속기관 그리고 공공기관이 수행하는 정책 · 사업 · 업무 등에 관하여 그 계획의 수립과 집행과정 및 결과 등을 국무총리 소속하의 정부업무평가위원회 또는 중앙행정기관 또는 지방자치단체가 스스로 점검 · 분석 · 평정하고 있다.

3. 사후감사

가. 주무 행정청 감사

국가사무를 위탁한 행정기관의 장은 위탁한 사무의 처리결과에 대하여 매년 1회 이상 감사를 하여야 한다. 위탁기관의 장은 감사결과 위법 또는 부당하다고 인정되는 때에는 수탁기관에 대하여 적절한 시정조치를 할 수 있고, 관련 임원과 직원에 대하여는 인사조치를 요구할 수 있다(「행정권한의 위임 및 위탁에 관한 규정」 제16조). 인사조치에는 해임을 포함한 징계처분과 임용의 범위에 속하는 전보 등을 포함한다.

일반적으로 주무장관이 업무 전반에 대한 감독권을 행사하고 결산서를 제출 받는 등으로 효과를 달성할 수 있으나, 일부 특수법인에게는 보다 강력한 정부의 개입을 촉구하고 있다. 즉 단순히 주무장관의 감독에 그치지 않고 국무회의에서 보고하거나 자체감사가 있음에도 불구하고 공인회계사나 감사원에 의한 외부감사를 받고 국회에까지 보고토록 하는 것이 좋은 예이다.

나. 국무회의 보고

한국은행총재는 금융통화에 관한 사항에 대하여 국무회의에 출석하여 발언할 수 있고 정부 또한 총재에게 국무회의에 출석할 것을 요구할 수 있다(「한국은행법」 제90조).

이 규정은 「한국은행법」 제4조에 의하여 한국은행의 통화신용정책은 물가안정을 저해하지 아니하는 범위 내에서 정부의 경제정책과 조화를 이룰 수 있도록 하여야 하므로 국정의 최고심의기구인 국무회의에서 상호 의견을 조정할 필요가 있어 부여하는 것이다.

물론 개별 법률에서 이러한 규정이 없더라도 「국무회의규정」 제3조 제6항은 중요정책에 관계되는 국내외 중요정보 분석상황, 정부의 역점사업 추진현황, 국민생활에 영향을 미치는 중요시책의 추진현황 등에 대하여 수시로 보고하도록 되어 있기 때문에 특수법인의 사업도 이에 해당한다면 보고할 수 있을 것이다.

다. 공인회계사 감사

공인회계사는 「공인회계사법」 제2조에 의하여 '타인의 위촉에 의하여' 회계에 관한 감사·감정·증명·계산·정리·입안 또는 법인설립 등에 관한 회계업무를 담당하기 때문에 특수법인이 필요한 경우에는 자율적으로 공인회계사에게 감사업무를 위촉할 수 있다.

개별 법률에서 공인회계사(회계법인 포함)의 감사를 받도록 한 예는 정부출연연구기관의 경우를 들 수 있는데 이는 경영의 자율성과 독립성을 보장받고 있어서 일상감사에 대한 기능이 약하기 때문에 사후에 엄정한 재정집행상의 책임을 물을 필요에서 외부감사 제도를 도입한 것으로 보인다(「정부출연 연구기관 등의 설립 운영 및 육성에 관한 법률」 제16조).

라. 감사원 감사

한국은행에 대하여는 매년 감사원 감사를 받는다는 규정이 따로 있으나,[94]

대부분의 특수법인은 「감사원법」에 의하여 직접 감사원 감사를 받는다.

즉 「감사원법」 제22조부터 제24조는 감사원이 감사할 사항을 열거하고 있는데, 그 중 특수법인과 관련된 것은 제22조 제1항 제3호에 규정된 '한국은행의 회계와 국가 또는 지방자치단체가 자본금의 2분의 1이상을 출자한 법인의 회계'와 같은 항 제4호의 '다른 법률에 의하여 감사원의 회계검사를 받도록 규정된 단체'를 말하고, 같은 법 제23조에 의하여 감사원이 필요하다고 인정하거나 국무총리의 요구를 받아 선택적으로 감사할 수 있는 사항을 보면, 국가 또는 지방자치단체가 자본금의 일부를 출자한 자, 「민법」 또는 「상법」 외의 다른 법률에 따라 설립되고 그 임원의 전부 또는 일부나 대표자가 국가 또는 지방자치단체에 의하여 임명되거나 임명 승인되는 단체 등이 여기에 해당될 수 있다.

아울러 직무감찰의 범위를 정한 같은 법 제24조 제1항 제4호에서도 법령에 따라 국가 또는 지방자치단체가 위탁하거나 대행하게 한 사무와 그 밖의 법령에 따라 공무원의 신분을 가지거나 공무원에 준하는 자의 직무도 이러한 범주에 포함될 수 있을 것으로 보인다. 위탁과 대행은 자기의 이름으로 할 수 있는가 여부에 따른 것이다. 「감사원법」의 이 규정들은 개별 법률에서 따로 규정하지 않더라도 거의 대부분의 특수법인에 대하여 감사할 수 있다.

또한 「공공기관의 운영에 관한 법률」 제4조에 따라 지정된 공공기관은 「공공감사에 관한 법률」에서 정한 바에 따라 자체감사 활동도 실시하여야 한다.

마. 국회 · 지방의회의 감사 · 조사

국회는 헌법 제61조와 제62조에 의하여 국정을 감사하거나 특정한 국정사안에 대하여 조사할 수 있으며, 이에 필요한 서류의 제출 또는 증인의 출석과 증언이나 의견의 진술을 요구할 수 있고, 국무총리 · 국무위원 또는 정부위원은 국회나 그 위원회에 출석하여 국정처리상황을 보고하거나 의견을 진술하고 질문에 응답할 수 있다.

이에 따라 제정된 「국정감사 및 조사에 관한 법률」 제7조는 국정감사의 대상을

---

94) 「한국은행법」 제95조, 「방송법」 제63조 제3항.

「공공기관의 운영에 관한 법률」 제4조에 따른 공공기관·한국은행·농업협동조합중앙회·수산업협동조합중앙회와 감사원의 감사대상기관으로 정하고 있으므로 본회의가 특히 필요하다고 의결한 경우에 한하도록 되어 있기는 하지만 규정상 대부분의 특수법인이 국정감사 대상이 될 수 있다.[95]

국정감사와 조사는 대의제 국가에 있어서 의회가 그 기능을 발휘하기 위한 제도로서 이는 행정부 업무를 지도·감독하면서 국정운영의 실태를 정확히 파악하여 이를 입법 활동에 반영하고 예산심의와 정책수립에 필요한 각종 정보와 자료를 획득하는데 목적이 있다. 따라서 국정감사·조사의 정치적 기능에는 행정부의 업무 수행상의 비위를 조사·적발하는 소극적인 기능 이외에 국정의 실태를 정확히 파악함으로써 새로운 입법, 예산심의자료를 얻어 정책에 반영하는 적극적인 기능도 갖는다.[96]

지방의회의 행정사무 감사 또는 조사는 지방공사·지방공단 등 지방공기업과 출자법인 또는 출연기관 중 지방자치단체가 4분의 1 이상 출자하거나 출연한 기관 등을 대상으로 실시한다(「지방자치법 시행령」 제42조).

바. 국회·지방의회 보고

「국회법」 제128조 제1항 본문은 '본회의·위원회 또는 소위원회는 그 의결로 안건의 심의 또는 국정감사나 국정조사와 직접 관련된 보고 또는 서류의 제출을 정부·행정기관 기타에 대하여 요구할 수 있다'고 규정하고 있다. '기타'에 특수법인이 포함될 수 있으므로 필요하다면 해당 법인의 대표자를 불러 질문할 수 있을 것이다.

「국회법」의 이 규정 외에 개별 법률에서 보고의무를 규정하고 있는 것도 있다. 예컨대 인천국제공항공사에 대하여는 인천국제공항의 건설 및 관리·운영과 관련한 사항을 연2회 이상 보고하도록 되어 있고(「인천국제공항공사법」 제17조), 한국은행에 대하여 매년 1회 이상 통화신용정책의 수행상황과 거시 금융안정상황에 대한 보고서를 제출하도록 하고 있다(「한국은행법」 제96조). 다만 이러한 보고행위는 이미 집행한 결

95) 2013년도의 국회 국정감사 대상은 국가기관 283개, 광역지방자치단체 31개, 공공기관 280개, 기타 감사원법에 의한 감사원의 감사대상기관 34개 등 총 628개이다. 대한민국 국회 홈페이지 – 알림마당 – 공지사항 – '2013년도 국정감사 종합일정표(2013.10.11. 게시).

96) 정호영, 국회법론, 523~524쪽

과를 사후에 보고 받아서 다음 해 사업에 반영(환류)하거나 잘못 집행한 경우 관련자에게 정치적 책임을 물을 뿐만 아니라 형사고발 등 법적책임을 아울러 묻는데 그 목적이 있다.

「지방자치법 시행령」 제50조는 지방의회의 감사위원회 또는 조사위원회가 감사 또는 조사를 끝내면 그 위원장은 지체 없이 의장에게 감사 또는 조사보고서를 제출하고, 본회의에 보고하도록 규정하고 있다.

제3절 의 무

특수법인은 국가와 지방자치단체로부터 권한과 함께 재정지원을 받고 있으므로 법률에 의하여 설립주체와 동등하게 적용하는 것이 적지 않다. 이는 궁극적으로 국민으로부터 나온 권력을 분담 행사하는 행정주체로서 동일한 지위를 갖고 있기 때문에 타당한 것이다. 다만 특수법인의 자율성도 고려해야 하므로 현행 법률은 필요한 경우에 한하여 법률로 국가와 지방자치단체와 동일한 의무를 부여하고 있다.

1. 정보공개

가. 의의

국민의 알권리를 보장하고 국정에 대한 국민의 참여와 국정 운영의 투명성을 확보함을 목적으로 제정된 「공공기관의 정보공개에 관한 법률」은 「공공기관의 운영에 관한 법률」 제2조에 따른 공공기관 즉 특수법인에게도 적용된다. 이 법의 취지는 공공기관이 보유 중인 정보를 국민의 요청이 있을 때는 원칙적으로 공개하되, 특수법인의 경우는 경영상·영업상 비밀에 관한 사항으로서 공개될 경우 법인의 정당한 이익을 현저히 해칠 우려가 있다고 인정되는 정보는 공개하지 않을 수 있다(「공공기관의 정보공개에 관한 법률」 제9조). 다만 국민이 알아야 할 필요가 있는 정보를 적극적으로 공개하도록 하는데 근본 목적이 있으므로 법상 비공개 대상 정보가 아닌 한 가급적 공개하려는 노력을 기울여야 한다.

'법인 등의 경영 · 영업상 비밀'은 '타인에게 알려지지 아니함이 유리한 사업활동에 관한 일체의 정보' 또는 '사업활동에 관한 일체의 비밀사항'을 의미하는 것이고, 그 공개 여부는 공개를 거부할 만한 정당한 이익이 있는지 여부에 따라 결정되어야 하는 바, 그 정당한 이익이 있는지 여부는 입법 취지에 비추어 이를 엄격하게 판단하여야 할 뿐만 아니라, 국민에 의한 감시의 필요성이 크고 이를 감수하여야 하는 면이 강한 공익법인에 대하여는 보다 소극적으로 판단하여야 한다.[97)]

나. 공개절차

1) 신청

정보의 공개를 청구하는 사람은 해당 정보를 보유하거나 관리하고 있는 공공기관에 성명 · 주민등록번호 · 주소 및 연락처와 공개를 청구하는 정보의 내용 및 공개방법을 적은 정보공개청구서를 제출하거나 말로써 정보의 공개를 청구할 수 있다. 다만 말로써 정보의 공개를 청구할 때에는 특수법인의 담당 임직원 앞에서 진술하여야 하고, 담당 임직원은 정보공개 청구조서를 작성하여 이에 청구인과 함께 기명날인하여야 한다(「공공기관의 정보공개에 관한 법률」 제10조).

2) 공개여부 결정

공공기관은 정보공개의 청구를 받으면 그 청구를 받은 날부터 10일 이내에 공개 여부를 결정하여야 한다. 부득이한 사유로 그 기간 이내에 공개 여부를 결정할 수 없을 때에는 그 기간이 끝나는 날의 다음 날부터 기산(起算)하여 10일의 범위에서 공개 여부 결정기간을 연장할 수 있다. 이 경우 공공기관은 연장된 사실과 연장 사유를 청구인에게 지체 없이 문서로 통지하여야 한다.

공공기관은 다른 공공기관이 보유 · 관리하는 정보의 공개 청구를 받았을 때에는 지체 없이 이를 소관 기관으로 이송하여야 하며, 이송한 후에는 지체 없이 소관 기관 및 이송 사유 등을 분명히 밝혀 청구인에게 문서로 통지하여야 한다(「공공기관의 정보공개에 관한 법률」 제11조).

---

97) 대법원 2008.10.23. 선고 2007두1798 판결.

3) 제3자 관련 정보

공공기관은 공개 청구된 공개 대상 정보의 전부 또는 일부가 제3자와 관련이 있다고 인정할 때에는 그 사실을 제3자에게 지체 없이 통지하여야 하며, 필요한 경우에는 그의 의견을 들을 수 있다. 통지받은 제3자는 그 통지를 받은 날부터 3일 이내에 해당 공공기관에 대하여 자신과 관련된 정보를 공개하지 아니할 것을 요청할 수 있다.

비공개 요청에도 불구하고 공공기관이 공개 결정을 할 때에는 공개 결정 이유와 공개 실시일을 분명히 밝혀 지체 없이 문서로 통지하여야 하며, 제3자는 해당 공공기관에 문서로 이의신청을 하거나 행정심판 또는 행정소송을 제기할 수 있다. 이 경우 이의신청은 통지를 받은 날부터 7일 이내에 하여야 한다. 공공기관은 공개 결정일과 공개 실시일 사이에 최소한 30일의 간격을 두어야 한다(「공공기관의 정보공개에 관한 법률」 제21조).

4) 정보공개심의회

공기업은 정보공개 여부 등을 심의하기 위하여 정보공개심의회를 설치 · 운영한다. 심의회는 위원장 1명을 포함하여 5명 이상 7명 이하의 위원으로 구성한다. 심의회의 위원장을 제외한 위원은 소속 임직원 또는 외부 전문가로 지명하거나 위촉하되, 그 중 2분의 1은 해당 기관의 업무 또는 정보공개의 업무에 관한 지식을 가진 외부 전문가로 위촉하여야 한다(「공공기관의 정보공개에 관한 법률」 제12조).

5) 결과통지

공공기관은 정보의 공개를 결정한 경우에는 공개의 일시 및 장소 등을 분명히 밝혀 청구인에게 통지하여야 한다. 공공기관은 청구인이 사본 또는 복제물의 교부를 원하는 경우에는 이를 교부하여야 한다. 다만 공개 대상 정보의 양이 너무 많아 정상적인 업무수행에 현저한 지장을 초래할 우려가 있는 경우에는 정보의 사본 · 복제물을 일정 기간별로 나누어 제공하거나 열람과 병행하여 제공할 수 있다.

공공기관은 정보를 공개하는 경우에 그 정보의 원본이 더럽혀지거나 파손될 우려가 있거나 그 밖에 상당한 이유가 있다고 인정할 때에는 그 정보의 사본 · 복제물을 공개할 수 있다.

공공기관은 정보의 비공개 결정을 한 경우에는 그 사실을 청구인에게 지체 없이 문서로 통지하여야 한다. 이 경우 비공개 이유와 불복의 방법 및 절차를 구체적으로 밝혀야 한다(「공공기관의 정보공개에 관한 법률」 제13조).

다. 불복구제

1) 이의신청

청구인이 정보공개와 관련한 공공기관의 비공개 결정 또는 부분 공개 결정에 대하여 불복이 있거나 정보공개 청구 후 20일이 경과하도록 정보공개 결정이 없는 때에는 공공기관으로부터 정보공개 여부의 결정 통지를 받은 날 또는 정보공개 청구 후 20일이 경과한 날부터 30일 이내에 해당 공공기관에 문서로 이의신청을 할 수 있다. 특수법인은 이의신청이 있는 경우에는 심의회를 개최하여야 한다. 다만 심의회의 심의를 이미 거친 사항, 단순·반복적인 청구, 법령에 따라 비밀로 규정된 정보에 대한 청구에 대하여는 개최할 필요가 없다.

공공기관은 이의신청을 받은 날부터 7일 이내에 그 이의신청에 대하여 결정하고 그 결과를 청구인에게 지체 없이 문서로 통지하여야 한다. 다만 부득이한 사유로 정하여진 기간 이내에 결정할 수 없을 때에는 그 기간이 끝나는 날의 다음 날부터 기산하여 7일의 범위에서 연장할 수 있으며, 연장 사유를 청구인에게 통지하여야 한다(「공공기관의 정보공개에 관한 법률」 제18조).

2) 행정심판

청구인이 정보공개와 관련한 공공기관의 결정에 대하여 불복이 있거나 정보공개 청구 후 20일이 경과하도록 정보공개 결정이 없는 때에는 「행정심판법」에서 정하는 바에 따라 행정심판을 청구할 수 있다. 이 경우 국가기관 및 지방자치단체 외의 공공기관의 결정에 대한 감독행정기관은 관계 중앙행정기관의 장 또는 지방자치단체의 장으로 한다. 청구인은 이의신청 절차를 거치지 아니하고 행정심판을 바로 청구할 수 있다. 행정심판위원회의 위원 중 정보공개 여부의 결정에 관한 행정심판에 관여하는 위원은 재직 중은 물론 퇴직 후에도 그 직무상 알게 된 비밀을 누설하여서는 아니 된다(「공공기관의 정보공개에 관한 법률」 제19조).

3) 행정소송

청구인이 정보공개와 관련한 공공기관의 결정에 대하여 불복이 있거나 정보공개 청구 후 20일이 경과하도록 정보공개 결정이 없는 때에는 「행정소송법」에서 정하는 바에 따라 행정소송을 제기할 수 있다. 재판장은 필요하다고 인정하면 당사자를 참여시키지 아니하고 제출된 공개 청구 정보를 비공개로 열람 · 심사할 수 있다.

재판장은 행정소송의 대상 정보 중 국가안전보장 · 국방 또는 외교관계에 관한 정보의 비공개 또는 부분 공개 결정처분인 경우에 공공기관이 그 정보에 대한 비밀 지정의 절차, 비밀의 등급 · 종류 및 성질과 이를 비밀로 취급하게 된 실질적인 이유 및 공개를 하지 아니하는 사유 등을 입증하면 해당 정보를 제출하지 아니하게 할 수 있다(「공공기관의 정보공개에 관한 법률」 제20조).

2. 데이터 활용

가. 의의

공공기관이 보유 · 관리하는 각종 데이터를 국민에게 제공하고 그 이용을 활성화함으로써 국민의 삶의 질 향상과 국민경제 발전에 이바지함을 목적으로 2013. 7.30. 제정된 「공공데이터의 제공 및 이용 활성화에 관한 법률」 제2조는 일부 특수법인에게도 적용하고 있다.

앞의 「공공기관의 정보공개에 관한 법률」이 국민의 정보공개 요청이 있을 때 내부심의를 거쳐 정보를 공개하는 소극적인 절차를 규정한 것임에 반하여, 이 법은 요청에 관계없이 각종 데이터를 국민들이 알기 쉬운 방법으로 먼저 제공하는 적극적인 규정이라는 특징이 있다. 그리고 이 법에서의 데이터는 데이터베이스, 전자화된 파일 등 법령 등에서 정하는 목적을 위하여 생성 또는 취득하여 관리하고 있는 광(光) 또는 전자적 방식으로 처리된 자료 또는 정보로서 이용자로 하여금 기계 판독이 가능하도록 다양한 방식으로 전달하는 것을 말한다.

나. 기본원칙

「공공데이터의 제공 및 이용 활성화에 관한 법률」 제3조는 공공기관에 대하여 다음의 의무적 원칙을 규정하고 있다.

① 누구든지 공공데이터를 편리하게 이용할 수 있도록 노력하여야 하며, 이용권의 보편적 확대를 위하여 필요한 조치를 취하여야 한다.

② 공공데이터에 관한 국민의 접근과 이용에 있어서 평등의 원칙을 보장하여야 한다.

③ 정보통신망을 통하여 일반에 공개된 공공데이터에 관하여 법률상 특별한 경우를 제외하고는 이용자의 접근제한이나 차단 등 이용저해행위를 하여서는 안 된다.

④ 다른 법률에 특별한 규정이 있는 경우 또는 법률에서 정하는 특별한 경우를 제외하고는 공공데이터의 영리적 이용인 경우에도 이를 금지 또는 제한하여서는 안 된다.

⑤ 이용자는 공공데이터를 이용하는 경우 국가안전보장 등 공익이나 타인의 권리를 침해하지 아니하도록 법령이나 이용조건 등에 따른 의무를 준수하여야 하며, 신의에 따라 성실하게 이용하여야 한다.

다. 데이터 제공

공공기관의 장은 해당 기관의 공공데이터 제공 및 이용 활성화에 관한 업무를 총괄하는 책임관 및 실무담당자를 임명하고 이를 이용자가 알기 쉽게 해당 기관의 인터넷 홈페이지를 통하여 공표하여야 한다. 공공기관의 장은 책임관과 담당자를 임명 또는 변경한 경우에는 지체 없이 안전행정부장관에게 통보하고 해당 기관의 공공데이터 제공 및 이용 지원을 전담하는 조직 및 인력을 둘 수 있다. 공공기관의 장은 공공데이터의 제공 및 이용 활성화를 위하여 개인 및 기업, 단체 등과 협력하여 관련 서비스를 제공할 수 있다.

공공데이터의 효율적인 제공 및 이용 활성화 지원을 위하여 공공데이터활용지원센터를 「국가정보화 기본법」 제14조에 따른 한국정보화진흥원에 설치 · 운영한다(「공공데이터의 제공 및 이용 활성화에 관한 법률」 제12,13,15조).

라. 데이터 이용

공공데이터를 이용하고자 하는 자는 공표된 제공대상 공공데이터의 경우 소관 공공기관이나 공공데이터 포털 등에서 제공받을 수 있다. 다만 공표된 제공대상 공공데이터 목록에 포함되지 아니하는 공공데이터의 경우 별도의 제공신청을 하여야 한다. 공공기관의 장은 해당 기관이 개발 · 제공하고 있거나 개발 예정인 서비스에 관련 공공데이터가 포함되어 있다는 사유로 공공데이터의 제공을 거부하여서는 아니 된다. 그러나 이용자의 요청에 따라 추가적으로 공공데이터를 생성하거나 변형 또는 가공, 요약, 발췌하여 제공할 의무를 지는 것은 아니다(「공공데이터의 제공 및 이용 활성화에 관한 법률」 제26조).

공공기관의 장 및 활용지원센터는 공공데이터의 제공에 드는 필요최소한의 비용을 이용자에게 부담시킬 수 있다(「공공데이터의 제공 및 이용 활성화에 관한 법률」 제35조).

3. 개인정보 보호

가. 의의

개인정보의 수집 · 유출 · 오용 · 남용으로부터 사생활의 비밀 등을 보호함으로써 국민의 권리와 이익을 증진하고, 나아가 개인의 존엄과 가치를 구현하기 위하여 개인정보 처리에 관한 사항을 규정함을 목적으로 2011.3.29. 제정된 「개인정보 보호법」은 같은 법 시행령 제2조에 따라 공공기관과 지방공사, 지방공단 등 특수법인에게도 적용된다.

디지털화 된 현대사회에 있어서 단순한 신상정보는 물론 생활습관 등 개인의 행태와 관련된 정보 등도 대규모로 무단 수집 · 분석 · 유통됨으로써 심각한 사회문제가 됨에 따라 90년대 초부터 전 세계적으로 이를 방지할 법률적 조치가 필요하다는 인식이 확산되어 왔다.

나. 보호원칙

업무를 목적으로 개인정보파일을 운용하기 위하여 스스로 또는 다른 사람을 통하여 개인정보를 처리하는 특수법인은 다음과 같은 원칙으로 개인정보를 보호하여야 한다(「개인정보 보호법」 제3조).

① 개인정보의 처리 목적을 명확하게 하여야 하고 그 목적에 필요한 범위에서 최소한의 개인정보만을 적법하고 정당하게 수집하여야 한다.

② 개인정보의 처리 목적에 필요한 범위에서 적합하게 개인정보를 처리하여야 하며, 그 목적 외의 용도로 활용하여서는 안 된다.

③ 개인정보의 처리 목적에 필요한 범위에서 개인정보의 정확성, 완전성 및 최신성이 보장되도록 하여야 한다.

④ 개인정보의 처리 방법 및 종류 등에 따라 정보주체의 권리가 침해받을 가능성과 그 위험 정도를 고려하여 개인정보를 안전하게 관리하여야 한다.

⑤ 개인정보 처리방침 등 개인정보의 처리에 관한 사항을 공개하여야 하며, 열람청구권 등 정보주체의 권리를 보장하여야 한다.

⑥ 정보주체의 사생활 침해를 최소화하는 방법으로 개인정보를 처리하여야 한다.

⑦ 개인정보의 익명처리가 가능한 경우에는 익명에 의하여 처리될 수 있도록 하여야 한다.

⑧ 관계 법령에서 규정하고 있는 책임과 의무를 준수하고 실천함으로써 정보주체의 신뢰를 얻기 위하여 노력하여야 한다.

다. 정보의 처리

개인정보를 처리하는 특수법인은 정보주체의 동의를 받거나 법률에 특별한 규정이 있거나 법령상 의무를 준수하기 위하여 그리고 법령 등에서 정하는 소관 업무의 수행을 위하여 불가피한 경우 등에는 개인정보를 수집할 수 있으며 그 수집 목적의 범위에서 이용할 수 있다. 본인의 동의를 받을 때에는 개인정보의 수집 · 이용 목적, 수집하려는 개인정보의 항목, 개인정보의 보유 및 이용 기간을 정보주체에게 알려야 한다(「개인정보 보호법」 제15조).

그러나 개인의 사상 · 신념, 노동조합 · 정당의 가입 · 탈퇴, 정치적 견해, 건강, 성생활 등에 관한 정보, 그 밖에 정보주체의 사생활을 현저히 침해할 우려가 있는 민감한 정보 등은 원칙적으로 처리하여서는 안 된다. 또한 법령에 따라 개인을 고유하게 구별하기 위하여 부여된 식별정보를 처리할 수 없다. 그리고 법령에서 구체적으로 주민등록번호의 처리를 요구하거나 허용한 경우 등을 제외하고는 주민등록번호를 처리할 수 없다(「개인정보 보호법」 제23~24조의2).

라. 안전 관리

개인정보를 처리하는 특수법인은 개인정보가 분실 · 도난 · 유출 · 변조 또는 훼손되지 아니하도록 내부 관리계획 수립, 접속기록 보관 등 안전성 확보에 필요한 기술적 · 관리적 및 물리적 조치를 하여야 한다. 이를 위하여 개인정보의 처리에 관한 업무를 총괄해서 책임질 개인정보 보호책임자를 지정하여야 한다.

정보주체는 자신의 개인정보에 대한 열람을 해당 개인정보처리자에게 요구할 수 있으며, 개인정보처리자가 이 법을 위반한 행위로 손해를 입으면 그에게 손해배상을 청구할 수 있다. 이 경우 그 개인정보처리자는 고의 또는 과실이 없음을 입증하지 아니하면 책임을 면할 수 없다. 개인정보처리자가 이 법에 따른 의무를 준수하고 상당한 주의와 감독을 게을리하지 아니한 경우에는 개인정보의 분실 · 도난 · 유출 · 변조 또는 훼손으로 인한 손해배상책임을 감경받을 수 있다(「개인정보 보호법」 제29,31,35,39조).

마. 조정 · 구제

1) 개인정보분쟁조정위원회

개인정보에 관한 분쟁의 조정(調停)을 위하여 위원장 1명을 포함한 20명 이내의 위원으로 구성하며 그 중 1명은 상임위원으로 한다. 위원은 다음에 해당하는 사람 중에서 안전행정부장관이 임명하거나 위촉한다.

① 개인정보 보호업무를 관장하는 중앙행정기관의 고위공무원단에 속하는 공무원 또는 이에 상당하는 공공부문 및 관련 단체의 직에 재직하고 있거나 재직하였던 사

람으로서 개인정보 보호업무의 경험이 있는 사람 ② 대학이나 공인된 연구기관에서 부교수 이상 또는 이에 상당하는 직에 재직하고 있거나 재직하였던 사람 ③ 판사·검사 또는 변호사로 재직하고 있거나 재직하였던 사람 ④ 개인정보 보호와 관련된 시민사회단체 또는 소비자단체로부터 추천을 받은 사람 ⑤ 개인정보처리자로 구성된 사업자단체의 임원으로 재직하고 있거나 재직하였던 사람

위원장은 위원 중에서 공무원이 아닌 사람으로 안전행정부장관이 임명한다. 위원장과 위원의 임기는 2년으로 하되, 1차에 한하여 연임할 수 있다. 분쟁조정위원회는 분쟁조정 업무를 효율적으로 수행하기 위하여 필요하면 조정사건의 분야별로 5명 이내의 위원으로 구성되는 조정부를 둘 수 있다. 이 경우 조정부가 분쟁조정위원회에서 위임받아 의결한 사항은 분쟁조정위원회에서 의결한 것으로 본다. 위원은 자격정지 이상의 형을 선고받거나 심신상의 장애로 직무를 수행할 수 없는 경우를 제외하고는 그의 의사에 반하여 면직되거나 해촉되지 아니한다(「개인정보 보호법」 제40,41조).

2) 단체소송

다음에 해당하는 단체는 개인정보처리자가 집단분쟁조정을 거부하거나 집단분쟁조정의 결과를 수락하지 아니한 경우에는 법원에 권리침해 행위의 금지·중지를 구하는 단체소송을 제기할 수 있다(「개인정보 보호법」 제51조).

① 「소비자기본법」 제29조에 따라 공정거래위원회에 등록한 소비자단체로서 ㉠ 정관에 따라 상시적으로 정보주체의 권익증진을 주된 목적으로 하고 ㉡ 정회원수가 1천명 이상이며 ㉢ 등록 후 3년이 경과한 요건을 모두 갖춘 단체

② 「비영리민간단체 지원법」 제2조에 따른 비영리민간단체로서 ㉠ 법률상 또는 사실상 동일한 침해를 입은 100명 이상의 정보주체로부터 단체소송의 제기를 요청받고 ㉡ 정관에 개인정보 보호를 단체의 목적으로 명시한 후 최근 3년 이상 이를 위한 활동실적이 있으며 ㉢ 상시 구성원수가 5천명 이상이며 ㉣ 중앙행정기관에 등록되어 있는 단체

3) 시정조치

안전행정부장관과 관계 중앙행정기관의 장은 개인정보가 침해되었다고 판단

할 상당한 근거가 있고 이를 방치할 경우 회복하기 어려운 피해가 발생할 우려가 있다고 인정되면 위반자에 대하여 개인정보 침해행위의 중지, 개인정보 처리의 일시적인 정지 등 필요한 조치를 명할 수 있다(「개인정보 보호법」 제64조).

지방자치단체, 국회, 법원, 헌법재판소, 중앙선거관리위원회는 그 소속 기관 및 소관 공공기관이 법을 위반하였을 때에는 동일한 조치를 명할 수 있다.

4) 징벌 및 공표

안전행정부장관과 관계 중앙행정기관의 장은, 개인정보처리자에게 개인정보보호와 관련된 법규의 위반에 따른 범죄혐의가 있다고 인정될 만한 상당한 이유가 있을 때에는 관할 수사기관에 그 내용을 고발할 수 있다.

개인정보 보호와 관련된 법규의 위반행위가 있다고 인정될 만한 상당한 이유가 있을 때에는 책임이 있는 대표자 및 임원 등을 징계할 것을 해당 개인정보처리자에게 권고할 수 있다. 이 경우 권고를 받은 사람은 이를 존중하여야 하며 그 결과를 안전행정부장관에게 통보하여야 한다.

안전행정부장관과 관계중앙행정기관의 장은 개선권고, 시정조치 명령, 고발 또는 징계권고 및 과태료 부과의 내용 및 결과에 대하여 개인정보보호위원회의 심의 · 의결을 거쳐 공표할 수 있다(「개인정보 보호법」 제65,66조).

4. 기록물 보호 · 관리

가. 의의

공공기관의 투명하고 책임 있는 행정 구현과 공공기록물의 안전한 보존 및 효율적 활용을 위하여 2006.10.4. 제정된 「공공기록물 관리에 관한 법률」은 「공공기관의 운영에 관한 법률」에 의한 공공기관과 지방공단 · 지방공사 등 특수법인에게도 적용된다. 이 법에서 말하는 '기록물'이란 공공기관이 업무와 관련하여 생산하거나 접수한 문서 · 도서 · 대장 · 카드 · 도면 · 시청각물 · 전자문서 등 모든 형태의 기록정보 자료와 행정박물(行政博物)을 말하며, '관리'라는 것은 기록물을 생산 · 분류 · 정리 · 이관 · 수집 · 평가 · 폐기 · 보존 · 공개 · 활용하고 이에 부수되는 모든 업무를 말한다. 이에 따라 특수법인의 직원을 포함한 모든 공직자는 공공기록물을 보호 · 관리할 의무를 갖는다(「공공기록물 관리에 관한 법률」 제3,4조).

나. 기본원칙

「공공기록물 관리에 관한 법률」은 공공기록물의 생산 · 관리와 관련하여 몇 가지 원칙적인 규정을 정하고 있다.

① 공공기관의 장은 기록물의 생산부터 활용까지의 모든 과정에 걸쳐 진본성(眞本性), 무결성(無缺性), 신뢰성 및 이용가능성이 보장될 수 있도록 관리하여야 한다(제5조).

② 공공기록물이 전자적으로 생산 · 관리되도록 필요한 조치를 마련하여야 하며, 전자적 형태로 생산되지 아니한 기록물도 전자적으로 관리되도록 노력하여야 한다(제6조).

③ 공공기관은 효율적이고 책임 있는 업무수행을 위하여 업무의 입안단계부터 종결단계까지 업무수행의 모든 과정 및 결과가 기록물로 생산 · 관리될 수 있도록 업무과정에 기반한 기록물관리를 위하여 필요한 조치를 마련하여야 한다(제16조).

④ 비밀 기록물 관리 업무를 담당하였거나 비밀 기록물에 접근 · 열람하였던 자는 그 과정에서 알게 된 비밀을 누설하여서는 안 된다(제47조).

다. 분류 · 관리

공공기관은 대통령령으로 정하는 바에 따라 기록물의 보존기간, 공개 여부, 비밀 여부 및 접근권한 등을 분류하여 관리하여야 한다. 영구보존으로 분류된 기록물 중 중요한 기록물은 복제본을 제작하여 보존하거나 보존매체에 수록하는 등의 방법으로 이중보존하는 것을 원칙으로 한다. 공공기관의 장은 기록물이 유출되어 민간인이 이를 소유하거나 관리하는 경우에는 그 기록물을 회수하거나 위탁보존 또는 복제본 수집 등 필요한 조치를 하여야 한다. 이 경우 기록물을 회수하였을 때에는 선의로 취득한 제3자에게 필요한 보상을 할 수 있다.

공공기관이 기록물을 폐기하려는 경우에는 대통령령으로 정하는 바에 따라 기록물관리 전문요원의 심사와 기록물평가심의회의 심의를 거쳐야 한다(「공공기록물 관리에 관한 법률」 제19,21,26,27조).

라. 기록물 이관

공공기관은 소관 기록물관리기관으로 기록물을 이관하려는 경우에는 그 기록물의 공개 여부를 재분류하여 이관하여야 한다. 다만 공공기관의 기록관 또는 특수기록관이 영구기록물관리기관으로 기록물을 이관하는 경우로서 기록물을 이관하기 전 최근 5년의 기간 중 해당 기록물의 공개 여부를 재분류한 경우에는 공개 여부 재분류 절차를 생략하고 기록물을 이관할 수 있다. 기록물관리기관은 비공개로 재분류된 기록물에 대하여는 재분류된 연도부터 5년마다 공개 여부를 재분류하여야 한다(「공공기록물 관리에 관한 법률」 제35조).

5. 행정절차

가. 의의

행정처분, 신고, 행정상 입법예고, 행정예고 및 행정지도 등을 행함에 있어서 공통적인 사항을 규정하여 국민의 행정 참여를 도모하고 행정의 공정성 · 투명성 및 신뢰성을 확보하며 국민의 권익을 보호함을 목적으로 제정된 「행정절차법」은 제2조에서 법령 또는 자치법규에 따라 행정권한을 가지고 있거나 위임 또는 위탁받은 공공단체 또는 그 기관이나 사인(私人)에게도 적용되므로 특수법인도 당연히 포함된다. 이 법의 핵심은 행정주체인 행정청이 각종 처분 등을 행하기 전에 상대방에게 먼저 의견을 구하는 절차를 정한 것으로서 국민주권주의의 본질에 부합하는 제도라 할 수 있다.

나. 처분

행정청이 행하는 구체적 사실에 관한 법 집행으로서의 공권력의 행사 또는 그 거부와 그 밖에 이에 준하는 행정작용 중 특히 당사자에게 의무를 부과하거나 권익을 제한하는 처분을 하는 경우에는 미리 다음 사항을 당사자등에게 통지하여야 한다. ① 처분의 제목 ② 당사자의 성명 또는 명칭과 주소 ③ 처분하려는 원인이 되는 사실과 처분의 내용 및 법적 근거 ④ 의견을 제출할 수 있다는 뜻과 의견을 제출하지 아니하는 경우의 처리방법 ⑤ 의견제출기관의 명칭과 주소 ⑥ 의견제출기한 ⑦ 그 밖에 필요한 사항

만약 행정청이 청문을 하려면 청문이 시작되는 날부터 10일 전까지 위의 사항을 당사자 등에게 통지하여야 한다(「행정절차법」 제21조).

행정청은 처분을 할 때에 당사자 등이 제출한 의견이 상당한 이유가 있다고 인정하는 경우에는 이를 반영하여야 한다(「행정절차법」 제27조의2).

필요한 경우에는 청문회 또는 공청회를 통하여 의견을 들을 수 있다(「행정절차법」 제28~39조의2).

다. 신고

법령등에서 행정청에 일정한 사항을 통지함으로써 의무가 끝나는 신고를 규정하고 있는 경우 신고를 관장하는 행정청은 신고에 필요한 구비서류, 접수기관, 그 밖에 법령등에 따른 신고에 필요한 사항을 인터넷 등으로 게시하거나 이에 대한 편람을 갖추어 두고 누구나 열람할 수 있도록 하여야 한다.

신고서의 기재사항에 흠이 없고, 필요한 구비서류가 첨부되어 있으며 그 밖에 법령 등에 규정된 형식상의 요건에 적합하면 신고서가 접수기관에 도달된 때에 신고의무가 이행된 것으로 본다(「행정절차법」 제40조).

라. 행정예고

행정청은 다음에 해당하는 사항에 대한 정책, 제도 및 계획을 수립 · 시행하거나 변경하려는 경우에는 이를 20일 이상 예고하여야 한다. 다만 예고로 인하여 공공의 안전 또는 복리를 현저히 해칠 우려가 있거나 그 밖에 예고하기 곤란한 특별한 사유가 있는 경우에는 예고하지 아니할 수 있다(「행정절차법」 제46조).

① 국민생활에 매우 큰 영향을 주는 사항 ② 많은 국민의 이해가 상충되는 사항 ③ 많은 국민에게 불편이나 부담을 주는 사항 ④ 그 밖에 널리 국민의 의견을 수렴할 필요가 있는 사항.

마. 참여 확대

행정청은 행정과정에 국민의 참여를 확대하기 위하여 다양한 참여방법과 협력의 기회를 제공하도록 노력하여야 한다. 이에 따라 국민에게 영향을 미치는 주요 정책 등에 대하여 국민의 다양하고 창의적인 의견을 널리 수렴하기 위하여 정보통신망을 이용한 정책토론을 실시할 수 있다. 효율적인 전자적 정책토론을 위하여 과제별로 한시적인 토론 패널을 구성하여 해당 토론에 참여시킬 수 있다. 패널의 구성에 있어서는 공정성 및 객관성이 확보될 수 있도록 노력하여야 한다(「행정절차법」 제52,53조).

6. 기타

가. 지방 이전

정부는 수도권에 있는 공공기관(특수법인) 중 대통령령으로 정하는 기관을 단계적으로 지방으로 이전하기 위한 공공기관지방이전시책을 추진하여야 한다. 관계 중앙행정기관의 장, 지방자치단체의 장 및 이전대상공공기관의 장은 이 시책에 따라 공공기관별 지방이전계획의 수립 등 공공기관의 이전에 필요한 조치를 시행하여야 한다. 국가와 지방자치단체는 공공기관이 지방으로 이전하는 경우 이전하는 공공기관 및 그 종사자에 대하여 재정적 · 행정적 지원 및 생활환경의 개선 등에 관한 지원을 할 수 있다(「국가균형발전 특별법」 제18조).

지방으로 이전하는 공공기관의 장은 이전의 규모 및 범위, 이전시기, 이전비용의 조달 방안 등을 포함하는 지방이전계획을 수립하여야 한다. 지방이전계획은 수도권에 있는 이전공공기관의 본사 또는 주사무소 및 그 기능의 수행을 위한 조직을 지방으로 이전하는 것을 목적으로 수립되어야 한다. 이전 공공기관의 장은 지방이전계획을 수립한 때에는 그 계획을 소관 행정기관의 장에게 제출하여야 한다. 그 계획을 변경하는 경우에도 또한 같다(「공공기관 지방이전에 따른 혁신도시 건설 및 지원에 관한 특별법」 제4조).

나. 제품 우선 구매

1) 녹색제품

공공기관(특수법인)의 장은 상품을 구매하고자 하는 경우에는 녹색제품을 구매하여야 한다(「녹색제품 구매촉진에 관한 법률」 제6조). '녹색제품'이란 에너지 · 자원의 투입과 온실가스 및 오염물질의 발생을 최소화하는 제품을 말한다(「저탄소 녹색성장 기본법」 제2조제5호).

2) 농업인 제품

공공기관의 장은 농업인등이 생산하는 농외소득 활동제품에 대한 구매를 우선적으로 촉진하여야 한다. 농업인등이 생산하는 농외소득 활동제품의 구매계획을 수립 · 공표하여야 한다(「농업인등의 농외소득 활동 지원에 관한 법률」 제15조).

3) 여성기업 제품

공공기관의 장은 여성기업이 직접 생산하고 제공하는 제품의 구매를 촉진하여야 한다. 공공기관의 장이 「중소기업제품 구매촉진 및 판로지원에 관한 법률」 제5조 제1항에 따라 작성하는 구매계획에는 여성기업제품의 구매계획을 구분하여 포함시켜야 한다. 여성기업제품을 구매할 경우, 물품 · 용역 구매총액의 5%, 공사 구매총액의 3% 이상의 구매목표를 포함시켜야 하며, 공공기관의 장은 해당 구매계획을 이행하여야 한다(「여성기업지원에 관한 법률」 제9조 및 같은 법 시행령 제7조).

4) 사회적기업 제품

공공기관의 장은 사회적기업이 생산하는 재화나 서비스의 우선 구매를 촉진하여야 한다. 공공기관의 장은 사회적기업제품의 구매 증대를 위한 구매계획과 전년도 구매실적을 고용노동부장관에게 통보하여야 한다(「사회적기업 육성법」 제12조). 사회적기업이란 취약계층에게 사회서비스 또는 일자리를 제공하거나 지역사회에 공헌함으로써 지역주민의 삶의 질을 높이는 등의 사회적 목적을 추구하면서 재화 및 서비스의 생산 · 판매 등 영업활동을 하는 기업으로서 고용노동부장관의 인증을 받은 것을 말한다(같은 법 제2조).

5) 장애인기업 제품

공공기관의 장은 장애인기업이 생산하는 물품의 구매를 촉진하여야 한다. 공공기관의 장은 작성하는 구매계획에 장애인기업이 생산하는 물품의 구매계획을 구분하여 포함시켜야 한다. 이 경우 미리 중소기업청장과 협의하여야 한다(「장애인기업활동 촉진법」 제9조의2).

공공기관의 장은 중증장애인생산품에 대한 구매를 우선적으로 촉진하여야 한다. 공공기관의 장은 제품과 노무용역 등의 서비스에 대한 총구매액의 1% 이상의 중증장애인생산품 구매계획과 전년도 구매실적을 보건복지부장관에게 제출하여야 한다(「중증장애인생산품 우선구매 특별법」 제7조 및 같은 법 시행령 제10조).

6) 협동조합 제품

공공기관의 장은 구매하려는 재화나 서비스에 사회적협동조합이 생산하는 재화나 서비스가 있는 경우에는 해당 재화나 서비스의 우선 구매를 촉진하여야 한다. 구매 증대를 위한 구매 계획과 전년도 구매 실적을 기획재정부장관에게 통보하여야 한다(「협동조합 기본법」 제95조의2).

다. 중소기업 지원

공공기관 중 대통령령으로 정하는 기관은 매년 중소기업 지원계획과 추진실적을 작성하여 산업통상자원부장관에게 제출하여야 한다. 산업통상자원부장관은 공공기관이 제출한 중소기업 지원계획과 추진실적을 평가하고 그 결과를 기획재정부장관에게 통보할 수 있다. 기획재정부장관은 평가결과를 공공기관의 경영평가 시 반영할 수 있다. 공공기관은 대 · 중소기업 상생협력을 촉진하기 위하여 중소기업 전담지원조직을 설치 · 운영할 수 있다(「대 · 중소기업 상생협력 촉진에 관한 법률」 제19조).

공공기관의 장은 소모성 자재를 구입할 때 대규모 자재구매대행업자와 중소 소모성 자재 납품업자 간에 경쟁이 있는 경우 중소 소모성 자재 납품업자와 우선 계약을 체결하여야 한다(「중소기업제품 구매촉진 및 판로지원에 관한 법률」 제31조의2).

라. 고용 촉진

공공기관은 신규 채용인원의 일정비율 이상을 지역인재로 채용하도록 노력하여야 한다(「지방대학 및 지역균형인재 육성에 관한 법률」 제13조).

대통령령으로 정하는 공공기관과 지방공기업의 장은 매년 각 공공기관과 지방공기업의 정원의 100분의 3 이상씩 청년 미취업자를 고용하여야 한다. 다만 구조조정 등 불가피한 경우로서 대통령령으로 정하는 사유가 있는 경우는 제외한다(「청년고용촉진 특별법」 제5조).

마. 체육 진흥

공공기관 중 상시 근무하는 직원이 1,000명 이상인 기관에는 한 종목 이상의 운동경기부를 설치·운영하고 체육지도자를 두어야 한다(「체육진흥법 시행령」 제7조 제2항).

제 4 장
특수법인의 조직

제1절 의 의

1. 특성

특수법인은 국가나 지방자치단체와 달리 그 설립주체, 형태, 임무, 기능 등이 매우 다양하여 특수법인의 조직과 관련하여 단일 기준을 정하는 것은 불가능하다. 다만 특수법인도 「민법」과 「상법」 등 일반법인의 기본 틀에 특별한 지위를 부여한 것이므로 특수법인의 설치근거가 되는 개별 법률에서 특별히 정한 것이 없으면 「민법」상의 사단법인이나 재단법인, 그리고 「상법」상의 회사조직이 준용된다.

따라서 특수법인의 조직은 민·상법상 일반법인의 조직구조와 함께 살펴볼 필요가 있다.

2. 관련 법령

특수법인 전체를 아우르는 일반법은 없지만, 유형별로 적용하는 기본법은 마련되어 있다. 2007.1.19. 공포된 「공공기관의 운영에 관한 법률」에 따라 지정 · 고시된 공공기관은 공재단과 공기업의 대부분을 망라하고 있고, 「정부출연 연구기관 등의 설립 운영 및 육성에 관한 법률」과 「과학기술분야 정부출연 연구기관 등의 설립 운영 및 육성에 관한 법률」에 따라 설치된 연구기관의 조직에 적용하는 기준을 정한 법률도 있으며, 또한 지방자치단체에서 설립하는 법인의 근거가 되는 「지방공기업법」과 「지방자치단체출연 연구원의 설립 및 운영에 관한 법률」, 「지방의료원의 설립 및 운영에 관한 법률」 등에서도 각각 일정한 그룹별 특수법인에게 공통적으로 적용되는 기본 틀이 정해져 있다.

3. 지위

특수법인의 조직 중 공통된 구성원은 이사와 감사이다. 이사들의 집합체가 이사회이므로 여기서는 공통조직인 이사회, 이사, 감사를 살펴본다.

가. 이사회

특수법인의 내부 의사결정은 대개 이사회가 담당한다. 특수법인의 중요한 의사결정은 사장이 단독으로 결정하는 것이 아니라 이사회의 심의 · 의결을 거쳐 법인을 대표하는 기관장의 명의로 외부에 표시하는 것이다. 「민법」의 법인에는 이사에 관한 사항은 있으나, 이사회와 관련해서는 특별한 규정이 없다. 그러나 「상법」의 주식회사에는 이사뿐만 아니라 이사회에 관한 상세한 규정이 있다(제389~393조의2). 이사회에는 상임이사는 물론 비상임이사도 당연히 포함된다. 「상법」에서는 비상임이사를 '사외이사'로 표시하고 있다.

나. 이사

「민법」상 법인의 기관은 사원총회(의사결정기관), 이사(의사집행기관), 감사(감독기관)의 3가지를 인정하고 있지만, 실제 법인의 종류에 따라 반드시 같지는 않다. 「민법」상 이사는 대외적으로 법인을 대표하고 대내적으로 법인의 사무를 집행하는 기관으로서 사단법인이나 재단법인이든 관계없이 반드시 두어야 한다. 이사의 수와 임기는 특별한 제한이 없으며 정관에서 임의로 정할 수 있다. 특수법인도 이사를 둔다. 이사의 직무권한은 법인의 대표권을 갖는 것이 일반적이지만 특수법인의 경우에는 이사장, 회장, 총재 등 대표자 명칭이 따로 있는 경우가 많다. 이사에 관해서는 「민법」과 「상법」의 이사제도가 일반적으로 준용된다. 하지만 이사의 선임을 특수법인 설치법에서 직접 규정하는 것도 있다.[98)]

다. 감사

감사는 임면과정부터 이사와 달리 지주회사인 주무부처의 장이 직접 관여하는 경우가 많고 또 이사회의 구성원이 아니므로 의안을 심의하고 표결에 직접 참여할 수는 없으나 업무와 회계에 대한 감사를 행하고 그 결과를 이사회에 보고하므로 의사결정에 영향력은 행사할 수 있다.

감사의 임명은 직무 특성상 독립적이고 자율적으로 수행케 하기 위하여 이사와 달리하는 것이 통례이다. 감사는 법인 내부의 회계처리 뿐만 아니라 업무성과와 직원에 대한 복무사항 등 전반에 걸쳐 있으며 감사가 행한 자체 감사결과는 감사원이나 국회 등 외부에 대하여 법적 책임을 지게 된다.

제2절 공법상 사단법인(공사단)

1. 민법의 사단법인

「민법」은 사단법인의 기관으로 사원총회, 이사(회), 감사를 두고 있다. 사원자격과 이사의 임면은 정관의 필수 기재사항이며 감사는 정관 또는 총회의 결의로 둘 수 있다.

---

98) 「독립기념관법」 제7조 등.

가. 이사

1) 대표권

사단법인에는 법인 사무를 집행하는 이사를 두어야 한다. 이사가 여러 명인 경우에는 정관에 다른 규정이 없으면 법인의 사무집행은 이사의 과반수로써 결정한다.

이사는 법인의 사무에 관하여 각자 법인을 대표한다. 그러나 정관에 규정한 취지에 위반할 수 없고 특히 사단법인은 총회의 의결에 의하여야 한다. 법인의 대표에 관하여는 대리에 관한 규정을 준용하며 이사의 대표권에 대한 제한은 등기하지 아니하면 제3자에게 대항하지 못한다.

2) 직무대행

이사의 직무대행자는 가처분명령에 다른 정함이 있는 경우 외에는 법인의 통상사무에 속하지 아니한 행위를 하지 못한다. 다만 법원의 허가를 얻은 경우에는 그러하지 아니하다. 직무대행자가 이를 위반한 경우에도 법인은 선의의 제3자에 대하여 책임을 진다.

이사는 정관 또는 총회의 결의로 금지하지 아니한 사항에 한하여 타인으로 하여금 특정한 행위를 대리하게 할 수 있다.

3) 임시이사

이사가 없거나 결원이 있는 경우에 이로 인하여 손해가 생길 염려 있는 때에는 법원은 이해관계인이나 검사의 청구에 의하여 임시이사를 선임하여야 한다.

법인과 이사의 이익이 상반하는 사항에 관하여는 이사는 대표권이 없다. 이 경우에는 전조의 규정에 의하여 특별대리인을 선임하여야 한다.

4) 이사의 책임

이사는 선량한 관리자의 주의로 그 직무를 행하여야 한다. 이사가 그 임무를 해태한 때에는 그 이사는 법인에 대하여 연대하여 손해배상의 책임이 있다(「민법」 제57~65조).

나. 감사

법인은 정관 또는 총회의 결의로 감사를 둘 수 있다.

감사의 직무는 ① 법인의 재산상황을 감사하는 일 ② 이사의 업무집행의 상황을 감사하는 일 ③ 재산상황 또는 업무집행에 관하여 부정, 불비한 것이 있음을 발견한 때에는 이를 총회 또는 주무관청에 보고하는 일 ④ 보고를 위하여 필요한 경우 총회를 소집하는 일이다(「민법」 제66,67조).

다. 사원총회

1) 권한

사단법인의 사무는 정관으로 이사 또는 기타 임원에게 위임한 사항 외에는 총회의 결의에 의하여야 한다(「민법」 제68조).

총회의 소집은 1주간 전에 그 회의의 목적사항을 기재한 통지를 발하고 기타 정관에 정한 방법에 의하여야 한다. 총회는 미리 통지한 사항에 관하여서만 결의할 수 있다. 그러나 정관에 다른 규정이 있는 때에는 그 규정에 의한다.

각 사원의 결의권은 평등으로 한다. 사원은 서면이나 대리인으로 결의권을 행사할 수 있다. 사단법인과 어느 사원과의 관계사항을 의결하는 경우에는 그 사원은 결의권이 없다.

총회의 결의는 본법 또는 정관에 다른 규정이 없으면 사원 과반수의 출석과 출석사원의 결의권의 과반수로써 한다. 서면이나 대리인으로 결의권을 행사한 경우에도 출석한 것으로 한다(「민법」 제71~75조).

2) 종류

사단법인의 이사는 매년 1회 이상 통상총회를 소집하여야 한다. 사단법인의 이사는 필요하다고 인정한 때에는 임시총회를 소집할 수 있다. 총사원의 5분의 1 이상으로부터 회의의 목적사항을 제시하여 청구한 때에는 이사는 임시총회를 소집하여야 한다. 이 정수는 정관으로 증감할 수 있다. 임시총회의 청구가 있는 후 2주간 내에 이사가 총회소집의 절차를 밟지 아니한 때에는 청구한 사원은 법원의 허가를 얻어 이를 소집할 수 있다.

총회의 의사에 관하여는 의사록을 작성하여야 한다. 의사록에는 의사의 경과, 요령 및 결과를 기재하고 의장 및 출석한 이사가 기명날인하여야 한다. 이사는 의사록을 주된 사무소에 비치하여야 한다(「민법」 제69~76조).

2. 의결기관

공법상 사단법인(공사단)의 경우 법률로 직접 설치한 것도 있는 반면, 「새마을운동조직 육성법」, 「한국자유총연맹 육성에 관한 법률」 등과 같이 「민법」에 의해 설립된 사단법인을 육성하는 특별법을 제정하거나, 「공인회계사법」 제41조에 의한 한국공인회계사회처럼 설치근거는 법에 있고 하위규정에 위임한 것도 있다. 여기서는 1961.5.10. 제정된 「대한민국 재향군인회법」에 따라 공법상 사단법인으로 설치된 대한민국재향군인회와 1949.11.7. 제정된 「변호사법」 제7장에 따라 설치된 지방변호사회를 중심으로 조직구성을 살펴보기로 한다. 다른 공사단도 규모의 차이만 있을 뿐 이와 같은 형태에서 크게 벗어나지 않을 것이다.

가. 총회

1) 구성

재향군인회의 총회는 회장, 부회장, 사무총장, 이사, 시·도회장, 지회장과 대의원으로 구성한다. 대의원은 회원 중에서 선임한다. 대의원의 정수(定數)·선임 및 임기에 관하여 필요한 사항은 정관으로 정한다. 총회는 정관으로 정하는 중요한 사항을 의결한다(「대한민국 재향군인회법」 제7조). 회원의 자격은 같은 법 제5조에서 정하고 있다.

지방변호사회의 총회는 개업신고를 한 변호사로 구성한다. 다만 회원수가 200명 이상인 경우에는 회칙으로 정하는 바에 따라 회원이 선출하는 대의원으로 구성할 수 있다(「변호사법」 제70조 제2항).

2) 소집

정기총회는 매년 1회 회장이 소집한다.

임시총회는 회장이 필요하다고 인정할 때 또는 대의원 3분의 1 이상이 회의소집을 요청할 때에 회장이 소집한다. 회장은 대의원으로부터 임시총회 소집 요청을 받았을 때에는 15일 내에 회의를 소집하여야 한다(「대한민국 재향군인회법」 제8조).

3) 회의 및 의사

총회는 재적 구성원 과반수의 출석과 출석 구성원 과반수의 찬성으로 의결한다. 다만 정관의 변경은 재적 구성원 과반수의 출석과 출석 구성원 3분의 2 이상의 찬성으로 의결한다(「대한민국 재향군인회법」 제9조).

정관이 변경되거나 예산 · 결산 및 사업계획에 관한 사항은 총회의 의결을 거쳐 국가보훈처장의 승인을 받아야 한다(「대한민국 재향군인회법」 제10조).

나. 이사회

재향군인회에 이사회를 둔다. 이사회는 정관에 규정된 사항과 총회에서 위임된 사항을 의결한다. 이사회는 이사로 구성한다. 회장과 부회장은 당연히 이사가 된다. 이사회는 재적 이사 과반수의 출석과 출석 이사 과반수의 찬성으로 의결한다. 사무총장은 이사회에 출석하여 발언할 수 있다.

재향군인회장은 천재지변이나 그 밖의 긴급한 사태가 발생하여 총회의 소집이 극히 곤란하다고 인정할 때에는 국가보훈처장의 승인을 받아 이사회로 하여금 총회의 권한을 대행하게 할 수 있다. 이 경우 이사회에서 의결된 사항은 다음에 소집되는 총회의 승인을 받아야 한다(「대한민국 재향군인회법」 제11조).

지방변호사회장은 지방변호사회를 대표하고, 지방변호사회의 업무를 총괄한다(「변호사법」 제69조의2).

3. 집행기관

가. 임원

1) 선임

재향군인회의 본부에 임원으로 회장 · 부회장 · 사무총장 · 이사 및 감사를 둔다. 회장 · 부회장 · 이사 및 감사는 총회에서 선임하고, 사무총장은 회장이 임명한다. 다만 회장 · 부회장이 아닌 이사와 감사가 궐위된 경우 총회를 소집할 수 없는 부득이한 사유가 있는 때에는 이사회에서 궐위된 이사와 감사를 선임할 수 있다. 이 경우 이사회에서 선임된 이사와 감사는 다음에 소집되는 총회일의 전날까지 재임한다(「대한민국 재향군인회법」 제12조 제1,2항). 공법상 사단법인의 기관장은 대체로 회장이라는 명칭을 사용하지만 공제조합 등의 경우에는 '이사장'의 이름도 쓰고 있다.

지방변호사회의 임원은 회장, 부회장, 상임이사, 이사, 감사를 두며 총회에서 선임한다(「변호사법」 제69조).

2) 직무

회장은 재향군인회를 대표하고, 재향군인회의 사무를 총괄하며, 총회와 이사회의 의장이 된다. 부회장은 회장을 보좌하며 회장이 부득이한 사유로 직무를 수행할 수 없을 때에는 회장이 미리 지정한 순서에 따라 그 직무를 대행한다. 사무총장은 회장의 명을 받아 재향군인회의 사무를 처리하고 소속 직원을 지휘 · 감독한다. 감사는 재향군인회의 회계와 회계에 관련된 업무를 감사(監査)한다(「대한민국 재향군인회법」 제12조 제3~6항).

3) 임기 등

재향군인회의 본부에 두는 임원의 수와 임기는 정관으로 정한다. 재향군인회의 본부 외의 각급 회의 임원의 종류, 수, 선임 방법 및 임기에 관하여는 정관으로 정한다(「대한민국 재향군인회법」 제13조).

4) 처우

재향군인회의 각급회의 임원과 대의원은 명예직으로 하되, 예산의 범위에서 실비(實費)를 지급할 수 있다. 다만 임명하는 임원에 대하여는 정관으로 정하는 바에 따라 보수를 지급할 수 있다(「대한민국 재향군인회법」 제14조).

나. 사무부서

재향군인회는 그 업무를 처리하기 위하여 각급회에 필요한 사무 부서와 직원을 둘 수 있다. 사무 부서, 직원의 정원 및 보수, 그 밖에 필요한 사항은 정관으로 정한다(「대한민국 재향군인회법」 제15조).

4. 하부조직

공사단의 하부조직에 대하여 법령에서 직접 규정하고 있는 경우는 거의 없다. 이는 공사단의 자율적 특성을 고려한 것으로서 법인의 정관이나 내부 규정으로 위임하였기 때문이다. 예컨대 850만명의 회원을 가진 재향군인회도 앞에서 본 것처럼 모두 정관에 위임하고 국가보훈처장으로 하여금 재향군인회를 감독하며, 감독상 필요한 명령과 처분을 할 수 있도록 할 뿐이다(「대한민국 재향군인회법」 제17조).

공사단도 행정조직법 통칙에서 설명한 조직의 구성원리는 마찬가지로 적용되고 있다. 즉 기관장의 보조기관이나 보좌기관, 그리고 각종 부속기관과 소속 행정기관을 설치하여 운영하고 있다. 이는 행정조직을 설치 · 운영함에 있어서 필수적인 구성요소들이기 때문이다.

공사단 성격인 모든 협회의 정관과 내부규칙을 조사할 필요는 없으므로, 대표적으로 규모가 크고 관련 정보를 홈페이지(www.korva.or.kr)에 공개한 대한민국재향군인회의 다음 그림을 통하여 사무부서와 하부조직 등 조직 전체 현황을 보기로 한다.

〈대한민국재향군인회 조직도〉

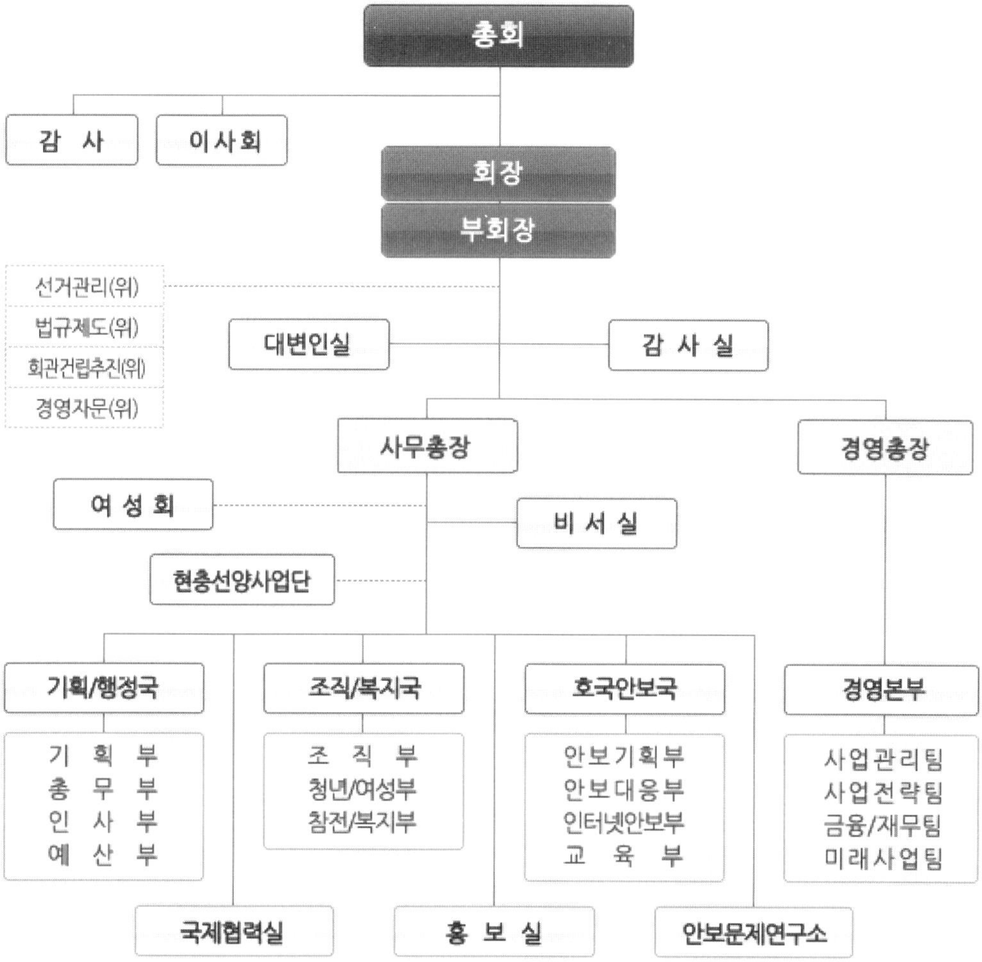

공법상 사단법인인 만큼 회원들의 총회가 최고 의사결정기구로서 존재한다. 임원으로서는 회장, 부회장, 사무총장, 이사, 감사가 있고 경영총장은 임원은 아니다. 총장 밑의 국장과 부장은 보조기관이다. 그리고 비서실, 대변인실, 홍보실, 국제협력실, 현충선양사업단은 보좌기관이다. 안보문제연구소는 소속기관으로 볼 수 있다. 선거관리위원회, 법규제도위원회, 경영자문위원회 등은 합의제 자문행정기관으로 보인다. 그리고 본회 밑의 각 해외지회, 시·도회, 직장지회는 모두 그 지회장이 위임된 사무범위 안에서 행정청의 지위를 갖는다.

공사단은 성질상 회원들의 자율적인 의사와 판단을 존중하므로 국가의 관여는 가급적 줄이는 것이 바람직하다. 다만 인적결합체로서 정치적으로 중립성을 유지하도록 법령에서 필요한 의무를 엄격히 정하고 감독할 필요는 있다.

제3절 공법상 재단법인(공재단)

1. 민법의 재단법인

「민법」은 재단법인의 기관으로 이사(회), 감사를 두고 있다. 이사의 성명과 주소는 정관의 필수 기재사항이며 감사는 정관으로 둘 수 있다.

가. 이사

1) 대표권

재단법인에는 법인 사무를 집행하는 이사를 두어야 한다. 이사가 여러 명인 경우에는 정관에 다른 규정이 없으면 법인의 사무집행은 이사의 과반수로써 결정한다.

이사는 법인의 사무에 관하여 각자 법인을 대표한다. 그러나 정관에 규정한 취지에 위반할 수 없다. 법인의 대표에 관하여는 대리에 관한 규정을 준용하며 이사의 대표권에 대한 제한은 등기하지 아니하면 제3자에게 대항하지 못한다.

2) 직무대행

이사의 직무대행자는 가처분명령에 다른 정함이 있는 경우 외에는 법인의 통상사무에 속하지 아니한 행위를 하지 못한다. 다만 법원의 허가를 얻은 경우에는 그러하지 아니하다. 직무대행자가 이를 위반한 경우에도 법인은 선의의 제3자에 대하여 책임을 진다.

이사는 정관 또는 총회의 결의로 금지하지 아니한 사항에 한하여 타인으로 하여금 특정한 행위를 대리하게 할 수 있다.

3) 임시이사

이사가 없거나 결원이 있는 경우에 이로 인하여 손해가 생길 염려 있는 때에는 법원은 이해관계인이나 검사의 청구에 의하여 임시이사를 선임하여야 한다.

법인과 이사의 이익이 상반하는 사항에 관하여는 이사는 대표권이 없다. 이 경우에는 전조의 규정에 의하여 특별대리인을 선임하여야 한다.

4) 이사의 책임

이사는 선량한 관리자의 주의로 그 직무를 행하여야 한다. 이사가 그 임무를 해태한 때에는 그 이사는 법인에 대하여 연대하여 손해배상의 책임이 있다(「민법」 제57~65조).

나. 감사

법인은 정관 또는 총회의 결의로 감사를 둘 수 있다.

감사의 직무는 ① 법인의 재산상황을 감사하는 일 ② 이사의 업무집행의 상황을 감사하는 일 ③ 재산상황 또는 업무집행에 관하여 부정, 불비한 것이 있음을 발견한 때에는 이를 총회 또는 주무관청에 보고하는 일 ④ 보고를 위하여 필요한 경우 총회를 소집하는 일이다(「민법」 제66,67조).

2. 의결기관

「공공기관의 운영에 관한 법률」 제6조에 의하여 지정된 준정부기관에는 기금관리형과 위탁집행형이 있다. 둘 다 정부의 출연금과 보조금 등 정부의 재원을 통하여 정부가 해야 할 일을 대신 수행하는 공통점이 있다. 그러므로 이들 기관은 공법상 재단법인의 본질을 갖고 있다. 개별 설치 법률에서 공재단을 구성하는 내부 행정기관이 정해지겠지만 이 법에서 대강을 정하고 있다. 다만 기관의 성격, 기능, 규모 등에 따라 법률의 적용 범위에 약간의 차이는 있다.

가. 기능

1) 의결사항

이사회에서 심의 · 의결하는 사항은 다음과 같다(「공공기관의 운영에 관한 법률」 제17조 제1항).

① 경영목표, 예산, 운영계획 및 중장기재무관리계획 ② 예비비의 사용과 예산의 이월, 결산 ③ 기본재산의 취득과 처분 ④ 장기차입금의 차입 및 사채의 발행과 그 상환 계획 ⑤ 생산 제품과 서비스의 판매가격 ⑥ 잉여금의 처분 ⑦ 다른 기업체 등에 대한 출자 · 출연, 채무보증(법률에 따라 보증업무를 수행하는 경우 그 사업 수행을 위한 채무보증은 제외) ⑧ 정관의 변경, 내규 제정과 변경 ⑨ 임원의 보수 등

정부 또는 지방자치단체가 출연한 연구기관도 공법상 재단법인으로서 이사회의 의결사항을 정하고 임원의 선임절차와 임기, 예산회계 등에 대한 사항은 공통적으로 들어가 있다.

2) 기관장의 의무

기관장은 이사회에 국회의 국정감사, 회계감사, 감사원 감사에서 지적된 사항과 그의 계획 및 실적, 공기업 · 준정부기관의 단체협약 체결 결과와 그에 따른 예산소요 추계 등을 보고하여야 한다. 다른 법률에서 이사회를 두지 아니하더라도 동일한 기능을 수행한다면 명칭과 관계없이 이사회로 보고, 구성원을 이사로 본다(「공공기관의 운영에 관한 법률」 제17조 제2,3항).

3) 특별감사

비상임이사는 필요하다고 인정하는 경우에는 비상임이사 2인 이상의 연서로 공기업 · 준정부기관의 운영과 관련하여 감사(監事)나 감사위원회에 특정사안에 대한 감사(監査)를 요청할 수 있다. 이 경우 감사나 감사위원회는 특별한 사정이 없는 한 이에 응하여야 한다. 비상임이사는 기관장에게 이사로서의 업무수행에 필요한 자료를 요구할 수 있다. 이 경우 기관장은 특별한 사정이 없는 한 이에 응하여야 한다(「공공기관의 운영에 관한 법률」 제22조).

나. 구성

이사회는 기관장을 포함한 15인 이내의 이사로 구성한다. 다만 다음에 해당하는 경우에는 15인을 초과할 수 있다. ① 출자자총회 등 사원총회가 있는 공재단 중 다른 법률에 따라 지역이나 직종별 기관의 연합으로 설립된 준정부기관 ② 준정부기관으로 지정될 당시 이사 정수가 15인을 초과하는 경우. 다만 지정될 당시 재직 이사의 임기가 보장되는 기간 내에 한한다. ③ 비상임이사를 선임함으로써 15인을 초과하는 경우

준정부기관의 이사회 의장은 기관장이 된다. 그러나 다른 법률에서 기관장과 이사회 의장의 겸임을 금지하는 경우에는 그 법률의 규정에 따른다(「공공기관의 운영에 관한 법률」 제18조).

다. 회의 및 위원회

1) 이사회의

이사회의 회의는 이사회 의장이나 재적이사 3분의 1 이상의 요구로 소집하고, 이사회 의장이 그 회의를 주재한다. 이사회는 재적이사 과반수의 찬성으로 의결한다.

이사회의 안건과 특별한 이해관계가 있는 기관장이나 이사는 그 안건의 의결에 참여할 수 없다. 이 경우 의결에 참여하지 못하는 이사 등은 제2항의 규정에 따른 재적이사 수에 포함되지 아니한다. 감사는 이사회에 출석하여 의견을 진술할 수 있다. 영상회의도 가능하며 의사록을 남겨야 한다(「공공기관의 운영에 관한 법률」 제19조).

2) 감사위원회

준정부기관은 다른 법률의 규정에 따라 감사위원회를 설치할 수 있다. 감사위원회는 업무와 회계에 대한 감사를 실시하고, 그 결과를 이사회에 보고하여야 한다(「공공기관의 운영에 관한 법률」 제20조 제3항).

3) 기금운용심의회

기금관리형 준정부기관은 정부의 출연금 등을 기금으로 운영되므로 기금관리를 위하여 이사회와 분리된 기금운용에 관한 심의기구를 설치하여야 한다. 다만 다

른 법령에서 주무 행정기관에 설치하도록 되어 있는 경우에는 그렇지 않다. 기금운용심의회의 기능 · 구성 및 운영에 관한 사항은 「국가재정법」이 정하는 바에 따른다. 기금운용심의회를 따로 설치한 경우 기금 관련사항은 이사회의 심의 · 의결사항에서 제외할 수 있다(「공공기관의 운영에 관한 법률」 제23조).

3. 집행기관

가. 임원

1) 국가 설립

기관장을 포함한 이사와 감사를 둔다. 다만 감사위원회를 두는 경우에는 감사를 두지 아니한다. 이사는 상임 및 비상임으로 구분한다. 기관장 명칭은 '이사장'이 많다.

준정부기관의 상임이사 정수는 기관장을 포함한 이사 정수의 2분의 1 미만으로 한다. 다만 준정부기관으로 지정될 당시 상임이사의 정수가 기관장을 포함한 이사 정수의 2분의 1 이상인 경우 임기가 보장되는 동안에는 예외로 할 수 있다.

감사는 다른 법령이나 정관으로 정하는 바에 따라 상임 또는 비상임으로 한다(「공공기관의 운영에 관한 법률」 제24조).

2) 지방자치단체 설립

지방공단의 임원은 이사장을 포함한 이사(상임이사와 비상임이사) 및 감사로 하며, 그 수는 정관으로 정한다. 이사장과 감사는 지방공기업의 경영에 관한 전문적인 식견과 능력이 있는 사람 중에서 지방자치단체의 장이 임면(任免)한다. 지방자치단체의 장은 이사장과 감사를 임명할 경우 임원추천위원회가 추천한 사람 중에서 임명하여야 한다. 다만 이사장을 연임시키려는 경우에는 임원추천위원회의 심의를 거쳐야 한다.

지방자치단체의 장은 이사장의 경영성과에 따라 임기 중에 해임하거나 임기가 끝나더라도 경영성과계약의 이행실적, 경영평가의 결과, 사장의 업무성과 평가 결과 등을 고려하여 연임시킬 수 있다. 이사는 임원추천위원회가 추천한 사람 중에서 임명하되, 상임이사는 사장이 임면하고 비상임이사는 지방자치단체의 장이 임면한다. 임원추천위원회는 임원후보자를 추천하려는 경우 후보자를 공개모집하여야 한다(「지방공기업법」 제76조).

3) 선임비상임이사

준정부기관에 선임(先任)비상임이사 1인을 둔다. 선임비상임이사는 비상임이사 중에서 호선(互選)한다. 선임비상임이사는 공공기관의 운영과 경영관리에 관하여 학식과 경험이 풍부하고 중립적인 사람으로서 비상임이사회의를 소집·주재할 수 있다(「공공기관의 운영에 관한 법률 시행령」 제19조).

나. 임면

1) 결격사유

「국가공무원법」 제33조 각 호의 어느 하나에 해당하거나 성과 부진 등의 사유로 해임된 날부터 3년이 지나지 아니한 사람은 임원이 될 수 없으며, 재임 중 이런 사유에 해당하게 되거나 임명 당시 그에 해당한 자로 밝혀졌을 때에는 당연히 퇴직한다. 다만 퇴직한 임원이 퇴직 전에 관여한 행위는 그 효력을 잃지 아니한다(「공공기관의 운영에 관한 법률」 제34조). 지방공기업은 이에 덧붙여 대한민국 국민이 아닌 사람도 임원이 될 수 없도록 하고 있다(「지방공기업법」 제60조).

2) 임명절차

임원별 임명절차는 다음과 같다.

가) 준정부기관의 장

임원추천위원회가 복수로 추천한 사람 중에서 주무기관의 장이 임명한다. 다만 기관 규모가 대통령령이 정하는 기준 이상이거나 업무내용의 특수성을 감안하여 대통령령이 정하는 준정부기관의 장은 임원추천위원회가 복수로 추천한 사람 중에서 주무기관의 장의 제청으로 대통령이 임명한다.

나) 준정부기관의 상임이사

준정부기관의 장이 임명하되, 다른 법령에서 상임이사에 대한 별도의 추천위원회를 두도록 정한 경우에 상임이사의 추천에 관하여는 그 법령의 규정에 따른다. 다만 상임감사위원은 대통령 또는 기획재정부장관이 임명한다.

다) 준정부기관의 비상임이사

주무기관의 장이 임명하되, 기관규모가 대통령령으로 정하는 기준 이상이거나 업무내용의 특수성을 감안하여 대통령령으로 정하는 준정부기관의 비상임이사는 임원추천위원회가 복수로 추천한 사람 중에서 주무기관의 장이 임명한다.

라) 준정부기관의 감사

임원추천위원회가 복수로 추천하여 운영위원회의 심의 · 의결을 거친 사람 중에서 기획재정부장관이 임명한다. 다만 기관 규모가 대통령령이 정하는 기준 이상이거나 업무내용의 특수성을 감안하여 대통령령으로 정하는 준정부기관의 감사는 임원추천위원회가 복수로 추천하여 운영위원회의 심의 · 의결을 거친 사람 중에서 기획재정부장관의 제청으로 대통령이 임명한다(「공공기관의 운영에 관한 법률」 제26조).

마) 출자자총회가 있는 준정부기관의 경우

다른 법령에서 임원의 선임과 관련하여 사원총회의 의결을 거치도록 한 경우에는 이를 거쳐야 한다(「공공기관의 운영에 관한 법률」 제27조).

3) 임기

기관장의 임기는 3년으로 하고, 이사와 감사의 임기는 2년으로 한다. 임원은 1년을 단위로 연임될 수 있다. 이 경우 임원의 임명권자는 다음사항을 고려하여 임원의 연임 여부를 결정한다.

① 기관장은 경영실적 평가 결과에 따른다. ② 상임이사는 성과계약 이행실적의 평가 결과와 그 밖의 직무수행실적에 의한다. ③ 비상임이사와 감사는 직무수행실적의 평가 결과와 그 밖의 직무수행실적을 고려한다.

임원이 연임되는 경우에는 임원추천위원회의 추천을 거치지 아니한다. 기관장이 연임되는 경우에는 성과계약을 다시 체결하여야 한다. 임기가 만료된 임원은 후임자가 임명될 때까지 직무를 수행한다(「공공기관의 운영에 관한 법률」 제28조).

지방공단의 이사장, 이사 및 감사의 임기는 3년으로 한다. 이 경우 지방자치단체의 장은 임기가 만료된 임원으로 하여금 그 후임자가 임명될 때까지 직무를 수행하게 할 수 있다. 공사의 사장, 이사 및 감사는 1년 단위로 연임될 수 있고 공단의 이사장, 이사 및 감사의 직무는 정관으로 정한다(「지방공기업법」 제59조).

다. 임원추천

1) 임원추천위원회

준정부기관의 임원 후보자를 추천하고, 기관장 후보자와의 계약안에 관한 사항의 협의 등을 수행하기 위하여 임원추천위원회를 둔다. 임원추천위원회는 그 기관의 비상임이사와 이사회가 선임한 위원으로 구성한다. 준정부기관의 임직원과 공무원은 임원추천위원회의 위원이 될 수 없다. 다만 그 기관의 비상임이사, 교원과 주무기관 소속 공무원은 그러하지 아니하다. 이사회가 선임하는 위원의 정수는 임원추천위원회 위원 정수의 2분의 1 미만으로 한다. 다만 임원추천위원회 구성 당시 비상임이사가 1명인 경우에는 이사회가 선임하는 위원의 정수를 2분의 1로 할 수 있다.

임원추천위원회의 위원장은 임원추천위원회 위원인 비상임이사 중에서 임원추천위원회 위원의 호선으로 선출한다. 임원추천위원회 구성 당시 비상임이사가 없는 경우 이사회가 선임한 외부위원으로 임원추천위원회를 구성하며, 위원장은 외부위원 중 호선으로 선출한다(「공공기관의 운영에 관한 법률」 제29조).

2) 추천 기준

임원추천위원회는 기업 경영과 그 준정부기관의 업무에 관한 학식과 경험이 풍부하고, 최고경영자의 능력을 갖춘 사람을 기관장 후보자로 추천하여야 한다. 임원추천위원회는 이사나 감사로서의 업무 수행에 필요한 학식과 경험이 풍부하고, 능력을 갖춘 사람을 준정부기관의 기관장이 아닌 이사나 감사 후보자로 추천하여야 한다. 임원추천위원회는 임원후보자를 추천하고자 하는 경우 후보자를 공개모집할 수 있다(「공공기관의 운영에 관한 법률」 제30조).

3) 성과계약

기관장의 임명과 관련하여 이사회는 기관장이 임기 중 달성하여야 할 구체적 경영목표와 성과급 등에 관한 사항이 포함된 계약안을 작성하여 임원추천위원회에 통보하여야 한다. 이 경우 기관장은 계약안을 정하는 이사회에 참여할 수 없다. 임원추천위원회는 통보받은 계약안에 대하여 기관장 후보자로 추천하고자 하는 자와 계약 내용과 조건 등을 협의하고, 그 결과를 주무기관의 장에게 통보하여야 한다. 이 경우 임원추천위원회는 기관장 후보자와의 협의를 위하여 필요한 때에는 계약안의 내용이나 조건을 일부 변경할 수 있다.

주무기관의 장은 협의된 계약안에 따라 기관장으로 임명되는 사람과 계약을 체결하되, 준정부기관의 장과 계약을 체결하는 경우 미리 기획재정부장관과 협의하여야 한다. 이 경우 주무기관의 장은 기관장으로 임명되는 사람과 협의를 거쳐 계약의 내용이나 조건을 계약안과 달리 정할 수 있다(「공공기관의 운영에 관한 법률」 제31조).

라. 임원의 직무

기관장은 그 준정부기관을 대표하고 업무를 총괄하며, 임기 중 경영성과에 대하여 책임을 진다. 기관장은 그 기관의 이익과 자신의 이익이 상반되는 사항에 대하여는 기관을 대표하지 못한다. 이 경우 감사 또는 감사위원회가 준정부기관을 대표한다.

기관장이 부득이한 사유로 그 직무를 수행할 수 없을 때에는 정관에서 정하는 바에 따라 상임이사 중 1인이 그 직무를 대행하고, 상임이사가 없거나 그 직무를 대행할 수 없을 때에는 정관이 정하는 임원이 그 직무를 대행한다.

이사는 이사회에 부쳐진 안건을 심의하고, 의결에 참여한다.

감사는 기획재정부장관이 정하는 감사기준에 따라 기관의 업무와 회계를 감사하고, 그 의견을 이사회에 제출한다. 이 경우 감사원은 기획재정부장관에게 감사기준에 관하여 의견을 제시할 수 있다.

기관장은 감사 또는 감사위원회의 임무수행에 필요한 직원의 채용과 배치 등에 관하여 필요한 지원을 하여야 한다(「공공기관의 운영에 관한 법률」 제32조).

4. 하부조직

공재단의 하부조직에 대하여 법령에서 직접 규정하고 있는 경우는 거의 없다.

이는 공재단의 자율적 운영 특성을 고려한 것으로서 회사의 정관이나 내부 규정으로 위임하였기 때문이다. 예컨대 1987.9.18. 설립된 이래 2013년 말 기준으로 우리나라 일반회계 예산액보다 훨씬 많은 자산 422조원 규모의 국민연금공단도 「국민연금법 시행령」 제34조에서 공단의 내부조직, 직원의 인사, 임직원의 보수, 감사 및 기금의 관리 · 운용 등에 관한 제 규정을 정하거나 변경하려는 경우 보건복지부장관의 승인을 받도록 하고 있을 뿐이다.

공재단도 행정조직법 통칙에서 설명한 조직의 구성원리는 그대로 적용되고 있다. 즉 기관장의 보조기관이나 보좌기관, 그리고 각종 부속기관과 소속 행정기관을 설치하여 운영하고 있다. 이는 행정조직을 설치 · 운영함에 있어서 필수적인 구성 요소들이기 때문이다. 공재단인 모든 공단의 정관과 조직규칙을 조사할 필요는 없다고 판단되어, 대표적으로 2014.1.1. 현재 4,786명의 직원이 근무하는 것으로 홈페이지(www.nps.or.kr)에 공개한 국민연금공단의 조직은 다음 그림과 같다.

〈국민연금공단 조직도〉

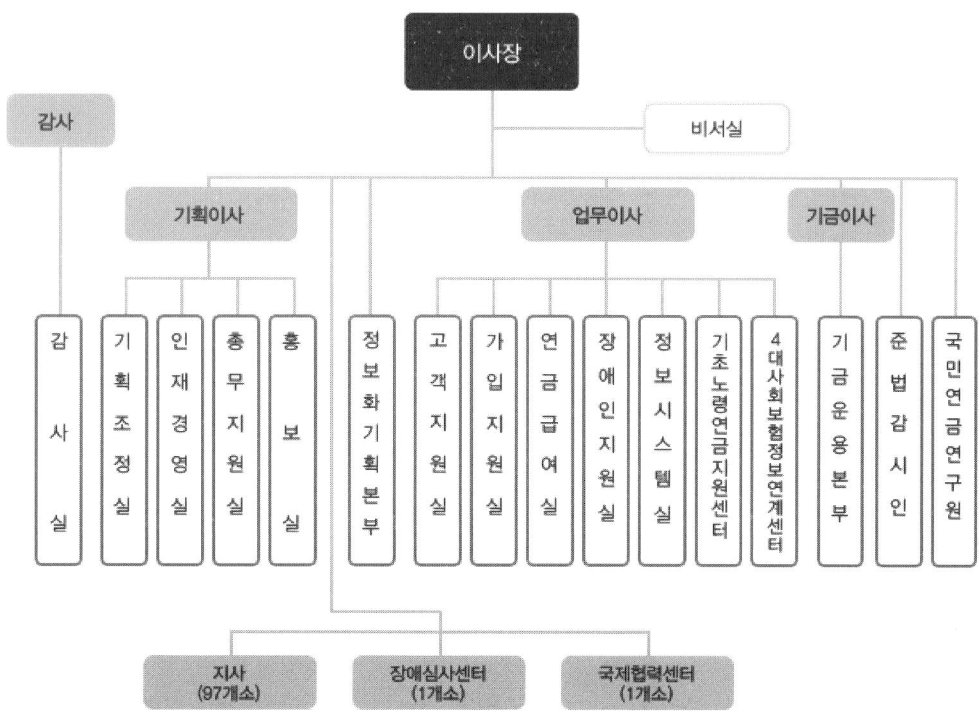

임원인 이사와 감사 밑의 실장과 본부장, 센터장 및 그를 보조하는 직원들은 모두 행정청인 이사장의 보조기관들이다. 그리고 이사장 직할로 그려진 비서실, 준법감시인, 정보화기획본부는 보좌기관의 성격을 갖고 있다. 지사와 장애심사센터, 국제협력센터, 국민연금연구원은 모두 소속기관으로서 그 기관의 장은 자기 이름으로 법률적·사실적 행위를 할 경우 행정청의 지위를 갖는다. 공재단은 공기업과 달리 부이사장 등과 같은 부기관장을 두지 않는다. 이는 불필요한 직위를 과다 설치하지 않고 기관을 효율적으로 운영하기 위함이다.

제4절 공법상 기업법인(공기업)

1. 상법의 주식회사

「상법」상의 회사 중 주식회사가 공기업의 형태에 가장 가깝다고 할 수 있는데, 주식회사의 기관으로 주주총회, 이사와 이사회, 감사 및 감사위원회를 두고 있다(제361~415조의2).

가. 주주총회

주주총회는 「상법」과 정관에 정하는 사항에 한하여 결의하는 회사의 최고 의사결정기관이다(「상법」 제361조). 총회의 소집은 이사회가 결정한다. 총회는 정관에 다른 정함이 없으면 본점 소재지 또는 인접한 지에 소집하여야 한다.

정기총회는 매년 1회 일정한 시기에 소집하여야 하고 결산기를 연 2회 이상으로 정한 회사는 매기에 소집해야 하며, 임시총회는 필요한 경우 수시로 소집한다(「상법」 제365조).

총회는 이사가 제출한 서류와 감사의 보고서를 조사하기 위하여 검사인을 선임할 수 있다(「상법」 제367조).

회의 결의는 상법 또는 정관에 다른 정함이 있는 경우를 제외하고는 출석한 주주의 의결권의 과반수와 발행주식 총수의 4분의 1 이상의 수로써 하여야 한다. 무기명식의 주권을 가진 자는 회의일의 1주간 전에 그 주권을 회사에 공탁하여야 한다. 주주는 대리인으로 하여금 그 의결권을 행사하게 할 수 있다. 이 경우에는 그 대리인은 대리권을 증명하는 서면을 총회에 제출하여야 한다. 총회의 결의에 관하여 특별한 이해관계가 있는 자는 의결권을 행사하지 못한다(「상법」 제368조).

나. 이사와 이사회

1) 이사의 선임

이사는 주주총회에서 선임한다. 회사와 이사의 관계는 「민법」의 위임에 관한 규정을 준용한다. 사외이사는 해당 회사의 상무(常務)에 종사하지 아니하는 이사로서 최대주주의 배우나 및 직계 존비속, 회사와 직접적인 이해관계자 등이 아닌 자를 말한다.

2) 이사의 의무와 책임

이사는 법령과 정관의 규정에 따라 회사를 위하여 그 직무를 충실하게 수행하여야 한다. 이사는 재임 중 뿐만 아니라 퇴임 후에도 직무상 알게 된 회사의 영업상 비밀을 누설하여서는 안 된다(「상법」 제382조의3,4).

이사는 이사회의 승인이 없으면 자기 또는 제3자의 계산으로 회사의 영업부류에 속한 거래를 하거나 동종영업을 목적으로 하는 다른 회사의 무한책임사원이나 이사가 되지 못하고, 이사회의 승인 없이 현재 또는 장래에 회사의 이익이 될 수 있는 회사의 사업기회를 자기 또는 제3자의 이익을 위하여 이용하여서는 안 된다(「상법」 제397,397조의2).

이사가 고의 또는 과실로 법령 또는 정관에 위반한 행위를 하거나 그 임무를 게을리 한 경우에는 그 이사는 회사에 대하여 연대하여 손해를 배상할 책임이 있다. 만약 그 행위가 이사회의 결의에 의한 것인 때에는 그 결의에 찬성한 이사도 책임이 있다. 결의에 참가한 이사로서 이의를 한 기재가 의사록에 없는 자는 그 결의에 찬성한 것으로 추정한다(「상법」 제399조).

3) 이사회

중요한 자산의 처분 및 양도, 대규모 재산의 차입, 지배인의 선임 또는 해임과 지점의 설치 · 이전 또는 폐지 등 회사의 업무집행은 이사회의 결의로 한다. 이사회는 이사의 직무의 집행을 감독한다. 이사는 대표이사로 하여금 다른 이사 또는 피용자의 업무에 관하여 이사회에 보고할 것을 요구할 수 있다. 이사는 3월에 1회 이상 업무의 집행상황을 이사회에 보고하여야 한다(「상법」 제393조).

이사회의 결의는 이사과반수의 출석과 출석이사의 과반수로 하여야 한다. 그러나 정관으로 그 비율을 높게 정할 수 있다(「상법」 제391조).

4) 대표이사

회사는 이사회의 결의로 회사를 대표할 이사를 선정하여야 한다. 그러나 정관으로 주주총회에서 이를 선정할 것을 정할 수 있다. 수인의 대표이사가 공동으로 회사를 대표할 것을 정할 수 있다. 재판상 또는 재판외의 모든 행위를 할 권한이 있으며, 업무집행으로 인하여 타인에게 손해를 가한 때에는 회사는 연대하여 배상할 책임이 있다(「상법」 제389조).

집행임원을 둔 회사는 대표이사를 두지 못한다(「상법」 제408조의2).

다. 감사 및 감사위원회

1) 감사

감사는 주주총회에서 선임한다. 임기는 취임 후 3년 내의 최종의 결산기에 관한 정기총회의 종결시까지로 한다. 감사는 회사 및 자회사의 이사 또는 지배인 기타의 사용인의 직무를 겸하지 못한다(「상법」 제409~411조).

모회사의 감사는 그 직무를 수행하기 위하여 필요한 때에는 자회사에 대하여 영업의 보고를 요구할 수 있다(「상법」 제412조의5).

감사가 그 임무를 해태한 때에는 그 감사는 회사에 대하여 연대하여 손해를 배상할 책임이 있다(「상법」 제414조).

2) 감사위원회

회사는 정관이 정한 바에 따라 감사에 갈음하여 감사위원회를 설치할 수 있다. 감사위원회를 설치한 경우에는 감사를 둘 수 없다. 감사위원회는 3명 이상의 이사로 구성한다. 다만 사외이사가 위원의 3분의 2 이상이어야 한다.

감사위원회의 위원의 해임에 관한 이사회의 결의는 이사 총수의 3분의 2 이상의 결의로 하여야 한다. 감사위원회는 그 결의로 위원회를 대표할 자를 선정하여야 한다. 이 경우 수인의 위원이 공동으로 위원회를 대표할 것을 정할 수 있다. 감사위원회는 회사의 비용으로 전문가의 조력을 구할 수 있다(「상법」 제415조의2).

2. 의결기관

가. 기능

1) 의결사항

이사회에서 심의 · 의결하는 사항은 다음과 같다(「공공기관의 운영에 관한 법률」 제17조 제1항).

① 경영목표, 예산, 운영계획 및 중장기재무관리계획 ② 예비비의 사용과 예산의 이월, 결산 ③ 기본재산의 취득과 처분 ④ 장기차입금의 차입 및 사채의 발행과 그 상환 계획 ⑤ 생산 제품과 서비스의 판매가격 ⑥ 잉여금의 처분 ⑦ 다른 기업체 등에 대한 출자 · 출연, 채무보증(법률에 따라 보증업무를 수행하는 경우 그 사업 수행을 위한 채무보증은 제외) ⑧ 정관의 변경, 내규 제정과 변경 ⑨ 임원의 보수 등

2) 기관장의 의무

기관장은 이사회에 국회의 국정감사, 회계감사, 감사원 감사에서 지적된 사항과 그의 계획 및 실적, 공기업 · 준정부기관의 단체협약 체결 결과와 그에 따른 예산소요 추계 등을 보고하여야 한다. 다른 법률에서 이사회를 두지 아니하더라도 동일한 기능을 수행한다면 명칭과 관계없이 이사회로 보고, 구성원을 이사로 본다(「공공기관의 운영에 관한 법률」 제17조 제2항).

3) 특별감사

비상임이사는 필요하다고 인정하는 경우에는 비상임이사 2인 이상의 연서로

공기업 · 준정부기관의 운영과 관련하여 감사(監事)나 감사위원회에 특정사안에 대한 감사(監査)를 요청할 수 있다. 이 경우 감사나 감사위원회는 특별한 사정이 없는 한 이에 응하여야 한다. 비상임이사는 기관장에게 이사로서의 업무수행에 필요한 자료를 요구할 수 있다. 이 경우 기관장은 특별한 사정이 없는 한 이에 응하여야 한다(「공공기관의 운영에 관한 법률」 제22조).

나. 구성

이사회는 기관장을 포함한 15인 이내의 이사로 구성한다. 다만 다음에 해당하는 경우에는 15인을 초과할 수 있다. ① 주주총회나 출자자총회 등 사원총회가 있는 공기업 중 다른 법률에 따라 지역이나 직종별 기관의 연합으로 설립된 공기업 ② 공기업으로 지정될 당시 이사 정수가 15인을 초과하는 경우. 다만 지정될 당시 재직 이사의 임기가 보장되는 기간 내에 한한다. ③ 비상임이사를 선임함으로써 15인을 초과하는 경우

시장형 공기업과 자산규모가 2조원 이상인 준시장형 공기업의 이사회 의장은 선임비상임이사가 된다. 다만 이사회 의장이 부득이한 사유로 그 직무를 수행할 수 없을 때에는 정관으로 정하는 바에 따라 비상임이사 중 1명이 그 직무를 대행한다.

자산규모가 2조원 미만인 준시장형 공기업의 이사회 의장은 기관장이 된다. 다만 다른 법률에서 기관장과 이사회 의장의 겸임을 금지하는 경우에는 그 법률의 규정에 따른다(「공공기관의 운영에 관한 법률」 제18조).

다. 회의 및 위원회

1) 이사회의

이사회의 회의는 이사회 의장이나 재적이사 3분의 1 이상의 요구로 소집하고, 이사회 의장이 그 회의를 주재한다. 이사회는 재적이사 과반수의 찬성으로 의결한다.

이사회의 안건과 특별한 이해관계가 있는 기관장이나 이사는 그 안건의 의결에 참여할 수 없다. 이 경우 의결에 참여하지 못하는 이사 등은 제2항의 규정에 따른

재적이사 수에 포함되지 아니한다. 감사는 이사회에 출석하여 의견을 진술할 수 있다. 영상회의도 가능하며 의사록을 남겨야 한다(「공공기관의 운영에 관한 법률」 제19조).

2) 감사위원회

시장형 공기업과 자산규모가 2조원 이상인 준시장형 공기업에는 감사를 갈음하여 이사회에 감사위원회를 설치하여야 한다. 다만 새로 감사위원회를 설치하여야 하는 공기업에 감사가 있는 경우에는 그 감사의 임기가 종료된 후에 설치한다.

자산규모가 2조원 미만인 준시장형 공기업은 다른 법률의 규정에 따라 감사위원회를 설치할 수 있다. 감사위원회는 업무와 회계에 대한 감사를 실시하고, 그 결과를 이사회에 보고하여야 한다(「공공기관의 운영에 관한 법률」 제20조).

3. 집행기관

가. 임원

1) 국가 공기업

기관장을 포함한 이사와 감사를 둔다. 다만 감사위원회를 두는 경우에는 감사를 두지 아니한다. 이사는 상임 및 비상임으로 구분한다. 기관장의 명칭은 '사장'이 대부분이다.

공기업 상임이사의 정수는 기관장을 포함한 이사 정수의 2분의 1 미만으로 한다. 다만 공기업으로 지정될 당시 상임이사의 정수가 기관장을 포함한 이사 정수의 2분의 1 이상인 경우 임기가 보장되는 동안에는 예외로 할 수 있다.

감사는 다른 법령이나 정관으로 정하는 바에 따라 상임 또는 비상임으로 한다(「공공기관의 운영에 관한 법률」 제24조).

2) 지방공기업

지방공사의 임원은 사장을 포함한 이사(상임이사와 비상임이사) 및 감사로 하며, 그 수는 정관으로 정한다. 사장과 감사는 지방공기업의 경영에 관한 전문적인 식견과 능력이 있는 사람 중에서 지방자치단체의 장이 임면한다. 지방자치단체의 장은 사장과 감사를 임명할 경우 임원추천위원회가 추천한 사람 중에서 임명하여야 한다. 다만 사장을 연임시키려는 경우에는 임원추천위원회의 심의를 거쳐야 한다.

지방자치단체의 장은 사장의 경영성과에 따라 임기 중에 해임하거나 임기가 끝나더라도 경영성과계약의 이행실적, 경영평가의 결과, 사장의 업무성과 평가 결과 등을 고려하여 연임시킬 수 있다. 이사는 임원추천위원회가 추천한 사람 중에서 임명하되, 상임이사는 사장이 임면하고 비상임이사는 지방자치단체의 장이 임면한다. 임원추천위원회는 임원후보자를 추천하려는 경우 후보자를 공개모집하여야 한다(「지방공기업법」 제58조).

3) 선임비상임이사

공기업에 선임(先任)비상임이사 1인을 둔다. 선임비상임이사는 비상임이사 중에서 호선(互選)한다. 다만 시장형 공기업과 자산규모가 2조원 이상인 준시장형 공기업의 선임비상임이사는 비상임이사 중에서 기획재정부장관이 운영위원회의 심의·의결을 거쳐 임명한다. 선임비상임이사는 공공기관의 운영과 경영관리에 관하여 학식과 경험이 풍부하고 중립적인 사람으로서 비상임이사회의를 소집·주재할 수 있다(「공공기관의 운영에 관한 법률 시행령」 제19조).

나. 임면

1) 결격사유

「국가공무원법」 제33조 각 호의 어느 하나에 해당하거나 성과 부진 등의 사유로 해임된 날부터 3년이 지나지 아니한 사람은 임원이 될 수 없으며, 재임 중 이런 사유에 해당하게 되거나 임명 당시 그에 해당한 자로 밝혀졌을 때에는 당연히 퇴직한다. 다만 퇴직한 임원이 퇴직 전에 관여한 행위는 그 효력을 잃지 아니한다(「공공기관의 운영에 관한 법률」 제34조). 지방공기업은 이에 덧붙여 대한민국 국민이 아닌 사람도 임원이 될 수 없도록 하고 있다(「지방공기업법」 제60조).

2) 임명절차

임원별 임명절차는 다음과 같다.

가) 공기업의 장

임원추천위원회가 복수로 추천하여 운영위원회의 심의 · 의결을 거친 사람 중에서 주무기관의 장의 제청으로 대통령이 임명한다. 다만 기관 규모가 대통령령이 정하는 기준 이하인 공기업의 장은 임원추천위원회가 복수로 추천하여 운영위원회의 심의 · 의결을 거친 사람 중에서 주무기관의 장이 임명한다. 공기업의 장은 임명권자가 해임하거나 정관으로 정한 사유가 있는 경우를 제외하고는 임기 중 해임되지 아니한다.

나) 상임이사

공기업의 장이 임명한다. 다만 감사위원회의 감사위원이 되는 상임이사 대통령 또는 기획재정부장관이 임명한다.

다) 비상임이사

임원추천위원회가 복수로 추천하는 경영에 관한 학식과 경험이 풍부한 사람 중에서 운영위원회의 심의 · 의결을 거쳐 기획재정부장관이 임명한다. 공공기관 지정 당시 비상임이사가 없는 공기업은 지정 후 3월 이내에 비상임이사 2인 이상을 선임하여야 한다.

라) 감사

임원추천위원회가 복수로 추천하여 운영위원회의 심의 · 의결을 거친 사람 중에서 기획재정부장관의 제청으로 대통령이 임명한다. 다만 기관 규모가 대통령령이 정하는 기준 이하인 공기업의 감사는 임원추천위원회가 복수로 추천하여 운영위원회의 심의 · 의결을 거친 사람 중에서 기획재정부장관이 임명한다(「공공기관의 운영에 관한 법률」 제25조).

마) 주주총회가 있는 공기업의 경우

다른 법령에서 임원의 선임과 관련하여 사원총회의 의결을 거치도록 한 경우에는 이를 거쳐야 한다(「공공기관의 운영에 관한 법률」 제27조).

3) 임기

기관장의 임기는 3년으로 하고, 이사와 감사의 임기는 2년으로 한다. 임원은

1년을 단위로 연임될 수 있다. 이 경우 임원의 임명권자는 다음사항을 고려하여 임원의 연임 여부를 결정한다.

① 기관장은 경영실적 평가 결과 ② 상임이사는 성과계약 이행실적의 평가 결과와 그 밖의 직무수행실적 ③ 비상임이사 및 감사는 직무수행실적의 평가 결과와 그 밖의 직무수행실적

임원이 연임되는 경우에는 임원추천위원회의 추천을 거치지 아니한다. 기관장이 연임되는 경우에는 성과계약을 다시 체결하여야 한다. 임기가 만료된 임원은 후임자가 임명될 때까지 직무를 수행한다(「공공기관의 운영에 관한 법률」 제28조).

지방공사의 사장, 이사 및 감사의 임기는 3년으로 한다. 이 경우 지방자치단체의 장은 임기가 만료된 임원으로 하여금 그 후임자가 임명될 때까지 직무를 수행하게 할 수 있다. 공사의 사장, 이사 및 감사는 1년 단위로 연임될 수 있고 공사의 사장, 이사 및 감사의 직무는 정관으로 정한다(「지방공기업법」 제59조).

다. 임원추천

1) 임원추천위원회

공기업의 임원 후보자를 추천하고, 기관장 후보자와의 계약안에 관한 사항의 협의 등을 수행하기 위하여 임원추천위원회를 둔다. 임원추천위원회는 그 공기업의 비상임이사와 이사회가 선임한 위원으로 구성한다. 공기업의 임직원과 공무원은 임원추천위원회의 위원이 될 수 없다. 다만 그 공기업의 비상임이사, 교원과 주무기관 소속 공무원은 그러하지 아니하다. 이사회가 선임하는 위원의 정수는 임원추천위원회 위원 정수의 2분의 1 미만으로 한다. 다만 임원추천위원회 구성 당시 비상임이사가 1명인 경우에는 이사회가 선임하는 위원의 정수를 2분의 1로 할 수 있다.

임원추천위원회의 위원장은 임원추천위원회 위원인 공기업의 비상임이사 중에서 임원추천위원회 위원의 호선으로 선출한다. 임원추천위원회 구성 당시 비상임이사가 없는 경우 이사회가 선임한 외부위원으로 임원추천위원회를 구성하며, 위원장은 외부위원 중 호선으로 선출한다(「공공기관의 운영에 관한 법률」 제29조).

2) 추천 기준

임원추천위원회는 기업 경영과 그 공기업의 업무에 관한 학식과 경험이 풍부하고, 최고경영자의 능력을 갖춘 사람을 기관장 후보자로 추천하여야 한다. 임원추천위원회는 이사나 감사로서의 업무 수행에 필요한 학식과 경험이 풍부하고, 능력을 갖춘 사람을 기관장이 아닌 이사나 감사 후보자로 추천하여야 한다. 임원추천위원회는 임원후보자를 추천하고자 하는 경우 후보자를 공개모집할 수 있다(「공공기관의 운영에 관한 법률」 제30조).

3) 성과계약

기관장의 임명과 관련하여 이사회는 기관장이 임기 중 달성하여야 할 구체적 경영목표와 성과급 등에 관한 사항이 포함된 계약안을 작성하여 임원추천위원회에 통보하여야 한다. 이 경우 기관장은 계약안을 정하는 이사회에 참여할 수 없다. 임원추천위원회는 통보받은 계약안에 대하여 기관장 후보자로 추천하고자 하는 자와 계약 내용과 조건 등을 협의하고, 그 결과를 주무기관의 장에게 통보하여야 한다. 이 경우 임원추천위원회는 기관장 후보자와의 협의를 위하여 필요한 때에는 계약안의 내용이나 조건을 일부 변경할 수 있다.

주무기관의 장은 협의된 계약안에 따라 기관장으로 임명되는 사람과 계약을 체결하되, 공기업의 장과 계약을 체결하는 경우 미리 기획재정부장관과 협의하여야 한다. 이 경우 주무기관의 장은 기관장으로 임명되는 사람과 협의를 거쳐 계약의 내용이나 조건을 계약안과 달리 정할 수 있다.

기관장은 해당 기관의 상임이사와 성과계약을 체결하고, 그 이행실적을 평가할 수 있으며, 이행실적을 평가한 결과 그 실적이 저조한 경우 상임이사를 해임할 수 있다(「공공기관의 운영에 관한 법률」 제31조).

라. 임원의 직무

기관장은 그 공기업을 대표하고 업무를 총괄하며, 임기 중 그 공기업의 경영성과에 대하여 책임을 진다. 기관장은 그 공기업의 이익과 자신의 이익이 상반되는 사항에 대하여는 공기업을 대표하지 못한다. 이 경우 감사 또는 감사위원회가 공기업을 대표한다.

기관장이 부득이한 사유로 그 직무를 수행할 수 없을 때에는 정관에서 정하는 바에 따라 상임이사 중 1인이 그 직무를 대행하고, 상임이사가 없거나 그 직무를 대행할 수 없을 때에는 정관이 정하는 임원이 그 직무를 대행한다.

이사는 이사회에 부쳐진 안건을 심의하고, 의결에 참여한다.

감사는 기획재정부장관이 정하는 감사기준에 따라 공기업의 업무와 회계를 감사하고, 그 의견을 이사회에 제출한다. 이 경우 감사원은 기획재정부장관에게 감사기준에 관하여 의견을 제시할 수 있다.

기관장은 감사 또는 감사위원회의 임무수행에 필요한 직원의 채용과 배치 등에 관하여 필요한 지원을 하여야 한다(「공공기관의 운영에 관한 법률」 제32조).

4. 하부조직

공기업의 하부조직에 대하여 법령에서 직접 규정하고 있는 경우는 거의 없다. 이는 공기업의 자율적 경영 특성을 고려한 것으로서 회사의 정관이나 내부 규칙에서 정하고 일임하였기 때문이다. 우리나라 최대 공기업이라 할 수 있는 한국전력공사도 대통령령인 「한국전력공사법 시행령」 제3조에서 공사가 지사 또는 지점을 설치할 경우 명칭과 소재지를 등기할 의무만 정하고 있을 뿐 다른 조직에 대하여 아무런 언급이 없다. 그러나 공기업도 행정조직법 통칙에서 설명한 조직의 구성원리는 그대로 적용되고 있다. 즉 기관장의 보조기관이나 보좌기관, 그리고 각종 부속기관과 소속행정기관을 설치하여 운영하고 있다. 이는 행정조직을 설치·운영함에 있어서 필수적인 구성 요소들이기 때문이다.

수백 개 특수법인의 정관과 내부 조직규칙을 모두 조사할 실익은 없으므로, 대표적으로 2013.4.30. 현재 20,007명의 정원을 두고 있다고 홈페이지(www.kepco.co.kr)를 통해 공개한 한국전력공사의 조직은 다음 그림과 같다.

〈한국전력공사 조직도〉

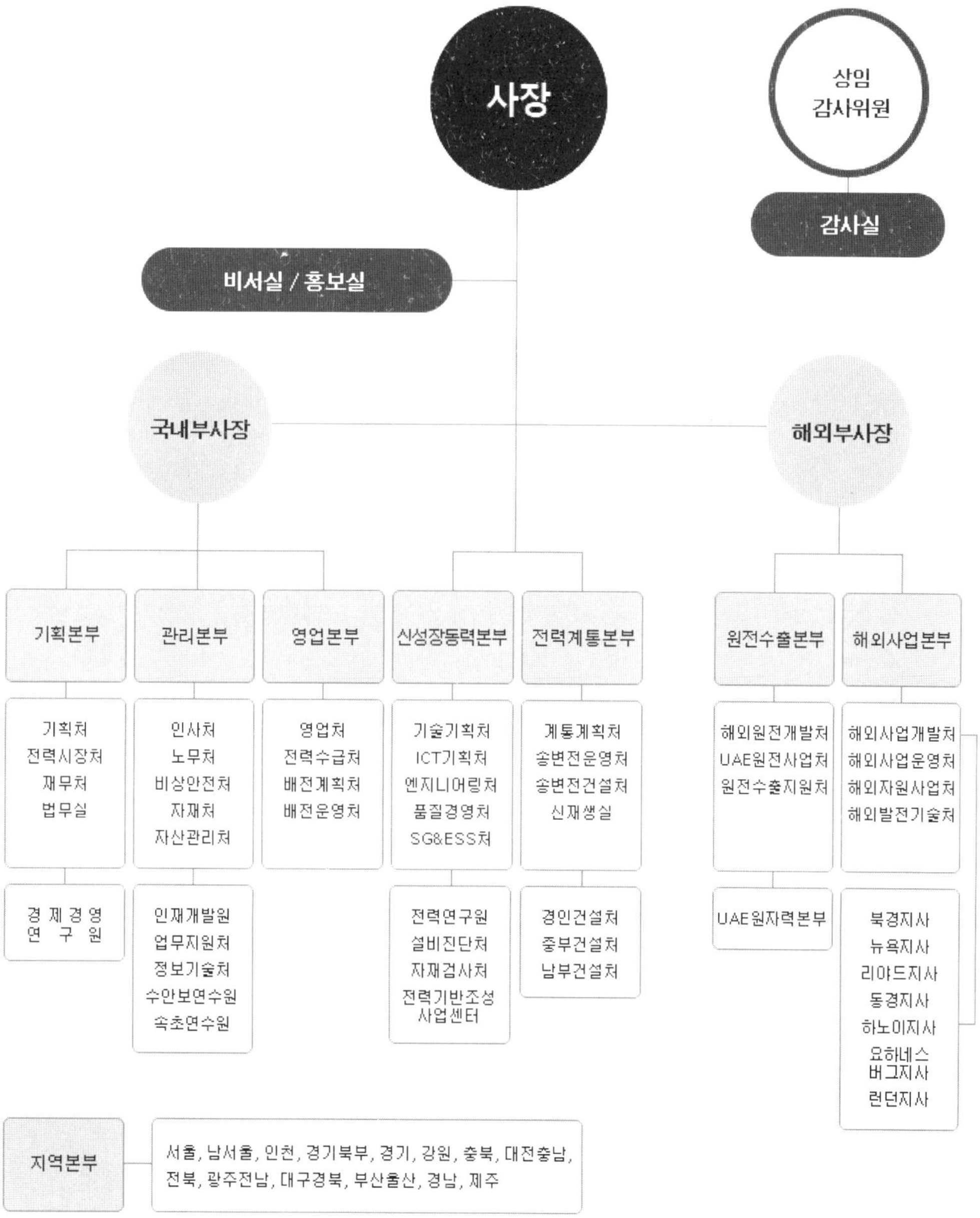
사장
상임 감사위원
감사실
비서실 / 홍보실
국내부사장
해외부사장
기획본부
관리본부
영업본부
신성장동력본부
전력계통본부
원전수출본부
해외사업본부
기획처
전력시장처
재무처
법무실
인사처
노무처
비상안전처
자재처
자산관리처
영업처
전력수급처
배전계획처
배전운영처
기술기획처
ICT기획처
엔지니어링처
품질경영처
SG&ESS처
계통계획처
송변전운영처
송변전건설처
신재생실
해외원전개발처
UAE원전사업처
원전수출지원처
해외사업개발처
해외사업운영처
해외자원사업처
해외발전기술처
경제경영 연구원
인재개발원
업무지원처
정보기술처
수안보연수원
속초연수원
전력연구원
설비진단처
자재검사처
전력기반조성 사업센터
경인건설처
중부건설처
남부건설처
UAE원자력본부
북경지사
뉴욕지사
리야드지사
동경지사
하노이지사
요하네스 버그지사
런던지사
지역본부
서울, 남서울, 인천, 경기북부, 경기, 강원, 충북, 대전충남,
전북, 광주전남, 대구경북, 부산울산, 경남, 제주

부사장 이하 본부장, 처장 및 처장을 보조하는 모든 직원들은 사장의 보조기관이며, 비서실과 홍보실, 감사실은 보좌기관이 될 것이다. 그리고 각 지역본부와 해외지사의 장은 소속 행정기관의 장으로서 행정청의 역할을 수행한다.

공기업은 「상법」의 주식회사 형태를 취하되, 주식이 대부분 분산되는 일반 회사와 달리 정부가 발행주식의 51% 이상 100%까지 소유하는 것이므로 특수성을 띨 뿐이므로 조직의 구성원리는 민간과 큰 차이가 없다고 하겠다.

제 5 편

공무원법

제 1 장
의 의

제1절 공무원의 지위

1. 국민전체의 봉사자

현행 헌법 제7조 제1항에 '공무원은 국민전체에 대한 봉사자이며 국민에 대하여 책임을 진다'라고 규정되어 있다. '국민전체'라 함은 주권자로서의 국민과 행정객체로서의 국민을 다 포함한다. 주권자로서의 국민은 권력을 국가에 부여한 주주에게 봉사하는 것이고, 행정대상으로서의 국민은 서비스를 받는 고객에게 봉사하는 것을 말한다. 국민전체라는 말이 우리 헌법에서 처음 들어간 것은 1969.10.21. 제7호 헌법을 개정할 때이다.

'국민전체'를 위한다는 것은 특정 정당이나 후보자뿐만 아니라 사회의 일부 계층이나 특정의 이익 집단, 기타 일부의 국민 이익을 위해 봉사하면 안 된다는 선언이므로 이 점에서 공무원은 민간 기업체의 근로자와 큰 차이가 있다. 이와 관련하여 헌법재판소는 선거관리위원회 공무원이 특정한 정치적 성향을 표방하는 단체에 가입 · 활동한다는 사실 자체만으로 그 정치적 중립성과 직무의 공정성, 객관성이 의심될 수 있으므로 「선거관리위원회 공무원규칙」 제233조 제3항 등의 규정은 정치적 표현의 자유 등을 침해한다고 할 수 없다고 결정한 바 있다.[1] 따라서 공무원에게는 공공신뢰의 개념과 결부되어 더욱 엄격한 생활기준과 제약이 부가된다. 이로써 민간 부문에서는 허용되며 심지어 정상적이라 볼 수 있는 많은 관행들이 공무원에게는 금지되고 있거나 금지되어야 하는 것이다.[2]

2. 국민에게 책임

제헌헌법 제27조는 '공무원은 주권을 가진 국민의 수임자이며 언제든지 국민에 대하여 책임을 진다. 국민은 불법행위를 한 공무원의 파면을 청원할 권리가 있다. 공무원의 직무상 불법행위로 인하여 손해를 받은 자는 국가 또는 공공단체에 대하여 배상을 청구할 수 있다. 단, 공무원 자신의 민사상이나 형사상의 책임이 면제되는 것은 아니다.'라고 규정하였다. 이는 주권자인 국민으로부터 권한을 수임하여 행사하는 공무원이 국민의 신의를 저버리게 될 경우 책임을 지는 것은 당연하므로 불법행위를 한 공무원에 대하여 국민이 파면을 요청할 수 있는 권리까지 부여하게 된 것이다.

현행 헌법은 이 규정이 다 삭제되었지만 그 헌법 정신은 여전히 유효하다고 본다. 공무원이 지는 책임의 종류는 주로 고위직이나 선거로 취임하는 공무원들이 지게 되는 정치적 책임으로부터 내부의 징계책임, 개인의 민사상 책임, 형사상 책임까지 다양하다.

3. 직업공무원제도

현행 헌법 제7조 제2항은 '공무원의 신분과 정치적 중립성을 법률이 정하는 바에 따라 보장된다'고 한다. 헌법에서 신분을 보장한다는 규정은 우리나라의 공무원 제도의 기본원칙을 직업공무원제로 한다는 뜻이다. 이는 정권교체시 공무원을 임의로 정부가 신임하는 사람들로 쉽게 교체할 수 있는 엽관주의 인사제도를 버리고

---

1) 헌법재판소 2012.3.29. 자 2010헌마97 결정.

2) 테리 L. 쿠퍼(행정사상과 방법론 연구회 옮김), 공직윤리, 165쪽.

정권 교체에 관계없이 국가나 지방자치단체에서 일하는 전문성을 갖춘 공무원들을 계속 일할 수 있도록 하겠다는 것이다. 이를 위해서는 공무원의 신분과 정치적 중립성이 우선 확보되어야 하므로 이 규정은 내각책임제 전환을 주요 골자로 개정된 1960. 6.15. 헌법 제4호에서 신설되었다. 따라서 직업공무원제도는 기본권이 아니라 헌법에서 핵심적 요소를 규정한 '제도보장'의 하나이다.[3] 헌법에 의하여 일정한 제도가 보장되면 입법자는 그 제도를 설정하고 유지할 입법의무를 지게 될 뿐만 아니라 헌법에 규정되어 있기 때문에 법률로써 이를 폐지할 수 없고, 비록 내용을 제한하더라도 그 본질적 내용을 침해할 수 없다. 그러나 기본권 보장은 "최대한 보장의 원칙"이 적용됨에 반하여, 제도적 보장은 그 본질적 내용을 침해하지 아니하는 범위 안에서 입법자에게 제도의 구체적 내용과 형태의 형성권을 폭넓게 인정한다는 의미에서 "최소한 보장의 원칙"이 적용된다는 점에서 차이가 있다.[4]

제2절 공무원의 구분

1981.4.20. 이전까지는 공무원을 일반직과 별정직으로만 구분하여 실적주의 원칙을 기반으로 한 「국가공무원법」이 대부분 적용되는 공무원을 일반직공무원, 그 밖의 공무원을 별정직공무원이라 하였다. 그러나 별정직공무원에는 법관, 검사 등과 같이 철저한 신분보장을 받는 공무원이 있는가 하면, 장·차관이나 계약직원 등 신분보장과는 거리가 먼 공무원도 포함되어 인사기준을 일정하게 적용하기 곤란하여 지금은 임용방법과 신분보장 정도를 기준으로 경력직과 특수경력직 공무원으로 구분하고 있다.

1. 국가공무원과 지방공무원

임용주체와 보수지급 주체를 기준으로 구분한 것이다. 관장하는 법률도 「국가

3) 정재황, 헌법판례와 행정실무, 18~19쪽.

4) 헌법재판소 1997.4.24. 자 95헌바48 결정.

공무원법」과 「지방공무원법」으로 나눈다. 「국가공무원법」 제1조는 '각급기관'에 근무하는 국가공무원에게 적용한다고 되어 있다. 각급기관은 행정주체 중 국가에 소속된 모든 기관을 의미한다. 「지방공무원법」 제1조는 지방자치단체의 공무원에게 적용한다고 되어 있다. 그러면서 제2조에서 지방자치단체에 소속된 모든 공무원에게 적용하지 않고 지방자치단체가 '경비'를 부담하는 공무원으로 하고 있다. 즉 지방공무원은 지방자치단체에 근무하되 지방자치단체로부터 경비, 즉 보수와 부대 비용을 받는 공무원을 말한다. 광역 지방자치단체와 기초 지방자치단체는 구분하지 않고 동일한 법률이 적용된다. 법률은 국가공무원과 지방공무원으로 나누어져 있지만 내용에는 별 차이가 없기 때문에 함께 설명한다.

「국가공무원법」은 1949.8.12. 법률 제44호로 제정되었고 「지방공무원법」은 1963.12.2. 법률 제1427호로 제정되었다. 제정기간의 차이가 많은 이유는 1949.7.4. 법률 제32호로 제정된 「지방자치법」 제115조에 따라 정부수립 초기에 특별시와 도에는 국가공무원으로 충원하였기 때문이다. 다만 같은 법에서 조례로 도 · 시비의 직원을 두고 시 · 읍 · 면의 직원은 면비(面費)로 부담하되 그 인사기준은 대통령령으로 위임함으로써 1950.2.10. 「지방공무원령」이 제정되었다.

2. 경력직공무원

실적과 자격에 따라 임용되고 그 신분이 보장되며 평생 동안(근무기간을 정하여 임용하는 공무원의 경우에는 그 기간 동안) 공무원으로 근무할 것이 예정되는 공무원을 말한다. 즉 공무원으로서의 경력을 계속 쌓아가는 직업공무원이므로 다음과 같은 특징을 갖고 있다.

첫째, 실적과 자격에 의하여 임용된다.

경력직공무원은 실적주의 인사원칙이 적용된다. 실적주의 인사의 기본내용은 「국가공무원법」 제26조에서 밝히고 있는 바와 같이 시험성적과 근무성적 기타 능력의 실증에 의하여 임용하는 것이다. 실적에는 근무실적은 물론 성적도 포함하는데 이것은 객관적으로 검증된 일정한 능력을 갖춘 자를 공무원으로 임용하여야 한다는 뜻이며, 자격은 좁게는 국가에서 검증된 자격증을 말하나 넓게는 자격을 측정하는 절차를 거쳐 인정된 경우까지 포함한다.

둘째, 신분이 보장된다.

공무원의 신분보장은 공무원으로 하여금 국가이익을 위하여 공무에 전념하고 능률적으로 사무를 처리하기 위하여 외부의 부당한 영향으로부터 신분 불안상태를 해소한다는 것으로서 공무원법에서 별도의 장을 마련하여 구체적으로 규정하고 있다.

셋째, 평생동안 근무할 것이 예정된다.

경력직공무원은 직업으로서 공무원을 택한 사람을 말한다. 그러기 위해서는 공직이 생애를 바쳐 일할 만한 명예로운 직업으로서 근로능력이 허용하는 한 계속해서 근무·성장할 수 있어야 한다. '평생' 근무한다고 종신토록 일해야 하는 것은 물론 아니다. 실적주의제 하에서 인간의 수명을 다할 때까지 일하는 것은 불가능하므로 정년에 도달할 때까지 근무하는 것을 전제로 한다.

경력직공무원은 담당 직무의 내용에 따라 일반직과 특정직으로 구분되고 있으며 근거법령과 계급구조, 급여체계 등에서 각기 약간의 차이가 있다.

가. 일반직

기술·연구 또는 행정 일반에 대한 업무를 담당하는 공무원을 말한다. '일반'이라는 것은 공통적이고 보편성을 가진 사무라는 뜻이다. 국가는 국민이 준 권력을 통하여 국민에게 필요한 각종 서비스를 제공하는 임무를 갖고 있는데, 그 내용은 대부분 법령에 구체적으로 정해져 있다. 법치주의 원칙에 따라 집행하므로 법령을 존중하고 정확히 해석하여 국민에게 질 좋은 봉사를 하기 위해서는 일정한 전문지식과 경험도 필요하다. 이를 바탕으로 일반직공무원은 어떠한 직무가 주어지더라도 국민전체에 대한 봉사자로서 책임감을 갖고 일할 수 있도록 직무를 분석하여 직군·직렬별로 분류하여 운영하고 있다. 현재 4개 직군과 54개 직렬로 구분하여 인사관리를 효율적으로 행하고 있다(「공무원 임용령」 별표1,2).

나. 임기제

근무기간을 정하여 임용하는 공무원을 말하는데 과거에는 경력직 공무원은 임기의 적용을 받지 않고 정년까지 계속 근무(ongoing)하는 것을 전제로 하였기 때문에 경력직으로는 분류하지 않았다. 2014.1.14.부터 시행된 개정 「국가공무원법」에 따라 과거 별정직 중 임기를 가진 공무원과 계약직 공무원을 일반직으로 흡수하면서 신설한 공무원 직종이다. 이들은 근무기간만 차이가 있을 뿐 재임 중에는 일반직과 동일한 신분을 갖고 있으므로 일반직의 한 종류로 구분하고 있다.

임기는 일정한 기간 동안 안정적으로 직무를 수행하도록 하는 기관의 입장과 계속 근무하기 어려운 공무원 본인의 사정 등을 모두 고려하여 다양하게 운영하고 있다. 「병역법」 제6조에 따라 보충역으로 편입되는 공중보건의사와 공중방역수의사는 「농어촌 등 보건의료를 위한 특별조치법」 제3조와 「공중방역수의사에 관한 법률」 제3조에 따라 법률에서 직접 임기제공무원의 신분을 부여하는 경우도 있다.

임기제공무원은 다음과 같이 분류한다(「공무원 임용령」 제3조의2).

1) 일반임기제공무원

직제 등 법령에 규정된 경력직공무원의 정원에 해당하는 직위와 「책임운영기관의 설치 · 운영에 관한 법률」 제7조 제1항에 따른 책임운영기관의 장의 직위에 임용되는 임기제공무원을 말한다.

2) 전문임기제공무원

특정 분야에 대한 전문적 지식이나 기술 등이 요구되는 업무를 수행하기 위하여 임용되는 임기제공무원을 말한다.

3) 시간선택제임기제공무원

통상적인 근무시간보다 짧은 시간(주당 15시간 이상 35시간 이하의 범위에서 임용권자 또는 임용제청권자가 정한 시간)을 근무하는 공무원으로 임용되는 일반임기제공무원(시간선택제일반임기제공무원) 또는 전문임기제공무원(시간선택제전문임기제공무원)을 말한다.

4) 한시임기제공무원

공무원이 휴직을 하거나 「국가공무원 복무규정」 제20조 제2항과 제10항에 따라 30일 이상의 출산 · 유산 · 사산 휴가를 실시하는 공무원의 업무를 대행하기 위하여 1년 이내의 기간 동안 임용되는 공무원으로서 통상적인 근무시간보다 짧은 시간을 근무하는 임기제공무원을 말한다.

다. 특정직

법률로 정한 특수 직무를 수행하는 공무원으로서 일반직과 다른 신분을 규정하여 직급, 복무관리를 할 필요가 있는 공무원을 말한다. 일반직공무원과 마찬가지로 실적과 자격에 의하여 임용되고 그 신분이 보장되는 점은 같지만, 특정직공무원은 그 담당업무의 특성을 고려하여 자격·신분보장·복무규율 등에서 예외를 인정할 필요가 있어서 구분한 것이다. 따라서 이들 공무원에 대하여는 「국가공무원법」에 대한 특별법적 지위에 있는 개별 법률에 의하여 임용자격·복무 등을 우선 적용하고, 나머지 부분에 「국가공무원법」이 적용된다.

특정직 국가공무원과 관련된 법률을 제정된 순서대로 열거하면 다음과 같다. 「법원조직법」(1949.9.26. 법률 제51호의 법관 부분), 「검찰청법」(1949.12.20. 법률 제81호의 검사 부분), 「교육공무원법」(1953.4.18. 법률 제285호), 「군인사법」(1962.1.20. 법률 제1006호), 「군무원인사법」(구 「군속인사법」, 1963.5.1. 법률 제1337호), 「국가정보원직원법」(구 「중앙정보부직원법」, 1963.5.31. 법률 제1355호), 「대통령경호실법」(1963.12.14. 법률 제1507호의 경호공무원 부분), 「경찰공무원법」(1969.1.7. 법률 제2077호), 「소방공무원법」(1973.2.8. 법률 제2502호), 「외무공무원법」(1981.1.4. 법률 제3384호) 등이다.

1) 법관

재판사무에 종사하며 법원을 구성하는 공무원을 말한다. 넓게는 대법원장, 대법관과 법관이 있다. 「법원조직법」 제4편의 임용, 권한, 신분보장, 징계 등의 규정이 적용된다.

2) 검사

공익의 대표자인 검사는 소속 상급자의 지휘 감독에 따라 범죄수사, 공소제기 및 유지 등의 직무를 수행하고 있으며 신분과 직무에 관해서는 「검찰청법」 제1장과 제5장이 우선 적용된다.

3) 외무공무원

대외적으로 국가의 이익을 보호 · 신장하고, 외국과의 우호 · 경제 · 문화 관계를 증진하며, 재외국민을 보호 · 육성하는 것을 그 임무로 하는 외무공무원에 대하여는 「외무공무원법」이 우선 적용된다.

4) 경찰공무원

국가공무원은 「경찰공무원법」이 적용되지만, 제주특별자치도의 자치경찰공무원은 「지방자치법」과 「지방공무원법」, 그리고 「제주특별자치도 설치 및 국제자유도시 조성을 위한 특별법」 제11장이 적용된다.

5) 소방공무원

소방공무원의 책임 및 직무의 중요성과 신분 및 근무조건의 특수성에 비추어 그 임용 · 교육훈련 · 복무 · 신분보장 등에 관하여 「국가공무원법」과 「지방공무원법」에 대한 특례를 규정한 「소방공무원법」은 국가소방공무원과 지방소방공무원에게 모두 적용된다.

6) 교육공무원

교육공무원의 범주에는 교육기관에 근무하는 교원 및 조교, 교육행정기관에 근무하는 장학관 및 장학사, 교육기관 · 교육행정기관 또는 교육연구기관에 근무하는 교육연구관 및 교육연구사를 의미한다. 이들 교육공무원은 그 직무와 책임의 특수성에 비추어 자격 · 임용 · 보수 · 연수 및 신분보장 등에 관하여 「국가공무원법」과 「지방공무원법」에 대한 특례를 규정할 필요가 있어서 「교육공무원법」이 우선 적용된다.

7) 군인

군인의 책임 및 직무의 중요성과 신분 및 근무조건의 특수성을 고려하여 그 임용, 복무, 교육훈련, 사기 및 신분보장 등에 관하여 「국가공무원법」에 대한 특례를 규정한 「군인사법」은 현역에 복무하는 장교, 준사관, 부사관, 병, 사관생도 및 사관후보생, 부사관후보생, 그리고 소집되어 군에 복무하는 예비역 및 보충역에게 적용된다.

8) 군무원

군무원의 책임 · 직무 · 신분 및 근무조건의 특수성을 고려하여 그 자격 · 임용 · 복무 · 보수 및 신분보장 등에 관하여 「국가공무원법」에 대한 특례를 규정한 「군무원인사법」이 적용된다. 군무원은 일반군무원과 기능군무원으로 구분한다.

9) 헌법연구관

「헌법재판소법」 제19조 제2항에 따라 헌법재판소장의 명을 받아 사건의 심리 및 심판에 관한 조사와 연구에 종사하는 헌법연구관은 특정직국가공무원으로 되어 있다.

10) 국가정보원직원

국가정보원의 직원에 대하여는 그 책임 및 직무의 중요성과 신분 및 근무 조건의 특수성에 비추어 자격, 임용, 교육훈련, 복무, 보수 등에 관하여 「국가공무원법」에 대한 특례를 규정한 「국가정보원직원법」이 적용된다.

11) 다른 법률에서 지정한 특정직공무원

이에 해당되는 것은, 「대통령 등의 경호에 관한 법률」 제6조에 규정된 경호공무원 외에 「국방대학교 설치법」 제9조 제5조, 「국군간호사관학교 설치법」 제7조의2, 「사관학교 설치법」 제6조의2, 「육군3사관학교 설치법」 제6조의2에서 교수 등에서 교육담당자를 군인 또는 군무원이 아닌 자 중에서 임용하는 경우에는 특정직 국가공무원으로 한다는 규정이 있다. 특정직공무원으로 함으로써 보수 · 연수 · 신분보장 · 징계 및 소청에 관하여는 「교육공무원법」 및 「교원지위향상을 위한 특별법」을 각각 준용할 수 있다.

3. 특수경력직공무원

경력직 이외의 공무원을 말하지만, 특수한 경력이라기 보다는 지속적으로 경력관리가 이루어지지 않는 비경력직(non-ongoing, non-career)공무원이라는 표현이 더 정확한 것이라 할 수 있다.

가. 정무직

선거에 의하여 취임하거나 임명시 국회의 동의를 요하는 등 정치적으로 임명되는 차관급 이상의 공무원을 말한다.

1) 선거로 취임하는 공무원

대통령, 국회의원, 지방자치단체의 장, 교육감, 지방의회의원 등이 있다. 그런데 공무원을 국가 또는 지방자치단체에 고용된 사람으로서 공무에 종사하는 직원이라는 데 중점을 두고 살펴보면, 대통령이나 국회의원은 취임선서도 소속기관장 앞이 아니라 국민에 대하여 직접 하도록 되어 있고(「대한민국헌법」 제69조, 「국회법」 제24조), 신분이나 복무, 직무 내용 등 많은 부분에서 일반 공무원과 달라서 공무원법이 적용되는 공무원의 범주에 포함하기 어려울 수도 있다. 하지만 임기 동안 공무를 직접 담당하면서 법령상 일정한 권리 · 의무를 지고 있음을 고려하여 공무원의 종류에 포함하고 있다(「국가공무원법 제3조 제3항의 공무원의 범위에 관한 규정」).

2) 임명에 있어서 국회의 동의를 요하는 공무원

헌법에 규정된 대로 대법원장, 대법관, 국무총리, 감사원장, 헌법재판소장을 임명하기 위해서는 국회의 동의를 각각 얻어야 한다. 이들 직위 중 국무총리만 제외하고는 모두 임기가 있는 직위이다.

대법원장과 대법관은 이 기준과 「법원조직법」 제5조 제1항에 의하여 정무직공무원과 특정직공무원의 특성을 다 갖고 있지만, 사법부의 독립과 3권 분립의 원칙, 담당직무의 성격상 특정직공무원으로 분류하는 것이 타당하다. 이들 직위에 대하여는 「인사청문회법」에 의하여 국회의 동의를 받기 전에 인사청문을 거쳐야 한다.

3) 고도의 정책결정 업무를 담당하는 공무원으로서 법률로 지정하는 공무원

선거에 의해 취임하지도, 임명시 국회의 동의도 필요하지 않지만, 법률에서 정무직으로 지정하는[5] 차관급 이상 공무원은 정무직공무원이다.

---

5) 「감사원법」 제5조, 「개인정보 보호법」 제7조, 「경찰법」 제5조, 「공무원 교육훈련법」 제3조, 「국가공무원법」 제9조, 「국가인권위원회법」 제5조, 「국가정보원법」 제7조, 「국립외교원법」 제4조, 「국민경제자문회의법」 제3조, 「국회도서관법」 제4조, 「국회사무처법」 제4조, 「국회예산정책

'고도의 정책'이라는 뜻은 국가의 안보 등 중요한 정책에 관한 것으로서 일상적으로 일어나는 실무적 차원의 사무와는 다르다는 의미이다. 차관은 장관의 보조기관이지만 정부위원으로서 국회에 장관을 대리하여 출석하고, 행정청인 장관의 직무를 대리하며 중앙행정기관별 담당사무를 장관과 대부분 공유하며 사실상 공동 책임을 지고 있다.

정무직공무원은 직무의 권한과 내용이 국민의 권리 · 의무에 직접 영향을 미치는 중요 정책결정 업무와 관계되므로 그 직위를 설치하기 위해서는 법률에 근거가 있어야 한다(「정부조직법」 제8조 제1항).

4) 고도의 정책업무를 보조하는 공무원으로서 법률이나 대통령령에서 지정하는 공무원

정무직공무원의 설치는 법률에 근거를 두는 것이 원칙이지만 국가원수이자 행정부의 수반인 대통령을 보조하거나 보좌하는 대통령비서실과 국가안보실의 수석비서관 이상에 대하여는 예외적으로 대통령령으로 정무직공무원을 둘 수 있다. 그러나 국무총리를 보조하는 정무직공무원은 법률적 근거가 있어야 한다.

나. 별정직

비서관 · 비서 등 보좌업무 등을 수행하거나 특정한 업무 수행을 위하여 법령에서 별정직으로 지정하는 공무원을 말한다. 별정직공무원이 「국가공무원법」상 경력

처법」 제4조, 「국회입법조사처법」 제4조, 「금융위원회의 설치 등에 관한 법률」 제4조, 「노동위원회법」 제9조, 「대일항쟁기 강제동원 피해조사 및 국외강제동원 희생자 등 지원에 관한 특별법」 제9조, 「대통령 등의 경호에 관한 법률」 제3조, 「독점규제 및 공정거래에 관한 법률」 제37조, 「민주평화통일자문회의법」 제9조, 「박물관 및 미술관 진흥법」 제10조, 「방송통신위원회의 설치 및 운영에 관한 법률」 제4조, 「부패방지 및 국민권익위원회의 설치와 운영에 관한 법률」 제13조, 「사료의 수집 · 편찬 및 한국사의 보급 등에 관한 법률」 제6조, 「새만금사업 추진 및 지원에 관한 특별법」 제34조, 「선거관리위원회법」 제12조, 「신행정수도 후속대책을 위한 연기 · 공주지역 행정중심복합도시 건설을 위한 특별법」 제38조, 「원자력안전위원회의 설치 및 운영에 관한 법률」 제4조, 「이북5도에 관한 특별조치법」 제5조, 「일제강점하 반민족행위 진상규명에 관한 특별법」 제5조, 「제주특별자치도 설치 및 국제자유도시 조성을 위한 특별법」 제17조, 「지방자치법」 제110조, 「진실 · 화해를 위한 과거사정리 기본법」 제4조, 「친일반민족행위자 재산의 국가귀속에 관한 특별법」 제6조, 「헌법재판소법」 제15조 등.

직과 함께 적용받는 인사제도의 범위는 보수, 복무, 고충, 징계제도이며, 적용되지 않는 분야는 휴직,[6] 직위해제, 소청, 승진, 전보, 전직, 강임, 파견, 상위계급 대우 선발, 정년, 명예퇴직 및 조기퇴직제도 등이다.

1) 비서관 · 비서 등 보좌업무 등을 수행하는 공무원

장·차관 등의 비서관 또는 비서 등 명칭 여하에 불문하고 보좌업무를 수행하되 정무직으로 분류되는 차관급상당 이상의 보수보다 적게 받는 공무원을 말한다(「헌법재판소법」 제20조 제2항). 다만 직제에 따라 비서관이 일반직과 별정직 등 복수직위로 규정된 경우에는 별정직공무원이 아닌 일반직공무원도 비서관이나 비서의 직에 임명될 수 있다.

2) 특정한 업무 수행을 위하여 법령에서 별정직으로 지정하는 공무원

법령에서 별정직으로 지정하는 공무원은, 주로 대통령령인 '중앙행정기관과 그 소속기관 직제'에서 장관정책보좌관 중 1인에 대하여 공통적으로 별정직공무원으로 지정하여 장관이 신임하는 사람을 선임할 수 있도록 규정하고 있다.

기타 대통령령과 부령 등을 통하여 별정직공무원으로 보할 수 있도록 지정하는 사례는 사법연수생(「법원조직법」 제72조 제1항), 전직대통령 비서관(「전직대통령 예우에 관한 법률」 제6조 제2항) 등이 있다. 또한 헌법연구관을 신규임용하기 전에 3년간 헌법연구관보로 임용하는데 그 헌법연구관보도 별정직국가공무원으로 하고 있다(「헌법재판소법」 제19조의2).

4. 고위공무원단

국가의 고위공무원을 범정부적 차원에서 효율적으로 인사관리 함으로써 정부의 경쟁력을 높이기 위하여 고위공무원단을 구성한다. 고위공무원단이란 직무의 곤란성과 책임도가 높은 직위에 임용되어 재직 중이거나 파견·휴직 등으로 집중 관리되고 있는 일반직공무원, 별정직공무원 및 특정직공무원의 군(群)을 말한다.

이 제도를 도입하게 된 배경은, 국가는 하나의 인격체이지만 그 안에서 일하는 공

---

6) 「병역법」에 의한 군입대 휴직만 가능하고, 이 경우 결원보충도 인정되지 않는다.

무원의 인사관리는 중앙행정기관 단위로 이루어지다 보니, 국가 전체의 의사를 하나로 만들기 위하여 조정과 통합에 노력하지 않고 각 행정청의 입장에서 판단하는 사례가 많아 정책의 주요결정자 그룹인 실장과 국장급에 해당하는 핵심 관리직 공무원의 인사관리를 집중적으로 하게 된 것이다. 고위공무원단 공무원에 대한 인사관리는 대통령령인 「고위공무원단 인사규정」에 따라 실시한다.

대상은 중앙행정기관의 실장·국장 등 보조기관과 차관보 등 보좌기관을 포함하며 행정부 각급기관의 상당하는 직위도 포함한다. 감사원은 「감사원법」 제17조의2에 따라 별도로 고위감사공무원단을 설치·운영하고 있으므로 이 규정의 적용대상에서는 제외된다. 아울러 지방자치단체의 국가공무원으로 보하는 부지사, 부시장, 기획관리실장, 부교육감 등도 포함하고 있다.

안전행정부장관은 고위공무원단에 속하는 공무원이 갖추어야 할 능력과 자질을 설정하고 이를 기준으로 고위공무원단 직위에 임용되려는 자의 역량을 평가하여 신규채용·승진임용 등 인사관리에 활용할 수 있다.

제3절 공직분류

1. 계급제

계급은 공무원의 신분을 몇 개의 등급으로 나눈 것을 말한다. 따라서 직업공무원인 경력직공무원에게 친숙한 제도이다. 왜냐하면 젊을 때 공직에 들어와 정년까지 계속 일하며 경력을 쌓아 가는 동안 전체 경력을 몇 단계로 구분하여 각 단계 그룹 별로는 신분의 격차를 두지만 그룹 내에서는 동일하게 대우하면 되므로 인사관리하기가 비교적 쉬운 제도이다. 대체로 이러한 시스템은 직무 내용에 동질성이 많고 제복을 입고 근무를 하면서 질서유지 업무를 효과적으로 하기 위하여 일사불란한 지휘체계가 요구되는 군인·경찰 등의 직종에 보다 적합한 인사관리 수단이라 할 수 있다.

가. 일반직공무원

일반직공무원의 계급은 1급부터 9급까지로 구분하며, 직군(職群)과 직렬(職列)별로 분류한다. 일반직공무원 중에도 고위공무원단에 속하는 공무원은 계급 구분을 하지 않으며, 또 업무의 특성을 고려하여 계급 구분을 달리 적용하는 것도 있다.

계급제도의 속성이 직무의 동질성을 전제로 설계된 것이므로 연구직이나 지도직 또는 특수기술직렬 그리고 인사관리의 효율성과 기관성과를 높이기 위하여 필요한 경우에는 계급체계를 다르게 하는 것이 바람직하다. 특히 사회가 발전할수록 신분중심의 인사관리에서 직무중심의 인사관리로 전환되어 가는 추세이므로 그런 변화에 부응할 필요성이 커지고 있다.

일반직 계급구조 중 연구직과 지도직공무원 그리고 과거 기능직공무원에서 일반직으로 통합된 우정직공무원에 대하여는 아래 표와 같이 1~9급과는 다르다.[7]

〈연구·지도·우정직 공무원의 계급 구분〉

구 분	내 용	비 고
연구직	연구관·연구사(2 직군, 13 직렬)	「연구직 및 지도직 공무원의 임용 등에 관한 규정」〈별표 1〉
지도직	지도관·지도사(1 직군, 2 직렬)	
우정직	우정1급 ~ 우정9급(1직군, 1직렬)	「공무원 임용령」〈별표2〉

나. 특정직공무원

1) 법관

「법원조직법」상 법관에 대하여는 계급이나 직급이라는 용어는 없지만, '대법원장과 대법관이 아닌 법관을 판사로 한다.'는 규정(제5조 제1항)에 따르면, 법관은 대법원장, 대법관을 제외하면 '판사'라는 하나의 계급만 있다. 따라서 고등법원장, 지방법원장, 부장판사 등은 계급이 아니라 직위의 이름일 뿐이다.

그럼에도 불구하고 대법원규칙인 「고등법원 부장판사급 이상의 법관의 보직범위

7) 우정사무를 담당하지만 공무원이 아닌 별정우체국의 직원은 사무원과 집배원으로 구분하고 사무원은 사무장 · 사무주임 · 사무원으로, 집배원은 집배6급 · 집배7급 · 집배8급 · 집배9급으로 계급을 각각 구분하고 있다. 「별정우체국직원 인사규칙」 별표1.

에 관한 규칙」 제2조는 다음의 각 보직에 보하여진 법관을 고등법원 부장판사'급' 이상으로 규정할 뿐만 아니라 심지어 한번 그런 직위를 역임한 후 사법연수원 교수로 가더라도 여전히 이 범주에 포함함으로써 단일 계급의 판사를 자리 구분을 통하여 계급처럼 운영하고 있다.[8)]

① 사법연수원장 및 사법정책연구원장 ② 각급 법원장 ③ 법원행정처 차장 ④ 대법원 수석재판연구관 · 선임재판연구관 ⑤ 법원도서관장 ⑥ 대법원장 비서실장 ⑦ 법원행정처 실장 ⑧ 사법연수원 수석교수 및 사법정책연구원 수석연구위원 ⑨ 고등법원 및 특허법원 부장판사 ⑩ 서울중앙 · 인천 · 수원 · 대전 · 대구 · 부산 · 광주지방법원의 수석부장판사 ⑪ 부산지방법원 동부지원장 등

이들 직위의 법관을 대법원에서는 정부의 차관급 이상 정무직공무원처럼 명예퇴직수당의 지급대상에서도 제외하고(「법관 및 법원공무원 명예퇴직수당 등 지급규칙」 제3조 제1항) 있으나, 헌법재판소는 정부가 이들을 「1980년 해직공무원의 보상 등에 관한 특별조치법」 제2조 제2항 제1호의 '차관급 상당 이상의 보수를 받은 자'에 포함하여 보상금 지급대상에서 제외한 조치에 대하여 법관의 엄격한 신분보장 규정을 들어 '한정위헌'의 결정을 한 바 있다.[9)]

2) 검사

검찰총장과 검사라는 2개 계급만 있다(「검찰청법」 제6조). 흔히 말하는 검사장, 부장검사 등은 계급이 아니라 직위의 명칭이다.

하지만 「검찰청법」 제3조에서 '대검찰청은 대법원에, 고등검찰청은 고등법원에, 지방검찰청은 지방법원과 가정법원에 대응하여 각각 설치한다.'는 규정에 따라 검사도 판사처럼 직위를 통하여 계급처럼 운영하고 있다. 즉 「고등법원 부장판사급 이상의 법관의 보직범위에 관한 규칙」에 대응하여 제정된 「대검찰청 검사급 이상 검사의 보직범위에 관한 규정」(대통령령) 제2조는 다음의 직위에 임용된 검사를 검사장'급'으로 규정함으로써 직위 구분을 통하여 사실상 계급처럼 운영하고 있다.[10)]

---

8) 언론에서는 이들 직위에 보직된 법관을 '차관급'으로 표현하고 있다. 조선일보 2014.2.5. A13면 등.

9) 헌법재판소 1992.11.12. 자 91헌가2 결정.

10) 언론에서는 이들 직위에 보직된 검사를 '차관급'으로 표현하고 있다. 동아일보, 2013.1.17. A14

① 고등검찰청 검사장 ② 대검찰청 차장검사 ③ 법무연수원장 ④ 대검찰청 검사 ⑤ 법무부 기획조정실장, 법무실장, 검찰국장, 범죄예방정책국장, 감찰관, 출입국·외국인정책본부장 ⑥ 지방검찰청 검사장 ⑦ 사법연수원 부원장 ⑧ 법무연수원 기획부장 ⑨ 고등검찰청 차장검사 ⑩ 서울고등검찰청 형사부장 ⑪ 서울중앙지방검찰청 제1차장검사 등

이들 직위에 대하여는 차관급 이상 정무직공무원처럼 명예퇴직수당의 지급대상에서도 제외하고 있다(「국가공무원 명예퇴직수당 등 지급 규정」 제3조 제1항 제2호).

3) 외무공무원

외무공무원의 계급은 과거에는 일반직과 같았으나 2000.12.29. 「외무공무원법」을 개정하면서 폐지되었다. 이에 따라 계급은 단일의 외무관 하나만 있고 직렬은 외교통상, 외무영사, 외교정보기술로 구분되어 있다.

특명전권대사, 대사, 공사, 공사참사관, 참사관, 1등서기관, 2등서기관, 3등서기관, 총영사, 부총영사, 영사, 부영사 등이라 하는 것은 재외공관에 보직되거나 대외활동 또는 특정한 업무를 수행하는 외무공무원에게 대외적으로 사용하는 직명을 말한다(「외무공무원법」 제6조).

4) 경찰공무원

국가경찰공무원의 경우, 치안총감, 치안정감, 치안감, 경무관, 총경, 경정, 경감, 경위, 경사, 경장, 순경 등 11개 계급이 있다(「경찰공무원법」 제2조). 한편 자치경찰공무원의 계급은 자치총경, 자치경정, 자치경감, 자치경위, 자치경사, 자치경장, 자치순경의 7개로 구분되어 있다(「제주특별자치도 설치 및 국제자유도시 조성을 위한 특별법」 제125조).

5) 소방공무원

국가소방공무원은 소방총감, 소방정감, 소방감, 소방준감(消防准監), 소방정, 소방령, 소방경, 소방위, 소방장, 소방교, 소방사로 11개로 구분되며, 지방소방공무원은 지방소방정감, 지방소방감, 지방소방준감, 지방소방정, 지방소방령, 지방소방경, 지방소방위, 지방소방장, 지방소방교, 지방소방사의 10개로 구분되어 있다(「소방공무원법」 제2조).

면 등.

6) 교육공무원

교육공무원은 계급 구분은 없지만, 「유아교육법」 제22조와 「초 · 중등교육법」 제21조에 따른 교사, 수석교사, 교감 · 원감, 교장 · 원장의 자격, 「고등교육법」 제16조에 따른 조교, 조교수, 부교수, 교수의 자격, 교육전문직인 장학사 · 교육연구사, 장학관 · 교육연구관의 자격 구분은 있다(「교육공무원법」 제6~9조).

7) 군인

장교는 장관(將官)에 원수(元帥), 대장, 중장, 소장 및 준장, 영관(領官)에 대령, 중령 및 소령, 위관(尉官)에 대위, 중위 및 소위의 11개가 있고, 준사관은 준위 1개로, 부사관은 원사, 상사, 중사 및 하사의 4개로 되어 있다. 병은 병장, 상등병, 일등병, 이등병의 4개로 구분하고 있다(「군인사법」 제3조).

8) 군무원

일반군무원의 계급은 1급부터 9급까지로(「군무원인사법」 제3조), 기능군무원의 계급은 기능1급에서 기능10급까지로 각각 구분하고 있다(「군무원인사법 시행령」 별표2).

9) 헌법연구관

헌법연구관의 계급은 헌법재판소규칙에 따라 1급 내지 3급 또는 1급상당 내지 3급상당으로 하고, 헌법연구관보의 직급은 4급 또는 4급상당으로 한다(「헌법연구관등의 인사에 관한 규칙」 제2조). 신분은 특정직임에도 일반직이나 별정직처럼 운영하고 있다.

10) 국가정보원직원

국가정보원직원은 1급부터 9급까지의 특정직직원과 일반직직원으로 구분한다. 일반직직원은 「국가공무원법」 제2조 제2항 제1호에 따른 일반직공무원으로 본다. 특별한 전문지식과 경험이 필요한 분야에 근무하는 직원은 전문관으로 부르며 계급 구분을 달리 적용할 수 있다(「국가정보원직원법」 제2조).

11) 경호공무원

경호공무원은 1급부터 9급까지로 구분한다(「대통령 등의 경호에 관한 법률」 제6조).

2. 직위분류제

가. 개념

공무원 개개인에게 전속된 신분을 몇 단계로 구분하는 계급제와 달리, 공무원 신분에는 아무런 차이를 두지 않고 공무원의 담당 직무를 분석하고 체계적으로 분류하여, 직무의 종류와 곤란성 및 책임도에 따라 인사관리를 하는 것을 말한다. 즉 계급제가 '신분' 중심의 인사관리라면 직위분류제도는 '자리' 중심의 인사관리라 할 수 있다. 인사관리의 내용은 동일한 직무의 값을 가진 직위에 근무하는 공무원에게는 동일 또는 유사한 보수를 지급한다.

공무원법은 인사행정의 과학화를 위하여 계급제의 기틀 위에 직군 · 직렬 등을 구분하는 직위분류제를 가미하고 있다. 이 제도는 미국에서 처음 시작되어 우리나라는 1963.11.1. 「직위분류법」을 제정하면서 도입되었다. 구 총무처장관이 직위분류의 계획을 실시하고 운영하며, 직렬 · 직급 및 등급의 결정과 정급, 분류기준의 작성에 관한 모든 권한과 책임을 지고 시행하도록 하였다. 당시 모든 관직과 직무를 조사하는 등 의욕적으로 출발하였으나, 오랜 신분중심의 인사관리 관행과 현실적 제약으로 1973.2.5. 「직위분류법」을 폐지함으로써 전면실시 방침을 보류하고, 용이한 기관, 직무의 종류 및 직위부터 단계적으로 실시할 수 있도록 완화되어 지금에 이르고 있다.

나. 직무분석

직위분류제의 성패는 정확한 직무분석에 달려있다. 직무분석은 「국가공무원법」 제22조의2의 규정에 의하여 제정된 「직무분석 규정」에 따라 실시된다. 이 규정은 국가행정기관의 직위와 국가공무원으로 임명하는 지방자치단체의 직위 등을 대상으로 실시한다. '직무분석'은 1명의 공무원에게 부여할 수 있는 직무와 책임을 정하고, 직무평가 및 직무수행요건을 규명하는 등 각종 직무정보를 체계적으로 수집 · 분석하는 모든 활동을 말한다.

'성과책임(Accountability)'은 해당 직위에 임명되어 있는 사람이 당해 직무를 수행한 결과 달성할 것으로 기대되는 표준적인 성과를 말한다.

직무기술서는 직위별 주요 업무활동, 성과책임, 직무수행의 난이도 및 직무수행요건 등 직위에 관한 정보를 기술한 문서를 말한다.

직무기술서를 기초로 직위별 직무의 곤란성 및 책임도를 평가하는 것을 직무평가라 하며, 이 작업을 통하여 각 직무의 등급을 확정하게 되는 것을 정급(定級)이라 한다. '정급'은 한 직위를 직급 또는 직무등급에 배정하는 것을 말한다.

직급 또는 직무등급은 직무의 종류 · 곤란성과 책임도가 상당히 유사한 직위의 군을 말한다. 따라서 직급은 신분을 표시하는 것은 아니지만 어떤 공무원이 그 직급에 재직하는 동안은 그 직급의 공무원으로 부르기도 한다.

제 2 장
공무원의 임용

임용(任用)이란 사람에게 일을 맡겨 쓴다는 뜻이므로, 공무원의 임용은 국가나 지방자치단체가 특정인에게 공무원의 직무를 맡기고 성과를 거두는 일련의 모든 행위를 뜻한다. 따라서 채용부터 퇴직까지의 모든 인사 과정, 즉 신규채용, 승진임용, 전직(轉職), 전보, 겸임, 파견, 강임(降任), 휴직, 직위해제, 정직, 강등, 복직, 면직, 해임 및 파면을 말한다(「공무원 임용령」 제2조). 이를 '공무원 관계'라고 표현하는데, 그것의 발생(신규채용)에서 변동(승진, 전보 등)을 거쳐 소멸(퇴직)에 이르는 일련의 과정을 통하여 행정주체는 국민에게 각종 행정작용을 하면서 다양한 서비스를 제공하게 되는 것이다.

제1절 공무원관계의 발생

1. 의의 및 성질

공무원을 신규채용하거나 승진시켜 새로운 직급에서 일하도록 명하는 것을 '임명'이라 한다. 신규채용은 공무원 관계가 처음 형성됨으로써 공법상 근무관계에서 일어나는 모든 권리와 의무 및 책임을 지게 된다는 측면에서 매우 중요하다.

신규채용의 법적 성질은 공무원 종류에 따라 달리 살펴볼 필요가 있다.

가. 경력직공무원

실적주의와 직업공무원제도가 적용되는 일반직과 특정직공무원의 경우 채용시험과 자격 검증 등 경쟁과정을 거쳐서 공무원의 신분을 얻게 되는 것이 대부분이므로 쌍방적 행정행위라고 할 수 있다. 왜냐하면 임용주체는 대개 채용공고를 통하여 채용 요건, 절차, 시기 등을 널리 알린 후 그 절차에 따라 선발하게 되므로, 공무원이 되고자 하는 자는 그것에 의하여 본인이 자발적으로 지원하여 소정의 과정을 거쳐 최종 합격되기 때문에 서로의 의사가 합치된 것이기 때문이다. 물론 행정주체가 채용의사를 최종적으로 확인 · 결정 · 처분하므로 행정행위의 성질을 갖는다.

다만 경력직 중에서도 근무기간을 정하여 임용하는 임기제 공무원 중에서 경쟁과정을 거치지 않고 한시적으로 근무조건에 대한 합의를 거쳐 일정기간 근무할 경우에는 공법상 계약에 해당되는 것도 있다.

나. 특수경력직공무원

1) 정무직공무원

가) 선거로 취임하는 정무직공무원

법률에 정한 선거에서 유효투표의 다수를 얻어 선거관리위원회로부터 당선 결정을 통지받으면 임기 개시일에 공무원 신분을 갖게 된다. 선거관리위원회가 당선인으로 결정된 자에게 교부하는 당선증(「공직선거법」 제187~189조)은 당선 사실을 결정하고 공증 · 통지하는 준법률행위로 볼 수 있다. 다만 선거소청과 선거소송 · 당선소송은 당선증 교부와는 상관없이 선거 또는 당선의 효력에 이의가 있는 후보자나 정당이 선거관리위원회위원장을 피소청인 또는 피고로 하여 법정 기간 이내에 관할 선거관리위원회나 법원에 소청 또는 소송을 제기할 수 있다(「공직선거법」 제219,222,223조).

나) 임명시 국회의 동의가 필요한 정무직공무원

국무총리와 감사원장 등과 같이 대통령의 인사권을 견제하기 위한 경우와 대법원장·대법관, 헌법재판소장과 같이 사법권의 독립과 3권 분립 원칙에 따른 견제와 균형을 보장하기 위한 경우도 있다. 국회의 동의는 임명 절차상 매우 중요한 요건이기는 하나 특정인을 지명하여 최종적으로 임명하는 권한은 대통령에게 있으므로 누구를 선임할 것인가 하는 것은 국회가 관여하지만 통치행위라 하겠다.

다) 고도의 정책결정 및 보조업무를 담당하는 정무직공무원

행정각부의 장을 포함한 장·차관급 공무원으로서, 이들은 법률에 정해진 요건이 있으면 있는 대로, 없으면 없는 대로 적임자를 찾아서 상대방의 의사를 확인한 뒤 임명 절차가 개시되므로 상대방의 동의를 전제로 하는 행정행위의 성질을 갖고 있다.

2) 별정직공무원

비서관이나 비서 등 보좌업무를 수행하거나 특정업무를 수행하는 별정직의 경우, 엄정한 채용절차를 거치지 않고 임명되는 것이 많고 임명권자와 근무조건, 기간 등에 대하여 쌍방이 합의하여 채용될 경우 공법상 계약의 성질을 갖지만, 특정업무 수행을 전제로 경쟁과정을 거쳐 임용된다면 행정행위라 할 것이다.

2. 임용원칙

가. 기준

1) 실적주의

공무원의 임용은 시험성적·근무성적, 그 밖의 능력의 실증에 따라 행한다(「국가공무원법」 제26조, 「지방공무원법」 제25조). 시험성적은 주로 신규채용에서, 근무성적은 채용된 후 승진이나 전보 등에서 주로 활용될 수 있다.

공무원으로 임용되기 위해서는 일정한 요건을 갖추어야 하는데 소극적으로는 같은 법 제33조·제31조의 임용결격 사유에 해당하지 않아야 하고, 적극적으로는 법령에서 요구하는 각종 자격기준에 부합함은 물론 시험에도 합격하여야 한다. 능력요건이 결여된 자의 임용은 무효가 되고 성적요건이 결여된 자에 대한 임용은 취소사유가 된다. 따라서 임용결격자가 공무원으로 임용되어 사실상 근무하더라도 「공무원연

금법」 소정의 퇴직급여 등을 청구할 수 없고 당연퇴직 후의 사실상의 근무기간은 같은 법상의 재직기간에도 합산되지 않는다.[11)]

2) 자질 요건

특정직 공무원 중에는 실적주의뿐만 아니라 추가적인 임용요건을 정하기도 한다. 예컨대 대통령경호실 직원과 국가정보원직원은 '사상이 건전하고 품행이 단정하며, 신체가 건강한 자'이어야 하고(「대통령 등의 경호에 관한 법률」 제8조 제1항, 「국가정보원직원법」 제8조 제1항), 외무공무원은 '국가관과 사명감이 투철하고 직무수행에 필요한 자질과 적성을 갖춘 자'일 것을 요구하고 있다(「외무공무원법」 제8조 제1항).

공무원을 임용함에 있어서 정치적으로나 개인적 기타 요인으로부터 정실을 배제하여 능력본위에 따른 객관적인 인사운영을 행하지 않으면 신분보장도 확보할 수 없게 된다.

3) 적극적 인사조치

국가기관의 장 또는 지방자치단체의 장은 장애인 · 이공계전공자 · 저소득층 등에 대한 채용 · 승진 · 전보 인사상의 우대와 실질적인 양성 평등을 구현하기 위한 정책을 실시할 수 있다(「국가공무원법」 제26조 및 「지방공무원법」 제25조 단서). 이 규정은 소수자(minority) 그룹에 대하여는 실적주의의 예외를 인정하겠다는 것이다. 국가유공자도 법령에 따라 각 중앙인사관장기관의 장 또는 지방자치단체의 장이 우선 임용해야 한다(「국가공무원법」 제42조, 「지방공무원법」 제40조).

나. 유연한 인사

국가기관의 장 또는 지방자치단체의 장은 업무의 특성이나 기관의 사정 등을 고려하여 소속 공무원을 대통령령 등이 정하는 바에 따라 통상적인 근무시간보다 짧게 근무하는 공무원으로 임용할 수 있다(「국가공무원법」 제26조의2, 「지방공무원법」 제25조의3). 저출산 · 고령화 사회의 진전에 따라 출산과 육아를 병행하는 여성의 경제활동 참여를 확대 · 권장하기 위하여 공무원의 인사관리 형태에 시간선택제 근무(part-time) 등 다양한 인사제도가 도입되어 왔다. 경력직공무원 중 앞서 설명한 임기제공무원도

11) 대법원 2003.5.16. 선고 2001다61012 판결.

이러한 추세를 반영한 것이다. 국가기관이라 함은 국가에 소속된 모든 행정기관을 말한다. 그 기관의 장은 공무원의 임용권을 가진 행정청으로 보면 된다.

다. 외국인과 복수국적자 임용

국가기관의 장 또는 지방자치단체의 장은 국가안보 및 보안 · 기밀에 관계되는 분야를 제외하고 대통령령 등이 정하는 바에 따라 외국인을 공무원으로 임용할 수 있다. 다만 국가의 존립과 헌법상 기본질서의 유지를 위한 안보 분야, 내용이 누설되는 경우 국가와 지방자치단체의 이익을 해치게 되는 보안 · 기밀 분야, 외교, 국가 간 이해관계와 관련된 정책결정 및 집행 등 복수국적자의 임용이 부적합한 분야에는 임용을 제한할 수 있다(「국가공무원법」 제26조의3, 「지방공무원법」 제25조의2).

대통령령에서는 외국인과 복수국적자의 임용을 제한할 수 있는 분야를 다음과 같이 좀더 구체적으로 정하고 있다(「공무원 임용령」 제4조). ① 국가안보와 관련되는 정보 · 보안 · 기밀 및 범죄수사에 관한 분야 ② 대통령 및 국무총리 등 국가 중요 인사의 국정수행 보좌 및 경호에 관한 분야 ③ 외교관계 · 통상교섭 및 국제협정에 관한 분야 ④ 남북간 대화 · 교류 · 협력 및 통일에 관한 분야 ⑤ 검찰 · 교정 및 출입국관리에 관한 분야 ⑥ 군정 및 군령, 무기체계 획득, 방위력 개선 및 그 밖의 군사에 관한 분야 ⑦ 국민의 생명 · 신체 · 재산 보호, 기업의 영업비밀 및 신기술 보호, 주요 경제 · 재정 정책 및 예산 운영에 관한 분야 ⑧ 그 밖에 보안 시설 · 지역 출입, 비밀문서 · 자재 취급 등 업무의 성질상 국가의 안보 및 이익에 중대한 영향을 미칠 수 있는 분야로서 복수국적자가 수행하기에 부적합하다고 인정하여 소속 장관이 정하는 분야

라. 지역인재의 추천 채용

임용권자는 우수한 인재를 공직에 유치하기 위하여 학업 성적 등이 뛰어난 고등학교 이상 졸업자나 졸업 예정자를 추천 · 선발하여 3년의 범위에서 견습(intern)으로 근무하게 하고, 그 근무기간 동안 근무성적과 자질이 우수하다고 인정되는 자는 6급 이하의 공무원으로 임용할 수 있다. 견습 근무자를 공무원으로 임용할 때에는 행정 분야와 기술 분야별로 적정한 구성을 유지하고 지역별 균형을 이루도록 하여야

한다. 견습으로 근무하는 자는 직무상 행위를 하거나 「형법」과 그 밖의 법률에 따른 벌칙을 적용할 때 공무원으로 본다(「국가공무원법」 제26조의4). 세부적인 사항은 「공무원 임용령」 제22조의3에서 정하고 있는데, 일반직 7급으로 임용할 경우 견습기간은 1년으로, 9급으로 임용할 경우 견습기간은 6월로 되어 있다.

한편 2014.7.29 시행되는 「지방대학 및 지역균형인재 육성에 관한 법률」에 따라 국가와 지방자치단체는 신규 임용하는 공무원 중 지역인재가 일정비율 이상 확보될 수 있도록 시행계획을 수립·실시하고 그 결과 등을 안전행정부장관이 국회에 보고하여야 한다(같은 법 제12조).

마. 결원보충 방법

국가기관의 결원은 신규채용·승진임용·강임·전직 또는 전보의 방법으로 보충한다(「국가공무원법」 제27조). 법에 규정된 이 다섯 가지 결원보충 방법은 예시적이기는 하나 본질적이고 대표적인 임용행위로서 외부에서 충원하는 신규채용과 내부에서 충원하는 아래로부터의 승진, 위로부터의 강임, 수평이동인 전직과 전보를 열거하고 있다. 그 밖에도 전입과 인사교류, 겸임, 파견도 있지만, 전입은 이례적이고 인사교류는 넓은 의미에서는 전보로 볼 수 있으며 겸임과 파견은 임시적인 결원보충이라는 점에서 예외적으로 활용되는 것들이다. 결원을 보충할 때까지는 직무대리 등을 통하여 행정사무의 공백을 최소화할 수 있지만 업무능률이 떨어질 수 있으므로, 결원이 생기면 지체없이 결원 보충에 필요한 조치를 취하여야 한다(「지방공무원 임용령」 제8조).

3. 신규채용

채용의 유형은 두 가지로 나눌 수 있는데, 하나는 향후 1년 동안 발생할 결원을 미리 산정하여 행정주체가 업무공백을 방지하기 위하여 특정 직급의 공무원을 확보해 두는 것이고, 다른 하나는 향후 공석이 예상되거나 사전에 지정한 특정 직위에 보충할 공무원을 선발하는 것이다. 공개경쟁채용시험은 전자의 대표적 사례이고, 경력경쟁채용과 개방형직위 및 공모직위는 후자의 사례라 할 수 있다.

가. 채용시험

1) 공개경쟁채용

공무원은 공개경쟁 채용시험으로 채용한다(「국가공무원법」 제28조, 「지방공무원법」 제27조). 이는 같은 자격을 가진 모든 국민에게 평등하게 공개하여야 하며 시험의 시기와 장소는 응시자의 편의를 고려하여 결정하라는 뜻이다(「국가공무원법」 제35조, 「지방공무원법」 제33조).

공개경쟁은 완전한 경쟁상태를 뜻한다. 따라서 이러한 공개경쟁 채용시험에 합격한 사람부터 먼저 임용하거나 임용제청하도록 하는 것은 당연하다(「국가공무원법」 제31조, 「지방공무원법」 제30조).

시험 실시기관의 장은 공개경쟁 채용시험에 합격한 사람을 채용후보자명부[12]에 등재하여야 한다(「국가공무원법」 제38조, 「지방공무원법」 제36조). 명부의 유효기간은 2년의 범위에서 정하되, 필요에 따라 1년의 범위에서 그 기간을 연장할 수 있다. 물론 이 기간에 병역 복무를 위하여 군에 입대한 경우의 의무복무 기간 등은 산입하지 않는다.

시험 실시기관의 장은 채용후보자 명부에 등재된 채용후보자를 임용권이나 임용제청권을 갖는 기관에 추천하여야 한다. 다만 공개경쟁 채용시험 합격자의 우선임용을 위하여 필요하면 안전행정부장관이 채용후보자가 근무할 기관을 지정하여 임용하거나 임용제청할 수 있다.

「국가기술자격법」이나 그 밖의 법령에 따른 자격을 취득한 자가 공무원 채용시험에 응시하면 대통령령 등이 정하는 바에 따라 일정한 점수를 가산할 수 있다(「국가공무원법」 제36조의2, 「지방공무원법」 제34조의2).

2) 경력경쟁채용

완전경쟁이 공무담임권을 보장하는데 가장 충실한 원칙이지만, 업무특성, 채용대상자의 경력, 시험비용 등을 고려하여 다음의 경우에는 경력 등 응시요건을 정하여 같은 사유에 해당하는 다수인을 대상으로 경쟁의 방법으로 채용하거나 특정인을 대상으로 한 시험으로 채용할 수 있다(「국가공무원법」 제28조 제2항, 「지방공무원법」 제

12) 「지방공무원법」에서는 임용후보자명부라고 부른다.

27조 제2항). 다만 이 경우에도 담당할 직무 수행에 필요한 최소한도의 자격요건을 대통령령 등으로 정해야 한다.

① 퇴직한 경력직공무원의 재임용

② 같은 종류의 직무에 관한 자격증 소지자 임용

③ 임용예정 직급 · 직위와 같은 근무 또는 연구경력자 임용

④ 특수 목적 학교 졸업자로서 실무수습을 마친 자 임용

⑤ 1급공무원이나 직무등급이 가장 높은 고위공무원 임용

⑥ 특수한 직무분야 · 환경 또는 섬, 외딴 곳 등 특수한 지역 근무자 임용

⑦ 지방공무원과 국가공무원의 상호 교류 임용

⑧ 외국어에 능통하고 국제적 소양과 전문 지식을 지닌 자 임용

⑨ 전문 · 예능 · 사학계 고교이상 학과 졸업자를 학교장 추천 받아 연구 · 기술직으로 임용

⑩ 과학기술 분야 또는 특수 전문분야의 연구나 근무경력자 임용

⑪ 지역인재 추천으로 견습근무 및 재학 중 장학금을 받고 졸업한 자 임용

⑫ 연고지나 지역적 특수성을 고려하여 일정한 지역 거주자 임용

⑬ 「국적법」 제4조에 따른 귀화자 또는 북한이탈주민의 임용

3) 시험의 실시

행정기관 소속 공무원의 채용시험 · 승진시험, 그 밖의 시험은 안전행정부장관이 실시한다. 다만 안전행정부장관이 단독으로 실시하기 곤란하면 관계 기관과 공동으로 실시할 수 있으며, 안전행정부장관은 대통령령으로 정하는 바에 따라 그 시험의 일부를 다른 행정기관의 장에게 위임하여 실시할 수 있다.

국회 및 법원 소속 공무원의 채용시험 · 승진시험, 그 밖의 시험은 국회사무처 또는 법원행정처에서 실시한다. 이 경우 국회사무총장 또는 법원행정처장은 규칙으로 정하는 바에 따라 그 시험의 일부를 소속 기관에 위임하여 실시할 수 있다.

헌법재판소 소속 공무원의 채용시험 · 승진시험, 그 밖의 시험은 헌법재판소사무처에서 실시한다. 다만 헌법재판소사무처장은 그 시험의 전부나 일부를 안전행정부장관 또는 법원행정처장에게 위탁하여 실시할 수 있다. 선거관리위원회 소속 공무원의

채용시험 · 승진시험, 그 밖의 시험은 중앙선거관리위원회사무처에서 실시하되, 규칙으로 정하는 바에 따라 그 시험의 일부를 시 · 도선거관리위원회에 위임하여 실시할 수 있다. 다만 중앙선거관리위원회사무총장은 시험의 전부나 일부를 안전행정부장관에게 위탁하여 실시하거나 안전행정부장관이 실시한 공개경쟁 채용시험에 합격한 자를 선거관리위원회에서 실시한 공개경쟁 채용시험에 합격한 자로 보아 임용할 수 있다.

4) 시험의 공고

공개경쟁 채용시험, 공개경쟁 승진시험 또는 경력경쟁채용시험을 실시할 때에는 임용예정 직급 · 직위, 응시 자격, 선발 예정 인원, 시험의 방법 · 시기 · 장소, 그 밖에 필요한 사항을 대통령령 등이 정하는 바에 따라 공고하여야 한다. 다만 경력경쟁시험의 경우에는 공고를 생략할 수 있다. 그리고 원활한 결원 보충을 위하여 필요하면 근무예정 지역 또는 근무예정 기관을 미리 정하여 공개경쟁 채용시험을 실시할 수 있다. 이 경우 그 시험에 따라 채용된 공무원은 대통령령 등이 정하는 기간 동안 해당 근무 지역 또는 근무 기관에 근무하여야 한다.

나. 직위 채용

1) 개방형직위

임용권자나 임용제청권자는 해당 기관의 직위 중 전문성이 특히 요구되거나 효율적인 정책 수립을 위하여 필요하다고 판단되어 공직 내부나 외부에서 적격자를 임용할 필요가 있는 직위에 대하여는 개방형 직위로 지정하여 운영할 수 있다. 이 경우 「정부조직법」 등 조직 관계 법령에 따라 1급부터 3급까지의 공무원 또는 이에 상당하는 공무원으로 보할 수 있는 직위 중 임기제공무원으로도 보할 수 있는 직위는 개방형 직위로 지정된 것으로 본다. 개방형 직위에 대하여는 직위별로 직무의 내용 · 특성 등을 고려하여 직무수행요건을 설정하고 그 요건을 갖춘 자를 임용하거나 임용제청하여야 한다(「국가공무원법」 제28조의4).

2) 공모직위

임용권자나 임용제청권자는 해당 기관의 직위 중 효율적인 정책 수립 또는 관리를 위하여 해당 기관 내부 또는 외부의 공무원 중에서 적격자를 임용할 필요가 있는 직위에 대하여는 공모 직위(公募 職位)로 지정하여 운영할 수 있다. 공모 직위에 대하여는 직위별로 직무의 내용·특성 등을 고려하여 직무수행요건을 설정하고 그 요건을 갖춘 자를 임용하거나 임용제청하여야 한다. 중앙인사관장기관의 장은 공모 직위를 운영할 때 각 기관간 인력의 이동과 배치가 적절한 균형을 유지할 수 있도록 관계 기관의 장과 협의하여 이를 조정할 수 있다(「국가공무원법」 제28조의5, 「지방공무원법」 제29조의5).

3) 고위공무원 임용

고위공무원단에 속하는 공무원을 채용할 경우에도 미리 직위를 정하고 있는데, 고위공무원으로서 적격성 여부를 심사하기 위하여 안전행정부에 고위공무원임용심사위원회를 둔다. 고위공무원임용심사위원회는 위원장을 포함하여 5인 내지 7인의 위원으로 구성하며, 위원장은 안전행정부 소속 정무직공무원이 된다.

고위공무원단에 속하는 공무원의 채용 또는 고위공무원단 직위로 승진임용 하고자 하는 경우 임용대상자를 선정하여 고위공무원임용심사위원회의 심사를 거쳐 임용 또는 임용제청하여야 한다. 다만 고위공무원단에 속하는 공무원의 채용에 있어서는 임용절차 간소화, 직무의 특수성 등을 고려하여 경력직 고위공무원을 특수경력직 또는 다른 경력직 고위공무원으로 채용하는 경우 등 대통령령으로 정하는 경우에는 고위공무원임용심사위원회의 심사를 생략할 수 있다(「국가공무원법」 제28조의6).

다. 시보임용

5급 공무원 또는 이에 상당하는 공무원을 신규 채용하는 경우에는 1년, 6급 이하의 공무원을 신규 채용하는 경우에는 6개월간 각각 시보(試補)로 임용하고 그 기간에 근무성적이 좋으면 정규 공무원으로 임용한다. 다만 대통령령 등이 정하는 경우에는 시보 임용을 면제하거나 그 기간을 단축할 수 있다. 휴직, 직위해제 및 징계에 따른 정직이나 감봉 처분을 받은 기간은 시보 임용 기간에 넣어 계산하지 아니한다. 시보 임용 기간 중 근무성적이나 교육훈련 성적이 나쁜 경우에는 면직시키거나 면직을 제청할 수 있다.

채용후보자가 추천받은 기관의 임용 또는 임용제청에 따르지 않거나 시보 공무원이 될 자에 대한 교육훈련에 따르지 아니한 경우 또는 훈련 성적이 기준 이하인 경우에는 임용하지 않을 수 있다. 채용후보자가 임용 전에 실무 수습을 할 경우 직무상 행위를 하거나 「형법」 또는 그 밖의 법률에 따른 벌칙을 적용할 때에는 공무원으로 본다(「국가공무원법」 제39조, 「지방공무원법」 제28조).

4. 임용절차

가. 정부 공무원

1) 일반직공무원

행정기관 소속 5급 이상 공무원 및 고위공무원단에 속하는 일반직공무원은 소속 장관의 제청으로 안전행정부장관과 협의를 거친 후에 국무총리를 거쳐 대통령이 임용하되, 고위공무원단에 속하는 일반직공무원의 경우 소속 장관은 해당 기관에 소속되지 아니한 공무원에 대하여도 임용제청할 수 있다. 소속 장관은 소속 공무원에 대하여 대통령이 임용하는 인사 외의 모든 임용권을 가진다. 대통령령으로 정하는 바에 따라 대통령은 임용권의 일부를 소속 장관에게 위임할 수 있으며, 소속 장관은 임용권의 일부와 대통령으로부터 위임받은 임용권의 일부를 그 보조기관 또는 소속 기관의 장에게 위임하거나 재위임할 수 있다.

가) 소속 장관 제청

소속 장관이란, 중앙행정기관인 부·처·청의 장과 대통령비서실장, 대통령경호실장, 감사원장, 국무조정실장을 포함하여 대통령과 국무총리 소속의 각 합의제 행정위원회의 장, 그리고 지방자치단체에서 근무하는 국가공무원에 대하여는, 안전행정부장관, 교육부장관, 농촌진흥청장으로 지정된 행정청을 말한다(「공무원 임용령」 제2조).

소속 장관은 정부의 각 중앙행정기관에 소속된 공무원을 실질적으로 지휘 감독하면서 업무를 통할하는 기관의 장을 지칭하는 실정법상의 용어이다. 장관이 아닌 직위, 예컨대 처장이나 청장, 위원장, 실장의 직위도 있지만 대표적으로 그렇게 구별하여 부르는 것이다. 합의제 기구인 위원회의 경우 행정청을 위원회로 하지 않고 위원회의 위원장으로 한 것은 위원장을 모두 정무직공무원으로 임명하고 있기 때문이다. 개인정보보호위원회처럼 비상임인 위원장은 공무원 신분으로 볼 수 없기 때문에 소속장관의 범위에서 제외되는 것이다.

'제청'이란 특정인을 어떤 직위에 임명해 달라고 임명권자에게 요청하는 행위를 말한다. 공무원의 임명권은 헌법상 대통령의 권한이지만 모든 공무원을 대통령이 직접 일일이 임명할 수는 없으므로 5급 이상 공무원은 소속 장관이 적격자를 내정하고 임명만 제청하는 것이다. 그래서 제청행위는 공무원의 임명을 요청하는 의례적인 절차이지만, 임명권자는 제청된 자가 적절하지 않다고 판단할 경우 다른 사람을 제청하도록 요구할 수 있다. 그렇다고 해서 복수의 사람을 임명제청하는 것은 본질에 어긋난다. 제청은 반드시 정원 수 대로 해당 직위에 한 사람만 하는 것이며, 복수의 후보자를 '추천' 받아[13] 그 중에서 한 명을 결정하여 제청하는 것과 차이가 있기 때문이다.

나) 안전행정부장관 협의

안전행정부가 인사업무의 운영에 있어서 행정부의 중앙인사관장기관의 지위를 갖고 있기 때문에 협의하게 한 것이다. 협의의 형식은 상담 등 요식 행위에 그치는 것이 아니라 소속 장관과 행정자치부장관간의 쌍방의 의사표시에 의하여 임용행위에 수반되는 내용과 절차상의 논의 및 제반 인사규정의 준수여부에 대한 심사 등 실질적 협의를 말한다.

협의하지 않는 임명행위는 취소사유가 되며 협의가 이루어지지 못할 경우 중앙인사관장기관의 장으로서의 의견을 첨부하여 임명권자에게 이송하고 최종판단을 기다릴 수 있을 것이다.

---

13) 「경찰공무원법」 제6조는 '총경 이상의 경찰공무원은 경찰청장 또는 해양경찰청장의 추천을 받아 안전행정부장관 또는 해양수산부장관의 제청으로 국무총리를 거쳐 대통령이 임용한다.'고 되어 있다.

다) 국무총리 경유

국무총리는 대통령을 보좌하며 행정에 관하여 대통령의 명을 받아 행정 각부를 통할하고(헌법 제86조 제2항), 중앙행정기관에 대한 행정의 지휘 · 조정 및 감독기능을 갖고 있으므로(「정부조직법」 제20조), 대통령의 최종적인 임면권 행사에 앞서 국무총리를 경유하고 있는 것이다. 다만 이미 중앙인사관장기관의 장인 행정자치부장관의 실질적인 협의를 거쳤기 때문에 이 과정에서 다시 구체적으로 심사할 필요는 없다. 물론 형식이나 내용면에서 중대하고 명백한 하자가 있다면 이를 규명하고 조정할 수는 있다.

라) 대통령 임용

최종적으로 공무원관계를 발생시키는 것이 바로 임명행위이다. 임명의 형식은 임명장 등을 교부함으로써 이루어진다. 임명장 교부행위 자체가 임명행위의 유효요건은 아니지만 임명장에 기재된 일자에 임명 효력이 발생된다는 측면에서 단순한 요식행위로 그치지 않고 임명행위를 증명하는 중요한 기능을 하고 있다.

2) 정무직공무원

국회의 동의를 받는 직위와 국무위원, 국가정보원장, 검찰총장, 국세청장, 경찰청장, 방송통신위원장, 국가인권위원장 등은 「인사청문회법」에 따라 청문회를 거쳐야 한다.

3) 특정직공무원

현행 헌법 제89조 제16호는 검찰총장 · 합동참모의장 · 각군참모총장 · 국립대학교총장 · 대사 등의 임명에 있어서 국무회의의 심의를 거치도록 하고 있다. 대통령은 국무회의 의장이므로 심의에 관여할 뿐만 아니라 국무회의 안건은 임명제청권자가 사전에 내부적으로 보고한 후 심의하므로 대통령은 심의결과에 따라 임명하는 것이 통례이다. 국무회의 심의를 마친 후 본인이 사퇴하거나 특별한 사유로 임명이 불가능한 경우에는 다시 적임자를 찾아서 심의를 한 후 임명해야 할 것이다.

기타 특정직공무원에 대한 대통령의 임용권 행사기준은 법률에서 다음과 같이 정하고 있다.

① 총경 이상의 임용, 경정으로의 신규채용 · 승진임용 · 면직(「경찰공무원법」 제6조)

② 국가소방령 이상 임용(「소방공무원법」 제5조 제1항)

③ 대학의 장, 교수 · 부교수, 교장 · 원장 임용(「교육공무원법」 제24,25,29조의 2)

④ 장성 임용, 합참의장 · 참모총장 · 중요부서장의 임명(「군인사법」 제13조, 제18~20조)

⑤ 5급 이상 일반군무원(「군무원인사법」 제6조 제1항)

⑥ 검사의 임명과 보직(「검찰청법」 제34조)

나. 국회 공무원

국회의장이 임용하되, 국회규칙으로 정하는 바에 따라 그 임용권의 일부를 소속 기관의 장에게 위임할 수 있다. 소속기관의 장이란 국회사무총장, 국회도서관장, 국회예산정책처장, 국회입법조사처장을 말한다.

다. 법원 공무원

대법원장이 임용하되 대법원규칙으로 정하는 바에 따라 그 임용권의 일부를 소속 기관의 장에게 위임할 수 있다. 소속기관의 장은 법원행정처장, 사법연수원장, 법원공무원교육원장, 법원도서관장을 말한다.

라. 헌법재판소 공무원

헌법재판소장이 임용하되, 헌법재판소규칙으로 정하는 바에 따라 그 임용권의 일부를 헌법재판소사무처장에게 위임할 수 있다.

마. 선거관리위원회 공무원

5급 이상 공무원은 중앙선거관리위원회의 의결을 거쳐 중앙선거관리위원회위원장이 임용하고, 6급 이하의 공무원은 중앙선거관리위원회사무총장이 임용한다. 이 경우 중앙선거관리위원회위원장은 중앙선거관리위원회규칙으로 정하는 바에 따라 중앙선거관리위원회 상임위원 · 사무총장 및 시 · 도선거관리위원회위원장에게, 중앙선거관리위원회사무총장은 시 · 도선거관리위원회위원장에게 그 임용권의 일부를 각각 위임할 수 있다.

바. 지방자치단체 공무원

각 지방자치단체의 장(특별시·광역시·도 또는 특별자치도의 교육감 포함)은 소속 공무원의 임명 · 휴직 · 면직과 징계를 하는 권한을 가진다(「지방공무원법」 제6조).

5. 결격사유

가. 의의

모든 국민은 평등하고 공개된 일정조건 하에서 헌법상의 공무담임권을 행사할 수 있다. 그러나 국민전체에게 양질의 봉사와 책임을 지기 위해서는 아무에게나 그런 일을 맡길 수 없다. 「국가공무원법」 제33조와 「지방공무원법」 제31조는 공직을 맡을 수 없는 사유로 9가지를 열거하고 있다. 이를 유형별로 묶어보면 첫째 민사상 행위능력이 제한되거나 상실된 경우, 둘째 형법상 유죄판결을 받고 처벌된 경우, 셋째 공무원법상 징계면직된 경우가 될 것이다. 그리고 국적상실자 등과 같이 특정직 공무원 법에서 추가로 결격사유를 정하거나 「형법」 제43조 등 개별법에 의하여 자격을 상실하거나 제한되면 공직을 수행할 수 없게 하는 경우도 있다.

나. 능력제한자

1) 피성년후견인 또는 피한정후견인

가정법원은 질병, 장애, 노령, 그 밖의 사유로 인한 정신적 제약으로 사무를 처리할 능력이 지속적으로 결여되거나 부족한 사람에 대하여 본인, 배우자, 4촌 이내의 친족, 검사 또는 지방자치단체의 장 등의 청구에 의하여 성년후견개시 또는 한정후견개시의 심판을 할 수 있다(「민법」 제9,12조). 피성년후견인의 법률행위는 취소할 수 있고 피한정후견인의 행위는 한정후견인의 동의를 받아야 하는 행위를 정할 수 있으므로 이들을 국가사무를 처리하는 공무원으로 임용하는 것은 불가능할 것이다. 다만 나중에 후견개시의 원인이 소멸되어 후견인 종료 심판을 받은(「민법」 제11,14조) 경우에는 맡을 수 있다.

2) 파산선고를 받고 복권되지 아니한 자

파산선고를 받고 「채무자 회생 및 파산에 관한 법률」 제3편 제8장 제2절에 의해 복권이 되지 않은 자는 법률상 여러 가지 권리와 행위가 제한되므로 국가공권력을 행사하는 공무원으로 임용될 수 없다.

다. 형사처벌자

형사처벌 여부는 형사소송절차상 최종 확정된 판결내용을 기준으로 적용한다.

1) 금고 이상의 실형을 선고받고 그 집행이 종료되거나 집행을 받지 아니하기로 확정된 후 5년이 지나지 아니한 자

「형법」 제41조는 형의 종류를 사형, 징역, 금고, 자격상실, 자격정지, 벌금, 구류, 과료, 몰수의 9종으로 규정하고 있으며, 같은 법 제50조 제1항에서 형의 경중은 이 순서로 하므로 '금고 이상의 형'이란 사형, 징역, 금고를 의미하지만 공무원임용에 있어서는 징역과 금고만을 뜻한다. 징역과 금고는 교도소 내에 구치하여 자유를 박탈하는 점에서는 같으나 금고는 수형자의 명예를 존중하여 의무적인 정역(定役)을 부과하지 않는 점에서 차이가 있다. 징역 또는 금고는 무기와 유기 2종이 있다. 무기는 종신형이지만 20년, 유기는 형기의 3분의1이 경과한 후 행정처분으로 가석방할 수 있다(「형법」 제72조 제1항), 유기는 1개월 이상 30년 이하이나 형을 가중할 때는 50년까지로 한다(「형법」 제42조).

그런데 국가정보원직원이나 경찰공무원이 되기 위해서는 자격정지 이상의 형을, 법관이나 검사는 금고이상의 형을 각각 선고받은 적이 없어야 하고 일정기간 경과 후에도 그 요건이 해제되지 않으므로 「국가공무원법」보다 더 제한되어 있다(「국가정보원직원법」 제8조 제2항, 「경찰공무원법」 제7조 제2항, 「법원조직법」 제43조, 검찰청법 제33조).

2) 금고 이상의 형을 선고받고 그 집행유예 기간이 끝난 날부터 2년이 지나지 아니한 자

형의 집행유예는 3년 이하의 징역 또는 금고의 형을 선고할 경우에 범인의 연령, 성행, 지능과 환경, 피해자와의 관계, 범행의 동기, 수단 및 결과, 범행후의 정황을 참작하여 1년 이상 5년 이하의 기간 형의 집행을 유예하는 것이다(「형법」 제

51,62조). 집행유예의 선고를 받은 자가 유예기간 중 고의로 범한 죄로 금고 이상의 형의 선고를 받아 그 판결이 확정된 때에는 집행유예의 선고는 효력을 잃는다. 집행유예의 선고를 받은 후 그 선고의 실효 또는 취소됨이 없이 유예기간을 경과한 때에는 형의 선고는 효력을 잃게 된다(「형법」 제63,65조).

집행유예제도의 취지에 비추어 볼 때, 집행유예기간 후에도 추가로 다시 경과기간을 둔 것이 지나칠 수 있으나, 형의 집행유예는 형사정책상 형의 집행만을 일정기간 연기한 것이며, 동 기간의 경과로 형의 선고가 실효되는 것은 당해 형벌의 법률적 효과가 없어진다는 것일 뿐 형의 선고가 있었다는 사실 자체까지 없어진다는 뜻은 아니므로 실형의 종류·내용과 우수인력을 공직에 유치하려는 인사정책방향과 관련지어 생각되어야 할 사항이라고 본다.

3) 금고 이상의 형의 선고유예를 받은 경우에 그 선고유예 기간 중에 있는 자

자격정지 이상의 형을 받은 전과가 없는 자로서 1년 이하의 징역이나 금고, 자격정지 또는 벌금의 형을 선고할 경우 범인의 연령, 성행, 지능과 환경, 피해자와의 관계, 범행의 동기, 수단 및 결과, 범행후의 정황을 참작하여 개전의 정이 현저한 때 그 선고를 유예할 수 있다(「형법」 제59조). 임용결격 사유가 되는 선고유예 대상형벌은 징역이나 금고이므로 자격정지 또는 벌금의 선고유예는 임용결격 사유에 해당되지 않는다. 선고유예를 받은 날로부터 2년을 경과한 때에는 면소된 것으로 간주하도록 하고 있어(「형법」 제60조), 1년 이하 징역이나 금고형의 선고유예를 받은 날로부터 2년간은 임용결격 사유가 된다.

'금고 이상의 형의 선고유예를 받은 경우'란 재판의 효력이 발생한 날을 말하고 재판의 효력은 그 판결의 내용이 확정된 날부터 발생하게 된다. 판결의 확정시기는 상소제기 등의 불복신청이 허용되는 하급심의 판결은 상소기간 등이 지난 때에, 대법원 판결은 선고와 동시에 각각 확정되는 것이다.

선고유예를 할 수 있는 형의 종류는 비교적 경미하고 또 개전의 정이 현저하다고 객관적으로 인정된 것이므로 형법상의 선고유예기간만 경과하면 별도의 추가적인 경과기간 없이 바로 결격사유에서 제외토록 하고 있다.

4) 법원의 판결 또는 다른 법률에 따라 자격이 상실되거나 정지된 자

자격상실은 사형, 무기징역 또는 무기금고의 판결을 받은 자에게 ① 공무원이 되는 자격 ② 공법상의 선거권과 피선거권 ③ 법률로 요건을 정한 공법상의 업무에 관한 자격 ④ 법인의 이사·감사 또는 지배인 기타 법인의 업무에 관한 검사역이나 재산관리인이 되는 자격을 상실하는 것이다(「형법」 제43조 제1항).

자격정지는 유기징역이나 유기금고의 판결을 받은 자에게 앞의 ①②③의 자격을 정지하는 것이며 자격의 전부 또는 일부에 대하여 1년 이상 15년 이하 동안 정지한다(「형법」 제43,44조).

다른 법률에 의한 자격제한으로는 「병역법」 제76조에서 징병검사와 징·소집을 기피하거나 군 복무를 이탈한 자에 대하여 국가 또는 지방자치단체장 등이 공무원이나 임직원으로 임용할 수 없도록 한 것과 「공직선거법」 제19조에서 피선거권의 박탈로 정무직공무원이 될 수 없는 경우 등이 해당될 수 있다.

5) 공무원으로 재직기간 중 직무와 관련하여 「형법」 제355조 및 제356조에 규정된 죄를 범한 자로서 300만원 이상의 벌금형을 선고받고 그 형이 확정된 후 2년이 지나지 아니한 자

「형법」 제355조는 타인의 재물을 보관하는 자가 그 재물을 횡령하거나 그 반환을 거부한 때와 타인의 사무를 처리하는 자가 그 임무에 위배하는 행위로써 재산상의 이익을 취득하거나 제3자로 하여금 이를 취득하게 하여 본인에게 손해를 가한 때에는 5년 이하의 징역 또는 1천500만 원이하의 벌금에 처하고, 같은 법 제356조는 업무상의 임무에 위배하여 횡령과 배임의 죄를 범한 자는 10년 이하의 징역 또는 3천만 원 이하의 벌금에 처하도록 되어 있다. 이 기준에 따르면 횡령과 배임의 죄로 벌금형을 받을 경우 1천500만 원이나 3천만 원 이하의 벌금형을 받을 수 있는데, 벌금이 300만 원이 넘을 경우에도 2년간 공무원으로 임용될 수 없다. 이를 위하여 「형법」 제38조에도 불구하고 공무원의 직무와 관련된 횡령과 배임죄를 다른 죄와 경합범으로 동시에 판결할 경우 분리하여 선고하여야 한다(「국가공무원법」 제33조의2, 「지방공무원법」 제31조의2).

라. 징계면직자

1) 파면처분을 받은 때부터 5년이 지나지 아니한 자

공무원관계의 내부질서를 위반하여 가장 중한 징계벌을 받고 공직에서 배제되었다면 상당기간 다시 공무원에 임용하지 못하도록 하는 것은 타당하다. 그래서 파면된 자에 대하여는 일반사회 규범을 위반하여 금고 이상의 형을 받은 자와 마찬가지로 5년의 기간을 경과하지 않으면 공무원으로 다시 임용되지 못하도록 하고 있다.

2) 해임처분을 받은 때부터 3년이 지나지 아니한 자

징계의 종류(법 제79조) 중 파면 다음으로 무거운 배제징계로서 역시 공무원으로 바로 임용될 경우 공직사회의 질서를 문란하게 할 우려가 있으므로, 3년 동안 다시 공직에 임용될 수 없도록 제한하고 있다.

3) 타 법률에 의한 면직

공무원법에 의한 파면이나 해임이 아닌, 다른 법률에 의하여 배제 징계처분된 자에 대하여는 어떻게 적용할 것인가가 문제된다. 원칙적으로 다른 법률로 배제 징계 처분을 받은 사람에게는 적용되지 않는다고 본다. 그러나 많은 공무원 관계 법률에서 「국가공무원법」 제33조를 인용하고 있음에 비추어 보면 어떤 법률이라도 파면이나 해임에 준하여 징계를 받으면 임용결격 사유가 될 수 있는 것이 입법취지에 부합된다고 생각된다.

사립학교 교직원이나 공공기관 즉 특수법인의 정관이나 인사규칙 등에서 임 · 직원의 채용결격 사유로서 「국가공무원법」 제33조 각호의 1에 해당되는 경우를 많이 명시하고 있는데, 이는 공무원으로 재직하다가 파면이나 해임 기타 민 · 형사 관계로 면직된 자를 채용하지 않겠다는 것이다. 반대로 특수법인의 내부규정에 따라 파면이나 해임된 경우는 어떻게 처리할 것인가는 공무원의 범위에 특수법인의 직원이 포함되지 않으므로 좁게 해석하는 것이 옳다고 본다. 즉 공무원법에서 파면이나 해임된 자의 임용결격사유에 '이 법과 다른 법령에 의하여'를 추가하지 않는 한 소극적으로 해석하는 것이 타당하다.

이와 관련하여 법제처에서도, 개별 법률에 따른 신분관계와 고용관계가 각 기관의 본질적 성격, 법규정상 특수성, 업무적 차별성 및 사회적 규제 필요성 등이 서로 상이하고 구별되는 특징을 가지고 있으므로, 공무원에게 적용되는 규정을 아무런 제한 없이 일률적으로 확대 · 적용하는 것은 법논리상 타당하지 아니하다고 판단한 바 있다.[14)]

그런데 사립학교나 특수법인 중에서도 법률에서 직접 임용결격사유를 공무원법과 동일하게 규정한 것이 있다면 보다 적극적으로 해석할 필요가 있다. 다만 특수법인에서 징계로 면직된 직원을 공무원으로 채용할 때는 국민전체에 대한 봉사자로서의 적격성 여부는 서류전형이나 면접시험 등으로써 검정할 필요는 있을 것이다.

마. 국적상실자

「국가공무원법」에서는 외국인과 복수국적자에게 국가안보 등 특별한 경우 외에는 외국인에게도 공직 문호를 개방하고 있으나, 직무의 특성상 그렇게 하지 못할 직종도 있다.

우리나라 국적을 가지지 않는 사람을 공무원으로 임용할 수 없는 경우로는 경호실 직원(「대통령 등의 경호에 관한 법률」 제8조 제2항), 국가정보원직원(「국가정보원직원법」 제8조), 군인(「군인사법」 제10조 제2항), 군무원(「군무원인사법」 제10조), 외무공무원(「외무공무원법」 제9조 제2항), 경찰공무원(「경찰공무원법」 제7조 제2항)이 있고, 그 중에서 경호실 직원과 외무공무원을 제외하면 복수국적자도 임용될 수 없다.

제2절 공무원관계의 변경

신규채용 되면 공무원이라는 신분과 함께 일정한 계급이나 직급이 부여된다. 다음으로 임용권자는 그 직급이 담당할 수 있는 여러 직위 중에서 하나를 택하여 직무를 부여한다. 공무원의 신분을 갖는 동안 그 직급과 직위는 계속 변할 수 있다. 원칙적으로 직급의 변화 없이 직위(담당 직무)만 바뀔 경우를 수평적 변경이라 하고, 직급의 변화로 직위가 함께 바뀌는 것을 수직적 변경이라 한다. 다만 과장 등 관리

---

14) 법제처 13-0043, 2013.3.25. (교육과학기술부 질의에 대한 회신)

직이 아닌 일반 직원의 경우에는 수직적 변경 즉 계급이 승진하여도 직위와 담당직무는 그대로인 경우도 많다. 예컨대 7급에서 6급으로 계급이 승진하거나 행정주사보에서 행정주사로 직급이 승진하여도 직위와 담당 직무는 변경되지 않고 계속 그 자리에서 근무하는 것이 이에 해당된다.

1. 수평적 변경

가. 보직관리(전보)

임용권자나 임용제청권자는 법령으로 따로 정하는 경우 외에는 소속 공무원의 직급과 직류를 고려하여 그 직급에 상응하는 일정한 직위를 부여하여야 한다. 다만 고위공무원단에 속하는 일반직공무원과 계급 구분 및 직군 · 직렬의 분류가 적용되지 아니하는 공무원에 대하여는 자격 · 경력 등을 고려하여 그에 상응하는 일정한 직위를 부여하여야 한다. 소속 공무원을 보직할 때에는 그 공무원의 전공분야 · 훈련 · 근무경력 · 전문성 · 적성 등을 고려하여 적격한 직위에 임용하여야 한다. 이 경우 보직관리 기준에 필요한 사항은 대통령령 등으로 정한다(「국가공무원법」 제32조의5, 「지방공무원법」 제30조의5).

보직관리란 공무원의 직급에 상응하는 일정한 직위를 부여하는 임용행위를 뜻한다. 넓게는 신규채용 · 승진 · 강임 · 파견 등 보직변경까지 포함될 수 있으나, 보통은 동일한 임용권자가 공무원을 다른 자리로 직급 변경 없이 이동하는 전보(轉補)와 같은 개념으로 이해하고 있다. 전보는 공무원의 전공 · 훈련성적 · 경력 등 여러 가지를 고려하여 업무상 필요에 따라 재량권의 범위 안에서 임용권자가 수시로 행사할 수 있는 것이므로 통상 예측할 수 없는 중대한 불이익변경을 초래하는 행위로 보기는 어렵다.[15] 더욱이 정기적으로 전보를 실시함으로써 같은 직위에서의 장기근무로 인한 침체를 방지하여 창의적으로 직무를 수행하게 하고, 과다하게 잦은 전보로 인한 전문성 및 능률의 저하를 방지하여 안정적으로 직무를 수행할 수 있도록 하고 있는 것이다(「공무원 임용령」 제44조).

15) 대법원 1999.9.3. 선고 97누2528 판결.

나. 전입

국회, 법원, 헌법재판소, 선거관리위원회 및 행정부 상호 간에 다른 기관 소속 공무원을 전입하려는 때에는 시험을 거쳐 임용하여야 한다. 이 경우 임용 자격요건 또는 승진소요최저연수 · 시험과목이 같을 때에는 대통령령 등으로 정하는 바에 따라 그 시험의 일부나 전부를 면제할 수 있다(「국가공무원법」 제28조의2). 지방공무원의 경우는 지방자치단체장의 동의를 얻어 소속 공무원을 이동하는 것을 전입이라고 한다(「지방공무원법」 제29조의3).

정부기능이 현재와 같이 다양하게 분화되지 못하고, 공무원 수도 적을 때는 공무원의 인사정책과 관리를 총괄하는 구 총무처(내각사무처)에서 국회와 법원의 5급 이상 공무원까지 결원 보충을 전담하였기 때문에 전 · 출입 시험이 필요 없었으나, 1964.5.26. 부터 중앙인사관장기관이 따로 설치됨으로써 신규채용과 마찬가지로 시험을 거치게 된 것이다.

헌법기관간 상호 전 · 출입을 통한 결원보충은 극히 예외적인 방법으로서 별도의 인사규정에 따라 채용된 공무원을 신규로 전입하는 것이므로 원칙적으로는 필기시험 등의 절차를 거쳐 임용해야 하나, 각 기관의 인사규정 내용이 비슷하기 때문에 전입 사유가 생기면 임용자격 요건 등이 동일한 경우 필기시험을 면제할 수 있도록 특례를 정하고 있다.

다. 전직

공무원을 전직 임용하려는 때에는 전직시험을 거쳐야 한다. 다만 대통령령 등으로 정하는 전직의 경우에는 시험의 일부나 전부를 면제할 수 있다(「국가공무원법」 제28조의3, 「지방공무원법」 제29조의2).

전직은 직렬을 달리하는 것을 말한다. 직렬은 인사행정의 전문성을 높이고 직위분류제의 성격을 가미하기 위해 구분되어 있는 것이므로 직렬을 달리하는 임명의 요건은 대통령령에 규정되어 있다(「공무원 임용령」 제29조). 경력경쟁채용시험을 통하여 충원된 자에 대하여는 「국가공무원법」에서 직접 5년간 전직을 금지하는 경우도 있고(제28조 제5항), 직무성격상 연구직 · 지도직공무원의 전직은 5~7년간 제한되는 등 강화되어 있다(「연구직 및 지도직 공무원의 임용 등에 관한 규정」 제11조).

불가피하게 전직하는 경우에도 전직예정직급의 직무를 수행하는 데 필요한 학식과 경험 등을 성적주의 임용원칙에 따라 검증할 필요가 있기 때문에 시험을 거치도록 하고 있다.

라. 교류

안전행정부장관은 행정기관 상호간, 행정기관과 교육 · 연구기관 또는 공공기관 간에 인사교류가 필요하다고 인정하면 인사교류계획을 수립하고, 국무총리의 승인을 받아 이를 실시할 수 있다(「국가공무원법」 제32조의2). 행정부 내에서 소속장관을 달리하는 행정기관 상호간의 수평이동을 말하므로 동일한 소속장관에 의한 보직변경인 전보와 다른 헌법기관으로 이동하는 전입과는 구별된다. 인사교류제도는 공무원의 다양한 능력발전을 기하고, 기관간 원활한 업무 협조를 기하기 위한 것이다.

이러한 인사교류는 5급 이상 공무원의 임용권자와 6급 이하 공무원의 임용권자를 달리하고 있는 행정부와 선거관리위원회에서만 이루어질 수 있는 개념이며, 국회나 법원, 헌법재판소에서는 임용권자가 동일(국회의장, 대법원장, 헌법재판소장)하므로 (법 제32조) 인사교류제도의 대상이 될 여지가 없다.

지방공무원의 경우는 교육부 또는 안전행정부와 지방자치단체간, 그리고 광역지방자치단체와 관할 기초자치단체간의 교류를 뜻한다(「지방공무원법」 제30조의2).

마. 겸임

직위와 직무 내용이 유사하고 담당 직무 수행에 지장이 없다고 인정하면 대통령령 등으로 정하는 바에 따라 일반직공무원을 대학 교수 등 특정직공무원이나 특수전문 분야의 일반직공무원 또는 대통령령으로 정하는 관련 교육 · 연구기관, 그 밖의 기관 · 단체의 임직원과 서로 겸임하게 할 수 있다(「국가공무원법」 제32조의3, 「지방공무원법」 제30조의3).

겸임이란 현재 특정 직위를 갖고 있는 공무원을 그 직위를 보유한 채로 다른 공직에 임용하거나, 다른 기관 · 단체의 임직원을 공무원으로 임용하는 행위를 말한다.

즉 공무원 신분을 둘 이상 갖는 경우에 주로 해당되고, 공무원이 소속장관의 허가를 얻어 공무원이 아닌 일반 비영리법인의 구성원(이사 · 감사 등) 등을 겸하거나 민간부문에서 둘 이상의 직위를 갖는 '겸직'과 구별된다.

겸임공무원의 복무는 본직기관의 장의 지휘 감독을 받으나 겸임업무와 관련된 사항은 겸임기관의 장의 지휘 감독을 받는다. 보수는 원 소속인 본직기관에서 본직의 보수를 지급하되, 겸임기관에서 본직기관의 보수수준을 감안하여 겸임수당을 지급할 수 있다.

바. 파견

1) 의의

파견은 공무원이 다른 기관의 업무를 지원하거나 능력발전을 위하여 자기 본래의 직무를 일정기간 동안 떠나 다른 기관에서 근무하는 것을 말한다. 따라서 본직을 가진 채로 다른 기관의 업무를 수행하는 겸임과 구별되며, 자기직무에서 완전히 이탈하여 다른 기관 · 부서에서 근무하는 전보와도 구별된다. 또한 파견은 본직을 가진 채로 다른 기관에서 직무를 수행하는 점에서 출장과 유사한 점도 있으나, 출장은 직무상 명령에 따라 일시적으로 근무기관을 떠나 필요한 범위 안에서 본직기관의 직무를 수행함에 반해 파견은 임용행위로서 보수는 원 소속기관에서 지급하지만(「공무원보수규정」 제21조 제2항) 파견받은 기관장의 지휘감독을 받아(「국가공무원 복무규정」 제7조) 파견기관의 업무를 수행하므로, 파견과 출장은 담당업무 수행내용, 신분 · 급여 · 복무관계, 지휘감독관계, 기간의 차이 등에서 서로 구별된다.

국가기관 외의 기관 · 단체에서 파견된 임직원은 직무상 행위를 하거나 「형법」, 그 밖의 법률에 따른 벌칙을 적용할 때 공무원으로 본다.

2) 사유

국가기관의 장은 국가적 사업의 수행 또는 그 업무 수행과 관련된 행정 지원이나 연수, 그 밖에 능력 개발 등을 위하여 필요하면 소속 공무원을 다른 국가기관 · 공공단체 · 정부투자기관 · 국내외의 교육기관 · 연구기관, 그 밖의 기관에 일정기간 파견근무하게 할 수 있으며, 국가적 사업의 공동 수행 또는 전문성이 특히 요구되는 특수 업무의 효율적 수행 등을 위하여 필요하면 국가기관 외의 기관 · 단체의 임직원을 파견 받아 근무하게 할 수 있다.

파견권자는 파견 사유가 소멸하거나 파견 목적이 달성될 가망이 없으면 그 공무원을 지체 없이 원래의 소속 기관에 복귀시켜야 한다(「국가공무원법」 제32조의4, 「지방공무원법」 제30조의4).

3) 결원보충

공무원을 파견하는 경우에는 대통령령 등으로 정하는 바에 따라 파견 기간 중 그 파견하는 직급에 해당하는 정원이 따로 있는 것으로 보고 결원을 보충할 수 있다. 다만 남은 파견기간이 2개월 이하인 경우에는 그러하지 아니하며 파견자의 복귀 시 그 정원은 소멸된 것으로 본다(「국가공무원법」 제43조, 「지방공무원법」 제41조).

파견기간이 1년 이상으로서 행정자치부장관의 승인을 얻은 경우 인정되는 결원보충제도는 공무원의 정원이 늘어나는 효과가 생기게 되고 결국 행정조직의 팽창과 인건비 증가를 수반하게 되므로, 법령에서 정하는 기준과 요건에 합당하게 운영함으로써 필요한 최소한에 그쳐야 한다. 그래서 남은 파견기간이 2개월 이하인 경우에는 보충할 수 없도록 하고 있다.

3. 수직적 변경

가. 승진

1) 원칙

승진임용은 근무성적평정 · 경력평정, 그 밖에 능력의 실증에 따른다. 다만 1급부터 3급까지의 공무원으로의 승진임용 및 고위공무원단 직위로의 승진임용의 경우에는 능력과 경력 등을 고려하여 임용하며, 5급 공무원으로의 승진임용의 경우에는 승진시험을 거치도록 하되, 필요하다고 인정하면 대통령령 등으로 정하는 바에 따라 승진심사위원회의 심사를 거쳐 임용할 수 있다. 6급 이하 공무원으로의 승진임용의 경우 필요하다고 인정하면 대통령령 등으로 정하는 바에 따라 승진시험을 병용(竝用)할 수 있다(「국가공무원법」 제40조, 「지방공무원법」 제38조).

2) 승진방법

1급 공무원으로의 승진은 바로 하급 공무원 중에서, 2급 및 3급 공무원으로의 승진은 같은 직군 내의 바로 하급 공무원 중에서 각각 임용하거나 임용제청하며, 고위공무원단 직위로의 승진임용은 대통령령으로 정하는 자격·경력 등을 갖춘 자 중에서 임용하거나 임용제청 한다.

승진시험에 따른 승진은 승진시험 합격자 중에서 대통령령 등으로 정하는 승진임용 순위에 따라 임용하거나 임용제청 한다. 나머지 직급의 승진은 같은 직렬의 바로 하급 공무원 중에서 임용하되, 임용하려는 결원의 수에 대하여 승진후보자 명부의 높은 순위에 있는 자부터 차례로 대통령령 등으로 정하는 범위에서 임용하거나 임용제청하여야 한다.

각급 기관의 장은 대통령령 등으로 정하는 바에 따라 근무성적·경력평정, 그 밖에 능력의 실증에 따른 순위에 따라 직급별로 승진후보자 명부를 작성한다. 5급 공무원 공개경쟁 승진시험에 합격한 자의 승진후보자 명부는 중앙인사관장기관의 장인 국회사무총장, 법원행정처장, 헌법재판소사무처장, 중앙선거관리위원회사무총장 또는 안전행정부장관이 작성한다(「국가공무원법」 제40조의2).

다만 지방공무원의 경우는 우수 인력의 확보와 승진기회의 균형 유지를 위하여 시·도지사는 시장·군수·구청장과 협의하여 해당 시·도 및 시·군·구 소속 기술직렬 6급 이하 공무원 및 제4조제2항에 따른 연구 또는 특수기술직렬의 공무원 중 6급 이하 공무원에 상당하는 공무원에 대하여 시장·군수·구청장이 작성한 승진후보자 명부를 기초로 대통령령으로 정하는 바에 따라 시·도 단위별로 승진후보자 명부를 통합하여 작성할 수 있다(「지방공무원법」 제39조 제5항).

3) 심사

승진 임용하거나 임용제청을 할 때에는 미리 승진심사위원회의 심사를 거쳐야 한다. 승진 심사를 위하여 국회사무총장, 법원행정처장, 헌법재판소사무처장 또는 중앙선거관리위원회사무총장 소속으로 중앙승진심사위원회를 두고, 행정부 소속 공무원의 승진 심사는 고위공무원임용심사위원회가 담당하며, 각 임용권자나 임용제청권자 단위별로 보통승진심사위원회를 둔다(「국가공무원법」 제40조의3).

4) 특별승진

다음에 해당하는 우수공무원은 특별승진임용하거나 일반 승진시험에 우선 응시하게 할 수 있다(「국가공무원법」 제40조의4, 「지방공무원법」 제39조의3).

① 청렴하고 투철한 봉사 정신으로 직무에 모든 힘을 다하여 공무 집행의 공정성을 유지하고 깨끗한 공직 사회를 구현하는 데에 다른 공무원의 귀감(龜鑑)이 되는 자

② 직무수행 능력이 탁월하여 행정 발전에 큰 공헌을 한 자

③ 제안의 채택 · 시행으로 예산을 절감하는 등 행정 운영 발전에 뚜렷한 실적이 있는 자

④ 재직 중 공적이 특히 뚜렷한 자가 명예퇴직 할 때

⑤ 재직 중 공적이 특히 뚜렷한 자가 공무로 사망한 때

5) 승진시험

승진시험은 일반 승진시험과 공개경쟁 승진시험으로 구분한다.

일반 승진시험은 승진후보자 명부의 높은 순위에 있는 자부터 차례로 임용하려는 결원 또는 결원과 예상 결원을 합한 총결원의 2배수 이상 5배수 이내 범위의 자에 대하여 실시하며, 시험성적 점수와 승진후보자 명부에 따른 평정 점수를 합산한 종합 성적에 따라 합격자를 결정한다. 다만 유능한 공무원을 발탁하기 위하여 승진기회의 확대가 필요한 경우에는 대통령령으로 정하는 바에 따라 배수의 범위를 달리하여 시험을 실시할 수 있다.

공개경쟁 승진시험은 5급 공무원 승진에 한정하되, 기관간 승진기회의 균형을 유지하고 유능한 공무원을 발탁하기 위하여 필요한 경우에 실시하며, 시험성적에 따라 합격자를 결정한다(「국가공무원법」 제41조, 「지방공무원법」 제39조의2).

나. 강임

강임이란 같은 직렬 내에서 하위 직급에 임명하거나 하위 직급이 없어 다른 직렬의 하위 직급으로 임명하거나 고위공무원단에 속하는 일반직공무원을 고위공무원단 직위가 아닌 하위 직위에 임명하는 것을 말한다. 일반적으로 공무원 신분의 종적 변동에 있어서는 경력을 쌓아갈수록 계급의 상승 즉, 승진을 통하여 직무의 책임

도와 곤란도가 더 높은 직위로 이동하는 것을 원하는데 강임은 그 반대이므로 신분상 불이익한 처분이 될 수 있어 인사의 공정성 확보 측면에서 법적 요건과 절차를 규정하고 있다.

1) 요건

가) 직제 또는 정원의 변경이나 예산감소 등으로 직위가 폐직되거나 하위의 직위로 변경되어 과원이 된 경우

이 요건은 직권면직사유와 같은 취지이나, 차이점은 직제개정으로 인한 당해 기관 총 정원의 수와 개정 전의 정원과의 비교에서 찾을 수 있다. 즉 개정 직제의 총 정원이 줄어들어 정원을 초과한 경우에는 직권면직까지 우선 고려해야 하지만, 총 정원이 과원된 것이 아니고 직급만 조정되어(물론 특정 직급의 경우는 과원발생 소지가 있지만) 해당직위가 없어지거나 그 직위의 직급이 종전보다 낮아진 경우에는 굳이 면직할 필요 없이 강임 절차를 통하여 재직공무원의 직급을 조정하는 것이 합리적이다. 그렇지 않으면 나중에 직권면직 후 재임용과 같은 번잡한 절차를 거쳐야 하기 때문이다.

이때도 동일한 사유의 강임 대상자가 다수일 경우 누구를 강임할 것인가는 직권면직 때와 마찬가지로 임용권자가 대상자의 직무수행능력 · 근속연수 · 건강 · 연령 등을 종합 고려하여 결정하면 될 것이다. 이 사유에 의한 강임은 소속공무원의 동의를 반드시 필요로 하지 않으므로 임용권자가 일방적으로 강임 조치할 수 있으나, 해당 공무원은 강임 처분에 대한 불복심사청구로 다툴 수 있다.

직권면직과 강임을 함께 생각해 보면, 이론상으로는 직제 개폐로 과원이 된 경우, 먼저 직권면직 대상자를 가리고 나서 정 · 현원이 일치된 후 그 다음에 강임 · 전보 등의 조치로 직급에 맞도록 배치하는 절차를 진행하면 될 것이다.

나) 본인이 동의한 때

이 경우는 본인의사에 따라 면직하는 것과 같은 취지로 생각할 수 있다. 보통 동일한 직렬 내에서는 강임을 원하는 경우가 없지만 타 기관 또는 직렬로 전보 또는 전직하기 위하여 그 기관의 정원구조상 부득이한 경우 본인의 동의서를 첨부하여 시행할 수 있다. 그러나 강임은 바로 하위계급의 직위로만 가능하므로(｢공무원 임용령｣

제58조) 본인이 원하더라도 두 계급 이하의 직위로는 강임할 수 없다. 이는 계급제의 근간은 흔들지 않겠다는 취지이다.

2) 강임자의 우선 승진임용

강임은 직권면직의 대체수단으로서 신분보장 기능을 더 많이 갖고 있으므로 일단 상위직급 또는 고위공무원단 직위에 결원이 발생하면 승진의 일반원칙에 구애받지 않고 우선적으로 승진임용된다. 법상 승진임용기준, 실적주의에 따른 승진제한, 승진소요기간, 승진후보순위, 승진심사위원회 운영, 승진시험 등에 불구하고 바로 승진시켜야 한다는 것이다.

본인의 동의로 강임된 공무원은 향후 원래의 직급에 결원이 생기면 우선적으로 임용될 수 있다. 다만 무조건 승진시키는 것이 아니라 실적주의 원칙에 따라 본인의 경력과 해당 기관의 인력 사정 등을 고려하여 기존의 소속공무원과 비교하여 임용해야 한다(「국가공무원법」 제73조의4, 「지방공무원법」 제65조의4).

한편 교육공무원의 경우에는 본인의 동의에 의하여 강임을 조건으로 하여 임용(제청)권자를 달리하는 기관에 전입하는 자는 우선하여 승진임용할 수 없다고 명문화하고 있다(「교육공무원법」 제46조).

제3절 공무원관계의 소멸

공무원의 신분을 상실함으로써 임용주체인 국가나 지방자치단체와의 법률적·사실적 관계를 종료하는 것을 의미한다. 여기에는 본인 스스로 공무원의 신분을 종료하기를 원하여 종료하는 경우와 법률에 의하여 또는 임용권자의 처분으로 강제로 종료되는 경우로 나눌 수 있다.

1. 자발적 소멸

가. 의원면직

명칭 여하를 불문하고 공무원 본인이 스스로 공직을 그만두겠다는 의사를 표시한 사직원[16], 사직서[17] 등을 임용권자에게 제출하여 그것을 기초로 임용권자가 행하는 처분을 말한다. '처분'이므로 단순히 사표를 제출했다는 것만으로는 공무원관계가 바로 종료되지 않고 임용권자의 수리행위가 있어야 한다. 따라서 면직 처분이 있기까지는 직무에 전념하여야 직장이탈 금지 의무를 위반하지 않게 된다. 사표는 언제든지 제출할 수 있으나 반드시 본인의 자필 서명이 있어야 한다.

대법원은 1980년의 공직자숙정계획(정화조치)의 일환으로 일괄사표의 제출과 선별수리의 형식으로 공무원에 대한 의원면직처분이 이루어진 경우, 사직원 제출행위가 강압에 의하여 의사결정의 자유를 박탈당한 상태에서 이루어진 것이라고 할 수 없고 「민법」(제107조 제1항 단서)상 비진의 의사표시의 무효에 관한 규정은 사인의 공법행위에 적용되지 않는다는 등의 이유로 그 의원면직처분을 당연무효라고 할 수 없으며, 또한 공무원이 한 사직 의사표시의 철회나 취소는 그에 터잡은 의원면직처분이 있을 때까지 할 수 있고, 일단 면직처분이 있고 난 이후에는 철회나 취소할 여지가 없다고 판시한 바 있다.[18]

임용권자는 제출된 사표를 반드시 수리할 의무는 없으며, 사표를 내게 된 사유나 배경 등을 살펴보고 특별한 사유가 있으면 사표를 수리하지 않고 징계의결 요구 등 다른 처분을 행할 수도 있다. 이와 관련하여 2005.2.24. 대통령훈령 제143호로 「비위공직자의 의원면직 처리제한에 관한 규정」을 제정하여, ① 비위와 관련하여 형사사건으로 기소 중인 자 ② 징계위원회에 중징계의결 요구 중인 자 ③ 감사 · 수사기관(부서)에서 비위와 관련하여 조사 · 수사 · 내사중인 자에 대하여는 의원면직 처분을 할 수 없도록 조치한 바 있다.

---

16) 「공직선거법」 제53조, 「지방교육자치에 관한 법률」 제47조.

17) 「국회법」 제135조.

18) 대법원 2001.8.24. 선고 99두9971 판결.

나. 명예퇴직

1) 의의

원칙적으로 직업공무원제도는 정년까지 근무하는 것을 보장하고 있다. 그러나 모든 공무원이 정년까지 계속 일할 경우 조직의 침체와 행정능률 저하도 생길 수 있으므로 정년 전에 스스로 퇴직하는 공무원에게는 금전적 인센티브를 부여하여 조직의 신진대사를 촉진할 필요도 있다. 명예퇴직제도는 교육공무원에게 공로퇴직으로 1973년에 처음 도입하였고, 1979년에는 경찰공무원, 1980년에는 소방공무원에게 각각 시행되던 것을 1981.4.20. 「국가공무원법」 개정시 이를 통합하여 명예퇴직제도로 일원화하였다. 군인은 1989년부터 명예전역제도를 별도로 운영하고 있다(「군인사법」 제53조의2).

본인의 의사를 기초로 하는 면에서는 의원면직의 일종이지만 재직기간과 신청기간이 제한되고 예산의 범위 안에서 수당을 지급할 수 있다는 점에서 차이가 있다.

2) 대상

공무원으로 20년 이상 근속(勤續)한 자가 정년 전에 스스로 퇴직하면[19] 예산의 범위에서 명예퇴직수당을 지급할 수 있다(「국가공무원법」 제74조의2, 「지방공무원법」 제66조의2). '20년 이상 근속'은 공무원으로서 재직한 「공무원연금법」상의 총 근속기간을 말하며 어느 특정 직종이나 직급에 반드시 근무해야 하는 것은 아니다. 정년은 원칙적으로 연령정년을 말하나 20년 이상 근속하는 요건에 부합된다면 계급정년도 제한할 필요는 없다. 따라서 계급정년과 연령정년이 동시에 적용될 경우에는 먼저 도래한 정년을 기준으로 신청한다(「국가공무원 명예퇴직수당 등 지급규정」 제3조 제4항).

3) 수당의 환수

명예퇴직수당을 지급받은 자가 다음 사유에 해당하면 수당을 지급한 국가기관의 장이 환수하여야 한다. 다만 국가공무원으로 재임용된 경우에는 재임용한 국가기관의 장이 환수하여야 한다.

① 재직 중의 사유로 금고 이상의 형을 받은 경우

---

19) 임기제공무원이 아닌 경력직공무원이 임기제공무원으로 임용되어 퇴직하는 경우로서 대통령령으로 정하는 경우도 포함한다.

② 재직 중에 「형법」 제129조부터 제132조까지에 규정된 죄(수뢰, 사전수뢰, 제3자 뇌물제공, 수뢰후 부정처사, 사후수뢰, 알선수뢰)를 범하여 금고 이상의 형의 선고유예를 받은 경우

③ 재직 중에 직무와 관련하여 「형법」 제355조(횡령, 배임) 또는 제356조(업무상의 횡령과 배임)에 규정된 죄를 범하여 300만원 이상의 벌금형을 선고받고 그 형이 확정되거나 금고 이상의 형의 선고유예를 받은 경우

④ 경력직공무원이나 대통령령 등이 정하는 공무원으로 재임용되는 경우

⑤ 명예퇴직 수당을 초과하여 지급받거나 그 밖에 명예퇴직 수당의 지급 대상이 아닌 자가 지급받은 경우

환수금을 내야할 사람이 기한 내에 내지 아니하면 국세 체납처분의 예에 따라 환수금을 징수할 수 있다.

4) 조기퇴직제도

이 제도는 직제와 정원의 개폐 또는 예산의 감소 등에 의하여 폐직 또는 과원이 되었을 때에는 20년 미만 근속한 자라도 정년 전에 자진하여 퇴직하는 경우 예산의 범위 안에서 수당을 지급하는 것을 말한다.

정년 전에 자진하여 퇴직하는 자에 대한 수당을 지급하는 측면에서 명예퇴직과 조기퇴직은 같지만, 요건에서 차이가 있다. 즉 명예퇴직은 아무런 제한 요건이 없지만 조기퇴직은 직제와 정원의 개폐 또는 예산의 감소 등으로 폐직 또는 과원이 되고 20년이 안 되는 경우이다. 폐직 또는 과원이 생겨도 20년이 넘으면 명예퇴직제도를 활용할 수 있다.

2. 강제적 소멸

가. 당연퇴직

법률에서 정한 사유가 발생하면 당연히 퇴직하는 것을 말한다(「국가공무원법」 제69조, 「지방공무원법」 제61조). 법률 규정에 의하여 바로 효과가 발생하므로 퇴직발령 등 행정처분도 필요 없다. 이 규정도 정무직공무원에게는 적용하지 않는다. 적용되지 않

는다고 해서 당연퇴직 되지 않는다는 뜻이 아니라 이미 이런 사유가 발생하면 법률적인 효과를 기다릴 것도 없이 바로 임용권자가 면직할 수 있다는 뜻이다. 따라서 당연퇴직 발령을 하더라도 법률상 발생하는 퇴직의 효과를 공적으로 알려주는 사실(관념)의 통지행위에 불과하다. 다른 법률로는 재외공관장으로 합산하여 10년간 재직한 경우 당연퇴직하는 사례가 있다(외무공무원법 제26조 제2항).

1) 임용결격 사유에 해당하는 경우

처음 임용될 당시에는 아무런 문제가 없었으나 재직 중에 임용결격 사유에 해당되는 상황이 발생함으로써 당연퇴직되는 것을 말한다. 임용결격 사유 중 파면이나 해임은 처분사유설명서가 교부되므로 당연퇴직 사유로 볼 수 있는가 하는 의문이 생기지만, 종전 다른 기관에서 파면이나 해임되어 각각 5년과 3년의 임용제한 기간 안에 고의 또는 과실로 새로운 기관에 재임용될 수도 있으므로 그 사실이 발견되면 바로 당연퇴직된다. 형사처벌 등 다른 경우도 당초 임용결격사유에 해당되어 퇴직하였다가 기간계산을 잘못하여 다시 임용된 것이 추후에 발견되면 당연퇴직된다. 예컨대 금고 이상의 형의 집행유예를 받아 당연퇴직 되어야 함에도 임용권자가 몰라서 사실상 계속 근무하는 중에 「형법」 제65조에 따라 당초 형의 선고가 효력을 잃게 되더라도 이미 발생한 당연퇴직의 효력에는 영향이 없으므로 그 이후의 모든 공법상의 권리를 가질 수 없다는 것이다.[20]

2) 임기제공무원의 근무기간이 만료된 경우

임기제공무원은 임기를 시작하는 때와 끝나는 때가 처음부터 예정되어 임용되므로 임기가 만료되는 시점에서 재임용이나 연장 등의 별도 조치가 없는 한 다시 퇴직처분을 할 필요가 없이 당연히 퇴직한다(「외무공무원법」 제26조 제1항).

3) 정년 등의 도래

가) 의의

정년제도는 공무원이 일정연령에 도달하게 되면 당연히 퇴직하는 것으로 우리나라에서는 1953년에 교육공무원에게 처음 도입되었고, 1962년 군인, 1963.4.17.

---

20) 대법원 2011.3.24. 선고 2008다49714 판결.

국가공무원에게 적용하게 되었다. 조직의 노령화를 방지하고 신진대사를 이룸으로써 행정능률과 조직의 활력을 제고하려는 것이나, 다른 한편으로는 소정의 연령에 도달하기까지는 공무원이 안심하고 직무에 전념할 수 있도록 하는 신분보장 성격도 있다.

정년이 적용되는 공무원은 신분이 보장되는 경력직공무원에게 해당되고 특수경력직공무원 중 비서관 · 정책보좌관 등이 아닌 별정직공무원에 대하여는 정년과 유사한 근무상한연령제도를 운영하고 있다. 다만 이는 당해 연령에 도달할 때까지 근무할 수 있다는 것으로 그 이전이라도 사유가 있으면 면직할 수 있으므로 정년과는 차이가 있다.

나) 종류

① 연령정년

일정한 나이가 되면 더 이상 공무원신분관계를 유지할 수 없는 것이다. 과거에는 직급별로 정년에 차이를 두었으나 신분상의 계급으로 차별하는 것이 옳지 않아 지금은 대부분 60세로 일원화되어 있다. 다만 직무특성을 고려하여 경호공무원은 5급 이상 58세, 6급 이하 55세이며, 교육공무원은 62세(대학교수 등 고등교원은 65세), 검사는 63세, 판사는 65세, 군인 중 장교는 대장 63세부터 소위 43세까지이고 준위 55세부터 하사 40세까지로 계급별로 다양하다.

② 계급정년

대통령경호실직원 · 군인 · 경찰 · 소방공무원 · 국가정보원직원 등 엄격한 계급구조로 특수한 직무를 담당하는 특정직공무원 일부에 적용하는 것으로 동일계급에서 일정기간 승진을 하지 못하면 자동 퇴직하는 것이다(「대통령 등의 경호에 관한 법률」 제11조, 「군인사법」 제8조, 「경찰공무원법」 제24조, 「소방공무원법」 제20조, 「국가정보원직원법」 제22조). 경호공무원은 2급 4년, 3급 7년, 4급 12년, 5급 16년이고, 군인은 중장 4년, 소장 · 준장은 6년이다. 경찰공무원은 치안감 4년, 경무관 6년, 총경 11년, 경정 14년이고, 소방공무원은 소방감 · 지방소방감 4년, 소방준감 · 지방소방준감 6년, 소방정 · 지방소방정 11년, 소방령 · 지방소방령 14년이다. 국가정보원 직원은 2급 직원 5년, 3급 직원 7년, 4급 직원 12년, 5급 직원 18년이다.

③ 근속정년

당해 계급에 이를 때까지 재직한 전체 기간을 통산하여 일정한 기간이 되면 퇴직시키는 것이며, 군인에게만 적용된다. 대령은 35년, 중령은 32년, 소령은 24년, 대위 · 중위 · 소위는 15년, 준위는 32년이다(「군인사법」 제8조 제1항).

다) 정년퇴직일

연령정년이나 근무상한연령은 본인의 생일로부터 기산하여 일정한 연령이 도래하는 날에,[21] 계급정년이나 근속정년은 해당 계급에 임용되었거나 공무원에 처음 신규채용된 날로부터 기산하여 일정 기간이 지난 날짜가 정년퇴직일이 되는 것이 원칙이다. 그러나 인사운영상의 편의를 고려하여 정년에 도달한 날 바로 퇴직하지 않고 다음과 같이 따로 정하고 있다.

① 상 · 하반기말

대부분의 공무원은 정년이 1월부터 6월 사이에 있으면 6월 30일에, 7월부터 12월 사이에 있으면 12월 31일에 각각 당연히 퇴직된다(「국가공무원법」 제74조, 「지방공무원법」 제66조).

② 학기말

교육공무원은 정년에 이른 날이 3월에서 8월 사이에 있는 경우에는 8월 31일에, 9월에서 다음 해 2월 사이에 있는 경우에는 다음 해 2월 말일에 각각 당연히 퇴직하여 학사운영의 편의를 도모하고 있다(「교육공무원법」 제47조).

③ 익월말

군인은 정년이 달한 다음 달 말일로 당연퇴직 되는데(「군인사법」 제36조), 이는 군인의 인력수급이 빈번하고 근무연수에 따라 연금 등에서 차이가 나기 때문에 6개월간의 여유기간이 경우에 따라 형평에 어긋날 수 있음을 고려한 것이다.

4) 국적상실

임용요건에 대한민국 국민이어야 하는 경우, 당해 공무원이 재직 중 우리나라

---

21) 법관과 검사는 정년만 규정되어 있고 당연퇴직일에 관해서는 아무런 언급이 없는데(「법원조직법」 제45조, 「검찰청법」 제41조), 이는 다른 직종과 달리 정년퇴직하는 인원이 많지 않아 따로 규정할 필요가 없었기 때문으로 판단된다.

국적을 상실하고 다른 나라 국적을 취득하거나 우리나라 국적을 가진 채로 다른 나라의 국적을 복수로 가질 경우 당연퇴직한다.

5) 사망

공무원이 재직 중 사망한 경우에도 별도의 퇴직 발령을 할 필요 없이 사망한 날에 당연퇴직한다. 다만 그 시기는 사망시간에 따른 법률적 효력의 혼란을 방지하기 위하여 사망한 다음날 0시에 퇴직한 것으로 한다(「공무원임용령」 제6조).

나. 직권면직

1) 의의

공무원이 일정한 사유에 해당되면 본인의 의사에 관계없이 임용권자가 일방적으로 신분을 박탈할 수 있다. 공무원에게 당해직무를 계속 수행할 수 없는 경우가 발생하면, 신분을 종료시키는 것이 조직전체의 효율성을 높이고 공무원에게도 바람직한 경우가 있다.

직권면직은 징계와 달리 시효기간도 없고, 임용권자의 재량에 좌우될 수 있어 직권면직 시에는 징계위원회의 의견을 청취하거나 동의를 받고 있다. 면직하기 전에 사유의 발생 배경이나 정황 등을 충분히 사실조사 하여 신중하게 검토하라는 취지이다. 또한 임용권자의 처분이 필요하다는 점에서 당연퇴직과 차이가 있다.

2) 사유

가) 직제와 정원의 개폐 또는 예산 감소 등에 따라 폐직 또는 과원이 되었을 때

폐직 또는 과원으로 공무원을 면직시킬 때에는 임용형태, 업무실적, 직무수행능력, 징계처분 사실 등을 고려하여 면직 기준을 정하여야 한다. 면직 기준을 정하거나 면직 대상자를 결정할 때에는 임용권자 또는 임용제청권자 별로 심사위원회를 구성하여 그 심사위원회의 심의·의결을 거쳐야 한다. 심사위원회의 위원장은 임용권자 또는 임용제청권자가 되며, 위원은 면직 대상자보다 상위 계급자 또는 고위공무원단에 속하는 일반직공무원 중에서 위원장이 지명하는 5명 이상 7명 이내로 구성하되, 면직 대상자의 상위 계급자 또는 고위공무원단에 속하는 일반직공무원을 우선하여 지명하여야 한다. 다만 상위 계급자 또는 고위공무원단에 속하는 일반직공무원이 부족하면 4명 이내로 구성할 수 있다(「국가공무원법」 제70조, 「지방공무원법」 제62조).

나) 휴직 기간이 끝나거나 휴직 사유가 소멸된 후에도 직무에 복귀하지 아니하거나 직무를 감당할 수 없을 때

「국가공무원법」 제71조에는 각종 휴직 사유가 규정되어 있는데, 휴직을 하고도 직무에 복귀하지 않거나 직무를 감당할 수 없으면 직권면직 사유가 된다. 예컨대 질병휴직을 통하여 신병치료에 정성을 쏟았음에도 불구하고 치유가 어려워 직무에 복귀하는 것이 불가능하면 직권면직할 수 있다. 마찬가지로 공무원 노동조합 전임근무를 마치고도 직무에 복귀하지 않거나 국외 유학 후 그대로 이주한 경우 등도 해당될 수 있다. 이 경우 휴직기간이 만료되거나 휴직사유가 소멸된 날로 직권면직 처분을 할 수 있다.

다) 직무수행능력 부족 또는 근무성적 불량으로 직위해제 되어 3개월 이내의 대기 명령을 받았지만 그 기간에 능력 또는 근무성적의 향상을 기대하기 어렵다고 인정된 때

직위해제가 되면 능력 회복을 위하여 대기 명령을 하게 되는데, 그 기간이 만료되었지만 능력이나 성적의 향상을 기대하기 어렵다고 판단되면 직권면직 사유가 된다. 다만 이 경우에는 대상 공무원의 징계를 관할하는 징계위원회의 동의를 받아야 한다.

라) 전직시험에서 세 번 이상 불합격한 자로서 직무수행 능력이 부족하다고 인정된 때

전직시험은 본인이 원할 수도 있고 기관의 인력관리 사정에 따라 실시할 수도 있는데, 대상 공무원의 신분 전환을 통하여 계속 근무할 수 있는 기회를 수차례 부여하였음에도 불구하고 세 번 이상 불합격하여 직무수행 능력이 부족하다고 객관적으로 인정되면 직권면직할 수 있다. 시험 불합격 3회 이상과 직무수행능력 부족이라는 요건을 둘 다 충족해야 한다.

마) 징병검사 · 입영 또는 소집의 명령을 받고 정당한 사유 없이 이를 기피하거나 군복무를 위하여 휴직 중에 있는 자가 군복무 중 군무(軍務)를 이탈하였을 때

휴직 또는 입영 대기 중인 자가 기피하거나 군무를 이탈한 경우에도 직권면직시킬 수 있는데, 다만 이때도 대상 공무원의 사정을 듣고 판단해야 한다.

바) 해당 직급 · 직위에서 직무를 수행하는데 필요한 자격증의 효력이 없어지거나 면허가 취소되어 담당 직무를 수행할 수 없게 된 때

의사 · 약사 · 수의사 · 운전원 등 직무와 관련된 자격소지자로 임용된 공무원의 경우, 해당자격의 효력이 상실되면 담당직무를 적법하게 수행할 수 없으므로 직권면직할 수 있다.

사) 고위공무원단에 속하는 공무원의 적격심사 결과 부적격 결정을 받은 때

각 소속장관은 고위공무원단에 속하는 공무원으로 임용된 날부터 매 5년이 되는 때, 근무성적평정에서 최하위 등급의 평정을 총 2년 이상 받은 때, 대통령령으로 정하는 정당한 사유 없이 직위를 부여받지 못한 기간이 총 2년에 이른 때 등에는 6개월 이내에 안전행정부장관에게 적격심사를 요구하도록 되어 있다. 적격심사는 안전행정부에 두는 고위공무원임용심사위원회에서 실시한다.

적격심사는 근무성적, 능력 및 자질의 평정에 따르되, 고위공무원의 직무를 계속 수행하게 하는 것이 곤란하다고 판단되는 사람을 부적격자로 결정한다. 다만 교육훈련 또는 연구과제 등을 통하여 근무성적 및 능력의 향상이 기대되는 사람은 조건부 적격자로 결정할 수 있다. 부적격으로 결정되면 직권면직 할 수 있다. 이때는 징계위원회의 의견을 들을 필요가 없다.

3) 절차

징계위원회의 '동의'를 얻어야 하는 경우에는 다른 사유에 비해 비교적 주관적 판단여지가 많은 사유이므로 본인에게 부당하게 불이익을 초래하지 않도록 변명이나 진술권 부여 등 충분한 절차를 이행해야 할 것이다. 단순히 '의견청취'를 하는데 불과한 경우에는 임용권자가 직권면직에 이르게 된 사유 · 정황 등을 미리 파악한 징

계위원회로부터 참고 의견을 듣는 것으로 족하고 그 의견내용에 기속될 필요는 없다. 그러나 동의의 경우는 징계위원회가 부동의 하게 되면 직권면직 할 수 없는 기속력을 가지게 된다.

4) 직권면직 기준

직제 · 정원의 개폐와 예산감소 등에 의한 과원이 된 때의 직권면직은 계급제도를 채택하고 있는 우리나라의 인사제도상 별도의 직권면직 기준을 정하여야 한다. 법에서는 임용형태, 업무실적, 직무수행능력, 징계처분사실 등을 구체적으로 열거하고 있으므로 이를 단순히 예시한 것으로 보기는 어렵고 구체적인 기준을 정할 때는 이 항목들을 포함하여야 할 것이다.

임용형태는 최초 공무원으로 임용된 경로가 공개경쟁채용시험을 통하였는가 아니면 특별채용으로 임용되었는가 하는 것이 주된 포인트가 될 것이고 단순히 현재의 자리에 승진임용 되었는가 아니면 외부에서 바로 채용되었는가 하는 것으로 보기는 어렵다. 업무실적은 평소 근무성적평정에 의하여 실적요소가 평가되고 있지만 반드시 이에 구속될 것은 아니라고 본다. 다만 구체적이고 객관적인 실적평가 요소가 있어야 할 것이다. 직무수행능력도 근무성적평정에 포함되어 있지만 마찬가지로 평정서에 포함되어 있지 않더라도 의료기록이나 일반능력에 대한 검증 자료가 있으면 활용될 수 있다.

5) 직권면직심사위원회

임용권자 또는 임용제청권자별로 심사위원회를 구성하여 동 위원회의 심의의결을 거쳐 면직기준 및 면직대상자를 결정한다. 심사위원회는 임용권자 또는 임용제청권자가 위원장이 되고 위원은 면직대상자의 상위직급 공무원으로서 5~7인 이내(상위직급 공무원이 부족한 경우 4인 이내 가능)로 구성한다. 최종적으로 관할 징계위원회의 의견을 들어 면직처분한다.

다. 징계면직

1) 파면

공무원관계의 내부질서를 유지하기 위한 징계벌 중 가장 무거운 종류인 파면은 징계위원회의 의결에 따라 임용권자가 처분사유설명서를 교부함과 동시에 파면의 처분을 한다. 파면은 공무원신분에서 배제함과 동시에 공무원 연금 관련 법령에 의하여 퇴직급여가 감액 지급되고 공무원으로 5년간 재임용될 수 없다.

2) 해임

징계벌 중에서 파면 다음으로 중한 해임도 징계위원회의 의결에 따라 임용권자가 처분사유설명서를 교부함과 동시에 해임의 처분을 한다. 해임은 공직에서 배제함과 동시에 공무원으로 3년간 재임용될 수 없으나 금품 및 향응수수, 공금의 횡령·유용의 사유가 아니라면 퇴직급여와 퇴직수당이 감액되지는 않는다.

3) 면직

검사에 대한 징계 종류 중 가장 무거운 '면직'은 「검사징계법」은 물론 「공무원연금법」 등 다른 법률에서 그 효과에 대하여 언급하고 있는 규정이 없다. 다만 「변호사법」 제5조에서 변호사의 결격사유의 하나로 탄핵이나 징계처분에 의하여 파면된 후 5년, 징계처분에 의하여 해임된 후 3년이 각각 지나지 아니한 자로 규정되어 있는데, 검사의 배제징계 종류는 '면직'으로 되어 있어서 모호한 규정이라 할 수 있다. 문리적으로만 해석하면 본인이 사표를 내는 '의원'면직이 아니라 임용권자에 의한 면직'처분'이므로 해임처분과 같이 3년 정도로 볼 수 있으나, 실제 사유가 발생할 경우 다툼의 여지는 있을 것 같다.

라. 임용권에 의한 면직

법률에서는 명시적으로 규정된 바는 없지만, 정무직공무원을 포함한 특수경력직공무원, 1급공무원과 직무등급이 가장 높은 고위공무원단 소속 공무원에 대하여는 「국가공무원법」 제3조와 제68조 단서 및 「지방공무원법」 제60조 단서 규정으로 볼 때 본인 의사에 반한 면직이 가능하므로, 임용권자의 신임을 얻지 못한다면 임용권자가 다른 공무원에게 보장된 진술기회 등 법적 절차를 다 부여하지 않고서도 면직 처분을 할 수 있다.

제 3 장 공무원의 권익

제1절 신분상 권리

1. 신분보장

공무원으로 하여금 국민전체에 대한 봉사자로서의 사명과 역할을 충실히 하도록 하기 위해서는 법령에 의하지 아니하는 한 본인의 의사에 반한 신분상 불이익처분을 받지 않아야 한다. 그래서 공무원 신분보장의 요체는 첫째 특정의 법정 사유에 해당되지 않는 한 함부로 본인 의사에 반하여 불이익처분을 할 수 없도록 요건과 절차를 엄격히 정하는 것이고, 둘째 부득이하게 그런 처분을 하더라도 구제 장치를 마련하는 것이다.

가. 기본원칙

공무원은 형의 선고, 징계처분 또는 법률에서 정하는 사유에 따르지 아니하고는 본인의 의사에 반하여 휴직 · 강임 또는 면직을 당하지 아니한다. 다만 1급 공무원과 직무등급이 가장 높은 직위에 임용된 고위공무원단에 속하는 공무원은 그러하지 아니하다. 「국가공무원법」 제정 당시부터 들어 있었던 신분보장의 기본원칙인 이 규정은 1963.4.17.에는 '권고에 의한 사직을 당하지 아니한다.'라는 것까지 있었지만 권고사직 제도가 있는 것처럼 오해가 되어 1973.2.5. 삭제되었다. 다만 교육공무원에 대하여는 권고사직을 금지하는 규정이 아직도 남아 있다(「교육공무원법」 제43조 제3항).

1) 형의 선고, 징계처분 또는 법정 사유

형의 선고는 「형사소송법」상 판결의 선고를 말하므로 법원의 결정이나 명령의 고지와는 구별된다. 판결의 선고는 공판정에서는 재판서(판결서)에 의하고 기타의 경우에는 재판서 등본의 송달 등 적당한 방법으로 하며 법률에 다른 규정이 있는 때에는 예외로 한다. 징계처분은 강등, 해임, 파면을 말한다. 공무원이 사표를 제출하여도 임용권자가 수리하지 않고 징계로 면직하여도 문제되지 않는다. 법정 사유는 법에 규정된 휴직, 직위해제, 강임, 정년이나 명예퇴직 등의 요건이 해당되어야 한다.

2) 의사에 반한 휴직 · 강임 · 면직 금지

본인의 의사에 반한 처분이 금지되므로 자유로운 의사에 의한 청원휴직이나 본인이 동의한 강임, 의원면직 등은 관계없다. 의원면직은 공무원 스스로 사의를 표시하여 공무원관계를 소멸시키는 행위이므로 임명의 경우와 마찬가지로 공무원의 신청을 요건으로 하는 행정행위이다.

공무원은 언제든지 사직원을 제출할 수 있으나, 임용권자의 면직처분이 있을 때까지는 공무원관계가 지속된다. 군무원은 전시 · 사변 등 국가비상시에는 의원면직이 제한될 수 있다(「군무원인사법」 제33조). 판례도 '공무원의 사의표시만으로 그 효력이 발생하여 곧 공무원의 신분을 상실하게 된다면 공무상 질서가 문란해질 염려가 있으므로 공무원의 사의표시만으로 그 효력이 발생하여 공무원 자격을 상실한다고 보지 않음이 타당하다'라고 판시하고 있다.[22] 따라서 사표수리 전까지는 직장에 출근하여 직무를 수행할 의무가 있다.

공무원이 사의를 표시하면 임용권자는 반드시 수리해야 할 의무가 있는가? 병역의무 기타 법률상 의무가 있는 경우 외에는 공무원 복무가 의무사항이 아니므로, 본

22) 대법원 1971.3.23. 선고 71누7 판결.

인이 공직을 떠나고 싶다면 원칙적으로 수리하는 것이 옳다. 물론 사직서를 낸다고 바로 수리할 필요는 없다. 국가기능은 중단될 수 없으므로 후임자를 보충하여 업무의 공백을 막을 조치를 다하고 처리해도 될 것이다.

다만 공무원이 징계처분을 받을 비위행위를 저지르고 이를 면탈할 목적으로 사표를 제출한 경우에는 공무원관계 내부의 질서유지와 비행 공무원의 퇴직 후 공무원 재임용문제 등을 고려하여 이를 수리하지 않아도 된다. 사표를 제출하였으나 수리되기 전에 사망하였다면 처분의 효력이 발생되지 않은 것이므로 당연 퇴직되는 것이다.

3) 1급공무원과 최상위 직무등급의 직위에 보직된 고위공무원

1급공무원과 최상위 등급의 직위에 보직된 고위공무원은 그 의사에 관계없이 면직 · 휴직 · 강임처분할 수 있다. 이렇게 한 이유는 고위공무원 채용의 특례규정(「국가공무원법」 제28조 제2항 제5호)과 형평을 맞출 필요가 있기 때문이다.

1급공무원의 신분보장을 배제한 이 단서조항은 1963.12.16. 처음 포함되었는데 이때 1급공무원에 대한 특별채용요건도 함께 신설되었다. 그러나 법률적 절차를 다 거치지 않고 면직처분을 하더라도 추후 행정쟁송 과정에서 취소될 수도 있으므로 객관적이고 합리적인 이유는 있어야 할 것이다.

나. 초과현원 관리

「국가공무원법」 제6조 제3항은 중앙인사관장기관의 장으로 하여금, 조직의 개편 등으로 현원이 정원을 초과하는 경우와 행정기관별로 고위공무원단에 속하는 공무원의 현원이 정원을 초과하는 경우에는 바로 면직하지 않고 초과된 현원을 총괄 관리하다가 결원이 생기는 기관의 장과 협의하여 보충하도록 특례를 두고 있다. 이 규정은 같은 법 제70조 제1항 제3호에서 직제와 정원의 개폐 또는 예산의 감소 등에 따라 폐직(廢職) 또는 과원(過員)이 되었을 때는 직권면직 할 수 있는 것과 서로 배치되는 것처럼 보인다.

일반적으로 '공무원은 직무를 따라 간다(staff follow function)'는 직위분류제 원칙으로 보면 불합리할 수 있지만, 계급제가 기본 틀인 우리나라의 공무원제도에 비추어 볼 때 환경변화에 적응하기 위해 조직개편을 수시로 할 경우 일시적으로 발생하는 잉여인력을 중앙인사관장기관에서 보유하고 있다가 결원이 생길 때 순차적으로 보충하는 것이 면직과 재임용을 반복하는 것보다는 훨씬 효율적이기 때문에 이를 제도화한 것이다. 특히 고위공무원단에 속하는 공무원은 국가의 중요한 정책을 결정하는 고위 관리직 공무원이라 기관간의 장벽을 허물기 위하여 통합 관리하는 것이므로 일시적 초과현원에 대하여도 총괄 관리하는 것이 바람직한 것이다.

다. 불이익처분 요건 설정

공무원은 재임 중 특정한 직무를 갖고 일할 권리가 있다. 그러나 직무에 종사할 수 없는 사유가 있으면 부여하지 않아도 되는데, 그 사유를 법률에서 정해둘 필요가 있고, 임용권자는 그 사유를 엄격히 해석하여 일정한 기간 동안 직무 전념의무를 해제하여야 한다. 직무를 맡지 않는 대표적인 것으로 휴직, 직위해제가 있다.

1) 휴직

일정기간 동안 직무에 종사할 수 없는 사유가 발생한 경우 공무원 신분은 계속 유지하되 행정청의 직권 또는 본인의 신청에 의하여 직무수행 의무를 해제하는 것이다. 이 제도는 행정기관의 입장에서는 휴직기간 동안 면직 후 재임용하는 등의 복잡한 절차가 없어 인사운영의 효율성을 도모할 수 있을 뿐만 아니라, 공무원 본인에게는 안심하고 타 직무에 종사할 수 있는 여건을 제공할 수 있다는 점에서 대부분의 국가에서 채택하는 신분보장 장치이다.

공무원의 신분을 갖고 있으면서 직무에 종사하지 않는 점에서 직위해제 · 정직처분과 같으나, 본인의 원에 의하여 휴직할 수도 있고 제재 효과가 없다는 점에서 직위해제와 구별되고, 또 징계의 종류가 아니며 그 기간도 비교적 길다는 점에서 정직처분과도 구별된다. 휴직제도의 성격은 법정 사유가 발생하면 본직에서 잠시 이탈해도 좋다는 적극적인 의미와 함께 동 사유 외에는 임용권자가 자의로 휴직을 명할 수 없다는 소극적 측면도 포함하고 있다.

1978.12.5. 부터 휴직의 종류를 둘로 나누어 본인 의사에 관계없이 사유가 생기면 임용권자가 무조건 휴직을 명해야 하는 직권에 의한 의무휴직과 본인이 원하는 경우 휴직을 명할 수 있는 청원에 의한 허가휴직으로 구분하고 있다.

전체 휴직사유 중 일정액의 봉급이 지급되는 것은 신체 · 정신상의 장애를 치료하기 위한 장기요양과 본인의 해외유학의 경우뿐이고 나머지 휴직기간에는 무노동 무임금 원칙에 따라 급여를 지급할 수 없다.

가) 직권에 의한 의무휴직

① 신체 · 정신상의 장애로 인한 장기요양이 필요한 때

장기 요양이 필요한 사람은 공무원 본인이다. 공무원의 가족이 장기요양 할 경우에는 공무원의 신청에 따라 기관장이 명할 수 있는 사유이다. 장애의 정도는 직무수행에 상당한 지장을 줄 수 있는 신체 · 정신적인 것은 다 해당되고 합병성이든 단일성이든 또는 공무로 인한 것인지 여부는 묻지 않는다. 여성공무원이 비교적 많은 교육공무원에게는 「교육공무원법」 제44조에 의하여 불임 · 난임으로 인하여 장기간의 치료가 필요한 경우도 신체정신상의 장애에 포함되어 있다.

질병휴직의 경우 공무원보수의 생활보장적 성격을 고려하여 「공무원 보수규정」 제28조에 따라 휴직기간 중 봉급의 70%(결핵성 질환은 80%)를 지급한다. 휴직기간은 1년 이내로 하되, 부득이한 경우 1년의 범위에서 연장할 수 있다. 다만 「공무원연금법」에 따라 공무상 요양 승인을 받은 질병 또는 부상의 경우에는 휴직기간이 3년 이내이며 봉급도 전액 지급한다.

② 「병역법」에 따른 병역 복무를 마치기 위하여 징집 또는 소집된 때

「병역법」에 따른 병역 복무이므로 현역 외에 같은 법 제5조의 사회복무요원, 국제협력봉사요원, 예술 · 체육요원, 공중보건의사, 징병검사전담의사, 국제협력의사, 공익법무관, 공중방역수의사, 전문연구요원, 산업기능요원 등 보충역으로 의무종사 하는 것도 포함된다. 병역 의무로 인한 불이익 금지는 헌법 제39조 제2항에서 보장하는 권리이므로 정무직과 별정직공무원도 적용을 받는다.

징집은 국가가 병역의무자에 대하여 현역에 복무할 의무를 부과하는 것이고, 소집은 병역의무자 중 예비역 · 보충역 또는 제2국민역에 대하여 현역복무 외의 군복무 의무를 부과하는 것이다(「병역법」 제2조). 이 경우 병역의무의 수행여부가 중요하므로 병역의 종류를 가릴 것은 아니다. 따라서 단기하사관으로 지원입대하거나 사병으로 근무 중 단기하사관으로 복무하더라도 휴직사유에 포함된다. 휴직기간은 복무 기간

이 끝날 때까지로 한다.

③ 천재지변이나 전시·사변 등의 사유로 생사 또는 소재가 불명확하게 된 때

천재·지변 또는 전시·사변이나 기타의 사유로 인하여 공무원의 생사나 소재가 불명하게 된 경우에는 휴직시켜야 한다. 특수경력직공무원 중 별정직공무원에게도 이 사유가 생기면 바로 면직하지 않고 휴직을 명한다. 생사여부와 소재가 다 불명할 것을 요구하지 않고 어느 한쪽만 알 수 없어도 휴직 처리한다.

천재·지변이나 전시·사변은 대부분 외부 요인에 의한 것이지만, 기타의 경우에는 개인이나 불법단체에 의한 납치 또는 스스로 잠적하는 등 내외적 요인까지 포함된다. 그러나 실종의 원인이 외부에 의하지 않고 공무원 스스로가 행한 것이 객관적으로 명백하다면 직장이탈을 금지하고 있는 복무상의 의무를 위배한 것이므로 징계처분의 대상이 될 수도 있을 것이다. 휴직기간은 비교적 단기간으로서 3개월 이내이다.

④ 기타 법률의 규정에 따른 의무를 수행하기 위하여 직무를 이탈하게 된 때

병역의무가 아닌 기타 의무를 수행하기 위하여 비교적 장기간 동안 직무를 이탈하게 될 경우로서 휴직기간은 복무기간이 끝날 때까지로 한다.

⑤ 「공무원의 노동조합 설립 및 운영 등에 관한 법률」 제7조에 따라 노동조합 전임자로 종사하게 된 때

공무원은 본래의 소속된 기관에서 부여된 직무에 최선을 다해 전념해서 일할 의무가 있지만, 공무원노동조합에 전임으로 종사하게 될 경우에는 휴직을 명하여야 한다. 국민전체를 위한 일이 아니고 노동조합을 위한 일이므로 봉급은 지급하지 않으나 복직 후 호봉 승급기간에는 포함한다(「공무원 보수규정」 제15조). 휴직기간은 그 전임기간으로 한다.

나) 청원에 의한 허가휴직

공무원 본인이 일정한 사유가 발생하여 휴직을 신청할 경우 임용권자는 그 사유의 적정성·타당성 등을 판단하여 휴직을 명할 수 있다. 그런데 이 경우의 휴직은 후임자를 보충할 수 있으므로 임용권자는 인력운영이 방만해지지 않도록 신중하게

결정하여야 한다.

① 국제기구, 외국 기관, 국내외의 대학 · 연구기관, 다른 국가기관 또는 대통령령으로 정하는 민간기업, 그 밖의 기관에 임시로 채용될 때

국제기구는 복수의 국가가 집합하여 구성하는 국제법상 독자적 지위를 가지는 조직체로서 국제기관 · 국제조직 · 국제단체라고도 한다. 이러한 국제기구는 글로벌 사회인 현 시대에서 매우 중요한 위상을 갖고 있는데, 국가 간의 기본조약에 의하여 특정한 임무와 권한을 가지고 국제법상 권리 · 의무관계에서 자체조직을 통하여 활동하며 제한된 범위 안에서 국제법상 주체로서 성격을 가진다. 국제연합(UN) 및 그 산하기관이 대표적 기구라 할 수 있다.

외국기관에는 외국의 정부기관이나 공공단체는 포함되나 사기업체는 포함되지 않는다. 외국의 정부에는 연방정부뿐만 아니라 주정부와 지방자치단체도 포함되며, 정부에서 직접 관리 · 보조하는 공공성 있는 연구소 · 공기업 등도 해당된다.

민간기업에 근무하기 위한 휴직은 공무원이 민간 부문의 업무수행 방법, 경영기법 등을 습득하고, 민간 부문에서는 공무원의 전문지식과 경험을 활용함으로써 민 · 관 간 이해 증진 및 상호 발전을 도모할 수 있도록 하기 위한 것이지만 국민전체에 대한 봉사자의 지위에 부합되지 않게 특정기업에 혜택을 줌으로써 민관유착의 폐해도 있으므로 「공무원 임용령」 제50조에서 대상기업을 제한하고 있다. 휴직기간은 채용기간으로 하되 민간기업이나 그 밖의 기관에 채용되면 3년 이내로 한다.

② 국외유학을 하게 된 때

국외유학은 자기가 비용을 부담하는 경우이다. 국비유학의 경우에는 행정주체의 필요에 따라 공무원의 능력을 발전시키기 위한 것이므로 휴직이 아니라 파견의 형식을 밟는다. 유학은 학위취득을 전제로 한 것이므로 당해 외국대학의 입학을 위해 부설된 어학연수는 무방하다.

청원휴직이지만 학업을 마치고 다시 국가를 위해 대부분 직무에 복귀하므로 3년을 넘지 않는 휴직기간 중에는 봉급의 50%를 지급한다(「공무원 보수규정」 제28조 제2항). 휴직 기간은 3년 이내로 하되, 부득이한 경우에는 2년의 범위에서 연장할 수 있다.

③ 중앙인사관장기관의 장이 지정하는 연구기관이나 교육기관 등에서 연수하게 된 때

국내의 연구기관이나 교육기관 등에서 연수함으로써 직무의 계속수행이 불가능한 경우를 말한다. 연구기관이나 교육기관은 명칭에 관계없이 학술연구와 교육을 담당하는 모든 기관으로서 각 중앙인사관장기관의 장이 정하는 기관이면 가능하다. 휴직기간은 2년 이내로 한다.

④ 만 8세 이하(초등학교 2학년 이하)의 자녀를 양육하기 위하여 필요하거나 여성공무원이 임신 또는 출산하게 된 때

육아휴직은 여성의 사회진출 증가에 따라 1994.12.22. 도입한 제도이다. 신청대상은 여성공무원뿐만 아니라 남성공무원도 가능하다. 또한 정무직과 별정직공무원도 이 사유로 휴직할 수 있다. 다만 부부가 공무원인 경우엔 한 사람만 인정된다. 자녀에는 친생자는 물론, 양자까지 포함한다. 이혼한 공무원은 대상자녀에 대한 양육권이 있는 경우에 한하며, 재혼한 공무원은 배우자에게 양육권을 가진 자녀가 있을 경우 그 자녀까지 포함한다.

휴직 당시 자녀의 연령이 8세 이하 또는 초등학교 2학년 이하이면 되고 휴직기간 중 연령이 초과해도 관계없다. 육아휴직은 출산휴가(60일 이내)와는 법적 근거, 성격, 요건이 다르므로 별도로 신청할 수 있고 출산휴가를 사용한 후에도 육아휴직을 신청할 수 있다.

양육하는 자녀수는 제한이 없지만, 휴직기간이 자녀 1명에 대하여 1년(여성공무원은 3년) 이내로 한다. 이 사유로 휴직한 경우 인사상 불리한 처우를 하지 못하도록 특별히 규정을 두고 있다. 이는 특히 여성의 경우 직무에 복귀하였을 때 보직을 다시 부여하거나 승진심사 과정에서 휴직을 했다는 사유로 불리하게 대우해서는 안 된다는 뜻이다.

⑤ 사고나 질병 등으로 장기간 요양이 필요한 조부모, 부모(배우자의 부모 포함), 배우자, 자녀 또는 손자녀를 간호하기 위하여 필요한 때

사고나 질병으로 장기간 요양이 필요한 부모, 배우자, 자녀 또는 배우자의 부모에 대한 간호가 필요한 때 휴직할 수 있도록 1994.12.22. 제도화되었다. 가사를

돌보기 위한 휴직제도로서 남녀 공무원 모두 신청가능하다. 별정직공무원도 이 사유로 휴직을 신청할 수 있다.

간호를 위해 필요한 때란 부모 등이 연로하여 공무원의 조력이 필요하거나 정신적 · 신체적 장애로 병원 · 수용소, 기타 의료시설에 입원진료가 필요한 때 등 타인에 의한 계속적인 간호가 필요한 경우이다. 휴직 기간은 1년 이내로 하되, 재직 중 총 3년을 넘을 수 없다. 다만 조부모나 손자녀의 간호를 위하여 휴직할 수 있는 경우는 본인 외에는 간호할 수 있는 사람이 없는 경우로 한정한다.

⑥ 외국에서 근무 · 유학 또는 연수하게 되는 배우자를 동반하게 된 때

해외근무자의 사기저하와 효과적인 직무수행을 위하여, 1997.12.13. 도입한 제도이다. 외국에서의 근무는 반드시 외국계 회사만 말하는 것이 아니라 국내기업의 해외지사도 포함된다. 거주의 내용으로서 근무하는 것은 특정 법인체의 구성원으로서 일하는 것을 말하고, 유학은 해외의 대학 등에서 학위취득을 목적으로 공부하는 것이며, 연수는 어학연수를 포함하여 유학이 아닌 장 · 단기의 기술연마 등을 말한다. 휴직 기간은 3년 이내로 하되, 부득이한 경우에는 2년의 범위에서 연장할 수 있다.

다) 휴직의 효력

휴직 중인 공무원은 직무에 종사하지는 않으나 공무원 신분은 계속 유지된다. 따라서 공무원의 의무 중 그 신분상 당연히 지게 되는 의무(비밀엄수, 품위유지, 정치운동금지 등)는 부담하게 되나 직무에는 종사하지 못하기 때문에 직무상 의무(직장이탈금지, 친절·공정의무 등)는 원칙적으로 부담하지 않는다. 따라서 휴직중이라도 신분상 의무를 위반할 경우에는 징계처분의 대상이 되고, 직무수행을 전제로 한 자격요건 산정기간에는 포함되지 않는다.

휴직기간이 만료되지 않더라도 휴직사유가 소멸되면 직무에 복귀하여야 한다. 복직을 원하는 공무원은 휴직사유의 소멸을 객관적으로 입증할 만한 증빙서류를 갖춰 신고하면 된다. 신고는 임용권자 또는 임용제청권자에게 하면 되나, 복직명령은 임용권자가 지체없이 해야 한다. '지체없이'는 가능한 빨리 하라는 선언적 규정으로 해석된다.

휴직기간이 만료된 공무원은 기간만료 후 30일 이내에 복직신고하면 당연복직된

다. 휴직기간 만료라 함은 사전에 휴직기간을 정하여 명령한 경우에는 당해 기간 종료일을, 휴직기간을 미리 정하지 않은 경우에는 기간이 만료되는 시점을 의미한다. 그런데 휴직기간이 만료되더라도 휴직사유는 아직 소멸하지 않는 경우가 있다. 이때는 사유를 구체적으로 판단하여 직권면직 조치를 하거나 잔여법정 휴직기간이 있다면 그 범위 안에서 다시 휴직을 명하여야 한다.

2) 직위해제

직위해제제도는 공무원으로서 신분은 유지하되 직무 담임을 강제로 해제하는 조치로서 1965.10.20. 신설되었다. 신분을 보유한 채 직무에 종사할 수 없는 제도로는 휴직과 징계처분 중 정직처분도 있으나, 직위해제를 둔 이유는 징계처분을 대체하는 관리수단으로서 기관장의 지휘감독권을 강화함과 아울러 징계위원회의 사전심사에 따른 절차상의 비능률성을 보완하기 위한 것이다.

가) 직무수행 능력이 부족하거나 근무성적이 극히 나쁜 자

이 사유는 임용권자의 주관적 판단이 개입할 여지가 많고 징계처분의 전단계로서 남용될 소지도 있으므로 신중하게 적용되어야 한다. 단순히 훈계나 경고처분을 받은 사실과 승진후보자 서열이 늦거나 근무성적평정에서 점수가 낮다는 사실만으로는 이 경우에 해당된다고 보기는 어렵다. 직위해제할 경우에는 3개월 이내의 기간 동안 대기를 명함과 동시에 능력회복이나 근무성적의 향상을 위한 교육훈련 또는 특별한 연구과제의 부여 등 필요한 조치를 하여야 한다.

임용권자는 직위해제된 공무원이 대기기간 중에도 능력 또는 근무성적의 향상을 기대하기 어렵다고 인정되면 관할 징계위원회에 직권면직동의를 요구할 수 있다. 반대로 해당 공무원의 능력회복과 근무성적 향상이 구체적 · 실질적으로 이루어졌다고 판단되면 복직을 명한다.

나) 파면 · 해임 · 강등 또는 정직에 해당하는 징계 의결이 요구 중인 자

이 사유는 비위공무원이 징계위원회에 징계의결요구서가 접수된 경우 사실상 원활한 직무수행을 기대할 수 없기 때문에 담당직위를 해제할 수 있게 한 것이다. 다만 모든 징계 의결이 아니고 비교적 중징계에 해당하는 경우만 직위해제를 할 수 있도록 하였다. 당해 징계사건이 배제징계가 아닌 것으로 의결되면 복직을 명한다.

다) 형사 사건으로 기소된 자(약식명령은 제외)

이 사유는 과거 직권휴직 사유였으나,[23] 직위해제제도 신설 후 이에 포함된 것이다. 당해 형사사건이 최종 확정되면 복직을 명하여야 한다. 확정되기 전까지는 1심, 2심 등 판결 상황에 따라 복직 또는 당연퇴직, 징계 등의 조치를 하여야 한다. 직위해제 사유 중 직무수행능력이 부족하거나 근무성적이 극히 불량한 자가 징계의결 요구 또는 형사사건 기소 사유와 서로 경합할 경우에는 징계의결 요구중이나 형사사건 기소사유로 직위해제 처분하여야 한다.

라) 고위공무원단에 속하는 일반직공무원으로서 적격심사를 요구받은 자

고위공무원단에 속하는 일반직공무원이 적격심사를 받는 중에도 직무수행이 사실상 불가능하기 때문에 직위해제를 통하여 본인의 신분을 보호하는 한편 기관의 효율적 운영에도 차질이 없도록 할 필요가 있다.

3) 과원으로 인한 강임

강임은 승진과 반대되는 개념으로서 신분상 불이익처분이 될 수 있다. 일반적으로 공무원 신분의 종적 변동에 있어서는 경력을 쌓아갈수록 계급의 상승인 승진을 통하여 직무의 책임도와 곤란도가 더 높은 직위로 이동하는 것이지만 강임은 그 반대이므로 인사의 공정성 확보 측면에서 법적 요건과 절차를 규정하고 있는 것이다.

본인의 원에 의한 경우를 제외한 강임의 사유는 직제 또는 정원의 변경이나 예산감소 등으로 직위가 폐직되거나 하위의 직위로 변경되어 과원이 된 경우로서 직권면직사유와 같으나, 차이점은 직제개정으로 인한 당해 기관 총 정원의 수와 개정 전의 정원과의 비교에서 찾을 수 있다. 즉 개정 직제의 정원이 줄어들어 기관 전체의 정원을 초과한 경우에는 직권면직을 고려해야 할 것이지만, 총 정원이 과원된 것이 아니고 직급만 조정되어(물론 특정 직급의 경우는 과원발생 소지가 있지만) 해당직위가 없어지거나 그 직위의 직급이 종전보다 낮아진 경우에는 굳이 면직할 필요 없이 강임 절차를 통하여 재직공무원의 직급을 조정하는 것이 합리적이다. 안 그러면 직권면직 후 재임용과 같은 번잡한 절차를 거쳐야 하기 때문이다.

이때도 동일한 사유의 강임 대상자가 다수일 경우 누구를 강임할 것인가는 직권면

23) 직위해제제도가 없는 군인은 지금도 휴직사유이다(「군인사법」 제48조 제2항).

직 때와 마찬가지로 임용권자가 대상자의 직무수행능력 · 근속연수 · 건강 · 연령 등을 종합 고려하여 결정하면 될 것이다. 이 사유에 의한 강임은 소속공무원의 동의를 반드시 필요로 하지 않으므로 임용권자가 일방적으로 강임 조치할 수 있으나, 해당 공무원은 강임 처분에 대한 불복심사청구로 다툴 수 있다.

직권면직과 강임을 함께 생각해 보면, 이론상으로는 직제 개폐로 과원이 된 경우 먼저 직권면직 대상자를 가리고 나서 정 · 현원이 일치된 후 다음으로 강임 · 전보 등의 조치로 직급에 맞도록 배치하는 절차를 진행하면 될 것이다.

강임은 직권면직의 대체수단으로서 신분보장 기능을 더 많이 갖고 있으므로 일단 상위직급 또는 고위공무원단 직위에 결원이 발생하면 승진의 일반원칙에 구애받지 않고 우선적으로 승진임용 된다. 법상 승진임용기준, 실적주의에 따른 승진제한, 승진소요기간, 승진후보순위, 승진심사위원회 운영, 승진시험 등에 불구하고 바로 승진시켜야 한다는 것이다.

2. 권익보장

가. 처분사유설명서

처분사유설명서를 교부하는 이유는 징계나 강임 · 휴직 등 신분상 불이익처분을 받는 공무원이 그 사유를 충분히 납득할 수 있도록 서면으로 알려줌으로써 처분의 객관성과 신뢰성을 도모하고, 본인에게도 기재된 사유에 대하여 항변할 수 있는 기회를 부여하려는 것이다. 직업공무원제를 채택하는 국가는 공무원이 직무에 전념할 수 있도록 신분을 법률로 보장하고 직무수행에 따른 생활의 안정을 도모하고 있지만 부득이 공무원의 권익을 일부 침해하게 되는 경우에는 처분사유를 설명해야 한다. 이 규정은 경력직공무원뿐만 아니라 별정직공무원에게도 적용된다.

1) 교부권자

징계처분이나 본인의 원에 의하지 않은 강임 · 휴직 · 직위해제 · 면직처분을 할 때에는 그 처분권자 또는 처분제청권자는 처분사유를 적은 설명서를 교부하여야 한다. 처분(제청)권자는 일반적으로 임용(제청)권자와 같으나 임용의 범주에 포함되지 않는 징계처분(견책 · 감봉)은 소속기관장이 행사할 수 있고 개별법령에 따라 다양하기 때문에 교부 주체를 그렇게 표현하는 것이다.

청원휴직이나 동의에 의한 강임, 의원면직과 같이 본인의 원에 의한 처분인 경우에는 처분사유설명서를 교부하지 않아도 된다. 그러나 사유설명서를 교부하지 않는다고 해서 소청심사조차 청구할 수 없는 것은 아니다. 본인이 필요하다면 인사발령통지서 등을 근거로 청구할 수 있다.

2) 교부시기와 방법

교시기는 처분과 동시에 이루어져야 한다. 방법은 처분권자와 당해 공무원과의 관계, 처분에 이르는 경로 및 그 처분이 있을 때까지 공무원은 대체로 소속된 기관에서 정상적으로 근무하고 있을 것이라는 사정 등에 비추어 당해 공무원이 볼 수 있는 상태에 놓여 짐으로써 충분할 것이다.[24] 고위공무원의 경우 본인 의사에 반한 면직이 가능하다 할지라도 의원면직이 아닌 한 처분사유설명서는 교부하여야 한다.

처분사유설명서는 공무원이 처분사유를 확인하고, 불복할 경우 소청이나 소송심리에 있어 공격과 방어의 기본 자료가 되므로 사실을 정확히 기재하여야 한다. 일단 교부되면 정정하지 못하고 만약 착오로 잘못 보낸 것을 뒤늦게 알게 되었다면 정확하게 작성한 별도의 처분사유설명서를 교부하여야 한다. 다만 핵심내용이 아닌 경미한 착오사항에 대하여는 오류를 정정하는 통지문으로 대체해도 무방하다고 본다.

3) 교부의 효력

처분사유설명서의 교부효력에 대하여는 견해가 엇갈리고 있다.

판례는 행정처분이 정당한 이유에 의한 것이라는 것을 분명히 하고, 또 피처분권자로 하여금 불복 있는 경우에는 출소(出訴)의 기회를 부여하는데 그 법의(法意)가 있다 할 것이므로, 처분사유설명서의 교부를 처분의 효력발생요건이라 할 수 없을 뿐만 아니라 직권에 의한 면직처분을 한 경우 그 인사발령통지서에 처분사유에 대한 구체적인 적시 없이 단순히 당해 처분의 법적 근거를 제시하는 내용을 기재한 데 그친 것이더라도 그러한 기재는 위 법조 소정의 처분사유설명서로 볼 수 있다고 하여 설명서 교부를 불복신청을 위한 절차적 요건에 불과하다고 보고 있다.[25]

---

24) 대법원 1982.3.23. 선고 81누348 판결.

다른 주장으로는 설명서 교부는 임의가 아니고 강행규정이며, 처분에 대한 행정심판(소청)의 제기기간 기산점을 당해 처분일로 하지 않고 처분사유설명서의 교부일로 하고 있음(법 제76조 제1항)에 비추어 볼 때, 행정행위의 불가쟁력(不可爭力)의 의의 등을 고려하여 처분사유설명서의 교부로 당해 처분의 효력이 발생한 것으로 본 것이라 풀이할 수 있다며 처분효력 발생요건으로 보고 있다.

두 입장이 각기 상당한 근거를 갖고 있으나, 실무적으로 본다면 처분대상 공무원의 소재가 명확하지 않을 경우도 있고 수령을 거부할 수도 있기 때문에, 효력발생의 측면보다는 불복기회를 충분히 부여하는 데 더 큰 의의가 있지 않나 생각된다. 즉 설명서가 교부되지 않았다고 해서 당해 처분 자체가 위법한 것이 아니라 여전히 처분청의 교부의무는 있으므로 처분된 공무원이 설명서를 받지 못한 경우에는 이 규정에 따라 설명서 교부를 청구하고, 이에 기초하여 구제절차를 진행하면 되리라 판단된다.

나. 심사청구

1) 불이익 처분 심사청구

징계 · 강임 · 휴직 · 직위해제 · 면직의 처분사유 설명서를 받은 공무원이 그 처분에 불복할 때에는 그 설명서를 받은 날부터, 기타 본인의 의사에 반한 불리한 처분을 받았을 때에는 그 처분이 있은 것을 안 날부터 각각 30일 이내에 소청심사위원회에 이에 대한 심사를 청구할 수 있다. 이 경우 변호사를 대리인으로 선임할 수 있다. 변호사 선임은 소청심사제도가 준사법적 절차로서 당사자 간의 사실판단과 공격방어 등에 있어서 전문성을 필요로 하기 때문에 법률전문가인 변호사로 하여금 소청인의 항변기회를 충분히 보장하려는 데 의의가 있다. 또 공무원이 구속 등의 사유로 소청심사위원회에 출석하여 직접 진술할 수 없는 경우도 있으므로 필요하다. 처분권자도 관계공무원이나 변호사를 대리인으로 선임할 수 있게 하여 당사자 간의 형평을 기하고 있다(「소청절차규정」 제4조 제1항).

소청심사위원회는 임시결정을 한 경우 외에는 소청심사청구를 접수한 날부터 60

---

25) 대법원 1970.1.27. 선고 68누10 판결, 1991.12.24. 선고 90누1007 판결.

일 이내에 결정을 하여야 한다. 다만 불가피한 경우에는 소청심사위원회의 의결로 30일을 연장할 수 있다. 공무원은 소청심사청구를 이유로 불이익한 처분이나 대우를 받지 아니한다.

2) 후임자 보충발령 유예

본인의 의사에 반하여 파면 또는 해임이나 직위해제에 따른 직권면직 처분을 하면 그 처분을 한 날부터 40일 이내에는 후임자의 보충발령을 하지 못한다. 이는 면직처분을 당한 공무원 본인의 소청심사청구 여부에 관계없이 지켜야 하는 강행규정이다.

파면이나 해임, 면직처분이 최종적으로 확정되기 전에 미리 후임자를 보충하는 경우, 나중에 그 처분의 무효 · 취소로 당연 복직되더라도 이미 과원상태라 조직의 인력관리에 문제가 생기므로 인사운영의 신중을 기하고, 소청심사를 청구한 공무원에게도 안심하고 항변할 수 있게 배려한 제도이다.

처분을 한 날은 실제 처분일(임용장에 기재된 날)을 말하고, 처분사유설명서를 교부하고 이를 처분대상 공무원이 보아서 알게 된 날을 의미하지는 않는다. 다만 중앙행정기관의 장은 인력 관리상 후임자를 보충하여야 할 불가피한 사유가 있고, 소청심사위원회의 임시결정이 없는 경우에는 중앙인사관장기관의 장과 협의하여 후임자의 보충발령을 할 수 있다.

소청심사위원회는 소청심사청구가 파면 또는 해임이나 직위해제에 따른 직권면직 처분으로 인한 경우에는 그 청구를 접수한 날부터 5일 이내에 해당 사건의 최종 결정이 있을 때까지 후임자의 보충발령을 유예하게 하는 임시결정을 할 수 있다. 소청심사위원회가 임시결정을 한 경우에는 임시결정을 한 날부터 20일 이내에 최종 결정을 하여야 하며 각 임용권자는 그 최종 결정이 있을 때까지 후임자를 보충발령하지 못한다.

다. 고충처리

1) 의의

공무원도 한 인격체로서 직무 내외를 불문하고 여러 가지 고민을 안고 또 조직 속에서 상하 · 동료관계, 대국민관계 등에서 어려움에 처할 수 있다. 일하면서 겪게 되는 여러 가지 상황은 공무원의 근무행태를 통하여 파악할 수 있지만 직접적으로 해당 공무원과 상담을 통해 해결하는 것이 효과적이다. 고충처리제도는 공무원과 행정청 사이에서 고충 사안을 중립적이고 객관적으로 조정하는 역할을 수행하려는 것이다.

고충처리제도는 의사전달의 활성화를 통한 공무원 사기앙양을 위하여 1981.4.20. 도입되었다. 고충처리를 위한 인사상담이나 고충심사 청구를 받은 중앙인사관장기관의 장이나 임용(제청)권자는 고충심사위원회에 부쳐 심사하게 하거나 소속 공무원에게 상담하게 하고, 그 결과에 따라 고충의 해소 등 공정한 처리를 위하여 노력하여야 한다.

2) 특징

소청심사 청구제도와 고충처리 제도의 차이점은 다음과 같다(「국가공무원법」 제76조의3, 「지방공무원법」 제67조의2).

가) 심사대상

소청은 공무원이 받은 신분상 중대한 불이익 처분이 주요대상인 반면, 고충처리는 개인에 대한 신분보다는 근무조건 · 처우 · 인사상 직면하게 되는 모든 신상문제를 대상으로 한다.

나) 처리의 법적 성격

소청은 불이익처분에 대한 사후구제를 위한 쟁송절차로서 준사법적기능을 수행함에 반하여, 고충처리는 단순히 적정한 행정 조치를 권고하는 것이므로 청구기간을 별도로 정하지 않는다.

다) 심사결과의 효력

행정청은 소청심사위원회의 심사결과에 반드시 기속되고 확정력을 발생하나, 고충처리는 행정청이 스스로 판단하고 시정조치 해야 효력이 발생한다.

라) 심사기관

소청은 중앙인사관장기관에 설치된 소청심사위원회에서 전담하나, 고충은 중앙고충심사위원회 외에는 각 임용(제청)권자 단위로 설치된 보통고충심사위원회에서 심사한다.

마) 심사청구자

소청은 원칙적으로 경력직공무원만 심사 청구할 수 있는데 반해, 고충처리는 특수경력직공무원도 제한 없이 청구할 수 있고 이를 이유로 불이익한 처분이나 대우를 받지 아니한다.

3) 고충대상

고충심사의 대상은 매우 포괄적이다. 인사관리에는 승진 · 전보 등 각종 임용제도뿐만 아니라 임용권자의 재량범위에 속하는 모든 인사운영 및 행정기준 · 상훈 등이 포함되는데, 제도와 함께 운영도 강조된다. 처우에는 보수 · 주택 등 후생복지에 관한 사항을, 근무조건은 휴가 · 당직 · 출장 등 복무 상황뿐만 아니라 자신의 담당업무까지 포함하는 각종 조건을 말한다. 기타 신상문제는 성별 · 종교 · 연령 등에 의한 차별대우 기타 심리적 · 신체적 장애 등에 의한 직무수행 관련사항이다.

그러나 다른 법령에 의하여 구제가 가능하도록 되어 있는 사항으로서, 예컨대 소청심사의 대상이 되는 것, 감사원의 판정 · 처분에 대한 재심의 또는 심사청구에 속하는 것, 공무원 연금급여 심사에 속하는 것이 있고, 국가사무와 관리운영에 관한 사항으로는 법률의 개폐, 예산조치의 요구 등 국회의 협력이 필요하거나 전체공무원의 보수 인상요구 등과 같이 당해 행정기관만으로는 시정조치가 불가능한 것 등은 심사대상에서 제외된다.

4) 청구방법

고충사항에 대하여 공무원은 인사상담을 청구하거나 고충심사를 청구할 수 있는데, 이를 접수한 중앙인사관장기관의 장 또는 임용(제청)권자는 관할 보통고충심사위원회에 부쳐 처리한다. 고충심사청구서는 일정한 서식은 없으나 청구서에 주소, 성명, 생년월일, 소속기관명, 직급 또는 직위, 고충청구취지 및 이유 등은 반드시 기재하도록 되어 있다(「공무원고충처리규정」 제4조). 고충심사를 청구할 때에는 제기기간이 규정되어 있지 아니하므로 언제든지 고충을 제기할 수 있다.

다만 관할 고충처리위원회에 고충을 제기하여, 그 결과에 불복하는 경우 상급 고충처리기관(중앙고충심사위원회, 교육공무원중앙고충심사위원회, 시·도인사위원회 등)에 고충 재심을 청구할 수 있다. 재심기능을 두고 있으나 항고쟁송은 아니고 보통고충심사위원회의 결정내용이 만족스럽지 못하거나, 당초 결정내용을 본인입장에서는 수용할 수 있지만 임용(제청)권자가 이에 대한 구체적인 시정조치를 하지 않았을 때 청구할 수 있다.

5급 이상에 대한 심사권을 중앙고충심사위원회로 한 이유는 5급 이상 공무원의 임용을 비롯한 각종 직무조건 등이 대부분 중앙인사관장기관의 소관사항이기 때문이다. 고충 재심을 청구할 때에는 결정서를 통보받는 날부터 30일 이내에 그 결정서 사본을 첨부하여 재심이유 등을 기재한 고충재심청구서를 당해 위원회가 설치된 기관의 장에게 제기하여야 한다(「공무원고충처리규정」 제13조).

5) 결과 처리 및 불이익 금지

중앙인사관장기관의 장과 임용(제청)권자는 심사결과 필요하다고 인정될 때에는 처분청 또는 관계기관의 장에 대하여 그 시정을 요청할 수 있으며, 요청을 받은 기관은 특별한 사유가 없는 한 이를 이행하고 그 처리결과를 알려줘야 하며, 부득이한 사유로 이행하지 못할 경우라도 그 사유는 통보하여야 한다. 결정서를 송부 받은 설치기관의 장은 심사결과를 청구인에게 통보하는 외에 스스로 고충의 해소를 위한 조치를 하거나 관계기관의 장에게 필요한 조치를 요청하여야 한다.

인사상담이나 고충심사를 청구했다고 해서 그 공무원에게 불이익한 처분이나 대우를 할 수 없다. 여기의 불이익처분에는 징계 · 전보 · 평정 등 여러 가지 상황에서 가능한 바, 공무원이 만약 고충제기로 불이익처분이나 대우를 받았다고 생각하면 상급 고충심사위원회에 심사청구하거나 소청을 제기하여 권익을 구제받을 수 있다.

다만 고충심사위원회의 고충심사결정은 어떤 행정처분에 대하여 위법 여부를 다투는 것이 아닐 뿐만 아니라 그 결정에도 기속력이 부여되어 있지 않고 결정에 따르도록 의무를 부과하는 권고의 성격을 가지고 있기 때문에 고충심사결정에 불복하여 법원에 행정소송의 소는 제기할 수 없다.

3. 소청심사

가. 의의

소청심사제도는 징계처분 기타 의사에 반한 불리한 처분을 받고 불복하는 자의 심사청구에 대하여 심사하고 결정하는 행정심판의 일종이다. 행정심판전치주의는 1998.3.1.부터 임의제도로 전환되었으나 공무원소청심사제도는 종래와 같이 행정소송을 제기하기에 앞서 반드시 거쳐야 하는 전심절차로 계속 유지되고 있다(「국가공무원법」 제16조 제1항, 「지방공무원법」 제20조의2, 「군인사법」 제51조의2, 「군무원인사법」 제35조의2).

소청심사제도는 간접적으로 행정의 자기통제 또는 자기감독의 효과를 도모하는데 그 목적이 있고, 직접적으로는 사법보완 기능을 통한 공무원의 권리구제, 즉 임용권자의 위법·부당한 인사상의 처분을 취소 또는 변경함으로써 공무원의 신분을 보다 강화하기 위한 장치라고 할 수 있다. 따라서 소청심사위원회는 원징계처분보다 무거운 징계 또는 원징계부가금 부과처분보다 무거운 징계부가금을 부과하는 결정을 하지 못한다(「국가공무원법」 제14조 제7항, 「지방공무원법」 제19조 제7항).

우리나라의 소청심사기관은 1963.4.17. 신설되었다. 그 이전에는 행정심판절차로서의 사후 구제장치가 행정내부에 마련되어 있지 않다가 1961.9.18. 항고심사위원회를 설치하여 징계처분만이라도 불복절차를 마련하여, 5급 공무원의 징계처분에 대하여는 내각수반 소속하에 설치된 특별항고심사위원회에서, 6급 이하 공무원의 징계처분에 대하여는 각 기관의 보통항고심사위원회에서 각각 심사하도록 한 것이 그 효시이다.

나. 대상 및 관할

1) 심사대상

소청 심사대상이 되는 것은 징계처분, 그 밖에 의사에 반하는 불리한 처분이나 부작위이다. 징계의 종류는 파면, 해임, 강등, 정직, 감봉, 견책의 6종류가 있으나, 기타 불리한 처분이나 부작위에 대하여는 범위가 정해져 있지 않다.

본인의 의사에 반하지 않은 강임, 휴직, 직위해제, 직권면직 등을 생각해 볼 수 있고, 부작위는 복직청구, 봉급 미지급, 승진 발령 지연 등이 해당될 수 있다. 당연퇴직은 법률상의 요건에 해당되면 효과가 직접 발생하므로 소청심사의 대상은 아니다. 그러나 사실상 통지행위인 퇴직발령이 위법 · 부당하여 불이익(예: 퇴직금 청구지연, 계산착오 등)을 초래하였다면 그 범위에 관한 한 소청심사대상이 될 수 있다.

2) 관할

「국가공무원법」 제4조는 다른 법률로 정하는 바에 따라 특정직공무원의 소청을 심사 · 결정할 수 있는데, 이에 해당하는 경우는 국가소방공무원(「소방공무원법」 제21조), 경찰공무원(「경찰공무원법」 제1조), 외무공무원(「외무공무원법」 제1조), 국가정보원직원(「국가정보원 직원법」 제1조)이 있다.

교육공무원의 소청에 관해서는 「교원지위 향상을 위한 특별법」 제7조의 규정에 따라 교육부에 합의제 소속기관으로 설치된 교원소청심사위원회가 관장하고 있다. 교원소청심사위원회는 교육공무원이 아닌 사립학교의 교원도 심사한다.

법관, 검사는 소청제도가 없으므로 불이익처분에 대하여 행정소송을 바로 제기할 수 있다.

군인, 군무원은 징계에 대하여는 소청심사 대신 차상급부대 또는 기관에 항고할 수 있게 하는데, 이는 소청심사기구의 본래적 의의인 독립성과 합의성에 비중을 두기보다는 군의 특수성에 따른 지휘, 명령계통의 체계화를 우선적으로 도모하기 위한 것이다. 다만 소청에 관해서는 군인의 경우 부당한 전역 또는 제적 및 휴직 등 그 의사에 반한 불리한 처분에 관해서 임용권자별로 설치된 인사소청심사위원회에 제청할 수 있게 하고 있으며(「군인사법」 제50,51조) 군무원의 경우는 휴직, 직위해제, 강임 또는 면직되었다고 판단하면 국방부의 군무원인사소청심사위원회에 심사청구할 수 있도록 하고 있다(「군무원인사법」 제34,35조).

3) 지방공무원 소청

지방공무원에 대한 소청심사는 과거 국가에 설치된 소청심사위원회에서 5급 이상 지방공무원의 소청사건과 지방소방공무원의 소청심사까지 관장해 왔으나, 1994.12.22. 「지방공무원법」 개정, 1995.12.6. 「소방공무원법」 개정으로 시 · 도에 설치된 지방공무원소청심사위원회(교육기관소속 일반직 지방공무원의 소청사건은 교육소청심사위원회)로 각각 이관하였다.

다. 심사 및 진술

1) 기준

소청의 취지는 공무원의 신분보장과 권익구제에 있으므로 불이익처분이 비례의 원칙에 비춰 합리적 수준인지 여부를 엄격히 심사하는 것이 가장 중요하다. 이를 위하여 소청심사위원회에게는 사실조사권을 부여하고, 소청을 제기한 공무원에게는 진술권을 각각 보장한다. 소청대상 중, 징계처분과 직권면직의 경우에는 처분 당시에 이미 진술권을 부여하였지만, 직위해제나 휴직 등의 처분은 진술기회가 없으므로 소청심사과정에서 확인하는 것이다.

소청심사청구(서)가 소청심사위원회에 접수되면 지체 없이 심사하여야 한다. 심사는 사실조사, 자료보완, 위원회개최, 진술청취 등 결정에 이르는 모든 과정이 포함되는데, 심사 기준은 법적용의 타당성 여부, 징계양정의 형평, 정상의 참작여부 등이 종합적으로 고려되어야 한다. 지체 없이 심사하도록 한 이유는 불이익처분 후 소청결정까지 신분의 불안정 상태가 오랜 기간 지속되는 것을 방지하는 취지로 최장 90일까지로 부여하고 있다(「국가공무원법」 제76조 제5항).

2) 방법

심사를 할 때 필요하면 검증(檢證) · 감정(鑑定), 그 밖의 사실조사를 하거나 증인을 소환하여 질문하거나 관계 서류를 제출하도록 명할 수 있다. 검증은 위원회에서 직접 필요한 자료를 수집하여 검사한 후 소청사건의 심사기준에 부합되는지 여부를 결정하는 것이고, 감정은 특별한 학식과 경험을 가진 제3자(감정인)에게 의뢰하여 사물의 진위를 판단하는 것이다. 사실조사는 소청심사 청구된 사안의 진실성 여부를 확인하는 행위로서 위원이 직접 또는 소속직원을 통하여 현지출장 등의 방법으로 행할 수 있다. 증인을 소환하여 질문할 경우에는 일당과 여비를 지급해야 한다.

3) 효과

소청심사위원회가 소청 사건을 심사할 때에는 소청인 또는 변호사를 포함한 대리인에게 진술 기회를 주어야 한다. 만약 진술 기회를 주지 아니하고 결정하면 무효가 된다(「국가공무원법」 제13조, 「지방공무원법」 제18조).

라. 결정 및 재심

1) 원칙

소청심사위원회는 합의제 기관이므로 개인의 주관과 판단 하에 독자적으로 의사를 결정하는 독임제와 달리 구성원의 개별 의사를 하나로 합치할 때까지의 과정과 내용이 법률로 명시되어야 한다. 그 결과는 공무원의 신분에 영향을 미치기 때문에 구체적으로 규정하여야 한다. 소청 사건의 결정은 재적 위원 3분의 2 이상의 출석과 출석 위원 과반수의 합의에 따르되, 의견이 나뉠 경우에는 출석 위원 과반수에 이를 때까지 소청인에게 가장 불리한 의견에 차례로 유리한 의견을 더하여 그 중 가장 유리한 의견을 합의된 의견으로 본다. 위원은 상임여부에 상관없이 출석한 위원은 모두 포함된다. 순차적으로 결정방식은 처분의 종류가 많은 징계처분의 경우가 해당될 것이다(「국가공무원법」 제14조, 「지방공무원법」 제19조).

소청심사위원회의 결정은 그 이유를 구체적으로 밝힌 결정서로 하여야 한다.

2) 결정의 종류

가) 각하

심판청구가 요건을 갖추지 못하여 부적법한 것으로 판단되어 본안에 대한 심리를 거부하는 결정을 말한다. 위원회는 본안심리에 들어가기 전에 이러한 요건을 먼저 심리하여 각하할 것인가 또는 본안심리에 들어갈 것인가의 여부를 결정하게 된다.

나) 기각

본안심리결과 심판청구가 이유 없다고 인정하여 소청인의 청구를 거부하고 원처분이나 부작위를 시인하는 재결을 말한다. 기각의 결정은 원처분이나 부작위를 적법 · 타당하다고 인정하는 것이므로 소청인은 재심요구 할 수 없고 행정소송을 제기하여야 한다.

다) 취소 · 변경

취소의 재결은 청구내용의 전부 또는 일부에 대하여 행할 수 있으며 변경의 결정은 원처분에 갈음하여 다른 내용의 처분을 하는 것이나, 징계처분외의 다른 불이익처분은 취소만 해당될 것이다. 왜냐하면 소청심사위원회는 정직 3월의 징계처분을 감봉 2월로 변경하거나 견책처분을 취소하는 결정 등은 가능하나, 직위해제처분을 변경하여 임용권자에게 특정직위로 보내도록 변경할 수는 없는 것이다. 만약 직위해제가 부당하다면 취소만 하면 되고, 복직 및 보직 부여는 임용권자가 하는 것이 옳은 것이다.

취소 또는 변경명령 결정은 그에 따른 징계나 그 밖의 처분이 있을 때까지는 종전에 행한 징계처분 또는 징계부가금 부과처분에 영향을 미치지 아니한다. 소청심사위원회가 징계처분 또는 징계부가금 부과처분을 받은 자의 청구에 따라 소청을 심사할 경우에는 원징계처분이나 원징계부가금 부과처분보다 무겁게 하는 결정은 할 수 없다.

라) 무효 등 확인

처분의 효력유무 또는 존재여부에 대한 확인심사청구가 이유 있다고 인정할 때에는 위원회는 처분의 효력유무 또는 존재여부를 확인하는 결정을 한다.

마) 이행명령

행정청이 어떤 신청을 받고서 그 신청에 따르는 내용의 행위를 하여 그에 대한 만족을 주지 아니하고 형식적 요건의 불비를 이유로 그 신청을 각하하거나 또는 이유가 없다고 하여 그 신청된 내용의 행위를 하지 않을 뜻을 표시하는 이른바 거부처분도 행정처분의 일종으로서 항고소송의 대상이 되지만, 이 경우 그 거부행위가 행정처분이 되기 위해서는 우선 특정인이 행정청에 대하여 그 신청에 따른 행정행위를 해 줄 것을 요구할 수 있는 법규상 또는 조리상 권리가 있어야 한다.[26] 따라서 근거 있는 신청에 대한 행정기관의 거부(부작위)처분이 있을 경우 소청인은 의무이행소청을 제기하고 소청심사위원회는 그 이행명령결정을 할 수 있다. 공무원이 봉급이나 수당을 받지 못한 경우 소청심사위원회가 심사를 한 후 처분에 문제가 있다면 지급을 이행하도록 의무를 주는 결정할 수 있을 것이다.

3) 소청심사위원의 제척 · 기피

소청심사위원회의 위원은 그 위원회에 계류(繫留)된 소청 사건의 증인이 될 수 없으며, 위원 본인과 관계있는 사항 또는 친족 관계에 있거나 있었던 자와 관계있는 사항에 관한 소청 사건의 심사 · 결정에서 제척된다. 위원 스스로 그 사실을 밝히고

26) 대법원 1995.5.26. 선고 93누21729 판결.

회피할 수 있고, 심사 · 결정의 공정을 기대하기 어려운 사정이 있으면 소청인 등 당사자의 기피신청에 의하여 위원회에서의 결정으로 제외할 수 있다.

소청심사위원회 위원의 제척 · 기피 또는 회피 등으로 심사 · 결정에 참여할 수 있는 위원 수가 3명 미만이 된 경우에는 3명이 될 때까지 임시위원을 임명하여 해당 사건의 심사 · 결정에 참여하도록 하여야 한다.

마. 효력과 소송관계

소청심사위원회의 결정은 처분 행정청을 기속(羈束)한다(「국가공무원법」 제15조, 「지방공무원법」 제20조). 처분 행정청은 소청결정 내용대로 이행해야 할 법적 의무를 지게 되므로 이에 따르지 않을 경우 책임을 지게 된다. 소청심사위원회의 결정은 준사법적 쟁송절차에 따라 이뤄진 판단행위이므로 적법절차를 거쳐 결정된 이상 위원회 스스로도 그 결정내용을 취소 · 변경할 수 없는 불가변력(不可變力)도 가진다.

공무원의 불이익 처분이나 부작위 등에 관한 행정소송은 소청심사위원회의 심사 · 결정을 거치지 아니하면 제기할 수 없다. 행정소송을 제기할 때에는 대통령의 처분 또는 부작위의 경우에는 소속 장관(대통령령으로 정하는 기관의 장 포함)을 피고로 한다.

대통령의 처분은 「국가공무원법」 제32조에 따라 임용권을 가신 행성기관 소속 5급 이상 공무원에 대한 것이지만 같은 조 제3항에 따라 임용권을 위임한 경우에는 해당되지 않는다. 1965.10.20. 당시에는 대통령이 행한 처분에 대한 행정소송의 피고를 중앙인사관장기관의 장인 총무처장관으로 하였다. 그 후 1973.2.5. 소청심사결정을 거친 처분에 대하여는 소청심사위원장을 피고로 하고, 기타의 경우에는 소속장관을 피고로 개정하였다. 그러나 준사법적 의결기관의 장을 피고로 규정하는 것이 행정소송의 전심절차로서의 소청제도 취지와 맞지 않아 1978.12.5. 지금처럼 고친 것이다. 소속장관이란 「정부조직법」상 중앙행정기관의 장인 각 원 · 부 · 처의 장관 등과 유사한 개념이나 반드시 이와 일치하지 않고 그 범위는 「공무원 임용령」 제2조에서 따로 규정하고 있다.

제2절 직무상 권리

1. 능률증진

가. 기준

중앙인사관장기관의 장과 지방자치단체의 장은 공무원의 근무능률을 높이기 위하여 공무원의 보건 · 휴양 · 안전 · 후생, 그 밖에 필요한 사항에 대한 기준을 설정하여야 하며, 각 기관의 장은 이를 실시하여야 한다(「국가공무원법」 제52조, 「지방공무원법」 제77조). 이는 행정주체인 국가와 지방자치단체가 사용자의 입장에서 공무원의 근무여건을 조성하는 제반노력을 의미하며 각 기관장에게 시행 의무를 부과하는 것이다. 공무원도 근로자로서의 지위에서 안심하고 직무에 전념할 수 있는 안전장치를 마련해 줄 필요가 있다.

1) 보건

공무원이 일하는 기관별로 건강관리 책임자를 지정하거나, 공무원에게 정기적으로 건강검진을 받도록 적극 권장하는 것(「공무원 후생복지에 관한 규정」 제16조, 「국민건강보험법」 제52조), 특히 여성공무원에게 여러 가지 휴가를 부여(「국가공무원 복무규정」 제20조 등)하는 등의 조치가 해당될 수 있다.

2) 휴양

공무원의 휴식과 교양 · 체육활동을 통하여 원기를 회복하고 근무능률을 높이기 위한 것으로서 근무시간 외에 하는 것이 원칙이나 중앙인사관장기관의 장이 수립한 계획과 기준에 따르면 근무시간 중에도 가능할 것이다. 「국민체육진흥법」 제10조는 국가와 지방자치단체의 각 소속 직장의 장으로 하여금 직장인의 체력 증진과 체육 활동 육성에 필요한 조치를 마련할 의무를 규정하고 있다.

3) 안전

일차적으로 모든 공무원들에게 각종 안전사고로부터 노출되지 않도록 교육과 함께 매뉴얼을 만들어 보호 장치를 마련해 두어야 하겠지만, 보다 근본적으로 특히 위험한 환경에서 일하는 공무원에게 긴급사태 발생시 조치요령, 안전근무수칙, 위해설비의 검사 · 반출 · 관리 등에 대한 일반기준을 마련하여야 할 것이다. 위험한 기계 · 설비 등을 다루는 공무원에게는 별도의 수당을 지급하여야 한다(「공무원수당 등에 관한 규정」 제13조).

4) 후생

공무원의 정신적 · 물질적 생활을 향상시키는 것을 모두 의미하나, 보건 · 휴양 · 안전관련 사항도 복리후생에 포함될 수 있기 때문에 여기서는 좁은 의미로 공무원에 대한 「공무원 후생복지에 관한 규정」 제4장에는 공무원의 문학 · 미술 · 음악 및 체육활동 등이 활성화되도록 예술대전, 동호인 대회, 재능 나눔 활동 지원 등을 규정하고 있다.

5) 기타 필요한 사항

공무원 통근버스 운영 등 직무상 능률증진을 위한 전반적인 시책을 말한다. 능률증진의 기준은 각 기관의 실정이 다양한 만큼 일반지침이 제정되면 각급기관은 이에 따른 세부실천계획을 수립하고 시행해야 한다.

나. 제안

1) 의의

행정 운영의 능률화와 경제화를 위한 공무원의 창의적인 의견이나 고안(考案)을 계발하고 이를 채택하여 행정 운영의 개선에 반영하도록 제안 제도를 운영한다. 제안이 채택 · 시행되어 국가 예산을 절약하는 등 행정 운영 발전에 뚜렷한 실적이 있는 자에게는 인사 · 보수상 혜택이 있다.

제안제도가 정부의 모집에 의하여 창의적 의견이나 고안을 제출 · 시행함으로써 특전을 부여하는 것인 반면, 직무발명보상제도는 국가공무원이 직무에 관련하여 발명한 경우 처분 · 관리 · 보상하는 제도이다(「발명진흥법」 제10조).

양 제도는 공무원이 직무와 관련하여 새로운 창의적인 사물을 도출해 내고 일정금액의 보상을 받는 점에서 비슷하고 또 제안 중 직무발명에 해당되는 경우도 있으나,

법적 기초 · 시행권자 · 보상기준 · 창의내용 · 사후관리 등이 각기 다르다.

2) 심사기준

제안의 대상인 행정운영의 개념은 다의적이다. 법령에 근거하여 행하는 넓은 의미의 모든 행정행위가 포함된다. 제안의 심사기준은 창의성 · 능률성 또는 경제성 · 계속성 · 적용범위 · 노력정도이다(「공무원 제안규정」 제9조 제1항). 능률성과 경제성은 거의 같은 말로 사용되지만 예산절감 액수 등 계량화가 가능하면 경제성이 높아졌다 하고, 행정절차가 간소화되거나 편의가 도모되는 경우에는 능률성이 높아졌다고 할 수 있다. 제안 결과물이 지속적으로 활용될 수 있어야 하고 가급적 광범위 하게 보편적으로 활용될 수 있어야 할 것이다. 또한 본인의 노력의 정도도 평가되는 것이 당연하다.

3) 특전 및 사후관리

중앙행정기관의 장은 아이디어제안이 채택되어 실시되거나 채택된 실시제안의 경우에는 그 제안자에게 인사 관계법령에서 정하는 바에 따라 특별승급 등 인사상 특전을 부여하여야 하고 요청받은 기관의 장은 특별한 사유가 없으면 지체 없이 이에 따라야 한다.

국가는 채택제안이 성질상 국가의 업무 범위에 속하고 공무원의 현재 또는 과거의 직무에 속하는 「발명진흥법」에 따른 직무발명에 해당하는 경우에는 그 권리를 승계한다. 권리의 국가 승계 및 보상 등에 관하여는 「공무원 직무발명의 처분 · 관리 및 보상 등에 관한 규정」(등록보상금에 관한 규정은 제외)을 적용한다.

다. 상훈

1) 의의

공무원의 동기부여 수단에는 일을 잘한 경우에는 이에 상응하는 혜택을 적절히 부여하는 적극적인 방법과 잘못한 경우에는 벌을 가하여 교정하는 소극적인 방법이 있다. 상훈제도는 전자에 해당하는 대표적인 인사관리수단으로서 인사나 처우상의 특전과 연계될 때는 더욱 효과를 발할 수 있다.

상훈제도는 1962.8.22. 각령으로 「정부표창규정」이 제정되었고, 이어 1963.4.17.

「국가공무원법」에 신설되었으며, 과거 산발적으로 운영하던 각종 「훈장령」을 통합하여 1963.12.14. 「상훈법」을 제정하게 되었다. 이 법은 공무원뿐만 아니라, 우리나라 국민이나 외국인으로서 우리나라에 공로가 뚜렷한 자에게 적용되는 일반규범으로, 상훈의 종류 · 적용대상 · 수여기준 및 절차 등을 규정하고 있다.

2) 공무원에 대한 포상

공무원으로서 직무에 힘을 다하거나 사회에 공헌한 공적이 뚜렷한 자에게는 훈장 또는 포장을 수여하거나 표창을 한다. 훈장 · 포장 및 표창에 관한 사항은 법률로 정한 것 외에는 대통령령으로 정한다. 다만 표창에 관한 사항은 국회규칙, 대법원규칙, 헌법재판소규칙 또는 중앙선거관리위원회규칙으로도 정할 수 있다.

공무원이 직무에 정려한 경우에는 근정훈장이나 근정포장이 수여된다. 처음에는 근무공로훈장이라고 하다가 1967.1.16. 법 개정시 지금처럼 근정훈장으로 고쳤다. 근정훈장은 청조 · 황조 · 홍조 · 녹조 · 옥조근정훈장의 5등급으로 되어 있다(「상훈법」 제14조). 하지만 공무원이 직무와 무관하더라도 사회에 공헌한 공적이 현저한 경우에는 근정훈장과 근정포장 외에 다른 것도 얼마든지 받을 수 있다.

표창은 공적상 · 창안상 · 우등상 및 협조상으로 구분하고 있으며, 표창권자는 대통령 · 국무총리와 각 중앙행정기관의 장 및 각급 기관장이 되고(「정부 표창 규정」 제10조), 개인뿐만 아니라 기관 · 단체에 대하여도 수여할 수 있다(훈 · 포장은 개인에 대하여만 가능). 우등상을 제외한 표창도 공적조서에 의하여 공적심사위원회의 의결을 거쳐야 한다.

3) 수훈자의 특혜문제

현행 헌법은 훈장 등의 영전은 이를 받은 자에게만 효력이 있고 어떠한 특권도 이에 따르지 않는다고 규정하고 있다(제11조 제3항). 훈장 등의 영전의 범위에는 훈장 · 포장 및 정부표창 등 국가에 의해 인정된 것이므로 국가가 수여하는 것을 의미하나, 민간단체에서 개인(공무원 포함)에게 수여하는 표창에 대하여도 국가가 특별히 계급특진 등의 혜택을 부여한다면 포함된다.

영전에 따르는 효력은 개별 법령에 규정된 훈장수여에 따른 부수적 효과인 훈장 패용과 재교부청구 등을 들 수 있으나 상속되지는 않는다. 훈장과 포장은 본인만 패용하며 사후에는 그 유족이 보존할 수는 있지만 패용할 수는 없다(「상훈법」 제34조 제1항).

특권에는 훈장 등 영전으로 인하여 헌법에 규정된 정치 · 경제 · 사회 · 문화적 생활의 모든 영역에서 특수한 지위나 특별한 권리를 누리게 되는 것을 말하는 것이므로, 국가가 수훈자에게 사회보장제도 차원에서 혜택을 부여하는 것은 무방할 것이다.

2. 교육훈련

가. 필요성

교육훈련은 공무원의 의무이자 권리이기도 하다. 모든 공무원과 시보 공무원이 될 자는 담당 직무와 관련된 학식 · 기술 및 응용능력을 배양하기 위하여 법령으로 정하는 바에 따라 교육훈련을 받는다. 개인적으로는 역량을 개발하여 국민전체에 대한 봉사자로서의 직무에 충실할 수 있도록 하기 위함이고 조직으로서는 보다 양질의 서비스를 공급할 수 있는 능력이 되는 것이다.

공무원의 교육훈련에 관해서는 「공무원 교육훈련법」과 같은 법 시행령에서 그 절차와 방법 등을 구체적으로 정하고 있으며, 같은 법 제2조에서 국가공무원의 교육훈련에 관한 기본정책 및 일반지침의 수립과 운영에 관하여 필요한 사무를 안전행정부장관이 관장한다고 규정하고 있다.

나. 종류

모든 공무원은 직급별 기본교육훈련과 전문교육을 받으며, 직장교육과 위탁훈련 등을 이수하여야 한다. 시보공무원은 공직에 신규채용되는 경우이므로 공무원으로서의 기본 의무와 책임, 직무능력을 습득하기 위하여 반드시 거쳐야 한다. 이는 공무원에게 앞으로 국가와 국민에게 받은 권한을 충실히 이행하기 위해 필요한 지식과 기술을 습득할 수 있는 기회이므로 최선을 다해 임하여야 한다. 또한 각 기관의 장과 관리직위에 있는 공무원은 일상 업무(on-the-job-training) 및 교육훈련 등을 통하여 계속적으로 소속 직원의 능력을 발전시킬 책임이 있다.

각 기관의 장은 행정청을 뜻하며, 관리직위 공무원은 직근 감독자는 물론 차상급

감독자까지 포함한다. 감독의 범위는 일상 업무를 지시하고 결재하는 위치에 있는 자로서 복무를 지휘 감독하는 경우이므로 파견 또는 겸임직위에서도 감독자인 한 당연히 포함된다. 일상 업무를 통하여 계속적으로 하라는 것은 상시 감독지위에서 공무원의 기본자세, 당해 기관의 조직 · 임무 및 업무수행에 필요한 법령 · 지식 및 기술을 습득시키기 위하여 행하는 상관의 업무지시, 시정 · 토의 · 연구 등 모든 행위를 말한다. 소속 직원의 능력을 발전시킬 책임이 있으므로 이를 소홀히 하여 위법 · 부당한 행정처분이 발생하는 경우 감독책임을 질 수 있다.

다. 인사관리

교육훈련 실적은 인사관리에 반영하여야 한다. 모든 교육훈련의 실적을 계량화 하는 아니지만 교육의 내용 · 성격이나 훈련의 효율성 제고를 위하여 실적을 산출할 필요가 있다.

실적은 계량적으로 표시되는 점수로만 해석할 수는 없으나, 승진 · 전보 등 인사관리에 실제로 반영하기 위해서는 개인별 성적이 중요한 요소가 될 수 있다. 교수요원에 대한 인사상 우대조치로서 원칙적으로 근무기간을 2년으로 하고 특별한 사유가 있는 경우에 단축 또는 연장할 수 있도록 하며 교수요원으로서 근무기간을 성실히 마친 공무원에 대하여는 특별한 사유가 없는 한 승진 또는 전보에 있어서 우대하여야 한다(「공무원 교육훈련법 시행령」 제24조).

3. 단체권

가. 의의

공무원도 근로자로서 근무조건의 향상을 위한 노동운동이 필요할 수 있으나, 국민전체의 봉사자일 뿐만 아니라 또 공무원의 복무사항이 대부분 법령에 의해 정해져 있으므로, 사적자치 원리가 적용되는 민간 부문의 근로자와는 사정이 다르다. 따라서 단체활동에도 일반 근로자보다는 다소 제약을 가하고 있다.

현행 헌법 제33조 제2항은 공무원인 근로자는 법률이 정하는 자에 한하여 단결권 · 단체교섭권 및 단체행동권을 가진다고 되어 있다. 이 규정은 1969.10.21. 제7호 헌법 개정시 제29조 제2항으로 처음 들어간 것이다. 일반 근로자의 경우 근로조건의 향상을 위하여 자주적인 노동3권을 허용한 것과 차이가 있는 것도 그런 이유이다.

공무원에 대한 노동조합 운동은 사실상의 노무 종사하던 철도 · 체신 등 현업기관의 기능직공무원에 한하여 제한적으로 허용해 오다가 1998.2.24. 「공무원직장협의회의 설립 · 운영에 관한 법률」 제정, 1999.1.29. 「교원의 노동조합 설립 및 운영 등에 관한 법률」의 제정, 2005.1.27. 「공무원의 노동조합 설립 및 운영 등에 관한 법률」이 제정되면서 점차 확대되어 왔다.

나. 공무원직장협의회

공무원의 근무환경 개선, 업무능률 향상 및 고충처리 등을 위하여 국가기관, 지방자치단체 및 그 하부기관에 근무하는 공무원은 직장협의회를 설립할 수 있다. 직장협의회는 기관 단위로 설립하되, 하나의 기관에는 하나의 협의회만을 설립할 수 있다.

1) 가입 범위

6급 이하의 일반직공무원 및 이에 준하는 일반직공무원과 별정직공무원, 특정직공무원 중 재직 경력 10년 미만의 외무영사직렬 · 외교정보기술직렬 외무공무원이다. 다만 현업기관 공무원으로서 노동운동이 허용되는 공무원과 지휘 · 감독의 직책에 있는 공무원, 그리고 인사, 예산, 경리, 물품출납, 비서, 기밀, 보안, 경비, 자동차운전 및 그 밖에 이와 유사한 업무에 종사하는 공무원은 가입할 수 없다. 공무원은 자유로이 협의회에 가입하거나 협의회를 탈퇴할 수 있다.

2) 협의회의 기능

기관장과 해당 기관 고유의 근무환경 개선에 관한 사항, 업무능률 향상에 관한 사항, 소속 공무원의 공무와 관련된 일반적 고충에 관한 사항, 그 밖에 기관의 발전에 관한 사항에 대하여 협의한다.

3) 기관장의 의무

기관장은 협의회가 문서로 명시하여 협의를 요구하면 성실히 협의하여야 하고 문서로 합의한 사항에 대하여는 최대한 이를 이행하도록 노력하여야 한다. 그리고 협의회의 조직 및 운영과 관련하여 소속 공무원에게 불리한 조치를 하여서는 아니 된다.

다. 공무원노동조합

공무원에는 사실상 노무에 종사하는 현업 공무원과 「교원의 노동조합 설립 및 운영 등에 관한 법률」의 적용을 받는 교원인 공무원은 제외되고, 노동조합과 조합원은 정치활동을 하여서는 아니 된다.

1) 노동조합의 설립

공무원이 노동조합을 설립하려는 경우에는 국회 · 법원 · 헌법재판소 · 선거관리위원회 · 행정부 · 특별시 · 광역시 · 도 · 특별자치도 · 시 · 군 · 구(자치구) 및 특별시 · 광역시 · 도 · 특별자치도의 교육청을 최소 단위로 한다. 노동조합을 설립하려는 사람은 고용노동부장관에게 설립신고서를 제출하여야 한다. 다만 「초 · 중등교육법」 제19조 제1항에서 규정하고 있는 교원의 노동조합인 경우에는 특별시 · 광역시 · 도 · 특별자치도 단위 또는 전국 단위로만 노동조합을 설립할 수 있다.

2) 가입 범위

노동조합에 가입할 수 있는 공무원의 범위는 6급 이하의 일반직공무원 및 이에 상당하는 일반직공무원, 특정직공무원 중 6급 이하의 일반직공무원에 상당하는 외무행정 · 외교정보관리직 공무원, 6급 이하의 일반직공무원에 상당하는 별정직공무원이다.

그러나 다른 공무원에 대하여 지휘 · 감독권을 행사하거나 다른 공무원의 업무를 총괄하는 업무에 종사하는 공무원, 인사 · 보수에 관한 업무를 수행하는 공무원 등 노동조합과의 관계에서 행정기관의 입장에서 업무를 수행하는 공무원, 교정 · 수사 또는 그 밖에 이와 유사한 업무에 종사하는 공무원, 업무의 주된 내용이 노동관계의 조정 · 감독 등 노동조합의 조합원 지위를 가지고 수행하기에 적절하지 아니하다고 인정되는 업무에 종사하는 공무원은 가입할 수 없다.

3) 교섭 및 체결 권한 등

노동조합의 대표자는 그 노동조합에 관한 사항 또는 조합원의 보수·복지, 그 밖의 근무조건에 관하여 국회사무총장·법원행정처장·헌법재판소사무처장·중앙선거관리위원회사무총장·안전행정부장관(행정부대표)·특별시장·광역시장·도지사·특별자치도지사·시장·군수·구청장(자치구) 또는 특별시·광역시·도·특별자치도의 교육감 중 어느 하나에 해당하는 사람(정부교섭대표)과 각각 교섭하고 단체협약을 체결할 권한을 가진다.

다만 법령 등에 따라 국가나 지방자치단체가 그 권한으로 행하는 정책결정에 관한 사항, 임용권의 행사 등 그 기관의 관리·운영에 관한 사항으로서 근무조건과 직접 관련되지 아니하는 사항은 교섭의 대상이 될 수 없다.

정부교섭대표는 법령 등에 따라 스스로 관리하거나 결정할 수 있는 권한을 가진 사항에 대하여 노동조합이 교섭을 요구할 때에는 정당한 사유가 없으면 이에 응하여야 한다. 정부교섭대표는 효율적인 교섭을 위하여 필요한 경우 다른 정부교섭대표와 공동으로 교섭하거나, 다른 정부교섭대표에게 교섭 및 단체협약 체결 권한을 위임할 수 있다. 정부교섭대표는 효율적인 교섭을 위하여 필요한 경우 정부교섭대표가 아닌 관계 기관의 장으로 하여금 교섭에 참여하게 할 수 있고, 다른 기관의 장이 관리하거나 결정할 권한을 가진 사항에 대하여는 해당 기관의 장에게 교섭 및 단체협약 체결 권한을 위임할 수 있다.

4) 교섭의 절차

노동조합은 단체교섭을 위하여 노동조합의 대표자와 조합원으로 교섭위원을 구성하여야 한다. 노동조합의 대표자는 정부교섭대표와 교섭하려는 경우에는 교섭하려는 사항에 대하여 권한을 가진 정부교섭대표에게 서면으로 교섭을 요구하여야 한다.

정부교섭대표는 노동조합으로부터 교섭을 요구받았을 때에는 교섭을 요구받은 사실을 공고하여 관련된 노동조합이 교섭에 참여할 수 있도록 하여야 한다. 정부교섭대표는 교섭을 요구하는 노동조합이 둘 이상인 경우에는 해당 노동조합에 교섭창구를 단일화하도록 요청할 수 있다. 이 경우 교섭창구가 단일화될 때까지 교섭을 거부할 수 있다. 정부교섭대표는 노동조합과 단체협약을 체결한 경우 그 유효기간 중에는 그 단체협약의 체결에 참여하지 아니한 노동조합이 교섭을 요구하더라도 이를 거부할 수 있다.

5) 단체협약의 효력

체결된 단체협약의 내용 중 법령 · 조례 또는 예산에 의하여 규정되는 내용과 법령 또는 조례에 의하여 위임을 받아 규정되는 내용은 단체협약으로서의 효력을 가지지 아니한다. 정부교섭대표는 단체협약으로서의 효력을 가지지 아니하는 내용에 대하여는 그 내용이 이행될 수 있도록 성실하게 노력하여야 한다. 노동조합과 그 조합원은 파업, 태업 또는 그 밖에 업무의 정상적인 운영을 방해하는 일체의 행위를 하여서는 아니 된다.

6) 조정과 중재

단체교섭이 결렬(決裂)된 경우에는 당사자 어느 한쪽 또는 양쪽은 중앙노동위원회에 조정(調停)을 신청할 수 있다. 중앙노동위원회는 당사자 어느 한쪽 또는 양쪽이 조정을 신청하면 지체 없이 조정을 시작하여야 한다. 이 경우 당사자 양쪽은 조정에 성실하게 임하여야 한다. 중앙노동위원회는 조정안을 작성하여 관계 당사자에게 제시하고 수락을 권고하는 동시에 그 조정안에 이유를 붙여 공표할 수 있다. 이 경우 필요하면 신문 또는 방송에 보도 등 협조를 요청할 수 있다. 조정은 조정신청을 받은 날부터 30일 이내에 마쳐야 한다. 다만 당사자들이 합의한 경우에는 30일 이내의 범위에서 조정기간을 연장할 수 있다.

중앙노동위원회는 단체교섭이 결렬되어 관계 당사자 양쪽이 함께 중재를 신청한 경우 또는 조정이 이루어지지 아니하여 공무원 노동관계 조정위원회 전원회의에서 중재 회부를 결정한 경우 지체 없이 중재(仲裁)를 한다.

7) 공무원 노동관계 조정위원회

단체교섭이 결렬된 경우 이를 조정 · 중재하기 위하여 중앙노동위원회에 공무원 노동관계 조정위원회를 둔다. 위원회는 공무원 노동관계의 조정 · 중재를 전담하는 7명 이내의 공익위원으로 구성한다. 공익위원은 「노동위원회법」 제6조 및 같은 법 제8조에도 불구하고 공무원 문제 또는 노동 문제에 관한 지식과 경험을 갖춘 사람 또는 사회적 덕망이 있는 사람 중에서 중앙노동위원회 위원장의 추천과 고용노동부장관의 제청으로 대통령이 위촉한다. 위원회에는 전원회의와 소위원회를 둔다.

관계 당사자는 중앙노동위원회의 중재재정이 위법하거나 월권(越權)에 의한 것이라고 인정하는 경우에는 「행정소송법」 제20조에도 불구하고 중재재정서를 송달받은 날부터 15일 이내에 중앙노동위원회 위원장을 피고로 하여 행정소송을 제기할 수 있다. 기간 이내에 행정소송을 제기하지 아니하면 그 중재재정은 확정된다. 중재재정이 확정되면 관계 당사자는 이에 따라야 한다. 중재재정은 행정소송의 제기에 의하여 그 효력이 정지되지 아니하고 확정된 중재재정의 내용은 단체협약과 같은 효력을 가진다. 중앙노동위원회는 필요한 경우 확정된 중재재정의 내용을 국회, 지방의회, 지방자치단체의 장 등에게 통보할 수 있다.

4. 복무제도

공무원법은 공무원의 복무와 관련하여, 공무원이 지켜야 할 의무사항은 법률에서 직접 규정하였지만 휴가, 공휴일, 당직, 비상근무 등 일반적인 복무기준에 대한 세부 사항은 국회규칙, 대법원규칙, 헌법재판소규칙, 중앙선거관리위원회규칙 또는 대통령령, 조례로 정하도록 위임하고 있다(「국가공무원법」 제67조, 「지방공무원법」 제59조).

가. 휴가

공무원의 휴가는 공무상 이유가 아니라 직무능력 재충전 · 가사 · 질병치료 등 개인적 사유에 의하여 일정기간 직무수행의무가 해제되는 것으로서 사유 · 기간 · 효력 등에서 출장이나 휴직과 차이가 있다. 휴가 중에는 인사나 보수 면에서 불이익이 없다. 휴가의 종류는 연가 · 병가 · 공가(公暇) 및 특별휴가로 구분한다(「국가공무원 복무규정」 제14조, 「지방공무원 복무규정」 제6조).

1) 연가

연가는 「근로기준법」 제60조의 연차유급휴가와 같은 것으로서 공무원의 재직기간에 따라 차등적으로 부여된 휴가기간을 연중 언제든지 자유롭게 쓸 수 있는 것이다. 이를 다 사용하지 않을 경우 예산 범위 안에서 연가일수에 해당하는 연가보상비를 받을 수 있다(「국가공무원 복무규정」 제16조 제5항, 「공무원 수당 등에 관한 규정」 제18조의5, 「지방공무원 복무규정」 제7조 제4항, 「지방공무원 수당 등에 관한 규정」 제18조의5).

2) 병가

질병 또는 부상으로 인하여 직무를 수행할 수 없거나 감염병에 걸려 그 공무원의 출근이 다른 공무원의 건강에 영향을 미칠 우려가 있을 때 행정청이 연 60일(공무상 질병 또는 부상은 180일) 이내에 허가할 수 있다.

3) 공가

공가는 공적인 사무와 관련된 사유가 발생한 경우에 허가하는 것으로서, 징병검사 · 소집 · 검열점호 응소, 국가기관 소환, 투표, 승진시험 등 응시, 원격지(遠隔地) 부임, 건강진단 또는 건강검진, 헌혈, 외국어능력 시험 응시, 올림픽 등 국가적 행사 참가, 천재지변, 교통 차단 등으로 출근 불가능, 공무원 노조 교섭위원으로 선임되어 단체교섭 및 단체협약 체결에 참석할 때 등에 해당될 경우 필요한 기간을 허가하는 것이다.

4) 특별휴가

연가를 사용하기에는 우리의 문화나 관습에서 다소 무리가 있으며 그렇다고 공무와 관련된 것으로 보기 어려울 뿐만 아니라 공가와 달리 강제성이 없는 경우에 허용하는 것으로서 공무원 본인이 결혼하거나 그 밖의 경조사가 있을 경우 정해진 기준에 따라 사용할 수 있다.

특별휴가는 특히 여성공무원에 대한 배려조항이 많다. 즉 임신 중인 공무원에게 출산 전후를 통하여 90일의 출산휴가를 허가하고, 생리기간 중 휴식과 임신한 경우의 검진을 위하여 매월 1일의 여성보건휴가를 받을 수 있으며, 임신 후 12주 이내에 있거나 임신 후 36주 이상에 해당하는 공무원은 1일 2시간의 범위에서 휴식이나 병원 진료 등을 위한 모성보호시간을 받을 수 있다. 생후 1년 미만의 유아를 가진 여성공무원은 1일 1시간의 육아시간을 받을 수 있다. 또한 여성공무원이 유산하거나 사산한 경우 해당 공무원이 신청하면 임신기간에 따라 90일까지 필요한 기간동안 유산휴가 또는 사산휴가를 주어야 한다. 인공수정 또는 체외수정 등 불임치료 시술을 받는 공무원은 시술 당일에 1일의 휴가를 받을 수 있다. 다만 체외수정 시술의 경우 난자 채취일에 1일의 휴가를 추가로 받을 수 있다.

한국방송통신대학교에 재학 중인 공무원은 연가 일수를 초과하는 출석수업 기간에 대한 수업휴가를 받을 수 있다. 풍해 · 수해 · 화재 등 재해로 인하여 피해를 입은 공무원과 재해지역에서 자원봉사활동을 하려는 공무원은 5일 이내의 재해구호휴가를 받을 수 있다.

나. 공휴일 휴무

관공서, 즉 국가나 지방자치단체의 각 기관이 공식적으로 문을 닫고 휴무하는 날을 말한다(「관공서의 공휴일에 관한 규정」 제2조). 현재 일요일을 포함하여 전체 공휴일 수는 67일이지만 「공직선거법」 제34조에 따라 임기만료에 의한 대통령 · 국회의원 · 지방의회 및 지방자치단체장 선거가 있는 해에는 더 추가될 수 있다.

토요일은 공휴일이라서 쉬는 것이 아니라, 공무원의 1주간 근무시간은 점심시간을 제외하고 40시간으로 하며, 토요일은 휴무가 원칙이기 때문이다(「국가공무원 복무규정」 제9조 제1항). 따라서 1주간의 의무 근무시간인 40시간을 채우기 위해서는 예외적으로 토요일이 아닌 다른 요일에 휴무해도 된다. 공휴일의 근무는 각 행정기관 전체가 문을 닫고 쉬는 것이므로 공휴일에 근무할 경우 기준 근무시간에 포함되지 않고 초과근무로 처리한다.

한편, 국가의 경사로운 날을 기념하는 국경일은 현행 「국경일에 관한 법률」에서 5일(3 · 1절, 제헌절, 광복절, 개천절, 한글날)을 지정하고 있을 뿐, 그 날에 모든 국민이 휴무하거나 태극기를 달아야 한다는 등 국경일의 내용이나 국민들의 권리 · 의무와는 무관한 규정이다. 따라서 국민들이 휴무할 수 있는 법적 근거가 되지 못하여, 민간기업 등에서는 관공서(행정기관)의 공휴일에 준하여 유급 휴무하는 경우가 대부분이다. 국경일 중에는 제헌절이 2013년부터 공휴일에서 제외되었다.

제3절 재산상 권리

1. 보수의 원칙

공무원의 보수는 국가와 지방자치단체로부터 정기적으로 받는 금전으로서 직무수행에 대한 반대급부인 동시에 공무원과 가족의 생계를 유지하는 생활보장 수단이라는 이중적 성격이 있다. 「민사집행법」 제246조 제1항에 따라 급료, 봉급, 상여금 등 급여채권에 대하여는 2분의 1에 해당하는 금액만 압류할 수 있도록 한 것은 이런 측면을 고려한 조치이다. 보수를 직무의 곤란성과 책임의 정도에 따르도록 한 것은 직무수행의 대가이고, 표준생계비, 물가 수준, 민간 임금과의 적절한 균형을 유지하도록 노력하여야 한다는 것은 생활보장수단을 보여주고 있다(「국가공무원법」 제46조).

가. 직무중심

공무원의 보수는 직무의 곤란성과 책임의 정도에 맞도록 계급별 · 직위별 또는 직무등급별로 정한다. 원칙적으로 직무가 어렵고 책임이 무거운 일을 하는 공무원에게 더 많은 보수를 주는 것이 정의롭다는 전제 하에서 그것에 비례하여 계급과 직위 또는 직무등급이 높은 공무원이 보수를 많이 받도록 설계하라는 뜻이다. 다만 직무의 곤란성과 책임도가 매우 특수하거나 결원을 보충하는 것이 곤란한 직무에 종사하는 공무원, 계급 구분이나 직군 및 직렬의 분류를 적용하지 아니하는 공무원과 임기제공무원은 별도로 정한다.

나. 사정고려

공무원 보수는 일반의 표준생계비, 물가 수준, 그 밖의 사정을 고려하여 정하되, 민간 부문의 임금 수준과 적절한 균형을 유지하도록 노력하여야 한다. '그 밖의 사정'에는 국가의 경제 · 재정능력 · 민간에의 영향 등을 생각해 볼 수 있다. 민간부문과 균형을 유지하도록 노력하는 의무를 부여한 것은 국민의 공무담임권을 적절히 보장하기 위해서는 민간과 비슷한 수준의 보수를 지급해야 할 필요가 있기 때문이다.

다. 직종간 균형

경력직공무원 상호간의 보수 및 경력직공무원과 특수경력직공무원 상호간의 보수는 균형을 도모하여야 한다. 공무원 내부의 균형도 지켜야 한다는 뜻이다. 공무원의 업무가 워낙 다양하여 모든 직종 간 균형을 다 맞추기는 어려울 것이다. 경력직 상호간에 있어서도 보수를 결정하는 위치에 있는 직종이 우월한 지위에서 형평에 어긋나게 하면 안 될 것이고, 또 특수경력직이라고 해서 지나치게 높거나 낮게 해서도 안 되는 것이다. 이 원칙은 봉급표를 정할 때 공무원간 균형성을 지키라는 선언적 규정으로 생각된다.

라. 법령규정

공무원의 보수 중 봉급에 관하여는 법률로 정하는 것을 제외하고는 대통령령으로 정하도록 하고 있다. 현재 보수가 법률로 규정되어 있는 것은 군인과 법관, 검사가 있으나,[27] 실제 법에서는 봉급기준만 정해 놓고 구체적인 봉급내역은 대통령령에서 정하고 있다.

또한「국가공무원법」제47조에 따라 봉급 · 호봉 및 승급, 수당, 보수의 지급방법, 보수의 계산, 기타 보수지급에 관한 기본적인 사항은 대통령령으로만 정하고, 나머지 기관별 특수수당과 상여금의 지급 또는 특별승급에 관한 사항은 국회규칙 · 대법원규칙 · 헌법재판소규칙 · 중앙선거관리위원회규칙 또는 대통령령으로 정할 수 있다. 이는 공무원간 균형을 유지하는 취지와 함께 공무원보수 예산편성의 효율성까지 고려한 것이다.

이와 관련해서「국가공무원법」과 기타 법률에 의한 보수에 관한 규정에 따르지 아니하고는 어떠한 금전 또는 유가물도 공무원의 보수로 지급될 수 없다고 규정하고 있는데, 기타 법률에는「군인보수법」제2조 제2항이 해당된다. 법령에 규정된 직무

27)「군인보수법」,「법관의 보수에 관한 법률」,「검사의 보수에 관한 법률」.

급과 생활급적인 기타 실비변상 외에는 다른 사유로 공무원에게 현금이나 유가증권을 보수형태로 지급할 수 없다. 특히 군인에게는 직무성격상 현금지급의 원칙을 규정하고 있는데(「군인보수법」 제3조), 출동·항해, 그 밖에 부득이한 사유로 본인에게 직접 지급할 수 없을 때에는 본인이 지정하는 자에게 지급할 수 있다. 현금이라고 되어 있지만 본인의 예금계좌로 보수를 이체하여도 언제든지 현금화할 수 있으므로 무방하다.

2. 실비변상

가. 직무수행 비용

공무원은 보수 외에 국회규칙·대법원규칙·헌법재판소규칙·중앙선거관리위원회규칙 또는 대통령령으로 정하는 바에 따라 직무 수행에 필요한 실비(實費)'변상'을 받을 수 있다. 「지방공무원법」 제46조에서는 실비'보상'으로 표현하고 있으나 개념상 차이는 없다. 다만 실제 소요되는 경비를 보충한다는 뜻이므로, 임용권자가 잘못을 '변상'하는 것보다는 공무원의 활동경비를 '보상'하는 표현이 더 적절할 것 같다. 공무원의 정규근무시간 중의 업무에 대하여는 보수가 지급되고 있으나, 일시적이고 부가적인 특정 업무 수행에 소요되는 경비는 임용권자가 보충해 주지 않으면 본인 스스로 부담해야 하므로 형평에 맞지 않는 것이다. 공무 출장시 부가적으로 소요되는 여비와 숙박료 등이 대표적 사례이다.

직무수행에 소요된 비용을 정확히 계산하여 지급하는 것이 타당하나, 미리 지급해야 하므로 대체로 표준비용을 설정하여 사유가 있을 때마다 일정액을 지급하고 있다. 따라서 원칙적으로는 개산급에서 실제 소요된 경비를 반납해야 하지만 대부분 소액이라 엄격히 회계처리 하지 않을 뿐이다. 그러나 거짓이나 부정한 방법으로 수령한 경우에는 수령한 금액의 2배의 범위에서 가산하여 징수할 수 있다(「국가공무원법」 제48조 제3항, 「지방공무원법」 제46조 제3항).

나. 연구과제 보상비

공무원이 소속 기관장의 허가를 받아 본래의 업무 수행에 지장이 없는 범위에서 담당 직무 외의 특수한 연구과제를 수탁 처리하면 보상을 받을 수 있다. 공무원이 외부로부터 위탁 또는 상관의 직무명령에 의거하여 특수한 연구과제를 처리해야 할 경우 본래의 직무 수행에 상당한 지장이 초래될 수 있으므로 소속기관장의 허가가 있어야 한다.

위탁하는 주체는 소속된 기관의 장이 아니라도 가능하다. 업무에 지장이 없다면 다른 기관으로부터 용역을 받아 수행하여도 허가가 있으면 무방하다. 재직공무원의 능력향상과 창의성을 높이기 위해 연구용역 차원에서 수행하는 것이지만, 거짓이나 부정한 방법으로 수령한 경우에는 수령한 금액의 2배의 범위에서 가산하여 징수할 수 있다(「국가공무원법」 제48조).

3. 상여금 등

가. 근무성적평정

공무원의 평소 근무성적, 잠재능력, 가치관 등을 질서 있게 객관적으로 판정·기록하여 이를 인사행정에 활용하는 근무성적평정제도는 실적주의 인사원칙과 능률주의 인사행정관의 대두와 더불어, 공무원 인사관리의 객관적 기준을 제공하기 위하여 필요한 것이다.

평정의 목적은 공무원의 직무능력과 수행실적을 정확히 진단·평가하여 표창이나 승진심사 자료를 축적하는 한편, 공무원에 대한 지도·훈련·교정·징계·면직 등 다양한 인사관리 수단으로 활용할 수 있다. 전자의 경우에는 승진임용 색채가 강하나, 후자의 입장에서 보면 능률증진의 성격이 있다.

각 기관의 장은 정기 또는 수시로 소속 공무원의 근무성적을 객관적이고 엄정하게 평정하여 인사관리에 반영하여야 한다.

나. 지급내용

근무성적평정 결과도 훈련성적과 마찬가지로 공무원의 인사관리에 반영시켜야 한다. 인사관리에는 승진임용뿐만 아니라 전보 · 전직 · 징계처분 등 각종 인사운영 측면에 효율적으로 반영함으로써 행정능률의 향상에 기여하여야 한다. 특히 5급 이하 공무원(우정직공무원의 경우에는 우정2급 이하), 연구사 및 지도사에 대하여 승진임용예정 직급별로 승진후보자 명부를 연 2회 작성하는데, 그 중 근무성적평가 점수의 반영비율이 70~95%가 된다(「공무원 성과평가 등에 관한 규정」 제30조).

근무성적평정 결과가 극히 나쁜 경우에는 직위해제 사유가 될 수 있다. 물론 근무성적평정 결과가 탁월한 경우에는 금전적인 보상도 있다. 성과상여금은 연1회 업무실적을 평가하여 개인별로 차등 지급한다.

다. 성과연봉

연봉제 적용대상 공무원의 성과연봉은 전년도의 업무실적 평가 결과에 따라 지급한다. 성과연봉은 대상인원의 20%에 대해서는 성과연봉 기준액의 7%, 대상인원의 30%에 대해서는 성과연봉 기준액의 5%, 대상인원의 40%에 대해서는 성과연봉 기준액의 3%에 해당하는 금액을 지급하고, 그 밖의 인원에 대해서는 지급하지 아니한다.

연봉제 적용대상인 국립대학 교원의 성과연봉은 국립대학의 장이 정하는 바에 따라 일정 기간 동안의 교육 · 연구 · 봉사 등의 업적을 평가하여 그 결과에 따라 차등 지급한다. 업적평가를 위하여 필요한 사항은 교육부장관이 따로 정할 수 있다.

헌법재판소는 국립대학 교원의 성과연봉 제도가 연구의욕을 고취하고 교육의 수월성 제고를 통하여 대학경쟁력을 강화하기 위한 것으로서 교원지위 법정주의에 반하여 학문의 자유를 침해한다고 볼 수는 없으며, 또한 이로 인하여 달성되는 공익이 그로 인하여 받게 되는 불이익보다 크므로 법익의 균형성도 인정된다고 결정한 바 있다.[28)]

---

28) 헌법재판소 2013.11.28. 2011헌마282 결정.

4. 파견자 보수

국가기관 외의 기관 · 단체로부터 파견된 임직원의 보수는 파견한 기관 즉 원래 소속된 기관에서 부담하며, 파견 받은 기관은 실비변상 등을 할 수 있다. 필요하다면 파견 받은 기관이 파견한 기관과 협의하여 보수를 지급할 수 있다.

파견제도는 원래의 소속 기관의 신분과 직위를 가진 채 일시적으로 다른 기관에서 근무하고 복귀하는 것이므로 보수지급의 주체도 원 소속기관이 되는 게 낫다. 그렇지 않으면 세금계산 등 재무관리 측면에서 매우 불편하고 복잡한 문제가 생길 수 있기 때문이다. 그러나 기관의 예산사정과 인사관리의 형편, 파견기간 등을 고려하여 파견 받은 기관에서도 보수를 지급할 수 있도록 여지를 두고 있다.

5. 사회보장

가. 의의

국가는 현행 헌법 제34조 제2항의 규정에 따라 국민에 대한 사회보장과 사회복지 증진에 노력할 의무를 지고 있다. 특히 공무원에 대해서는 사용자로서 복지정책을 수립 · 시행하여야 한다. 공무원이 재직 중 받게 되는 각종 재해에 대한 급여는 물론 퇴직 후까지도 적절한 급여를 지급하는 것은 국민전체에 대한 봉사자로서 직무에 전념할 수 있게 하려는 취지이다.

연금의 성격은, 보수의 일부를 기여금으로 매월 납부하는 점과 또 공무수행과 관련하여 입은 재해에 대한 급여까지 포함하는 점을 감안하면 봉급연불설과 사회보장설의 이중성을 갖고 있다.

공무원 퇴직연금수급권은 국가의 재정상황, 국민 전체의 소득 및 생활수준 기타 여러 가지 사회 · 경제적인 여건 등을 종합하여 합리적인 수준에서 결정할 수 있는 광범위한 입법형성의 재량이 인정되기 때문에 법정요건을 갖춘 후 발생하는 공무원 퇴직연금수급권만이 경제적 · 재산적 가치가 있는 공법상의 권리로서 헌법 제23조 제1항이 보장하고 있는 재산권에 포함되는 것이다. 따라서 중대한 임용결격사유를 가진 사람은 퇴직연금수급권의 법정요건의 하나인 적법한 공무원이라 할 수 없으므로 연금을 지급하지 않더라도 인간다운 생활을 할 권리를 침해한다고 보기는 어렵다.[29)]

나. 연금

공무원의 연금 등 사회보장에 관한 규정은 1960.1.1. 제정된 「공무원연금법」에서 구체적으로 정하고 있는데, 같은 법 제1조에 규정된 대로 공무원의 퇴직 또는 사망과 공무로 인한 부상 · 질병 · 폐질에 대하여 적절한 급여를 실시함으로써, 공무원 및 그 유족의 생활안정과 복리향상에 기여함을 목적으로 하고 있다. 그래서 연금에 대하여는 급료 · 봉급 · 상여금 등 비슷한 성질을 가진 급여채권의 2분의 1에 해당하는 금액에 대하여만 압류할 수 있다(「민사집행법」 제246조 제1항 제4호). 이 규정과 「근로자퇴직급여 보장법」 제7조 제1항의 '퇴직연금제도의 급여를 받을 권리는 양도하거나 담보로 제공할 수 없다.'는 규정과 충돌되어 어느 정도까지 압류가 가능한지에 대하여 논란이 있었으나, 최근 대법원은 특별법과 일반법의 관계로 보아 퇴직연금채권은 법률에 의하여 양도가 금지된 채권으로서 피압류적격이 없으므로 전액에 대하여 압류가 금지된다고 판시하였다.[30)]

「공무원연금법」상 공무원은 「국가공무원법」의 공무원보다 범위가 넓지만 군인은 「군인연금법」의 적용을 받으므로 「공무원연금법」의 대상에서는 제외된다.

군인연금의 급여 종류는 퇴역연금, 퇴역연금일시금, 퇴역연금공제일시금, 퇴직일시금, 상이연금(傷痍年金), 유족연금, 유족연금부가금, 유족연금특별부가금, 유족연금일시금, 유족일시금, 사망보상금, 장애보상금, 사망조위금, 재해부조금, 퇴직수당, 공무상요양비의 16종이 있다(「군인연금법」 제6조). 군인에게만 적용되는 급여를 제외하고는 공무원 연금과 지급 기준이 거의 동일하다.

다음은 「공무원연금법」상의 급여 종류이다.

---

29) 헌법재판소 2012.8.23. 자 2010헌바425 결정.

30) 대법원 2014.1.23. 선고 2013다71180 판결.

1) 단기급여

가) 공무상요양비

공무원이 공무상 질병 또는 부상으로 인하여 진단, 약제(藥劑), 치료재(治療材) 및 보철구(補綴具) 지급, 처치 · 수술이나 그 밖의 치료, 병원이나 요양소에 수용되어 하는 요양, 간호, 이송이 필요한 경우에 지급한다.

나) 재해부조금

공무원이 수재(水災)나 화재, 그 밖의 재해로 재산에 손해를 입었을 때에는 공무원 전체의 기준소득월액의 평균액의 4배에 상당하는 금액의 범위에서 재해부조금을 지급한다.

다) 사망조위금

공무원의 배우자나 부모(배우자의 부모를 포함한다) 또는 자녀가 사망한 경우에는 그 공무원에게 사망조위금을 지급하고, 본인이 사망한 경우에는 배우자에게 지급한다.

2) 장기급여

가) 퇴직급여

퇴직연금은 공무원이 20년 이상 재직하고 퇴직한 경우, 65세가 되는 등의 사유가 발생한 때부터 사망할 때까지 지급한다.

퇴직연금일시금은 퇴직연금을 받을 권리가 있는 공무원의 신청에 의하여 연금에 갈음하여 일시금으로 지급하는 것이다.

퇴직일시금은 공무원이 20년 미만 재직하고 퇴직한 경우 지급한다.

나) 장해급여

공무원이 공무상 질병 또는 부상으로 인하여 장애 상태로 되어 퇴직한 때 또는 퇴직 후에 그 질병 또는 부상으로 인하여 장애 상태로 된 때에는 장애의 정도에 따라 본인이 원하는 바에 따라 장해연금 또는 장해보상금을 지급한다.

다) 유족급여

공무원이거나 공무원이었던 자가 퇴직연금을 받을 수 있는 권리가 있는 경우 등에는 유족연금을 지급한다. 다만 20년 이상 재직한 공무원이 재직 중 사망하면 유족연금 외에 유족연금부가금을 따로 지급하며, 공무원이었던 자가 연금의 지급이 시작되기 전에 사망하거나 퇴직연금 또는 조기퇴직연금의 수급자가 퇴직한 날의 전날이 속하는 달의 다음 달부터 3년 이내에 사망하면 유족연금 외에 유족연금특별부가금을 따로 지급한다. 공무원이 20년 미만 재직하고 사망한 경우(유족이 유족연금을 갈음하여 유족일시금을 원하는 경우 포함)에는 그 유족에게 유족일시금을 지급한다.

라) 퇴직수당

공무원이 1년 이상 재직하고 퇴직하거나 사망한 경우에는 퇴직수당을 지급한다.

다. 후생복지

정부는 법률로 정하는 바에 따라 공무원의 복지와 이익의 적절하고 공정한 보호를 위하여 그 대책을 수립 실시하여야 한다. 이는 공무원의 복리 증진을 위한 정부의 대책을 강조한 것으로서 보완적 처우개선의 근거가 되고 있다.

이에 따라 2005.5.26. 대통령령으로 「공무원 후생복지에 관한 규정」이 제정되었다. 이 규정 제2장은 맞춤형 복지제도의 운영에 관하여 정하고 있는데, 맞춤형 복지제도란 사전에 설계되어 제공되는 복지혜택 중에서 공무원이 본인의 선호와 필요에 따라 개별적으로 부여된 복지점수를 사용하여 자신에게 적합한 복지혜택을 선택하는 제도를 말한다.

주택 마련지원, 본인과 자녀의 학자금 지급, 공무원 연금 기금을 통한 생활 자금 대부, 금융기관을 통한 대부 알선 등도 보완적 후생복지 제도이다.

기본적으로 「공무원연금법」 등에서 공무원의 후생복지와 관련된 사항을 정하고 있으나 직무성격상 신체적 위험성이 높은 군인 · 경찰 · 소방공무원 등 일부 특정직 공무원의 경우에는 개별 법률로 임용주체의 의무를 규정하기도 한다.[31] 이들에게 국가는 복무(재직) 중에는 임무수행에만 전념하고, 전역(퇴직) 후에는 안정된 생활을 할 수 있도록 여건과 재원을 조성함과 아울러 보건안전과 복지증진에 필요한 시책을 수

31) 「군인복지기본법」, 「경찰공무원 보건안전 및 복지 기본법」, 「소방공무원 보건안전 및 복지 기본법」.

립 · 시행할 의무를 부과하고 있다. 특히 인력 구조와 계급정년제도 등으로 한창 일할 시기에 조기 전역자가 많은 군인의 취업을 돕기 위하여 전직(轉職)지원교육도 실시하고 있다(「군인사법」 제46조의2).

라. 공제제도

교육공무원, 지방공무원, 군인, 경찰공무원, 소방공무원 등은 연금과 별개로 공제(共濟)제도를 운영하고 있다. 이는 구성원의 회비를 기금으로 하여 복지후생시설을 운영하고 다양한 수익사업을 통하여 상호부조와 이익증진을 위한 것이다. 기금을 관리 · 운용하는 조직을 특별법에 의하여 특수법인으로 설치하는데,[32] 이는 기금을 공정하고 합리적으로 집행할 수 있도록 행정주체의 감독을 받게 하기 위함이다.

다만 한국교직원공제회는 회원자격에 교육공무원뿐만 아니라, 사립학교 교원, 국립대학법인의 교원 · 직원, 교육기관 · 교육행정기관 · 교육연구기관의 직원, 국립대학병원의 임직원은 물론, 동북아역사재단 · 한국교육과정평가원 · 한국직업능력개발원 · 한국교육개발원 · 평생교육진흥원 · 한국교육학술정보원 · 한국대학교육협의회 · 한국사학진흥재단 · 한국전문대학교육협의회의 각 임직원까지도 포함하고 있다(「한국교직원공제회법」 제7조의2).

32) 「경찰공제회법」, 「군인공제회법」, 「대한소방공제회법」, 「대한지방행정공제회법」, 「대한지방재정공제회법」, 「한국교직원공제회법」 등.

제 4 장
공무원의 의무와 책임

공무원은 국민전체에 대한 봉사자이므로 신분을 갖고 직무를 수행하는 동안 불가피하게 법령상 행동의 제약을 받을 수밖에 없다. 「국가공무원법」을 비롯하여 특정직 공무원에 대한 개별 법률에서 구체적으로 정하고 있지만, 공무원뿐만 아니라 특수법인의 직원 등 다른 사람들까지 포함하여 의무와 책임을 함께 정하는 「공직자윤리법」과 같은 것도 있다. 공무원 신분에 적용되는 의무와 책임이므로 공무원의 종류는 별로 관계되지 않는다. 다만 의무와 책임의 내용과 정도에 따라 적용되는 공무원 종류와 범위에 약간의 차이는 있다.

제1절 적극적 (당위)의무

공무원이 법률에 정해진 의무사항을 무조건 지켜야 하는 것을 말하는데, 여기에는 공무원의 신분을 갖고 있다면 근무를 하지 않아도 적용되는 신분상 의무와 원칙적으로 직무와 관련된 경우에 해당되는 직무상 의무로 나누어 볼 수 있다.

1. 신분상 의무

가. 선서

공무원은 취임할 때에 소속 기관장 앞에서 국회규칙, 대법원규칙, 헌법재판소규칙, 중앙선거관리위원회규칙 또는 대통령령, 조례로 정하는 바에 따라 선서(宣誓)하여야 한다. 다만 불가피한 사유가 있으면 취임 후에 선서하게 할 수 있다(「국가공무원법」 第55조, 「지방공무원법」 第47조).

선서하는 취지는 공무원의 사명과 의무를 자각 · 확인하고 공직을 수행하는 동안 국가와 국민 앞에 책임을 다하겠다는 서약을 천명하고 다짐하는 것이다. 서약의 표시방법이 선서이며 대상은 경력직공무원은 물론 특수경력직공무원도 당연히 포함된다. 다만 대통령은 헌법 제69조에 의하여, 국회의원은 「국회법」 제24조에 의하여 국민 앞에 선서를 하므로 「국가공무원법」은 나머지 공무원의 선서에 관한 기본 규범이다.

선서는 취임할 때 즉 신규 임용될 경우이다. 시보로 임용되거나 퇴직 후 재임용될 경우에도 선서를 해야 하나, 전보 또는 지방공무원에서 국가공무원으로 특별채용을 통한 취임에 있어서는 국민전체에 대한 봉사자로서 공무원의 의무가 달라진 것은 아니므로 다시 선서할 필요는 없다. 취임당시 불가피한 사유로 못할 경우에는 취임한 후에 선서를 할 수가 있다. 취임일이 실제 임용일보다 늦거나 질병 · 해외체재 · 장기출장 등의 사유가 해당된다.

임용권자가 아닌 소속 기관장 앞에서 선서하는 이유는 복무상의 지휘감독을 행사하는 감독자가 효과적이기 때문이다.

선서문은 1963.4.17. 「국가공무원법」에 들어 있었으나, 1982.12.28. 법 개정 때 삭제하고 「국가공무원 복무규정」 제2조에서 규정하게 되었다. 그러나 국가정보원직원과 재외공관이나 국외 파견근무의 명을 받은 외무공무원의 선서문은 직무의 특성을 고려하여 법률에서 직접 규정하고 있다(「국가정보원직원법」 제15조, 「외무공무원법」 제18조).

나. 재산등록

1) 의의

1981.12.31. 제정된 「공직자윤리법」은 공직자 및 공직후보자의 재산등록, 등록재산 공개 및 재산형성과정 소명과 공직을 이용한 재산취득의 규제, 공직자의 선물신고 및 주식백지신탁, 퇴직공직자의 취업제한 및 행위제한 등을 규정함으로써 공직자의 부정한 재산 증식을 방지하고, 공무집행의 공정성을 확보하는 등 공익과 사익의 이해충돌을 방지하여 국민에 대한 봉사자로서 가져야 할 공직자의 윤리를 확립함을 목적으로 한다. 이 법은 '공직자'라는 이름에서 보듯이 공무원뿐만 아니라 공직유관단체 즉 같은 법 제3조의2에 열거된 특수법인의 임원들에게도 적용된다.

2) 등록의무자

국가와 지방자치단체의 정무직공무원, 4급(상당) 이상의 일반직 공무원과 별정직 공무원, 이에 상당하는 외무공무원과 국가정보원 직원 및 경호공무원, 법관 및 검사, 헌법재판소 헌법연구관, 대령 이상의 장교 및 이에 상당하는 군무원, 교육공무원 중 총장 · 부총장 · 대학원장 · 학장 및 전문대학의 장과 대학에 준하는 각종 학교의 장, 특별시 · 광역시 · 특별자치시 · 도 · 특별자치도의 교육감 · 교육장 및 교육위원, 총경 이상의 경찰공무원과 소방정 및 지방소방정 이상의 소방공무원 등이 해당된다. 휴직 중인 공무원도 적용된다(「공직자윤리법」 제3조).

기타 국회규칙, 대법원규칙 및 대통령령으로 정하는 특정 분야의 공무원도 포함된다.

3) 등록대상 재산

등록의무자가 등록할 재산은 본인, 배우자, 본인의 직계존비속의 재산으로서, 부동산에 관한 소유권 · 지상권 및 전세권, 광업권 · 어업권, 그 밖에 부동산에 관한 규정이 준용되는 권리, 소유자별 합계액 1천만원 이상의 현금 · 예금 · 주식 · 국채 · 공채 · 회사채 등 증권 · 채권 · 채무 및 지식재산권(知識財産權), 소유자별 합계액 500만원 이상의 금 및 백금(금제품 및 백금제품 포함), 보석류, 골동품 및 예술품, 권당 500만원 이상의 회원권, 자동차 · 건설기계 · 선박 및 항공기, 합명회사 · 합자회사 및 유한회사의 출자지분, 주식매수선택권 등이다(「공직자윤리법」 제4조).

4) 등록시기와 등록기관

공직자는 등록의무자가 된 날부터 2개월 이내에 등록의무자가 된 날 현재의 재산을 국회사무처, 법원행정처, 헌법재판소사무처, 중앙선거관리위원회사무처, 정부의 각 부 · 처 · 청, 감사원사무처, 국가정보원, 각 지방자치단체, 각 지방의회, 특별시 · 광역시 · 특별자치시 · 도 · 특별자치도교육청과 교육위원회 등이다.

다만 등록재산을 공개하는 정부의 부 · 처 · 청 소속 공무원과 감사원 · 국가정보원 소속 공무원 중 재산등록사항을 공개하는 공직자는 안전행정부에 등록한다(「공직자윤리법」 제5조).

5) 등록사항의 심사

공직자윤리위원회는 등록된 재산사항을 심사하여야 한다. 공직자윤리위원회는 등록의무자가 등록재산의 일부를 과실로 빠트리거나 가액합산 등을 잘못 기재한 부분이 있다고 인정될 때에는 등록의무자에게 기간을 정하여 재산등록서류의 보완을 명할 수 있다. 심사를 위하여 필요하면 등록의무자에게 자료의 제출요구 또는 서면질의를 하거나 사실 확인을 위한 조사를 할 수 있다. 이 경우 공직자윤리위원회는 등록의무자에게 해명 및 소명자료를 제출할 기회를 주어야 한다. 공직자윤리위원회는 또한 등록의무자와 그 배우자, 등록의무자의 직계존속 · 직계비속, 그 밖의 재산등록사항 관계인에게 출석을 요구하고 진술을 받을 수 있다.

공직자윤리위원회는 등록사항의 심사 결과 등록대상재산을 거짓으로 기재하거나 중대한 과실로 빠트리거나 잘못 기재하거나 직무상 알게 된 비밀을 이용하여 재물 또는 재산상 이익을 취득한 사실이 인정되면 경고 및 시정조치, 과태료 부과, 일간신문 광고란을 통한 허위등록사실의 공표, 해임 또는 징계(파면 포함) 의결요청 중 하나를 행하여야 한다(「공직자윤리법」 제8,9조).

6) 등록재산의 공개

공직자윤리위원회는 등록의무자 중 다음에 해당하는 공직자 본인과 배우자 및 본인의 직계존속 · 직계비속의 재산에 관한 등록사항과 변동사항 신고내용을 등록기간 또는 신고기간 만료 후 1개월 이내에 관보 또는 공보에 게재하여 공개하여야 한다(「공직자윤리법」 제10조). 공개사항은 주택 등 보유 부동산의 주소와 면적, 차종,

금융기관별 예금내역 등이다.[33)]

① 국가의 정무직공무원 ② 지방자치단체의 정무직공무원 ③ 1급(상당)의 일반직 · 별정직 · 외무직 공무원과 국가정보원의 기획조정실장 ④ 고등법원 부장판사급 이상의 법관과 대검찰청 검사급 이상의 검사 ⑤ 중장 이상의 장관급 장교 ⑥ 교육공무원 중 총장 · 부총장 · 학장 및 전문대학의 장과 대학에 준하는 각종 학교의 장, 특별시 · 광역시 · 특별자치시 · 도 · 특별자치도의 교육감 및 교육위원 ⑦ 치안감 이상의 경찰공무원 및 특별시 · 광역시 · 특별자치시 · 도 · 특별자치도의 지방경찰청장 ⑧ 소방정감 이상의 소방공무원 ⑨ 지방 국세청장 및 3급 공무원 또는 고위공무원단에 속하는 공무원인 세관장 ⑩ 이에 상당하는 임기제 공무원, 그 밖에 대통령령으로 정하는 정부의 공무원 등

다. 선물신고

공무원이 외국으로부터 선물을 받거나 그 직무와 관련하여 외국인과 외국단체로부터 선물을 받으면 지체 없이 소속 기관 · 단체의 장에게 신고하고 그 선물을 인도하여야 한다. 이들의 가족이 외국으로부터 선물을 받거나 그 공무원의 직무와 관련하여 외국인에게 선물을 받은 경우에도 또한 같다. 신고할 선물의 가액은 미국 화폐 100달러 이상이거나 국내 시가로 10만원 이상인 경우이다. 신고된 선물은 신고 즉시 국고에 귀속된다(「공직자윤리법」 제15,16조).

외국으로부터 선물을 받는 공무원이나 그 가족은 본인의 직급이나 직무관련 여부에 관계없이 일정 가액 이상 선물은 모두 신고해야 한다. 다만 외국인이나 외국단체로부터의 선물은 직무 관련성을 먼저 살펴 볼 필요가 있다.

라. 외국정부의 영예 등을 받을 경우 허가

공무원이 외국정부로부터 영예나 증여를 받을 경우에는 대통령의 허가를 받아야 한다(「국가공무원법」 제62조, 「지방공무원법」 제54조). 이는 외국 정부에서 주는 이유

---

33) 미국은 공직자의 신변 안전을 위하여 주소나 차량 정보 등 세부사항은 공개하지 않고 항목별 총액만 공개하고 있다고 한다. 강한승, 미국법원을 말하다, 277쪽.

나 배경을 살펴 국익에 저촉되는 불미스러운 일은 없는지 타당성을 따져 보기 위함이다. 외국정부는 우리나라와의 국교수립 여부에 관계없이 모든 정부를 말하고 외국의 공·사 법인은 이에 해당되지 않으므로 대학으로부터 명예박사 학위를 받거나 개인 또는 기업으로부터 선물을 받는 행위 등은 허가 대상이 아니다.

국제법상 상호주의 원칙에 따라 우리나라 정부에서 외국인(외교관 포함)에게 서훈할 경우에도 외교통상부 공적심사위원회의 심사를 거쳐 서훈추천이 결정되면 외교통상부장관은 서훈 추천 대상자의 국내법에 따라 외국으로부터 훈장을 받을 때에 본국 정부의 사전 동의가 필요한 경우에는 적절한 외교통로를 통하여 그 서훈 추천에 관한 본국 정부의 동의를 얻어야 한다(「외국인 서훈 추천에 관한 규칙」 제3조 제3항).

「공직자윤리법」상 외국(인)으로부터 받는 선물은 신고 후 국고에 귀속하게 되어 있으므로 외국정부로부터 받는 영예나 증여는 선물이 아닌 것이어야 하고, 대통령의 허가는 미리 받아야 하므로 구체적인 내용과 이유 등을 명시하여 대통령에게 보고하여 허가를 받아야 한다.

그러나 현재 대통령의 허가권은 「행정권한의 위임 및 위탁에 관한 규정」 제17조에 의하여 각 중앙행정기관장과 안전행정부장관에게 위임되어 있다.

마. 품위유지

공무원은 직무의 내외를 불문하고 그 품위가 손상되는 행위를 하여서는 아니 된다(「국가공무원법」 제63조, 「지방공무원법」 제55조). 제헌헌법 제27조에 규정된 바와 같이 공무원은 주권을 가진 국민의 수임자로서 국민전체를 위해 봉사하는 지위를 갖고 있으므로 공무원은 공사(公私)생활에 걸쳐 품격이 있어야 한다.

'품위'란 주권자인 국민의 수임자로서 직책을 맡아 수행해 나가기에 손색이 없는 인품을 말한다.[34] 따라서 공무수행의 신뢰를 위하여 공직자로서의 체면이나 위신·절도(節度)·신용을 계속 유지할 필요가 있으므로 직무와 관련된 것은 물론이고 축첩·도박·아편·알콜중독 등 직무와 관련 없더라도 사회적 지탄 행위는 하지 말아야 한다. 품위손상 여부는 개별적인 사안에 관련된 정황과 내용 등을 종합적으로 고

34) 대법원 2013.9.12. 선고 2011두20079 판결.

려하여 판단할 필요가 있다.

공무원은 근무 중 그 품위를 유지할 수 있는 단정한 복장을 하여야 한다. 그리고 직무를 수행할 때 근무기강을 해치는 정치적 주장을 표시하거나 상징하는 복장 또는 관련 물품을 착용해서는 아니 된다(「국가공무원 복무규정」 제8조의2).

다만 공무원의 완전한 사적 영역에서 일어난 일은 공직수행에 영향이 있거나 공개됨으로써 사회적 평가를 훼손할 염려가 있는 경우에 한하는 등 신중히 적용되어야 할 것이다.

공무원 징계 사유 중 '체면이나 위신'(「국가공무원법」 제78조 제1항 제3호)도 품위와 같은 말이라고 생각된다.

바. 병역사항 신고

1999.5.24 제정된 「공직자 등의 병역사항 신고 및 공개에 관한 법률」은 현행 헌법 제39조 제1항에 규정된 병역의무의 자진 이행에 기여하기 위하여 공직자 본인과 18세 이상 직계비속의 병역사항을 신고하고 공개하는 제도이다.

1) 신고의무자

국가와 지방자치단체의 정무직 공무원, 4급(상당) 이상의 일반직·별정직공무원, 직무등급 6등급 이상인 직위의 외무공무원, 4급 이상의 국가정보원의 직원 및 대통령경호실의 경호공무원, 법관 및 검사, 헌법재판소 헌법연구관, 대령 이상의 장교 및 2급 이상의 군무원, 교육공무원 중 대학의 장, 부총장, 대학원장, 단과대학장 및 대학에 준하는 각종 학교의 장과 대학의 처장·실장, 특별시·광역시·도·특별자치도의 교육감·교육위원 및 교육장, 총경 이상의 경찰공무원과 소방정 이상의 소방공무원, 4급 이상의 일반직 공무원에 상당하는 직위에 보직된 연구관·지도관·장학관 및 교육연구관 등으로 재산등록 의무자와 비슷하다(「공직자 등의 병역사항 신고 및 공개에 관한 법률」 제2조).

2) 신고대상자와 신고할 병역사항

신고의무자는 본인과 본인의 18세 이상인 직계비속의 병역사항을 신고하여야 한다. 병역사항은 제1국민역(第1國民役) 편입사항, 징병검사 연도 및 병역처분 내용,

징집 또는 소집 복무를 마친 경우 복무 분야, 계급, 군번, 입영 연월일, 전역 · 소집해제 연월일, 전역 · 소집해제 사유, 현역 · 보충역 · 전환복무 중인 경우 복무 분야, 복무부대 또는 복무기관, 계급, 입영 또는 편입 연월일 등이다(「공직자 등의 병역사항 신고 및 공개에 관한 법률」 제3조).

3) 신고시기와 신고기관

신고의무자는 신고의무자가 된 날부터 1개월 이내에 신고의무자가 된 날 현재의 신고대상자의 병역사항을 적은 병역사항 신고서를 소속 기관에 제출하여야 한다. 부득이한 사유로 병역사항 신고기간의 연장을 신청한 경우에 그 사유가 타당하다고 신고기관의 장이 인정할 때에는 1개월의 범위에서 신고일을 정하여 신고기간을 연장할 수 있다(「공직자 등의 병역사항 신고 및 공개에 관한 법률」 제4조).

4) 신고사항의 공개

병무청장은 신고기관의 장으로부터 병역사항을 통보받으면 1개월 이내에 관보와 병무청의 인터넷 홈페이지에 게재하여 공개하여야 하고, 확인 결과 병역 변동사항이 있을 때에는 매 분기의 다음 달 중에 그 변동사항을 관보와 병무청의 인터넷 홈페이지에 게재하여 공개하여야 한다. 병무청장은 병역사항을 공개하고자 하는 경우에는 공개될 병역사항을 인터넷 등을 통하여 신고의무자에게 미리 열람하게 하여야 한다(「공직자 등의 병역사항 신고 및 공개에 관한 법률」 제8조).

5) 성실 신고의무 등

신고의무자 신고대상자를 고의로 빠뜨리거나 신고할 병역사항을 거짓으로 신고하여서는 안되며 병무청장 등이 하는 병역사항의 조사에 성실히 응하여야 한다. 또한 병역사항 신고 및 공개 업무에 종사하거나 하였던 사람 또는 그 밖의 사람으로서 공개하지 아니한 병역사항을 직무상 알게 된 사람은 다른 사람에게 이를 누설하거나 자료를 제공하여서는 아니 된다. 이를 위반할 경우 징역 또는 벌금형에 처할 수 있다(「공직자 등의 병역사항 신고 및 공개에 관한 법률」 제12,13,17조).

사. 외부강의 · 회의 등 신고

공무원은 대가를 받고 세미나, 공청회, 토론회, 발표회, 심포지엄, 교육과정, 회의 등에서 강의, 강연, 발표, 토론, 심사, 평가, 자문, 의결 등을 할 때에는 미리 외부강의 · 요청자, 요청 사유, 장소, 일시 및 대가를 소속 기관의 장에게 신고하여야 한다. 다만 외부강의 · 등의 요청자가 국가나 지방자치단체인 경우는 그러하지 아니하다. 공무원이 외부강의 · 등을 할 때 받을 수 있는 대가는 외부강의 · 회의 등의 요청자가 통상적으로 적용하는 기준을 초과해서는 아니 된다(「공무원 행동강령」 제15조).

2. 직무상 의무

가. 성실

1) 의의

모든 공무원은 법령을 준수하며 성실히 직무를 수행하여야 한다(「국가공무원법」 제56조, 「지방공무원법」 제48조). 공무원이 법령을 잘 지키며 전인격을 바쳐 맡은 직무를 성실하게 수행하는 것은 공무원의 직무상 의무 중 가장 기본적인 것이다. 특별히 성실 의무에서 만큼은 '모든' 공무원으로 규정하고 있는 것은 직업공무원 뿐만 아니라 공법상 근무관계를 맺고 있는 누구에게든지 같은 의무가 요구됨을 보여주고 있다.

2) 법령의 내용

준수해야 할 법령은 재직 중 적용받는 공무원 신분관계 법령뿐만 아니라 자기 직무에 관련된 소관법령까지 다 포함한다. 성실히 직무를 수행한다는 개념이 다소 추상적이기는 하나 직무에 전념하는 도덕적 규범으로 보면 무난하다고 본다. 직무는 법령에 규정된 관장 사무, 상관으로부터 지시받은 것, 내부 훈령에 의하여 분장된 업무 등을 말한다. 관리자의 경우 소속 직원에 대한 상시 교육훈련을 게을리 하지 않는 것도 성실의무에 포함된다 하겠다.

3) 기록물 보호 · 관리

모든 공무원은 「공공기록물 관리에 관한 법률」이 정하는 바에 따라 기록물을 보호 · 관리할 의무를 갖는다(제4조). 이 법에서 말하는 공무원은 특수법인의 직원도 포함하고 있으므로 공직자라고 해도 무방하다. 「국가공무원법」 제56조가 '모든' 공무원이 성실히 직무를 수행하라고 한 것처럼 공공기록물을 보호 · 관리하는 의무도 '모든' 공무원으로 표현하고 있는 것은 누구도 이 의무를 지켜야 하는데 예외가 없다는 점을 강조한 것이다.

4) 국제법 준수

외무공무원은 재외 공관 등에서 근무할 경우 「외무공무원법」 제19조 및 「재외공무원 복무규정」 제6조에 따라 국제법과 국제관례를 준수하여야 하며, 주재국의 법령 · 제도 · 문화 · 전통 · 관행 등을 존중하여야 한다.

나. 복종

1) 의의

공무원은 직무를 수행할 때 소속 상관의 직무상 명령에 복종하여야 한다(「국가공무원법」 제57조, 「지방공무원법」 제49조). 공무원의 직무 수행방법은 법령에 직접 규정된 경우에는 그대로 이행하면 되나, 대개 법령에서는 일반기준이나 원칙만 정해 놓고 구체적인 집행은 권한이 부여된 기관의 판단과 지침에 따라 한다. 이 경우 법령집행의 유기적 통일성을 기하고 조직목적을 효율적으로 달성하기 위하여 공무원은 상관의 직무상 명령을 충실히 이행하여야 한다. 이는 행정주체의 인격적 통일을 기할 필요가 있기 때문이다. 특히 국가는 하나의 인격체이므로 기관을 달리한다고 해서 기관마다 하나의 사안에 대하여 서로 다른 의사가 나오면 안 되므로 직무상 명령에 복종해야 할 의무의 중요성은 아무리 강조해도 지나치지 않는 것이다.

2) 직무상 명령권자

직무상 명령을 말할 수 있는 소속 상관이란 행정청 또는 보조기관인지의 여부에 관계없이 직무에 관하여 실질적인 지휘 · 감독권을 가진 자를 말한다. 따라서 파견근무중인 공무원은 파견기관의 상급자의 명령을 받게 된다. 또한 상급기관이 하급기관에 대하여 훈령이나 직무명령을 발할 경우의 하급기관은 그 훈령에 따라야 하므로 상급기관장이 하급기관에 대한 소속 상관이 될 것이다. 직제 상으로는 소속 상관의 지휘 · 감독 아래 있으나 직무상 독립한 합의제 기관은 상급 기관장의 명령에 따를 필요가 없다. 물론 소속 기관장이 그 의결사항을 따르느냐 아니냐 하는 것은 별개의 문제이다.

「군형법」 제64조는 상관을 면전에서 모욕하거나 공연한 사실을 적시하여 명예를 훼손한 사람에게 2~3년 이하의 징역이나 금고에 처하도록 하고 있다. 이 상관모욕죄는 상관에 대한 사회적 평가, 즉 외부적 명예 외에 군 조직의 질서 및 통수체계 유지 역시 보호법익으로 하는 만큼 입법 취지와 관계 법령을 종합해 볼 때 '상관'에는 대통령도 포함된다.[35]

3) 직무상 명령의 형식과 요건

직무상 명령은 특별한 규정이 있는 경우 외에는 구술이나 문서 등 어느 형식에 의하여도 무방하다. 공무원에게는 구두 방식이 많으나 하급기관에 대하여서는 문서가 대부분이다. 명령은 상관이 부하에게 발하는 직무상의 지시를 말하며, 발령자의 의도와 수명자의 임무가 명확하고 간결하게 표현되어야 한다(「군인복무규율」 제19조). 발령자는 직무와 관계가 없거나 법규 및 상관의 정당한 명령에 반하는 사항이나 자기 권한 밖의 사항 등을 명령해서는 안 된다(「군인복무규율」 제22조).

4) 명령복종 효과

상관의 적법 · 타당한 명령에 복종한 것이라면 면책이 된다. 공무원이 소속상관의 정당한 직무상의 명령에 따르다가 과실로 인하여 재직 중 발생한 사유로 금고 이상의 형을 받더라도 퇴직급여와 퇴직수당을 전액 지급받을 수 있다(「공무원 연금법」 제64조 제1항).

명령은 정당한 권한을 가진 소속 상관이 발하고 부하의 직무범위 안이어야 하며 내용도 법령에 위배되지 않아야 한다. 부하는 상관의 명령에 대하여 의견을 진술할 수 있지만(「지방공무원법」 제49조 단서), 위법한 직무명령에는 복종할 의무가 없다. 단순히 법령 해석상 견해 차이에 불과하다든지 직무명령이 부당하다고 인정되는 정도라면 최종 판단과 책임소재가 상관에게 있으므로 일단 복종하는 것이 옳다.

---

35) 대법원 2013.12.12, 선고 2013도4555 판결.

다. 친절 · 공정

공무원은 국민 전체의 봉사자로서 친절하고 공정하게 직무를 수행하여야 한다(「국가공무원법」 제59조, 「지방공무원법」 제51조). 공무원은 주권자인 국민의 수임자이므로 공사를 분별하고 인권을 존중하며, 친절 · 공정하고 신속 · 정확하게 업무를 처리하여야 한다(「국가공무원 복무규정」 제4조)고 되어 있다. 「재외공무원 복무규정」 제8조에도 같은 취지의 내용이 규정되어 있으며 특히 재외공무원은 특정인 또는 특정단체의 사적이익을 위하여 업무를 수행하여서는 아니된다고 하고 있다. 공무원이 국민에게 불친절하게 응대함으로써 민원이 야기되거나 품위를 손상하게 될 경우에는 징계사유가 될 수 있다.

라. 종교중립

공무원은 종교에 따른 차별 없이 직무를 수행하여야 한다. 소속 상관이 종교중립에 위배되는 직무상 명령을 한 경우에는 이에 따르지 아니할 수 있다(「국가공무원법」 제59조의2, 「지방공무원법」 제51조의2). 이 의무는 2009.2.6. 신설된 것으로서 대통령령인 「공무원 행동강령」 제6조에서도 공무원이 직무를 수행할 때 지연 · 혈연 · 학연 · 종교 등을 이유로 특정인에게 특혜를 주거나 특정인을 차별하지 못하도록 하고 있다.

마. 비밀엄수

1) 의의

공무원은 재직 중은 물론 퇴직 후에도 직무상 알게 된 비밀을 엄수(嚴守)하여야 한다(「국가공무원법」 제60조, 「지방공무원법」 제52조). 민주국가는 공개행정이 원칙이나 국익과 프라이버시 보호 차원에서 비밀을 엄격히 지켜야 할 경우도 있다. 외국과의 교섭에 관한 훈령과 보고내용(외교기밀)이 공개될 경우 국가 간의 신뢰에 큰 손상이 올 수 있고, 개인의 가정생활 등이 알려지면 당사자의 권익이 크게 침해되기 때문이다. 공무원이 직무를 수행하면서 알게 된 비밀은 재직 중은 물론이고 퇴직 후까지도

지켜야 한다.

그러나 「국회에서의 증언 · 감정 등에 관한 법률」 제4조에서는 국회로부터 공무원 또는 공무원이었던 자가 증언의 요구를 받거나, 국가기관이 서류제출을 요구받은 경우에 증언할 사실이나 제출할 서류의 내용이 직무상 비밀에 속한다는 이유로 증언이나 서류제출을 거부할 수 없도록 하고 있다. 다만 군사 · 외교 · 대북관계의 국가기밀에 관한 사항으로서 그 발표로 말미암아 국가안위에 중대한 영향을 미친다는 주무부장관(대통령 및 국무총리의 소속기관에서는 당해 관서의 장)의 소명이 증언 등의 요구를 받은 날로부터 5일 이내에 있는 경우에는 예외가 인정된다.

국가정보원직원은 퇴직 후 직무상 비밀을 증언 또는 진술하거나 공표하고자 할 때 미리 원장의 허가를 받아야 하는데 이 경우 직원에는 퇴직한 자를 포함한다고 명문화되어 있다(「국가정보원직원법」 제17조 제2,3항).

또한 전·현직 공무원이 법원으로부터 민 · 형사 재판의 증인으로 직무상 비밀에 관한 사항을 심문을 받을 경우 소속관청 또는 감독관청의 동의(승락)를 받아야 한다(「민사소송법」 제306조, 「형사소송법」 제147조). 이때도 직무상의 비밀에 대하여만 제한적으로 진술하도록 할 뿐 직무상 알게 된 비밀까지 말하는 것은 아니므로 자신의 직무범위를 벗어난 사항에 대하여는 진술을 거부하여야 할 것이다.

2) 직무상 알게 된 비밀과 직무상 비밀

공무원이 지켜야 할 비밀은 직무상 알게 된 것으로서 여기에는 자신의 직무범위에 관한 것 외에 전해들은 비밀도 포함된다. 직무상 알게 된 비밀은 공무원이 직무를 수행하는 과정에서 직 · 간접으로 관련되어 알게 된 모든 업무 내용 즉 행정내부에서 생산된 것은 물론 행정객체인 개인과 법인의 비밀적인 사항까지를 말하나, 직무상 비밀은 공무원의 직무상 소관범위에 속하는 비밀사항만을 말한다. 그러므로 전자는 후자보다 범위가 훨씬 넓다. 세무공무원이 자기가 보관하고 있는 체납정리부에 기재된 특정인의 체납액을 공개할 경우 '직무상' 비밀을 누설한 것이 되나, 교사가 학생의 가정을 방문하여 알게 된 가정 사정을 타인에게 공개할 경우에는 '직무상 알게 된' 비밀을 누설한 것이다.

공무원의 비밀엄수 의무의 범위를 이처럼 넓게 규정하고 있는 이유는 공무원은 법령 및 직무상의 명령을 준수하여 근무기강을 확립하고 질서를 존중하여야 하므로 자신의 소관 업무 내용이 아닌 타부서 또는 타인의 직무범위라도 남에게 들어 알게 된 비밀사항을 외부에 유출하는 것은 국가의 신뢰를 떨어뜨리고 행정의 효율적 수행을 어렵게 할 수 있기 때문이다.

3) 실질비와 형식비

비밀엄수의 의무는 행정의 민주적, 능률적 운영을 확보하는 데 근본 목적이 있으므로 공무원이 지켜야 할 비밀을 정의할 때 우선적으로 고려할 사항은 당해 사실이 일반에 알려질 경우 그러한 목적을 해할 우려가 있는지 여부가 될 것이다.

비밀이란 그것이 외부에 알려지지 않은 사실로서 실질적으로 비밀로서 보호할 가치가 있을 것을 필요로 하고, 비밀의 누설에 의하여 위협받는 국가의 기능을 보호하기 위한 것이라고 볼 것인데, 그 비밀의 범위는 국민의 표현의 자유 내지 알 권리의 영역을 최대한 넓혀 줄 수 있도록 필요한 최소한도에 한정되어야 할 것이다.[36)]

따라서 형식적으로 정한 것에 따르지 않고 비밀로서 실질적으로 보호할 가치가 있는지가 중요한 판단요소가 된다. 다만 형식비는 각급기관에서 그 중요성과 가치의 정도에 따라 Ⅰ급비밀, Ⅱ급비밀, Ⅲ급비밀로 구분하여 관리하고 있다(「보안업무규정」 제4조).

바. 주식의 매각 · 신탁

등록한 재산의 공개대상자 본인과 그 이해관계자 모두가 보유한 주식의 총가액이 1천만원 이상 5천만원 이하의 범위에서 대통령령으로 정하는 금액을 초과할 때에는 초과하게 된 날부터 1개월 이내에 해당 주식의 매각하거나 신탁 또는 투자신탁에 관한 계약을 직접 체결하거나 이해관계자로 하여금 하도록 하고 그 행위를 한 사실을 등록기관에 신고하여야 한다. 다만 주식백지신탁 심사위원회로부터 직무관련성이 없다는 결정을 통지받은 경우에는 그러하지 아니하다(「공직자윤리법」 제2장의2).

---

36) 대법원 2006.6.16. 선고 2006도1368 판결, 대법원 2003.11.28. 선고 2003도5547 판결.

사. 제복착용

공무원의 직종 중에는 업무 특성을 고려하여 직무를 수행하는 중에는 제복을 착용하도록 법률로 의무화하고 있는 경우가 있다.[37] 군인, 경찰, 소방공무원, 검역공무원, 세관 공무원 등은 직무를 수행할 때에 제복을 입도록 되어 있다. 제복근무를 하는 직종은 주로 국가 안보나 사회질서를 유지하기 위하여 지휘계통이 요구되는 업무를 수행하는 경우가 많은데, 이들은 직무를 수행하는 동안에는 외부에서 쉽게 알 수 있게 함으로써 관리가 용이하도록 할 필요가 있기 때문이다.

아. 당직 및 비상근무

당직근무라 함은 휴일 또는 정상 근무시간 외의 화재·도난 기타 사고의 경계와 문서처리 및 업무연락을 하기 위한 근무를 말한다(「국가공무원 복무규정」 제5조). 따라서 당직근무자는 정상 근무시간이 아닌 때에 일어날 수 있는 각종 사고를 미리 방지하고 사고가 발생하였을 때에는 이에 대하여 신속하게 대처하며 아울러 문서의 접수, 긴급한 문서의 발송 및 업무연락 등 제한된 범위 내에서 그 책임 하에 최소한의 행정활동을 유지할 수 있게 조치하여야 한다. 결국 당직 근무자는 모든 사람이 퇴근하고 난 후 자기가 소속되어 있는 기관과 그 일부 업무에 대하여 사고 예방책임과 문서처리 및 업무연락책임을 지는 중요한 역할을 담당하게 되는 것이다.

당직은 일직과 숙직으로 나누어지는데, 일직은 공휴일의 주간에 하며 근무시간은 토요일이 아닌 정상근무일의 근무시간에 준한다. 숙직은 야간에 두며 그 근무시간은 정상근무시간 또는 일직근무가 개시될 때까지로 한다.

비상근무는 비상사태 하에서 업무수행의 효율화를 도모하기 위하여 실시한다. 비상근무는 그 정도에 따라 1, 2, 3호로 구분한다(「지방공무원 복무규정」 제2조의2).

자. 부패행위 신고

공직자는 그 직무를 행함에 있어 다른 공직자가 부패행위를 한 사실을 알게 되

37) 「군인사법」 제47조의3, 「경찰공무원법」 제20조, 「제주특별자치도 설치 및 국제자유도시 조성을 위한 특별법」 제118조, 「소방공무원법」 제18조, 「검역법」 제33조, 「관세법」 제308조 등.

었거나 부패행위를 강요 또는 제의받은 경우에는 지체 없이 이를 수사기관·감사원 또는 국민권익위원회에 신고하여야 한다. 다만 신고자가 신고의 내용이 허위라는 사실을 알았거나 알 수 있었음에도 불구하고 신고한 경우에는 보호를 받지 못한다. 부패행위를 신고하고자 하는 자는 신고자의 인적사항과 신고취지 및 이유를 기재한 기명의 문서로써 하여야 하며, 신고대상과 부패행위의 증거 등을 함께 제시하여야 한다(「부패방지 및 국민권익위원회의 설치와 운영에 관한 법률」 제56~58조).

제2절 소극적 (금지)의무

공무원이 법률에서 금지하고 있는 사항을 무조건 잘 지켜야 하는 것을 말하는데, 여기에도 공무원의 신분을 갖고 있는 동안 지켜야 하는 신분상 의무와 원칙적으로 직무와 관련된 경우에 지켜야 하는 직무상 의무로 나눌 수 있다.

1. 신분상 의무

가. 영리업무 및 겸직 금지

공무원은 공무 외에 영리를 목적으로 하는 업무에 종사하지 못하며 소속 기관장의 허가 없이 다른 직무를 겸할 수 없다. 영리를 목적으로 하는 업무의 한계는 대통령령 등으로 정한다(「국가공무원법」 제64조, 「지방공무원법」 제56조). 영리업무를 금지하는 이유는 공무원의 직무 능률을 떨어뜨리거나, 공무에 대하여 부당한 영향을 끼치거나, 국가의 이익과 상반되는 이익을 취득하거나, 정부에 불명예스러운 영향을 끼칠 우려가 있기 때문이다(「국가공무원 복무규정」 제25조).

영리업무의 범위는 공무원이 영리적인 업무를 스스로 경영하여 영리를 추구함이 뚜렷한 것, 영리를 목적으로 하는 사기업체(私企業體)의 임원이 되는 것, 직무와 관련 있는 타인의 기업에 투자하는 것, 계속적으로 재산상 이득을 목적으로 하는 것을 들고 있다.

한편 공무원이 영리 업무에 해당하지 아니하는 다른 직무를 겸하려는 경우에는 소속 기관의 장의 사전 허가를 받아야 하는데, 허가는 담당 직무 수행에 지장이 없는 경우에만 가능하다.

허가를 할 수 있는 소속 기관의 장이란 고위공무원단에 속하는 공무원 이상의 공무원에 대해서는 임용제청권자, 3급 이하 공무원 및 우정직공무원에 대해서는 임용권자를 말한다.

나. 청렴(증여, 향응 수수금지)

공무원은 직무와 관련하여 직접적이든 간접적이든 사례·증여 또는 향응을 주거나 받을 수 없다. 공무원은 직무상의 관계가 있든 없든 그 소속 상관에게 증여하거나 소속 공무원으로부터 증여를 받아서는 아니 된다(「국가공무원법」 제61조, 「지방공무원법」 제53조).

청렴의무는 공무원이 직무에 관하여 사전에 부정한 청탁을 받고 직무상 부정행위를 하는 것을 방지하려는 데에 그치지 않고, 공무원의 순수성과 직무집행의 적정성을 보장하려는 데에 있다. 직무와 관련하여 자신의 담당업무는 물론 타인 소관 업무라도 자신이 영향력을 행사할 수 있다면 포함될 수 있다.

'사례'는 문자적으로는 감사의 뜻을 상대에게 나타내는 것으로서 주로 금전적 측면에서 말하는 것이고, '증여'는 당사자의 일방이 무상으로 재산을 상대방에게 수여하는 의사를 표시하고 상대방이 이를 승낙함으로써 성립하며, 사례와 달리 주로 재산이나 물건에 관한 것이다. '향응(饗應)'은 음식을 차려서 대접하는 것으로 장소에 불문하고 직무와 관련된 접대행위를 말한다.

한편 공무원 간의 수수행위도 그것이 직무상 관계에 불문하고 엄격히 금지된다.

보다 구체적으로 「공무원 행동강령」 제14조는 공무원이 직무관련자로부터 금전, 부동산, 선물 또는 향응을 받아서는 아니 되고 직무관련공무원으로부터 금품 등을 받아서는 아니 된다고 한다. 다만 통상적인 관례의 범위에서 제공되는 소액의 선물, 공개적으로 제공되는 금품, 상급자가 하급자에게 위로, 격려, 포상 등 사기를 높일 목적으로 제공하는 금품 등은 무방하다. 공무원뿐만 아니라 배우자나 직계 존속·비속도 금품 등을 받지 않도록 해야 한다.

다. 정치운동의 금지

1) 의의

공무원도 주권자인 국민의 한 사람으로서 참정권을 갖고 있으므로 본인이 지지하는 사람이나 정당에 투표하는 행위가 제한받는 것은 아니다. 그러나 공무원은 국민전체에 대한 봉사자로서 직무수행에 있어서는 정치적으로 중립을 지켜야 한다. 즉 본인의 신념에 따른 정치'행위'는 허용되지만 타인에게 영향을 미치는 정치'운동'은 금지되는 것이다.

2) 금지되는 정치운동

공무원은 정당이나 그 밖의 정치단체의 결성에 관여하거나 이에 가입할 수 없다. 또 선거에서 특정 정당 또는 특정인을 지지 또는 반대하기 위하여 투표를 하거나 하지 아니하도록 권유 운동을 하는 것, 서명 운동을 기도(企圖)·주재(主宰)하거나 권유하는 것, 문서나 도서를 공공시설 등에 게시하거나 게시하게 하는 것, 기부금을 모집 또는 모집하게 하거나, 공공자금을 이용 또는 이용하게 하는 것, 타인에게 정당이나 그 밖의 정치단체에 가입하게 하거나 가입하지 아니하도록 권유 운동을 하는 행위를 할 수 없다(「국가공무원법」 제65조, 「지방공무원법」 제57조).

이러한 행위는 정치적 목적[38]을 가지고 타인에게 영향력을 행사하여 정치세력을 확장하려는 것이므로 공무원의 정치적 중립 의무에 위배되는 것이다.

3) 선거에 영향을 미치는 행위

정치운동의 핵심은 선거에 있으므로 선거에 영향을 미치는 행위는 보다 구체적으로 금지하고 있다. 소속직원 또는 선거구민에게 교육 기타 명목여하를 불문하고 특정 정당이나 후보자(후보자가 되고자 하는 자 포함)의 업적을 홍보하는 행위, 지위를 이용하여 선거운동의 기획에 참여하거나 그 기획의 실시에 관여하는 행위, 정당 또는 후보자에 대한 선거권자의 지지도를 조사하거나 이를 발표하는 행위, 선거기간 중 국가 또는 지방자치단체의 예산으로 시행하는 사업 중 즉시 공사를 진행하지 아

---

38) 정치적 목적을 가지는 행위는 정당의 조직, 조직의 확장, 그 밖에 그 목적 달성을 위한 것, 특정 정당 또는 정치단체를 지지하거나 반대하는 것, 법률에 따른 공직선거에서 특정 후보자를 당선하게 하거나 낙선하게 하기 위한 것 등을 예시하고 있다(「국가공무원 복무규정」 제27조).

니할 사업의 기공식을 거행하는 행위, 선거기간 중 정상적 업무외의 출장을 하는 행위, 선거기간 중 휴가기간에 그 업무와 관련된 기관이나 시설을 방문하는 행위를 해서는 안 된다(「공직선거법」 제86조 제1항).

'지위를 이용하여'라는 뜻은 공무원이 개인 자격이 아니라 자신의 지위 즉 지휘감독권, 직무권한, 담당사무 등과 관련하여 사무소 내 · 외부 사람에게 선거운동을 효과적으로 할 수 있는 영향력 또는 편익을 이용하는 것을 의미하고, '선거운동의 기획에 참여'하는 것은 당선되게 하거나 되지 못하게 하기 위한 선거운동 행위까지는 이르지 아니한 것으로서, 선거운동의 효율적 수행을 위한 일체의 계획 수립에 참여하는 행위를 말하는 것이다.[39]

특히 같은 법 제86조 제2항에서는 지방자치단체장에게는 더 엄격한 제한을 가하고 있다. 정당의 정강 · 정책과 주의 · 주장을 선거구민을 대상으로 홍보 · 선전하는 행위, 창당대회 · 합당대회 · 개편대회 및 후보자선출대회를 제외하고는 정당이 개최하는 시국강연회, 정견 · 정책발표회, 당원연수 · 단합대회 등 일체의 정치행사에 참석하거나 선거대책기구, 선거사무소, 선거연락소를 방문하는 행위, 법령에 의한 경우 등을 제외하고는 교양강좌, 사업설명회, 공청회, 직능단체모임, 체육대회, 경로행사, 민원상담 기타 각종 행사를 개최하거나 후원하는 행위, 통 · 리 · 반장의 회의에 참석하는 행위 등을 금지하고 있다.

4) 정치활동 허용범위

그러나 모든 공무원에게 무조건 정치적 중립을 요구하는 것은 아니다. 국민주권주의 원칙에 따라 국민의 다양한 수요에 적극적으로 반응하여 정책에 반영할 필요도 있기 때문이다. 따라서 현행 법령에서는 공무원 중 예외적으로 정치'활동'을 허용하는 경우가 있는데, 정치적으로 임용되는 정무직공무원이 주로 해당되겠으나 공무원이 정치활동을 하는 사람의 배우자나 직계존비속인 경우에는 국민정서를 감안하여 일부 허용하고 있다.

대상과 활동범위는 각 법령이 정하는 바에 따라 약간의 차이가 있다.

아래 표는 현행 법령상 공무원 중에서 정치활동을 할 수 있는 대상과 활동 범위를

39) 대법원 2013.11.28. 선고 2010도12244 판결.

요약 · 정리한 것이다.

〈공무원 종류별·법령별 정치행위 허용범위 비교〉

구분		정치운동 허용공무원(공무원법 제3조 제2항)	당원이 될 수 있는 공무원(「정당법」 제22조)	현직신분으로 입후보(「공직선거법」 제53조)	선거운동을 할 수 있는 공무원(「공직선거법」 제60조)	선거에 영향을 미치는 행위를 할 수 있는 공무원(「공직선거법」 제86조)
정부	대통령 · 국무총리 · 국무위원	○	○	×	×	×
	처장, 차관	○	×	×	×	×
	비서실장, 비서관	○	×	×	×	×
국회	국회의장	○	×	○	×	×
	국회부의장, 국회의원	○	○	○	○	○
	비서실장, 보좌관, 비서(관), 행정보조요원	○	○	○	○	○
	교섭단체 정책연구위원	○	○	○	○	×
지방자치단체	단체장	○	○	○	×	×
	지방의회 의원	○	○	○	○	○
기타	총장 · 학장 · 교수 · 부교수 · 조교수	×	○	○	○	×
	위원장, 청장 등 타 정무직공무원	×	×	×	×	×
	(예비)후보자의 배우자나 직계존비속인 공무원	×	×		○	×

라. 집단행위의 금지

공무원은 노동운동이나 그 밖에 공무 외의 일을 위한 집단 행위를 하여서는 아니 된다. 다만 사실상 노무에 종사하는 공무원은 예외로 한다(「국가공무원법」 제66조, 「지방공무원법」 제58조). 공무원은 법률로 허용된 경우를 제외하고는 집단행위가 금지되어 있다.

금지되는 집단 행위의 유형은 연서(連署)와 같이 서면에 의한 의사표시로부터 구체적인 행동까지 포괄적으로 적용하고 있다. 또한 정부활동의 능률을 저해하기 위해 태업행위(일제휴가, 초과근무 거부 등)도 포함된다. 판례는 공무에 속하지 아니하는 어떤 일을 위하여 공무원들이 하는 모든 집단적 행위를 의미하는 것이 아니라, 언론·출판·집회·결사의 자유를 보장하고 있는 헌법 제21조 제1항 과 공무원법의 입법 취지, 공무원법상의 성실의무와 직무전념의무 등을 종합적으로 고려하여 '공익에 반하는 목적을 위하여 직무전념의무를 해태하는 등의 영향을 가져오는 집단적 행위'라고 해석하고 있다.[40]

「군인복무규율」 제13조는 군인의 집단행위의 금지에 관하여 군인은 군무외의 일을 위한 집단행위를 하여서는 아니 된다. 그리고 국방부장관이 허가하는 경우를 제외하고는 일체의 사회단체에 가입할 수 없다. 다만 군무에 영향을 주지 아니하는 순수한 친목단체에 가입하거나 친목활동은 예외로 한다.

마. 외국정부 시책 비판 금지

재외공관 등에서 근무하는 외무공무원에게 사전허가 또는 훈령을 받은 경우를 제외하고는 주재국 정부의 정책 및 국내문제에 관하여 공개적인 비판을 하여서는 아니 된다고 한다(「재외공무원 복무규정」 제7조).

바. 외국의 영주권 취득 금지

외무공무원은 외국의 영주권을 보유하거나 취득하여서는 안 되며, 배우자나 자녀가 외국의 국적을 취득한 경우에는 외교부장관에게 신고하여야 한다(「외무공무원법」 제19조 제3항).

---

40) 대법원 2011.4.28. 선고 2007도7514 판결.

사. 금전의 차용 금지

공무원이 직무관련자(4촌 이내의 친족 제외) 또는 직무관련공무원에게 금전을 빌리거나 빌려주어서는 안 되며 부동산을 무상 또는 시장가격 또는 거래관행과 비교하여 현저하게 낮게 대여 받아서는 안 된다. 다만 「금융실명거래 및 비밀보장에 관한 법률」 제2조에 따른 금융기관으로부터 통상적인 조건으로 금전을 빌리는 경우는 제외한다. 그럼에도 불구하고 부득이한 사정으로 직무관련자 또는 직무관련공무원에게 금전을 빌리거나 빌려주는 것과 부동산을 무상으로 대여 받으려는 공무원은 소속 기관의 장에게 신고하여야 한다(「공무원 행동강령」 제16조).

아. 경조사의 통지와 경조금품의 수수제한

공무원은 직무관련자나 직무관련공무원에게 경조사를 알려서는 아니 된다. 다만 친족이나 현재 근무하고 있거나 과거에 근무하였던 기관의 소속 직원, 신문, 방송 또는 직원에게만 열람이 허용되는 내부통신망 등을 통한 통지, 자신이 소속된 종교단체·친목단체 등의 회원에 대한 통지의 경우에는 경조사를 알릴 수 있다.

공무원은 경조사와 관련하여 중앙행정기관의 장등이 소속 직원들의 의견을 수렴하여 통상적인 관례의 범위에서 정하는 기준을 초과하여 금품 등을 주거나 받아서는 안 된다. 다만 공무원과 친족 간에 주고받는 경조사 관련 금품 등, 자신이 소속된 종교단체·친목단체 등에서 그 단체 등의 정관·회칙 등에서 정하는 바에 따라 제공되는 경조사 관련 금품, 그 밖에 중앙행정기관의 장 등이 정하는 경조사 관련 금품 등에 해당하는 경우는 제외한다(「공무원 행동강령」 제17조).

2. 직무상 의무

가. 직장이탈 금지

공무원은 소속 상관의 허가 또는 정당한 사유가 없으면 직장을 이탈하지 못한다. 수사기관이 공무원을 구속하려면 그 소속 기관의 장에게 미리 통보하여야 한다. 다만 현행범은 그러하지 아니하다(「국가공무원법」 제58조, 「지방공무원법」 제50조).

1) 직장이탈 요건

공무원은 복무규정상의 근무시간 내에서는 소속된 직장 안에서 직무수행에 최선을 다해야 한다. 소속 상관의 허가나 정당한 사유가 있으면 근무시간 중이라도 직장을 이탈할 수 있다. 상관의 허가는 개별적으로 구술이나 문서 등으로 할 수 있지만 훈령이나 지침에 따라 정례적으로 이탈을 허가한 경우라면 그래도 하면 된다. 정당한 사유는 추후 소명을 하면 되고 정당성의 여부는 소속 상관이 판단할 것이다. 직장은 공무원이 소속되어 근무하고 있는 공간을 말하지만 반드시 동일 부서 안에서만 있어야 하는 것은 아니다. 직무수행의 연장이라면 다른 부서에서도 얼마든지 일할 수 있기 때문이다.

그러나 빈번한 외근과 훈련 그리고 작전수행 등 일정한 건물을 중심으로 직장개념을 파악하기 곤란한 국가정보원직원과 군인의 경우에는 직장이 아니라 '직무'를 이탈하여서는 아니 된다고 규정하는데(「국가정보원 직원법」 제16조, 「군인사법」 제47조), 이는 공무원 각자에게 부여된 임무범위, 즉 직무상 한계를 지켜야 한다는 뜻으로 이해할 수 있다.

2) 공무원 구속

공무원이 범죄요건을 구성할 경우 수사기관에서 입건 수사할 수 있다. 다만 공무원이 직무수행에 전념하도록 하기 위해서는 도주의 우려가 없거나 현행범이 아닌 한 미리 소속 기관의 장에게 구속사실을 통보하여야 한다. 그 이유는 공무원이 구속되어 직무를 수행하기 곤란할 경우 결원보충을 미리 준비할 수 있게 하고, 당해 공무원의 직무상 인계인수 등을 차질없이 행할 수 있도록 할 필요가 있기 때문이다.

수사기관은 수사의 임무를 수행하는 형사소송법상의 기관으로서 검사와 사법경찰관리가 해당된다. 공무원을 구속하는 것은 구인(拘引)과 구금(拘禁)을 포함하는 말이다(「형사소송법」 제69조). 통보해야 할 소속기관장은 복무상 지휘감독권을 갖고 있는 자이면 충분하고 반드시 임용권자를 뜻하는 것은 아니다.

현행범인은 누구든지 영장없이 체포할 수 있고(「형사소송법」 제212조), 국회의원이나 교원도 예외가 아니다(헌법 제44조, 「교원지위 향상을 위한 특별법」 제4조). 다만 현행범인이라도 국가정보원직원을 구속한 경우에는 지체없이 원장에게 그 사실을 통보하고 수사개시 및 종료사실과 결과를 통보하여야 한다(「국가정보원 직원법」 제23조).

나. 취업제한

1) 사기업체 등 취업제한

공직자 재산등록 의무자는 퇴직일부터 2년간 퇴직 전 5년 동안 소속하였던 부서의 업무와 밀접한 관련이 있는 영리 사기업체, 법무법인, 회계법인, 세무법인 등에 관할 공직자윤리위원회의 승인을 받지 않고서는 취업할 수 없다.

담당 직무와의 관련성 범위는 취업심사대상자가 퇴직 전 5년 동안 소속하였던 부서의 업무가 보조금 · 장려금 · 조성금 등을 배정 · 지급하는 등 재정보조를 제공하는 업무, 인가 · 허가 · 면허 · 특허 · 승인 등에 직접 관계되는 업무, 생산방식 · 규격 · 경리 등에 대한 검사 · 감사에 직접 관계되는 업무, 조세의 조사 · 부과 · 징수에 직접 관계되는 업무, 공사 또는 물품구입의 계약 · 검사 · 검수에 직접 관계되는 업무, 법령에 근거하여 직접 감독하는 업무, 사기업체등이 당사자이거나 직접적인 이해관계를 가지는 사건의 수사 및 심리 · 심판과 관계되는 업무 등이다(「공직자윤리법」 제17조 제2항).

만약 이를 어기고 취업한 사람이 있으면 관할 공직자윤리위원회는 국가기관의 장, 지방자치단체의 장에게 해당인에 대한 취업해제조치를 하도록 요청하여야 하며, 요청을 받은 국가기관의 장 또는 지방자치단체의 장은 해당인이 취업하고 있는 사기업체등의 장에게 해당인의 해임을 요구하여야 한다. 해임 요구를 받은 사기업체등의 장은 지체 없이 이에 응하여야 한다. 이 경우 사기업체등의 장은 그 결과를 국가기관의 장 또는 지방자치단체의 장에게 통보하고, 국가기관의 장 또는 지방자치단체의 장은 관할 공직자윤리위원회에 통보하여야 한다(「공직자윤리법」 제19조).

2) 행위제한

퇴직한 모든 공무원은 본인 또는 제3자의 이익을 위하여 퇴직 전 소속 기관의 임직원에게 법령을 위반하게 하거나 지위 또는 권한을 남용하게 하는 등 공정한 직무수행을 저해하는 부정한 청탁 또는 알선을 하여서는 아니 된다. 부정한 청탁 또는 알선을 받은 때에는 이를 소속 기관의 장에게 신고하여야 하고 소속 기관의 장은 수사의 필요성이 있다고 인정하는 경우 수사기관에 통보하여야 한다.

신고자의 신분은 신고자의 동의 없이 공개할 수 없다. 신고한 공무원은 신고로 인하여 소속 기관으로부터 징계조치 등 어떠한 신분상 불이익이나 근무조건의 차별을 받지 아니한다. 다만 거짓으로 신고한 경우는 그러하지 아니하다(「공직자윤리법」 제18조의4). 일종의 내부고발자(whistle-blower)를 보호하기 위한 조치이다.

3) 재직자 등의 취업청탁 등 제한

공무원으로 재직 중인 취업심사대상자는 퇴직 전 5년 동안 처리한 업무 업무와 관련한 사기업체등을 상대로 하여 재직 중 본인의 취업을 위한 청탁행위를 하여서는 아니 된다. 또한 국가기관, 지방자치단체의 장은 해당 기관의 취업심사대상자를 퇴직 전 5년 동안 처리한 업무와 관련된 사기업체등으로의 취업을 알선하는 행위를 하여서는 아니 된다(「공직자윤리법」 제18조의5).

4) 비위면직자의 취업제한

특히 공무원이 재직 중 직무와 관련된 부패행위로 당연퇴직, 파면 또는 해임된 경우에는 공공기관, 퇴직 전 3년간 소속하였던 부서의 업무와 밀접한 관련이 있는 일정규모 이상의 영리를 목적으로 하는 사기업체 또는 영리사기업체의 공동이익과 상호협력 등을 위하여 설립된 법인·단체에 퇴직일부터 5년간 취업할 수 없다(「부패방지 및 국민권익위원회의 설치와 운영에 관한 법률」 제82조). 퇴직 전 소속부서의 업무와 영리사기업체 사이의 밀접한 관련성의 범위는 「공직자윤리법」 제17조 제2항이 준용된다.

국민권익위원회는 공공기관에 취업한 비위면직자가 있는 경우 당해 공공기관의 장에게 그의 해임을 요구하여야 하며, 해임요구를 받은 공공기관의 장은 정당한 사유가 없는 한 이에 응하여야 한다. 그리고 영리사기업체 또는 법인·단체 등 협회에 취업한 자가 있는 경우 관계 공공기관의 장에게 그 취업자에 대한 취업해제조치의 강구를 요청하여야 하며, 요청을 받은 관계 공공기관의 장은 그 취업자가 취업하고 있는 영리사기업체 또는 협회의 장에게 그의 해임을 요구하여야 한다. 이 경우 해임요구를 받은 영리사기업체 또는 협회의 장은 정당한 사유가 없는 한 지체 없이 이에 응하여야 한다(「부패방지 및 국민권익위원회의 설치와 운영에 관한 법률」 제83조).

재산등록 의무가 있는 일정 직급 이상 공무원에 대한 취업제한 기간은 2년임에 비하여 비위면직자의 취업제한 규정은 직급구분 없이 모든 공무원에게 적용되고 그 기간도 5년으로 훨씬 길다.

다. 특권 · 면제의 남용 금지

외무공무원이 재외 공관 등 해외에서 근무할 경우 외교관으로서의 특권과 면제를 남용하여서는 아니 된다(「외무공무원법」 제19조). 외교관이나 영사 등에 대하여는 상호주의 원칙에 따라 우리나라와 외국의 협정으로 여러 가지 특권 조치와 납세의무 등을 면제하는 경우가 많은데,[41] 이는 외교관의 직무를 수행하는 범위 안에서만 활용하고 본인과 그의 가족이 부당한 이득을 취하는 수단으로 남용하면 안 된다.

라. 허위보고와 지휘권 남용 금지

모든 공무원은 성실하게 근무해야 하므로 항상 진실한 자세로 임해야 한다. 따라서 소속 상관에게 보고할 때는 사실관계를 정확하게 보고해야 한다. 특히 제복근무 직종의 경우에는 조직 전체가 일사불란하게 움직이는 특징이 있으므로 더욱 그러하다. 군인은 말할 것도 없고 경찰 및 소방공무원의 경우에는 부하 직원의 거짓 보고나 통보를 금지하는 한편으로 상관에게도 전시 · 사변, 그 밖에 이에 준하는 비상사태가 발생한 경우, 지휘 · 감독하는 사람은 정당한 사유 없이 그 직무 수행을 거부 또는 유기하거나 소속 직원을 지정된 근무지에서 진출 · 퇴각 또는 이탈하지 못하도록 지휘권의 남용을 금지하고 있다(「경찰공무원법」 제18,19조, 「소방공무원법」 제16,17조).

41) 「부가가치세법」 제25조는 0%의 세율에 대한 상호주의에 따라, 해당 외국에서 대한민국의 외교공관 및 영사기관 등의 직원에게 공급하는 재화 또는 용역에 대하여 동일하게 면세하는 경우에는 영세율을 적용하도록 되어 있다.

마. 부당이득의 수수 금지

「공무원 행동강령」 제3장은 다음과 같이 공무원이 부당한 이득을 수수하지 못하도록 구체적인 사항을 금지하고 있다.

1) 이권 개입 등의 금지

공무원은 자신의 직위를 직접 이용하여 부당한 이익을 얻거나 타인이 부당한 이익을 얻도록 해서는 안 된다.

2) 직위의 사적 이용 금지

공무원은 직무의 범위를 벗어나 사적 이익을 위하여 소속 기관의 명칭이나 직위를 공표 · 게시하는 등의 방법으로 이용하거나 이용하게 해서는 안 된다.

3) 알선 · 청탁 등의 금지

공무원은 자기 또는 타인의 부당한 이익을 위하여 다른 공무원의 공정한 직무수행을 해치는 알선 · 청탁 등을 해서는 안 된다. 공무원은 직무수행과 관련하여 자기 또는 타인의 부당한 이익을 위하여 직무관련자를 다른 직무관련자나 공직자에게 소개해서는 안 된다.

4) 직무 관련 정보를 이용한 거래 등의 제한

공무원은 직무수행 중 알게 된 정보를 이용하여 유가증권, 부동산 등과 관련된 재산상 거래 또는 투자를 하거나 타인에게 그러한 정보를 제공하여 재산상 거래 또는 투자를 돕는 행위를 해서는 안 된다. 중앙행정기관의 장등은 소관 분야별로 직무관련 정보를 이용한 거래 등의 제한에 관한 세부 기준을 정하여야 한다.

5) 공용물의 사적 사용 · 수익의 금지

공무원은 관용 차량 · 선박 · 항공기 등 공용물과 예산의 사용으로 제공되는 항공마일리지, 적립 포인트 등 부가서비스를 정당한 사유 없이 사적인 용도로 사용 · 수익해서는 안 된다.

제3절 공무원의 책임

1. 정치적 책임

가. 해임건의

현행 헌법 제63조는 국회가 국무총리 또는 국무위원 해임을 대통령에게 건의할 수 있는 권한을, 그리고 제87조는 국무총리가 국무위원의 해임을 대통령에게 건의할 수 있는 권한을 각각 부여하고 있다. 국회의 해임건의는 국회 재적의원 3분의 1 이상의 발의에 의하여 국회재적의원 과반수의 찬성이 있어야 한다. 해임 건의에 대하여 대통령이 이를 따를 의무는 없지만 임명한 대통령과 본인들에게 정치적으로 상당한 부담을 줄 수 있는 것은 사실이다. 해임의 사유에 대하여는 명시적 규정이 없으므로 해임 건의하는 쪽에서 해임해야 할 만한 사유가 있다고 판단하면 된다. 따라서 정치적으로 책임을 져야 할 사유가 생길 경우 활용될 수 있다.

나. 탄핵

현행 헌법 제65조는 국회로 하여금, 대통령 · 국무총리 · 국무위원 · 행정각부의 장 · 헌법재판소 재판관 · 법관 · 중앙선거관리위원회 위원 · 감사원장 · 감사위원 기타 법률이 정한 공무원이 그 직무집행에 있어서 헌법이나 법률을 위배한 때에는 국회는 탄핵의 소추를 의결할 수 있다. 탄핵소추를 할 수 있는 사유는 직무집행에 있어서 헌법이나 법률을 위배한 때로 되어 있다. 즉 일반 공무원의 경우에는 징계사유에 해당되겠지만, 정무직 등은 징계대상이 아니므로 국회에서 탄핵소를 통하여 문책하는 것이다.

탄핵소추가 되면 임명권자의 면직 처분이나 선출기관의 취소 행위 등으로 신분관계가 종료되는 것이 아니라 헌법 제111조에 따라 헌법재판소의 심판에 따라 결정되므로 국회의 소추 역시 정치적 문책 성격이 강하다고 볼 것이다.

탄핵에 의하여 공직을 물러날 경우에는 퇴직급여와 퇴직수당의 일부가 감액 지급되는데, 재직기간이 5년 미만인 경우는 퇴직급여의 4분의 1을, 재직기간이 5년 이상인 경우는 퇴직급여와 퇴직수당의 2분의 1이 각각 감액된다(「공무원 연금법」 제64조, 「공무원 연금법 시행령」 제55조).

다. 면직

원칙적으로 신분보장이 되지 않는 정무직공무원은 임명권자가 언제든지 면직할 수 있다. 그러나 강제로 해임되는 경우보다는 정무적인 판단에 의하여 본인 스스로 책임을 질 일이 있으면 국무총리를 통하여 대통령에게 사표를 제출함으로써 면직될 수 있다. 형식은 의원면직이 되겠지만, 사실상 정치적인 책임을 지고 퇴직하는 것이 된다.

2. 징계책임

가. 의의

징계란 공무원이 법령상 의무를 위반한 경우 임용권자가 공무원관계의 질서를 유지하기 위하여 과하는 행정상 제재를 말한다.

징계처분은 형사벌과 권력의 기초(공무원근무관계에서 사용자로서의 권한 : 국가통치권), 목적(공무원관계의 질서유지 : 일반법익 보호), 내용(신분적 이익 박탈 : 신분적 · 재산적 이익의 박탈 등), 대상(공무원법상의 의무위반 : 형사법상 반사회적 법익위반) 등이 다르기 때문에 동일한 행위에 대하여 징계벌과 형사벌을 병과(倂科)하더라도 일사부재리(一事不再理)의 원칙에 저촉되지 아니한다.

우리나라의 공무원 징계절차는 행정절차제도의 전형이다. 즉 징계사유에 해당하는 비위가 있을 경우 징계권자가 바로 이에 상응하는 불이익 처분을 하지 않고 「행정절차법」상의 청문에 해당하는 징계위원회를 소집하여 진술을 듣고 징계위원회가 결정한 양정에 따라 처분하기 때문이다. 또 징계처분 이후 소청이나 소송 등 사후 구제제도도 있으므로 이중보호 장치가 마련되어 있는 것이다. 따라서 공무원 인사관계 법령상 징계절차의 적용을 받지 않는 공무원에게 신분상 불이익 처분을 할 경우에는

「행정절차법」이 정하는 바에 따라서 사전통지를 하거나 의견제출의 기회를 주어야 한다.[42]

나. 징계사유 및 요구

공무원이 법령 위반, 직무상 의무 위반 또는 직무를 태만히 한 때, 직무의 내외를 불문하고 체면이나 위신을 손상하는 행위를 하면 징계 의결을 요구하여야 하고 그 징계 의결의 결과에 따라 징계처분을 하여야 한다. 이 때 징계사유와 종류 간에는 비례의 원칙을 지켜야 하겠지만, 징계사유의 내용과 성질은 물론이고 피징계자의 평소의 소행, 근무성적 외에 과거의 전력 등도 징계종류의 선택의 자료로 참작하여 결정할 재량사항이라 할 수 있다. 징계 의결 요구는 5급 이상 공무원 및 고위공무원단에 속하는 일반직공무원은 소속 장관이, 6급 이하의 공무원은 소속 기관의 장 또는 소속 상급기관의 장이 한다.

1) 법령위반

공무원법에서 직접 규정하고 있는 각종 신분상 · 직무상의 의무를 위반하거나 그 법에서 위임한 바에 따라 제정된 행정명령(대통령령 · 총리령 · 부령 등)과 개별적 · 구체적 집행명령(훈령 · 지침 · 유권해석 등)에 위반한 경우에는 징계사유에 해당된다.

공무원이 법령을 위반하면 이 사유에 의한 징계벌(징계책임)을 받을 뿐만 아니라 경우에 따라서는 민 · 형사상 책임과 변상책임을 지기도 한다.

2) 직무상 의무 위반 또는 직무태만

공무원의 담당업무와 관련된 각종 법령에서 부과되어 있는 의무를 공공이익과 복리증진에 기여하도록 적법 · 타당하게 수행하지 않은 경우와 당연히 해야 할 직무를 성실하게 수행하지 않은 경우로서 본인의 고의 · 과실 유무와 직접 관계없이 성립하며 행위자뿐만 아니라 감독자에게도 구체적인 감독의무 위반사실을 밝혀 증거에 의하여 인정할 수 있다.[43]

---

42) 대법원 2013.1.16. 선고 2011두30687 판결.

43) 대법원 1992.9.14. 선고 91누7606 판결.

3) 직무의 내외를 불문한 체면 · 위신손상

공무원의 품위유지 의무에 반하여 공무원의 외부 언행이 주권자인 국민의 수임자 또는 국민전체의 봉사자로서 공직의 체면 · 위신을 손상함으로써 사회일반의 통념상 비난 가능성이 있다면 형사책임 유무에 관계없이 징계사유에 해당되는 것이다.

4) 징계부과금

만약 공무원의 징계 의결을 요구하는 경우 징계 사유가 금품 및 향응 수수(授受), 공금의 횡령(橫領) · 유용(流用)인 경우에는 해당 징계 외에 금품 및 향응 수수액, 공금의 횡령액 · 유용액의 5배 내의 징계부가금 부과 의결을 징계위원회에 요구하여야 한다. 징계부과금의 취지와 법적 성격은 청렴의무를 위반하여 부당한 재산상 이득을 취한 비위공무원에게 행정법상 '과징금'과 같이 부당이익을 환수하여 본인과 소속한 기관에 대하여 공직사회의 질서를 바로 잡기 위함이다.

징계위원회에서 징계부가금 부과 의결을 하기 전에 금품 및 향응 수수, 공금의 횡령 · 유용으로 다른 법률에 따라 형사처벌을 받거나 변상책임 등을 이행한 경우(몰수나 추징 포함)에는 징계위원회는 조정된 범위에서 징계부가금 부과를 의결하여야 하며, 징계부가금 부과 의결을 한 후에 형사처벌을 받거나 변상책임 등을 이행한 경우(몰수나 추징 포함)에는 징계위원회는 징계부가금의 감면 등의 조치를 하여야 한다.

5) 재징계 요구

징계처분이 소청심사위원회 또는 법원에서 법령의 적용, 증거 및 사실 조사에 명백한 흠이 있는 경우, 징계위원회의 구성 또는 징계의결 등, 그 밖에 절차상의 흠이 있는 경우, 징계양정 및 징계부가금이 과다한 경우에 해당되어 무효 또는 취소의 결정이나 판결을 받은 경우에는 3개월 이내에 다시 징계 의결 또는 징계부가금 부과 의결을 요구하여야 한다.

다. 징계종류와 효력

징계는 파면 · 해임 · 강등 · 정직(停職) · 감봉 · 견책(譴責)으로 구분한다(「국가공무원법」 제79조, 「지방공무원법」 제70조).

파면 · 해임은 공무원 신분을 박탈하는 배제징계이고, 강등 · 정직 · 감봉 · 견책은 비위행위를 고쳐 계속 직무를 수행하게 하는 교정징계이다. 그리고 파면 · 해임 · 강등 · 정직은 중징계로, 감봉 · 견책은 경징계로 구분하고 있다(「공무원 징계령」 제1조의3).

일부 특정직공무원의 징계종류와 효력은 일반직공무원과 약간 다르다.

검사는 해임, 면직, 정직(1~6월간 직무정지, 보수 미지급), 감봉(1월~1년간 보수의 3분의1 이하 감액), 견책으로 구분한다(「검사징계법」 제3조).

법관은 정직(1월~1년간 직무정지, 보수 미지급), 감봉(1월~1년간 보수의 3분의 1 이하 감액), 견책(서면 훈계)으로 구분한다(「법관징계법」 제3조).

군인 장교는 중징계와 경징계로 나누고, 중징계에는 파면 · 해임(신분 박탈), 강등(1계급만 낮추고, 장교를 준사관으로 강등함은 금지), 정직(1~3월간 보수의 3분의 2 감액)을, 경징계에는 감봉(1~3월간 보수 3분의 1 감액), 근신(10일 이내 영내 장소에서 반성), 견책으로 구분한다(「군인사법」 제57조).

1) 파면

공무원 신분관계를 강제로 종료시키는 파면의 효력은 「국가공무원법」 제80조에서 규정하지 않고 같은 법 제33조의 임용 결격사유와 「공무원 연금법」 제64조 및 「공무원연금법 시행령」 제55조에서 처분효과를 정하고 있다. 즉 파면된 자는 처분 후 5년 동안 공무원으로 임용될 수 없고, 퇴직급여액을 2분의 1을 감액하거나(5년 이상근무자) 4분의 1을 감액한다(5년 미만근무자).

2) 해임

파면과 같이 공무원 신분관계를 강제로 종료시킨다는 점에서는 같으나, 해임의 효력은 「국가공무원법」 제33조의 임용 결격사유와 「공무원 연금법」 제64조 및 「공무원연금법 시행령」 제55조에서 파면보다는 좀 가벼운 편이다. 즉 해임된 자는 처분 후 3년간 공무원에 임용될 수 없을 뿐 퇴직급여와 퇴직수당은 감액되지 않는다.

다만 금품 및 향응수수, 공금의 횡령 · 유용의 사유로 해임된 경우는, 재직기간이 5년 미만인 경우 퇴직급여의 8분의 1을 감액하고, 재직기간이 5년 이상인 경우의 퇴직급여와 퇴직수당은 그 금액의 4분의 1을 각각 감액된다. 공무원은 해임이 되더라도 사무 인계 또는 남은 업무 처리를 위하여 필요한 경우에 소속 기관장의 명에 의하여 15일을 한도로 계속 근무하게 할 수 있다(「국가공무원 복무규정」 제8조).

3) 강등

강등은 1계급 아래로 직급을 내리고 공무원신분은 보유하나 3개월간 직무에 종사하지 못하며 그 기간 중 보수의 3분의 2를 감한다. 고위공무원단에 속하는 공무원은 3급으로 임용하고, 연구관 및 지도관은 연구사 및 지도사로 한다. 다만 계급을 구분하지 아니하는 공무원과 임기제공무원에 대해서는 강등을 적용하지 아니한다. 계급이 있는 공무원이라도 강등할 계급이 없는 가장 아래 계급의 공무원에게는 강등의 징계종류를 택할 수 없을 것이다.[44]

외무공무원의 강등은「외무공무원법」제20조의2에 따라 배정받은 직무등급을 1등급 아래로 내리고 공무원신분은 보유하나 3개월간 직무에 종사하지 못하며 그 기간 중 보수의 3분의 2를 감한다. 14등급의 외무공무원은 고위공무원단 직위로 임용하고, 고위공무원단에 속하는 외무공무원은 9등급으로 임용하며, 8등급부터 6등급까지의 외무공무원은 5등급으로 임용한다.

교육공무원의 강등은「교육공무원법」제2조제10항에 따라 동종의 직무 내에서 하위의 직위에 임명하고, 공무원신분은 보유하나 3개월간 직무에 종사하지 못하며 그 기간 중 보수의 3분의 2를 감한다. 다만「고등교육법」제14조에 해당하는 교원 및 조교에 대하여는 강등을 적용하지 아니한다.

4) 정직

정직은 1개월 이상 3개월 이하의 기간으로 하고, 정직 처분을 받은 자는 그 기간 중 공무원의 신분은 보유하나 직무에 종사하지 못하며 보수의 3분의 2를 감한다. 징계처분을 받은 자에 대하여는 그 처분을 받은 날 또는 그 집행이 끝난 날부터 일정 기간 동안 승진임용 또는 승급할 수 없다. 다만 징계처분을 받은 후 직무수행의 공적으로 포상 등을 받은 공무원에 대하여는 그 제한하는 기간을 단축하거나 면제할 수 있다.

정직처분은 미리 기간을 정하여 복직을 전제로 명한 것이므로, 기간만료와 함께 당연복직된다. 정직기간은 1월 이상 3월 이하이므로 반드시 월단위로 할 필요는 없으나, 급여 산정 등 업무의 편의상 정직 1월, 2월, 3월 등 월단위로 결정, 처분하고 있다.

---

44) 법제처 법령활용시스템, 안건번호 11-0033, 요청기관 행정안전부, 회신일자 2011.03.03.

5) 감봉

감봉은 1개월 이상 3개월 이하의 기간 동안 보수의 3분의 1을 감한다. 징계처분을 받은 자에 대하여는 그 처분을 받은 날 또는 그 집행이 끝난 날부터 대통령령 등이 정하는 기간 동안 승진임용 또는 승급할 수 없다. 다만 징계처분을 받은 후 직무수행의 공적으로 포상 등을 받은 공무원에 대하여는 그 제한하는 기간을 단축하거나 면제할 수 있다. 감봉도 1월 이상 3월 이하의 기간 동안 처분할 수 있는데, 급여계산 등 업무의 편의를 고려하여 월단위로 결정, 처분하고 있다.

6) 견책

견책(譴責)은 전과(前過)에 대하여 훈계하고 회개하게 하는 것이다. 징계처분을 받은 자에 대하여는 그 처분을 받은 날 또는 그 집행이 끝난 날부터 대통령령 등으로 정하는 기간 동안 승진임용 또는 승급할 수 없다. 다만 징계처분을 받은 후 직무수행의 공적으로 포상 등을 받은 공무원에 대하여는 그 제한하는 기간을 단축하거나 면제할 수 있다.

전과와 훈계내용의 내용은 징계처분사유설명서에 적시되어 있다. 보수 상으로는 감액하지 않으나 의무위반에 대한 책임을 확인하고 장래에 성실하게 직무를 수행토록 하는 것으로 6월간의 승진 · 승급이 제한되고 승진소요최저연수에도 산입되지 않는 등 불이익이 따른다. 견책과 유사한 명칭의 훈계 · 경고 · 계고 · 엄중주의 등은 문책의 성격을 가진 교정수단인 점에서는 견책과 유사하나 징계의 종류는 아니다.

라. 징계절차

1) 징계위원회

공무원의 징계처분 등을 의결하게 하기 위하여 각 기관에 징계위원회를 둔다. 징계위원회는 중앙징계위원회와 보통징계위원회로 구분한다(「국가공무원법」 제81조). 지방자치단체는 인사위원회에서 징계를 관장한다(「지방공무원법」 제72조).

국무총리 소속의 중앙징계위원회는 5급 이상 공무원의 징계와 고위공무원단에 속하는 공무원의 징계부가금 사건 등을 심의 · 의결한다. 중앙징계위원회는 위원장 1명과 부위원장 1명을 포함하여 17명 이상 33명 이하의 공무원위원과 민간위원으로 구성한다. 민간위원의 수가 전체 위원 수의 과반수가 되어야 한다. 공무원위원은 고위공무원단 중 가등급 직위에 보직된 사람을 임명하고 민간위원은 10년 이상 법조 경력자, 법학 또는 행정학 담당 부교수 이상, 퇴직 공무원 등이다. 중앙징계위원회의 위원장은 안전행정부장관이 되고, 부위원장은 안전행정부차관이 된다. 중앙징계위원회의 회의는 위원장과 위원장이 회의마다 지정하는 8명의 위원으로 구성하는데, 이때 민간위원이 4명 이상 포함되어야 한다.

보통징계위원회는 5급이상공무원 등을 장으로 하는 행정기관에 둔다. 위원회는 위원장 1명과 4명 이상 7명 이하의 공무원위원과 민간위원으로 구성한다.

2) 처분절차

공무원의 징계처분 등은 징계위원회의 의결을 거쳐 징계위원회가 설치된 소속 기관의 장이 하되, 국무총리 소속으로 설치된 징계위원회에서 한 징계 의결 등에 대하여는 중앙행정기관의 장이 한다. 다만 파면과 해임은 징계위원회의 의결을 거쳐 각 임용권자 또는 임용권을 위임한 상급 감독기관의 장이 한다. 징계의결 등을 요구한 기관의 장은 징계위원회의 의결이 가볍다고 인정하면 그 처분을 하기 전에 직근 상급기관에 설치된 징계위원회에 심사나 재심사를 청구할 수 있다. 이 경우 소속 공무원을 대리인으로 지정할 수 있다.

3) 감사원 등의 조사와의 관계

감사원에서 조사 중인 사건에 대하여는 조사개시 통보를 받은 날부터 징계 의결의 요구나 그 밖의 징계 절차를 진행하지 못한다. 검찰·경찰, 그 밖의 수사기관에서 수사 중인 사건에 대하여는 수사개시 통보를 받은 날부터 징계 의결의 요구나 그 밖의 징계 절차를 진행하지 아니할 수 있다. 감사원과 검찰·경찰, 그 밖의 수사기관은 조사나 수사를 시작한 때와 이를 마친 때에는 10일 내에 소속 기관의 장에게 그 사실을 통보하여야 한다(「국가공무원법」 제83조, 「지방공무원법」 제73조).

마. 징계시효

징계의결 등의 요구는 징계 등의 사유가 발생한 날부터 3년(금품 및 향응 수수, 공금의 횡령·유용의 경우에는 5년)이 지나면 하지 못한다. 특정 비위행위에 대하여는 징계할 수 있는 기간을 늘려 징계의 실효성을 제고하고 이를 통해 금전 관련 비위의 발생을 억제함으로써 공무원의 청렴의무 강화와 공직기강의 확립에 기여하려는 것으로서 합리적 이유가 있으므로 헌법상 평등권을 침해한 것은 아니다.[45] 만약 감사원이나 검찰 등의 조사나 수사로 징계 절차를 진행하지 못하여 시효기간이 지나거나 남은 기간이 1개월 미만인 경우에는 조사나 수사의 종료 통보를 받은 날부터 1개월이 지난 날에 시효가 끝나는 것으로 본다.

징계위원회의 구성 · 징계의결 등, 그 밖에 절차상의 흠이나 징계양정 및 징계부가금의 과다(過多)를 이유로 소청심사위원회 또는 법원에서 징계처분 등의 무효 또는 취소의 결정이나 판결을 한 경우에는 시효기간이 지나거나 그 남은 기간이 3개월 미만인 경우에도 그 결정 또는 판결이 확정된 날부터 3개월 이내에는 다시 징계의결 등을 요구할 수 있다(「국가공무원법」 제83조의2, 「지방공무원법」 제73조의2).

3. 형사책임

가. 공무원법

정치운동 금지의무를 위반한 공무원에게는 3년 이하의 징역과 3년 이하의 자격정지에 처하고 공소시효의 기간은 「형사소송법」 제249조 제1항에도 불구하고 10년으로 한다(「국가공무원법」 제84조, 「지방공무원법」 제82조). 그리고 시험 또는 임용에 관하여 고의로 방해하거나 부당한 영향을 주는 행위, 채용시험 · 승진 · 임용, 그 밖에 인사기록에 관하여 거짓이나 부정하게 진술 · 기재 · 증명 · 채점 또는 보고한 행위, 집단행위 금지 의무를 위반한 경우 다른 법률에 특별히 규정된 경우 외에는 1년 이하의 징역 또는 500만원 이하의 벌금에 처한다(「국가공무원법」 제84조의2, 「지방공무원법」 제83조).

경찰공무원과 소방공무원은 직무특성상 벌칙이 보다 강화되어 있다(「경찰공무원법」 제31조, 「소방공무원법」 제29조). 또한 국가정보원직원은 비밀엄수 의무를 위반한 경우 10년 이하의 징역 또는 1천만원 이하의 벌금에 처하도록 강화되어 있고(「국가정보원직원법」 제32조), 나머지 벌칙은 「국가공무원법」을 적용한다.

---

45) 헌법재판소 2012.6.27. 자 2011헌바226 결정 참조.

나. 형법

「형법」 제7장은 공무원의 직무에 관한 죄가 열거되어 있다. 제122조부터 제134조까지 직무유기, 직권남용, 불법체포, 불법감금, 폭행, 가혹행위, 피의사실공표, 공무상비밀의 누설, 선거방해, 수뢰, 사전수뢰, 제삼자뇌물제공, 수뢰후부정처사, 사후수뢰, 알선수뢰, 뇌물공여등, 몰수, 추징이 바로 그것이다. 그리고 제135조는 공무원이 직권을 이용하여 죄를 범한 때에는 그 죄에 정한 형의 2분의 1까지 가중한다. 단 공무원의 신분에 의하여 특별히 형이 규정된 때에는 예외로 한다. 「특정범죄 가중처벌 등에 관한 법률」에 의하여 「형법」, 「관세법」, 「조세범 처벌법」, 「지방세기본법」, 「산림자원의 조성 및 관리에 관한 법률」및 「마약류관리에 관한 법률」에 규정된 특정범죄에 대하여는 가중처벌 할 수 있다.

다. 군형법

군인과 군무원 등을 대상으로 하는 「군형법」은 제2편 각칙에서, 제1장부터 제16장까지 반란, 이적(利敵), 지휘권 남용, 지휘관의 항복과 도피, 수소(守所) 이탈, 군무 이탈, 군무 태만, 항명, 폭행, 협박, 상해 및 살인, 모욕, 군용물, 위령(違令), 약탈, 포로, 강간과 추행, 부하범죄 부진정과 정치 관여 등에 관하여 기준을 정하고 있다.

4. 행정책임

가. 국가배상 및 구상

국가나 지방자치단체는 공무원이 직무를 집행하면서 고의 또는 과실로 법령을 위반하여 타인에게 손해를 입히거나 「자동차손해배상 보장법」에 따라 손해배상의 책임이 있을 때에는 그 손해를 배상하여야 한다. 다만 군인 · 군무원 · 경찰공무원 또는 향토예비군대원이 전투 · 훈련 등 직무 집행과 관련하여 전사 · 순직하거나 공상(公傷)을 입은 경우에 본인이나 그 유족이 다른 법령에 따라 재해보상금 · 유족연금 · 상이연금 등의 보상을 지급받을 수 있을 때에는 손해배상을 청구할 수 없다. 공무원에게 고의 또는 중대한 과실이 있으면 국가나 지방자치단체는 그 공무원에게 구상(求償)할 수 있다(「국가배상법」 제2조).

공무원은 국가 또는 지방자치단체의 구성원으로서 그 지위가 행정청이던지 보조 · 보좌기관 등 행정기관이던지 상관없이 담당 사무의 집행결과는 모두 국가나 지방자치단체에 귀속된다. 따라서 공무원이 법령을 위반하여 타인에게 손해를 입힐 경우 일단 그들을 임용한 국가와 지방자치단체로 하여금 그 손해를 배상하는 것이 국민주권주의 정신에 부합하는 것이다. 그리고 사후적으로 임용주체는 공무원에게 고의 또는 중과실이 있을 경우 내부절차로써 구상권을 행사하는 것이다.

국가나 지방자치단체가 소유하는 도로 · 하천, 그 밖의 공공의 영조물(營造物)의 설치나 관리에 하자(瑕疵)가 있기 때문에 타인에게 손해를 발생하게 하였을 때에는 국가나 지방자치단체는 그 손해를 배상하여야 한다. 다만 손해의 원인에 대하여 책임을 질 사람이 따로 있으면 국가나 지방자치단체는 그에게 구상할 수 있다(「국가배상법」 제5조).

이 규정 또한 국가나 지방자치단체가 소유하는 공공시설의 설치 또는 관리상의 하자책임을 일단 소유 주체인 국가 또는 지방자치단체가 배상을 한 뒤 사실 조사를 거쳐 원인 제공자가 있으면 따로 구상권을 행사하도록 한 것이다.

나. 변상

「국가재정법」, 「국가회계법」, 「국고금관리법」등 국가의 예산 및 회계에 관계되는 사항을 정한 법령에 따라 국가의 회계사무를 집행하는 사람으로서 수입징수관, 재무관, 지출관, 계약관 및 현금출납 공무원, 유가증권 취급 공무원 등이나 「지방재정법」등 지방자치단체의 예산 및 회계에 관계되는 사항을 정한 법령에 따라 지방자치단체의 회계사무를 집행하는 사람으로서 징수관, 경리관, 지출원, 출납원, 물품관리관 등에 해당하는 사람은 회계관계직원으로서 법령이나 관계 규정 및 예산에 정해진 바에 따라 성실하게 직무를 수행해야 한다.

만약 회계관계직원이 고의 또는 중대한 과실로 법령이나 그 밖의 관계 규정 및 예산에 정하여진 바를 위반하여 국가, 지방자치단체, 그 밖에 감사원의 감사를 받는 단체 등의 재산에 손해를 끼친 경우에는 변상할 책임이 있다. 또 현금 또는 물품을 출납·보관하는 회계관계직원은 선량한 관리자로서의 주의를 게을리하여 그가 보관하는 현금 또는 물품이 망실(亡失)되거나 훼손(毁損)된 경우에도 변상할 책임이 있다. 현금 또는 물품을 출납·보관하는 회계관계직원은 스스로 사무를 집행하지 아니한 것을 이유로 그 책임을 면할 수 없다(「회계관계직원 등의 책임에 관한 법률」 제2~4조).

감사원은 감사 결과에 따라 따로 법률에서 정하는 바에 따라 회계관계직원 등에 대한 변상책임의 유무를 심리(審理)하고 판정한다. 감사원이 변상책임이 있다고 판정하면 변상책임자, 변상액 및 변상의 이유를 분명히 밝힌 변상판정서를 감독기관의 장 또는 해당 기관의 장에게 송부하여야 한다. 변상판정서를 받은 기관의 장은 송부를 받은 날부터 20일 이내에 변상판정서를 해당 변상책임자에게 교부하여 감사원이 정한 날까지 변상하게 하여야 한다(「감사원법」 제31조).

제 6 편

특수법인직원법

제 1 장 의 의

제1절 개 설

1. 공직자의 지위

특수법인은 국가와 지방자치단체가 법률과 조례로 권한의 일부를 법인격과 함께 부여하면서 사무를 독립적으로 수행하도록 설치한 공공기관이다. 따라서 특수법인도 본질적으로 국민으로부터 나온 권력의 일부를 행사하므로 행정주체로서의 지위를 갖고 있음은 이미 살펴본 바와 같다. 다만 특수법인은 국가로부터 법인격을 부여받은 지방자치단체와 달리 그 구성원에게 공무원 신분은 주지 않았다.

그 이유를 지방자치단체와 특수법인의 직무 내용과 재원의 조달방법 차이에서 찾아볼 수 있다. 즉 지방자치단체는 비록 각기 법인격이 다르더라도 담당 직무의 내용은 별 차이가 없고 또 임무수행에 소요되는 재원을 위하여 과세 등 권력적 수단을 통하여 확보하고 있으므로 집중관리와 통제의 필요성이 크기 때문이다. 이에 반해 특수법인은 담당 직무가 법인마다 다르며, 필요한 재원조달 방법도 권력적 수단보다는 시장구조에 맡기는 경우가 많아 구성원을 국가 전체적으로 집중관리 할 당위성이 상대적으로 적다고 할 수 있다.

그러나 특수법인도 그 존립의 기반이 법령과 조례에 있고 사적자치가 허용된 민간부문과 달리 공공성을 갖고 있으므로 그 구성원이 비록 공무원법이 직접 적용되는 공무원은 아니지만 공직자로서[1] 공무원에 준하여 국민전체에 봉사하는 신분상 특성을 갖고 있다.

2. 직원법의 특성

특수법인의 직원을 좁게 보면 임원을 제외한 직원만을 지칭하지만, 여기서는 임원까지 포함하여 넓게 보고 설명한다. 왜냐하면 제5편의 공무원법에서도 정무직을 포함한 모든 공무원을 함께 살펴보았기 때문이다. 다만 제4편의 특수법인조직에서 집행기관을 구성하는 임원에 대하여는 법령에서 정하는 구성절차와 관련된 것만 언급하고 권리와 의무에 대하여는 여기서 함께 언급하는 것이 이해하기 편할 것 같다. 아무튼 특수법인의 직원법에 대하여는 동일한 법인격을 가진 지방자치단체의 구성원 즉 지방공무원과 접근방식에 있어서 근본적인 방향 차이가 있다.

가. 지방공무원과 비교

지방공무원은 「지방공무원법」과 시행령에 의하여 신분과 복무 등의 기준을 체계적으로 통합 관리하는 것이 원칙이고, 예외적으로 수당지급 등 필요한 경우에 한하여 지방자치단체별로 특성을 살려 조례나 규칙으로 정할 수 있도록 자율성을 부여하고 있다. 그러나 특수법인의 직원은 그 반대이다. 즉 기관별로 자율적으로 인사관리를 하는 것이 원칙이고, 임원의 인사나 직원의 공직윤리 등 필요한 경우에 한하여 법령으로 집중 관리를 하는 것이 예외적이기 때문이다.

따라서 특수법인의 직원에 대하여는 「근로기준법」 등 민간기업의 직원에게 적용되는 법령이 일반적으로 적용되지만, 개별 법령에 의하여 공무원에 준하여 또는 공무원과 함께 국민전체의 봉사자로서의 지위에서 부담하는 공법상의 여러 의무도 지

---

1) '공직자'는 공무원과 공직유관단체의 장 및 그 직원을 말한다(「부패방지 및 국민권익위원회의 설치와 운영에 관한 법률」 제2조 제3호).

켜야 하는 특징이 있다.

나. 공·사법관계

이처럼 특수법인은 공·사법의 중간지대 또는 혼합 적용되는 영역이 많아 노동활동이나 인사제도 등에 대한 내부관계를 판단할 때 공법관계인지 사법관계인지는 구체적인 사안별로 검토할 필요가 있다. 이런 상황은 판결에서도 흔히 볼 수 있다. 예컨대 대법원도 구 농지개량조합과 직원과의 관계는 공법관계로 인정한 반면,[2] 한국조폐공사 임원과 직원 간의 근무관계[3]는 사법관계로 보고 있는 것이다.

제2절 기본원칙

특수법인의 내부관계인 대표자와 직원의 신분관계는 정관에서 대부분 정하고 있어 법적 검토는 제한적일 수밖에 없다. 또한 공사단의 경우처럼 동질성을 가진 구성원 간의 상호부조나 친목도모를 목적으로 설치된 것도 있어서 모든 유형의 특수법인 직원에게 공통 적용할 법 원리를 찾기가 쉽지 않은 것이 사실이다. 그러나 이익집단 성격의 사단법인조차 국가가 특수한 법적 지위를 부여함으로써 사익만을 추구하지 못하도록 규제하며 적절한 범위의 국가사무를 위탁 처리케 함으로써 행정주체의 지위를 부여한 이유는 일반법인과 달리 국민전체에 대한 봉사자로서의 윤리성과 공공성을 띠고 있어서이다.

결국 특수법인의 도덕성 문제는 소속 직원의 윤리의식과 밀접한 관계가 있으므로 특수법인의 직원에게 적용할 법원칙을 추출해보면 다음과 같은 것을 생각해 볼 수 있다.

---

2) 농지개량조합과 그 직원과의 관계는 사법상 근로계약관계가 아니고 공법상 특별권력관계로 인정된다. 대법원 1977.7.26. 선고 76다3022판결.

3) 한국조폐공사 직원의 근무관계는 사법관계에 속하고 그 직원의 파면행위도 사법상의 행위라고 보아야 한다. 대법원 1978.4.25. 선고 78다414 판결.

1. 공익성

가. 수혜적 지위

특수법인의 근로자와 사용자 관계를 민간기업의 그것과 동일시할 수는 없다. 왜냐하면 특수법인은 그 설립 기반이 국가 또는 지방자치단체의 법률과 조례에 두고 있어 무한경쟁의 치열한 환경에서 필사적인 생존 노력이 요구되는 민간기업과 달리, 국가와 지방자치단체의 보호막으로 독점적 지위를 누리거나 안정적인 수익사업을 통하여 재원의 확보 또한 매우 유리한 위치에 서 있기 때문이다.

이에 따라 특수법인 직원의 법 적용원칙에 있어서 가장 중요한 것은 공익을 우선시해야 한다는 점이다. 특수법인의 직원을 공무원과 함께 '공직자'로 부르며 공무원에 준하는 의무를 부과하거나 벌칙 적용에서 공무원으로 간주하는 것은 바로 이 때문이다. 특수법인의 목적과 기능 등의 다양성으로 소속 직원에 대하여 획일적으로 적용하는 기준을 법령으로 마련하기 어려운 게 현실이지만 모름지기 모든 직원들은 공직자의 일원으로서 국민전체를 위하여 봉사한다는 자세를 갖고 직무에 임해야 할 것이다.

나. 국가적 책무

사회가 복잡해질수록 국가나 지방자치단체가 직접 처리해야 할 영역보다는 민간부문의 참여와 협력을 통하여 처리하는 새로운 국정관리(new governance) 시스템이 점증하는 상황에서 민간과 정부의 융합적인 형태라 할 수 있는 특수법인의 직원들은 더욱 이러한 추세에 맞게 인식을 새롭게 할 필요가 있다. 그래서 특별히 특수법인의 기관장이 갖추어야 할 리더십은 국민경제 전반에 대한 이해와 함께 국가관과 공직관이 뚜렷해야 한다.

특히 공재단은 국가와 지방자치단체가 직접 집행할 수도 있는 사무를 수임 · 수탁한 것이므로 더욱 공익성과 책임성을 가져야 한다. 「공공기관의 운영에 관한 법률」에서 공재단 중 기금을 관리하는 기관을 '준정부기관'으로 부르는 이유가 바로 여기에 있는 것이다. 정부기관에 준하는 기관이라면 그 소속 직원도 준공무원의 지위를 갖는다.

아울러 공기업은 도로 · 철도와 같은 사회간접자본시설이나 전기, 식수 등 전 국민에게 혜택이 돌아갈 공공재를 생산 · 공급하기 위하여 민간의 자본으로는 어려운 대규모의 국책사업을 시행하거나 사회적 형평 등을 고려하여 영리성보다는 공익성을 추구하기 위하여 국가나 지방자치단체가 자본을 투자하여 설립한 기업이다,

따라서 공재단과 공기업의 기관장은 예산의 집행자로서의 선량한 관리 책임을 다하여야 한다. 주인 없는 조직처럼 노동조합과 이면계약을 하는 등 도덕성이 무너지면 바로 방만경영으로 이어져 국가 경쟁력을 떨어뜨리게 되는 것이다. 따라서 공재단과 공기업의 집행기관을 구성하는 임원에 대하여는 특히 공무원에 준하는 의무와 책임을 부과하는 것이 당연하다.

다. 경영 효율성 추구

국가와 지방자치단체가 특정한 사무를 소속 행정기관으로 설치 · 처리하지 않고 특수법인으로 하여금 따로 수행하도록 한 근본 이유는, 국가의 경우 특히 각 행정기관은 법인격이 없으므로 모든 사무를 행정주체의 통일된 의사형성 시각에서 집행해야 하고, 또 신분이 비교적 안정된 국가공무원이 소신과 책임을 가지고 경영하기를 기대하기 어렵다는 판단 때문이다. 즉 국민에게 좀 더 양질의 행정서비스를 제공하려는 공익추구 목적에 따른 것이다.

하지만 특수법인을 신설하거나 기존의 행정기관이 특수법인으로 전환되면 근로조건과 근로계약 등의 자율성 확대를 기회로 삼아 급여를 인상하며 좀 더 자유로운 단체 활동으로 국민에게 불편을 초래하는 것은 설립 취지에 어긋나는 일이 아닐 수 없다. 동일한 직무임에도 불구하고 공무원이 하면 보수가 낮아야 하고 특수법인 직원이 하면 보수를 높여야 할 근거는 없다. 행정객체인 국민이 볼 때 특수법인이 하게 되어 서비스의 질이 높아지고 만족한다면 경영성과에 따라 보수를 인상하는 것은 무방하겠지만 서비스를 제공하기도 전에 그렇게 하는 것은 공직자로서의 사명감의 문제라 하겠다. 이를 해소하기 위해서는 결국 특수법인 스스로 경영의 효율성을 높일 수 있는 방안을, 끊임없는 자기혁신을 통해서 찾아가야 한다.

만약 특수법인이 행하는 사무에 대하여 국가나 지방자치단체가 더 이상 독점적 지위로 보호 · 유지할 필요가 없다고 판단되면 민영화하는 방안도 적극적으로 검토하여야 한다. 아니면 국가와 지방자치단체가 그 업무를 소속 행정기관으로 전환 · 처리하는 것이 더 민주행정에 부합될 수도 있다. 어떤 경우이든지 특수법인의 설립과 폐지는 국민전체의 의사에 따라 이루어지는 입법자의 재량으로 가능하다.

2. 자율성

가. 정관

특수법인은 존립기반이 법률에 기초하고 있지만 일단 설립 후에는 설치주체로부터 독립된 인격으로 활동한다. 스스로 의사를 결정하고 기관을 경영하며 소송에 있어서도 주체가 된다는 뜻이다. 개별 설치법령은 특수법인의 기본적인 임무와 명칭, 사업내용 등 정관의 필수 기재사항을 명시하고 설립자가 기명날인하여 등기하도록 명하고 있다. 그래서 정관은 특수법인의 조직과 운영 등 대강에 대하여 국민 누구나 볼 수 있는 얼굴이 된다. 법률로 정관에 반드시 기재하도록 한 사항은 제3자로 하여금 당해 법인의 실체를 쉽게 파악할 수 있도록 한 것이므로 입법 취지에 맞게 구체적으로 정하여야 한다.

직원의 임면에 있어서는 정관이 정하는 바에 따라서 법인의 대표자가 임면권을 행사하도록 하고 있으므로,[4] 정관과 이에 근거한 인사규칙 즉 내규[5] 또는 내부규정[6] 에서는 직원의 채용에서 면직에 이르는 일련의 신분관계 즉 발생 · 변경 · 소멸하는 모든 과정에 대하여 정하고 있다. 각종 내규는 법령과 정관의 범위 안에서 특수법인의 이사회 의결로 그 내용을 자율 결정하므로 사법관계로 본다.

특수법인의 자율성은, 공사단의 경우 기관의 본래 특성상 그리고 공기업의 경우

4) 「교통안전공단법」 제12조, 「한국산업인력공단법」 제13조, 「한국산업안전보건공단법」 제11조 등.

5) 내규(內規)라는 말은 「공공기관의 운영에 관한 법률」 제17조 제1항에 규정된 이사회의 심의 · 의결사항의 하나로서 '내규의 제정과 변경'(11호)이 있는데, 이는 행정규칙 성격인 내부규정의 줄임말이다.

6) 「장애인고용촉진 및 직업재활법 시행령」 제63조 및 「한국국제교류재단법시행령」 제11조에는 공단이나 재단이 내부규정을 제정하거나 개정할 경우 주무장관의 승인을 받도록 하고 있다.

사업의 특성상 공재단 보다는 비교적 그 적용범위가 넓다고 볼 수 있으나, 기관과 사안에 따라서 구체적으로 판단해야 할 것이다.

나. 취업규칙

1) 내용

상시 10명 이상의 근로자를 사용하는 사용자는 다음 사항에 관한 취업규칙을 작성하여 고용노동부장관에게 신고하여야 한다. 이를 변경하는 경우에도 또한 같다(「근로기준법」 제93조).

① 업무의 시작과 종료 시각, 휴게시간, 휴일, 휴가 및 교대 근로에 관한 사항 ② 임금의 결정 · 계산 · 지급 방법, 임금의 산정기간 · 지급시기 및 승급(昇給)에 관한 사항 ③ 가족수당의 계산 · 지급 방법에 관한 사항 ④ 퇴직에 관한 사항 ⑤「근로자퇴직급여 보장법」 제4조에 따라 설정된 퇴직급여, 상여 및 최저임금에 관한 사항 ⑥ 근로자의 식비, 작업 용품 등의 부담에 관한 사항 ⑦ 근로자를 위한 교육시설에 관한 사항 ⑧ 출산 전후 휴가 · 육아휴직 등 근로자의 모성 보호 및 일 · 가정 양립 지원에 관한 사항 ⑨ 안전과 보건에 관한 사항 ⑩ 근로자의 성별 · 연령 또는 신체적 조건 등의 특성에 따른 사업장 환경의 개선에 관한 사항 ⑪ 업무상과 업무 외의 재해부조(災害扶助)에 관한 사항 ⑫ 표창과 제재에 관한 사항 ⑬ 그 밖에 해당 사업 또는 사업장의 근로자 전체에 적용될 사항

취업규칙에 포함되는 사항은 특수법인의 직원을 관리하는데 필요한 대부분의 제도가 망라되어 있다. 취업규칙을 작성한 후 고용노동부장관에게 신고할 의무는 있지만 그 내용과 범위는 전적으로 특수법인이 자율적으로 결정하는 것이다.

2) 한계

취업규칙은 법령이나 해당 사업 또는 사업장에 대하여 적용되는 단체협약과 어긋나서는 아니 된다. 고용노동부장관은 법령이나 단체협약에 어긋나는 취업규칙의 변경을 명할 수 있다. 취업규칙에서 정한 기준에 미달하는 근로조건을 정한 근로계약은 그 부분에 관하여는 무효로 한다. 이 경우 무효로 된 부분은 취업규칙에 정한 기준에 따른다(「근로기준법」 제96,97조).

취업규칙은 특수법인의 내부관계를 정하는 것이므로 행정규칙과 같은 성격을 갖고 있다.

3. 적법성

특수법인의 설립 근거는 법률과 조례라고 하였다. 비록 근로와 관련된 많은 사항이 노사 자율 교섭사항으로 정할 수 있더라도 설치근거가 특별법이므로 입법취지와 규정에 충실하여야 한다. 그래서 특수법인의 직원에게도 법치행정의 기본원리는 당연히 적용된다.

자율성이 공익성이나 적법성을 우선할 수는 없다. 왜냐하면 특수법인의 존립 논거가 되는 공익성은 법령에서 최소한으로 정해두고 있기 때문이다. 특수법인의 임원이나 직원들은 취업규칙이나 노사 교섭의 내용에 앞서 설립근거 법령의 각종 규정에 저촉되는 것이 없는지부터 살펴보아야 한다. 이를 감독하기 위하여 특수법인은 각 중앙행정기관 별로 주무관청이 지정되어 있다. 중앙행정기관은 특수법인의 지주회사(holding company)로서 주주인 국민의 신탁을 받아 소속 특수법인의 적법성을 감독할 책임이 있는 것이다.

공공성을 갖는 공법인의 경우에는 그 업무수행에 있어서 무엇보다도 관련 법령 및 제규정을 준수할 것이 요구되고, 공법인의 업무수행상의 위법행위는 널리 내·외부로부터 감시, 견제되어야 할 필요가 있으므로, 소속 직원에 의한 업무관련 사실 공표행위는 일반 사기업의 경우와 차이는 있을 것이다. 그럼에도 불구하고 공법인의 업무수행상 적법성이 강조되는 것은 목적사업 자체의 공익성 때문이고, 또 사업의 원활한 수행을 위하여 스스로 규율과 질서를 유지하여야 할 필요가 있기 때문이다.[7)]

다만 타당성의 문제는 신중히 생각해 볼 필요가 있다. 왜냐하면 지주회사로서 특수법인의 사업이 국가의 정책과 배치되는 것은 없는지 또한 예산이나 결산, 사업방향 등에 대한 전반적인 검토나 승인은 무방하지만 개별적인 사업의 승인이나 내용까지 간여하는 것은 법인격을 부여한 취지에 맞지 않을 수 있기 때문이다. 특수

---

7) 대법원 1999.9.3. 선고 97누2528 판결.

법인의 경영상의 문제는 관계법령에 따라 책임을 물을 제도적 장치가 별도로 마련되어 있다.

제3절 임 용

특수법인의 임직원에 대한 임용관계는 임원과 직원을 나누어서 살펴볼 필요가 있다. 왜냐하면 임원에 대한 임용주체는 국가 또는 지방자치단체로서 그 요건과 절차를 법령에서 정하는 것이 많기 때문이다. 직원들은 당해 특수법인의 기관장이 근로계약에 의하여 채용한다. 물론 임원들에 대하여도 법령과 특수법인의 유형에 따라 임용절차가 다양하여 획일적으로 판단하기는 어렵다.

1. 법적성질

공사단의 경우 자체에서 선출하는 것이 대부분이지만 임용주체에 의해 임명이 승인되는 경우 설립주체인 국가와 지방자치단체의 장에 의하여 직접 임용되는 공재단과 공기업의 임원 임명행위는 공무원의 임명과 같이 동의를 전제로 하는 행정행위로 볼 수 있으나, 직원은 소속 특수법인의 기관장이 임명권을 행사하지만 행정행위가 아니고 사법상의 고용계약 행위이다. 왜냐하면, 직원의 임명은 법인의 정관이나 내부규정에 의하여 대등한 당사자의 지위에서 상호 고용조건을 제시하고 합의할 경우 채용계약을 통하여 직원의 신분을 취득하며 복무와 인사관리상의 처우를 받게 되기 때문이다.

비록 특수법인의 정관이 법령에 근거를 두고 제정되지만 법령에 정해진 것 외에 직원의 임명과 관련된 세부사항은 탄력적으로 담을 수 있고 실제로 대부분 내부 취업규칙에 따라 이루어진다. 따라서 이들 직원들이 복무상의 의무를 위반함으로써 징계 등 신분상 불이익을 받게 되면 행정심판이나 소청심사청구 대상이 아니라 노동위원회의 중재를 거쳐 민사소송 절차를 밟게 된다.

2. 임원

현행 헌법 제89조에는 국무회의 심의사항이 열거되어 있는데 그 중에서는 기타 법률이 정하는 '국영기업체관리자'의 임명도 포함되어 있다. 그런데 국영기업체관리자만 규정했을 뿐 '국영기업체'의 범위와 그 '관리자'의 범주에 대하여 구체적으로 정한 법률은 없다. 개별 법률에서 국무회의의 심의로 규정하고 있는 특수법인의 장은 한국은행총재이다.

국무회의 심의 대상이 아니더라도 특수법인의 임원은 설립주체인 국가와 지방자치단체가 선임과정에 개입하는 경우가 많으며 그 절차와 형태는 다양하다. 임명과정에 일정한 기준이나 원칙이 정해져 있지는 않으나 대체로 규모가 크고 중요한 법인의 기관장은 대통령이 임명하는 경우가 많다. 대통령이 임명권을 행사함에 있어서는 대통령을 보좌하는 국무총리와 관련 각부 장관의 제청을 받기도 한다.

가. 대통령 임명

1) 국무회의 심의와 국회의 인사청문을 거쳐 대통령이 임명

한국은행총재가 유일하다.[8)]

2) (주무)기관의 장의 제청(또는 추천)으로 대통령이 임명

한국국제협력단이사장, 한국국제교류재단이사장, 국방과학연구소장, 전쟁기념사업회장, 산은금융지주주식회사, 한국수출입은행장, 중소기업은행장, 한국은행부총재, 한국은행감사, 금융통화위원회 위원, 한국무역보험공사사장, 한국국제보건의료재단이사장, 한국방송공사사장,[9)] 한국방송공사이사(11명), 한국정책금융공사사장, 휴면예금관리재단이사장(비상임), 한국정책금융공사사장, 뉴스통신진흥회 이사,[10)] 금

8) 「한국은행법」 제33조 제1항.

9) 이사회가 제청한다. 그러나 사장의 면직과 관련된 사항은 법률규정이 없다. 「방송법」 제50조.

10) 뉴스통신에 관한 전문성 및 언론 각 분야의 대표성을 고려하여 대통령이 이사를 임명하되, 3명은 국회의장이 각 교섭단체의 대표의원과 협의하여 추천한 사람을 임명하고, 2명은 일간신문 발행인을 대표하는 전국 조직과 지상파 방송사업자를 대표하는 전국 조직에서 각각 추천한 사람을 임명한다. 「뉴스통신 진흥에 관한 법률」 제26조.

융감독원장 및 금융감독원감사[11] 등이 있다.

3) 주무장관의 제청으로 국무총리를 경유하여 대통령이 임명

재외동포재단이사장, 동북아역사재단이사장이 해당된다.

4) 임원추천위원회(또는 이사회)가 복수로 추천한 사람 중에서 주무기관의 장의 제청으로 대통령이 임명

한국연구재단이사장 · 감사, 한국장학재단이사장 · 감사, 공무원연금공단이사장 · 감사, 국민체육진흥공단이사장 · 감사, 한국농수산식품유통공사사장 · 감사, 한국농어촌공사사장 · 감사, 대한무역진흥공사사장 · 감사, 한국가스안전공사사장 · 감사, 한국전기안전공사사장 · 감사, 건강보험심사평가원장 · 감사, 국민건강보험공단이사장 · 감사, 국민연금공단이사장 · 감사, 국립공원관리공단이사장 · 감사, 한국환경공단이사장 · 감사, 근로복지공단이사장 · 감사, 한국산업안전보건공단이사장 · 감사, 한국산업인력공단이사장 · 감사, 한국장애인고용공단이사장 · 비상임감사, 교통안전공단이사장 · 비상임감사, 대한지적공사사장 · 감사, 한국철도시설공단이사장 · 감사, 독립기념관장 · 비상임감사, 한국보훈복지의료공단이사장 · 감사, 한국소비자원장 · 비상임감사, 기술신용보증기금이사장 · 감사, 신용보증기금이사장 · 감사, 예금보험공사사장 · 감사, 한국자산관리공사사장 · 감사, 한국주택금융공사사장 · 감사, 한국거래소이사장 · 감사위원, 도로교통공단이사장 · 비상임감사, 중소기업진흥공단이사장 · 감사, 서울대학교병원장, 서울대학교치과병원장, 기초기술연구회이사장, 산업기술연구회이사장, 기초과학연구원장 등이다.[12]

5) 임원추천위원회가 복수로 추천하여 운영위원회의 심의 · 의결을 거친 사람 중에서 주무기관의 장의 제청으로 대통령이 임명

한국조폐공사사장 · 감사, 한국관광공사사장 · 감사, 한국마사회장 · 감사, 대한석탄공사사장 · 감사, 한국가스공사사장 · 감사위원, 한국남동발전(주)사장 · 감사위원, 한국남부발전(주)사장 · 감사위원, 한국동서발전(주)사장 · 감사위원, 한국서부발

---

11) 금융위원회 위원장의 제청에 앞서 금융위원회의 의결을 거쳐야 한다(「금융위원회의 설치등에 관한 법률」 제29조).

12) 이들 중 준정부기관의 감사는 기획재정부장관의 제청으로 대통령이 임명하며, 관계 법률에 따라 임명 전에 주주총회를 거쳐야 하는 기관은 한국자산관리공사, 한국거래소이다.

전(주)사장 · 감사위원, 한국석유공사사장 · 감사위원, 한국수력원자력(주)사장 · 감사위원, 한국전력공사사장 · 감사위원, 한국중부발전(주)사장 · 감사위원, 한국지역난방공사사장 · 감사위원, 인천국제공항공사사장 · 감사위원, 한국공항공사사장 · 감사위원, 한국도로공사사장 · 감사위원, 한국수자원공사사장 · 감사위원, 한국철도공사사장 · 감사위원, 한국토지주택공사사장 · 감사위원, 한국감정원장 · 감사위원, 한국투자공사사장 · 운영위원 등이다.[13]

6) 중앙위원회에서 선출한 뒤 대통령의 '인준(認准)'

대한적십자사총재가 이에 해당한다.

'인준'의 의미는 선출결과를 사후에 승인한다는 뜻이다.

나. 국무총리 임명

국무총리는 행정각부를 통할하므로(헌법 제86조) 국무총리 소속으로 설치된 정부출연 연구기관의 임원에 대하여는 국무총리에게 임면권을 부여하고 있다(「정부출연 연구기관 등의 설립 운영 및 육성에 관한 법률」 제23조).

국무총리 소속의 경제 · 인문사회연구회의 이사장은 공개모집 또는 이사장추천위원회의 추천을 받아 국무총리가 임명하고, 감사는 국무총리가 직접 임명할 수 있다.

다. 장관 임명 등

기타 특수법인의 이사 등에 대하여는 이사회, 이사장, 추천위원회 등의 추천 등을 거쳐 주무 장관이 임명하거나 주무장관의 승인을 얻어 당해 법인의 기관장이 임명하는 경우, 그리고 이사회 또는 총회, 주주총회에서 선임한 후 주무장관의 승인을 받는 등 다양한 절차가 있다.

주무장관의 '승인'을 받지 못하면 새로이 임명절차를 밟아야 할 것이다. 승인행위

---

13) 이들 중 공기업의 감사는 기획재정부장관의 제청으로 대통령이 임명하며, 관계 법률에 따라 임원을 임명하기 전에 주주총회를 거쳐야 하는 기관은 한국가스공사, 한국남동발전(주), 한국남부발전(주), 한국동서발전(주), 한국서부발전(주), 한국수력원자력(주), 한국중부발전(주), 한국전력공사, 한국지역난방공사, 인천국제공항공사, 한국공항공사, 한국도로공사, 한국감정원이다.

는 단순히 추인하는 차원이 아니라 당해인에 대한 적격성 여부에 대하여 주무장관이 실질적으로 심사·결정한다고 볼 것이다. 그런데 절차상으로는 미리 선임하여 사후에 승인을 받는 경우도 있고, 승인을 얻어서 임명하는 경우가 있는데, 만약 이사회 등에서 미리 선임되었다 하더라도 사후 승인을 얻지 못하면 선임행위를 취소하고 새로운 사람을 선임하여 다시 승인을 받아야 할 것이다. 승인의 절차는 문서로 하여야 하고, 승인을 취소할 경우에는 취소사유 등을 밝힐 필요가 있다.

대부분의 법인관련 법령에 임원의 면직에 대해서는 구체적으로 규정하고 있지 않다. 이유는 임기가 있기 때문이나 법령·정관 위반, 임용결격사유 해당, 심신 장애로 직무수행 곤란, 고의 또는 중대한 과실로 기관 손실, 직무에 열성이 없다고 인정될 때, 직무상 의무 위반, 직무수행 나태, 벌금 이상의 형 등의 사유가 있으면 해임할 수도 있다.[14)]

3. 직원

직원들에 대한 임명권은 대부분 특수법인의 기관장이 갖고 있다. 다만 기관장은 정관이나 내부규정이 정하는 바에 따라 보조기관이나 소속기관의 장에게 위임할 수 있다. 따라서 직원의 임면관계는 사법관계이다.

---

14) 「사립학교교직원 연금법」 제29조, 「법률구조법」 제16조, 「보호관찰 등에 관한 법률」 제79조, 「국민연금법」 제36조, 「금융위원회의 설치 등에 관한 법률」 제32조, 「별정우체국법」 제16조의5.

제 2 장
권 리

특수법인의 임·직원에 대한 권리의무관계는 개별 법령과 정관에서 구체적으로 정하고 있다. 특별히 법률에서 기본적인 권리와 의무를 규정하는 경우는 당해 법인의 설립취지에 따라 계속 그 실체를 유지하기 위하여 구성원 간에 최소한도로 지켜야 할 내용과 이를 통해서 얻을 수 있는 급부 즉 권리사항을 명시하는 것이다. 예컨대 정관이 정하는 바에 의하여 급여와 대여를 받고 복지시설을 이용하는 권리를 향유하는 대신 필요한 부담금을 납부하고 당해 법인의 운영에 협조할 의무를 지도록 하는 것이 대표적인 사례라 할 수 있다.[15] 이와 같은 구성원의 권리와 의무 간에는 일정한 비례의 원칙을 적용함으로써 균형 있게 조직을 운영할 수 있다.

특수법인 직원이 누리는 권리는 법령에서 공권으로 규정한 공법관계의 경우를 제외하고 내부규칙에 의한 것이라면 사적 자치원칙에 따른 사법관계의 법리가 일반적으로 적용될 것이다.

---

15) 「한국교직원공제회법」 제7조 제2항, 「과학기술인공제회법」 제7조, 「경찰공제회법」 제8조, 「군인공제회법」 제7조, 「대한소방공제회법」 제8조, 「대한지방행정공제회법」 제7조 「한국지방재정공제회법」 제7조 등 주로 공사단의 경우가 해당된다.

제1절 공법관계

1. 고용 승계

특수법인의 직원은 공무원 신분이 아니므로 헌법상의 신분보장 규정이 직접 적용되지는 않으나, 설립 근거가 법률이나 조례이기 때문에 간접적으로 신분의 보장을 받고 있다. 특수법인의 본질상 외부환경 변화에 적극 대응하기 위하여 사업과 기능조정 등이 신축적으로 이루어질 필요가 있는데, 만약 다른 특수법인과 통폐합하거나 민간으로 이관하는 일이 있더라도 기관의 존립근거가 법령에 있으므로 부칙에서 종전 기관의 권리 · 의무를 포괄승계하는 입법례가 많이 있다.[16] 물론 법률에서 근로관계의 승계와 관련된 규정을 두지 않는 한 당연히 승계되는 것은 아니지만[17] 부담능력의 범위 안에서 이루어지는 민간기업의 양도 · 양수의 경우보다는 훨씬 유리한 지위에 서 있는 것은 사실이다.

2. 재정 지원

특수법인의 재정은 비교적 안정적이라 할 수 있다. 왜냐하면 공사단의 경우 회원들의 부담외에 국가가 예산으로 보조금 등을 지급하는 경우가 있고,[18] 공재단은 국가와 지방자치단체가 출연하거나 보조하는 재원으로 운영하고,[19] 공기업은 국가와 지방자치단체가 출자하여 독점적 지위를 인정하고 있을 뿐만 아니라 보조금 등 재정지원을 하는 경우가 있기[20] 때문이다.

---

16) 한국고용정보원 분리(「고용정책 기본법」 부칙, 2005.12.30. 법률 제7831호), 한국정보사회진흥원 신설(「국가정보화 기본법」 부칙, 2006.10.4. 법률 제8031호), 인천국제공항공사 신설(「인천국제공항공사법」 부칙, 1999.1.26. 법률 제5689호), 한국석유관리원 신설(「석유 및 석유대체연료 사업법」 부칙, 2009.1.30. 법률 제9370호) 등.

17) 대법원 2005.3.25. 선고 2003다22509 판결 참조.

18) 「국가유공자 등 단체 설립에 관한 법률」 제13조, 「전쟁기념사업회법」 제12조 등.

19) 「독립기념관법」 제13조, 「정부법무공단법」 제21조의2, 「지방의료원의 설립 및 운영에 관한 법률」 제17조 등.

이러한 재원과 자체 사업을 통한 수익금으로 지급되는 보수에 대하여는 공공기관의 자율에 맡길 수는 없다. 그래서 준정부기관(공재단)과 공기업 임원의 보수기준은 다음 사항을 고려하여 기획재정부장관이 공공기관운영위원회의 심의·의결을 거쳐 정하는 보수지침에 따라 이사회에서 정한다. 공공기관운영위원회는 임원의 보수와 관련된 지침을 의결해야 한다.

① 기관장: 준정부기관의 경영성과와 계약의 내용과 이행 수준

② 상임이사: 성과계약 이행실적 평가 결과

③ 상임감사 및 상임감사위원: 직무수행실적 평가 결과

임원의 보수기준을 정하는 이사회에는 이해관계가 있는 임원은 참여할 수 없다(「공공기관의 운영에 관한 법률」 제33조).

다만 직원들의 보수는 「근로기준법」과 단체협약에 의한다. 공무원의 보수는 국회의 예산 심의결과에 따라 전체 인건비 규모가 확정되면 직종별·직급별 공무원의 보수내역이 대부분 공개되나 특수법인직원의 보수는 단체협약에 따르기 때문에 외부에서는 잘 알기 어렵다. 주무장관이 공공기관의 예산안을 승인하는 과정에서 어느 정도 가이드라인을 파악할 수는 있으나 노사 자율적으로 결정하는 부분이 많아 면밀한 검토가 필요하다.

3. 생활 지원

법령에 의하여 주된 사무소를 수도권에서 전국의 각 지방 혁신도시로 이전해야 하는 공공기관의 장은 이주하는 소속직원에 대하여 이사비용 및 이주수당의 지급 등 대통령령이 정하는 바에 따라 필요한 지원 대책을 마련하여 시행할 수 있다. 이주 직원에게 주택을 공급하는 경우 「주택법」 제38조 및 「임대주택법」 제3조의 규정에 따라 주택을 우선 공급할 수 있다. 또한 국민주택기금에서 주택구입자금 또는 전세자금도 융자할 수 있다(「공공기관 지방이전에 따른 혁신도시 건설 및 지원에 관한 특별법」 제47조).

---

20) 「대한석탄공사법」 제14조.

4. 연금의 특례

특수법인 직원의 연금에 대하여는 원칙적으로 「국민연금법」이 적용된다. 그런데 국가나 지방자치단체의 행정기관에서 수행하던 사무를 특수법인을 전환하여 업무, 직원 등과 함께 권리 · 의무를 승계하는 경우, 「공무원연금법」을 계속 적용할 수 있도록 예외를 인정하는 경우가 있다.

우선 2003.12.31. 제정되어 2005.1.1. 시행된 「한국철도공사법」의 부칙 제8조가 여기에 해당된다. 중앙행정기관이던 철도청의 모든 인력과 재산 등을 한국철도공사로 포괄 승계하면서 당시 철도청 소속 국가공무원에게는 철도공사나 철도시설공단의 직원으로 신분이 전환되더라도 공무원으로 계속 근무하는 것으로 간주하여 「공무원 연금법」 상의 재직기간을 충족하면 공사나 공단에 근무하더라도 「공무원연금법」에 의한 본인의 퇴직연금과 가족의 유족급여까지 지급할 수 있도록 한 바 있다.

또한 2010.12.27. 공포되어 2011.12.27. 시행된 「국립대학법인 서울대학교 설립 · 운영에 관한 법률」 부칙 제7조도 시행 당시 공무원 신분이던 직원에 대하여는 본인의 희망에 따라 「사립학교교직원 연금법」을 적용하지 않고 「공무원연금법」의 적용을 신청할 수 있도록 예외를 인정하였다.

이런 특례조치는 국민연금과 공무원 · 군인 등 특수직역 종사자의 연금 사이에 연금급여의 종류와 급여기간, 산정기준 등에서 차이가 있었기 때문에 부득이하게 발생한 것이다. 그 후 몇 차례의 연금제도 개혁으로 지금은 모든 연금제도가 거의 비슷한 수준이 되었으나, 과거부터 재직하던 공무원들이 법인직원으로의 신분전환을 강하게 반대하였기 때문에 타협점으로 나타난 결과이다.

제2절 사법관계

1. 근로기준

가. 근로조건

특수법인 직원의 근로조건은 근로자와 사용자가 동등한 지위에서 자유의사에 따라 결정한다. 다만 최저기준인 「근로기준법」보다 낮출 수는 없다(같은 법 제3,4조). 「근로기준법」은 상시 5명 이상의 근로자를 사용하는 모든 사업 또는 사업장에 적용하므로(제11조), 특수법인인 공공기관에도 물론 적용된다. 여기서 근로자는 물론 특수법인의 직원을 말하고 사용자는 특수법인의 기관장을 말한다.

나. 근로계약

특수법인의 직원의 인사관리는 사적자치 원리가 적용되는 근로계약에 의하는 것이 기본이다. 직원과 기관장 사이에 체결한 단체협약은 물론, 취업규칙과 근로계약을 상호간에 지키고 성실하게 이행할 의무가 있다. 사용자인 기관장은 근로계약을 체결할 때에 근로자에게 ① 임금 ② 소정근로시간 ③ 휴일 ④ 연차 유급휴가 ⑤ 그 밖에 대통령령으로 정하는 근로조건을 명시하여야 하며, 근로계약 체결 후 변경하는 경우에도 마찬가지다(「근로기준법」 제15~17조).

연차 유급휴가에 관하여 '사용자는 1년간 80% 이상 출근한 근로자에게 15일의 유급휴가를 주어야 한다.'고 규정하고 있는데(「근로기준법」 제60조 제1항), 이는 근로자에게 일정기간 근로의무를 면제함으로써 정신적 · 육체적 휴양의 기회를 제공하고 문화적 생활의 향상을 기하려는 데 취지가 있다. 이러한 연차 유급휴가는 근로자가 사용자에게 근로를 제공하는 관계에 있다는 사정만으로 당연히 보장받을 수 있는 것이 아니라, 1년간 80% 이상 출근하였을 때 비로소 부여받을 수 있는 것이므로 다른 특별한 정함이 없는 이상 이는 1년간의 근로에 대한 대가라고 볼 수 있고, 근로자가 연차유급휴가를 사용하지 못하게 됨에 따라 사용자에게 청구할 수 있는 연차휴가수당은 임금이다. 출근일의 산정은 1년간의 총 역일(曆日)에서 법령, 단체협약, 취업규칙 등에 의하여 근로의무가 없는 날로 정하여진 날을 제외한 나머지 일수, 즉 연간 근로의무가 있는 일수를 기준으로 그중 근로자가 현실적으로 근로를 제공한 날이 얼마인지를 비율적으로 따져 판단하여야 하고, 연간 소정근로일수는 본래 사용자와 근로자 사이에 평상적인 근로관계, 즉 근로자가 사용자에게 근로를 제공하여 왔고 또한 계속적인 근로제공이 예정되어 있는 상태를 전제로 한 것이다.[21]

2. 단체권

가. 당사자

근로3권의 주체가 되는 근로자는 「노동조합 및 노동관계 조정법」 제2조 제1호에 규정된 바와 같이 직업의 종류를 불문하고 임금·급료 기타 이에 준하는 수입에 의하여 생활하는 자 즉 노동력을 제공하고 그 대가를 얻어서 생활하는 자를 말한다. 따라서 근로자는 노동에 종사하는 육체노동자뿐만 아니라 사무노동자도 포함된다. 근로자에는 같은 법 제2조 제5호에 의하여 해고의 효력을 다투고 있는 자도 근로자로 보고 있다.[22] 노동자 개인뿐만 아니라 집단에게도 이 권리가 인정된다고 한다. 다만 법인에게는 인정되지 않는다.

현행 헌법 제33조에 규정된 근로자의 근로조건 향상을 위한 단결권·단체교섭권 및 단체행동권 관련 규정은, 특수법인의 직원의 경우 공무원 신분이 아니므로 원칙적으로 헌법 제33조 제1항과 제3항이 적용된다. 그러나 특수법인의 직원은 행정주체를 구성하는 지위에서 사적 자치의 원리가 작용되는 민간 근로자와 신분상 차이도 있으므로 단체권을 행사함에 있어서 법령·규정에 의하여 일부 제약을 가하고 있다.

21) 대법원 2013.12.26. 선고 2011다4629 판결.
22) 대법원 1994.9.30. 선고 93다26496 판결.

나. 내용과 한계

1) 단체교섭 · 협약

법령상 특별한 규정이 없는 한 원칙적으로 특수법인은 민간 기업체와 마찬가지로 노동조합을 결성하고 근로조건에 관하여 단체교섭 할 수 있으며 쟁의할 권리도 있다. 「노동조합 및 노동관계조정법」 제30조는 노동조합과 사용자 또는 사용자단체는 신의에 따라 성실히 교섭하고 단체협약을 체결하여야 하고 그 권한을 남용하여서는 안 되며, 사용자 또는 사용자단체는 정당한 이유 없이 교섭 또는 단체협약의 체결을 거부하거나 게을리 해서는 안 된다.

「근로기준법」 제15조를 보면, '사용자'라 함은 사업주 또는 사업경영담당자 기타 근로자에 관한 사항에 대하여 사업주를 위하여 행동하는 자를 말한다. 그런데 특수법인 중 공재단과 공기업의 경우 사용자인 법인의 대표자를 법령에 의하여 정부가 임명에 관여하기 때문에 사적 자치의 원리가 일반적으로 적용되는 사기업체의 사업주와는 다른 법적 특성과 지위를 갖는다. 따라서 기관장은 교섭을 하더라도 궁극적인 소유주인 국민전체의 의사와 국민전체에게 봉사하는 것이 무엇인지를 항상 염두에 두어야 할 것이다.

2) 쟁의행위

'쟁의행위'는 같은 법 제2조 제6호에서 정의된 바와 같이 파업 · 태업 · 직장폐쇄 기타 노동관계 당사자가 그 주장을 관철할 목적으로 행하는 행위와 이에 대항하는 행위로서 업무의 정상적인 운영을 저해하는 행위를 말한다. 다만 정치적 파업은 정당한 쟁의행위가 아니므로 인정하기 어렵다. 특수법인은 정치활동 자체가 법률로 엄격히 금지된 경우도 있지만 이러한 법률규정이 없더라도 이들의 집단행위는 특수법인 본래의 사업과는 관계가 없고, 또 정치운동을 목적으로 하는 단체를 노동조합으로 인정하지 않는 취지(같은 법 제2조 제4호 마목)에 비추어 보면 정치적 파업은 금지된다.

쟁의행위 시의 임금 지급에 관하여는 단체협약이나 취업규칙 등에서 이를 규정하거나 그 지급에 관한 당사자 사이의 약정이나 관행이 있다고 인정되지 아니하는 한, 근로자의 근로제공의무 등의 주된 권리 · 의무가 정지되어 근로자가 근로를 제공하지 아니한 쟁의행위 기간 동안에는 근로제공의무와 대가관계에 있는 근로자의 주된 권리로서의 임금청구권은 발생하지 아니한다. 근로를 불완전하게 제공하는 태업도 근로제공이 일부 정지되는 것이라고 할 수 있으므로, 무노동 무임금 원칙이 적용된다고 봄이 타당하다.[23)]

다. 제한

현행 헌법 제37조 제2항은 국민의 모든 자유와 권리에 대하여 국가안전보장 · 질서유지 또는 공공복리를 위하여 필요한 경우에 한하여 법률로써 제한할 수 있으므로 근로3권도 예외가 아니다. 이에 따라 헌법 제33조 제3항에 규정된 주요방위산업체 뿐만 아니라 공익사업을 수행하는 특수법인에 대하여도 일부 제한하고 있다. 「방위사업법」 에 의하여 지정된 주요방위산업체에 종사하는 근로자중 전력, 용수 및 주로 방산물자를 생산하는 업무에 종사하는 자는 쟁의행위를 할 수 없으며, 쟁의행위에 의하여 점거가 금지되는 시설에는 ① 전기 · 전산 또는 통신시설 ② 철도(도시철도 포함)의 차량 또는 선로 ③ 건조 · 수리 또는 정박중인 선박 ④ 항공기 · 항행안전시설 또는 항공기의 이 · 착륙이나 여객 · 화물의 운송을 위한 시설 ⑤ 화약 · 폭약 등 폭발위험이 있는 물질 또는 「유해화학물질 관리법」에 의한 유독물을 보관 · 저장하는 장소 ⑥ 기타 점거될 경우 생산 기타 주요업무의 정지 또는 폐지를 가져오거나 공익상 중대한 위해를 초래할 우려가 있는 시설로서 고용노동부장관이 관계중앙행정기관의 장과 협의하여 정하는 시설 등이다(「노동조합 및 노동관계 조정법」 제41조, 같은 법 시행령 제21조).

또한 국가 · 지방자치단체 · 국공영기업체 · 방위산업체 및 공익사업에 있어서의 노동쟁의의 조정은 우선적으로 취급하고 신속히 처리하도록 규정하고 있으며(「노동조합 및 노동관계 조정법」 제51조), 같은 법 제71조에서 '공익사업'을 공중의 일상생활과 밀접한 관련이 있거나 국민경제에 미치는 영향이 큰 사업인 ① 정기노선 여객운수사업 및 항공운수사업 ② 수도, 전기, 가스, 석유정제 및 석유공급사업 ③ 공중위생, 의료 및 혈액공급사업 ④ 은행 및 조폐사업 ⑤ 방송 및 통신사업을 열거하고 있고, '필수

23) 대법원 2013.11.28. 선고 2011다39946 판결.

공익사업'으로서는 그 업무의 정지 또는 폐지가 공중의 일상생활을 현저히 위태롭게 하거나 국민경제를 현저히 저해하고 그 업무의 대체가 용이하지 아니한 ① 철도, 도시철도 및 항공운수사업 ② 수도, 전기, 가스, 석유정제 및 석유공급사업 ③ 병원 및 혈액공급사업 ④ 한국은행사업 ⑤ 통신사업을 지정하고 있다.

이들에 대하여는 같은 법 제72조에서 특별조정위원회를 구성하거나 제76조의 긴급조정이 가능한 바, 이 기간 중에는 쟁의행위를 중지할 수 있는 특례를 인정하고 있다. 이러한 공익사업에 해당되는 특수법인은 한국전력공사, 한국수자원공사, 한국철도공사, 한국조폐공사, 한국방송공사, 국립의료원, 각 지방자치단체의 도시철도공사, 한국은행, 기업은행 등 많은 공기업 등이 해당된다.

라. 선진화 방향

호주 연방정부는 「1996년 직장관계법」(the *Workplace Relations Act* 1996)을 제정하여 「1988년 노사관계법」(the *Industrial Relations Act* 1988)을 대체하였다. 이 법은 공·사부문의 모든 근로자가 일하는 직장(workplace) 단위를 중심으로 제3자의 개입 없이 노사관계를 자율규제하려는 것으로서, 노사관계에 있어서 1차적 책임을 당사자, 즉 단위기업의 노사 쌍방이 자율적으로 판단하여 결정하도록 하되 정부는 타당하고 실효성 있는 최저임금이나 근로조건과 같은 기본협약만 정하도록 함으로써 안전망(safety net) 역할에 그치도록 하는데 있다. 또한 결사의 자유를 보장하고 차별을 금지하며 직장과 가정의 균형을 효과적으로 도모할 수 있게 하며 국제 노동기준과 관련한 호주의 의무를 효과적으로 수행하도록 하는데 중점을 두고 있다.[24)]

호주 정부는 이 법을 제정한 후 1997년 재정개혁, 1999년 인사개혁을 이루어 냄으로써 OECD국가에서 가장 성공적인 행정개혁을 이룬 국가로 평가받고 있다.

우리나라도 앞으로 노사관계에 있어서 제3자의 개입을 최소화함으로써 개별 직장단위별로 자율적이고 안정된 노사문화를 정착하여 선진화의 길로 가는 것이 바람직스럽다.

---

24) 졸저, 호주 연방정부의 행정개혁, 111쪽.

3. 근로자 복지

가. 복지지원

임금 · 근로시간 등 기본적인 근로조건은 제외한 근로복지 정책을 통하여 근로자의 경제 · 사회활동의 참여기회를 확대하고 근로의욕을 증진하는 등의 목적으로 「근로복지 기본법」이 제정되었다. 이 법은 근로복지정책을 수립 · 시행함에 있어서 근로자의 성별, 나이, 신체적 조건, 고용형태, 신앙 또는 사회적 신분 등에 따른 차별을 받지 아니하도록 배려하고 지원하여야 하며, 국가 또는 지방자치단체, 사업주와 노동조합의 책무를 각각 규정하고 있다(제4,5조).

「근로복지 기본법」에서 정하고 있는 기업근로복지의 주요 사항은 우리사주제도와 사내근로복지기금제도이다(제32~80조). 아울러 근로자가 여러 가지 복지항목 중에서 자신의 선호와 필요에 따라 자율적으로 선택하여 복지혜택을 받는 선택적 복지제도와 각종 근로자지원프로그램, 발명 · 제안에 대한 보상규정까지 마련하고 있다(제81~86조). 또한 근로복지진흥기금을 설치 · 운용하는 제도에 대하여도 기준을 마련하고 있다(제87~92조).

나. 안전보건

근로자의 안전과 보건에 관하여는 「산업안전보건법」 에서 정하는 바에 따른다. 이 법은 일반 사업장은 물론 특별히 법에 따른 명령도 국가와 지방자치단체와 함께 공공기관(특수법인)에게 동시에 적용하고 있다.

이에 따라 사업주는 법령에서 정하는 산업재해 예방을 위한 기준을 지키며, 해당 사업장의 안전 · 보건에 관한 정보를 근로자에게 제공하고, 근로조건을 개선하여 적절한 작업환경을 조성함으로써 신체적 피로와 정신적 스트레스 등으로 인한 건강장해를 예방함과 동시에 근로자의 생명을 지키고 안전 및 보건을 유지 · 증진시켜야 하며, 국가의 산업재해 예방시책에 따라야 한다. 이 경우 사업주는 이를 준수하기 위하여 지속적으로 사업장 유해 · 위험요인에 대한 실태를 파악하고 이를 평가하여 관리 · 개선하는 등 필요한 조치를 하여야 한다(「산업안전보건법」 제5조).

다. 재해보상

「근로기준법」 제8장에 정해진 재해보상은 요양 · 휴업보상, 장해 · 유족보상 등에 대한 최소한의 기준을 정하고 사용자에게는 지급 능력이 있는 것을 증명하고 보상을 받는 자의 동의를 받으면 보상금을 1년에 걸쳐 분할보상을 할 수 있다. 보상을 받을 권리는 퇴직으로 인하여 변경되지 아니하고, 양도나 압류하지 못한다. 보상을 받게 될 자가 동일한 사유에 대하여 「민법」 이나 그 밖의 법령에 따라 이 법의 재해보상에 상당한 금품을 받으면 그 가액의 한도에서 사용자는 보상의 책임을 면한다.

「산업재해보상보험법」은 구체적으로 근로자의 업무상의 재해를 신속하고 공정하게 보상하며, 재해근로자의 재활 및 사회 복귀를 촉진하기 위하여 필요한 보험시설을 설치 · 운영하고, 재해 예방과 그 밖에 근로자의 복지 증진 사업을 시행하고 있다(제36조). 이 법에 의한 보험급여의 종류에는 ① 요양급여 ② 휴업급여 ③ 장해급여 ④ 간병급여 ⑤ 유족급여 ⑥ 상병(傷病)보상연금 ⑦ 장의비(葬儀費) ⑧ 직업재활급여의 8개가 있다. 진폐에 따른 보험급여의 종류는 ① 요양급여 ② 간병급여 ③ 장의비 ④ 직업재활급여 ⑤ 진폐보상연금 ⑥ 진폐유족연금이 있다.

제 3 장
의 무

제1절 공법관계

공무원은 헌법 제7조에 의하여 국민전체에 대한 봉사자로서의 지위를 갖고 있으므로 공무원법상 각종 의무를 적용받고 있다. 그러나 특수법인의 임·직원은 비록 국가적 사무를 수행한다고 할지라도 신분이 공무원이 아니므로 법률에 특별한 규정이 없는 한[25] 공무원법을 그대로 적용할 수는 없다.

그러나 특수법인 직원에게 개별 법률에서 필요한 의무를 직접 규정하는 것은 내부질서를 유지하는 정도에 그치지 않고 공익을 실현하는데 필요한 최소한의 의무로서 이를 위반할 경우 공무원과 동일한 수준의 처벌을 받게 된다.

---

25) 「한국국방연구원법」 제11조는 연구원의 임·직원에 대한 복무와 관련하여 「국가공무원법」 제7장 복무에 관한 규정을 그대로 준용하도록 하고 있으며, 「국방과학연구소법」 제14조는 연구소의 임원과 직원에 대하여 「국가공무원법」 제7장 복무에 관한 규정은 물론 「공무원직장협의회의 설립·운영에 관한 법률」을 준용하며 형법 기타 처벌법규의 적용에 있어서는 이를 국가공무원으로 보고 있다.

1. 신분상 의무

가. 선거후보 사직

다음에 해당되는 사람이 공직선거에서 후보자가 되려면 선거일 전 90일까지 그 직을 그만두어야 한다(「공직선거법」 제53조).

① 공공기관 중 정부가 50% 이상의 지분을 가지고 있는 기관(한국은행 포함)의 상근 임원 ② 협동조합의 상근 임원과 이들 조합의 중앙회장 ③ 지방공사와 지방공단의 상근 임원 ④ 특별법에 의하여 설립된 국민운동단체로서 국가 또는 지방자치단체의 출연 또는 보조를 받는 바르게살기운동협의회 · 새마을운동협의회 · 한국자유총연맹(시 · 도 조직 및 구 · 시 · 군 조직 포함)의 대표자

사직서는 대상자가 그 소속기관의 장 또는 소속위원회에 사직원이 접수된 때에 그 직을 그만 둔 것으로 본다.

나. 재산등록

1) 의의

「공직자윤리법」은 공직자 및 공직후보자의 재산등록, 등록재산 공개 및 재산형성 과정 소명과 공직을 이용한 재산취득의 규제, 공직자의 선물신고 및 주식백지신탁, 퇴직공직자의 취업제한 및 행위제한 등을 규정함으로써 공직자의 부정한 재산증식을 방지하고, 공무집행의 공정성을 확보하는 등 공익과 사익의 이해충돌을 방지하여 국민에 대한 봉사자로서 가져야 할 공직자의 윤리를 확립함을 목적으로 한다. '공직자'라는 법 이름에서 보듯이 공무원뿐만 아니라 특수법인의 임원들에게도 적용된다.

2) 등록의무자

공무원이 아닌 공직자의 범주에는 공기업의 장 · 부기관장 · 상임이사 및 상임감사, 한국은행의 총재 · 부총재 · 감사 및 금융통화위원회의 추천직 위원, 금융감독원의 원장 · 부원장 · 부원장보 및 감사, 농업협동조합중앙회 · 수산업협동조합중앙회의 회장 및 상임감사가 포함된다.

공직유관단체의 임원으로서는 정부의 출자 · 출연 · 보조를 받는 기관 · 단체(재출자 · 재출연 포함), 정부 업무를 위탁받아 수행하는 기관 · 단체, 지방공사 · 지방공단 및 지방자치단체의 출자 · 출연 · 보조를 받는 기관 · 단체(재출자 · 재출연 포함), 지방자치단체의 업무를 위탁받아 수행하는 기관 · 단체, 임원 선임 시 중앙행정기관의 장 또는 지방자치단체의 장의 승인 · 동의 · 추천 · 제청 등이 필요한 기관 · 단체나 중앙행정기관의 장 또는 지방자치단체의 장이 임원을 선임 · 임명 · 위촉하는 기관 · 단체가 이에 해당된다.

기타 국회규칙, 대법원규칙 및 대통령령으로 정하는 특정 분야의 공직유관단체의 직원도 포함된다(「공직자윤리법」 제3조).

3) 등록대상 재산

등록의무자가 등록할 재산은 본인, 배우자, 본인의 직계존비속의 재산으로서, 부동산에 관한 소유권 · 지상권 및 전세권, 광업권 · 어업권, 그 밖에 부동산에 관한 규정이 준용되는 권리, 소유자별 합계액 1천만원 이상의 현금 · 예금 · 주식 · 국채 · 공채 · 회사채 등 증권 · 채권 · 채무 및 지식재산권, 소유자별 합계액 500만원 이상의 금 및 백금(금제품 및 백금제품 포함), 보석류, 골동품 및 예술품, 권당 500만원 이상의 회원권, 자동차 · 건설기계 · 선박 및 항공기, 합명회사 · 합자회사 및 유한회사의 출자지분, 주식매수선택권 등이다(「공직자윤리법」 제4조).

4) 등록시기와 등록기관

공직자는 등록의무자가 된 날부터 2개월 이내에 등록의무자가 된 날 현재의 재산을 공직유관단체를 감독하는 부 · 처 · 청 등이다. 다만 등록재산을 공개하는 재산등록사항을 공개하는 공직자는 안전행정부에 등록한다(「공직자윤리법」 제5조).

5) 등록사항의 심사

공직자윤리위원회는 등록된 재산사항을 심사하여야 한다. 공직자윤리위원회는 등록의무자가 등록재산의 일부를 과실로 빠트리거나 가액합산 등을 잘못 기재한 부분이 있다고 인정될 때에는 등록의무자에게 기간을 정하여 재산등록서류의 보완을 명할 수 있다. 심사를 위하여 필요하면 등록의무자에게 자료의 제출요구 또는 서면질의를 하거나 사실 확인을 위한 조사를 할 수 있다.

이 경우 공직자윤리위원회는 등록의무자에게 해명 및 소명자료를 제출할 기회를 주어야 한다. 공직자윤리위원회는 또한 등록의무자와 그 배우자, 등록의무자의 직계존속 · 직계비속, 그 밖의 재산등록사항 관계인에게 출석을 요구하고 진술을 받을 수 있다.

공직자윤리위원회는 등록사항의 심사 결과 등록대상재산을 거짓으로 기재하거나 중대한 과실로 빠트리거나 잘못 기재하거나 직무상 알게 된 비밀을 이용하여 재물 또는 재산상 이익을 취득한 사실이 인정되면 경고 및 시정조치, 과태료 부과, 일간신문 광고란을 통한 허위등록사실의 공표, 해임 또는 징계(파면 포함) 의결요청 중 하나를 행하여야 한다(「공직자윤리법」 제8,9조).

6) 등록재산의 공개

공직자윤리위원회는 공기업의 장 · 부기관장 및 상임감사, 한국은행의 총재 · 부총재 · 감사 및 금융통화위원회의 추천직 위원, 금융감독원의 원장 · 부원장 · 부원장보 및 감사, 농업협동조합중앙회 · 수산업협동조합중앙회의 회장 및 상임감사, 대통령령으로 정하는 공직유관단체의 임원 등의 본인과 배우자, 직계존비속의 재산등록 및 변동사항 신고내용을 등록 또는 신고기간 만료 후 1개월 이내에 관보나 공보에 게재하여 공개하여야 한다(「공직자윤리법」 제10조).

대통령령으로 재산을 공개하도록 된 임원은 정부 및 지방자치단체의 출자 · 출연 · 보조액 또는 재출자 · 재출연액이 200억원 이상인 기관 · 단체의 장, 중앙행정기관장이나 지방자치단체의 장이 임원을 승인 · 선임하는 공직유관단체 중 정부 및 지방자치단체의 출자 · 출연 · 보조액이 100억원 이상인 기관 · 단체의 장, 대통령이 임면하는 기관 · 단체의 장을 말한다(「공직자윤리법 시행령」 제24조 제4항).

다. 선물신고

공직유관단체 즉 특수법인의 임직원은 외국으로부터 선물을 받거나 그 직무와 관련하여 외국인과 외국단체로부터 선물을 받으면 지체 없이 소속 기관 · 단체의 장에게 신고하고 그 선물을 인도하여야 한다. 이들의 가족이 외국으로부터 선물을 받거나 그 공무원이나 공직유관단체 임직원의 직무와 관련하여 외국인에게 선물을 받은 경우에도 또한 같다. 신고할 선물의 가액은 미국화폐 100달러 이상이거나 국내 시가로 10만원 이상인 경우이다. 신고된 선물은 신고 즉시 국고에 귀속된다(「공직자윤리법」 제15,16조).

외국으로부터 선물을 받는 특수법인 직원이나 그 가족은 본인의 직급이나 직무관련 여부에 관계없이 일정 가액 이상 선물은 모두 신고해야 한다. '외국'은 외국의 연방정부, 주정부 등을 가리지 않으므로 정부로부터 공식적으로 전달받은 선물이라면 당연히 해당된다. 그러나 정부가 아닌 외국인이나 외국단체로부터의 선물은 직무 관련성 여부를 먼저 살펴볼 필요가 있다.

라. 병역신고

1) 신고의무자

공기업의 장 · 부기관장 · 상임이사 및 상임감사, 한국은행의 총재 · 부총재 · 감사 및 금융통화위원회의 추천직 위원, 금융감독원의 원장 · 부원장 · 부원장보 및 감사, 농업협동조합중앙회 · 수산업협동조합중앙회의 회장 및 상임감사, 공직유관단체의 임원이 신고의무자이다(「공직자 등의 병역사항 신고 및 공개에 관한 법률」 제2조).

2) 신고대상자와 신고사항

신고의무자는 본인과 본인의 18세 이상인 직계비속의 병역사항을 신고하여야 한다.

병역사항은 제1국민역 편입사항, 징병검사 연도 및 병역처분 내용, 징집 또는 소집 복무를 마친 경우 복무 분야, 계급, 군번, 입영 연월일, 전역 · 소집해제 연월일, 전역 · 소집해제 사유, 현역 · 보충역 · 전환복무 중인 경우 복무 분야, 복무부대 또는 복무기관, 계급, 입영 또는 편입 연월일 등이다(「공직자 등의 병역사항 신고 및 공개에 관한 법률」 제3조).

3) 신고시기와 신고기관

신고의무자는 신고의무자가 된 날부터 1개월 이내에 신고의무자가 된 날 현재의 신고대상자의 병역사항을 적은 병역사항 신고서를 소속 기관에 제출하여야 한다. 부득이한 사유로 병역사항 신고기간의 연장을 신청한 경우에 그 사유가 타당하다고 신고기관의 장이 인정할 때에는 1개월의 범위에서 신고일을 정하여 신고기간을 연장할 수 있다(「공직자 등의 병역사항 신고 및 공개에 관한 법률」 제4조).

4) 신고사항의 공개

병무청장은 신고기관의 장으로부터 병역사항을 통보받으면 1개월 이내에 관보와 병무청의 인터넷 홈페이지에 게재하여 공개하여야 하고, 확인 결과 병역 변동사항이 있을 때에는 매 분기의 다음 달 중에 그 변동사항을 관보와 병무청의 인터넷 홈페이지에 게재하여 공개하여야 한다. 병무청장은 병역사항을 공개하고자 하는 경우에는 공개될 병역사항을 인터넷 등을 통하여 신고의무자에게 미리 열람하게 하여야 한다(「공직자 등의 병역사항 신고 및 공개에 관한 법률」 제8조).

5) 성실 신고의무 등

신고의무자 신고대상자를 고의로 빠뜨리거나 신고할 병역사항을 거짓으로 신고하여서는 안되며 병무청장 등이 하는 병역사항의 조사에 성실히 응하여야 한다. 또한 병역사항 신고 및 공개 업무에 종사하거나 하였던 사람 또는 그 밖의 사람으로서 공개하지 아니한 병역사항을 직무상 알게 된 사람은 다른 사람에게 이를 누설하거나 자료를 제공하여서는 아니 된다. 이를 위반할 경우 징역 또는 벌금형에 처할 수 있다(「공직자 등의 병역사항 신고 및 공개에 관한 법률」 제12,13,17조).

마. 정치적 중립

특수법인 중 공사단의 경우에는 조직의 성격상 정치활동을 제약할 필요가 있다. 다만 제한되는 정치활동의 범위는 법률마다 상이하다. 전국적 조직을 갖고 있거나 구성원 간의 결속력이 강한 협회나 조합 등은 특정 정당이나 정파에 유리하도록 조직을 운용할 수 있으므로 본래의 사업 목적에 어긋날 수 있기 때문에 제한을 가하는 것이다.

국민운동단체로서 전국적 조직을 가진 바르게살기운동협의회, 새마을운동협의회, 한국자유총연맹은 그 단체의 명의 또는 대표의 명의로 선거운동을 할 수 없도록 직접 규정하고 있으며(「공직선거법」 제87조 제1항), 재향군인회와 재향경우회 및 재향교정동우회는 각 법률에서 '정치활동'을 할 수 없도록 하고 있다.[26]

정치활동이란 선거에서의 특정인에 대한 지지 또는 반대는 물론「국가공무원법」 제65조 제2항 각호에 규정된 정치적 운동 전반에 대하여 법인 명의로 하는 것을 의미한다. 특히 재향군인회 임원에게는 정당의 '대표자 · 간부 및 회계책임자'가 될 수 없도록 하여 정치적 중립성을 지향하고 있다. 아울러 국가유공자단체에 대하여는 특정정당의 정강을 지지 · 반대하거나 특정의 공직후보자를 지지하거나 반대하는 등의 정치활동을 할 수 없을 뿐만 아니라 회원으로부터 정치자금을 징수할 수 없으며 각 단체의 기금도 정치자금에 유용할 수 없다.

이를 위하여 정치적 중립규정을 위반할 경우에는 벌칙을 부여하고 있다. 그러나 조합법에는 벌칙조항이 있으나 재향경우회나 재향군인회, 상호저축은행중앙회 등의 경우에는 벌칙규정을 두고 있지 않는데 입법상의 불비로 보인다.[27]

2. 직무상 의무

가. 취업제한

1) 사기업체 등 취업제한

공직자 재산등록 의무자 즉 특수법인의 주요임원은 퇴직일부터 2년간 퇴직 전 5년 동안 소속하였던 부서의 업무와 밀접한 관련이 있는 영리 사기업체, 법무법인, 회계법인, 세무법인 등에 관할 공직자윤리위원회의 승인을 받지 않고서는 취업할 수 없다.

담당 직무와의 관련성 범위는 취업심사대상자가 퇴직 전 5년 동안 소속하였던 부서의 업무가 보조금 · 장려금 · 조성금 등을 배정 · 지급하는 등 재정보조를 제공하는 업무, 인가 · 허가 · 면허 · 특허 · 승인 등에 직접 관계되는 업무, 생산방식 · 규격 · 경리 등에 대한 검사 · 감사에 직접 관계되는 업무, 조세의 조사 · 부과 · 징수에 직접

26)「대한민국재향군인회법」 제3조 제1항,「대한민국재향경우회법」 제5조 제4항,「대한민국재향교정동우회법」 제6조 제4항.

27)「대한민국 재향군인회법」 제3조,「대한민국 재향경우회법」 제5조 제3항,「중소기업협동조합법」 제7조의2,「수산업협동조합법」 제7조,「농업협동조합법」 제7조,「신용협동조합법」 제93조,「엽연초생산협동조합법」 제5조,「상호저축은행법」 제28조,「소비자생활협동조합법」 제4조,「국가유공자 등 단체설립에 관한 법률」 제14조.

관계되는 업무, 공사 또는 물품구입의 계약 · 검사 · 검수에 직접 관계되는 업무, 법령에 근거하여 직접 감독하는 업무, 사기업체등이 당사자이거나 직접적인 이해관계를 가지는 사건의 수사 및 심리 · 심판과 관계되는 업무 등이다(「공직자윤리법」 제17조 제2항).

'법령에 근거하여 직접 감독하는 업무'란 취업하고자 하는 영리사기업체에 대한 직접적인 감독업무를 담당하는 부서로서 그 감독권한이 법령 및 이에 근거한 내부 업무분장에 관한 규칙에 의하여 상시 고유업무로 부여된 경우를 뜻하고 그 감독부서의 개별적 · 구체적 업무위임에 따라 감독부서가 감독권한을 행사하는 데 필요한 범위 안에서 일정한 수임업무를 처리하는 부서에 근무한 경우는 이에 해당하지 아니한다.[28]

만약 이를 어기고 취업한 사람이 있으면 관할 공직자윤리위원회는 국가기관의 장, 지방자치단체의 장에게 해당인에 대한 취업해제조치를 하도록 요청하여야 하며, 요청을 받은 국가기관의 장 또는 지방자치단체의 장은 해당인이 취업하고 있는 사기업체등의 장에게 해당인의 해임을 요구하여야 한다. 해임 요구를 받은 사기업체등의 장은 지체 없이 이에 응하여야 한다. 이 경우 사기업체등의 장은 그 결과를 국가기관의 장 또는 지방자치단체의 장에게 통보하고, 국가기관의 장 또는 지방자치단체의 장은 관할 공직자윤리위원회에 통보하여야 한다(「공직자윤리법」 제19조).

2) 행위제한

퇴직한 모든 공직유관단체의 임직원은 본인 또는 제3자의 이익을 위하여 퇴직 전 소속 기관의 임직원에게 법령을 위반하게 하거나 지위 또는 권한을 남용하게 하는 등 공정한 직무수행을 저해하는 부정한 청탁 또는 알선을 하여서는 안 된다. 부정한 청탁 또는 알선을 받은 때에는 이를 소속 기관의 장에게 신고하여야 하고 소속 기관의 장은 수사의 필요성이 있다고 인정하는 경우 수사기관에 통보하여야 한다.

신고자의 신분은 신고자의 동의 없이 공개할 수 없다. 신고한 공직유관단체 임직원은 신고로 인하여 소속 기관으로부터 징계조치 등 어떠한 신분상 불이익이나 근무

28) 대법원 2010.3.11. 선고 2009도4673 판결.

조건의 차별을 받지 아니한다(「공직자윤리법」 제18조의4). 다만 거짓으로 신고한 경우는 그러하지 아니하다.

3) 재직자 등의 취업청탁 등 제한

취업심사대상자는 퇴직 전 5년 동안 처리한 업무와 관련한 사기업체등을 상대로 하여 재직 중 본인의 취업을 위한 청탁행위를 하여서는 안 된다.

공직유관단체의 장은 해당 기관의 취업심사대상자를 퇴직 전 5년 동안 처리한 업무와 관련된 사기업체 등으로의 취업을 알선하는 행위를 해서도 안 된다(「공직자윤리법」 제18조의5).

4) 비위면직자의 취업제한

특히 공직유관단체의 임직원이 재직 중 직무와 관련된 부패행위로 당연퇴직, 파면 또는 해임된 경우에는 공공기관, 퇴직 전 3년간 소속하였던 부서의 업무와 밀접한 관련이 있는 일정규모 이상의 영리를 목적으로 하는 사기업체 또는 영리사기업체의 공동이익과 상호협력 등을 위하여 설립된 법인·단체에 퇴직일부터 5년간 취업할 수 없다(「부패방지 및 국민권익위원회의 설치와 운영에 관한 법률」 제82조). 퇴직 전 소속부서의 업무와 영리사기업체 사이의 밀접한 관련성의 범위는 「공직자윤리법」 제17조 제2항이 준용된다.

국민권익위원회는 공공기관에 취업한 비위면직 임직원이 있는 경우 당해 공공기관의 장에게 그의 해임을 요구하여야 하며, 해임요구를 받은 공공기관의 장은 정당한 사유가 없는 한 이에 응하여야 한다. 그리고 영리사기업체 또는 법인·단체 등 협회에 취업한 자가 있는 경우 관계 공공기관의 장에게 그 취업자에 대한 취업해제조치의 강구를 요청하여야 하며, 요청을 받은 관계 공공기관의 장은 그 취업자가 취업하고 있는 영리사기업체 또는 협회의 장에게 그의 해임을 요구하여야 한다. 이 경우 해임요구를 받은 영리사기업체 또는 협회의 장은 정당한 사유가 없는 한 지체 없이 이에 응하여야 한다(「부패방지 및 국민권익위원회의 설치와 운영에 관한 법률」 제83조).

이 규정은 공직유관단체로 지정된 특수법인의 임직원이 비위로 면직된 후 다른 공공기관에 재취업할 경우와 영리기업이나 관련 협회 등에 취업하는 경우가 해당될 것이다. 재산등록 의무가 있는 일정 직급 이상 임직원의 취업제한 기간은 2년임에 비하여 비위로 면직된 공직유관단체 임직원의 취업제한은 직급구분 없이 모든 직원에게 적용되며 그 기간도 5년으로 훨씬 길다.

나. 공익신고

공직자는 그 직무를 하면서 공익침해행위를 알게 된 때에는 이를 조사기관, 수사기관 또는 국민권익위원회에 신고하여야 한다(「공익신고자 보호법」 제7조).

공익침해행위란 국민의 건강과 안전, 환경, 소비자의 이익 및 공정한 경쟁을 침해하는 행위로서 같은 법 별표에 기재된 11개의 법률과 같은 법 시행령 별표에 기재된 169개의 법률의 벌칙에 해당하는 행위와 각 법률에 따라 인허가의 취소처분, 정지처분 등 행정처분의 대상이 되는 행위를 말한다.

특수법인의 직원들은 이러한 행위를 알게 되면 적극적으로 신고하여 공익 증진에 기여하여야 한다. 공익신고를 한 직원들은 비밀을 보장하고 신고를 이유로 인사상 불이익처분을 할 수 없도록 강력한 보호장치를 마련함은 물론 보상금과 구조금도 지급받을 수 있다(「공익신고자 보호법」 제3,4장).

다. 영리업무 및 겸직 금지

준정부기관(공재단)과 공기업의 상임임원과 직원은 그 직무 외의 영리를 목적으로 하는 업무에 종사하지 못한다. 다만 상임임원이 그 임명권자나 제청권자의 허가를 받은 경우와 직원이 기관장의 허가를 받은 경우 비영리 목적의 업무는 겸할 수 있다(「공공기관의 운영에 관한 법률」 제37조).

영리업무의 범위는 「국가공무원법」 제25조를 적용하므로(「공공기관의 운영에 관한 법률시행령」 제25조), 공직자가 다음에 해당하는 업무에 종사함으로써 직무 능률을 떨어뜨리거나, 공무에 대하여 부당한 영향을 끼치거나, 국익과 상반되는 이익을 취득하거나, 기관에 불명예스러운 영향을 끼칠 우려가 있는 경우로 볼 수 있다.

① 상업, 공업, 금융업 또는 그 밖의 영리적인 업무를 스스로 경영하여 영리를 추구함이 뚜렷한 업무 ② 상업, 공업, 금융업 또는 그 밖에 영리를 목적으로 하는 사기업체(私企業體)의 이사 · 감사 업무를 집행하는 무한책임사원 · 지배인 · 발기인 또는

그 밖의 임원이 되는 것 ③ 본인의 직무와 관련 있는 타인의 기업에 대한 투자 ④ 계속적으로 재산상 이득을 목적으로 하는 업무

지방공단과 지방공사의 비상근 임원에게는 이러한 제한이 없다. '영리를 목적으로 하는 업무'란 해당 업무에 종사함으로써 직무에 부당한 영향을 끼치거나 직무능률을 떨어뜨릴 우려가 있는 업무를 말한다(「지방공기업법」 제61조).

라. 비밀엄수

특수법인의 임・직원은 재직 중 직무와 관련하여 직・간접적으로 알게 된 비밀을 누설하거나 도용하여서는 안 된다. 이 의무는 재직 중은 물론 '직원으로 있었던' 자 즉 퇴직 후에도 적용된다.[29] 퇴직자에 대한 비밀엄수 의무 규정이 없더라도 당연히 전・현직자 모두에게 적용된다고 보아야 할 것이다.

특수법인이 수행하는 사업은 대개 국가적 사무로서 공익성을 띠고서 법률에 의해 보호되고 있는 경우가 많기 때문에 대외에 알려지게 되면 특정인에게 이익을 주거나 불이익을 초래할 우려가 있다. 따라서 실질적으로 사업을 수행하는 임・직원들에게 비밀 엄수의무가 부여되고 있는 것이다.

마. 청렴의무

「국가공무원법」 제61조는 공무원에게 직무와 관련하여 직접 또는 간접을 불문하고 사례・증여・향응을 받을 수 없도록 하고 있다. 이러한 취지는 공무원의 공평무사한 직무수행을 보장하기 위한 것이다.

그런데 특수법인의 직원에게는 이러한 청렴의무 규정을 법률에서 직접 정해놓은

29) 「광주과학기술원법」 제25조, 「국립생태원의 설립 및 운영에 관한 법률」 제29조, 「국립중앙의료원의 설립 및 운영에 관한 법률」 제23조, 「동북아역사재단 설립・운영에 관한 법률」 제22조, 「산업디자인진흥법」 제16조, 「선박안전법」 제58조의2, 「지방자치단체출연 연구원의 설립 및 운영에 관한 법률」 제23조, 「한국과학기술원법」 제23조, 「한국교육학술정보원법」 제20조, 「한국국방연구원법」 제12조, 「한국국제교류재단법」 제22조, 「한국국제보건의료재단법」 제26조, 「한국산업안전보건공단법」 제22조, 「한국산업인력공단법」 제23조, 「한국연구재단법」 제18조, 「한국원자력안전기술원법」 제21조, 「한국해양과학기술원법」 제24조, 「 한국해양수산연수원법」 제14조 등.

경우는 거의 없다. 그러나 「형법」 제129조 등에서 공무원 외에 중재인의 수뢰죄 처벌 등을 규정하고 있으므로 직무에 관한 청렴의무는 특수법인의 임직원에게도 적용된다 하겠다. 다만 예외적으로 금융감독원의 원장·부원장·부원장보 및 감사와 직원은 검사·감독을 받는 금융기관 또는 그 기관의 임·직원에게 대출을 강요하거나 금품 기타 이익을 받아서는 안 된다고 한다.[30] 그러나 이 규정에 대하여는 비밀유지의무 위배와 달리 벌칙 규정이 없기 때문에 직업윤리를 보장하려는 취지로 해석된다. 하지만 금융기관의 특수법인 직원에 대하여는 가중처벌로 벌칙을 적용할 수는 있다.

바. 신속·공정·친절

특수법인직원 중 특히 민원사무를 처리하는 직원은 담당 민원사무를 신속·공정·친절하게 처리하여야 한다(「민원사무 처리에 관한 법률」 제4조). 이 법은 주로 행정기관에 근무하는 공무원에게 적용되는 것이지만 같은 법 제3조 제2항에 따라 법령에 따라 행정권한을 위임 또는 위탁받은 (특수)법인도 포함되기 때문에 국민(민원인)이 특수법인에 대하여 특정한 행위를 요구할 경우 담당직원은 관계법령 등에서 정하는 바에 따라 다른 업무에 우선하여 처리하여야 한다.

사. 공무원 의무 준용

「형의 집행 및 수용자의 처우에 관한 법률」에 따라 교도관의 직무를 수행하는 교정법인과 민영교도소 직원은 위에 열거한 신분상·직무상 의무 외에도 「국가공무원법」상 성실, 복종, 직장 이탈 금지, 품위유지 의무도 준용하고, 근무 중 법무부장관이 정하는 제복을 입어야 하며 운영에 필요한 무기는 교정법인의 부담으로 법무부장관이 구입하여 배정한다(「민영교도소 등의 설치·운영에 관한 법률」 제30,31조).

---

30) 「금융위원회의 설치 등에 관한 법률」 제35조.

제2절 사법관계

1. 신의성실

권리의 행사와 의무의 이행은 신의에 좇아 성실히 하여야 하고 권리를 남용하지 못한다는 것은 「민법」의 기본원칙이다(제2조). 이에 따라 모든 근로자는 사용자의 이익을 배려해야 할 근로계약상의 성실의무를 지고 있으므로 근로자가 직장의 내부사실을 외부에 공표하여 사용자의 비밀, 명예, 신용 등을 훼손하는 것은 징계사유가 된다. 물론 구체적인 경우에 있어서 그 해당 여부는 공표된 내용과 그 진위, 그 행위에 이르게 된 경위와 목적, 공표방법 등에 비추어 판단될 것이다.

이 신의성실 의무는 사법에서 출발하였지만 행정청의 의무로서 공법에도 반영되어 있고(「행정절차법」 제4조 제1항), 각 행정청의 인적 구성원이 그런 자세로 일할 때 실효성을 거둘 수 있다.

「상법」도 이와 관련하여 이사에게 법령과 정관의 규정에 따라 회사를 위하여 그 직무를 충실하게 수행하여야 하고 재임 중은 물론 퇴임 후에도 직무상 알게 된 회사의 영업상 비밀을 누설할 수 없도록 하고 있다(「상법」 제382조의3, 4). 비록 이사에게 주어진 의무사항이지만 모든 직원들에게도 동일하게 요구되는 사항이라 하겠다.

2. 산업안전보건

특수법인의 직원은 법령으로 정하는 기준 등 산업재해 예방에 필요한 사항을 지켜야 하며, 사업주 또는 근로감독관, 공단 등 관계자가 실시하는 산업재해 방지에 관한 조치에 따라야 한다(「산업안전보건법」 제6조).

산업재해는 아무리 제도를 잘 만들어도 직원 개개인의 관심과 주의가 없으면 언제든지 발생할 수 있는 사항이다. 따라서 법인에서 예방 차원의 여러 장치를 강구할 경우 모든 직원들은 예방을 위해 함께 규정을 잘 지켜야 하며 필요한 조치에 따라야 한다.

3. 보험료 납부

특수법인의 직원인 근로자는 국가 · 지방공무원에게는 적용되지 않는 「고용보험법」과 「산업재해보상보험법」의 적용을 받으므로, 「고용보험 및 산업재해보상보험의 보험료징수 등에 관한 법률」이 정하는 바에 따라 자신의 보수 중에서 매월 정기적으로 고용안정 · 직업능력개발사업 및 실업급여의 보험료(고용보험료)와 산재보험의 보험료를 납부하여야 한다(제13조).

역시 국가 · 지방공무원에게 적용되지 않는 「국민연금법」에 의한 연금보험료(제88조)와 「국민건강보험법」에 의한 건강보험료(제69조)도 정기적으로 납부하여야 한다.

제 4 장
책 임

제1절 행정책임

1. 징계

가. 기관장

공재단과 공기업의 이사회는 기관장이 법령이나 정관을 위반하는 행위를 하거나 그 직무를 게을리 하는 등 기관장으로서의 직무수행에 현저한 지장이 있다고 판단되는 경우 이사회의 의결을 거쳐 주무기관의 장에게 그 기관장을 해임하거나 해임을 건의하도록 요청할 수 있다(「공공기관의 운영에 관한 법률」 제22조).

주무기관의 장 즉 중앙행정기관의 장은 특수법인의 기관장을 해임하거나 그 임명권자에게 해임을 건의·요구할 수 있다. 다만 공기업의 기관장을 해임하거나 그 임명권자에게 해임을 건의하는 경우에는 공공기관운영위원회의 심의·의결을 거쳐야 한다(「공공기관의 운영에 관한 법률」 제35조). 공공기관운영위원회는 징계위원회와 같은 사전심의기구 성격을 갖고 있으나, 징계혐의자에 대한 진술권 보호 등과 같은 준사법절차를 따를 필요는 없다. 또한 공공기관의 장에게 해임이 아닌 공무원의 징계종류 중 하나인 정직이나 감봉처분을 할 수 있는 것도 아니다.

나. 이사와 감사

1) 평가 저조

기획재정부장관은 필요하다고 인정하는 경우에는 공기업의 비상임이사와 감사 · 감사위원의 직무수행실적을 평가할 수 있다. 직무수행실적 평가 결과 그 실적이 저조한 비상임이사와 감사 또는 감사위원회 감사위원에 대하여는 운영위원회의 심의 · 의결을 거쳐 해임하거나 그 임명권자에게 해임을 건의할 수 있다. 직무수행실적의 평가 기준과 방법은 운영위원회의 심의 · 의결을 거쳐 기획재정부장관이 정한다(「공공기관의 운영에 관한 법률」 제36조).

기관장은 해당 기관의 상임이사(상임감사위원은 제외)와 성과계약을 체결하고, 그 이행실적을 평가할 수 있으며, 이행실적을 평가한 결과 그 실적이 저조한 경우 상임이사를 해임할 수 있다(「공공기관의 운영에 관한 법률」 제31조).

주무기관의 장 즉 소관 중앙행정기관의 장은 특수법인의 상임이사를 해임하거나 그 임명권자에게 해임을 건의 · 요구할 수 있다(「공공기관의 운영에 관한 법률」 제35조).

2) 직무 태만

기획재정부장관은 공기업의 비상임이사 및 감사 · 상임감사위원이 의무와 책임 및 직무를 이행하지 아니하거나 게을리 한 경우 운영위원회의 심의 · 의결을 거쳐 해임하거나 그 임명권자에게 해임을 건의할 수 있고, 그 공기업으로 하여금 손해배상을 청구하도록 요구할 수 있다.

다. 직원

특수법인의 직원에 대한 징계처분은 법인의 내부 정관과 규칙이 정하는 바에 따라 처분한다. 따라서 원칙적으로 징계처분이라 할지라도 법령에 의한 것이 아닌 한 사법관계로서 불복할 경우 사법적 절차에 따라야 할 것이다.

다만 법령에 의한 징계처분의 경우는 공법관계로 볼 수 있다. 예컨대, 국가가 공법상 계약으로 교정사무를 위탁 · 처리하는 교정법인과 그 소속기관에 해당하는 민영교도소 직원에 대하여 법무부장관이 해임이나 정직 · 감봉 등 징계처분을 하도록 명할 수 있고, 이 처분명령을 받은 교정법인 또는 민영교도소 등의 장은 즉시 징계처분을 하고 그 결과를 법무부장관에게 보고하여야 하는데(「민영교도소 등의 설치·운영에 관한 법률」 제36조), 만약 징계처분에 불복하는 직원은 항고소송을 제기할 수 있을 것이다.

2. 행정심판

행정청의 처분 또는 부작위에 대하여는 다른 법률에 특별한 규정이 있는 경우 외에는 행정심판을 청구할 수 있다. 행정청에는 행정에 관한 의사를 결정하여 표시하는 기관으로서 국가와 지방자치단체뿐만 아니라 법령 또는 자치법규에 따라 행정권한을 가지고 있거나 사무를 위탁 받은 공공단체도 포함된다(「행정심판법」 제2,3조).

따라서 공공단체인 특수법인이 행한 처분이나 부작위에 대하여 상대방이 불복할 경우 관할 행정심판위원회에 심판을 청구할 수 있다. 관할 행정심판기관은 다른 법령에 특별한 규정이 없는 한 당해 처분을 한 행정청 즉 특수법인에 설치된 행정심판위원회 또는 감독행정청이 된다. 「행정심판법」이 아닌 다른 법률에 규정된 특별행정심판기구로는 근로복지공단의 산업재해보상보험심사위원회(「산업재해보상보험법」 제104조), 국민연금공단의 국민연금심사위원회(「국민연금법」 제109조) 등이 있다.

소속 직원의 인사 · 복무 등 내부 규칙으로 정하는 사항에 대하여는 근로자와 사용자 사이에 동등한 지위에서 협약을 체결하여 정한 것이므로 소속 직원이 행정청인 기관장이 이에 기초하여 행한 인사상 처분에 대한 것은 행정심판을 청구할 수 없고 사법적 절차에 따라야 할 것이다.

3. 행정소송

행정청이 행하는 구체적 사실에 관한 법집행으로서의 공권력의 행사 또는 그 거부와 그 밖에 이에 준하는 행정작용 및 행정심판에 대한 재결을 거친 처분 등에 대하여 행정소송을 제기할 수 있다. 이 행정청에는 법령에 의하여 행정권한의 위임 또는 위탁을 받은 행정기관은 물론 공공단체와 그 기관 등도 포함된다.

따라서 공공단체나 그 소속기관 즉 특수법인이 자기 이름과 책임으로 행한 처분이나 부작위에 대하여 국민이 불만 있을 경우 관할 법원에 행정소송을 제기할 수 있다(「행정소송법」 제2,3조). 따라서 소속 직원의 징계처분은 내부 인사규정에 의하여 이루어진 것으로서 공권력의 발동주체로서 행한 행위로 볼 수 없으므로 불복절차는 행정소송이 아니라 민사소송에 의해서 이루어진다.[31]

행정소송의 종류는 항고소송, 당사자소송, 민중소송, 기관소송의 네 가지가 있다. 항고소송은 취소소송, 무효등확인소송, 부작위위법확인소송으로 구분한다.

제2절 재산책임

1. 손해배상

「국가배상법」 제2조는 국가나 지방자치단체로부터 공무를 위탁받은 사인이 직무를 집행하면서 고의 또는 과실로 법령을 위반하여 타인에게 손해를 입히거나, 「자동차손해배상 보장법」에 따라 손해배상의 책임이 있을 때에는 국가나 지방자치단체가 그 손해를 배상하고, 만약 사인에게 고의 또는 중대한 과실이 있으면 국가나 지방자치단체는 그에게 구상(求償)할 수 있도록 하고 있다. 이 사인의 범위에 행정주체의 지위를 갖고 있는 특수법인은 해당되지는 않는다고 생각된다. 왜냐하면 특수법인은 손해를 입은 타인에게 그 법인이 직접 배상하기 때문이다.

공기업·준정부기관은 회계감사인을 선임하기 위하여 전문성과 독립성이 확보된 회계감사인선임위원회를 구성·운영하여야 한다. 이 경우 해당 공기업·준정부기관의 비상임이사는 모두 회계감사인선임위원회의 위원으로 선임되어야 한다.

이에 따라 회계감사인, 이사, 감사 또는 감사위원회 위원 등이 임무를 게을리하여 회사에 손해를 발생하게 하거나 중요 사항을 감사보고서에 기재하지 아니하거나 거짓으로 기재를 함으로써 이를 믿고 이용한 제3자에게 손해를 발생하게 한 경우에는

31) 대법원 1989.9.12. 선고 89누2103 판결.

공기업 · 준정부기관 또는 제3자에 대하여 손해를 배상할 책임이 있다(「공공기관의 운영에 관한 법률」 제43조의4).

또한 주무기관의 장과 기획재정부장관은 비상임이사 및 감사 · 상임감사위원이 의무와 책임 및 직무를 이행하지 아니하거나 게을리 한 경우 운영위원회의 심의 · 의결을 거쳐 공기업으로 하여금 손해배상을 청구하도록 요구할 수 있다(「공공기관의 운영에 관한 법률」 제35조).

2. 변상책임

「감사원법」 제23조와 제24조 규정에 의하여 일부 특수법인은 감사원의 감사대상 기관이 되는데, 이로 말미암아 대상법인의 관계 법령이나 정관, 사규(社規) 등으로 회계관계 직원이 되는 경우 법령이나 관계 규정 및 예산에 정해진 바에 따라 성실하게 직무를 수행해야 한다. 만약 회계관계직원이 고의 또는 중대한 과실로 법령이나 그 밖의 관계 규정 및 예산에 정하여진 바를 위반하여 국가, 지방자치단체, 그 밖에 감사원의 감사를 받는 단체 등의 재산에 손해를 끼친 경우에는 변상할 책임이 있다. 또 현금 또는 물품을 출납 · 보관하는 회계관계직원은 선량한 관리자로서의 주의를 게을리하여 그가 보관하는 현금 또는 물품이 망실(亡失)되거나 훼손(毁損)된 경우에도 변상할 책임이 있다. 현금 또는 물품을 출납 · 보관하는 회계관계직원은 스스로 사무를 집행하지 아니한 것을 이유로 그 책임을 면할 수 없다(「회계관계직원 등의 책임에 관한 법률」 제3,4조).

감사원은 감사 결과에 따라 따로 법률에서 정하는 바에 따라 회계관계직원 등에 대한 변상책임의 유무를 심리(審理)하고 판정한다. 감사원이 변상책임이 있다고 판정하면 변상책임자, 변상액 및 변상의 이유를 분명히 밝힌 변상판정서를 감독기관의 장 또는 해당 기관의 장에게 송부하여야 한다. 변상판정서를 받은 기관의 장은 송부를 받은 날부터 20일 이내에 변상판정서를 해당 변상책임자에게 교부하여 감사원이 정한 날까지 변상하게 하여야 한다(「감사원법」 제31조).

3. 상법상 책임

「상법」 제382조의3(이사의 충실의무), 제382조의4(이사의 비밀유지의무), 제399조(회사에 대한 책임), 제400조(회사에 대한 책임의 면제) 및 제401조(제3자에 대한 책임)의 규정은 공기업 이사에 관하여 각각 준용하고, 「상법」 제414조(감사의 책임) 및 제415조(준용규정)의 규정 중 회사에 대한 책임의 면제에 관한 사항은 공기업의 감사(감사위원회의 감사위원 포함)에 관하여 이를 준용한다(「공공기관의 운영에 관한 법률」 제35조).

제3절 형사책임

1. 공무원 의제

특수법인의 임직원에 대한 벌칙규정에서 공무원으로 의제하는 경우는 많이 발견된다. 하지만 법률마다 「형법」의 적용범위는 약간씩 다르다. 「형법」 제7장 '공무원의 직무에 관한 죄'에는 제122조(직무유기) 제123조(직권남용) 제127조(공무상비밀의 누설) 제128조(선거방해) 제129조(수뢰, 사전수뢰) 제130조(제3자뇌물제공) 제131조(수뢰후부정처사, 사후수뢰) 제132조(알선수뢰) 제133조(뇌물공여등) 제134조(몰수, 추징) 제135조(공무원의 직무상범죄에 대한 형의 가중)이 있고, 제8장 '공무방해에 관한 죄'에는 제136조(공무집행방해) 제137조(위계에 의한 공무집행방해) 제140조(공무상비밀표시무효) 제141조(공용서류 등의 무효, 공용물의 파괴) 제142조(공무상보관물의 무효) 제143조(미수범) 제144조(특수공무방해) 등이 있다.

이 중 특수법인의 임·직원에게 청렴의무와 관련되는 제129조 내지 132조 규정만 적용하는 경우도 있고,[32] 범위를 제한하지 않고 「형법」에서 공무원에게 적용하는

32) 「공무원연금법」 제15조, 「과학기술분야 정부출연연구기관 등의 설립·운영 및 육성에 관한 법률」 제35조, 「광주과학기술원법」 제27조, 「대구경북과학기술원법」 제22조, 「국립대학법인 서울대학교 설립·운영에 관한 법률」 제35조, 「국립생태원의 설립 및 운영에 관한 법률」 제32조, 「동북아역사재단 설립·운영에 관한 법률」 제24조, 「무역보험법」 제52조, 「사립학교교직원 연금법」 제15조, 「수도권매립지관리공사의 설립 및 운영 등에 관한 법률」 제17조, 「사회적기업

벌칙 모두를 적용하는 경우도 있다.[33] 어떤 경우라도 공공사업을 수행하기 위하여 설립된 특수법인의 임 · 직원에게는 공무원에 버금가는 정도의 청렴성과 업무의 불가매수성이 요구되고, 공공사업의 정상적인 운영과 법인 업무의 공정성을 보장할 필요가 있으므로 헌법상 평등권에 위반되거나 죄형법정주의에 위배되는 것이라고 할 수도 없다.

처벌 대상인 직무에는 소관업무 자체뿐만 아니라 그 직무와 밀접한 관계가 있는 행위 또는 관례상이나 사실상 소관하는 직무행위 및 결정권자를 보좌하거나 영향을 줄 수 있는 직무행위까지 포함된다.[34]

2. 가중처벌

가. 공공기관 간부직원

다음 공공기관의 간부직원은 「형법」 제129조부터 제132조까지의 규정 즉 뇌물죄를 적용할 때에는 공무원으로 보고 가중처벌을 할 수 있다(「특정범죄 가중처벌 등에 관한 법률」 제4조). ① 국가 또는 지방자치단체가 직접 또는 간접으로 자본금의 2분의 1 이상을 출자하였거나 출연금 · 보조금 등 그 재정지원의 규모가 그 기관 또는 단체 기본재산의 2분의 1 이상인 기관 또는 단체 ② 국민경제 및 산업에 중대한 영향을 미치고 있고 업무의 공공성이 현저하여 국가 또는 지방자치단체가 법령에서 정하는

육성법」 제20조, 「사회복지공동모금회법」 제30조, 「재외동포재단법」 제27조, 「장애인고용촉진 및 직업재활법」 제87조, 「지방공기업법」 제83조, 「정부출연연구기관 등의 설립 · 운영 및 육성에 관한 법률」 제33조, 「한국고전번역원법」 제22조, 「한국과학기술원법」 제26조, 「한국교육학술정보원법」 제22조, 「한국국방연구원법」 제11조, 「한국국제교류재단법」 제25조, 「한국국제보건의료재단법」 제29조, 한국국제협력단법」 제29조, 「한국보건복지인력개발원법」 제21조, 「한국보훈복지의료공단법」 제26조, 「한국수자원공사법」 제17조의2, 「한국연구재단법」 제21조, 「한국장학재단 설립 등에 관한 법률」 제55조, 「한국주택금융공사법」 제69조, 「한국토지주택공사법」 제25조, 「한국투자공사법」 제39조, 「한국해양과학기술원법」 제26조, 「한국환경공단법」 제11조, 「휴면예금관리재단의 설립 등에 관한 법률」 제32조 등.

33) 「한국사학진흥재단법」 제14조, 「한국조폐공사법」 제10조, 「한국수출입은행법」 제17조, 「한국은행법」 제106조, 「신용보증기금법」제48조의2, 「중소기업은행법」 제32조, 「법률구조법」 제32조, 「보호관찰 등에 관한 법률」 제93조, 「금융위원회의 설치 등에 관한 법률」 제69조 등.

34) 대법원 2001.1.19. 선고 99도5753 판결.

바에 따라 지도·감독하거나 주주권의 행사 등을 통하여 중요 사업의 결정 및 임원의 임면 등 운영 전반에 관하여 실질적인 지배력을 행사하고 있는 기관 또는 단체

이에 따라 제정된 같은 법 시행령에서는 한국은행 등 46개의 특수법인을 적용대상으로 열거하고 있으며, 간부직원의 범위도 임원과 과장 대리급 이상으로 넓게 보고 있다(제2,3조). 과장 대리'급'으로 되어 있으므로 직급을 기준으로 하여 동급이거나 그 이상의 직원을 말하는 것으로서 현실적으로 과장 대리의 직위를 가지고 있는지 여부는 문제되지 않는다.[35)]

나. 금융기관 임직원

은행, 증권, 보험, 새마을금고, 협동조합, 신용보증기금 등 금융기관의 임원과 전 직원이 사기, 공갈, 횡령, 배임, 증·수재, 알선 수재 등의 특정경제 범죄행위를 한 경우 몰수·추징 등의 가중처벌과 그 범죄 행위자에게 일정기간 취업을 제한할 수 있도록 특례를 두고 있다(「특정경제범죄 가중처벌 등에 관한 법률」).

이 법에는 민간의 금융회사도 적용되지만 특수법인인 한국은행, 금융감독원, 신용보증기금, 기술신용보증기금, 기업은행 등도 포함되어 있다.

---

35) 대법원 2011.1.13. 선고 2009도14660 판결 참조.

찾아보기

저자약력 | **김 명 식**

영남대학교 경영학과 졸업(경영학사)
서울대학교 행정대학원 졸업(행정학석사)
미 Wisconsin-Madison 주립대학교(M.A.)
건국대학교 대학원 졸업(법학박사)
호주국립대학교(ANU) 객원연구원

제23회 행정고등고시
총무처 제도1과장, 고시2과장, 급여과장
행정자치부 급여과장
중앙인사위원회 인사정책과장
중앙인사위원회 인사정보심의관 · 정책홍보관리관 · 인사정책국장
대통령실 인사비서관 · 인사기획관
고려대학교 · 한국외국어대학교 강사
한양대학교 행정자치대학원 겸임교수
현, 대구가톨릭대학교 석좌교수

〈저서〉
주해 국가공무원법(공저), 고시계
공무원법(공저), 박영사
호주연방정부의 행정개혁, 법우사
특수법인론, 한국학술정보

행정조직법

2014년 4월 1일 초판 인쇄
2014년 4월 5일 초판 발행

저 자 김 명 식
발행인 황 영 성
발행처 **법 우 사**
서울특별시 관악구 호암로 593 2층
전화: (02) 876-2261 팩스: (02) 875-2263
E-mail: hys8009@hanmail.net
등록 2001. 4. 30. 제301-10-1747호(倫)

정가 40,000원
ISBN 978-89-97060-32-0 93360

이 도서의 국립중앙도서관 출판시도서목록(CIP)은 서지정보유통지원시스템 홈페이지(http://seoji.nl.go.kr)와 국가자료공동목록시스템(http://www.nl.go.kr/kolisnet)에서 이용하실 수 있습니다.(CIP제어번호: CIP2014009904)